谨以本书献给在追求程序正义的道路上孜孜前行的人们！

总主编简介

吕淑琴 黑龙江省五常市人，中共党员，二级高级法官。1969年毕业于北京大学法律系。毕业后曾从事教育工作，1979年调入辽宁省高级人民法院，先后任助理审判员、审判员、《审判实践》杂志主编、法律业余大学校长、研究室主任、审判委员会委员。2003年任副厅级审判员；其间，曾兼任省法院机关党委委员、党支部书记、辽宁省女法官协会副会长、秘书长等。曾担任中国法学会诉讼法学研究会理事、中国女法官协会理事、辽宁省妇联执行委员，同时被多所高等院校聘为兼职教授。1988年，辽宁省法学会诉讼法学研究会成立时，担任第一届干事会副总干事（副会长），1995年换届时，当选为诉讼法学研究会会长，后每次换届一直连任。2008年，诉讼法学研究会注册为辽宁省诉讼法学会，成为独立法人实体单位，担任辽宁省诉讼法学会会长至今。热心法学理论研究，尤其是诉讼法学研究颇有建树，出版或与他人合著多部法学著作，有多篇论文在国际、国内及省内学术会议上获奖或在国内重要法制报刊上发表。

辽宁省诉讼法学会简介

辽宁省诉讼法学会（原辽宁省法学会诉讼法学研究会）是辽宁省法学会下属学科研究会之一，1988年7月8日在沈阳成立；2008年10月28日成功注册为独立法人实体，实现了华丽转身。目前，学会有副会长21人，常务理事会成员68人，理事会成员171人。现任会长为辽宁省高级人民法院原副厅级审判员、二级高级法官吕淑琴。

辽宁省诉讼法学会由辽宁省从事刑事、民事、行政三大诉讼法学研究的高等院校及法学研究机构的法学教授、研究员等专家、学者和立法、司法等实务部门的主要领导、高级法官、高级检察官、高级警官、律师及从事司法、行政工作的人员组成理事会。二十年来，辽宁省诉讼法学会在组织、引导诉讼法学研究和推动诉讼立法、促进司法改革等方面发挥了重要作用，已经成长为一个团结、奋进、朝气蓬勃的学术团体。

在新形势、新任务、新挑战面前，辽宁省诉讼法学会将不断践行科学发展观，创新工作思路，加强对外交流，严格履行《中国法学会章程》，以崭新的精神风貌，饱满的工作热情，开启学会建设与发展的新机制，不断增强学会的自我造血功能，增强自身活力和凝聚力，沿着科学发展和实体化建设之路去追寻明日的辉煌，为繁荣法学研究、推进依法治国，促进社会和谐稳定而努力奋斗。

主编简介

杨　明　1987年毕业于辽宁大学法律系,中国民主促进会会员,现任辽宁大学法学院教授。1987年至1990年在西南政法大学诉讼法专业学习,获法学硕士学位,现就读吉林大学刑法学专业在职博士研究生。曾在《法学》、《法律科学》、《现代法学》、《当代法学》、《中国刑事法杂志》等刊物发表学术论文30余篇,2009年主持的科研项目"差别诉讼机制研究",获国家社科基金一般项目支持。

史明武　1982年毕业于吉林大学法律系,中共党员,现任辽宁省高级人民法院副厅级审判员、审判委员会委员。1982年8月到辽宁省高级人民法院工作,1988年9月至1991年2月,在中国人民大学法律系诉讼法专业学习,获法学硕士学位。在辽宁省高级人民法院工作期间,曾任书记员、助理审判员、审判长、庭长。2003年5月至2007年12月,曾任辽宁省鞍山市中级人民法院院长。

宋家宁　1986年毕业于吉林大学法学院,现任中国刑事警察学院教授,硕士研究生导师,辽宁大学辽宁省诉讼法研究会常务理事。主要研究方向为刑事诉讼法学、证据学,先后出版了《刑事证据学》等法学著作,主编《刑事诉讼法要论》等教材多部。发表学术论文40余篇,主持、参与省部级科研课题十余项。

没有程序的正义就没有实体的正义。

——法谚

诉讼法理论与实务研究丛书

刑事诉讼程序要点精释与裁判依据

审　　定　辽宁省诉讼法学会
总 主 编　吕淑琴
本卷主编　杨　明　史明武　宋家宁

人民法院出版社

图书在版编目（CIP）数据

刑事诉讼程序要点精释与裁判依据/杨明，史明武，宋家宁主编.—北京：人民法院出版社，2010.1
（诉讼法理论与实务研究丛书/吕淑琴主编）
ISBN 978-7-5109-0037-2

Ⅰ.刑… Ⅱ.①杨… ②史… ③宋… Ⅲ.①刑事诉讼－诉讼程序－研究－中国 ②刑事诉讼－审判－案例－中国 Ⅳ.D925.218

中国版本图书馆 CIP 数据核字（2009）第 238279 号

刑事诉讼程序要点精释与裁判依据

杨　明　史明武　宋家宁　主编

责任编辑	贾　毅	
出版发行	人民法院出版社	
地　　址	北京市东城区东交民巷 27 号（100745）	
电　　话	（010）67550542（责任编辑）　67550516（出版部）	
	67550558　67550551（发行部）	
网　　址	http://courtpress.chinacourt.org	
E－mail	courtpress@sohu.com	
印　　刷	保定市中画美凯印刷有限公司	
经　　销	新华书店	
开　　本	787×1092 毫米　1/16	
字　　数	656 千字	
印　　张	25	
版　　次	2010 年 1 月第 1 版　2010 年 3 月第 2 次印刷	
书　　号	ISBN 978-7-5109-0037-2	
定　　价	56.00 元	

版权所有　　侵权必究

《诉讼法理论与实务研究丛书》

编辑委员会

顾　　问：陈素芝　辽宁省法学会会长
　　　　　李文喜　辽宁省政协副主席，辽宁省公安厅厅长
　　　　　王振华　辽宁省高级人民法院院长
　　　　　肖　声　辽宁省人民检察院检察长
　　　　　张家成　辽宁省司法厅厅长
　　　　　凌秉志　辽宁省法学会党组书记、常务副会长
主　　任：吕淑琴　辽宁省诉讼法学会会长、高级法官
副 主 任：（按姓氏笔画为序）
　　　　　王　册　中国刑事警察学院法律部主任
　　　　　王玉砚　辽宁省高级人民法院民三庭庭长
　　　　　王雁群　辽宁省高级人民法院刑三庭庭长
　　　　　方宝国　辽宁省高级人民法院民二庭庭长
　　　　　孙　刚　辽宁省人民检察院公诉三处处长
　　　　　齐国生　辽宁省高级人民法院刑一庭庭长
　　　　　吕景文　辽宁省人民检察院公诉一处处长
　　　　　许福庆　辽宁省高级人民法院行政庭庭长
　　　　　杨　松　辽宁大学法学院院长
　　　　　吴忠伟　辽宁省高级人民法院人事处处长
　　　　　院国强　辽宁省法学会秘书长、学术部主任
　　　　　张方辉　辽宁省人民检察院民行处处长
　　　　　张　勇　辽宁省人民检察院公诉二处处长

姜凤武　辽宁省高级人民法院民一庭庭长
姜　阳　辽宁省高级人民法院刑二庭庭长
高宇辰　辽宁省高级人民法院刑四庭庭长
段文龙　辽宁省人民检察院办公室主任
富治中　辽宁省诉讼法学会副会长兼秘书长

委　　员：（按姓氏笔画为序）

王　刚　刘仕杰　刘　芙　李　卓　李丽峰
李新权　李　影　宋家宁　牟瑞瑾　杨　明
杨明芳　姜　群　张　弘　张云鹏　张俊芳
徐　阳　侯德福　祝　妍

总 主 编： 吕淑琴

副总主编： 姜　群　杨　明　张　弘　富治中

《诉讼法理论与实务研究丛书》

总 序

改革开放以来，随着依法治国方略的实施，我国司法体制改革不断取得新的进展。但是，诉讼程序方面法律和规范的发展却显得有些滞后。尤其是在我国公民程序观念淡薄、司法机关追求执法实效而相对忽视程序价值的现实博弈中，诉讼法发展的步伐显得犹豫而踯躅。诉讼法是我国法律体系中的基本组成部分，它承担着保证实体法正确实施的重要价值功能，同时具有着自身十分重要的独立价值，有外国学者把诉讼法称为一个国家法治程度的测量仪，实非过分之言。因此深入开展对诉讼法的理论与实务研究，加强和完善诉讼立法，坚持实体与程序并重，是关乎社会主义法治国家建设的重要一翼，是关乎我国法治建设进程的重要保证。中国要保持市场经济的良好运行，必须在建立一系列法律制度框架的前提下，寻求一套规范的诉讼体系。

尽管现实并不尽如人意，但是，三大诉讼法的发展仍然象涓涓细流，不断涌动，并渐渐汇聚成一条奔涌的河流。它义无返顾，不断吸纳着历史和世界诉讼法律思想的精华；大浪淘沙，摒弃着那些不符合时代发展和现实国情的偏见，在具有中国特色社会主义诉讼法发展的航程中风鼓潮涌，奔流不息。

在推动我国诉讼法发展的合力中，我们看到了一股执着的力量，那就是：多年来，辽宁省诉讼法学会一直倾力于诉讼法理论的研究与实务探索。尤其是近年来，他们积极组织全省诉讼法学理论研究者和司法实务工作者，共同围绕三大诉讼司法实践中遇到的疑点、难点问题进行全面系统、有深度、有力度的研究。这些成果不仅具有一定的理论深度和价值，而且，由于它们更多地来自于司法基层的实践，而显得更加宝贵，更富有实效。案头上这部由辽宁省诉讼法学界的部分教授、专家及司法实务部门工作者联合攻关，呕心沥血，在较短的时间内共同完成的学术著作，就是其中的典型的代表。尽管由于编写时间仓促，书中疏漏或不成熟之处在所难免。但是，瑕不掩瑜，辽宁省诉讼法学会这种勇于开拓、勇于探索、勇于运用集体智慧联合攻关的精神十分可嘉，值得充分肯定。他们编著的《诉讼法理论与实务研究丛书》不失为一套精解实用的好书。它的出版，对于诉讼法教学、科研、司法实务都具有一定的参考意义和实用价值，也可作为公民学习法律的普法教材。

我衷心地希望，能够有更多的学者和司法实务工作者，进一步关注并投入到诉讼法的理论研究和司法实践中，不断发现问题，研究问题，解决问题，使我国的诉讼法律体系不断完备，使公民的诉讼程序意识不断增强，在建立具有中国特色社会主义法律体系和司法制度的历史性工程中，做出我们应有的努力。

出于对辽宁省诉讼法学会积极探索和努力尝试的衷心支持，并对他们的研究成果高度认可，特写简短感言为序。

陈光中

2009.12.18

《刑事诉讼程序要点精释与裁判依据》编委会

主　　　编：杨　明　辽宁大学法学院教授
　　　　　　史明武　辽宁省高级人民法院副院级审判员
　　　　　　宋家宁　中国刑事警察学院教授
执行副主编：徐　阳　辽宁大学法学院副教授
　　　　　　侯德福　辽宁大学法学院副教授
　　　　　　张云鹏　辽宁大学法学院副教授
副　主　编：李新权　中国刑事警察学院副教授
　　　　　　李　影　中国刑事警察学院副教授
　　　　　　杨明芳　中国刑事警察学院讲师
成　　　员：刘　铭　董　微　胡巧件　李　凯
　　　　　　张　雪　汤化颖　庄　璐　侯　煜

序 言

整整九十年前，中国正处于近代与现代的拐点，有两位思想大师对"问题与主义"进行了一场激烈的论战和交锋。岁月的风尘没有湮没这场学术与意识形态的碰撞，却日益彰显出其启蒙思想的锐利光芒。在同样处于现代化拐点的当下，任何一个有担当的社会科学工作者都必须认真对待"问题与主义"的方法论问题。这也正是本书几位撰稿人构思本书时所达成的共识。

法治是一种治世之道，法学是一种治世之学，而部门法学如果不能面向实践，其生命力就将枯竭。刑事诉讼是执行中的刑法，更是动态的宪法。刑事诉讼法不但肩负着保障刑法实施的重任，更具有维护人权，消弭国家与公民紧张关系，实现社会和谐的使命。1996年刑事诉讼法的修改是一次走向现代化的方向调整。但方向正确，并不意味着制度构建大功告成。在学理批判和实践检验两个方面，现行刑事诉讼法都暴露出种种不尽如人意的缺陷。批判性理论思维和实证性问题意识，都促使我们理性评价现行刑事诉讼立法，并在适用和立法修订中进行有效回应。

作为学术方法的"问题"与"主义"并非非此即彼的进路，学理与实证是两条殊途同归的路径，在刑事诉讼法学研究中，两者共同作用于刑事诉讼法实践。本书在方法论方面，努力寻求"问题"与"主义"的融通、结合，形成了如下特色：首先，高度关注动态的刑事诉讼法。在刑事司法改革方兴未艾的背景下，本书立足于刑事诉讼法适用中的重点、难点和争议性问题，力求通过归纳关键性问题对司法实践现状进行理性提升与整合。其次，突出"文本法学"特色。法律的文本表达是法实践的主要方式，在成文法国家尤为重要。以往对简单化、政策宣讲性的法律注释方法多有批判，但法律文本不仅仅是研究对象，更是制度化安排的基本手段，法律文本在法实践中的意义不应被削弱。刑事诉讼领域中应对任何问题，都应从法律文本来，再回归到法律文本中去；发现法律文本中的问题，同时，还应以文本方式解决问题。因此，本书援引法律原文作为处理实践问题的依据，并进行客观分析评价。

最后,保持学理研究的独立性。理论从实践中来,还应回归到实践中去,但绝非迁就现实,而应完成指导实践的使命。在本书的实践指导部分中,对于许多问题,作者均通过理论、原理的阐释或国外经验的理性借鉴,试图在超越当下司法实践的层面找到解决的方案。只有在超越但并不脱离实践的定位上,学理研究才能体现其实践价值。目前对刑事诉讼法的再修改,已被列入了全国人大的立法规划,希望以"从实践到理论、从理论再到实践"的研究路径为依托,本书能为立法修改提供有益建言。

中国法治进程中,刑事诉讼领域的法律人有责任通过学理与实践的对话、沟通,谋求刑事法治的长足发展。尽管本书水准难望思想大师之项背,但愿以此向先辈们致意!

编 者
2009 年 12 月

目 录

第一编 总 则

第一章 任务和基本原则 ……………………………………………………………（3）
 一、如何坚持严格遵守法定程序原则 ……………………………………………（3）
 二、如何贯彻分工负责，互相配合，互相制约原则 ……………………………（4）
 三、贯彻法律监督原则应注意哪些问题 …………………………………………（5）
 四、如何理解和执行法院统一行使定罪权原则 …………………………………（5）
 五、依法不追诉情形应如何处理 …………………………………………………（6）
 六、法院、检察院在依法等独立行使职权中如何与党的纪检部门协作 ………（9）
 七、如何贯彻以事实为根据、以法律为准绳原则 ………………………………（10）
 八、如何保障诉讼参与人诉讼权利 ………………………………………………（11）

第二章 管辖 …………………………………………………………………………（12）
 一、我国对根据国际条约所承担的条约义务范围内规定的罪行应如何行使
  刑事管辖权 ……………………………………………………………………（12）
 二、海关缉私局的性质、权限和立案侦查的案件范围是什么 …………………（13）
 三、军队保卫部门立案侦查的案件有哪些 ………………………………………（14）
 四、如何确定军队和地方互涉案件的立案管辖 …………………………………（15）
 五、军队保卫部门、军事检察院、军事法院对管辖的刑事案件如何分工 ……（17）
 六、海上发生的犯罪案件的管辖如何确定 ………………………………………（19）
 七、毒品犯罪案件的管辖如何确定 ………………………………………………（22）
 八、如何确定公安机关办理的危害税收征管刑事案件的管辖 …………………（24）
 九、如何处理侵占案件的管辖 ……………………………………………………（25）
 十、如何确定轻伤害案件的管辖 …………………………………………………（26）
 十一、如何确定生产、销售伪劣产品案件和侵犯知识产权案件的管辖 ………（27）
 十二、如何确定重婚案件的管辖 …………………………………………………（28）
 十三、刑事诉讼立案管辖中公安机关和人民检察院的牵连管辖应如何处理 …（29）
 十四、公安机关、人民检察院等如何处理共同犯罪案件中的管辖交叉 ………（29）

十五、如何确定人民检察院立案侦查的渎职案件原案的管辖 ……………（30）
十六、在办理公诉案件中发现自诉案件应如何处理 ………………………（31）
十七、人民法院如何处理在民事、行政诉讼中发现的犯罪案件 …………（32）
十八、各级人民法院如何确定第一审刑事案件的级别管辖 ………………（34）
十九、被害人所在地公安机关和人民法院是否有权管辖刑事案件 ………（35）
二十、人民法院应否受理当事人不服治安管理处罚而提起的刑事自诉 …（36）
二十一、如何确定几类特殊案件的审判管辖 ………………………………（36）
二十二、网络犯罪案件的管辖如何确定 ……………………………………（37）
二十三、我国刑事诉讼中当事人是否具有管辖异议权 ……………………（37）

第三章 回避 …………………………………………………………………（38）
一、担任辩护人、诉讼代理人的律师是否需要回避 ………………………（38）
二、当事人及其法定代理人要求具体办理案件的公、检、法等办案机关回避的应如何处理 …………………………………………………………（40）
三、对当事人及其法定代理人无理由或不符合法定理由的回避申请应如何处理 …（41）
四、回避申请能否由辩护人或诉讼代理人提出 ……………………………（41）
五、当事人及其法定代理人在后续诉讼阶段对之前办理案件的有关人员提出申请回避应如何处理 ………………………………………………（42）
六、侦查人员在回避决定作出前进行的侦查活动是否有效 ………………（43）
七、如何理解和确定可能影响案件公正处理的其他关系 …………………（44）

第四章 辩护与代理 …………………………………………………………（45）
一、律师在侦查阶段依法为犯罪嫌疑人提供何种法律帮助 ………………（45）
二、在侦查阶段犯罪嫌疑人可以聘请几名律师 ……………………………（47）
三、在侦查阶段公安机关、人民检察院应当如何保障律师参与刑事诉讼 …（48）
四、在刑事诉讼中应如何保障律师的执业权利 ……………………………（50）
五、法律援助是否适用于侦查阶段的犯罪嫌疑人 …………………………（50）
六、律师在侦查阶段会见犯罪嫌疑人是否需要经过批准 …………………（52）
七、律师在侦查阶段会见犯罪嫌疑人的时间如何确定 ……………………（54）
八、律师在侦查阶段会见犯罪嫌疑人是否有时间和次数限制 ……………（55）
九、侦查机关应否允许律师会见犯罪嫌疑人时进行记录、录音、录像和拍照 …（56）
十、律师在侦查阶段会见犯罪嫌疑人时，侦查机关是否可以根据案件情况和需要派员在场 ………………………………………………………（57）
十一、侦查机关能否限制律师会见犯罪嫌疑人时谈话的内容 ……………（58）
十二、律师会见犯罪嫌疑人时违反法律规定或者会见场所规定应如何处理 …（59）
十三、哪些人不得担任辩护人 ………………………………………………（60）
十四、人民法院适用指定辩护应当如何进行 ………………………………（61）
十五、辩护人可以查阅摘抄复制哪些案件材料 ……………………………（63）

目　录

　　十六、辩护律师在调查取证时应遵守哪些规定 …………………………（65）
　　十七、律师能否分别为刑事案件双方的当事人担任辩护人和诉讼代理人 …（68）
　　十八、辩护人和诉讼代理人违反有关法律规定应承担什么责任 …………（69）

第五章　证据 ……………………………………………………………………（71）
　　一、何为证据能力和证明力 ……………………………………………（71）
　　二、测谎结果能否作为证据使用 ………………………………………（71）
　　三、私家侦探收集的案件材料可否作为证据使用 ……………………（72）
　　四、骨龄鉴定能否作为确定刑事责任年龄的证据 ……………………（73）
　　五、专家法律意见书能否作为证据使用 ………………………………（73）
　　六、陷阱取证有无证据能力 ……………………………………………（74）
　　七、秘密录制的视听资料能否作为刑事证据使用 ……………………（76）
　　八、非法获取的证据能否作为定案的根据 ……………………………（76）
　　九、如何对待被告人的翻供和证人的翻证 ……………………………（78）
　　十、刑事诉讼中的证明对象包括哪些 …………………………………（79）
　　十一、刑事诉讼中无需证明的案件事实有哪些 ………………………（80）
　　十二、刑事诉讼证明责任是如何分担的 ………………………………（81）
　　十三、人民法院是否承担证明责任 ……………………………………（82）
　　十四、刑讯逼供的证明责任应由谁承担 ………………………………（82）
　　十五、如何理解刑事诉讼的证明标准 …………………………………（83）

第六章　强制措施 ………………………………………………………………（86）
　　一、拘传和刑事传唤有何区别 …………………………………………（86）
　　二、拘传是否以传唤为前提 ……………………………………………（87）
　　三、继续盘问和拘传是否可以针对同一对象连续适用 ………………（88）
　　四、一次拘传最长不得超过多长时间 …………………………………（89）
　　五、两次拘传间隔的时间应当如何确定 ………………………………（90）
　　六、如何确定拘传地点，异地拘传应当如何办理 ……………………（91）
　　七、对犯罪嫌疑人、被告人进行拘传应遵守哪些程序，拘传后应如何处理 ………（92）
　　八、取保候审有哪两种保证方式，在二者之间应如何进行选择 ……（93）
　　九、被取保候审的犯罪嫌疑人、被告人违反规定应承担哪些法律后果 …（94）
　　十、对取保候审期间重新犯罪的犯罪嫌疑人、被告人是否可以没收保证金 ……（96）
　　十一、保证人的条件是什么，原保证人因情况变化不符合条件时应如何处理 ……（96）
　　十二、保证人未尽到义务应当承担哪些法律后果 ……………………（98）
　　十三、如何确定保证金数额 ……………………………………………（99）
　　十四、如何理解对犯罪嫌疑人、被告人适用取保候审的期间 ………（100）
　　十五、保证金应当由哪个机关收取、保管、没收 ……………………（101）
　　十六、对保证金应当如何处理 …………………………………………（103）

十七、犯罪嫌疑人、被告人因违反规定保证金被没收而后来被判无罪的，保证金
　　　是否返还 …………………………………………………………………（105）
十八、对取保候审的申请应如何处理 ………………………………………（105）
十九、哪一机关有权对保证人罚款，保证人对罚款决定不服应如何救济 …（106）
二十、违反取保候审规定的犯罪嫌疑人、被告人在何种情形下可以变更为逮捕 …（108）
二十一、被监视居住的犯罪嫌疑人、被告人应当遵守哪些规定 ……………（109）
二十二、被监视居住的犯罪嫌疑人、被告人违反规定应当承担哪些法律后果 …（110）
二十三、应当如何理解对犯罪嫌疑人、被告人进行监视居住的期间 ………（111）
二十四、同一机关对同一犯罪嫌疑人、被告人是否可以重复适用取保候审
　　　　或者监视居住 ……………………………………………………（112）
二十五、对哪些犯罪嫌疑人、被告人应当解除取保候审、监视居住 ………（113）
二十六、哪些机关有权适用拘留 ………………………………………………（115）
二十七、刑事拘留的时间能否折抵行政拘留的时间 …………………………（116）
二十八、公安机关适用拘留的条件与人民检察院适用拘留的条件有何不同 …（117）
二十九、公安机关决定的拘留应当如何执行 …………………………………（118）
三十、人民检察院决定的拘留应当如何执行 …………………………………（119）
三十一、如何理解"先行拘留"中的"先行" ………………………………（120）
三十二、异地执行拘留、逮捕应当注意哪些问题 ……………………………（121）
三十三、刑事拘留应当遵守哪些法定期间 ……………………………………（122）
三十四、对犯罪嫌疑人刑事拘留后应如何处理 ………………………………（124）
三十五、公民将扭送对象扭送至国家专门机关后，国家专门机关应当如何处理 …（124）
三十六、我国法律中的逮捕权是如何在专门机关之间分配的 ………………（125）
三十七、如何理解逮捕的条件 …………………………………………………（126）
三十八、如何理解"附条件逮捕" ……………………………………………（128）
三十九、对被取保候审、监视居住的犯罪嫌疑人、被告人违反规定予以逮捕的，
　　　　是否必须同时具备《刑事诉讼法》第60条规定的逮捕的条件 …（129）
四十、人民检察院应当如何审查批捕 …………………………………………（131）
四十一、人民检察院对未成年人的审查批捕需要遵守哪些规定 ……………（133）
四十二、人民检察院如何决定逮捕 ……………………………………………（134）
四十三、人民检察院在审查逮捕中应当如何贯彻宽严相济的刑事政策 ……（136）
四十四、公安机关如对不批捕的决定有异议应当如何处理 …………………（137）
四十五、人民检察院对提请逮捕的案件进行审查后可以作出哪些决定 ……（138）
四十六、人民检察院在进行对不批捕案件的复议、复核工作中应当遵守
　　　　哪些规定 …………………………………………………………（139）
四十七、人民检察院在快速办理轻微刑事案件的批捕程序中应当遵守哪些
　　　　特殊规定 …………………………………………………………（140）

四十八、执行逮捕应当履行哪些法律程序 …………………………………… (141)
四十九、逮捕在哪些情形下可以变更为其他强制措施 ……………………… (142)
五十、在何种情形下逮捕可以被撤销 …………………………………………… (143)
五十一、人民检察院对认为羁押犯罪嫌疑人超过法定期限而提出解除的要求
　　　　应当如何处理 ………………………………………………………… (144)
五十二、变更强制措施后，原批准逮捕的决定是否有效 ……………………… (145)
五十三、人民检察院审查批捕部门办理审查逮捕的案件是否能够另行侦查 … (146)
五十四、在服刑期间重新犯罪的人是否需要作出逮捕决定 …………………… (147)
五十五、人民检察院如何对批准逮捕决定的执行进行监督 …………………… (148)
五十六、对人大代表适用拘留、逮捕等强制措施需要遵守哪些特别规定 …… (149)
五十七、对政协委员适用拘留、逮捕等强制措施需要遵守哪些特别规定 …… (151)
五十八、对外国人适用强制措施应当遵守哪些特别规定 ……………………… (152)

第七章　附带民事诉讼 ……………………………………………………………… (154)
　一、哪些主体有权提起附带民事诉讼 …………………………………………… (154)
　二、哪些主体可能在附带民事诉讼中负有赔偿责任 …………………………… (156)
　三、刑事附带民事诉讼的范围如何 ……………………………………………… (157)
　四、一审法院应当如何审查和处理附带民事诉讼 ……………………………… (158)
　五、二审法院如何审理附带民事诉讼案件 ……………………………………… (160)
　六、公安机关、检察机关是否可以对附带民事诉讼案件实行财产保全 ……… (161)
　七、刑事诉讼在没有宣告犯罪成立的情况下终止，原附带的民事诉讼部分
　　　如何救济 ……………………………………………………………………… (162)
　八、附带民事诉讼的赔偿对刑罚的确定是否有影响 …………………………… (163)

第八章　期间、送达 ………………………………………………………………… (164)
　一、期间应当如何计算 …………………………………………………………… (164)
　二、期间的补救应当具备哪些条件 ……………………………………………… (165)
　三、恢复耽误的期间应当如何计算 ……………………………………………… (166)
　四、在什么情形下期间可以重新计算 …………………………………………… (166)
　五、我国刑事诉讼中有几种送达方式，各需要遵守哪些规定 ………………… (168)

第二编　立案、侦查和起诉

第九章　立案 ………………………………………………………………………… (173)
　一、报案、控告、举报有何区别 ………………………………………………… (173)
　二、受案时应当注意哪些问题 …………………………………………………… (174)
　三、公安机关如何办理行政执法机关移送的涉嫌犯罪案件 …………………… (175)
　四、人民检察院如何办理行政执法机关移送的涉嫌犯罪案件 ………………… (177)

五、立案条件和立案标准有何区别 ……………………………………………（178）
六、如何对立案材料进行审查和处理 …………………………………………（179）
七、如何掌握初查的含义和分工 ………………………………………………（183）
八、初查的程序和要求有哪些 …………………………………………………（184）
九、人民检察院直接受理侦查案件立案、逮捕如何实行备案审查 …………（185）
十、检察机关收集调取的有关证明应该立案的材料，在通知公安机关立案时
　　是否移送给公安机关 ………………………………………………………（186）
十一、对"公安机关应当立案侦查而不立案侦查"的规定应当如何理解 …（187）
十二、人民检察院向公安机关发出《要求说明不立案理由通知书》后，公安机关
　　　在规定时限内拒不说明不立案理由的如何处理 ………………………（188）
十三、对公安机关接到《通知立案书》后，在规定时限内不予立案的情况
　　　如何处理 ……………………………………………………………………（188）
十四、对公安机关接到《通知立案书》后立而不查、久拖不决或者立案后又撤销
　　　案件的情况如何处理 ………………………………………………………（189）
十五、立案监督中的调查应如何进行 …………………………………………（190）

第十章　侦查 ……………………………………………………………………（191）
一、讯问犯罪嫌疑人应遵循哪些程序 …………………………………………（191）
二、如何确定传唤的指定地点 …………………………………………………（194）
三、讯问被传唤、拘传的犯罪嫌疑人不能在12小时以内结束应如何处理 …（195）
四、讯问未成年犯罪嫌疑人、聋哑犯罪嫌疑人应注意哪些问题 ……………（196）
五、人民检察院讯问职务犯罪嫌疑人实行全程同步录音录像在技术工作方面
　　有哪些要求 …………………………………………………………………（197）
六、询问证人、被害人应当如何进行 …………………………………………（199）
七、询问未成年人是否一律通知其法定代理人到场 …………………………（200）
八、现场勘验检查职责如何划分 ………………………………………………（201）
九、如何保护犯罪现场 …………………………………………………………（201）
十、如何进行现场勘验检查的组织与指挥 ……………………………………（202）
十一、如何做好现场勘验检查工作记录 ………………………………………（203）
十二、对哪些人可以强制进行人身检查 ………………………………………（204）
十三、对死因不明的尸体公安机关、人民检察院如何处理 …………………（205）
十四、办理强奸案件中能否检查被害人的处女膜 ……………………………（205）
十五、搜查的基本程序有哪些 …………………………………………………（206）
十六、可以不使用搜查证进行搜查的特定情形有哪些 ………………………（208）
十七、扣押物证、书证的主要程序有哪些 ……………………………………（209）
十八、扣押邮件、电子邮件、电报应当如何进行 ……………………………（210）
十九、侦查机关对应当扣押但不便提取的、不易保管的、不宜随案移送的物品、

　　　　文件应当如何处理 ……………………………………………………（211）
　二十、侦查机关对犯罪嫌疑人违法所得财物及其孳息应当如何处理 ………（212）
　二十一、侦查机关对被害人的合法财产及其孳息应当如何处理 ……………（213）
　二十二、如何查询、冻结、扣划证券和证券交易结算资金 …………………（214）
　二十三、人民检察院扣押、冻结涉案款物的程序有哪些 ……………………（216）
　二十四、人民检察院对扣押、冻结款物应当如何保管 ………………………（217）
　二十五、人民检察院对扣押、冻结款物应当如何处理 ………………………（218）
　二十六、公安机关、人民检察院能否扣划银行存款、汇款 …………………（220）
　二十七、检察机关的法医能否根据省级人民政府指定医院的医学鉴定作出
　　　　伤情程度结论 …………………………………………………………（220）
　二十八、人身伤害的重新鉴定、精神病的医学鉴定应当如何进行 …………（221）
　二十九、对精神病患者的鉴定时间是否计入办案期限 ………………………（222）
　三十、辨认的程序和要求有哪些 ………………………………………………（222）
　三十一、通缉的对象和条件有哪些 ……………………………………………（224）
　三十二、人民检察院通缉犯罪嫌疑人可否直接发布通缉令 …………………（224）
　三十三、人民检察院如何进行侦查协作 ………………………………………（225）
　三十四、内地检察机关如何同香港、澳门特别行政区进行个案协查工作 …（226）
　三十五、人民检察院办理直接受理立案侦查案件如何实行内部制约 ………（227）
　三十六、法律要求必须有见证人参加的侦查行为有哪些 ……………………（229）
　三十七、侦查机关应当如何确保办理死刑案件的质量 ………………………（231）
　三十八、如何掌握延长侦查羁押期限的批准权限和范围 ……………………（232）
　三十九、如何防止和纠正超期羁押 ……………………………………………（234）
　四十、如何重新计算侦查羁押期限 ……………………………………………（237）
　四十一、公安机关移送审查起诉的条件和程序有哪些 ………………………（239）
　四十二、公安机关撤销案件的条件和程序有哪些 ……………………………（240）
　四十三、人民检察院对侦查终结的案件如何处理 ……………………………（240）
　四十四、省级以下人民检察院对直接受理侦查案件作撤销案件决定是否需要
　　　　报上一级人民检察院批准 ……………………………………………（243）
　四十五、补充侦查的种类有哪些 ………………………………………………（244）
　四十六、人民检察院如何进行侦查监督 ………………………………………（245）
　四十七、人民监督员有权对人民检察院查办的哪些案件实行监督 …………（247）
第十一章　起诉 ……………………………………………………………………（248）
　一、人民检察院审查起诉的内容有哪些规定 …………………………………（248）
　二、审查起诉阶段，对人民检察院退回补充侦查的规定有哪些 ……………（250）
　三、提起公诉的条件有哪些 ……………………………………………………（251）
　四、属于起诉错误的情形有哪些 ………………………………………………（252）

五、属于漏诉的情形有哪些 …………………………………………… (252)
六、属于起诉质量不高的情形有哪些 …………………………………… (253)
七、对于公安机关移送审查起诉的案件，发现犯罪嫌疑人没有违法犯罪行为的
　　或犯罪事实并非犯罪嫌疑人所为的检察机关应如何处理 …………… (253)
八、对正当防卫是否可以适用法定不起诉 ……………………………… (254)
九、酌定不起诉的条件是什么 …………………………………………… (255)
十、存疑不起诉的条件是什么 …………………………………………… (256)
十一、如何理解"证据不足，不符合起诉条件" ………………………… (257)
十二、存疑不起诉是否应当给予国家赔偿 ……………………………… (257)
十三、公安机关不服不起诉决定的救济途径有哪些 …………………… (259)
十四、被害人不服不起诉决定的救济途径有哪些 ……………………… (260)
十五、被不起诉人不服不起诉决定的救济途径有哪些 ………………… (261)
十六、如何理解移送起诉时的"主要证据" …………………………… (262)
十七、人民检察院不起诉决定作出后能否再行起诉 …………………… (263)
十八、由于同案犯罪嫌疑人在逃，在案犯罪嫌疑人的犯罪事实无法查清的，
　　起诉机关应如何处理 ……………………………………………… (264)
十九、暂予监外执行的罪犯在异地又犯罪的应由何地检察机关处理 … (265)
二十、人民检察院如何正确行使撤回起诉权 …………………………… (265)

第三编　审　判

第十二章　审判组织和第一审程序 ………………………………………… (269)
　一、陪审制应在哪些案件中适用 ………………………………………… (269)
　二、审判委员会的权限有哪些 …………………………………………… (270)
　三、何种情况下刑事案件应向上级法院请示 …………………………… (272)
　四、庭前公诉审查的内容有哪些 ………………………………………… (273)
　五、庭前公诉审查后应如何处理 ………………………………………… (274)
　六、审判中如何处理追加、变更和撤回起诉问题 ……………………… (276)
　七、强奸案件被害人出庭时审理中应注意的问题有哪些 ……………… (277)
　八、人民法院审判中发现新犯罪事实应如何处理 ……………………… (278)
　九、当事人多次故意不配合法庭审理、扰乱法庭秩序，审判是否继续进行 … (278)
　十、法官如何行使庭外调查权 …………………………………………… (279)
　十一、法庭哪些情况下应制止控辩双方的发问和辩论 ………………… (280)
　十二、庭审后控辩双方是否应向法院移交证据 ………………………… (281)
　十三、案件审理期限如何确定 …………………………………………… (282)
　十四、检察机关如何对刑事审判活动进行法律监督 …………………… (283)

十五、哪些情况下可以休庭 ………………………………………………… (284)
十六、哪些情况下可以中止审理 ……………………………………………… (285)
十七、哪些情况下可以延期审理 ……………………………………………… (286)
十八、审理中被告人丧失诉讼行为能力应如何处理 ………………………… (287)
十九、法院判决能否对起诉书中指控的罪名进行变更 ……………………… (287)
二十、庭审后、宣判前同案被告人逃跑或下落不明，程序上应如何处理 ……… (289)
二十一、审理单位犯罪案件应遵守的程序规则有哪些 ……………………… (289)
二十二、简易程序适用的前提条件是什么 …………………………………… (290)
二十三、简易程序审理应如何进行 …………………………………………… (291)
二十四、何种情形下简易程序应当变更为普通程序 ………………………… (293)
二十五、普通程序简易审适用的条件是什么 ………………………………… (293)
二十六、普通程序简易审应如何进行 ………………………………………… (294)
二十七、审理未成年人犯罪案件应遵循什么庭审程序 ……………………… (295)
二十八、人民法院对扣押、冻结的赃款赃物及其他在案物品如何处理 ……… (297)
二十九、对于自诉人的起诉，人民法院应如何审查处理 …………………… (299)
三十、审理自诉案件应注意的特殊问题有哪些 ……………………………… (300)
三十一、开庭前自行辩护的被告人是否可以查阅案卷 ……………………… (302)
三十二、一审死刑案件审理中应注意的问题有哪些 ………………………… (302)

第十三章　第二审程序 …………………………………………………………… (305)
一、被告人在上诉期间死亡如何处理 ………………………………………… (305)
二、提出上诉的被告人的辩护人与近亲属应有怎样的诉讼地位 …………… (305)
三、可以上诉、抗诉的裁定有哪些 …………………………………………… (306)
四、二审中上诉的当事人是否可以撤回上诉 ………………………………… (307)
五、二审中依照一审判决刑期已满的被告人是否应当释放 ………………… (307)
六、对一审附带民事判决与刑事判决的上诉在二审程序中如何协调 ……… (308)
七、检察机关对被害人的抗诉请求如何处理 ………………………………… (309)
八、法院对上诉如何审查处理 ………………………………………………… (310)
九、二审法院如何贯彻全面审查原则 ………………………………………… (310)
十、二审的审理方式有哪些 …………………………………………………… (311)
十一、上诉不加刑原则如何适用 ……………………………………………… (313)
十二、二审法院如何对案件进行裁判 ………………………………………… (314)
十三、检察机关抗诉的一审死缓案件二审能否直接改判死刑 ……………… (316)
十四、二审法院对一审法院的准许撤诉裁定应如何审查 …………………… (316)

第十四章　死刑复核程序 ………………………………………………………… (317)
一、死刑案件复核权由哪些主体行使 ………………………………………… (317)
二、上报复核死刑案件应遵循什么程序 ……………………………………… (318)

三、上报复核死刑案件需要报送哪些材料 ……………………………… (319)

四、复核死刑案件的审理方式是什么 …………………………………… (320)

五、高级人民法院在复核死缓案件时能否直接改判死刑立即执行 ……… (321)

六、共同犯罪案件，死刑复核时发现被判处死刑被告人以外的被告人的判决内容有错误，应如何处理 ……………………………………… (321)

七、在审理最高人民法院经死刑复核后发回重新审理的案件时，应遵循哪些程序规定 ……………………………………………………… (321)

第十五章　审判监督程序 ……………………………………………… (322)

一、法院对再审申诉如何处理 …………………………………………… (322)

二、检察机关对再审申诉如何处理 ……………………………………… (325)

三、怎样理解因申诉而重新审判的理由 ………………………………… (329)

四、人民法院如何接受人民代表大会及其常务委员会监督 …………… (330)

五、人民检察院对已生效的中止诉讼的裁定能否提出抗诉 …………… (330)

六、共同犯罪案件部分犯罪人的刑罚已执行完毕，由于发现新的证据，又因同一事实被以新的罪名重新起诉的，应适用何种程序进行审理 ……… (331)

七、人民法院按照审判监督程序审理案件应遵循何种程序 …………… (331)

八、检察机关不宜提起再审抗诉的情形有哪些 ………………………… (335)

九、出庭支持再审抗诉的检察员应如何举证 …………………………… (336)

十、上级检察院能否调阅下级人民法院审判卷宗 ……………………… (336)

十一、宣告无罪后人民检察院抗诉的案件，对原审被告人采取强制措施及通知其出庭的权力属于哪个机关 ……………………………………… (337)

十二、对无期徒刑犯减刑后原审法院发现原判决确有错误应如何处理 … (337)

十三、检察机关对已生效的刑事自诉案件的裁判是否可以提出再审抗诉 … (338)

十四、上级法院审理检察机关对基层法院一审判决的再审抗诉时，发现原审被告人应判处无期徒刑以上刑罚的，应如何处理 …………………… (338)

十五、检察机关提出再审抗诉后同级法院指令下级法院审判时，由哪级检察机关派员出庭 ……………………………………………………… (339)

十六、刑事案件再审中如何处理已调解结案的民事部分的再审请求 …… (339)

第四编　执　行

第十六章　执行中的一般问题 ………………………………………… (343)

一、执行的依据是什么 …………………………………………………… (343)

二、如何确认交付执行的机关 …………………………………………… (344)

三、如何划定执行机关执行刑罚的范围 ………………………………… (344)

第十七章　各种判决、裁定的执行 …………………………………… (346)

目 录

　一、交付执行的人民法院应当如何对一案有几名罪犯的情形交付执行 ……………(346)
　二、如何理解死刑的执行方式 ……………………………………………………(347)
　三、在执行死刑前，罪犯能否同近亲属会见 …………………………………(347)
　四、对判决确定前没有被羁押的罪犯如何收监执行 …………………………(348)
　五、罪犯在管制期间又犯新罪或者被发现漏罪被判处拘役或者有期徒刑应
　　　如何执行 ………………………………………………………………………(349)
　六、能否用行政机关对被告人就同一事实的罚款折抵罚金 …………………(349)
　七、财产刑如何执行 ……………………………………………………………(350)
　八、缓刑罪犯被改判为实刑，其已执行的缓刑期间能否折抵刑期 …………(350)
　九、宣告缓刑的裁判尚未发生法律效力对在押的被告人如何处理 …………(351)
　十、对无罪判决和免除刑罚判决如何执行 ……………………………………(352)
　十一、对未成年人刑事案件如何执行 …………………………………………(352)
　十二、对罪犯刑满释放的日期如何确定 ………………………………………(353)

第十八章　执行的变更 ………………………………………………………………(354)
　一、在死刑执行过程中出现应当停止执行的情形如何适用程序 ……………(354)
　二、对死缓罪犯变更执行死刑如何适用程序 …………………………………(355)
　三、死缓期满后尚未裁定减刑前又犯新罪的如何处理 ………………………(355)
　四、有权作出暂予监外执行决定的机关有哪些 ………………………………(356)
　五、依据生效裁判公安机关将罪犯交付执行而监狱不予收监的情形如何处理 ……(357)
　六、暂予监外执行的罪犯能否外出经商 ………………………………………(357)
　七、对在保外就医期间又犯新罪的情形如何适用程序 ………………………(358)
　八、判处死缓、无期徒刑的罪犯被减为有期徒刑后能否适用保外就医 ……(358)
　九、如何理解保外就医的适用条件 ……………………………………………(359)
　十、对有漏罪的罪犯能否适用减刑 ……………………………………………(360)
　十一、罪犯未缴罚金是否影响对自由刑的减刑 ………………………………(361)
　十二、死缓减为无期徒刑后如何确定执行的日期 ……………………………(362)
　十三、假释裁定生效后发现罪犯假释前有不应假释的违规行为如何处理 …(362)

第十九章　人民检察院对执行的监督 ………………………………………………(363)
　一、人民检察院如何对死刑的执行进行临场监督 ……………………………(363)
　二、人民检察院如何对暂予监外执行的执法活动进行监督 …………………(364)
　三、人民检察院如何对减刑、假释行使监督权 ………………………………(365)

第二十章　刑事赔偿 …………………………………………………………………(367)
　一、国家承担刑事赔偿责任需要符合哪些条件 ………………………………(367)
　二、如何理解刑事赔偿的范围 …………………………………………………(368)
　三、人民法院赔偿委员会受理赔偿的案件有哪些 ……………………………(369)
　四、有罪判决生效前被超期羁押的情形是否属于刑事赔偿范围 ……………(370)

· 11 ·

五、哪些主体有权要求刑事赔偿，如何提起刑事赔偿请求 …………………… (370)
六、刑事赔偿的时效是如何规定的 ……………………………………………… (371)
七、如何确定刑事赔偿的义务机关 ……………………………………………… (372)
八、刑事赔偿请求的受理和处理程序是如何规定的 …………………………… (373)
九、由于第三人的过错而造成案件的错误，国家支付赔偿金后可否向第三人追偿 … (374)
十、刑事赔偿的方式有哪些 ……………………………………………………… (374)
十一、如何理解刑事赔偿的计算标准 …………………………………………… (375)
后　记 ……………………………………………………………………………… (377)

第一编 总　　则

第一编 总 则

第一章 任务和基本原则

一、如何坚持严格遵守法定程序原则

[法律依据]

1. 《刑事诉讼法》的相关规定：

第三条第二款 人民法院、人民检察院和公安机关进行刑事诉讼，必须严格遵守本法和其他法律的有关规定。

第四条 国家安全机关依照法律规定，办理危害国家安全的刑事案件，行使与公安机关相同的职权。

第二百二十五条 军队保卫部门对军队内部发生的刑事案件行使侦查权。

对罪犯在监狱内犯罪的案件由监狱进行侦查。

军队保卫部门、监狱办理刑事案件，适用本法的有关规定。

2. 中央军委《关于军队执行〈中华人民共和国刑事诉讼法〉若干问题的暂行规定》的相关规定：

第二条 军队保卫部门对军队内部发生的刑事案件依法行使侦查权；军事检察院、军事法院对军内人员犯罪的案件依法分别行使检察权、审判权；法律另有规定的除外。

军队和地方互涉的刑事案件依照有关规定办理。

第二十六条 本规定所称军队内部发生的刑事案件，是指部队营区内发生的刑事案件和军内人员犯罪的案件。

第二十七条 本规定所称军内人员，是指人民解放军现役军官、文职干部、士兵和具有军籍的学员、在编职工以及由军队管理的离休、退休人员。

第二十九条 中国人民武装警察部队的保卫部门、军事检察院、军事法院办理刑事案件，适用本规定。

[实践指导]

法定程序被遵守是现代法治国家的标志。程序法与实体法一样，都是一个国家法律体系的组成部分，都是维护社会秩序不可缺少的行为规范。从某种意义上说，程序法更多地约束国家权力机关，是参与程序的公民个人权利实现的保障性法律。所以，程序法的贯彻落实情况是一个国家人权保障程度的标志。

《刑事诉讼法》由于主要涉及犯罪的查明和处理问题，其程序就事关犯罪嫌疑人、被告人和服刑人的生命、自由和财产等重大权利。如果法律规定的程序可以不被遵守，就意味着国家权力的膨胀与滥用，同时，公民个人的权利也就可以被践踏。只有在刑事诉讼过程中严格执行法律的每一个具体程序要求，立法所要保护的法益才不至于被侵犯，才能实现刑事诉讼的目标，完成刑事诉讼的任务。

严格遵守法定程序原则不仅要求刑事诉讼中的国家机关工作人员按照法律的规定行使国家权力，也要求诉讼参与人认真对待每一项诉讼权利和诉讼义务。如果执法和司法人员不按照法定的程序进行诉讼活动，不仅会使国家权力的行使没有应有的效力，导致国家资源的浪费，还会因此产生个人责任；如果诉讼参与人不正确行使权利、履行义务，将要承担不利的诉讼后果。

二、如何贯彻分工负责，互相配合，互相制约原则

[法律依据]

《刑事诉讼法》的相关规定：

第三条 对刑事案件的侦查、拘留、执行逮捕、预审，由公安机关负责。检察、批准逮捕、检察机关直接受理的案件的侦查、提起公诉，由人民检察院负责。审判由人民法院负责。除法律特别规定的以外，其他任何机关、团体和个人都无权行使这些权力。

第七条 人民法院、人民检察院和公安机关进行刑事诉讼，应当分工负责，互相配合，互相制约，以保证准确有效地执行法律。

[实践指导]

反映该原则的具体制度性规定在《刑事诉讼法》和有关的司法解释中还有很多，如：公安机关对检察机关不批准逮捕的决定认为有错误时，有权向同级检察机关申请复议，意见不被采纳时，有权向上级检察机关申请复核；检察机关对人民法院的裁判认为有错误时，有权在裁判没有发生法律效力时按照二审程序的要求提出抗诉；还可以在裁判生效后，按照审判监督程序提出抗诉，要求人民法院重新审判，法院对这两种抗诉都必须以审判的方式来审查裁判的正确性，等等。笔者认为，贯彻该原则要注意以下几个方面的问题：

第一，分工负责，互相配合，互相制约原则是立法原则，刑事诉讼法在具体的程序设计中已经贯彻落实。它不是一个司法原则，因此，不需要刑事诉讼中的国家机关及其工作人员在法律规定之外去追求。

第二，分工负责、互相配合应仅指公安机关与检察机关之间的分工负责，人民法院是审判机关，是裁判者，主要职能是审查控诉的事实是否清楚，证据是否确实充分，指控的犯罪是否成立。因此，人民法院作为事实与诉求的审查者，与作为发现事实与提出诉讼请求的控诉方没有共同的诉讼目标，也就谈不上分工负责、互相配合。

第三，互相制约应主要指控诉方与审判方之间的制约，同时，控诉方的公安机关和检察机关之间也存在一定程度上的互相制约。法律中体现互相制约的具体程序规定，是各主体间互相制约的依据，不允许在法律规定之外实施制约。

第四，该原则正确贯彻落实的关键是审判机关的中立。控审分离原则是司法公正的前提，审判机关不能与控诉和辩护的任何一方互相配合，尤其是由国家机关负责的控诉方。审判者只有与诉讼纠纷双方保持同样的距离，才能公正行使审判权。

三、贯彻法律监督原则应注意哪些问题

[法律依据]

《刑事诉讼法》的相关规定：

第八条　人民检察院依法对刑事诉讼实行法律监督。

[实践指导]

体现该原则的具体法律规定几乎贯穿了刑事诉讼过程的始终，从立案、侦查，到起诉、审判，到裁判的执行，检察机关的法律监督身影随处可见。检察机关对刑事诉讼活动的监督，必须注意以下问题：

第一，监督者不是领导者，不具有改变决定的权力。检察机关的监督要到位而不越位，要按照法律的规定程序进行，不允许超越法律的授权履行监督职责。

第二，监督者是以另外一个主体的身份存在，不具有替代行使被监督者的权力。要坚决禁止在检察机关的监督意见不被接受时，违反法律的规定行使被监督者的职权。更不允许"对人不对事"的充满情绪对立的监督。

第三，监督活动务必以法律规定的方式进行。根据《刑事诉讼法》和有关司法解释的规定，检察机关的监督可以口头进行，也可以发出纠正违法通知书，还可以发出司法建议函。检察机关必须根据违法的主体以及具体的违法程度，决定以何种方式进行监督。

第四，检察机关要避免法律监督权力与控诉犯罪权力的冲突。我国的立法设计不仅将检察机关定位为法律监督机关，同时还使其承担控诉犯罪的职责，这就使检察机关在刑事诉讼中扮演了不同的诉讼角色，极易造成诉讼活动的无序。因此，检察机关必须在不同的诉讼活动中把握好分寸，尤其不能冲击审判机关的审判权威。

四、如何理解和执行法院统一行使定罪权原则

[法律依据]

1.《刑事诉讼法》的相关规定：

第十二条　未经人民法院依法判决，对任何人都不得确定有罪。

第八十六条　人民法院、人民检察院或者公安机关对于报案、控告、举报和自首的材料，应当按照管辖范围，迅速进行审查，认为有犯罪事实需要追究刑事责任的时候，应当立案；认为没有犯罪事实，或者犯罪事实显著轻微，不需要追究刑事责任的时候，不予立案，并且将不立案的原因通知控告人。控告人如果不服，可以申请复议。

第一百四十二条第二款　对于犯罪情节轻微，依照刑法规定不需要判处刑罚或者免除刑罚的，人民检察院可以作出不起诉决定。

2.最高人民检察院《人民检察院刑事诉讼规则》的相关规定：

第二百九十条第二款　（三）案件事实，包括否定或者指控被不起诉人构成犯罪的事实以及作为不起诉决定根据的事实；

[实践指导]

从上述规定可以看出，公安机关、检察机关和人民法院在立案的环节，对"犯罪事实显著轻微、不需要追究刑事责任的"，可以作不立案的处理。笔者认为，犯罪事实显著轻微的，刑法的评价已经进行完毕，应属于行为构成犯罪。追究刑事责任的方式有两种，一种是认定行为构成犯罪并处以刑罚，另一种就是认定犯罪但不处以刑罚，所以，只要认定犯罪成立就已经追究了刑事责任。可见，依据刑法的规定和相关理论，并不存在由于情节轻微被认定为犯罪还不需要追究刑事责任的情形。据此，笔者认为，《刑事诉讼法》第86条的表述存在矛盾，而且，按照该法第12条的原则要求，不允许在没有经过人民法院依法判决的立案阶段认定任何人有罪，因此，"犯罪事实显著轻微"应指《刑法》第13条中的"但书"部分的情形，属"情节显著轻微危害不大、不认为是犯罪的"。面对此项规定的矛盾与瑕疵，要坚持《刑事诉讼法》第12条的原则性要求，不可以在立案阶段只因为情节较轻而对犯罪行为不予立案，放纵犯罪。如果不立案的同时还宣布其行为构成犯罪，又侵犯了人民法院对行为的统一定罪权。

从上述规定还可以看出，检察机关作出的相对不起诉又是对行为进行了犯罪的定性认定，而且，这种决定是终局性的处理。在不起诉书中还要求写明构成犯罪的事实，显然是有罪的宣告，这与法院统一行使定罪权原则冲突。由于相对不起诉决定对犯罪事实的认定没有经过法庭审判的方式，极易侵犯被不起诉人的诉讼权利，所以，笔者建议检察机关尽量少地使用相对不起诉，并且，在作相对不起诉的决定时要以被不起诉人认罪为前提条件，以避免控辩双方存在争议时诉讼程序就终止，使矛盾无法在诉讼程序中消化，从而引发新的纠纷发生。

五、依法不追诉情形应如何处理

[法律依据]

1. 《刑事诉讼法》的相关规定：

第十五条 有下列情形之一的，不追究刑事责任，已经追究的，应当撤销案件，或者不起诉，或者终止审理，或者宣告无罪：（一）情节显著轻微、危害不大，不认为是犯罪的；（二）犯罪已过追诉时效期限的；（三）经特赦令免除刑罚的；（四）依照刑法告诉才处理的犯罪，没有告诉或者撤回告诉的；（五）犯罪嫌疑人、被告人死亡的；（六）其他法律规定免予追究刑事责任的。

2. 最高人民检察院《人民检察院刑事诉讼规则》的相关规定：

第二百三十七条 侦查过程中，发现具有下列情形之一的，应当由检察人员写出撤销案件意见书，经侦查部门负责人审核后，报请检察长或者检察委员会决定撤销案件：（一）具有刑事诉讼法第十五条规定情形之一的；（二）没有犯罪事实的，或者依照刑法规定不负刑事责任和不是犯罪的；（三）虽有犯罪事实，但不是犯罪嫌疑人所为的。

对于共同犯罪的案件，如有符合本条规定情形的犯罪嫌疑人，应当撤销对该犯罪嫌疑人的立案。

第二百三十八条 撤销案件的决定，应当分别送达犯罪嫌疑人所在单位和犯罪嫌疑人。犯罪嫌疑人死亡的，应当送达犯罪嫌疑人原所在单位。如果犯罪嫌疑人在押，应当制作决定释放通知书，通知公安机关依法释放。

第二百三十九条 人民检察院撤销案件时，对犯罪嫌疑人的违法所得应当区分不同情形，作出相应处理：（一）因犯罪嫌疑人死亡而撤销案件的，如果被冻结的犯罪嫌疑人的存款、汇款应当予以没收或者返还被害人，可以申请人民法院裁定，通知冻结机关上缴国库或者返还被害人；因其他原因撤销案件的，直接通知冻结机关上缴国库或者返还被害人。（二）对扣押在人民检察院的犯罪嫌疑人的违法所得需要没收的，应当提出检察建议，移送有关主管机关处理；需要返还被害人的，直接决定返还被害人。

第二百四十二条　人民检察院直接立案侦查的案件，对犯罪嫌疑人没有采取取保候审、监视居住、拘留或者逮捕措施的，侦查部门应当在立案后二年以内提出移送审查起诉、移送审查不起诉或者撤销案件的意见；对犯罪嫌疑人采取取保候审、监视居住、拘留或者逮捕措施的，侦查部门应当在解除或者撤销强制措施后一年以内提出移送审查起诉、移送审查不起诉或者撤销案件的意见。

第二百七十七条　在审查起诉中犯罪嫌疑人死亡，对犯罪嫌疑人的存款、汇款应当依法予以没收或者返还被害人的，可以申请人民法院裁定通知冻结犯罪嫌疑人存款、汇款的金融机构上缴国库或者返还被害人。

人民检察院申请人民法院裁定处理犯罪嫌疑人存款、汇款的，应当向人民法院移送有关案件材料。

第二百八十六条　人民检察院对于退回补充侦查的案件，仍然认为证据不足，不符合起诉条件的，经检察委员会讨论决定，可以作出不起诉决定。

作出不起诉决定前应当根据案件情况在法律规定的范围内确定补充侦查的次数。

具有下列情形之一，不能确定犯罪嫌疑人构成犯罪和需要追究刑事责任的，属于证据不足，不符合起诉条件：（一）据以定罪的证据存在疑问，无法查证属实的；（二）犯罪构成要件事实缺乏必要的证据予以证明的；（三）据以定罪的证据之间的矛盾不能合理排除的；（四）根据证据得出的结论具有其他可能性的。

第二百八十七条　人民检察院根据刑事诉讼法第一百四十条第四款规定决定不起诉的，在发现新的证据，符合起诉条件时，可以提起公诉。

第二百八十八条　人民检察院对于符合刑事诉讼法第十五条规定的情形之一的案件，经检察长决定，应当作出不起诉决定。

第二百八十九条　人民检察院对于犯罪情节轻微，依照刑法规定不需要判处刑罚或者免除刑罚的，经检察委员会讨论决定，可以作出不起诉决定。

第二百九十一条　人民检察院决定不起诉的案件，可以根据案件的不同情况，对被不起诉人予以训诫或者责令具结悔过、赔礼道歉、赔偿损失。

对被不起诉人需要给予行政处罚、行政处分或者需要没收其违法所得的，人民检察院应当提出检察意见，连同不起诉决定书一并移送有关主管机关处理。

第二百九十三条　人民检察院决定不起诉的案件，需要对侦查中扣押、冻结的财物解除扣押、冻结的，应当书面通知作出扣押、冻结决定的机关或者执行扣押、冻结决定的机关解除扣押、冻结。

第二百九十四条　不起诉的决定，由人民检察院公开宣布。公开宣布不起诉决定的活动应当记明笔录。

不起诉决定书自公开宣布之日起生效。

3. 最高人民法院《关于执行〈中华人民共和国刑事诉讼法〉若干问题的解释》的相关规定：

第一百一十七条　案件经审查后，应当根据不同情况分别处理：（一）对于不属于本院管辖或者被告人不在案的，应当决定退回人民检察院；（二）对于不符合本解释第一百一十六条第（二）至（九）项规定之一，需要补送材料的，应当通知人民检察院在三日内补送；（三）对于根据刑事诉讼法第一百六十二条第（三）项规定宣告被告人无罪，人民检察院依据新的事实、证据材料重新起诉的，人民法院应当依法受理；（四）依照本解释第一百七十七条规定，人民法院裁定准许人民检察院撤诉的案件，没有新的事实、证据，人民检察院重新起诉的，人民法院不予受理；（五）对于符合刑事诉讼法第十五条第（二）至（六）项规定的情形的，应当裁定终止审理或者决定不予受理；（六）对于被告人真实身份不明，但符合刑事诉讼法第一百二十八条第二款规定的，人民法院应当依法受理。

第一百七十六条　人民法院应当根据案件的具体情形，分别作出裁判：（一）起诉指控的事实清楚，证据确实、充分，依据法律认定被告人的罪名成立的，应当作出有罪判决；（二）起诉指控的事实清楚，证据确实、充分，指控的罪名与人民法院审理认定的罪名不一致的，应当作出有罪判决；（三）案件事实清楚，证据确实、充分，依据法律认定被告人无罪的，应当判决宣告被告人无罪；（四）证据不足，不能认定被告人有罪的，应当以证据不足，指控的犯罪不能成立，判决宣告被告人无罪；（五）案件事实部分清楚，证据确实、充分的，应当依法作出有罪或者无罪的判决；事实不清、证据不足部分，依法不予认定；（六）被告人因不满十六周岁，不予刑事处罚的，应当判决宣告被告人不负刑事责任；（七）被告人是精神病人，在不能辨认或者不能控制自己行为的时候造成危害结果，不予刑事处罚的，应当判决宣告被告人不负刑事责任；（八）犯罪已过追诉时效期限，并且不是必须追诉或者经特赦令免除刑罚的，应当裁定终止审理；（九）被告人死亡的，应当裁定终止审理；对于根据已查明的案件事实和认定的证据材料，能够确认被告人无罪的，应当判决宣告被告人无罪。

第一百八十八条　对于自诉案件，人民法院经审查有下列情形之一的，应当说服自诉人撤回起诉，或者裁定驳回起诉：（一）不符合本解释第一百八十六条规定的条件的；（二）证据不充分的；（三）犯罪已过追诉时效期限的；（四）被告人死亡的；（五）被告人下落不明的；（六）除因证据不足而撤诉的以外，自诉人撤诉后，就同一事实又告诉的；（七）经人民法院调解结案后，自诉人反悔，就同一事实再行告诉的。

第二百四十八条　共同犯罪案件，如果提出上诉的被告人死亡，其他被告人没有提出上诉，第二审人民法院仍应当对全案进行审查。死亡的被告人不构成犯罪的，应当宣告无罪；审查后认为构成犯罪的，应当宣布终止审理。对其他同案被告人仍应当作出判决或者裁定。

4. 公安部《公安机关办理刑事案件程序规定》的相关规定：

第二百六十八条　在侦查过程中，发现犯罪嫌疑人不够刑事处罚需要行政处理的，经县级以上公安机关批准，对犯罪嫌疑人依法予以行政处理或者移交其他有关部门处理。

[实践指导]

依法不追诉原则在《刑事诉讼法》、司法解释以及相关的规定中均没有穷尽一切不应追诉的情形，如法律没有将不具有社会危害性的行为概括进去；而且，现有的程序也不能满足实践的需要，如在审查起诉中犯罪嫌疑人死亡，人民检察院申请人民法院裁定处理犯罪嫌疑人存款、汇款的，没有规定人民法院的具体裁判程序及其以后的救济程序；有些程序在一定程度上缺乏合理性，如二审中共同犯罪的某一被告人死亡的，二审法院不管一审判决涉及死亡者部分的内容正确与否，即终止对其的审判。面对这种立法状况，笔者建议实务部门能按照立法的精神和法学原理，摸索出切实可行的操作方案，并积极向立法机关和有权制定司法解释的机关提出建设性意见。

六、法院、检察院在依法等独立行使职权中如何与党的纪检部门协作

[法律依据]

1. 《刑事诉讼法》的相关规定：

第五条　人民法院依照法律规定独立行使审判权，人民检察院依照法律规定独立行使检察权，不受行政机关、社会团体和个人的干涉。

2. 中共中央纪律检查委员会、最高人民法院、最高人民检察院、公安部《关于纪律检查机关与法院、检察院、公安机关在查处案件过程中互相提供有关案件材料的通知》的相关规定：

一、由县级以上纪律检查机关或党委（党组）立案检查的案件，在检查过程中，发现需由法院、检察院、公安机关依法查处的违法犯罪案件，或在党纪处理之后，还需追究刑事责任的，应按照公、检、法之间案件管辖的分工，与所在地的公、检、法机关取得联系，把立案材料（正在检查的案件，提供主要证据；已处理的案件，提供处分决定、调查报告、主要证据和本人交待材料）移送法院、检察院、公安机关。

二、法院、检察院、公安机关在接到纪律检查机关或党委（党组）的案件材料和建议后，应及时进行审查。对应立案侦查的，应及时立案，并通知原送案单位；经过审查，不予立案的，应说明不立案的理由，并将材料退回原送案单位。

三、法院、检察院、公安机关查处的党员违法犯罪案件，在依法处理前，有关纪律检查机关或党委决定要作党纪处分，需要法院、检察院、公安机关提供有关材料的，法院、检察院、公安机关应积极配合。

四、法院对犯罪的党员依法判决后，应将判决书（或裁定书）副本送有关纪律检查机关或党委（党组）。有关纪律检查机关或党委认为对犯罪的党员需要作出党纪处分的，可以到作出判决的法院摘抄或复制主要证据和本人交待等材料。党员在外省或外地犯罪被依法判决的，党员组织关系所在地的县以上纪律检查机关可以函请作出判决的法院代为摘抄或复制主要证据和本人交待等材料，或者发函委托当地纪检机关到法院摘抄、复制有关材料。法院应予协助、支持。摘抄、复制材料所需的费用，由发函单位承担。

五、检察院对违法犯罪党员的不起诉的决定副本应送有关纪律检查机关或党委（党组）。需要作出党纪处分的，有关纪律检查机关或党委可以到检察院摘抄或复制主要证据和本人交待等材料。检察院应予协助、支持。

六、公安机关在办理治安管理处罚案件，法院在办理民事、经济和行政案件的过程中，发现共产党员严重违反共产主义道德、工作失职或其他严重错误，亦应向纪律检查机关及时通报情况，提供有关材料，以便纪检机关查处。

七、纪律检查机关与法院、检察院、公安机关互相交接案件的有关材料时，必须正式办理手续。

[实践指导]

法院、检察院与党的纪检部门常常发生工作交叉，即在法院、检察院审理和查处犯罪案件时，往往发现一些党员违纪的事实，需要移交纪检部门处理；纪检部门在查处党员违纪案件时也可能发现一些犯罪事实，需要移交司法机关处理。对于纪检部门移送过来的案件，法

院、检察院不能将有关证据材料视为"当然"真实,继而将其作为定案的根据,而应当将其仅仅视为一般的证据线索,再通过刑事诉讼法规定的获取各种证据的程序予以固定与审查,并与其他证据一样接受法庭的审查。因为尽管纪检部门对违纪行为的处理也有严格的程序要求,但是,它不能替代《刑事诉讼法》规定的侦查取证程序,如果刑事侦查活动和起诉、审判工作证明纪检部门移送的证据材料不真实、应不予采信。刑事法律程序的严肃性、谨慎性和法定性,决定了刑事诉讼中的证据具有最严格的标准和最强的法律效力。

七、如何贯彻以事实为根据、以法律为准绳原则

[法律依据]

1.《刑事诉讼法》的相关规定:

第六条 人民法院、人民检察院和公安机关进行刑事诉讼,必须依靠群众,必须以事实为根据,以法律为准绳。对于一切公民,在适用法律上一律平等,在法律面前,不允许有任何特权。

2. 最高人民法院《关于执行〈中华人民共和国刑事诉讼法〉若干问题的解释》的相关规定:

第五十二条 需要运用证据证明的案件事实包括:(一)被告人的身份;(二)被指控的犯罪行为是否存在;(三)被指控的行为是否为被告人所实施;(四)被告人有无罪过,行为的动机、目的;(五)实施行为的时间、地点、手段、后果以及其他情节;(六)被告人的责任以及与其他同案人的关系;(七)被告人的行为是否构成犯罪,有无法定或者酌定从重、从轻、减轻处罚以及免除处罚的情节;(八)其他与定罪量刑有关的事实。

3. 最高人民检察院《人民检察院刑事诉讼规则》的相关规定:

第二百五十条 人民检察院审查移送起诉的案件,必须查明:(一)犯罪嫌疑人身份状况是否清楚,包括姓名、性别、国籍、出生年月日、职业和单位等;(二)犯罪事实、情节是否清楚,认定犯罪性质和罪名的意见是否正确;有无法定的从重、从轻、减轻或者免除处罚的情节;共同犯罪案件的犯罪嫌疑人在犯罪活动中的责任的认定是否恰当;(三)证据材料是否随案移送,不宜移送的证据的清单、复制件、照片或者其他证明文件是否随案移送;(四)证据是否确实、充分;(五)有无遗漏罪行和其他应当追究刑事责任的人;(六)是否属于不应当追究刑事责任的;(七)有无附带民事诉讼;对于国家财产、集体财产遭受损失的,是否需要由人民检察院提起附带民事诉讼;(八)采取的强制措施是否适当;(九)侦查活动是否合法;(十)与犯罪有关的财物及其孳息是否扣押、冻结并妥善保管,以供核查。对被害人合法财产的返还和对违禁品或者不宜长期保存的物品的处理是否妥当,移送的证明文件是否完备。

4. 公安部《公安机关办理刑事案件程序规定》的相关规定:

第二百六十一条 侦查终结的案件,侦查人员应当制作结案报告。

结案报告应当包括以下内容:(一)犯罪嫌疑人的基本情况;(二)是否采取了强制措施及其理由;(三)案件的事实和证据;(四)法律依据和处理意见。

[实践指导]

贯彻以事实为根据、以法律为准绳原则,应注意以下两个方面:

第一,这里所说的事实,是指程序法意义上的事实。程序法意义上的事实,是指被证据

证明了的事实,而不一定是客观事实。虽然从一般意义上讲世界是可知的,但并不是每一个案件都一定被认识。由于诸多主客观原因的限制,有些案件在规定的时限内用法定的手段无法查清。也由于各种因素的影响,在诉讼中出现的有些证据并不真实,因此,最后被认定的案件事实有可能与客观上发生过的事实存在偏差,甚至是完全不相符。我们不能盲目追求客观事实,而置法律的程序约束于不顾。那样,就会导致诉讼的无限拖延,也会使办案人员超越法律的规制,从而侵犯程序法所保护的法益。我们倡导这样的法律理念:在现有的程序法框架内,刑事诉讼活动能够发现并证明大多数案件的客观事实,对少数案件实体真实追求的放弃,是利弊权衡后的理性选择。

第二,以法律为准绳不仅要求严格执行实体法,也还要求恪守程序法对诉讼活动的每一个具体程序限制。我国长期以来存在的"重实体,轻程序"的立法和执法观念,使得程序法立法技术粗糙,并在执行中被严重忽视,并最终导致刑事诉讼中的公民个人人权经常受到不应有的侵犯。我们必须树立起这样的观念:程序法也是法律,程序法是实体法正确适用的保障,违反程序法不仅会直接破坏程序公正,还会导致实体法适用的错误。

八、如何保障诉讼参与人诉讼权利

[法律依据]

《刑事诉讼法》的相关规定:

第十四条　人民法院、人民检察院和公安机关应当保障诉讼参与人依法享有的诉讼权利。

对于不满十八岁的未成年人犯罪的案件,在讯问和审判时,可以通知犯罪嫌疑人、被告人的法定代理人到场。

诉讼参与人对于审判人员、检察人员和侦查人员侵犯公民诉讼权利和人身侮辱的行为,有权提出控告。

[实践指导]

保障诉讼参与人诉讼权利原则是刑事诉讼活动必须坚持的重要原则,它贯彻落实的好与坏,不仅关系到国家诉讼活动能否完成任务,还关系到诉讼中的公民个人和相关单位权利的保护。诉讼参与人诉讼权利的正常行使,不仅保护了其自身的诉讼利益和实体利益,对于追诉犯罪的国家活动的正确开展也有着十分明显的积极意义。诉讼参与人所反映的诉讼信息,为案件的侦查、起诉和审判等活动提供了前提和基础,有些最终成为认定案件事实的根据;没有诉讼参与人的配合,国家权力机关各种诉讼活动都难以进行。同时,诉讼参与人的诉讼权利也是对国家权力的一个制约,能防止国家权力的滥用。

然而,目前的《刑事诉讼法》和相关的司法解释虽然有很多保障诉讼参与人权利的条款,但真正能起到制约国家权力作用的还很少。有些方面明显存在法律规定的缺憾和漏洞,如刑事诉讼法没有规定从诉讼一开始到诉讼终结被追诉者有随时获得律师帮助的权利,即便是弱势群体也没有这样的特权;有些方面存在法律规定不具有强制性的问题,如不满十八岁的未成年人犯罪的案件,在讯问和审判时,"可以"通知犯罪嫌疑人、被告人的法定代理人到场;有些方面存在法律规定不具有可操作性的缺陷,如《刑事诉讼法》第49条第1款规定:"人民法院、人民检察院和公安机关应当保障证人及其近亲属的安全。"又如,第57条规定:"犯罪嫌疑人、被告人及其法定代理人、近亲属或者犯罪嫌疑人、被告人委托的律师及其他辩护人对于人民法院、人民检察院或者公安机关采取强制措施超过法定期限的，有权要求解除强制措施。人民法院、人民检察院或者公安机关对于被采取强制措施超过法定期限的犯罪嫌疑人、被告人应当予以释放、解除取保候审、监视居住或者依法变更强制措施。"而对于上述国家权力机关应当履行义务却没有履行的情况发生时，法律并没有对诉讼参与人权利规定救济性途径。

面对这样的立法状况，司法实务部门必须提高对该原则重要性的认识，在具体诉讼活动中做到：法律规定存在"必须"、"应当"等强制要求的，严格按法律规定进行；法律规定不具有强制性的，尽量按法律的导向去做；法律规定不够细化的，依据立法精神寻求处理的有效方式。切不可利用法律规定落后的弊端，为个人工作方便而侵害诉讼参与人的权益。同时，还要不断总结实践中的经验教训，为将来的立法完善提出建设性意见。

第二章 管 辖

一、我国对根据国际条约所承担的条约义务范围内规定的罪行应如何行使刑事管辖权

[法律依据]

1. 全国人民代表大会常务委员会《关于对中华人民共和国缔结或者参加的国际条约所规定的罪行行使刑事管辖权的决定》的相关规定：

对于中华人民共和国缔结或者参加的国际条约所规定的罪行，中华人民共和国在所承担条约义务的范围内，行使刑事管辖权。

2. 最高人民法院《关于执行〈中华人民共和国刑事诉讼法〉若干问题的解释》的相关规定：

第七条 对于中华人民共和国缔结或者参加的国际条约所规定的罪行，中华人民共和国在所承担条约义务的范围内，行使刑事管辖权。

前款规定的案件由被告人被抓获地的中级人民法院管辖。

3. 几个公约的有关条款

(1)《关于防止和惩处侵害应受国际保护人员包括外交代表的罪行的公约》的相关规定：

第三条第二款 每一缔约国应同样采取必要措施，于嫌疑犯在本国领土内，而本国不依第8条规定将该犯引渡至本条第1款所指明的国家时，对这些罪行确定其管辖权。

第七条 缔约国于嫌疑犯在其领土内时，如不予以引渡，则应毫无例外，并不得不当稽延，将案件交付主管当局，以便依照本国法律规定的程序提起刑事诉讼。

(2)《海牙公约》的相关规定：

第四条第二款 当被指称的罪犯在缔约国领土内，而该国未按第8条的规定将此人引渡

给本条第 1 款所指的任一国家时，该缔约国应同样采取必要措施，对这种罪行实施管辖权。

第七条 在其境内发现被指称的罪犯的缔约国，如不将此人引渡，则不论罪行是否在其境内发生，应无例外地将此案件提交其主管当局以便起诉。该当局按照本国法律以对待任何严重性质的普通罪行案件的同样方式作出决定。

(3)《蒙特利尔公约》的相关规定：

第五条第二款 当被指称的罪犯在缔约国领土内，而该国未按第 8 条的规定将此人引渡给本条第 1 款所指的任一国家时，该缔约国应同样采取必要措施，对第 1 条第 1 款（甲）、（乙）和（丙）项所指的罪行，以及对第 1 条第 2 款 所列与这些款项有关的罪行实施管辖权。

第 7 条与《海牙公约》第 7 条相同。

(4)《核材料实物护公约》的相关规定：

第八条第二款 每一缔约国应同样采取必要措施，以便在被控犯人在该国领土内未按第 11 条规定将其引渡给第 1 款所述任何国家时，对这些罪行确立其管辖权。

(5)《反对劫持人质国际公约》的相关规定：

第五条第二款 每一缔约国于嫌疑犯在本国领土内，而不将该嫌疑犯引渡至本条第 1 款所指国家时，也应采取必要措施，对第 1 条所称的罪行确立其管辖权。

第八条第一款 领土内发现嫌疑犯的缔约国，如不将该人引渡，应毫无例外地而且不论罪行是否在其领土内发生，通过该国法律规定的程序，将案件送交该国主管机关，以便提起公诉。此等机关应按该国法律处理任何普通严重罪行案件的方式作出判决。

二、海关缉私局的性质、权限和立案侦查的案件范围是什么

[法律依据]

最高人民法院、最高人民检察院、公安部、司法部、海关总署《关于走私犯罪侦查机关办理走私犯罪案件适用刑事诉讼程序若干问题的通知》的相关规定：

根据《国务院关于缉私警察队伍设置方案的批复》（国函〔1998〕53 号）和《国务院办公厅关于组建缉私警察队伍实施方案的复函》（国办函〔1998〕52 号），海关总署、公安部组建成立走私犯罪侦查局，纳入公安部编制机构序列，设在海关总署。缉私警察是对走私犯罪案件依法进行侦查、拘留、执行逮捕、预审的专职刑警队伍，走私犯罪侦查局既是海关总署的一个内设局，又是公安部的一个序列局，实行海关与公安双重垂直领导、以海关领导为主的体制，按照海关对缉私工作的统一部署和指挥，部署警力，执行任务。走私犯罪侦查局在广东分署和全国各直属海关设立走私犯罪侦查分局；走私犯罪侦查分局原则上在隶属海关设立走私犯罪侦查支局。各级走私犯罪侦查机关负责其所在海关业务管辖区域内的走私犯罪案件的侦查工作。

一、走私犯罪侦查机关在中华人民共和国海关关境内，依法查缉涉税走私犯罪案件和发生在海关监管区内的走私武器、弹药、核材料、伪造的货币、文物、贵重金属、珍贵动物及其制品、珍稀植物及其制品、淫秽物品、固体废物和毒品等非涉税走私犯罪案件，接受海关调查部门、地方公安机关（包括公安边防部门）和工商行政等执法部门查获移送的走私犯罪案件。

五、走私犯罪侦查机关在侦办走私犯罪案件过程中，需要提请批准逮捕走私犯罪嫌疑人

时，应按《程序规定》制作相应的法律文书，连同有关案卷材料、证据，直接移送走私犯罪侦查机关所在地的分、州、市级人民检察院审查决定。

六、走私犯罪侦查机关对犯罪事实清楚，证据确实、充分，已侦查终结的案件，应当制作《起诉意见书》，连同案卷材料、证据，一并移送走私犯罪侦查机关所在地的分、州、市级人民检察院审查决定。

七、人民检察院认为走私犯罪嫌疑人的犯罪事实已经查清，证据确实、充分，依法应当追究刑事责任的，应当依法提起公诉。对于基层人民法院管辖的案件，可以依照刑事诉讼法第二十三条的规定，向当地中级人民法院提起公诉，人民法院应当依法作出判决。

九、对走私犯罪案件的侦查、提起公诉、审判的其他程序，依照《中华人民共和国刑事诉讼法》以及其他相关法律的规定办理。

十、对经侦查不构成走私罪和人民检察院依法不起诉或者人民法院依法免予刑事处罚的走私案件，依照《中华人民共和国海关法》的规定，移送海关调查部门处理。

十一、海关调查部门、地方公安机关（包括公安边防部门）和工商行政等执法部门对于查获的需移送走私犯罪侦查机关的案件，应当就近移送。走私犯罪侦查机关应及时接受，出具有关手续，并将案件处理结果书面通报移送部门。

三、军队保卫部门立案侦查的案件有哪些

[法律依据]

1. 《刑事诉讼法》的相关规定：

第二百二十五条　军队保卫部门对军队内部发生的刑事案件行使侦查权。对罪犯在监狱内犯罪的案件由监狱进行侦查。

军队保卫部门、监狱办理刑事案件，适用本法的有关规定。

2. 中央军委《关于军队执行〈中华人民共和国刑事诉讼法〉若干问题的暂行规定》中的相关规定：

第二条第一款　军队保卫部门对军队内部发生的刑事案件依法行使侦查权；军事检察院、军事法院对军内人员犯罪的案件依法分别行使检察权、审判权；法律另有规定的除外。

第二十六条　本规定所称军队内部发生的刑事案件，是指部队营区内发生的刑事案件和军内人员犯罪的案件。

第二十七条　本规定所称军内人员，是指人民解放军现役军官、文职干部、士兵和具有军籍的学员、在编职工以及由军队管理的离休、退休人员。

[实践指导]

根据上述法律规定，军队保卫部门管辖的刑事案件，实行属人和属地相结合的原则，具体包括军内人员犯罪的案件和非军内人员在部队营区内犯罪的案件两类。

军内人员犯罪的案件，包括以下两类：第一，《刑法》第10章规定的军人违反职责罪的犯罪案件。具体包括：（1）战时违抗命令案；（2）隐瞒、谎报军情案；（3）拒传、假传军令案；（4）投降案；（5）战时临阵脱逃案；（6）擅离、玩忽军事职守案；（7）阻碍执行军事职务案；（8）指使部属违反职责案；（9）违令作战消极案；（10）拒不救援友邻部队案；（11）军人叛逃案；（12）非法获取军事秘密案；（13）为境外窃取、刺探、收买、非法提供军事秘密

案；(14) 故意泄露军事秘密案；(15) 过失泄露军事秘密案；(16) 战时造谣惑众案；(17) 战时自伤案；(18) 逃离部队案；(19) 武器装备肇事案；(20) 擅自改变武器装备编配用途案；(21) 盗窃、抢夺武器装备、军用物资案；(22) 非法出卖、转让武器装备案；(23) 遗弃武器装备案；(24) 遗失武器装备案；(25) 擅自出卖、转让军队房地产案；(26) 虐待部属案；(27) 遗弃伤病军人案；(28) 战时拒不救治伤病军人案；(29) 战时残害居民、掠夺居民财物案；(30) 私放俘虏案；(31) 虐待俘虏案。第二，军内人员实施的军人违反职责罪以外的普通刑事犯罪案件，如盗窃、故意伤害案件等。此类案件实施主体为军内人员，属于军队内部发生的刑事案件，应由军队保卫部门立案侦查。

非军内人员在部队营区内犯罪的案件，是指军内人员以外的地方人员在部队营区内实施的犯罪。根据前述法律规定，此类案件也属于在军队内部发生的刑事案件，应由军队保卫部门立案侦查。

四、如何确定军队和地方互涉案件的立案管辖

[法律依据]

1. 最高人民法院、最高人民检察院、公安部、中国人民解放军总政治部《关于军队和地方互涉案件几个问题的规定》的相关规定：

一、现役军人（含在编职工，以下同）在地方作案被当场抓获，按《中华人民共和国逮捕拘留条例》的规定，当地公安机关可以将其拘留，移交其所在部队保卫部门处理。

二、现役军人和地方人员共同在部队营区作案的，以军队保卫部门为主组织侦查，地方公安机关配合；现役军人和地方人员共同在地方作案的，以地方公安机关为主组织侦查，军队保卫部门配合。对犯罪分子，由地方和军队共同研究，通盘考虑，在取得一致意见后，分别由地方、军队公安机关、保卫部门、人民检察院、人民法院依法处理。

三、地方人员到军队作案，由军队保卫部门与地方公安机关共同查清犯罪事实，由地方公安机关、人民检察院、人民法院依法处理。

四、现役军人入伍前在地方上作案，由地方公安机关提供犯罪证据材料，送交军队军以上保卫部门审查，确认应依法追诉的，由保卫部门拘留，提请有关部门办理退役手续后，移交有关地方公安机关、人民检察院、人民法院处理。

五、军人退出现役后，发现其在服役期内作案，依法应当追诉的，由军队保卫部门、军事检察院、军事法院负责查清犯罪事实，将案卷材料移送其所在县以上公安机关、人民检察院、人民法院处理；属于在服役期间犯下军人违反职责罪的，仍由军事检察院、军事法院处理。

六、军队非编职工和随军的军人家属子女在部队营区作案，由军队保卫部门协助当地公安机关查清犯罪事实，由地方公安机关、人民检察院、人民法院依法处理。

七、属于军队保卫部门管辖的案件，需到地方居民住地搜查时，应同当地公安机关联系，由公安机关依法进行搜查。属于地方公安机关管辖的案件，需到部队营区和现役军人住地搜查时，应同军队保卫部门联系，由军队保卫部门依法进行搜查。

八、现役军人在地方作案，地方人员到军队作案，其罪证、赃款、赃物应随案移交。对其中属于抢劫、盗窃、侵吞、非法占有的公、私财物，在案件处理终结时，应按有关规定上交国库或归还原主。

九、由军事法院判处徒刑并开除军籍或公职的犯罪分子，移送地方劳改单位服刑的，服刑期满后，由所在劳改单位依法予以释放安置。

2. 最高人民检察院、公安部、中国人民解放军总政治部《关于军队和地方互涉案件侦查工作的补充规定》的相关规定：

一、军队营区发生的案件，判断有可能是地方人员作案或者与现役军人（含在军队编制序列内的其他人员，下同）共同作案的，地方公安机关、人民检察院应当按照案件管辖范围的分工，协助军队保卫部门、军事检察院进行侦查；查清犯罪事实后，是地方人员作案的，由军队保卫部门、军事检察院分别移交有管辖权的地方公安机关、人民检察院处理。

非军队营区发生的案件，判断有可能是现役军人作案或者与地方人员共同作案的，军队保卫部门、军事检察院应按照案件管辖范围的分工，协助地方公安机关、人民检察院进行侦查；查清犯罪事实后，是现役军人作案的，由地方公安机关、人民检察院分别移交其所在部队保卫部门、军事检察院处理。

二、现役军人在地方受到不法侵害，应立案侦查的，由发案地公安机关、人民检察院按照案件管辖范围的分工受理。

三、军队在工商行政管理部门登记注册，实行企业化经营管理的公司、厂矿、宾馆、饭店、影剧院以及军地合资经营的企业所发生的案件，凡在该单位设置有接受当地公安机关业务领导的保卫部门或治安保卫组织的，由地方公安机关、人民检察院按照案件管辖范围的分工立案侦查；没有设置接受当地公安机关业务领导的保卫部门或治安保卫组织的，由军队保卫部门、军事检察院按照案件管辖范围的分工立案侦查。

军队为安排家属子女就业和方便群众而设立的对外营业的服务性行业发生的案件，按照上款规定办理。

现役军人在上述单位作案，由军队保卫部门、军事检察院按照案件管辖范围的分工立案侦查。

四、改归地方建制、已经完成交接工作的县（市）人民武装部、预备役师、团，民兵武器仓库，以及移交或者出租、出借给地方单位使用的军队营房、营院、仓库、机场、码头等，接受地方治安管理的，所发生的案件，由地方公安机关、人民检察院按照案件管辖范围的分工立案侦查。

现役军人在上述场所作案，由军队保卫部门、军事检察院按照案件管辖范围的分工立案侦查。

五、军队、地方人员混居的军队宿舍区发生的案件，按照案件的管辖范围的分工，发生在家庭成员均为地方人员的宿舍的，由当地公安机关、人民检察院立案侦查，其余的由军队保卫部门、军事检察院立案侦查。

军队和地方共用的营房、营院、仓库、机场、码头等场所发生的案件，按照划定的管理范围，分别由军队保卫部门、军事检察院和地方公安机关、人民检察院立案侦查。

六、下列人员犯罪，由行为地公安机关、人民检察院按照案件管辖范围的分工立案侦查。1. 已经办理转业或者退伍手续的县（市）人民武装部的人员；2. 已经办理转业、复员、退伍手续，离开军队营区到地方单位报到途中的人员；3. 已经批准入伍尚未与部队办理交接手续的新兵。

七、对分工不明确的军地互涉案件的侦查工作，由军队师（旅）以上单位保卫部门；军事检察院与地方县以上公安机关、人民检察院协商解决。

八、按照上述各条规定的管辖范围，地方公安机关、人民检察院和军队保卫部门、军事检察院在立案侦查案件时,应加强协作,互相配合。

3. **公安部《公安机关办理刑事案件程序规定》的相关规定：**

第二十二条　公安机关和军队互涉刑事案件的管辖分工如下：（一）军人在地方作案的，当地公安机关应当及时移交军队保卫部门侦查。（二）地方人员在军队营区作案的，由军队保卫部门移交公安机关侦查。（三）军人与地方人员共同在军队营区作案的，以军队保卫部门为主组织侦查，公安机关配合；共同在地方作案的，以公安机关为主组织侦查，军队保卫部门配合。（四）现役军人入伍前在地方作案，依法应当追究刑事责任的，由公安机关侦查，军队保卫部门配合。（五）军人退出现役后，发现其在服役期间在军队营区作案，依法应当追究刑事责任的，由军队保卫部门侦查，公安机关配合。（六）军人退出现役后，在离队途中作案的，以及已经批准入伍尚未与军队办理交接手续的新兵犯罪的，由公安机关侦查。（七）属于地方人武部门管理的民兵武器仓库和军队移交或者出租、出借给地方单位使用的军队营房、营院、仓库、机场、码头，以及军队和地方人员混居的军队宿舍区发生的非侵害军事利益和军人权益的案件，由公安机关侦查，军队保卫部门配合。（八）军队在工商行政管理部门登记注册，实行企业化经营管理的公司、厂矿、宾馆、饭店、影剧院，以及军队和地方合资经营的企业发生的案件，由公安机关侦查，军队保卫部门配合。

办理公安机关和军队互涉的刑事案件，公安机关和有关军队保卫部门应当及时互通情况，加强协作、密切配合；对管辖有争议的案件，应当共同研究协商，必要时可由双方的上级机关协调解决。

本条所称的"军人"，是指现役军人、军队在编职工以及由军队管理的离、退休人员。

五、军队保卫部门、军事检察院、军事法院对管辖的刑事案件如何分工

[法律依据]

1. **最高人民法院《关于执行〈中华人民共和国刑事诉讼法〉若干问题的解释》的相关规定：**

第二十条　现役军人（含军内在编职工，下同）和非军人共同犯罪的，分别由军事法院和地方人民法院或者其他专门法院管辖；涉及国家军事秘密的，全案由军事法院管辖。

第二十一条　下列案件由地方人民法院或者军事法院以外的其他专门法院管辖：（一）非军人、随军家属在部队营区内犯罪的；（二）军人在办理退役手续后犯罪的；（三）现役军人入伍前犯罪的（需与服役期间犯罪一并审判的除外）；（四）退役军人在服役期内犯罪的（犯军人违反职责罪的除外）。

2. **中央军委《关于军队执行〈中华人民共和国刑事诉讼法〉若干问题的暂行规定》的相关规定：**

第二条　军队保卫部门对军队内部发生的刑事案件依法行使侦查权；军事检察院、军事法院对军内人员犯罪的案件依法分别行使检察权、审判权；法律另有规定的除外。

军队和地方互涉的刑事案件依照有关规定办理。

第三条　军队保卫部门、军事检察院、军事法院按照下列规定管辖所在单位和案件管辖单位的刑事案件：（一）军级以下单位的保卫部门按照侦查权限分工，管辖副团职、专业技术八级、文职副处级以下人员犯罪的案件；副大军区级单位的保卫部门管辖正团职、专业技术

七级、文职正处级以下人员犯罪的案件；军级和副大军区级单位的军事检察院、军事法院分别管辖上述人员犯罪可能被判处无期徒刑以下刑罚的案件。（二）大军区级单位的保卫部门管辖前项规定以外的正团职、副师职、专业技术七级至四级、文职正处级和副局级人员犯罪的案件；大军区级单位的军事检察院、军事法院管辖上述人员犯罪的案件，以及前项所列人员犯罪可能被判处死刑的案件。（三）总直属队的军事检察院、军事法院管辖副师职、专业技术四级、文职副局级以下人员犯罪的案件。

正师职、专业技术三级、文职正局级以上人员犯罪案件的管辖，由总政治部保卫部、解放军军事检察院、解放军军事法院决定。

犯罪嫌疑人、被告人兼有行政职务和专业技术等级职务的，按照其中较高的行政职务或者专业技术等级确定案件的管辖。

第四条 属于军队保卫部门管辖的刑事案件，涉及两个以上单位的，涉案单位的保卫部门应当共同查清犯罪事实，由犯罪嫌疑人所在单位的保卫部门依法处理。

属于军事检察院管辖的刑事案件，涉及两个以上单位的，比照前款规定执行。

管辖有争议的，由争议双方共同的上级保卫部门或者军事检察院指定管辖。

第五条 上级保卫部门、军事检察院在必要的时候，可以直接侦查下级保卫部门、军事检察院管辖的刑事案件，也可以将本级管辖的刑事案件交由下级保卫部门、军事检察院侦查。

第六条 军内人员利用职权实施的不属于军事检察院立案侦查的重大犯罪案件，需要由军事检察院直接受理时，经解放军军事检察院决定，可以由有管辖权的军事检察院立案侦查。

第七条 未设立保卫部门的军级以上单位和军队院校政治部负责保卫工作的机构办理刑事案件时，在上级保卫部门的组织指导下，依法行使相应的侦查权。

第二十五条 军事监狱对罪犯在监狱内犯罪的案件依法进行侦查。侦查终结后需要移送审查起诉的，向有管辖权的军事检察院移送。

第二十六条 本规定所称军队内部发生的刑事案件，是指部队营区内发生的刑事案件和军内人员犯罪的案件。

第二十七条 本规定所称军内人员，是指人民解放军现役军官、文职干部、士兵和具有军籍的学员、在编职工以及由军队管理的离休、退休人员。

第二十八条 本规定所称案件管辖单位，是指由没有行政隶属关系的军事检察院、军事法院管辖其案件的单位。

第二十九条 中国人民武装警察部队的保卫部门、军事检察院、军事法院办理刑事案件，适用本规定。

第三十条 过去的规定与本规定不一致的，以本规定为准。

3. 中国人民解放军总政治部、中国人民解放军军事法院、中国人民解放军军事检察院《关于〈中华人民共和国刑法〉第十章所列刑事案件管辖范围的通知》的相关规定：

一、保卫部门负责侦查下列案件：战时违抗命令案（第421条）；隐瞒、谎报军情案（第422条）；拒传、假传军令案（第422条）；投降案（第423条）；战时临阵脱逃案（第424条）；阻碍执行军事职务案（第426条）；军人叛逃案（第430条）；非法获取军事秘密案（第431条第1款）；为境外窃取、刺探、收买、非法提供军事秘密案（第431条第2款）；故意泄露军事秘密案（第432条）；战时造谣惑众案（第433条）；战时自伤案（第434条）；逃离部队案（第435条）；武器装备肇事案（第436条）；盗窃、抢夺武器装备、军用物资案（第438

条);非法出卖、转让武器装备案(第 439 条);遗弃武器装备案(第 440 条);遗失武器装备案(第 441 条);战时残害居民、掠夺居民财物案(第 446 条);私放俘虏案(第 447 条)。

二、军事检察院直接受理下列案件:擅离、玩忽军事职守案(第 425 条);指使部属违反职责案(第 427 条);违令作战消极案(第 428 条);拒不救援友邻部队案(第 429 条);过失泄露军事秘密案(第 432 条);擅自改变武器装备编配用途案(第 437 条);擅自出卖、转让军队房地产案(第 442 条);虐待部属案(第 443 条);战时拒不救治伤病军人案(第 445 条);军官、警官、文职干部利用职权实施的其他重大的犯罪案件,需要由军事检察院受理的时候,经解放军军事检察院决定,可以由军事检察院立案侦查。

三、军事法院直接受理下列案件:遗弃伤病军人案(第 444 条);.虐待俘虏案(第 448 条)。

六、海上发生的犯罪案件的管辖如何确定

[法律依据]

1. 最高人民法院、最高人民检察院、公安部《关于办理海上发生的违法犯罪案件有关问题的通知》的相关规定:

一、公安机关海上执法任务由沿海省、自治区、直辖市公安边防总队及其所属的海警支队、海警大队承担。在办理海上治安行政案件和刑事案件时,公安边防总队行使地(市)级人民政府公安机关的职权,海警支队行使县级人民政府公安机关的职权,海警大队行使公安派出所的职权,分别以自己名义作出决定和制作法律文书。

二、对省、自治区、直辖市公安边防总队及其下设的海警支队管辖海域的划分,应当充分考虑执法办案工作的需要,可以不受行政区划海域划分的限制。

海警支队的管辖海域由其隶属的省、自治区、直辖市公安边防总队划定,报公安部边防管理局和所在省、自治区、直辖市公安厅、局备案,并抄送所在地省、自治区、直辖市高级人民法院、人民检察院。

沿海省、自治区、直辖市公安边防总队的管辖海域由公安部边防管理局划定,并抄送最高人民法院、最高人民检察院。

三、(第一款略)

海上发生的刑事案件,由犯罪行为发生海域海警支队管辖;如果由犯罪嫌疑人居住地或者主要犯罪行为发生地公安机关管辖更为适宜的,可以由犯罪嫌疑人居住地或者主要犯罪行为发生地的公安机关管辖;对管辖有争议或者情况特殊的刑事案件,可报请上级公安机关指定管辖。

同一省、自治区、直辖市内跨海警支队管辖海域的行政案件和刑事案件,由违法犯罪行为发生海域海警支队协商确定管辖;协商不成的,由省、自治区、直辖市公安边防总队指定管辖。

跨省、自治区、直辖市管辖海域的行政案件和刑事案件,由违法犯罪行为发生海域省、自治区、直辖市公安边防总队协商确定管辖;协商不成的,由公安部边防管理局指定管辖。

四、海警支队办理刑事案件,需要提请批准逮捕或者移送审查起诉的,依法向所在地人民检察院提请或者移送,人民检察院应当依法进行审查并作出决定。

人民检察院提起公诉的海上犯罪案件,同级人民法院依法审判。人民法院判处管制、剥

夺政治权利以及决定暂予监外执行、缓刑、假释的，由罪犯居住地公安机关执行。

2. 公安部《公安机关海上执法工作规定》的相关规定：

第三条 本规定所称公安边防海警，是指沿海公安边防总队及其所属的海警支队、海警大队。

沿海公安边防总队、海警支队和海警大队办理海上治安案件和刑事案件，分别行使地（市）级人民政府公安机关、县级人民政府公安机关和公安派出所相应的职权。

第四条 对发生在我国内水、领海、毗连区、专属经济区和大陆架违反公安行政管理法律、法规、规章的违法行为或者涉嫌犯罪的行为，由公安边防海警根据我国相关法律、法规、规章，行使管辖权。

第十条 沿海公安边防总队的管辖海域由公安部边防管理局划定。海警支队的管辖海域由公安边防总队划定，报公安部边防管理局和所在地省、自治区、直辖市公安厅、局备案，并通报海军、海关、渔政、海事、海监等相关部门。

沿海地区水上公安机关、港航公安机关管辖区域不变。

第十一条 在划定管辖海域时，应当充分考虑执法办案工作的需要，可以不受行政区划海域划分的限制。

第十二条 海上发生的一般治安案件，由违法行为发生海域海警大队管辖；重大、复杂、涉外的治安案件，由违法行为发生海域海警支队管辖；海上发生的刑事案件，由犯罪行为发生海域海警支队管辖。

同一省、自治区、直辖市内跨海警支队管辖海域的治安案件和刑事案件，由违法犯罪行为发生海域海警支队协商确定管辖；协商不一致的，由公安边防总队指定管辖。

跨省、自治区、直辖市管辖海域的治安案件和刑事案件，由违法犯罪行为发生海域公安边防总队协商确定管辖；协商不一致的，由公安部边防管理局指定管辖。

如果由违法犯罪嫌疑人居住地或者主要违法犯罪行为发生地公安机关管辖更为适宜的，可以由违法犯罪嫌疑人居住地或者主要违法犯罪行为发生地的公安机关管辖；对管辖有争议或者情况特殊的治安案件和刑事案件，由地（市）级、省级公安机关或者公安部指定管辖。

对需要移交违法犯罪嫌疑人居住地或者主要违法犯罪行为发生地公安机关管辖的案件，公安边防海警应当将违法犯罪嫌疑人，连同查获的涉案货物、物品、运输工具以及案件卷宗一并移交。

第十四条 公安边防海警执法办案，应当在所在地省、自治区、直辖市公安厅、局的领导下进行，接受所在地人民政府公安机关的统一协调，并与所在地人民政府公安机关及其业务部门互相配合、加强协作。

地方人民政府公安机关及其业务部门应当积极配合公安边防海警执法办案，并对其在执法办案中的援助请求予以支持。

公安边防海警与地方人民政府公安机关及其业务部门在案件管辖、办案协作中出现分歧时，由地（市）级、省级公安机关或者公安部协调解决。

第十五条第一款 公安边防海警办理治安案件或者刑事案件，对依法决定行政拘留的违法行为人或者决定刑事拘留、批准逮捕的犯罪嫌疑人，分别送所在地县、市、区拘留所或者看守所执行。

第十六条 公安边防海警在办理刑事案件中，需要提请批准逮捕或者移送审查起诉的，应当向所在地人民检察院提请或者移送。

第十七条 公安边防海警查获涉嫌涉税走私违法犯罪案件的,应当将涉案违法犯罪嫌疑人,连同查获的走私货物、物品和走私运输工具,一并移送所在地海关缉私部门依法处理。

[实践指导]

近年来,随着国际交往的增多以及陆上、空中等其他交通方式打击力度的加大,海上犯罪数量逐步增多。由于我国海岸线长,沿线公安边防部队又基本按行政区划设置,而海上区域边界标志设置又不如陆地明显,抓捕、查处犯罪过程又往往涉及跨区域追逃。同时,公安边防部队的设置与属地检察院、法院的级别管辖、地区管辖如何衔接与确定等等,这一系列问题直接影响到海上犯罪案件的处置。最高人民法院、最高人民检察院、公安部《关于办理海上发生的违法犯罪案件有关问题的通知》和公安部《公安机关海上执法工作规定》的颁布施行为此类案件的处理提供了基本依据。上述"通知"和"规定"根据海上犯罪和处理打击的实际情况,通过规定并解决了以下三个方面的问题,为海上犯罪案件的处理提供了明确的程序依据:

第一,级别设置与权限。具体地讲,在办理海上刑事案件时,公安边防总队行使地(市)级人民政府公安机关的职权,海警支队行使县级人民政府公安机关的职权,海警大队行使公安派出所的职权;考虑执法办案工作的需要,对省、自治区、直辖市公安边防总队及其下设的海警支队管辖海域的划分,可以不受行政区划海域划分的限制。公安边防海警执法办案,应当在所在地省、自治区、直辖市公安厅、局的领导下进行,接受所在地人民政府公安机关的统一协调,并与所在地人民政府公安机关及其业务部门互相配合、加强协作。

第二,管辖原则和协调机制。对于海上犯罪案件,按照"通知"和"规定"精神,实行按管辖原则确定加协商和指定机制的解决模式。具体地讲,"通知"和"规定"首先确定了以犯罪行为地(犯罪行为发生海域)海警支队管辖为主、以犯罪嫌疑人居住地、主要犯罪行为发生地为辅的管辖原则;其次,对管辖有争议的案件首先协商解决。具体地讲,同一省、自治区、直辖市内跨海警支队管辖海域的行政案件和刑事案件,由违法犯罪行为发生海域海警支队协商确定管辖;跨省、自治区、直辖市管辖海域的行政案件和刑事案件,由违法犯罪行为发生海域省、自治区、直辖市公安边防总队协商确定管辖。最后,协商不成或情况特殊的指定管辖。具体地讲,如果对管辖争议协商不成或者情况特殊的刑事案件,可报请上级公安机关指定管辖。同一省、自治区、直辖市内跨海警支队管辖海域的行政案件和刑事案件,协商不成的,由省、自治区、直辖市公安边防总队指定管辖。如果犯罪行为发生海域海警支队与犯罪嫌疑人居住地、主要犯罪行为发生地的公安机关存在管辖争议或者情况特殊的刑事案件,分别由地(市)级、省级公安机关或者公安部指定管辖。

第三,与所在地公安机关、人民检察院、人民法院的程序衔接。具体地讲,公安边防海警办理刑事案件,对依法决定刑事拘留、批准逮捕的犯罪嫌疑人,分别送所在地县、市、区拘留所或者看守所执行。公安边防海警查获涉嫌涉税走私违法犯罪案件的,应当将涉案违法犯罪嫌疑人,连同查获的走私货物、物品和走私运输工具,一并移送所在地海关缉私部门依法处理。海警支队办理刑事案件,需要提请批准逮捕或者移送审查起诉的,依法向所在地人民检察院提请或者移送,人民检察院应当依法进行审查并作出决定。人民检察院提起公诉的海上犯罪案件,同级人民法院依法审判。人民法院判处管制、剥夺政治权利以及决定暂予监外执行、缓刑、假释的,由罪犯居住地公安机关执行。

七、毒品犯罪案件的管辖如何确定

[法律依据]

1. 最高人民法院、最高人民检察院、公安部《办理毒品犯罪案件适用法律若干问题的意见》的相关规定：

一、关于毒品犯罪案件的管辖问题

根据刑事诉讼法的规定，毒品犯罪案件的地域管辖，应当坚持以犯罪地管辖为主、被告人居住地管辖为辅的原则。

"犯罪地"包括犯罪预谋地，毒资筹集地，交易进行地，毒品生产地，毒资、毒赃和毒品的藏匿地、转移地，走私或者贩运毒品的目的地以及犯罪嫌疑人被抓获地等。

"被告人居住地"包括被告人常住地、户籍地及其临时居住地。

对怀孕、哺乳期妇女走私、贩卖、运输毒品案件，查获地公安机关认为移交其居住地管辖更有利于采取强制措施和查清犯罪事实的，可以报请共同的上级公安机关批准，移送犯罪嫌疑人居住地公安机关办理，查获地公安机关应继续配合。

公安机关对侦办跨区域毒品犯罪案件的管辖权有争议的，应本着有利于查清犯罪事实，有利于诉讼，有利于保障案件侦查安全的原则，认真协商解决。经协商无法达成一致的，报共同的上级公安机关指定管辖。对即将侦查终结的跨省（自治区、直辖市）重大毒品案件，必要时可由公安部商请最高人民法院和最高人民检察院指定管辖。

为保证及时结案，避免超期羁押，人民检察院对于公安机关移送审查起诉的案件，人民法院对于已进入审判程序的案件，被告人及其辩护人提出管辖异议或者办案单位发现没有管辖权的，受案人民检察院、人民法院经审可以依法报请上级人民检察院、人民法院指定管辖，不再自行移送有管辖权的人民检察院、人民法院。

2. 最高人民法院《全国部分法院审理毒品犯罪案件工作座谈会纪要》的相关规定：

十一、毒品犯罪的地域管辖，应当依照刑事诉讼法的有关规定，实行以犯罪地管辖为主、被告人居住地管辖为辅的原则。考虑到毒品犯罪的特殊性和毒品犯罪侦查体制，"犯罪地"不仅可以包括犯罪预谋地、毒资筹集地、交易进行地、运输途经地以及毒品生产地，也包括毒资、毒赃和毒品藏匿地、转移地、走私或者贩运毒品目的地等。"被告人居住地"，不仅包括被告人常住地和户籍所在地，也包括其临时居住地。

对于已进入审判程序的案件，被告人及其辩护人提出管辖异议，经审查异议成立的，或者受案法院发现没有管辖权，而案件由本院管辖更适宜的，受案法院应当报请与有管辖权的法院共同的上级法院依法指定本院管辖。

[实践指导]

毒品犯罪是一种性质严重、危害巨大、涉及面广、发展蔓延势头较快、遏制与打击难度较大的犯罪。近年来，公检法机关通过认真贯彻落实国家禁毒法律和政策，严格依照法定程序和实体标准，依法严惩了一大批毒品犯罪分子，为净化社会环境，保护公民身心健康，维护社会和谐稳定作出了重要贡献。但是，由于国际国内各方面因素的影响，我国的禁毒形势仍然十分严峻。特别是新形势下毒品犯罪出现了一些新的特点，同时，也由于我国相关立法方面的粗疏与缺失，使得在对毒品犯罪的打击和惩治方面增加了一定的难度。在此种形势下，为了充分发挥专门机关的职能作用，在坚持"预防为主，综合治理，禁种、禁制、禁贩、禁吸并举"的禁毒工作方针，更好地贯彻宽严相济的刑事政策的基础上，实现有效打击，最高人民法院、最高人民检察院、公安部对有关处理毒品犯罪案件规范性文件的相关内容进行了系统整理和归纳完善，同时认真总结了近年来公检法机关处理毒品犯罪案件的经验，并研究分析了审理毒品犯罪案件中遇到的新情况、新问题，对处理毒品犯罪案件具体应用法律的有关问题取得了一系列共识。在此基础上，人民法院又通过会议纪要的方式，对有关问题作了进一步细化。这些规定，为今后公检法机关正确处理毒品犯罪案件提供了明确依据。

毒品犯罪的主要特点和趋势之一是往往是跨国境、跨地区实施犯罪，往往是通过邮寄、运输乃至互联网等方式实施犯罪，同时，也由于毒品犯罪的交易方式较为隐蔽，加之毒贩出于反侦查需要又经常变换交易地点。这些因素的存在，使得侦查机关在获取线索后往往需要较长的时间侦查，其间也往往涉及多个地点。在这种情况下，管辖的确定将成为毒品犯罪必须也是首先应该解决的问题。对此，最高人民法院、最高人民检察院、公安部在《办理毒品犯罪案件适用法律若干问题的意见》（以下简称《意见》）首先予以规定，最高人民法院在《全国部分法院审理毒品犯罪案件工作座谈会纪要》（以下简称《纪要》）中也在前述基础上进一步明确。

根据上述规定，毒品犯罪案件的地域管辖，尽管有其特殊性，但也应当遵照刑事诉讼法的规定，应在刑事诉讼法确定的原则下，考虑其在犯罪地点方面的特殊性类最终确定管辖。根据这一指导思想，上述《意见》和《纪要》采取了"原则＋灵活"的方式来解决管辖问题。首先，确定毒品犯罪案件管辖应当坚持以犯罪地管辖为主、被告人居住地管辖为辅的原则。这与一般犯罪案件的管辖原则相同。但是，考虑到毒品犯罪案件的特点和侦查体制因素，《意见》和《纪要》对"犯罪地"作了广义解释："犯罪地"包括犯罪预谋地，毒资筹集地，交易进行地，毒品生产地，毒资、毒赃和毒品的藏匿地、转移地，走私或者贩运毒品的目的地以及犯罪嫌疑人被抓获地等；对"被告人居住地"作了进一步明确，不仅包括被告人常住地和户籍所在地，也包括其临时居住地。通过这一规定，就赋予了公检法等专门机关尤其是侦查机关在管辖方面较为宽泛、灵活的权利，为打击毒品犯罪提供了管辖方面的便利。

对"犯罪地"作广义解释，一方面有利于赋予侦查机关管辖权，为其处理案件提供管辖权方面的便利；另一方面也容易导致因多个机关都拥有管辖权而发生管辖推诿或争执。如何在提供管辖便利的同时又不因争议而影响案件处理呢？考虑到办理毒品犯罪案件的长期性和"经营性"特点，《意见》和《纪要》没有明确规定刑事诉讼法确立的另外两个原则：最初受理地和主要犯罪地原则，即没有选择最初受理地和主要犯罪地原则解决管辖权争议问题，而是通过指定管辖的方式分段解决可能出现的管辖问题。具体地讲，在侦查阶段，对经常出现的跨区域侦办毒品犯罪案件引起的管辖权争议，《意见》和《纪要》提出首先应认真协商解决；经协商无法达成一致的，报共同的上级公安机关指定管辖。对即将侦查终结的跨省（自治区、直辖市）重大毒品案件，必要时可由公安部商请最高人民法院和最高人民检察院指定管辖。在审判阶段，对于已进入审判程序的案件，被告人及其辩护人提出管辖异议或者办案单位发现没有管辖权的，受案人民检察院、人民法院经审可以依法报请上级人民检察院、人民法院指定管辖；在此，与一般案件处理程序不同，《意见》和《纪要》特别提出并明确规定，此种情况下，受案人民检察院、人民法院不再自行移送有管辖权的人民检察院、人民法院，即不需移送而直接适用指定管辖。之所以这样规定，在侦查阶段主要是出于有利于查清犯罪事实，有利于保障案件侦查安全的考虑；由于毒品犯罪案件的侦查周期往往较长，因此在审判阶段规定不需移送而直接报请指定管辖，主要是出于保证及时结案，避免超期羁押的考虑。

八、如何确定公安机关办理的危害税收征管刑事案件的管辖

[法律依据]

公安部《公安机关办理危害税收征管刑事案件管辖若干问题的规定》的相关规定：

一、偷税案、逃避追缴欠税案（刑法第201条、第203条）

纳税人未根据法律、行政法规规定应当向税务机关办理税务登记的，由税务登记机关所在地县级以上公安机关管辖。如果由纳税义务发生地公安机关管辖更为适宜的，可以由纳税义务发生地县级以上公安机关管辖；纳税人未根据法律、行政法规规定不需要向税务机关办理税务登记的，由纳税义务发生地或其他法定纳税地县级以上公安机关管辖。

扣缴义务人偷税案适用前款规定。

二、抗税案（刑法第202条）

由抗税行为发生地县级以上公安机关管辖。

三、骗取出口退税案（刑法第204条第1款）

由骗取出口退税地县级以上公安机关管辖，其他涉案地公安机关予以配合。

四、虚开增值税专用发票、用于骗取出口退税、抵扣税款发票案（刑法第205条）

为他人虚开案件，由开票企业税务登记机关所在地县级以上公安机关管辖；为自己虚开案件、让他人为自己虚开案件，由受票企业税务登记机关所在地县级以上公安机关管辖；介绍他人虚开案件，可以与为他人虚开案件、让他人为自己虚开案件并案处理。

对于自然人实施的前款规定的虚开案件，由虚开地县级以上公安机关管辖。如果几个公安机关都有权管辖的，由最初受理的公安机关管辖；必要时，可以由主要犯罪地县级以上公安机关管辖。

对为他人虚开、为自己虚开、让他人为自己虚开、介绍他人虚开等几种情况交织在一起，且几个公安机关都有权管辖的，由最初受理的公安机关管辖；必要时，由票源集中地或虚开行为集中企业的税务登记机关所在地县级以上公安机关管辖。

五、伪造增值税专用发票案、非法制造用于骗取出口退税、抵扣税款发票案、非法制造发票案（刑法第206条、第209条第1款、第2款）

由伪造地、非法制造地县级以上公安机关管辖。

六、出售伪造的增值税专用发票案、购买伪造的增值税专用发票案、出售非法制造的用于骗取出口退税、抵扣税款发票案、出售非法制造的发票案（刑法第206条、第208条第1款、第209条第1款、第2款）

由出售地、购买地县级以上公安机关管辖；在办理本条规定的案件过程中，发现伪造地、非法制造地的，由最初受理的公安机关管辖，伪造地、非法制造地公安机关予以配合；如果由伪造地、非法制造地公安机关管辖更为适宜的，可以将案件移交伪造地、非法制造地县级以上公安机关管辖。

七、非法出售增值税专用发票案、非法购买增值税专用发票案、非法出售用于骗取出口退税、抵扣税款发票案、非法出售发票案（刑法第207条、208条第1款、第209条第3款、第4款）

由出售地、购买地县级以上公安机关管辖。如果由最初受理的公安机关管辖更为适宜的，由最初受理的公安机关管辖；必要时，可以将案件移交票源集中地县级以上公安机关管辖。

八、对于本规定第一条至第七条规定的案件，如果由犯罪嫌疑人居住地公安机关管辖更为适宜的，由犯罪嫌疑人居住地县级以上公安机关管辖。

九、对于本规定第1条至第7条规定的案件，凡是属于重大涉外犯罪、重大集团犯罪和下级公安机关侦破有困难的严重刑事案件，由地（市）级以上公安机关管辖。

十、对管辖不明确或者几个公安机关都有权管辖的案件，可以由有关公安机关协商确定管辖。对管辖有争议或者情况特殊的案件，可以由共同的上级公安机关指定管辖。

十一、上级公安机关可以指定下级公安机关立案查管辖不明确或者需要改变管辖的案件。下级公安机关认为案情重大、复杂，需要由上级公安机关侦查的案件，可以请求移送上级公安机关侦查。

九、如何处理侵占案件的管辖

[法律依据]

1.《刑法》的相关规定：

第二百七十条　将代为保管的他人财物非法占为己有，数额较大，拒不退还的，处二年以下有期徒刑、拘役或者罚金；数额巨大或者有其他严重情节的，处二年以上五年以下有期徒刑，并处罚金。

将他人的遗忘物或者埋藏物非法占为己有，数额较大，拒不交出的，依照前款的规定处罚。

本条罪，告诉的才处理。

2.《刑事诉讼法》的相关规定：

第十八条第三款　自诉案件，由人民法院受理。

第一百七十条　自诉案件包括下列案件：（一）告诉才处理的案件；（二）被害人有证据证明的轻微刑事案件；（三）被害人有证据证明对被告人侵犯自己人身、财产权利的行为应当依法追究刑事责任，而公安机关或者人民检察院不予追究被告人刑事责任的案件。

[实践指导]

根据上述规定，侵占案件属于告诉才处理的案件，是自诉案件的第一种，应由人民法院直接受理。但是，实践中在发生侵占案件时，大多数被害人往往向公安机关报案或控告。公安机关在告知被害人其应向人民法院提起自诉时，被害人常常坚持要求公安机关处理。而且，由于被害人调查取证能力有限，在审判实践中往往由于举证不能或证据不充分而造成败诉。据此，很多公安机关受理了此类案件并展开调查，也采取了相应的侦查行为，按照公诉程序处理此类案件；也有些公安机关认为按公诉程序处理此类案件不妥，但如果公安机关不及时介入，很可能造成无法取证或证据灭失，因此，有必要先采取措施收集证据，然后再交给被害人去人民法院自诉；此外，也还有其他一些类似做法。笔者认为，虽然现行法规定存在一定问题，尽管这种做法存在着实践合理性，但是在现行法修改之前，这种做法是不合适的。侵占案件作为告诉才处理的案件，只能由自诉人向人民法院提起自诉，通过自诉程序解决。只有在自诉人因受到强制、威吓而不能或不敢告诉时，才可以由法定代理人、近亲属或人民检察院代为告诉。而且，即使是人民检察院代为告诉，也只是代为提起诉讼，而不是就此改变案件性质，使案件改按公诉程序处理。公安机关对此类案件无管辖权，不能受理、立案，更不能采取任何侦查措施。如果遇有被害人向公安机关报案或控告,公安机关只能按照刑事诉讼法的规定,告知被害人向人民法院提起自诉或移送人民法院。

十、如何确定轻伤害案件的管辖

[法律依据]

1. 《刑事诉讼法》的相关规定:

第十八条第三款 自诉案件,由人民法院受理。

第一百七十条 自诉案件包括:(一)告诉才处理的案件;(二)被害人有证据证明的轻微刑事案件;(三)被害人有证据证明的对被告人侵犯自己人身、财产权利的行为应当依法追究刑事责任,而公安机关或者人民检察院不予追究被告人刑事责任的案件。

2. 最高人民法院《关于执行〈中华人民共和国刑事诉讼法〉若干问题的解释》的相关规定:

第一条 人民法院直接受理的自诉案件包括:……(二)人民检察院没有提起公诉,被害人有证据证明的轻微刑事案件:1. 故意伤害案(刑法第二百三十四条第一款规定的);…… 对上列八项案件,被害人直接向人民法院起诉的,人民法院应当依法受理。对于其中证据不足、可由公安机关受理的,或者认为对被告人可能判处三年有期徒刑以上刑罚的,应当移送公安机关立案侦查。

3. 公安部《公安机关办理伤害案件规定》的相关规定:

第二条 本规定所称伤害案件是指伤害他人身体,依法应当由公安机关办理的案件。

第四条 轻伤以下的伤害案件由公安派出所管辖。

第五条 重伤及因伤害致人死亡的案件由公安机关刑事侦查部门管辖。

第六条 伤情不明、难以确定管辖的,由最先受理的部门先行办理,待伤情鉴定后,按第四条、第五条规定移交主管部门办理。

第七条 因管辖问题发生争议的,由共同的上级公安机关指定管辖。

第八条 被害人有证据证明的故意伤害(轻伤)案件,办案人员应当告知被害人可以直接向人民法院起诉。如果被害人要求公安机关处理的,公安机关应当受理。

第九条 人民法院直接受理的故意伤害(轻伤)案件,因证据不足,移送公安机关侦查的,公安机关应当受理。

[实践指导]

轻伤害案件的管辖问题是实践中一个复杂而敏感的问题,处理得不好,不仅损害当事人的合法权益,而且影响法律的权威性,也极易造成有关人员的缠诉,影响专门机关正常的工作秩序,妨害社会的稳定。但是,在司法实践中关于轻伤害案件的管辖和处理程序上不尽统一,做法各异。有的降格作为轻微伤,通过行政处罚程序解决,有的通过自诉程序解决,有的通过公诉程序解决,有的在公安机关和人民法院之间推诿扯皮得不到解决。因此,对轻伤害案件的管辖必须予以明确。根据上述法律规定,轻伤害案件的管辖应按以下原则确定:被害人有证据证明的轻伤害案件,被害人可以直接向人民法院起诉的,人民法院应当依法受理。人民法院直接受理的轻伤害案件,因证据不足,或者认为对被告人可能判处三年有期徒刑以上刑罚的,应当移送公安机关立案侦查。被害人有证据证明的轻伤害案件,办案人员应当告知被害人可以直接向人民法院起诉。如果被害人要求公安机关处理的，公安机关应当受理。轻伤以下的伤害案件由公安派出所管辖。重伤及因伤害致人死亡的案件由公安机关刑事侦查部门管辖。伤情不明、难以确定管辖的，由最先受理的部门先行办理，待伤情鉴定后，按规定移交主管部门办理。因管辖问题发生争议的，由共同的上级公安机关指定管辖。

十一、如何确定生产、销售伪劣产品案件和侵犯知识产权案件的管辖

[法律依据]

最高人民法院《关于执行〈中华人民共和国刑事诉讼法〉若干问题的解释》的相关规定：

第一条 人民法院直接受理的自诉案件包括：

（二）人民检察院没有提起公诉，被害人有证据证明的轻微刑事案件：

6. 生产、销售伪劣商品案（刑法分则第三章第一节规定的，但是严重危害社会秩序和国家利益的除外）；

……

对上列八项案件，被害人直接向人民法院起诉的，人民法院应当依法受理。对于其中证据不足、可由公安机关受理的，或者认为对被告人可能判处三年有期徒刑以上刑罚的，应当移送公安机关立案侦查。

[实践指导]

根据1998年9月2日公布的最高人民法院《关于执行〈中华人民共和国刑事诉讼法〉若干问题的解释》（以下简称《解释》）第1条之规定，在由人民法院直接受理的被害人有证据证明的轻微的刑事案件中，包括《刑法》分则第三章第一节规定的生产、销售伪劣产品案件和《刑法》分则第三章第七节规定的侵犯知识产权案件，但严重危害社会秩序和国家利益的除外。对此类案件，该《解释》进一步规定，被害人直接向人民法院起诉的，人民法院应当依法受理。对于其中证据不足、可由公安机关受理的，或者认为对被告人可能判处三年有期徒刑以上刑罚的，应当移送公安机关立案侦查。

根据上述规定，对于生产、销售伪劣商品案件和侵犯知识产权案件的管辖，在被害人有证据证明且性质属于轻微的刑事案件，可以由人民法院直接受理，如果是严重危害社会秩序和国家利益的，由公安机关管辖；证据不足、可由公安机关受理的，或者认为对被告人可能判处三年有期徒刑以上刑罚的，也应当由公安机关立案侦查。在这里，可以看出，生产、销售伪劣商品案件和侵犯知识产权案件由人民法院还是公安机关管辖，走公诉还是自诉程序，标准主要有两个：一是是否属于严重危害社会秩序和国家利益；二是证据不足或可能判处三年有期徒刑以上刑罚的。在这两个标准中，前者是首要标准，是特有标准，后者属于此类案件共有标准，辅助标准和补救措施。因此，正确界定"严重危害社会秩序和国家利益"的含义，理解和把握好这个标准，就成为确定上述两种案件管辖的重要前提。但是，从刑法分则第三章第一节9个罪名和第七节7个罪名的规定来看，并没有关于"严重危害社会秩序和国家利益"的内容，而仅仅是就销售金额、对人体健康造成严重危害，后果特别严重等内容的表述。这样，由于刑法和刑事诉讼法规定内容的不统一，给上述两种案件的管辖划分带来困难。在立法修改或相应司法解释出台之前，笔者认为，确定是否属于"严重危害社会秩序和国家

利益"的标准,最好依照法定刑确定。从最高人民法院关于被害人有证据证明的轻微刑事案件管辖的解释精神上看,是将三年有期徒刑作为衡量严重与否、公诉还是自诉的重要标准。因此,比照该条立法精神,在司法实践中,可以以三年有期徒刑为限,可能判处三年以上有期徒刑的,属于"严重危害社会秩序和国家利益"的,由公安机关管辖;可能判处三年以下有期徒刑的,如果被害人有证据证明的,可以由人民法院直接受理。

十二、如何确定重婚案件的管辖

[法律依据]

1. **最高人民法院《关于执行〈中华人民共和国刑事诉讼法〉若干问题的解释》的相关规定:**

第一条 人民法院直接受理的自诉案件包括:

(二)人民检察院没有提起公诉,被害人有证据证明的轻微刑事案件:

4. 重婚案(刑法第二百五十八条规定的);

……

对上列八项案件,被害人直接向人民法院起诉的,人民法院应当依法受理。对于其中证据不足、可由公安机关受理的,或者认为对被告人可能判处三年有期徒刑以上刑罚的,应当移送公安机关立案侦查。

2. **《刑法》的相关规定:**

第二百五十八条 有配偶而重婚的,或者明知他人有配偶而与之结婚的,处二年以下有期徒刑或者拘役。

[实践指导]

对于重婚案件管辖的专门规定,最早见于1983年7月26日最高人民法院、最高人民检察院、公安部发布的《关于重婚案件管辖问题的通知》(以下简称《通知》)中的相关规定。根据该规定,重婚案件被列为不需要进行侦查的轻微的刑事案件,由人民法院直接受理。但考虑当时存在没有原告的重婚案件人民法院无法受理的情况,为了这类重婚案件得到处理,该《通知》作了补充规定,对于由被害人提出控告的重婚案件,仍按1979年12月15日发出的《关于执行刑事诉讼法规定的案件管辖范围的通告》(以下简称《通告》)的规定执行,由人民法院直接受理。对于被害人不控告,而由人民群众、社会团体或有关单位提出控告的重婚案件,由人民检察院审查决定应否对该案件提起公诉或者免予起诉。对免予起诉的重婚案件,可以建议被告人所在单位给予被告人行政处分,并责令其立即解除非法的婚姻关系。该《通告》同时规定,公安机关发现有配偶的人与他人非法姘居的,应责令其立即结束非法姘居,并具结悔过;屡教不改的,可交由其所在单位给予行政处分,或者由公安机关酌情予以治安处罚;情节恶劣的,交由劳动教养机关实行劳动教养。对于被害人或者人民群众、社会团体和有关单位就重婚案件提出的控告或检举,公安机关、人民检察院、人民法院都应当接受。不属于自己管辖的,应当移送主管机关处理。由于该《通告》依据的是1980年颁布实施的刑事诉讼法,诸如免予起诉等很多内容立法已经修改,因此,该《通告》规定中涉及刑事诉讼程序的内容显然已不适用。但是,该《通告》提到的问题现阶段依然存在。

根据1998年9月2日公布的最高人民法院《关于执行〈中华人民共和国刑事诉讼法〉若

干问题的解释》中的规定,对于重婚罪,被害人直接向人民法院起诉的,人民法院应当依法受理。对于其中证据不足、可由公安机关受理的(根据《刑法》规定,重婚罪的法定刑最高为两年,所以不存在认为对被告人可能判处三年有期徒刑以上刑罚这种情形),应当移送公安机关立案侦查。这是当前处理重婚案件管辖的一般原则。但是,在司法实践中,经常有重婚案件的被害人(指犯重婚罪者的配偶)由于各种原因而不提出控告,也有有关机关、团体或被害人以外的其他人报案、举报的情况。对此,缺乏相关详细解释,司法实践中在处理上做法不尽一致,处理程序上也存在一定的问题。笔者认为,对有关机关、团体或被害人以外的其他人报案、举报,公安机关、人民检察院、人民法院都首先应当接受,审查后视案件情况处理。如果报案、举报是向公安机关提出的,并且属于证据不足、可由公安机关受理的,由公安机关管辖;如果属于证据确实充分的,公检法等机关应通知被害人向人民法院提起自诉。如果被害人不提起自诉,而报案人、举报人坚持要求处理的,应由公安机关管辖。公检法等专门机关应按此原则受理或受理后移送。

十三、刑事诉讼立案管辖中公安机关和人民检察院的牵连管辖应如何处理

[法律依据]

1. 最高人民检察院《人民检察院刑事诉讼规则》的相关规定:

第十二条 人民检察院侦查贪污贿赂案件涉及公安机关管辖的刑事案件,应当将属于公安机关管辖的刑事案件移送公安机关。在上述情况中,如果涉嫌主罪属于公安机关管辖,由公安机关为主侦查,人民检察院予以配合;如果涉嫌主罪属于人民检察院管辖,由人民检察院为主侦查,公安机关予以配合。

2. 最高人民法院、最高人民检察院、公安部、国家安全部、司法部、全国人大常委会法制工作委员会《关于刑事诉讼法实施中若干问题的规定》的相关规定:

6. 公安机关侦查刑事案件涉及人民检察院管辖的贪污贿赂案件时,应当将贪污贿赂案件移送人民检察院;人民检察院侦查贪污贿赂案件涉及公安机关管辖的刑事案件,应当将属于公安机关管辖的刑事案件移送公安机关。在上述情况中,如果涉嫌主罪属于公安机关管辖,由公安机关为主侦查,人民检察院予以配合;如果涉赚主罪属于人民检察院管辖,由人民检察院为主侦查,公安机关予以配合。

3. 公安部《公安机关办理刑事案件程序规定》的相关规定:

第二十一条 公安机关侦查的刑事案件涉及人民检察院管辖的案件时,应当将属于人民检察院管辖的刑事案件移送人民检察院。涉嫌主罪属于公安机关管辖的,由公安机关为主侦查;涉嫌主罪属于人民检察院管辖的,公安机关予以配合。

十四、公安机关、人民检察院等如何处理共同犯罪案件中的管辖交叉

[实践指导]

在确定牵连管辖的过程中,共同犯罪案件中管辖交叉的情况比较复杂。从《人民检察院

刑事诉讼规则》、六部委《关于刑事诉讼法实施中若干问题的规定》、《公安机关办理刑事案件程序规定》来看，涉嫌主罪是确定牵连管辖的主要依据。但是，在共同犯罪案件中，这里的主罪是以犯罪性质、法定刑、还是主犯从犯的身份、在犯罪中的地位、作用，或者是属于公安机关、人民检察院各自管辖犯罪数量的多少作为标准，在理论和实践中存在争议。笔者认为，在共同犯罪管辖交叉的情况下，考虑和确定管辖的依据与标准主要是主犯的罪名。之所以依主犯的罪名确定管辖，主要考虑到以下几个方面：第一，主犯在整个犯罪中的主导地位和作用，以主犯的罪名确定管辖，有利于查清案件事实，能够为全面、正确处理案件提供较为良好的基础。第二，根据刑法的有关规定，主犯的法定刑在所有共同犯罪人中，可能是最重或较重的；第三，共同犯罪中，主犯涉及的犯罪较多，以主犯罪名确定管辖，有利于查清相关事实，提高诉讼效率。因此，将涉嫌主罪理解为主犯的罪名，以主犯罪名确定管辖，是解决共同犯罪案件中管辖交叉的基本原则。但是，这里有一些例外需要考虑，其中最主要的一个因素是级别管辖问题，即如果涉及的管辖机关在对应级别上不一致，比如说是上级公安机关和下级检察院，或是上级检察院和下级公安机关，在这种情况下，从有利于侦查工作开展和移送起诉、提起公诉的角度来看，可以考虑就高不就低，适用级别管辖优先的原则，由上级公安机关或人民检察院负责管辖。

十五、如何确定人民检察院立案侦查的渎职案件原案的管辖

［法律依据］

1. 《刑事诉讼法》的相关规定：

第十八条第二款 贪污贿赂犯罪，国家工作人员的渎职犯罪，国家机关工作人员利用职权实施的非法拘禁、刑讯逼供、报复陷害、非法搜查的侵犯公民人身权利的犯罪以及侵犯公民民主权利的犯罪由人民检察院立案侦查。对于国家机关工作人员利用职权实施的其他重大的犯罪案件，需要由人民检察院直接受理的时候，经省级以上人民检察院决定，可以由人民检察院立案侦查。

2. **最高人民法院、最高人民检察院、公安部、国家安全部、司法部、全国人大常委会法制工作委员会《关于刑事诉讼法实施中若干问题的规定》的相关规定：**

4. 刑事诉讼法第一百七十条第二项规定由人民法院直接受理的"被害人有证据证明的轻微刑事案件"是指下列被害人有证据证明的刑事案件：……伪证罪、拒不执行判决裁定罪由公安机关立案侦查。

［实践指导］

在人民检察院对直接受理的渎职犯罪案件的立案侦查过程中，为了能够查清案件事实，有些时候需要涉及与渎职案件和犯罪嫌疑人密切相关的其他案件和其他事实，这些案件，或者是查清渎职案件的前提和基础，或者与渎职案件相互交叉和包容，或者是在原案及渎职犯罪案件中的发生的伪证、窝藏、包庇等伴生犯罪等等，这些犯罪或事实，与渎职案件紧密联系，它们往往与渎职案件事实相互补充，相互证明，因此，查清这些案件和事实是认定渎职犯罪的关键，但是，《刑事诉讼法》第18条第2款规定，人民检察院对直接受理的案件，除贪污贿赂犯罪，国家工作人员的渎职犯罪，国家机关工作人员利用职权实施的非法拘禁、刑讯逼供、报复陷害、非法搜查的侵犯公民人身权利的犯罪以及侵犯公民民主权利的犯罪外，由

人民检察院立案侦查的其他案件，仅限于需要由人民检察院直接受理的国家机关工作人员利用职权实施的其他重大的犯罪案件，而且受理时必须经省级以上人民检察院决定。据此，人民检察院在办理渎职案件时，对于渎职案件原案不具有管辖权。渎职案件原案根据现有管辖法律规定，分别由公安机关或其他侦查机关管辖。如公安机关侦查人员在办理故意伤害刑事案件中是否滥用职权、徇私枉法由人民检察院负责，而故意伤害案件的具体情况和事实由公安机关负责。在国家机关工作人员签订履行合同被骗案件中，诈骗案件由公安机关负责，失职被骗案件由人民法院负责，人民检察院在办理自侦案件中发现的伪证、窝藏、包庇等犯罪，由公安机关负责等等。立法的这种规定，尽管可能造成重复侦查、诉讼资源浪费、贻误时机，不能有效认定案件事实等一些弊端，但就现阶段而言，在现行法修改之前，我们还必须遵照执行。

十六、在办理公诉案件中发现自诉案件应如何处理

[法律依据]

1. 最高人民法院《关于执行〈中华人民共和国刑事诉讼法〉若干问题的解释》的相关规定：

第一条 人民法院直接受理的自诉案件包括：……对上列八项案件，被害人直接向人民法院起诉的，人民法院应当依法受理。对于其中证据不足、可由公安机关受理的，或者认为对被告人可能判处三年有期徒刑以上刑罚的，应当移送公安机关立案侦查。

第一百九十四条 被告人实施的两个以上的犯罪行为，分别属于公诉案件和自诉案件的，人民法院可以在审理公诉案件时，对自诉案件一并审理。

2. 公安部《公安机关办理刑事案件程序规定》的相关规定：

第十四条第二款 对人民法院直接受理的被害人有证据证明的刑事案件，因证据不足驳回自诉，可以由公安机关受理并移交的，公安机关应当受理。

第一百六十条 经过审查，对于告诉才处理的案件和被害人有证据证明的轻微刑事案件，应当将案件材料和有关证据送交有管辖权的人民法院，并告知当事人向人民法院起诉。

[实践指导]

在司法实践中，公安机关、人民检察院在立案、侦查和起诉过程中，人民法院在审理公诉案件时，经常会发现犯罪嫌疑人、被告人所实施的犯罪中，有的属于自诉案件。对此情况应该如何处理，司法实践中有不同看法。有的认为应该按照自诉和公诉程序分别办理，有的认为可以合并处理，有的认为只有在审判阶段才可以合并处理，等等。笔者认为，对此类情况不宜采取绝对处理方式，而应该根据案件类型、所处的诉讼阶段和程序等因素综合考虑，按照以下原则加以解决：

第一，对于公安机关、人民检察院在立案、侦查过程中发现的自诉案件，如果是告诉才处理的，应将该案件的性质及法律规定告知被害人，由被害人决定是否向人民法院提起自诉；如果被害人因受到强制、威胁、恐吓而不敢告诉的，可以由其法定代理人、近亲属或人民检察院代为告诉。如果发现的自诉案件属于被害人有证据证明的轻微刑事案件，公安机关可以根据具体情况按以下方式处理：如果被害人有充分的证据，符合自诉的条件和要求的，公安机关应告知其可以选择自诉程序，向人民法院提起自诉；被害人明知可以按照自诉程序办理，

但仍然坚持要求公安机关处理的，公安机关也可以立案侦查。如果被害人没有证据或证据不充分而向公安机关报案或控告的，公安机关可以受理，按照公诉程序立案侦查。如果被害人向人民法院提起自诉，经人民法院审查属于证据不足或可能判处三年以上而驳回自诉的，应当由公安机关受理。人民检察院或其他侦查机关在侦查过程中发现此类案件，也应告知被害人提起自诉或按照管辖规定移送公安机关。对于前述两种情况公安机关之所以有权管辖，在于刑事诉讼法及相关司法解释并未规定即使同时具备被害人有证据证明和轻微两个条件的此类案件必须作为自诉案件，从立法精神上看，在规定的轻微刑事案件范围内，被害人是有权选择公诉还是自诉程序的。而且，此类案件本身也属刑事案件范畴，由国家追诉未尝不可，因此，公安机关有权立案。如果人民检察院在审查起诉中发现此类案件，如果证据充分的，应当将案件材料和有关证据送交有管辖权的人民法院，并告知当事人向人民法院起诉；如果证据不足，被害人又要求处理的，应移送公安机关，由公安机关立案处理。公安机关、人民检察院在立案、侦查过程中发现的自诉案件，如果是第三类自诉案件，即公诉转自诉的案件，则应明确告知被害人，如果想要追究被告人刑事责任，只能向人民法院起诉。因为此类案件原属公诉案件，在公安机关、人民检察院不予追究之后，不能仅因与其他公诉案件交叉，就还按公诉程序处理。

第二，人民法院在审理公诉案件时，如果发现被告人实施的犯罪行为中有属于自诉案件的，应按最高人民法院《关于执行〈中华人民共和国刑事诉讼法〉若干问题的解释》第194条"被告人实施的两个以上的犯罪行为，分别属于公诉案件和自诉案件的，人民法院可以在审理公诉案件时，对自诉案件一并审理"的规定办理。笔者认为，在理解与执行这一规定时，必须注意视起诉与否以及根据自诉案件的种类采取不同的处理方式。如果审理公诉案件时发现自诉人已经提起自诉，则可以裁定终止自诉程序，将公诉案件与自诉案件一并审理。如果尚未自诉的，人民法院应当告知自诉人，由自诉人确定是否起诉；对于第二类自诉案件即被害人有证据证明的轻微刑事案件，如果人民法院认为证据不足的，可以由公安机关受理的，应当移送公安机关处理。对这种情况的案件，人民法院既可以一并审理，也可以从诉讼效率出发，先审公诉，再审自诉。同时，自诉于公诉案件一并审判，也并不意味着自诉案件的审理也必须依照公诉程序，而是公诉案件与自诉案件分别依照各自程序进行。

十七、人民法院如何处理在民事、行政诉讼中发现的犯罪案件

[法律依据]

1. 最高人民法院、最高人民检察院、公安部《关于在审理经济纠纷案件中发现经济犯罪必须及时移送的通知》的相关规定：

一、最高人民法院、最高人民检察院、公安部于1985年8月19日联合发出的《关于及进查处在经济纠纷案件中发现的经济犯罪的通知》指出："各级人民法院在审理经济纠纷案件中，如发现有经济犯罪，应按照1979年12月15日最高人民法院、最高人民检察院、公安部《关于执行刑事诉讼法规定的案件管辖范围的通知》，将经济犯罪的有关材料分别移送给有管辖权的公安机关或检察机关侦查、起诉，公安机关或检察机关均应及时予以受理。"对此，各级公安、检察机关应严格执行，不得互相推诿、扯皮。

二、各级人民法院在审理经济纠纷案件中，如果发现有经济犯罪事实的，即应及时移送。

三、人民法院在审理经济纠纷案件中，发现经济犯罪时，一般应将经济犯罪与经济纠纷

全案移送，依照刑事诉讼法第五十三条和第五十四条（编者注：此处第五十三、五十四条，应为现行《刑事诉讼法》第七十七、七十八条）的规定办理。如果经济纠纷与经济犯罪必须分案审理的，或者是经济纠纷案经审结后又发现有经济犯罪的，可只移送经济犯罪部分。

对于经公安、检察机关侦查，犯罪事实搞清楚后，仍需分案审理的，经济纠纷部分应退回人民法院继续审理。

四、对于经济犯罪案件，几个地方都有管辖权的，或者管辖地不确定的，人民法院可以按照刑事诉讼法第十九条、第二十条和第二十一条（编者注：此处第十九、二十、二十一条，应分别为现行《刑事诉讼法》第二十四、二十五、二十六条）的规定，移送给其中一个有管辖权的公安机关或检察机关，或者报有权指定管辖的上级人民法院确定后移送。

五、各级人民法院、公安机关和检察机关，如果对是否属于经济犯罪在性质认定上有不同意见时，应尽量协商。协商不成的，报请同级党委政法委员会协调一致，以统一认识，及时办理。

2. 最高人民法院《关于审理存单纠纷案件的若干规定》的相关规定：

第三条 存单纠纷案件的受理与中止

……

人民法院在受理存单纠纷案件后，如发现犯罪线索，应将犯罪线索及时书面告知公安或检察机关。如案件当事人因伪造、变造、虚开存单或涉嫌诈骗，有关国家机关已立案侦查，存单纠纷案件确须待刑事案件结案后才能审理的，人民法院应当中止审理。对于追究有关当事人的刑事责任不影响对存单纠纷案件审理的，人民法院应对存单纠纷案件有关当事人是否承担民事责任以及承担民事责任的大小依法及时进行认定和处理。

第九条 其他

在存单纠纷案件的审理中，有关当事人如有违法行为，依法应给予民事制裁的，人民法院可依法对有关当事人实施民事制裁。案件审理中发现的犯罪线索，人民法院应及时书面告知公安或检察机关，并将有关材料及时移送公安或检察机关。

3. 最高人民法院《关于在审理经济纠纷案件中涉及经济犯罪嫌疑若干问题的规定》的相关规定：

第一条 同一公民、法人或其他经济组织因不同的法律事实，分别涉及经济纠纷和经济犯罪嫌疑的，经济纠纷案件和经济犯罪嫌疑案件应当分开审理。

第八条 根据《中华人民共和国刑事诉讼法》第七十七条第一款的规定，被害人对本《规定》第二条因单位犯罪行为造成经济损失的，对第四条、第五条第一款、第六条应当承担刑事责任的被告人未能返还财物而遭受经济损失提起附带民事诉讼的，受理刑事案件的人民法院应当依法一并审理。被害人因其遭受经济损失也有权对单位另行提起民事诉讼。若被害人另行提起民事诉讼的，有管辖权的人民法院应当依法受理。

第九条 被害人请求保护其民事权利的诉讼时效在公安机关、检察机关查处经济犯罪嫌疑期间中断。如果公安机关决定撤销涉嫌经济犯罪案件或者检察机关决定不起诉的，诉讼时效从撤销案件或决定不起诉之次日起重新计算。

第十条 人民法院在审理经济纠纷案件中，发现与本案有牵连，但与本案不是同一法律关系的经济犯罪嫌疑线索、材料，应将犯罪嫌疑线索、材料移送有关公安机关或检察机关查处，经济纠纷案件继续审理。

第十一条 人民法院作为经济纠纷受理的案件，经审理认为不属经济纠纷案件而有经济犯罪嫌疑的，应当裁定驳回起诉，将有关材料移送公安机关或检察机关。

第十二条 人民法院已立案审理的经济纠纷案件,公安机关或检察机关认为有经济犯罪嫌疑,并说明理由附有关材料函告受理该案的人民法院的,有关人民法院应当认真审查。经过审查,认为确有经济犯罪嫌疑的,应当将案件移送公安机关或检察机关,并书面通知当事人,退还案件受理费;如认为确属经济纠纷案件的,应当依法继续审理,并将结果函告有关公安机关或检察机关。

[实践指导]

对于人民法院在行政诉讼进行过程中,发现的有关犯罪事实或犯罪线索如何处理,在立法上并没有明确规定。笔者认为,可以比照上述在民事诉讼中发现犯罪案件的原则处理。具体地讲,第一,如果人民法院在行政诉讼进行过程中发现行政主体在实施被诉具体行政行为的过程中涉嫌犯罪,应中止行政诉讼,移送公安机关或人民检察院等侦查机关。第二,如果人民法院在行政诉讼进行过程中认为被诉具体行政行为处理或制裁的行为涉嫌构成犯罪,应中止行政诉讼,移送公安机关或人民检察院等侦查机关。第三,如果人民法院在行政诉讼进行过程中发现与本案有牵连,但与本案不是同一法律关系的犯罪嫌疑线索、材料,在继续行政诉讼的同时,将有关犯罪嫌疑线索、材料移送公安机关或人民检察院等侦查机关。第四,如果人民法院在行政诉讼进行过程中发现有自诉案件,应告知被害人向人民法院提起自诉。

十八、各级人民法院如何确定第一审刑事案件的级别管辖

[法律依据]

1. 《刑事诉讼法》的相关规定:

第十九条 基层人民法院管辖第一审普通刑事案件,但是依照本法由上级人民法院管辖的除外。

第二十条 中级人民法院管辖下列第一审刑事案件:(一)反革命案件、危害国家安全案件;(二)可能判处无期徒刑、死刑的普通刑事案件;(三)外国人犯罪的刑事案件。

第二十一条 高级人民法院管辖的第一审刑事案件,是全省(自治区、直辖市)性的重大刑事案件。

第二十二条 最高人民法院管辖的第一审刑事案件,是全国性的重大刑事案件。

第二十三条 上级人民法院在必要的时候,可以审判下级人民法院管辖的第一审刑事案件;下级人民法院认为案情重大、复杂需要由上级人民法院审判的第一审刑事案件,可以请求移送上一级人民法院审判。

2. **最高人民法院、最高人民检察院、公安部、国家安全部、司法部、全国人大常委会法制工作委员会《关于刑事诉讼法实施中若干问题的规定》的相关规定:**

5. 修改后的刑事诉讼法删除了原来关于"上级人民法院在必要的时候,可以把自己管辖的第一审刑事案件交由下级人民法院审判"的内容。根据这一修改,对于第一审刑事案件,依法应当由上级人民法院管辖的,不能再指定下级人民法院管辖。

3. **最高人民法院《关于执行〈中华人民共和国刑事诉讼法〉若干问题的解释》的相关规定:**

第四条 人民检察院认为可能判处无期徒刑、死刑而向中级人民法院提起公诉的普通刑事案件,中级人民法院受理后,认为不需要判处无期徒刑以上刑罚的,可以依法审理,不再

交基层人民法院审理。

第五条 一人犯数罪、共同犯罪和其他需要并案审理的案件,只要其中一人或者一罪属于上级人民法院管辖的,全案由上级人民法院管辖。

第十五条 上级人民法院认为有必要审理下级人民法院管辖的第一审刑事案件,应当向下级人民法院下达改变管辖决定书,并书面通知同级人民检察院。

第十六条 基层人民法院对于认为案情重大、复杂或者可能判处无期徒刑、死刑的第一审刑事案件,请求移送中级人民法院审判,应当经合议庭报请院长决定后,在案件审理期限届满十五日以前书面请求移送。中级人民法院应当在接到移送申请十日内作出决定。中级人民法院不同意移送的,应当向该基层人民法院下达不同意移送决定书,由该基层人民法院依法审判。同意移送的,应当向该基层人民法院下达同意移送决定书,并书面通知同级人民检察院。基层人民法院接到上级人民法院同意移送决定书后,应当通知同级人民检察院和当事人,并将起诉材料退回同级人民检察院。

十九、被害人所在地公安机关和人民法院是否有权管辖刑事案件

[法律依据]

1.《刑事诉讼法》的相关规定:

第二十四条 刑事案件由犯罪地的人民法院管辖。如果由被告人居住地的人民法院审判更为适宜的,可以由被告人居住地的人民法院管辖。

第二十五条 几个同级人民法院都有权管辖的案件,由最初受理的人民法院审判。在必要的时候,可以移送主要犯罪地的人民法院审判。

2. 最高人民法院《关于执行〈中华人民共和国刑事诉讼法〉若干问题的解释》的相关规定:

第二条 犯罪地是指犯罪行为发生地。以非法占有为目的的财产犯罪,犯罪地包括犯罪行为发生地和犯罪分子实际取得财产的犯罪结果发生地。

3. 公安部《公安机关办理刑事案件程序规定》的相关规定:

第十五条 刑事案件由犯罪地的公安机关管辖。如果由犯罪嫌疑人居住地的公安机关管辖更为适宜的,可以由犯罪嫌疑人居住地的公安机关管辖。

第十六条 几个公安机关都有权管辖的刑事案件,由最初受理的公安机关管辖。必要时,可以由主要犯罪地的公安机关管辖。

第十七条 对管辖不明确的刑事案件,可以由有关公安机关协商确定管辖。

对管辖有争议或者情况特殊的刑事案件,可以由共同的上级公安机关指定管辖。

[实践指导]

根据以上法律规定,如果被害人所在地若同时是上述法律规定的犯罪地(以非法占有为目的的财产犯罪,犯罪地包括犯罪行为发生地和犯罪分子实际取得财产的犯罪结果发生地)、犯罪嫌疑人、被告人居住地、最初受理地或主要犯罪地的,则该地公安机关和人民法院享有管辖权,否则仅就被害人居住地这一点而言该地公安机关和人民法院不具有管辖权。

二十、人民法院应否受理当事人不服治安管理处罚而提起的刑事自诉

[法律依据]

最高人民法院《关于人民法院应否受理当事人不服治安管理处罚而提起的刑事自诉问题的批复》的相关规定：

对于公安机关的治安管理处罚决定生效后，当事人在法定期间内未提起行政诉讼，而向人民法院提起刑事自诉的，人民法院是否应当受理的问题。经研究，现批复如下：治安管理处罚决定生效后，当事人在法定期间内未就治安管理处罚决定提起行政诉讼，而就同一事实向人民法院提起刑事自诉的，只要符合刑事诉讼法的有关规定，并且被告人的行为是在追诉时效期限内的，人民法院均应受理。经审理，如果认为被告人的行为构成犯罪，应当依法追究刑事责任。被告人被判处管制、拘役或者有期徒刑的，如果其在原治安管理处罚决定中已受过拘留处罚，应当将拘留处罚天数折抵刑期。对于自诉人提起附带民事诉讼，人民法院经调解或判决被告人赔偿损失的，应当将原治安管理处罚决定中的赔偿部分一并考虑。人民法院审理这类自诉案件所制作的调解书、裁定书或判决书，应当在生效后立即送达作出原治安管理处罚决定的公安机关。

二十一、如何确定几类特殊案件的审判管辖

[法律依据]

最高人民法院《关于执行〈中华人民共和国刑事诉讼法〉若干问题的解释》的相关规定：

第七条　对于中华人民共和国缔结或者参加的国际条约所规定的罪行，中华人民共和国在所承担条约义务的范围内，行使刑事管辖权。

前款规定的案件由被告人被抓获地的中级人民法院管辖。

第八条　在中华人民共和国领域外的中国船舶内的犯罪，由犯罪发生后该船舶最初停泊的中国口岸所在地的人民法院管辖。

第九条　在中华人民共和国领域外的中国航空器内的犯罪，由犯罪发生后该航空器在中国最初降落地的人民法院管辖。

第十条　在国际列车上的犯罪，按照我国与相关国家签订的有关管辖协定确定管辖。没有协定的，由犯罪发生后该列车最初停靠的中国车站所在地或者目的地的铁路运输法院管辖。

第十一条　中国公民在驻外的中国使领馆内的犯罪，由该公民主管单位所在地或者他的原户籍所在地的人民法院管辖。

第十二条　中国公民在中华人民共和国领域外的犯罪，由该公民离境前的居住地或者原户籍所在地的人民法院管辖。

第十三条　外国人在中华人民共和国领域外对中华人民共和国国家或者公民犯罪，依照《中华人民共和国刑法》应受处罚的，由该外国人入境地的中级人民法院管辖。

第十四条　发现正在服刑的罪犯在判决宣告前还有其他犯罪没有受到审判的，由原审人民法院管辖；如果罪犯服刑地或者新发现罪的主要犯罪地的人民法院管辖更为适宜的，可以

由服刑地或者新发现罪的主要犯罪地的人民法院管辖。正在服刑的罪犯在服刑期间又犯罪的，由服刑地的人民法院管辖。

正在服刑的罪犯在脱逃期间的犯罪，如果是在犯罪地捕获并发现的，由犯罪地的人民法院管辖；如果是被缉捕押解回监狱后发现的，由罪犯服刑地的人民法院管辖。

二十二、网络犯罪案件的管辖如何确定

[实践指导]

随着互联网的日益普及和网络技术的发展，网络犯罪越来越多，呈现出不断扩大的发展趋势。由于网络空间的全球化、虚拟化，网络犯罪具有无国界性、行为与结果的分离性等特点，使得网络空间犯罪给国家管辖带来了巨大的冲击。如何确定网络犯罪的犯罪地，也成为理论和实践中一个存在诸多争议的问题。

从内容上看，网络犯罪的管辖包括两个方面：一是涉外网络犯罪的管辖，一是国内网络犯罪管辖。从目前涉外网络犯罪的管辖立法情况看，世界各国、各地区政府比较重视网络犯罪的管辖权，并积极扩张和竞争夺其管辖权的范围。在这种情况下，我国涉外网络犯罪的管辖权应该如何确定，也成为各界关注的重要问题。根据现行刑法规定，我国刑法的管辖原则是以属地原则为主，以属人原则或保护原则为辅。网络犯罪作为刑法规定的内容之一，也同样适用于这一原则。但是，从发展的角度来看，将来立法可以确立最低联系主义，通过保护原则解决涉外网络犯罪。对于非涉外网络犯罪，其管辖问题首先必须依照现行法确定的地区管辖原则，通过犯罪地、犯罪嫌疑人、被告居住地、最初受理地和主要犯罪地原则确立管辖。这里的关键是犯罪地如何界定。最高人民法院审判委员会通过的《关于审理涉及计算机网络域名民事纠纷案件适用法律若干问题的解释》将服务器位置所在地作为确定侵权行为地的依据。比照这一精神，对于网络犯罪案件的犯罪地的认定标准，笔者认为可以从以下两方面入手：

第一，将行为人在网上作案的网络服务器、计算机终端等设备所在地作为犯罪地。其理论依据在于如果网址可以成为管辖权的基础，那么网址所对应的网络服务器所在地就可作为确定犯罪行为地的依据。网络犯罪行为须通过一定的计算机设备进行，犯罪行为地的确定应当以行为人为中心，以实施犯罪行为的设备为线索，认定其犯罪行为地，并且行为人实施犯罪的计算机终端、服务器等设备是相对固定的，因此行为人实施网络犯罪的服务器、计算机终端等设备所在地可以视为犯罪地。

第二，将行为人网上作案所侵入的系统局域网、侵入的计算机终端等设备所在地作为犯罪地。对于网上侵犯商业秘密间谍犯罪、网络入侵、偷窥、复制、更改或者删除计算机信息犯罪、散布破坏性病毒等犯罪的实施和完成，必须通过侵入他人的计算机信息网络才能作案。因此，所侵入的系统局域网、计算机终端等设备所在地可为犯罪地。

二十三、我国刑事诉讼中当事人是否具有管辖异议权

[实践指导]

《民事诉讼法》和《行政诉讼法》都明确规定了当事人的"管辖权异议"制度，但在刑事诉讼立法上，虽然《刑事诉讼法》专设了"管辖"一章，但只是规定了立案管辖、审判管辖、

专门管辖等内容,并没有对当事人管辖异议权作出任何规定,最高人民法院《关于执行〈中华人民共和国刑事诉讼法〉若干问题的解释》中,也没有关于管辖异议权的内容。对于这个问题,无论在理论界还是在实践中,都存在着较大的分歧和争议。有人认为,刑事犯罪不仅侵犯个体权益,同时也侵犯国家和社会整体利益,因此,对刑事犯罪的追诉是国家意志的体现,刑事司法权是公权力的典型代表,没有必要像民事诉讼那样实行意思自治,赋予当事人的管辖异议权。有的认为为了维护当事人的合法权益,实现程序正义,给当事人以程序救济权,就应赋予其一定的管辖选择权和异议权。有的认为,刑事案件应视公诉和自诉案件有所不同,视案件的涉及面、影响、重大复杂程度等具体情况决定。笔者认为,当事人的管辖异议权是一项重要的救济性程序权利,它是当事人刑事诉讼诉权的体现,是获得公平审判权利的重要保障,有助于法院裁判权的确定和实现,对于当事人实体权利和其他程序权利的保护具有重大意义,也有助于当事人对刑事诉讼的实际参与和对刑事程序施加自身的影响,因此,在时机成熟时,应在我国刑事诉讼立法中加以确立和规定。但在目前没有法律规定的情况下,在公诉案件中,当事人不能提出管辖异议,如果对管辖问题有不同看法和要求,可以通过请求指定管辖或移送管辖处理。对于自诉案件,如果当事人提出管辖异议,由于其性质决定,人民法院可以比照民事诉讼法中管辖异议的规定,加以处理。

第三章 回 避

一、担任辩护人、诉讼代理人的律师是否需要回避

[法律依据]

1.《刑事诉讼法》的相关规定:

第二十八条 审判人员、检察人员、侦查人员有下列情形之一的,应当自行回避,当事人及其法定代理人也有权要求他们回避:(一)是本案的当事人或者是当事人的近亲属的;(二)本人或者他的近亲属和本案有利害关系的;(三)担任过本案的证人、鉴定人、辩护人、诉讼代理人的;(四)与本案当事人有其他关系,可能影响公正处理案件的。

第三十一条 本法第二十八条、第二十九条、第三十条的规定也适用于书记员、翻译人员和鉴定人。

2.《律师法》的相关规定:

第四十一条 曾经担任法官、检察官的律师,从人民法院、人民检察院离任后二年内,不得担任诉讼代理人或者辩护人。

3.最高人民法院《关于执行〈中华人民共和国刑事诉讼法〉若干问题的解释》的相关规定:

第三十二条 上述有关回避的规定,适用于法庭书记员、翻译人员和鉴定人。其回避问

题由人民法院院长决定。

第三十三条 人民法院审判案件过程中，应当充分保证被告人行使刑事诉讼法第三十二条规定的辩护权利。但下列人员不得被委托担任辩护人：（一）被宣告缓刑和刑罚尚未执行完毕的人；（二）依法被剥夺、限制人身自由的人；（三）无行为能力或者限制行为能力的人；（四）人民法院、人民检察院、公安机关、国家安全机关、监狱的现职人员；（五）本院的人民陪审员；（六）与本案审理结果有利害关系的人；（七）外国人或者无国籍人。

前款第（四）、（五）、（六）、（七）项规定的人员，如果是被告人的近亲属或者监护人，由被告人委托担任辩护人的，人民法院可以准许。

第四十七条 当事人委托诉讼代理人应当参照刑事诉讼法第三十二条和本解释第三十三条的规定执行。

4. 最高人民检察院《人民检察院刑事诉讼规则》的相关规定：

第三十一条第一款 本规则关于回避的规定，适用于书记员、司法警察和人民检察院聘请或者指派的翻译人员、鉴定人。

5. 公安部《公安机关办理刑事案件程序规定》的相关规定：

第三十二条 在侦查过程中，鉴定人、记录人和翻译人员需要回避的，由县级以上公安机关负责人决定。

6. 最高人民法院《关于审判人员严格执行回避制度的若干规定》的相关规定：

第四条 审判人员及法院其他工作人员离任二年内，担任诉讼代理人或者辩护人的，人民法院不予准许；审判人员及法院其他工作人员离任二年后，担任原任职法院审理案件的诉讼代理人或者辩护人，对方当事人认为可能影响公正审判而提出异议的，人民法院应当支持，不予准许本院离任人员担任诉讼代理人或者辩护人。但是作为当事人的近亲属或者监护人代理诉讼或者进行辩护的除外。

第五条 审判人员及法院其他工作人员的配偶、子女或者父母，担任其所在法院审理案件的诉讼代理人或者辩护人的，人民法院不予准许。

7. 最高人民检察院《检察人员任职回避和公务回避暂行办法》的相关规定：

第十五条 检察人员离任后两年内，不得担任诉讼代理人和辩护人。

第十八条第一款 本规定所称检察人员，是指各级人民检察院检察官、书记员、司法行政人员和司法警察。

[实践指导]

可以看出，我国《刑事诉讼法》及相关的司法解释和规章中对回避对象范围的规定，仅限于审判人员、检察人员、侦查人员、书记员、翻译人员、鉴定人和司法警察（虽然只有《人民检察院刑事诉讼规则》和《检察人员任职回避和公务回避暂行办法》对人民检察院的司法警察回避问题作出规定，而人民法院对此未作任何规定，但笔者认为，人民法院的司法警察也应属于回避的对象）。对担任辩护人、诉讼代理人的律师是否需要回避的问题，在刑事诉讼法中则没有明确规定，律师法借鉴最高人民法、最高人民检察院的司法文件精神对离任法官检察官担任律师的情形作出了禁止性规定，在最高人民法院、最高人民检察院司法文件除了对离任法官检察官担任辩护人、诉讼代理人作出规定之外，对其他情况没有明确规定。笔者认为，在现阶段，担任辩护人、诉讼代理人的律师属于《律师法》和最高人民法院、最高人民检察院司法文件规定情形的，按照相应规定办理。不属于《律师法》和最高人民法院、最高人民检察院司法文件规定情形，而是与案件之间具有需要回避的其他法定情形，则可按以下原则办理：如果是本案的当事人或证人、鉴定人的，则不能再担任辩护人或诉讼代理人；如果其与本案有利害关系，并且是当事人的法定代理人、近亲属的，可以担任辩护人或者诉讼代理人，但不能以律师身份参与诉讼，应属律师之外的其他辩护人和诉讼代理人。如果其与本案有利害关系，并且不是当事人的法定代理人、近亲属的，则不适合担任辩护人和诉讼代理人。

二、当事人及其法定代理人要求具体办理案件的公、检、法等办案机关回避的应如何处理

[法律依据]

1. 《刑事诉讼法》的相关规定：

第二十四条　刑事案件由犯罪地的人民法院管辖。如果由被告人居住地的人民法院审判更为适宜的，可以由被告人居住地的人民法院管辖。

2. 最高人民法院《关于执行〈中华人民共和国刑事诉讼法〉若干问题的解释》的相关规定：

第二十八条　审判人员、检察人员、侦查人员有下列情形之一的，应当自行回避，当事人及其法定代理人也有权要求他们回避：（一）是本案的当事人或者是当事人的近亲属的；（二）本人或者他的近亲属和本案有利害关系的；（三）担任过本案的证人、鉴定人、辩护人、诉讼代理人的；（四）与本案当事人有其他关系，可能影响公正处理案件的。

3. 最高人民检察院《人民检察院刑事诉讼规则》的相关规定：

第二十二条　最高人民法院管辖的第一审刑事案件，是全国性的重大刑事案件。

4. 公安部《公安机关办理刑事案件程序规定》的相关规定：

第二十七条　对管辖不明确的刑事案件，可以由有关公安机关协商确定管辖。对管辖有争议或者情况特殊的刑事案件，可以由共同的上级公安机关指定管辖。

[实践指导]

在2008年10月哈尔滨发生的"10·11"案件（即"哈六警"案件）中，被害人的家属提出，要求负责侦办此案的哈尔滨市公安局整体回避，理由是打人者中有该局干警。实际上，在司法实践中，经常有当事人及其法定代理人基于案件的某些人员或案情与办案机关存在某种联系，而以案件的利害关系涉及整个公、检、法的办案机关为由，要求具体的办案机关整体回避。对此，我国《刑事诉讼法》及相关司法解释等并没有明确规定。但是，从我国《刑事诉讼法》及相关的司法解释和规章中对回避对象范围的规定，仅限于审判人员、检察人员、侦查人员、书记员、翻译人员和鉴定人，即仅限于自然人。同时，由于《刑事诉讼法》及相关司法解释、规章对办案机关整体回避均未作规定，因此，笔者认为，当事人及其法定代理人要求具体办案机关整体回避的请求，不属于我国《刑事诉讼法》规定的应予回避的情形，应不予支持。但是，如果某些情况的存在确实可能影响案件正确处理的，可以比照《刑事诉讼法》第26条的规定，通过指定管辖方式加以解决。具体地讲，有管辖权的公、检、法的办案机关对于要求具体的办案机关整体回避的请求，应予驳回；同时报请上一级公检法机关，请求其确定管辖，上一级公检法机关根据具体情况，决定是否通过指定管辖确定与提出请求的同级或其他公检法机关管辖。

三、对当事人及其法定代理人无理由或不符合法定理由的回避申请应如何处理

[法律依据]

最高人民法院《关于执行〈中华人民共和国刑事诉讼法〉若干问题的解释》的相关规定：

第二十九条 不属于刑事诉讼法第二十八条、第二十九条所列情形的回避申请，由法庭当庭驳回，并不得申请复议。

第一百二十九条 审判长分别询问当事人、法定代理人是否申请回避，申请何人回避和申请回避的理由。

如果当事人、法定代理人申请审判人员、出庭支持公诉的检察人员回避，合议庭认为符合法定情形的，应当依照本解释有关回避的规定处理；认为不符合法定情形的，应当当庭驳回，继续法庭审理。如果申请回避人当庭申请复议，合议庭应当宣布休庭，待作出复议决定后，决定是否继续法庭审理。

同意或者驳回回避申请的决定及复议决定，由审判长宣布，并说明理由。必要时，也可以由院长到庭宣布。

[实践指导]

根据回避是否需要理由，诉讼理论上将回避分为有因回避和无因回避。根据《刑事诉讼法》第28、29条的规定，当事人及其法定代理人在具备五种条件之一时，有权申请回避。据此，可以看出，我国刑事诉讼实行的是有因回避，即申请回避必须具备法定理由，在我国刑事诉讼法中并没有关于无因回避的规定。因此，最高人民法院《关于执行〈中华人民共和国刑事诉讼法〉若干问题的解释》中规定，对不属于《刑事诉讼法》第28条、第29条所列情形的回避申请，由法庭当庭驳回，并不得申请复议。虽然公安部和人民检察院对此未作规定，但笔者认为，公安机关和人民检察院在侦查和审查起诉过程中，对当事人及其法定代理人提出的无理由或不符合法定理由的回避申请，也应按照人民法院上述规定的精神办理。

四、回避申请能否由辩护人或诉讼代理人提出

[法律依据]

《刑事诉讼法》的相关规定：

第二十八条 审判人员、检察人员、侦查人员有下列情形之一的，应当自行回避，当事人及其法定代理人也有权要求他们回避：（一）是本案的当事人或者是当事人的近亲属的；（二）本人或者他的近亲属和本案有利害关系的；（三）担任过本案的证人、鉴定人、辩护人、诉讼代理人的；（四）与本案当事人有其他关系，可能影响公正处理案件的。

第二十九条 审判人员、检察人员、侦查人员不得接受当事人及其委托的人的请客送礼，不得违反规定会见当事人及其委托的人。

审判人员、检察人员、侦查人员违反前款规定的，应当依法追究法律责任。当事人及其法定代理人有权要求他们回避。

[实践指导]

根据《刑事诉讼法》的上述规定，申请回避权是当事人及其法定代理人的一项重要权利，当事人及其法定代理人有权在诉讼过程中对审判人员、检察人员、侦查人员等提出回避申请。但是，对于辩护人、诉讼代理人是否有权提出回避申请，刑事诉讼法并没有作出明确规定。实践中，对于辩护人和诉讼代理人提出的回避请求，公检法等专门机关也有不同的处理意见和做法。在刑事诉讼中，辩护人和诉讼代理人的权利由两部分构成。一部分是法律规定的权利，一部分是委托人授权的权利。其中，法律规定的权利又可分为共有权利和特有权利。从刑事诉讼法的规定来看，无论是辩护人还是诉讼代理人的法定权利中，都没有关于申请回避权，因此，如果辩护人和诉讼代理人要行使此项权利，唯一的可能性就是来自于当事人及其法定代理人的授权。综上，笔者认为，在司法实践中，公检法等专门机关对辩护人和诉讼代理人提出的回避申请，首先要审查是否经过当事人及其法定代理人的委托、授权或事先的许可，如果经过当事人及其法定代理人的授权或同意，公检法等专门机关应当接受并按照规定审查处理，否则将驳回申请，不予受理。

五、当事人及其法定代理人在后续诉讼阶段对之前办理案件的有关人员提出申请回避应如何处理

[法律依据]

最高人民法院《关于执行〈中华人民共和国刑事诉讼法〉若干问题的解释》的相关规定：
第三十条 当事人及其法定代理人对出庭的检察人员、书记员提出回避申请的，人民法院应当通知指派该检察人员出庭的人民检察院，由该院检察长或者检察委员会决定。

[实践指导]

《刑事诉讼法》对当事人及其法定代理人提出申请回避的时间并没有明确规定。但是根据回避适用的对象、有权决定的人员和组织等规定可以看出，在整个刑事诉讼过程中，当事人及其法定代理人都有权提出回避申请。但是，对于如何理解和把握"在整个刑事诉讼过程中"，实践中有不同的看法。有的认为，整个诉讼过程是相对而言，针对不同的回避对象，具有不同的时间限制，只能在其所属的诉讼阶段中提出回避请求，"整个过程"不过是各个阶段的累加。有的认为，既然是整个诉讼过程，不仅应允许在各个不同的诉讼阶段对相应的回避对象提出申请，也应允许在后续诉讼阶段，对之前办理案件的有关回避对象因为事先并不知晓的理由提出回避请求。是否允许当事人及其法定代理人在后续诉讼阶段对之前办理案件的有关人员提出回避申请，涉及的主要问题是诉讼效率，如果允许当事人及其法定代理人提出，则必须将案件退回处理，这样可能会因为程序流转导致办案期限延长，并连带产生其他问题。如果不允许当事人及其法定代理人提出，在回避对象确实与案件存在利害关系的情况下，可能影响案件处理结果的客观公正。笔者认为，回避制度是保障案件公正处理的重要措施，任何导致案件不公正处理的可能，我们都应力求避免。在案件处理过程中，在有关回避对象并未提出自行回避的情况下，如果存在可能妨碍案件公正处理的利害关系而不给当事人以救济机会，所产生的后果将不仅仅是案件不公正处理的可能，因此，笔者同意后一种观点，应该允许当事人及其法定代理人在后续诉讼阶段对之前办理案件的有关人员提出申请回避，并中

止案件处理，退回原诉讼阶段，由有权决定的机关处理。这也与最高人民法院对此问题的处理精神是基本一致的。同时，为了防止无谓的诉讼拖延，在各个诉讼阶段，公检法等机关的办案人员应及时告知当事人所享有的各种诉讼权利，并加强职业自律教育，通过审判人员、检察人员、侦查人员等的自行回避减少不公正处理案件的可能性。

六、侦查人员在回避决定作出前进行的侦查活动是否有效

[法律依据]

1. 《刑事诉讼法》的相关规定：

第三十条 审判人员、检察人员、侦查人员的回避，应当分别由院长、检察长、公安机关负责人决定；院长的回避，由本院审判委员会决定；检察长和公安机关负责人的回避，由同级人民检察院检察委员会决定。

对侦查人员的回避作出决定前，侦查人员不能停止对案件的侦查。

对驳回申请回避的决定，当事人及其法定代理人可以申请复议一次。

2. 最高人民检察院《人民检察院刑事诉讼规则》的相关规定：

第二十八条 人民检察院直接受理案件的侦查人员或者进行补充侦查的人员在回避决定作出前，不能停止对案件的侦查。

第三十条 因符合刑事诉讼法第二十八条或者第二十九条规定的情形之一而回避的检察人员，在回避决定作出以前所取得的证据和进行的诉讼行为是否有效，由检察委员会或者检察长根据案件具体情况决定。

3. 最高人民检察院《检察人员任职回避和公务回避暂行办法》的相关规定：

第十三条 检察人员自行回避或者被申请回避，在检察长或者检察委员会作出决定前，应当暂停参与案件的办理；但是，对人民检察院直接受理案件进行侦查或者补充侦查的检察人员，在回避决定作出前不能停止对案件的侦查。

第十四条 因符合本办法第九条或者第十条规定的情形之一而决定回避的检察人员，在回避决定作出前所取得的证据和进行诉讼的行为是否有效，由检察长或者检察委员会根据案件的具体情况决定。

4. 公安部《公安机关办理刑事案件程序规定》的相关规定：

第三十三条 被决定回避的公安机关负责人、侦查人员、鉴定人、记录人和翻译人员，在回避决定作出以前所进行的诉讼活动是否有效，由作出决定的机关根据案件情况决定。

[实践指导]

侦查活动要求迅速准确及时，任何犹豫或者拖延都可能对被害人、对案件事实的调查取证造成不应有的负面影响。因此，我国《刑事诉讼法》规定，对侦查人员的回避作出决定前，侦查人员不能停止对案件的侦查。这主要是考虑到刑事案件侦查的特点和要求而作的规定。由此也产生了另外一个问题，即如果侦查人员最终因为回避而退出案件的处理，则在此之前所进行的侦查行为及取得的证据是否有效。如果无效，则侦查人员在回避请求提出后就无必要继续参与侦查工作。如果有效，因为侦查人员与案件的利害关系而可能或实际影响了案件结果的客观公正又如何解决。这是司法实践中一个重要而敏感的问题。为了既能够适应侦查工作的实际需要，又能够保证案件的公正处理，最高人民检察院、公安部都秉承了这样的精

神：根据案件具体情况确定。这里的具体情况，法律并没有明确规定，一般应该包括以下几个方面：案件的影响、严重复杂程度，侦查人员与案件的利害关系，所取得证据的重要程度，重新实施侦查行为和取得的证据的可能性等等。在司法实践中，公安机关、人民检察院等侦查机关中有权决定的人员和组织，应当根据上述几个方面全面衡量，通盘考虑，最终确定侦查人员因回避在退出案件处理之前进行的侦查活动的有效性问题。

七、如何理解和确定可能影响案件公正处理的其他关系

［法律依据］

1. 《刑事诉讼法》的相关规定：

第二十八条　审判人员、检察人员、侦查人员有下列情形之一的，应当自行回避，当事人及其法定代理人也有权要求他们回避：（一）是本案的当事人或者是当事人的近亲属的；（二）本人或者他的近亲属和本案有利害关系的；（三）担任过本案的证人、鉴定人、辩护人、诉讼代理人的；（四）与本案当事人有其他关系，可能影响公正处理案件的。

第二百零六条　人民法院按照审判监督程序重新审判的案件，应当另行组成合议庭进行。如果原来是第一审案件，应当依照第一审程序进行审判，所作的判决、裁定，可以上诉、抗诉；如果原来是第二审案件，或者是上级人民法院提审的案件，应当依照第二审程序进行审判，所作的判决、裁定，是终审的判决、裁定。

2. 最高人民法院《关于执行〈中华人民共和国刑事诉讼法〉若干问题的解释》的相关规定：

第三十一条　参加过本案侦查、起诉的侦查、检察人员，如果调至人民法院工作，不得担任本案的审判人员。

凡在一个审判程序中参与过本案审判工作的合议庭组成人员，不得再参与本案其他程序的审判。

3. 最高人民检察院《人民检察院刑事诉讼规则》的相关规定：

第二十九条　参加过本案侦查的侦查人员，如果调至人民检察院工作，不得担任本案的检察人员。

［实践指导］

根据《刑事诉讼法》第28条第（4）项规定，与本案当事人有其他关系，可能影响公正处理案件的，是侦查人员、检察人员、审判人员等适用回避的理由或条件之一。这是立法为了最大限度地穷尽适用回避的情形和条件，而在前三项明确规定的基础上所作的一项灵活性和技术性规定。在司法实践中，这一规定为保障回避制度的实施，实现案件处理的客观公正发挥了重要作用，但是，也产生了一定的问题，主要是对"其他关系"和"可能影响公正处理"的界定把握不准而引发的争议。根据立法精神来看，这里的其他关系广泛而不确定，可以是师生关系、同学关系、同乡关系、战友关系、邻里关系等等。由于立法规定这一理由的适用需要同时具备两个要素，即其他关系存在和可能影响案件处理，因此，实践中我们既要看是否存在其他关系，更要看是否可能影响案件公正处理。笔者认为，即使存在这种其他关系，但如果仅限于一般的正常交往，不足以影响案件处理的，就不需要回避。但是，如果当事人及其法定代理人坚持要求回避的，有权决定的人员和组织也可以考虑适用回避。前述提

及的其他关系如果超出一般限度和正常范围,则有关人员就需要退出案件的处理。因此,对这一条件的把握,不能仅仅简单地看是否存在其他关系,还需要考虑是否存在影响案件公正处理的可能。

实践中,全面把握"其他关系"不能忽视的一个重要方面是,曾经参与过案件处理是否也属于可能影响案件处理的其他关系的范畴,即有关人员曾经参与过案件处理,由于某种原因,当案件再次处理时,是否也需要回避。对此,根据《刑事诉讼法》、最高人民法院《关于执行〈中华人民共和国刑事诉讼法〉若干问题的解释》、《人民检察院刑事诉讼规则》等规定,笔者认为,在刑事诉讼中,对曾经参与过案件处理公检法机关的工作人员是否需要回避的问题,应按以下原则办理:第一,凡在一个审判程序中参与过某一案件审判工作的合议庭组成人员,不得再参与本案其他程序的审判;第二,曾参加某一具体案件处理的公检法机关的工作人员,因工作调动后,不能再参加同一案件下一程序的诉讼活动;第三,对于曾在纪检、监察机关或者其他行政机关工作期间,参与了对某一案件的调查或处理,后因工作调动到司法机关工作的有关人员,尽管由于党纪、政纪处理与司法部门的处理具有不同的性质和后果,但是回避的实质在于"防患于未然",保障案件的公正处理。由于前述有关人员参与过对同一案件的处理,对该案的事实有相应的了解,如果再参加在诉讼中对同一案件的处理,有可能形成先入为主,从而妨碍全面、客观地认识和处理案件,因此,笔者认为,此种情况下,有关人员不宜再参与案件的处理。

第四章 辩护与代理

一、律师在侦查阶段依法为犯罪嫌疑人提供何种法律帮助

[法律依据]

1.《刑事诉讼法》的相关规定:

第九十六条 犯罪嫌疑人在被侦查机关第一次讯问后或者采取强制措施之日起,可以聘请律师为其提供法律咨询、代理申诉、控告。犯罪嫌疑人被逮捕的,聘请的律师可以为其申请取保候审。涉及国家秘密的案件,犯罪嫌疑人聘请律师,应当经侦查机关批准。

受委托的律师有权向侦查机关了解犯罪嫌疑人涉嫌的罪名,可以会见在押的犯罪嫌疑人,向犯罪嫌疑人了解有关案件情况。律师会见在押的犯罪嫌疑人,侦查机关根据案件情况和需要可以派员在场。涉及国家秘密的案件,律师会见在押的犯罪嫌疑人,应当经侦查机关批准。

2.《律师法》的相关规定:

第三十三条 犯罪嫌疑人被侦查机关第一次讯问或者采取强制措施之日起,受委托的律师凭律师执业证书、律师事务所证明和委托书或者法律援助公函,有权会见犯罪嫌疑人、被告人并了解有关案件情况。律师会见犯罪嫌疑人、被告人,不被监听。

3. 最高人民检察院《人民检察院刑事诉讼规则》的相关规定：

第一百四十五条 检察人员第一次讯问犯罪嫌疑人后或者对其采取强制措施之日起，应当告知犯罪嫌疑人可以聘请律师为其提供法律咨询、代理申诉、控告或者为其申请取保候审，并将告知情况记明笔录。

4. 公安部《公安机关办理刑事案件程序规定》的相关规定：

第三十五条 公安机关应当依法保障律师的执业活动，保障律师在侦查阶段依法从事下列业务：（一）向公安机关了解犯罪嫌疑人涉嫌的罪名；（二）会见犯罪嫌疑人，向犯罪嫌疑人了解有关案件的情况；（三）为犯罪嫌疑人提供法律咨询、代理申诉、控告；（四）为被逮捕的犯罪嫌疑人申请取保候审。

5. 《律师办理刑事案件规范》的相关规定：

第三十三条 律师会见犯罪嫌疑人时可为其提供法律咨询，包括以下内容：（一）有关强制措施的条件、期限、适用程序的法律规定；（二）有关侦查人员、检察人员及审判人员回避的法律规定；（三）犯罪嫌疑人对侦查人员的提问有如实回答的义务及对与本案无关的问题有拒绝回答的权利；（四）犯罪嫌疑人有要求自行书写供述的权利，对侦查人员制作的讯问笔录有核对、补充、改正、附加说明的权利以及在承认笔录没有错误后应当签名或盖章的义务；（五）犯罪嫌疑人享有侦查机关应当将用作证据的鉴定结论向他告知的权利及可以申请补充鉴定或者重新鉴定的权利；（六）犯罪嫌疑人享有的辩护权；（七）犯罪嫌疑人享有的申诉权和控告权；（八）刑法关于犯罪嫌疑人所涉嫌的罪名的有关规定；（九）刑法关于自首、立功及其相关规定；（十）有关刑事案件侦查管辖的法律规定；（十一）其他有关法律问题。

第三十四条 律师向侦查机关了解犯罪嫌疑人涉嫌的罪名及会见犯罪嫌疑人后，如果认为被羁押的犯罪嫌疑人符合下述取保候审的条件，可以主动为其申请取保候审：（一）犯罪嫌疑人所涉案情符合《刑事诉讼法》第五十一条的规定；（二）犯罪嫌疑人患有严重疾病；（三）犯罪嫌疑人正在怀孕或者哺乳自己的婴儿；（四）侦查机关对犯罪嫌疑人采取的拘留逮捕措施已超过法定期限；（五）法律规定的其他取保候审条件的。

第三十五条 在押的犯罪嫌疑人及其法定代理人、近亲属要求律师为犯罪嫌疑人申请取保候审，承办律师认为符合取保候审条件的，可以为其申请取保候审，也可协助其直接向侦查机关申请取保候审。

第三十六条第二款 律师不得为犯罪嫌疑人作保证人。

第三十七条 律师为被羁押的犯罪嫌疑人提出取保候审申请后，可要求侦查机关在七日内作出同意或者不同意的答复。对于不同意取保候审的，律师有权要求其说明不同意的理由，并可以提出复议或向有关部门反映。

第三十八条 律师根据向侦查机关了解的犯罪嫌疑人涉嫌的罪名和向犯罪嫌疑人了解的案件情况，认为确有根据的，可接受犯罪嫌疑人的委托，代理其向有关机关提出申诉，要求予以纠正。

第三十九条 律师根据向犯罪嫌疑人了解的有关案件情况和其他有关证据材料，认为侦查人员在办案中违反法律规定，侵犯犯罪嫌疑人的人身权利、诉讼权利或其他合法权益，或者认为侦查机关管辖不当的，可受犯罪嫌疑人的委托，代理其向有关部门提出控告。

[实践指导]

侦查阶段律师介入诉讼的目的，主要是为犯罪嫌疑人提供法律帮助，以保障犯罪嫌疑人的合法权益。这是由侦查阶段的特点和律师在侦查阶段的职责决定的。与此相对应，在侦查阶段介入诉讼的律师享有如下权利：向侦查机关了解犯罪嫌疑人涉嫌的罪名；会见在押的犯罪嫌疑人，向犯罪嫌疑人了解有关案件情况；为其提供法律咨询、代理申诉、控告；为被逮捕的犯罪嫌疑人申请取保候审。具体来看，与审查起诉阶段介入诉讼的辩护人相比，侦查阶段介入诉讼的律师在权利的范围、行使方式等方面还有一定的差距，比如，侦查阶段介入诉讼的律师只能了解涉嫌的罪名，而不能查阅、摘抄、复制案件的材料，在侦查阶段也无权进行调查取证等等，侦查阶段介入诉讼的律师只能在上述法律法规及有关的规范性文件规定的权限内，为犯罪嫌疑人提供法律帮助。

二、在侦查阶段犯罪嫌疑人可以聘请几名律师

[法律依据]

1. 《刑事诉讼法》的相关规定：

第三十二条　犯罪嫌疑人、被告人除自己行使辩护权以外，还可以委托一至二人作为辩护人。

2. 最高人民法院《关于执行〈中华人民共和国刑事诉讼法〉若干问题的解释》的相关规定：

第三十五条　一名被告人委托辩护人不得超过两人。在共同犯罪的案件中，一名辩护人不得为两名以上的同案被告人辩护。

3. 最高人民检察院《人民检察院刑事诉讼规则》的相关规定：

第一百四十六条第一款　在押的犯罪嫌疑人提出聘请律师要求的，人民检察院应当记明笔录。对于不涉及国家秘密的案件，应当按照本规则第一百四十七条的规定办理。对于涉及国家秘密的案件，人民检察院应当在三日以内作出是否批准的决定。人民检察院作出不批准决定的，应当向犯罪嫌疑人说明理由。

第三百一十七条　一名犯罪嫌疑人可以委托一至二人作为辩护人。

共同犯罪的案件，一名辩护人不得为二名以上的同案犯罪嫌疑人辩护。

律师担任诉讼代理人的，不得同时接受同一案件二名以上被害人的委托，参与刑事诉讼活动。

[实践指导]

根据《刑事诉讼法》的规定，在审查起诉和审判阶段，犯罪嫌疑人、被告人可以委托一至二人作为辩护人。对侦查阶段犯罪嫌疑人可以聘请律师的人数，刑事诉讼法没有明确规定。笔者认为，尽管辩护人和侦查阶段介入诉讼的律师的性质、地位都有所不同，但是两者参与诉讼的基本目的相同，都是为维护犯罪嫌疑人、被告人合法权益，在进行实质辩护的审判阶段，法律规定只有两名律师或其他辩护人，那么在只为犯罪嫌疑人提供法律帮助的侦查阶段介入诉讼的律师的人数问题，也不宜超过委托或聘请辩护律师的人数。同时，过分强调侦查阶段介入诉讼律师的任务和权限范围，从而为限制聘请律师人数提供理论基础和依据的做法也是没有必要且不可取的。参照《刑事诉讼法》关于聘请辩护人一至二人的规定标准，不仅是立法技术上保持一致的需要，也是律师参与诉讼的所要完成的任务及职责的内在要求。《人民检察院刑事诉讼规则》第317条规定的"在侦查期间，犯罪嫌疑人可以聘请一至二名律师提供法律帮助"是对上述要求的具体体现。笔者认为，公安机关等其他侦查机关在各自管辖

案件的立案侦查过程中，也应遵照这一规定确定可以聘请律师的人数。

需要注意的另外一个问题是，在侦查阶段，根据《刑事诉讼法》的规定，犯罪嫌疑人可以聘请参加诉讼的只能是律师，律师之外的其他人员，包括人民团体或犯罪嫌疑人所在单位推荐的人，犯罪嫌疑人的监护人或近亲属，都不能介入诉讼为其提供法律咨询。这主要是由侦查阶段有关案件事实尚未查清、诉讼主张尚未完全形成，案件保密性要求高、维护合法权益的专业性强等特点决定的。

三、在侦查阶段公安机关、人民检察院应当如何保障律师参与刑事诉讼

[法律依据]

1. 最高人民法院、最高人民检察院、公安部、国家安全部、司法部、全国人大常委会法制工作委员会《关于刑事诉讼法实施中若干问题的规定》的相关规定：

10. 依照刑事诉讼法第九十六条规定，在侦查阶段犯罪嫌疑人聘请律师的，可以自己聘请，也可以由其亲属代为聘请。在押的犯罪嫌疑人提出聘请律师的，看守机关应当及时将其请求转达办理案件的有关侦查机关，侦查机关应当及时向其所委托的人员或者所在的律师事务所转达该项请求。犯罪嫌疑人仅有聘请律师的要求，但提不出具体对象的，侦查机关应当及时通知当地律师协会或者司法行政机关为其推荐律师。

2. 最高人民检察院《人民检察院刑事诉讼规则》的相关规定：

第一百四十七条 在押的犯罪嫌疑人聘请律师，如果提出明确的律师事务所名称或者律师姓名直接委托的，人民检察院应当将犯罪嫌疑人的委托意见及时转递到该律师事务所；如果提出由亲友代为聘请的，人民检察院应当将聘请意见及时转递到该亲友；如果犯罪嫌疑人提出聘请律师，但没有具体聘请对象和代为聘请的人的，人民检察院应当通知当地律师协会或者司法行政机关为其推荐律师。

聘请意见可以书面提出，也可以口头提出。口头提出的，应当记明笔录，由犯罪嫌疑人签名或者盖章。

第一百四十八条 犯罪嫌疑人已经聘请律师，但人民检察院在侦查过程中发现案件涉及国家秘密的，应当及时告知犯罪嫌疑人所聘请的律师暂时停止参与诉讼活动，并且通知犯罪嫌疑人。

是否批准犯罪嫌疑人继续聘请律师，适用本规则第一百四十六条第一款的规定。

第一百五十一条 对于不涉及国家秘密的案件，律师提出会见在押的犯罪嫌疑人的，人民检察院应当在四十八小时以内安排会见的具体时间；对于贪污贿赂犯罪等重大复杂的两人以上的共同犯罪案件，可以在五日以内安排会见的具体时间。

人民检察院安排会见时间时，应当根据案件的情况和需要决定是否派员在场。决定不派员在场的，应当出具同意会见证明。受委托的律师凭人民检察院的同意会见证明或者由人民检察院派员陪同会见在押的犯罪嫌疑人。

第一百五十二条 对于涉及国家秘密的案件，律师提出会见在押的犯罪嫌疑人的，人民检察院应当根据案件的情况和需要在五日以内作出是否批准受委托的律师会见在押犯罪嫌疑人的决定。批准受委托的律师会见在押犯罪嫌疑人的，依照本规则第一百五十一条的规定办理。

3. 公安部《公安机关办理刑事案件程序规定》的相关规定：

第三十五条 公安机关应当依法保障律师的执业活动，保障律师在侦查阶段依法从事下列业务：（一）向公安机关了解犯罪嫌疑人涉嫌的罪名；（二）会见犯罪嫌疑人，向犯罪嫌疑人了解有关案件的情况；（三）为犯罪嫌疑人提供法律咨询、代理申诉、控告；（四）为被逮捕的犯罪嫌疑人申请取保候审。

第三十九条 在押的犯罪嫌疑人提出聘请律师的，看守所应当及时将其请求转达办理案件的侦查机关，侦查机关应当及时向其所委托的人员或者所在的律师事务所转达该项请求。犯罪嫌疑人仅提出聘请律师的要求，但提不出具体对象的，侦查机关应当及时通知当地律师协会或者司法行政机关为其推荐律师。

第四十二条 公安机关发现涉及国家秘密的案件，犯罪嫌疑人已聘请律师的，应当及时告知所聘请的律师不得参与侦查阶段的诉讼活动，同时通知犯罪嫌疑人。犯罪嫌疑人仍坚持聘请的，应当经公安机关批准。

第四十三条 对于不涉及国家秘密的案件，律师会见犯罪嫌疑人不需要经过批准，公安机关不应以侦查过程需要保守秘密作为涉及国家秘密的案件不予批准。

对于涉及国家秘密的案件，律师要求会见犯罪嫌疑人的，应当填写《会见犯罪嫌疑人申请表》，经县级以上公安机关批准。公安机关不批准会见的，应当向律师说明理由。

第四十四条 律师提出会见犯罪嫌疑人的，公安机关应当在四十八小时内安排会见；对于组织、领导、参加黑社会性质组织罪、组织、领导、参加恐怖活动组织罪或者走私犯罪、毒品犯罪、贪污贿赂犯罪等重大复杂的共同犯罪案件，律师提出会见犯罪嫌疑人的，应当在五日内安排会见。

第四十五条 律师会见在押犯罪嫌疑人需要聘请翻译人员的，应当经公安机关准许。

4. 最高人民检察院《关于人民检察院保障律师在刑事诉讼中依法执业的规定》的相关规定：

1. 人民检察院直接受理立案侦查案件，受犯罪嫌疑人委托的律师自检察人员第一次讯问犯罪嫌疑人后或者人民检察院对犯罪嫌疑人采取强制措施之日起，可以会见在押的犯罪嫌疑人，向犯罪嫌疑人了解有关案件情况。人民检察院应当将犯罪嫌疑人所涉嫌的罪名及犯罪嫌疑人的关押场所告知受委托的律师。

2. 人民检察院办理直接立案侦查的案件，律师提出会见的，由侦查部门指定专人接收律师要求会见的材料，办理安排律师会见犯罪嫌疑人的有关事宜，并记录备查。

3. 人民检察院侦查部门应当在律师提出会见要求后 48 小时内安排会见。对于人民检察院直接立案侦查的贪污贿赂犯罪等重大复杂的两人以上的共同犯罪案件，律师提出会见在押犯罪嫌疑人的，侦查部门应当在律师提出会见要求后 5 日内安排会见。

5. 人民检察院立案侦查案件，律师要求会见在押犯罪嫌疑人的，对于涉及国家秘密的案件，侦查部门应当在律师提出申请后 5 日内作出批准或不批准的决定。批准会见的，应当向律师开具《批准会见在押犯罪嫌疑人决定书》，并安排会见。不批准会见的，应当向律师开具《不批准会见在押犯罪嫌疑人决定书》，并说明理由。对于不涉及国家秘密的案件，不需要经过批准。

9. 人民检察院立案侦查案件，犯罪嫌疑人被决定逮捕的，受犯罪嫌疑人委托的律师可以为其申请取保候审；受委托律师认为羁押超过法定期限的，可以要求解除或者变更强制措施。人民检察院应当在 7 日内作出决定并由侦查部门书面答复受委托的律师。

10. 人民检察院在侦查终结前，案件承办人应当听取受委托的律师关于案件的意见，并记明笔录附卷。受委托的律师提出书面意见的，应当附卷。

20. 律师在办理刑事案件的过程中，发现人民检察院办案部门和办案人员违反法律和本规定的，可以向承办案件的人民检察院或者上一级人民检察院投诉。

21. 各级人民检察院接到律师投诉后，应当依照有关法律和本规定的要求及时处理。律师对不依法安排会见进行投诉的，人民检察院应当在接到投诉后5日内进行审查并作出决定，通知办案部门执行。

23. 对于律师投诉检察人员违法办案的，有关人民检察院应当及时调查；确属违法违纪的，应依法依纪追究有关人员的法律和纪律责任。

四、在刑事诉讼中应如何保障律师的执业权利

[法律依据]

《律师法》的相关规定：
第三十六条 律师担任诉讼代理人或者辩护人的，其辩论或者辩护的权利依法受到保障。
第三十七条 律师在执业活动中的人身权利不受侵犯。
律师在法庭上发表的代理、辩护意见不受法律追究。但是，发表危害国家安全、恶意诽谤他人、严重扰乱法庭秩序的言论除外。
律师在参与诉讼活动中因涉嫌犯罪被依法拘留、逮捕的，拘留、逮捕机关应当在拘留、逮捕实施后的二十四小时内通知该律师的家属、所在的律师事务所以及所属的律师协会。

[实践指导]

与《刑事诉讼法》的规定相比，《律师法》对于律师执业权利保障方面的规定作了进一步明确和扩充。除了进一步明确律师的辩护（论）权和人身权的保障条款之外，还增加了两项重要的职业保障条款：律师法庭言论免责权和被采取强制措施时的保护措施。根据《律师法》的规定，除发表危害国家安全、恶意诽谤他人、严重扰乱法庭秩序的言论外，律师在法庭上发表的代理、辩护意见不受法律追究。如果律师因在参与诉讼活动中因涉嫌犯罪被依法拘留、逮捕的，拘留、逮捕机关应当在拘留、逮捕实施后的24小时内通知该律师的家属、所在的律师事务所以及所属的律师协会。新增加的这些规定，对于保障律师业务的正常开展，保障律师的执业权利，为律师执业提供良好环境具有重要意义。

五、法律援助是否适用于侦查阶段的犯罪嫌疑人

[法律依据]

1.《刑事诉讼法》的相关规定：
第三十四条 公诉人出庭公诉的案件，被告人因经济困难或者其他原因没有委托辩护人的，人民法院可以指定承担法律援助义务的律师为其提供辩护。
被告人是盲、聋、哑或者未成年人而没有委托辩护人的，人民法院应当指定承担法律援助义务的律师为其提供辩护。
被告人可能被判处死刑而没有委托辩护人的，人民法院应当指定承担法律援助义务的律

师为其提供辩护。

2. 最高人民法院、最高人民检察院、公安部、司法部《关于刑事诉讼法律援助工作的规定》的相关规定：

第二条 犯罪嫌疑人，公诉案件中的被告人，公诉案件中的被害人及其法定代理人或者近亲属，以及自诉案件中的自诉人及其法定代理人，因经济困难没有聘请律师或者委托诉讼代理人的，可以向办理案件的公安机关、人民检察院、人民法院所在地的法律援助机构申请法律援助。

犯罪嫌疑人、被告人为限制行为能力人的，其法定代理人可代为申请法律援助。

第四条 公安机关、人民检察院在对犯罪嫌疑人依法进行第一次讯问后或者采取强制措施之日起，在告知犯罪嫌疑人有权聘请律师为其提供法律咨询、代理申诉、控告或者为其申请取保候审的同时，应当告知其如果经济困难，可以向法律援助机构申请法律援助。对于涉及国家秘密的案件，应当告知犯罪嫌疑人申请法律援助应当经侦查机关批准。

人民检察院自收到移送审查起诉的案件材料之日起3日内，在告知犯罪嫌疑人有权委托辩护人的同时，应当告知其如果经济困难，可以向法律援助机构申请法律援助。

人民法院对提起公诉的案件自审查完毕之日起3日内，在告知被告人有权委托辩护人的同时，应当告知其如果经济困难，可以向法律援助机构申请法律援助。

人民法院自受理自诉案件之日起3日内，在告知自诉人及其法定代理人有权委托诉讼代理人的同时，应当告知其如果经济困难，可以向法律援助机构申请法律援助。

第五条 告知可以采取口头或者书面方式。口头告知的，应当制作笔录，由被告知人签名；书面告知的，应当将送达回执入卷。

第六条 公安机关、人民检察院、人民法院在收到被羁押的犯罪嫌疑人、被告人提出的法律援助申请后，应当在24小时内将其申请转交所在地的法律援助机构，并通知申请人的法定代理人、近亲属或者其委托的其他人员协助提供《法律援助条例》第17条规定的有关证件、证明及案件材料。

犯罪嫌疑人的法定代理人或者近亲属地址不详无法通知的，公安机关、人民检察院、人民法院应当在转交申请时一并告知法律援助机构。

[实践指导]

从《刑事诉讼法》的规定上看，法律援助在刑事诉讼中只适用于审判阶段的被告人。但是，根据最高人民法院、最高人民检察院、公安部、司法部《关于刑事诉讼法律援助工作的规定》，犯罪嫌疑人，公诉案件中的被告人，公诉案件中的被害人及其法定代理人或者近亲属，以及自诉案件中的自诉人及其法定代理人，因经济困难没有聘请律师或者委托诉讼代理人的，都可以向办理案件的公安机关、人民检察院、人民法院所在地的法律援助机构申请法律援助。如果从法律的位阶效力而言，应以《刑事诉讼法》规定为准，即法律援助不适用于犯罪嫌疑人；但是，从新法优于旧法、特别法优于普通法的原则精神来看，特别是从有利于当事人合法权益的维护来看，笔者认为，法律援助应适用于犯罪嫌疑人，公安机关、人民检察院在刑事诉讼过程中，应当按照规定保障法律援助制度的贯彻实施。

六、律师在侦查阶段会见犯罪嫌疑人是否需要经过批准

[法律依据]

1. 《刑事诉讼法》的相关规定：

第九十六条第二款 受委托的律师有权向侦查机关了解犯罪嫌疑人涉嫌的罪名，可以会见在押的犯罪嫌疑人，向犯罪嫌疑人了解有关案件情况。律师会见在押的犯罪嫌疑人，侦查机关根据案件情况和需要可以派员在场。涉及国家秘密的案件，律师会见在押的犯罪嫌疑人，应当经侦查机关批准。

2. 《律师法》的相关规定：

第三十三条 犯罪嫌疑人被侦查机关第一次讯问或者采取强制措施之日起，受委托的律师凭律师执业证书、律师事务所证明和委托书或者法律援助公函，有权会见犯罪嫌疑人、被告人并了解有关案件情况。律师会见犯罪嫌疑人、被告人，不被监听。

第三十八条 律师应当保守在执业活动中知悉的国家秘密、商业秘密，不得泄露当事人的隐私。

律师对在执业活动中知悉的委托人和其他人不愿泄露的情况和信息，应当予以保密。但是，委托人或者其他人准备或者正在实施的危害国家安全、公共安全以及其他严重危害他人人身、财产安全的犯罪事实和信息除外。

3. 最高人民检察院《人民检察院刑事诉讼规则》的相关规定：

第一百四十九条 在侦查期间，律师同时接受两个或者两个以上同案犯罪嫌疑人委托提供法律帮助的，人民检察院不得安排律师会见在押犯罪嫌疑人。

第一百五十条第一款 受委托的律师会见在押的犯罪嫌疑人，应当提前告知人民检察院，并且向人民检察院提供犯罪嫌疑人的授权委托书、律师执业证明和律师事务所介绍信。

第一百五十一条 对于不涉及国家秘密的案件，律师提出会见在押的犯罪嫌疑人的，人民检察院应当在四十八小时以内安排会见的具体时间；对于贪污贿赂犯罪等重大复杂的两人以上的共同犯罪案件，可以在五日以内安排会见的具体时间。

人民检察院安排会见时间时，应当根据案件的情况和需要决定是否派员在场。决定不派员在场的，应当出具同意会见证明。受委托的律师凭人民检察院的同意会见证明或者由人民检察院派员陪同会见在押的犯罪嫌疑人。

第一百五十二条 对于涉及国家秘密的案件，律师提出会见在押的犯罪嫌疑人的，人民检察院应当根据案件的情况和需要在五日以内作出是否批准受委托的律师会见在押犯罪嫌疑人的决定。批准受委托的律师会见在押犯罪嫌疑人的，依照本规则第一百五十一条的规定办理。

4. 公安部《公安机关办理刑事案件程序规定》的相关规定：

第四十三条 对于不涉及国家秘密的案件，律师会见犯罪嫌疑人不需要经过批准，公安机关不应以侦查过程需要保守秘密作为涉及国家秘密的案件不予批准。

对于涉及国家秘密的案件，律师要求会见犯罪嫌疑人的，应当填写《会见犯罪嫌疑人申请表》，经县级以上公安机关批准。公安机关不批准会见的，应当向律师说明理由。

第四十五条 律师会见在押犯罪嫌疑人需要聘请翻译人员的，应当经公安机关准许。

第四十六条 律师会见在押的犯罪嫌疑人时，公安机关根据案件情况和需要可以派员

在场。

第四十七条第一款 律师会见在押的犯罪嫌疑人，公安机关应当查验律师执业证、律师事务所介绍信、聘请书、公安机关会见通知和准许翻译人员参加会见的证明。对于涉及国家秘密的案件，还应当查验公安机关《批准会见犯罪嫌疑人决定书》。

[实践指导]

根据《刑事诉讼法》第96条以及《公安机关办理刑事案件程序规定》等相关规定，在侦查阶段，对于不涉及国家秘密的一般刑事案件，律师会见犯罪嫌疑人不需要经过批准；对于涉及国家秘密的案件，律师要求会见犯罪嫌疑人的，须经县级以上公安机关批准。根据修订后的《律师法》第33条的规定，受委托的律师凭"三证"（律师执业证书、律师事务所证明和委托书或者法律援助公函）就有权会见犯罪嫌疑人。据此，很多理论与实务界的人士认为，刑事诉讼法与律师法的规定不一致，主要体现在涉及国家秘密的刑事案件案件，律师会见犯罪嫌疑人需不需要经过批准。根据《律师法》的规定，律师会见犯罪嫌疑人并没有关于案件范围方面的任何规定和限制，犯罪嫌疑人聘请律师，律师会见犯罪嫌疑人无须经侦查机关批准。由于《刑事诉讼法》和《律师法》都出自全国人大，立法法中又没有关于基本法和普通法的位阶之分，修订后的《律师法》又不违背《宪法》的规定，因此，根据新法优于旧法，特别法优于普通法的原则，应遵照《律师法》的规定，即不管涉不涉及国家秘密，犯罪嫌疑人聘请律师、律师会见犯罪嫌疑人都无须经侦查机关批准。

实际上，在《律师法》颁布实施前，在司法实践中，由于会见犯罪嫌疑人而在律师与侦查机关产生争执的问题也时有发生。这些争执，有些确实是由于办案机关人为设置障碍所致，也有一些是由于立法没有规定或规定模糊而使控辩双方理解偏差所致。笔者认为，法律之所以规定侦查阶段犯罪嫌疑人可以聘请律师，其立法目的在于为犯罪嫌疑人提供法律帮助，维护其合法权益。因此，在律师介入侦查之后，他的法律帮助行为对侦查行为形成的程序制约，既是维护犯罪嫌疑人合法权益的需要，也是刑事诉讼规律的必然要求。因此，就一般案件而言，对于办案机关人为设置障碍，应当加以禁止。对于侦查机关违反法定程序，变相增加批准程序的，必须加以纠正并严格按《刑事诉讼法》和《律师法》执行，在这一点上，两者并不存在矛盾或立法冲突。对于立法没有规定或规定模糊所导致的控辩双方的理解偏差，应该本着有利于实现惩罚犯罪与保障人权，本着维护犯罪嫌疑人合法权益与保障国家安全、保障案件侦查活动正常进行两个方面综合考虑、权衡，特别是不能动辄以案件需要为由限制律师活动。但是，对于涉及国家秘密的刑事案件，律师会见犯罪嫌疑人需不需要经过批准的问题，笔者认为，在全面分析、通盘考虑的基础上，还是应该选择适用《刑事诉讼法》的规定为宜，即涉及国家秘密的刑事案件，律师会见犯罪嫌疑人需要经过批准。理由在于，首先，《律师法》在第33条的表述中没有提及有权会见的案件范围，也没有明确规定涉及国家秘密的案件可以不经批准而直接会见，这就意味着律师并不必然拥有在所有案件中不经批准而直接会见嫌疑人的权利。因为《律师法》作为行业管理法，赋予律师权利本无可非议，但不应因此而改变刑事诉讼程序；同时，在《刑事诉讼法》已对涉及国家秘密的案件作出明确的硬性、例外性规定之后，《律师法》并没有针对此作出明示规定，我们也不能因此而随意作出扩张解释。在《律师法》没有对涉及国家秘密的案件作出明确的规定之前，我们只能视《刑事诉讼法》的相关规定为特别法而适用。其次，《刑事诉讼法》第96条中关于涉及国家秘密案件的特殊规定，是适应保守国家秘密法的要求而做出的特别规定，与《律师法》相比，它和《保守国家秘密法》的有关规定一起，构成了刑事诉讼领域中有关保守国家秘密的特殊条款，是真正的特别法。再次,维护犯罪嫌疑人合法权益不能以牺牲国家利益和国家安全为代价。第四,虽然《律师法》中已有关于律师应当保守国家秘密的义务规定(第38条),但这并不意味着律师就可以不经批准而直接进入诉讼、直接会见犯罪嫌疑人,因为对于国家安全利益的保障与维护,显然不是一个保守秘密的义务规定所能解决的,它需要通过具体、严格的程序设计,特别是严格的审批程序才能真正落实。况且,公检法等办案机关的具体承办人员也要遵守相关的保密规定,这只是职业纪律的一个基本要求。最后,尽管《立法法》没有明确基本法和一般法的效力位阶,但是全国人大与全国人大常委会是否属于同一机关、两部法律的具体适用还有待立法机关做出明确解释或裁决。在此之前,笔者以为,在这一问题的处理上,还是遵照《刑事诉讼法》的特别规定为宜,即涉及国家秘密的案件,犯罪嫌疑人聘请律师、律师会见犯罪嫌疑人都必须经侦查机关批准。

七、律师在侦查阶段会见犯罪嫌疑人的时间如何确定

[法律依据]

1. 《刑事诉讼法》的相关规定:

第九十六条第一款 犯罪嫌疑人在被侦查机关第一次讯问后或者采取强制措施之日起,可以聘请律师为其提供法律咨询、代理申诉、控告。犯罪嫌疑人被逮捕的,聘请的律师可以为其申请取保候审。涉及国家秘密的案件,犯罪嫌疑人聘请律师,应当经侦查机关批准。

2. 《律师法》的相关规定:

第三十三条 犯罪嫌疑人被侦查机关第一次讯问或者采取强制措施之日起,受委托的律师凭律师执业证书、律师事务所证明和委托书或者法律援助公函,有权会见犯罪嫌疑人、被告人并了解有关案件情况。律师会见犯罪嫌疑人、被告人,不被监听。

3. 最高人民法院、最高人民检察院、公安部、国家安全部、司法部、全国人大常委会法制工作委员会《关于刑事诉讼法实施中若干问题的规定》的相关规定:

10. 依照刑事诉讼法第九十六条规定,在侦查阶段犯罪嫌疑人聘请律师的,可以自己聘请,也可以由其亲属代为聘请。在押的犯罪嫌疑人提出聘请律师的,看守机关应当及时将其请求转达办理案件的有关侦查机关,侦查机关应当及时向其所委托的人员或者所在的律师事务所转达该项请求。犯罪嫌疑人仅有聘请律师的要求,但提不出具体对象的,侦查机关应当及时通知当地律师协会或者司法行政机关为其推荐律师。

11. 刑事诉讼法第九十六条规定,涉及国家秘密的案件,律师会见在押的犯罪嫌疑人,应当经侦查机关批准。对于不涉及国家秘密的案件,律师会见犯罪嫌疑人不需要经过批准。不能以侦查过程需要保密作为涉及国家秘密的案件不予批准。律师提出会见犯罪嫌疑人的,应当在四十八小时内安排会见,对于组织、领导、参加黑社会性质组织罪、组织、领导、参加恐怖活动组织罪或者走私犯罪、毒品犯罪、贪污贿赂犯罪等重大复杂的两人以上的共同犯罪案件,律师提出会见犯罪嫌疑人的,应当在五日内安排会见。

4. 最高人民检察院《人民检察院刑事诉讼规则》的相关规定:

第一百四十五条 检察人员第一次讯问犯罪嫌疑人后或者对其采取强制措施之日起,应当告知犯罪嫌疑人可以聘请律师为其提供法律咨询、代理申诉、控告或者为其申请取保候审,并将告知情况记明笔录。

5. 公安部《公安机关办理刑事案件程序规定》的相关规定:

第三十六条 公安机关在对犯罪嫌疑人依法进行第一次讯问后或者采取强制措施之日起，应当告知犯罪嫌疑人有权聘请律师为其提供法律咨询、代理申诉、控告，并记录在案。

[实践指导]

通过上述法律规定可以看出，《刑事诉讼法》对侦查阶段律师介入诉讼的时间采取了"犯罪嫌疑人在被侦查机关第一次讯问后或者采取强制措施之日起"的表述；《人民检察院刑事诉讼规则》和《公安机关办理刑事案件程序规定》也沿用了相同的表述。但是，就同一问题律师法则采取了"犯罪嫌疑人被侦查机关第一次讯问或者采取强制措施之日起"的表述。从《律师法》的规定上看，在表述上，将第一次讯问后的"后"字取消，直接与"采取取强制措施"后面的"之日起"联系起来。据此，有观点认为，这一表述上的变化，表明律师会见犯罪嫌疑人的时间可以提前到第一次讯问中，即理论上在第一次讯问中就可以开始会见。这个问题表面上是律师介入诉讼的时间问题，具体说是会见的时间是否包括第一次讯问的问题，实际上则是律师讯问时的在场权问题。这一问题是否应遵循新法优于旧法的原则而适用律师法的规定，允许律师在第一次讯问时会见犯罪嫌疑人呢？笔者认为，前述的理解有不当之处。对律师会见犯罪嫌疑人的时间，还应该确定为第一次讯问后为宜。主要原因在于，首先，《刑事诉讼法》和《律师法》都没有明确赋予律师讯问时的在场权，所以律师无权在第一次讯问中在场；其次，在场与会见在程序法上有不同的含义和要求。在场的目的主要是监督侦查机关，会见的目的是律师通过了解情况，获取相关情况，以利于为后续诉讼活动奠定坚实基础。在第一次讯问中，在侦查机关进行讯问的过程中，从诉讼进程的实际情况看，律师只能在场而无法实现会见。所以，退一步讲，在第一次讯问中，律师即使是参与诉讼也只是在场而不是会见。而从立法表述上看，无论是《刑事诉讼法》还是《律师法》，都采取的是"会见"一词，因此，如果将律师介入诉讼的"会见"时间理解为提前到"第一次讯问中"，则难免会使"会见"流于形式，也会出现无法避免的逻辑错误和混乱。同时，从两法规定看，连在场都没有规定，又何谈会见？再次，从侦查工作的实际需要看，在侦查人员还没有讯问完之后，允许律师会见则可能影响侦查工作的进行。最后，从1998年1月19日发布的最高人民法院、最高人民检察院、公安部、国家安全部、司法部、全国人大常委会法制工作委员会《关于刑事诉讼法实施中若干问题的规定》中关于律师会见问题的规定来看，在律师提出会见犯罪嫌疑人的请求后，侦查机关一般应在48小时之内，特殊案件应在5日内安排的规定来看，立法本意已经为第一次讯问预留了时间，无论从是理论视角还是在实践考察，会见显然在第一次讯问后。因此，把会见的时间理解在讯问后，更符合立法本意，也便于侦查机关安排和操作。但是，从充实辩护权，体现权利保障、体现平等对抗和程序正义，体现宪法保护人权的思想来看，应将律师会见犯罪嫌疑人的时间提前。因此，在《刑事诉讼法》修改之前，在立法机关作出立法解释之前，应以《刑事诉讼法》规定为准，而应脱离单纯的机械逻辑推演，不能局限于无谓的"小字眼"之争。

八、律师在侦查阶段会见犯罪嫌疑人是否有时间和次数限制

[实践指导]

根据《刑事诉讼法》及相关司法解释、部门规章的规定，律师有权在侦查阶段会见在押犯罪嫌疑人，向其了解有关案件的具体情况，但是对于会见的次数和会见持续的时间，并没

有作出明确的规定，只有1998年4月25日修订的《律师办理刑事案件规范》第32条对律师会见犯罪嫌疑人的次数和时间作了如下规定：律师可根据案件情况和需要决定会见在押犯罪嫌疑人的时间、次数，要求侦查机关予以安排。律师会见犯罪嫌疑人不受非法干涉。在实践中执行的时候，一些侦查机关往往以立法没有明确规定或《律师办理刑事案件规范》效力等级不够为由，限制律师会见的次数和每次会见持续的时间，导致律师与犯罪嫌疑人接触不够，对案件情况了解不深，妨碍了律师通过介入诉讼实现对犯罪嫌疑人合法权益的维护。对此，笔者认为，法律之所以没有规定会见的次数和时间，主要的出发点在于，会见的次数和时间，应该是由案件的具体情况决定的，不考虑案情、证据、犯罪嫌疑人自身状况以及案件调查情况等因素，由立法千篇一律的加以规定是不合适的。但是，没有规定也不意味着律师可以随意增加会见次数或随时延长会见时间。

如果对律师会见次数和时间没有任何约束，在我国目前状况下，可能会增加侦查机关的负担，也会妨碍对案件的正常处理。因此，笔者认为，在现行立法缺少相应规定的情况下，侦查机关和律师应本着从案件实际情况出发，根据案件处理和律师提供法律帮助需要，通过协商确定不同案件的会见次数和时间。

九、侦查机关应否允许律师会见犯罪嫌疑人时进行记录、录音、录像和拍照

[法律依据]

1.《律师办理刑事案件规范》的相关规定：

第三十一条　律师会见犯罪嫌疑人应制作会见笔录，并交犯罪嫌疑人阅读或者向其宣读。如果记录有遗漏或者差错，应当允许犯罪嫌疑人补充或者改正。在犯罪嫌疑人确认无误后要求其在笔录上签名。

律师会见犯罪嫌疑人，可以进行录音、录像、拍照等，但事前应征得犯罪嫌疑人同意。

会见时侦查机关派员在场的，应在笔录中注明。

2. 北京市高级人民法院、北京市人民检察院、北京市公安局、北京市国家安全局、北京市司法局《关于律师会见在押犯罪嫌疑人、被告人有关问题的规定（试行）》的相关规定：

第十二条　律师会见在押犯罪嫌疑人、被告人，可以制作会见笔录并要求犯罪嫌疑人、被告人确认无误后在笔录上签名。看守部门应当为律师制作会见笔录提供必要的便利。

第十六条　未经办案机关、看守部门和在押犯罪嫌疑人、被告人的同意，律师在会见在押犯罪嫌疑人、被告人时不得进行录音、录像、拍照。

[实践指导]

会见、了解并记录案件的有关情况，是侦查阶段介入诉讼的律师履行职责的基本保障，因此，从律师执业的基本要求，提供法律帮助，维护犯罪嫌疑人合法权益的需要来看，对律师记录有关会见的基本情况不应有任何限制。但是，考虑到案件侦查的特殊需要，在对犯罪嫌疑人录音、录像、拍照时，除事前应征得犯罪嫌疑人同意外，笔者认为，现阶段而言还应与侦查机关协商，取得侦查机关的同意。对此问题，北京市高级人民法院、北京市人民检察院、北京市公安局、北京市国家安全局、北京市司法局《关于律师会见在押犯罪嫌疑人、被告人有关问题的规定（试行）》第12条、第16条规定值得借鉴。

十、律师在侦查阶段会见犯罪嫌疑人时,侦查机关是否可以根据案件情况和需要派员在场

[法律依据]

1. 《刑事诉讼法》的相关规定:

第九十六条第二款 受委托的律师有权向侦查机关了解犯罪嫌疑人涉嫌的罪名,可以会见在押的犯罪嫌疑人,向犯罪嫌疑人了解有关案件情况。律师会见在押的犯罪嫌疑人,侦查机关根据案件情况和需要可以派员在场。涉及国家秘密的案件,律师会见在押的犯罪嫌疑人,应当经侦查机关批准。

2. 《律师法》的相关规定:

第三十三条 犯罪嫌疑人被侦查机关第一次讯问或者采取强制措施之日起,受委托的律师凭律师执业证书、律师事务所证明和委托书或者法律援助公函,有权会见犯罪嫌疑人、被告人并了解有关案件情况。律师会见犯罪嫌疑人、被告人,不被监听。

3. 最高人民法院、最高人民检察院、公安部、国家安全部、司法部、全国人大常委会法制工作委员会《关于刑事诉讼法实施中若干问题的规定》的相关规定:

12. 刑事诉讼法第九十六条规定,在侦查阶段,律师会见在押的犯罪嫌疑人,侦查机关根据案件情况和需要可以派员在场。审查起诉阶段和审判阶段,案件已经侦查终结,辩护律师和其他辩护人会见在押的犯罪嫌疑人、被告人时,人民检察院、人民法院不派员在场。

4. 最高人民检察院《人民检察院刑事诉讼规则》的相关规定:

第一百五十一条第二款 人民检察院安排会见时间时,应当根据案件的情况和需要决定是否派员在场。决定不派员在场的,应当出具同意会见证明。受委托的律师凭人民检察院的同意会见证明或者由人民检察院派员陪同会见在押的犯罪嫌疑人。

第一百五十三条 受委托的律师会见在押犯罪嫌疑人时,在场的检察机关的工作人员应当告知其遵守监管场所和有关机关关于会见的规定。

受委托的律师会见在押犯罪嫌疑人的情况,在场的检察机关的工作人员可以记明笔录。

第一百五十四条 律师询问在押犯罪嫌疑人的内容超越刑事诉讼法第96条规定的授权范围,或者违反监管所和有关机关关于会见的规定的,在场的检察机关的工作人员有权制止,或者中止会见。

5. 公安部《公安机关办理刑事案件程序规定》的相关规定:

第四十六条 律师会见在押的犯罪嫌疑人时,公安机关根据案件情况和需要可以派员在场。

第四十七条 律师会见在押的犯罪嫌疑人,公安机关应当查验律师执业证、律师事务所介绍信、聘请书、公安机关会见通知和准许翻译人员参加会见的证明。对于涉及国家秘密的案件,还应当查验公安机关《批准会见犯罪嫌疑人决定书》。

律师会见在押犯罪嫌疑人时,公安机关应当告知其遵守会见场所的规定。

第四十八条 律师会见在押犯罪嫌疑人,违反法律规定或者会见场所的规定时,在场民警应当制止,必要时,可以决定停止本次会见。

[实践指导]

根据《刑事诉讼法》及其相关解释规定,律师会见犯罪嫌疑人时侦查机关可以根据案件

情况和需要派员在场。修订后的《律师法》规定，律师会见犯罪嫌疑人、被告人，不被监听。据此，学界的代表性观点之一认为，《律师法》规定的不被监听与《刑事诉讼法》的规定派员在场互相冲突，应按《律师法》规定执行；也有观点认为，确定冲不冲突应首先明确"监听"的含义，即这里的"监听"是仅指通过仪器或设备等技术手段进行的秘密监听，还是同时包括公安司法人员的在场监视与监听。如果是前者，则两法之间则并不存在规定上的冲突。笔者认为，这一问题并不是立法上的真正冲突，主要还是基于对监听的不同理解导致的解释性冲突。首先，这里的监听，从字面含义上看，包含有"监视听取"的意思，这种"监视听取"既应包括通过秘密的技术手段、设备进行的监视听取，当然也应包括专门机关尤其是侦查机关派员在场时的当场监视听取。其次，律师会见犯罪嫌疑人时侦查机关在场与否，从国际通例来看，主要从安全角度考虑而不是监视，它解决的是防止犯罪嫌疑人越狱逃跑、伤害律师或者其他安全事故的发生和出现。联合国《囚犯待遇最低标准规则》规定，受到刑事指控而被逮捕或监禁，由警察拘留或监禁但尚未审讯和判刑的人会见律师时，警察或监所官员对囚犯和律师的会谈，可以用目光监视，但不得在可以听见谈话的距离以内。联合国第八届预防犯罪和罪犯待遇大会通过的《关于律师作用的基本原则》第 8 条规定，遭逮捕、拘留或监禁的所有人，应有充分的机会、时间和条件，毫无延迟的在不被窃听、不经检查和完全保密的情况下，接受律师来访和与律师联系协商，这种协商可以在执法人员仍看见但听不见的范围内进行。可以看出，"看见但听不见"是侦查人员在场监视的一条国际标准，这样才能保障犯罪嫌疑人与律师的充分交流，才能保障在秘密情况下进行的会见具有实质意义。我国关于律师会见犯罪嫌疑人的法律规定与上述国际标准相比，显然有一定差距，这主要是我国的现实国情的影响，但是我们不能以此为借口长期在低标准徘徊。最后，从《刑事诉讼法》的规定看，派员在场的规定是"根据案件情况和需要派员在场。"笔者认为，在没有通过适当方式对《刑事诉讼法》和《律师法》的衔接适用真正解决之前，从《刑事诉讼法》和《律师法》的立法目的和国际通例出发，在是否派员在场这一问题上，应遵照《律师法》的规定，律师会见犯罪嫌疑人、被告人时，公安司法机关既不能通过技术手段秘密监听，也不能派员在场监听。

十一、侦查机关能否限制律师会见犯罪嫌疑人时谈话的内容

[法律依据]

1.《刑事诉讼法》的相关规定：

第九十六条第一款 犯罪嫌疑人在被侦查机关第一次讯问后或者采取强制措施之日起，可以聘请律师为其提供法律咨询、代理申诉、控告。犯罪嫌疑人被逮捕的，聘请的律师可以为其申请取保候审。涉及国家秘密的案件，犯罪嫌疑人聘请律师，应当经侦查机关批准。

2.《律师法》的相关规定：

第三十三条 犯罪嫌疑人被侦查机关第一次讯问或者采取强制措施之日起，受委托的律师凭律师执业证书、律师事务所证明和委托书或者法律援助公函，有权会见犯罪嫌疑人、被告人并了解有关案件情况。律师会见犯罪嫌疑人、被告人，不被监听。

3.最高人民检察院《人民检察院刑事诉讼规则》的相关规定：

第一百五十四条 律师询问在押犯罪嫌疑人的内容超越刑事诉讼法第 96 条规定的授权范围，或者违反监管场所和有关机关关于会见的规定的，在场的检察机关的工作人员有权制止，或者中止会见。

4. 最高人民检察院《关于人民检察院保障律师在刑事诉讼中依法执业的规定》的相关规定：

6. 律师会见在押犯罪嫌疑人时，可以了解案件以下情况：（一）犯罪嫌疑人的基本情况；（二）犯罪嫌疑人是否实施或参与所涉嫌的犯罪；（三）犯罪嫌疑人关于案件事实和情节的陈述；（四）犯罪嫌疑人关于其无罪、罪轻的辩解；（五）被采取强制措施的法律手续是否完备，程序是否合法；（六）被采取强制措施后其人身权利、诉讼权利是否受到侵犯；（七）其他需要了解的与案件有关的情况。

5. 《律师办理刑事案件规范》的相关规定：

第二十八条　律师会见犯罪嫌疑人时可以向其了解有关案件的情况，包括以下内容：（一）犯罪嫌疑人的自然情况；（二）是否参与以及怎样参与所涉嫌的案件；（三）如果承认有罪，陈述涉及定罪量刑的主要事实和情节；（四）如果认为无罪，陈述无罪的辩解；（五）被采取强制措施的法律手续是否完备，程序是否合法；（六）被采取强制措施后其人身权利及诉讼权利是否受到侵犯；（七）其他需要了解的情况。

[实践指导]

律师在侦查阶段通过会见了解犯罪嫌疑人和案件的有关情况，在充分了解、把握案件具体情况的基础上，为犯罪嫌疑人提供具体翔实、针对性较强的咨询意见，为犯罪嫌疑人提出反映真实情况的申诉控告的代理意见，是律师介入侦查、参与诉讼的重要任务和职责。由此可见，充分了解案件具体情况是律师履行职责、完成任务的基础和保障。但是，刑事诉讼法及相关解释对律师了解案件情况的具体内容和范围并没有明确规定，因此有些地方公安机关在律师会见时以违反规定，超越授权范围为由，限制律师与犯罪嫌疑人的谈话内容，直至制止或终止会见。笔者认为，只要与案件有关，属于案件的具体情况，就不应限制。同时，限制谈话内容的前提是侦查人员在场或通过监听手段了解谈话内容，也就是说，只有侦查人员在场或技术监听，才能有机会获悉谈话的内容。因此，这个问题存在于解决的关键，是到底是不是适用律师法关于不被监听的规定。如果适用该规定，则无从知悉谈话的内容，更谈不上限制不限制的问题。根据前述论及的原则和思路，应依照《律师法》第33条"律师会见犯罪嫌疑人、被告人，不被监听"的规定，律师会见犯罪嫌疑人、被告人时，公安司法机关既不能通过技术手段秘密监听，也不能派员在场监听。这样，就涉及不到限制谈话内容的问题。

十二、律师会见犯罪嫌疑人时违反法律规定或者会见场所规定应如何处理

[法律依据]

1. 《律师法》的相关规定：

第四十八条　律师有下列行为之一的，由设区的市级或者直辖市的区人民政府司法行政部门给予警告，可以处一万元以下的罚款；有违法所得的，没收违法所得；情节严重的，给予停止执业三个月以上六个月以下的处罚：（四）泄露商业秘密或者个人隐私的。

第四十九条　律师有下列行为之一的，由设区的市级或者直辖市的区人民政府司法行政部门给予停止执业六个月以上一年以下的处罚，可以处五万元以下的罚款；有违法所得的，

没收违法所得；情节严重的，由省、自治区、直辖市人民政府司法行政部门吊销其律师执业证书；构成犯罪的，依法追究刑事责任：（一）违反规定会见法官、检察官、仲裁员以及其他有关工作人员，或者以其他不正当方式影响依法办理案件的；（二）向法官、检察官、仲裁员以及其他有关工作人员行贿，介绍贿赂或者指使、诱导当事人行贿的；（三）向司法行政部门提供虚假材料或者有其他弄虚作假行为的；（四）故意提供虚假证据或者威胁、利诱他人提供虚假证据，妨碍对方当事人合法取得证据的；（五）接受对方当事人财物或者其他利益，与对方当事人或者第三人恶意串通，侵害委托人权益的；（六）扰乱法庭、仲裁庭秩序，干扰诉讼、仲裁活动的正常进行的；（七）煽动、教唆当事人采取扰乱公共秩序、危害公共安全等非法手段解决争议的；（八）发表危害国家安全、恶意诽谤他人、严重扰乱法庭秩序的言论的；（九）泄露国家秘密的。

律师因故意犯罪受到刑事处罚的，由省、自治区、直辖市人民政府司法行政部门吊销其律师执业证书。

2. 最高人民检察院《人民检察院刑事诉讼规则》的相关规定：

第一百五十四条 律师询问在押犯罪嫌疑人的内容超越刑事诉讼法第九十六条规定的授权范围，或者违反监管场所和有关机关关于会见的规定的，在场的检察机关的工作人员有权制止，或者中止会见。

第一百五十五条 人民检察院发现律师在刑事诉讼中有违反法律或者有关规定的行为的，应当及时制止并向有关律师管理部门通报情况。

3. 公安部《公安机关办理刑事案件程序规定》的相关规定：

第四十八条 律师会见在押犯罪嫌疑人，违反法律规定或者会见场所的规定时，在场民警应当制止，必要时，可以决定停止本次会见。

第四十九条 律师在刑事诉讼中有违反有关规定行为的，公安机关应当及时制止并通知律师管理部门。

十三、哪些人不得担任辩护人

[法律依据]

1. 《刑事诉讼法》的相关规定：

第三十二条第二款 正在被执行刑罚或者依法被剥夺、限制人身自由的人，不得担任辩护人。

2. 《律师法》的相关规定：

第十一条 公务员不得兼任执业律师。

律师担任各级人民代表大会常务委员会组成人员的，任职期间不得从事诉讼代理或者辩护业务。

第十三条 没有取得律师执业证书的人员，不得以律师名义从事法律服务业务；除法律另有规定外，不得从事诉讼代理或者辩护业务。

第三十九条 律师不得在同一案件中为双方当事人担任代理人，不得代理与本人或者其近亲属有利益冲突的法律事务。

第四十一条 曾经担任法官、检察官的律师，从人民法院、人民检察院离任后二年内，不得担任诉讼代理人或者辩护人。

3. 最高人民法院《关于执行〈中华人民共和国刑事诉讼法〉若干问题的解释》的相关规定：

第三十三条 人民法院审判案件过程中，应当充分保证被告人行使刑事诉讼法第32条规定的辩护权利。但下列人员不得被委托担任辩护人：（一）被宣告缓刑和刑罚尚未执行完毕的人；（二）依法被剥夺、限制人身自由的人；（三）无行为能力或者限制行为能力的人；（四）人民法院、人民检察院、公安机关、国家安全机关、监狱的现职人员；（五）本院的人民陪审员；（六）与本案审理结果有利害关系的人；（七）外国人或者无国籍人。

前款第（四）、（五）、（六）、（七）项规定的人员，如果是被告人的近亲属或者监护人，由被告人委托担任辩护人的，人民法院可以准许。

第三十五条 一名被告人委托辩护人不得超过两人。在共同犯罪的案件中，一名辩护人不得为两名以上的同案被告人辩护。

4. 最高人民检察院《人民检察院刑事诉讼规则》的相关规定：

第三百一十六条第一、二款 人民检察院审理案件过程中，应当保证犯罪嫌疑人行使刑事诉讼法第32条规定的辩护权利。但下列人员不得被委托担任辩护人：（一）在缓刑考验期限内或者刑罚尚未执行完毕的人；（二）依法被剥夺、限制人身自由的人；（三）无行为能力或者限制行为能力的人；（四）与本案有直接利害关系的人；（五）人民法院、人民检察院、公安机关、国家安全机关、监狱的现职工作人员；（六）外国人或者无国籍人。

前款第（四）、（五）、（六）项的人员，如果是犯罪嫌疑人的近亲属或者监护人，并且不属于前款第（一）、（二）、（三）项情形，犯罪嫌疑人委托其担任辩护人的，人民检察院可以准许。

第三百一十七条第三款 律师担任诉讼代理人的，不得同时接受同一案件二名以上被害人的委托，参与刑事诉讼活动。

5. 《律师办理刑事案件规范》的相关规定：

第七条 律师不得接受同一案件两名以上犯罪嫌疑人、被告人的委托，参与刑事诉讼活动。

十四、人民法院适用指定辩护应当如何进行

[法律依据]

1. 《刑事诉讼法》的相关规定：

第三十四条 公诉人出庭公诉的案件，被告人因经济困难或者其他原因没有委托辩护人的，人民法院可以指定承担法律援助义务的律师为其提供辩护。

被告人是盲、聋、哑或者未成年人而没有委托辩护人的，人民法院应当指定承担法律援助义务的律师为其提供辩护。

被告人可能被判处死刑而没有委托辩护人的，人民法院应当指定承担法律援助义务的律师为其提供辩护。

2. 《律师法》的相关规定：

第四十二条 律师、律师事务所应当按照国家规定履行法律援助义务，为受援人提供符合标准的法律服务，维护受援人的合法权益。

第四十七条 律师有下列行为之一的，由设区的市级或者直辖市的区人民政府司法行政

部门给予警告，可以处五千元以下的罚款；有违法所得的，没收违法所得；情节严重的，给予停止执业三个月以下的处罚：（五）拒绝履行法律援助义务的。

3. 最高人民法院《关于执行〈中华人民共和国刑事诉讼法〉若干问题的解释》的相关规定：

第三十六条　被告人没有委托辩护人而具有下列情形之一的，人民法院应当为其指定辩护人：（一）盲、聋、哑人或者限制行为能力的人；（二）开庭审理时不满十八周岁的未成年人；（三）可能被判处死刑的人。

第三十七条　被告人没有委托辩护人而具有下列情形之一的，人民法院可以为其指定辩护人：（一）符合当地政府规定的经济困难标准的；（二）本人确无经济来源，其家庭经济状况无法查明的；（三）本人确无经济来源，其家属经多次劝说仍不愿为其承担辩护律师费用的；（四）共同犯罪案件中，其他被告人已委托辩护人的；（五）具有外国国籍的；（六）案件有重大社会影响的；（七）人民法院认为起诉意见和移送的案件证据材料可能影响正确定罪量刑的。

第三十八条　被告人坚持自己行使辩护权，拒绝人民法院指定的辩护人为其辩护的，人民法院应当准许，并记录在案；被告人具有本解释第36条规定情形之一，拒绝人民法院指定的辩护人为其辩护，有正当理由的，人民法院应当准许，但被告人需另行委托辩护人，或者人民法院应当为其另行指定辩护人。

第三十九条　人民法院指定的辩护人，应当是依法承担法律援助义务的律师。

4. 最高人民法院《关于第二审人民法院审理死刑上诉案件被告人没有委托辩护人的是否应为其指定辩护人问题的批复》的相关规定：

第三十四条第三款关于被告人可能被判处死刑而没有委托辩护人的，人民法院应当指定承担法律援助义务的律师为其提供辩护的规定，也应当适用于第二审死刑案件。即第一审人民法院已判处死刑的被告人提出上诉或者人民检察院提出抗诉，被告人没有委托辩护人的，第二审人民法院应当为其指定辩护人。

5. 最高人民法院、最高人民检察院、公安部、司法部《关于刑事诉讼法律援助工作的规定》的相关规定：

第九条　人民法院根据《刑事诉讼法》及相关司法解释指定辩护的，应当将指定辩护通知书和起诉书副本或者判决书副本送交其所在地的法律援助机构，由法律援助机构统一接收并组织实施。

人民法院决定开庭审理的，应当在开庭10日前将指定辩护通知书和起诉书副本或者判决书副本送交其所在地的法律援助机构。

人民法院的指定辩护通知书应当载明案件性质、被告人姓名、指定辩护的理由、案件承办人的姓名和联系方式，已确定开庭审理的，应当载明开庭时间、地点。

第十条　法律援助机构应当在开庭3日前将确定的承办人员的姓名及联系方式函告人民法院。

第十一条　律师接受法律援助机构指派后，应当按照有关规定及时办理委托手续。

人民法院指定辩护的案件，律师应当在开庭前询问被告人是否同意本人为其辩护，被告人不同意的，律师应记录在案，并书面告知人民法院和法律援助机构。

第十二条　被告人坚持自辩，拒绝人民法院指定的律师为其辩护的，人民法院应当准许，并记录在案。

对被告人具有应当指定辩护情形的，人民法院应当查明拒绝指定辩护的原因，有正当理由的，应当准许，但被告人需另行委托辩护人。被告人未另行委托辩护人的，人民法院应当为其另行指定律师。

人民法院根据前款规定决定为被告人另行指定辩护人的，应当在决定之日起3日内函告作出指派的法律援助机构。

第十三条 实施法律援助的刑事诉讼案件出现《法律援助条例》第23条规定的情形时，法律援助机构、人民法院均应当在作出终止法律援助决定或者终止指定辩护决定的当日函告对方，对方相应作出终止决定。

十五、辩护人可以查阅摘抄复制哪些案件材料

[法律依据]

1.《刑事诉讼法》的相关规定：

第三十六条 辩护律师自人民检察院对案件审查起诉之日起，可以查阅、摘抄、复制本案的诉讼文书、技术性鉴定材料，可以同在押的犯罪嫌疑人会见和通信。其他辩护人经人民检察院许可，也可以查阅、摘抄、复制上述材料，同在押的犯罪嫌疑人会见和通信。

辩护律师自人民法院受理案件之日起，可以查阅、摘抄、复制本案所指控的犯罪事实的材料，可以同在押的被告人会见和通信。其他辩护人经人民法院许可，也可以查阅、摘抄、复制上述材料，同在押的被告人会见和通信。

第一百五十条 人民法院对提起公诉的案件进行审查后，对于起诉书中有明确的指控犯罪事实并且附有证据目录、证人名单和主要证据复印件或者照片的，应当决定开庭审判。

2.《律师法》的相关规定：

第三十四条 受委托的律师自案件审查起诉之日起，有权查阅、摘抄和复制与案件有关的诉讼文书及案卷材料。受委托的律师自案件被人民法院受理之日起，有权查阅、摘抄和复制与案件有关的所有材料。

3. 最高人民法院、最高人民检察院、公安部、国家安全部、司法部、全国人大常委会法工委《关于刑事诉讼法实施中若干问题的规定》的相关规定：

13. 在审判阶段，辩护律师和其他辩护人依照刑事诉讼法第三十六条规定的程序可以到人民法院查阅、摘抄、复制本案所指控的犯罪事实的材料，同被告人会见、通信。辩护律师还可以依照刑事诉讼法第三十七条的规定向证人或者其他有关单位和个人收集与本案有关的材料，申请人民检察院、人民法院收集、调取证据，申请人民法院通知证人出庭作证。辩护律师经人民检察院、人民法院许可，并且经被害人或者其近亲属、被害人提供的证人同意，可以向他们收集与本案有关的材料。

在法庭审理过程中，辩护律师在提供被告人无罪或者罪轻的证据时，认为在侦查、审查起诉过程中侦查机关、人民检察院收集的证明被告人无罪或者罪轻的证据材料需要在法庭上出示的，可以申请人民法院向人民检察院调取该证据材料，并可以到人民法院查阅、摘抄、复制该证据材料。

4. 最高人民法院《关于执行〈中华人民共和国刑事诉讼法〉若干问题的解释》的相关规定：

第四十条 人民法院应当为辩护律师查阅、摘抄、复制本案所指控的犯罪事实的材料提

供方便，并保证必要的时间。其他辩护人经人民法院准许，可以查阅、摘抄、复制本案所指控的犯罪事实的材料。但审判委员会和合议庭的讨论记录及有关其他案件的线索材料，辩护律师和其他辩护人不得查阅、摘抄、复制。

5. 最高人民检察院《人民检察院刑事诉讼规则》的相关规定：

第三百一十九条　在审查起诉中，人民检察院应当允许被委托的辩护律师查阅、摘抄、复制本案的诉讼文书、技术性鉴定材料。

诉讼文书包括立案决定书、拘留证、批准逮捕决定书、逮捕决定书、逮捕证、搜查证、起诉意见书等为立案、采取强制措施和侦查措施以及提请审查起诉而制作的程序性文书。

技术性鉴定材料包括法医鉴定、司法精神病鉴定、物证技术鉴定等由有鉴定资格的人员对人身、物品及其他有关证据材料进行鉴定所形成的记载鉴定情况和鉴定结论的文书。

第三百二十条　律师以外的辩护人向人民检察院申请查阅、摘抄、复制本案的诉讼文书、技术性鉴定材料，或者同在押的犯罪嫌疑人会见和通信的，人民检察院应当在接到申请后的三日以内对申请人是否具备辩护人资格进行审查并作出是否许可的决定，书面通知申请人。

申请人不具备辩护人资格的，人民检察院应当不予许可。

具有下列情形之一的，人民检察院可以不予许可：（一）同案犯罪嫌疑人在逃的；（二）案件事实不清，证据不足，或者遗漏罪行、遗漏同案犯罪嫌疑人需要补充侦查的；（三）涉及国家秘密的；（四）有事实表明存在串供、毁灭、伪造证据或者危害证人人身安全可能的。

6. 《律师办理刑事案件规范》的相关规定：

第四十四条　律师摘抄、复制的材料应当保密，并妥善保管。

第六十六条　律师有权到人民法院查阅、摘抄、复制案件材料。

第六十八条　审判阶段的律师认为必要时可向侦查及审查起诉阶段的承办律师了解案件有关情况，请求提供有关材料，侦查及审查起诉阶段的律师应予配合。

第六十九条　律师查阅、摘抄、复制案件材料，应当记明查阅、摘抄、复制案件材料的时间、地点，并应注明案卷页数，证据材料形成的时间、地点及制作证据的人员。

第七十条　律师查阅案件材料应当着重了解以下事项：（一）被告人的自然情况；（二）被告人被指控犯罪的时间、地点、动机、目的、手段、后果及其他可能影响定罪量刑的法定、酌定情节等；（三）被告人无罪、罪轻的事实和材料；（四）证人、鉴定人、勘验检查笔录制作人的自然情况；（五）被害人的基本情况；（六）侦查、审查起诉阶段的各种法律手续和诉讼文书是否合法、齐备；（七）技术性鉴定材料的来源、鉴定人是否具有鉴定资格、鉴定结论及其理由等；（八）同案被告人的有关情况；（九）有关证据的客观性、关联性和合法性、证据之间及证据本身的矛盾与疑点；（十）相关证据能否证明起诉书所指控的犯罪事实及情况，有无矛盾与疑点；（十一）其他与案件有关的材料。

[实践指导]

与《刑事诉讼法》的规定相比，律师法关于辩护人（主要是辩护律师）阅卷权方面规定的变化主要包括以下三个方面：第一，在审查起诉阶段，《刑事诉讼法》规定辩护律师可以查阅摘抄复制"本案的诉讼文书和技术性鉴定材料"，而《律师法》则规定可以查阅摘抄复制"与案件有关的诉讼文书及案卷材料"。第二，在审判阶段，《刑事诉讼法》规定辩护律师可以查阅摘抄复制"本案所指控的犯罪事实材料"，而《律师法》则规定可以查阅摘抄复制"与案件有关的所有材料"。第三，从表述上看，《刑事诉讼法》为"可以查阅"，《律师法》为"有权查阅"。从上述对比可以看出，根据《律师法》的规定，律师阅卷的范围比刑事诉讼法的规定有了明显的扩大，在审查起诉阶段，除诉讼文书外，阅卷范围由原来的"技术性鉴定材料"扩大为"与案件有关的案卷材料"，在审判阶段，由原来的"本案所指控的犯罪事实材料"扩大为"与案件有关的所有材料"。显然，这一变化对于辩护律师全面了解案情，熟悉案件材料，及时把握控方的证据，有针对性地做好辩护准备，从而提高辩护质量，切实维护犯罪嫌疑人、被告人合法权益具有重要的意义和作用。但是，如果将阅卷范围扩大至律师法确定的范围，则会涉及案件处理的难度与质量、办案模式、诉讼风险、控辩双方的信息对称、操作程序繁琐与不确定、涉泄密事件、社会效果与司法机关权威等一系列问题。因此，阅卷权的问题是律师法和刑事诉讼法衔接适用中最直接、最主要的冲突之处。抛开或淡化两法的位阶和效力之争，从刑事诉讼的内在规律和刑事法治的发展趋势来看，结合我国《刑事诉讼法》对阅卷权规定的现状，扩大阅卷权的范围是必然趋势。也正是基于此，在司法实践中，在《律师法》颁布后，各级各地人民检察院、人民法院也纷纷表示，要通过多种措施，积极应对挑战，保证贯彻落实并准确有效的执行法律。就目前而言，当务之急是由有权机关尽快就两法的衔接适用作出明确解释。在此之前，就阅卷权的问题，笔者以为，可以考虑适用《律师法》的规定，实践中也有一些检法等办案机关已据此执行。但是，对于"案卷材料"和"与案件有关的所有材料"的范围，必须明确其范围。这里的"案卷材料"和"与案件有关的所有材料"，并非在范围上不受任何限制，如举报、控告材料、侦查和检察机关的内卷、检察委员会讨论记录、法院合议庭和审判委员会等就不适合界定在阅卷范围之内。综合理论与实践中的多种观点，笔者认为，所谓的"案卷材料"，应当是指归入诉讼卷的材料，具体应包括两部分，一是侦查机关侦查终结后移送人民检察院的案卷材料，二是检察机关自行补充侦查并且作为起诉依据的材料，除此之外的其他材料将不应属于律师阅卷的范围之内。所谓的"与案件有关的所有材料"，不是指人民法院审判案件的所有材料，而应当是指与定罪量刑有关的证据材料和法律依据，具体应包括归入诉讼卷和未归入诉讼卷但与案件有关的所有证据材料，与审判有关但与案件无关的材料，如侦查、检察环节形成的内部工作材料、合议庭的合议记录及审判委员会的讨论记录等审判内（副）卷的内容则不在查阅之内。

十六、辩护律师在调查取证时应遵守哪些规定

[法律依据]

1. 《刑事诉讼法》的相关规定：

第三十七条 辩护律师经证人或者其他有关单位和个人同意，可以向他们收集与本案有关的材料，也可以申请人民检察院、人民法院收集、调取证据，或者申请人民法院通知证人出庭作证。

辩护律师经人民检察院或者人民法院许可，并且经被害人或者其近亲属、被害人提供的证人同意，可以向他们收集与本案有关的材料。

2. 《律师法》的相关规定：

第三十五条 受委托的律师根据案情的需要，可以申请人民检察院、人民法院收集、调取证据或者申请人民法院通知证人出庭作证。

律师自行调查取证的，凭律师执业证书和律师事务所证明，可以向有关单位或者个人调查与承办法律事务有关的情况。

3. 最高人民法院、最高人民检察院、公安部、国家安全部、司法部、全国人大常委会法制工作委员会《关于刑事诉讼法实施中若干问题的规定》的相关规定：

13. 在审判阶段，辩护律师和其他辩护人依照刑事诉讼法第三十六条规定的程序可以到人民法院查阅、摘抄、复制本案所指控的犯罪事实的材料，同被告人会见、通信。辩护律师还可以依照刑事诉讼法第三十七条的规定向证人或者其他有关单位和个人收集与本案有关的材料，申请人民检察院、人民法院收集、调取证据，申请人民法院通知证人出庭作证。辩护律师经人民检察院、人民法院许可，并且经被害人或者其近亲属、被害人提供的证人同意，可以向他们收集与本案有关的材料。

在法庭审理过程中，辩护律师在提供被告人无罪或者罪轻的证据时，认为在侦查、审查起诉过程中侦查机关、人民检察院收集的证明被告人无罪或者罪轻的证据材料需要在法庭上出示的，可以申请人民法院向人民检察院调取该证据材料，并可以到人民法院查阅、摘抄、复制该证据材料。

15. 刑事诉讼法第三十七条规定："辩护律师经证人或者其他有关单位和个人同意，可以向他们收集与本案有关的材料，也可以申请人民检察院、人民法院收集、调取证据，或者申请人民法院通知证人出庭作证。"对于辩护律师申请人民检察院、人民法院收集、调取证据，人民检察院、人民法院认为需要调查取证的，应当由人民检察院、人民法院收集、调取证据，不应当向律师签发准许调查决定书，让律师收集、调取证据。

4. 最高人民法院《关于执行〈中华人民共和国刑事诉讼法〉若干问题的解释》的相关规定：

第四十三条 辩护律师申请向被害人及其近亲属、被害人提供的证人收集与本案有关的材料，人民法院认为确有必要的，应当准许，并签发准许调查书。

第四十四条 辩护律师向证人或者其他有关单位和个人收集、调取与本案有关的材料，因证人、有关单位和个人不同意，申请人民法院收集、调取，人民法院认为有必要的，应当同意。

第四十五条 辩护律师直接申请人民法院收集、调取证据，人民法院认为辩护律师不宜或者不能向证人或者其他有关单位和个人收集、调取，并确有必要的，应当同意。人民法院根据辩护律师的申请收集、调取证据时，申请人可以在场。人民法院根据辩护律师的申请收集、调取的证据，应当及时复制移送申请人。

第四十六条 辩护律师根据本解释第四十三条、第四十四条、第四十五条第一款规定提出的申请，应当以书面形式提出，并说明申请的理由，列出需要调查问题的提纲。

5.《人民检察院刑事诉讼规则》的相关规定：

第三百二十三条 辩护律师申请人民检察院向被告人提供的证人，或者其他有关单位和个人收集、调取证据的，人民检察院认为需要调查取证时，可以收集、调取。

人民检察院根据辩护律师的申请收集、调取证据时，申请人可以在场。

第三百二十四条 辩护律师向人民检察院提出申请要求向被害人或者其近亲属、被害人提供的证人收集与本案有关的材料的，人民检察院应当在接到申请后七日内作出是否许可的决定，通知申请人。

第三百二十五条 律师担任诉讼代理人经人民检察院许可，可以查阅、摘抄、复制本案的诉讼文书、技术性鉴定材料。需要收集、调取与本案有关的材料的，参照本规则第323条、第324条的规定办理。

6.《律师办理刑事案件规范》的相关规定：

第四十九条 律师调查、收集与案件有关的材料，应持律师事务所介绍信，出示律师执业证，一般应由二人进行。

第五十二条 律师调查笔录应当载明调查人、被调查人、记录人的姓名，调查的时间、地点；笔录内容应当有律师身份的介绍，被调查人的基本情况，律师对证人如作证的要求，作伪证或隐匿罪证要负法律责任的说明，以及被调查事项的基本情况。

第五十三条 律师收集物证、书证和视听资料应提取原件；无法提取原件的，可以复制、拍照或者录像，但对复制件、照片或录像应附有证据提供证明。

第五十四条 律师在调查、收集案件材料时，可以录音、录像。对被调查人录音、录像的，必须经被调查人同意。

第五十五条 律师摘抄、复制有关材料时，必须忠于事实真相，不得伪造、变造、断章取义。

第五十六条 律师调查、收集证据材料时，根据需要可邀请有关人员在场见证，并在调查笔录上签名。

第五十七条 律师制作调查笔录，应全面、准确地记录调查内容；并须经被调查人核对或者向其宣读。被调查人如有修改、补充，应由其在修改处签字、盖章或者按指纹确认。调查笔录经被调查人核对后，应由其在每一页上签名并在笔录的最后签署记录无误的意见。

第七十九条 开庭前，律师应将收集的证据材料进行复制，举证时将原件提交法庭。

[实践指导]

根据《刑事诉讼法》和六部委《关于刑事诉讼法实施中若干问题的规定》、最高人民法院《关于执行〈中华人民共和国刑事诉讼法〉若干问题的解释》及《人民检察院刑事诉讼规则》相关规定，对于辩护律师的调查取证权的行使，主要应把握以下几个方面：(1) 只有辩护律师才享有法律赋予的调查取证权，其他辩护人不享有这项权利。(2) 辩护律师必须经证人或者其他有关单位和个人同意，才可以向他们收集与本案有关的材料。(3) 辩护律师可以向被害人、被害人近亲属、被害人提供的证人收集证据，但必须符合以下两个条件：一是必须经被害人、被害人近亲属、被害人提供的证人同意，这样规定主要是为了保障被害人的合法权利，同时也可以防止被害人一方由于受到威胁、引诱或欺骗而作出虚假陈述；二是要经人民检察院或者人民法院的许可，即在审查起诉阶段须经人民检察院的许可，在审判阶段须经人民法院的许可。(4) 如果辩护律师在调查取证过程遭到拒绝，辩护律师可以根据案件的具体情况，申请人民检察院、人民法院收集、调取必要的证据材料或申请人民法院发出出庭作证通知。

与《刑事诉讼法》的规定相比，修订后的律师法关于律师调查取证权的内容，在律师享有调查取证权及可以通过自行和申请法院检察院两种方式取证方面，作出与刑事诉讼法相同的规定。同时，在两个方面也有所变化：第一，取消了"律师必须经证人或者其他有关单位和个人同意"，"必须经被害人、被害人近亲属、被害人提供的证人同意才可以向他们收集与本案有关的材料"的规定；第二，关于调查取证权的主体，采取了"受委托的律师"而不是"辩护律师"的提法和表述。关于第一个变化，学界普遍认为主要是基于实践中，被调查的证人或有关单位和个人几乎没有人同意，致使律师自行调查取证几乎不能进行或展开。为了解决这一问题，《律师法》取消了调查取证须经同意的规定，根据修订后《律师法》，律师凭律师执业证书和律师事务所证明，就可以向有关单位或者个人调查与承办法律事务有关的情况，从而取消了调查取证的条件限制，有利于辩护活动的展开。对于这一规定变化，笔者以为其作用有限，其意义仅仅是立法技术完善的体现。因为不同意就不能调查取证，和调查取证时证人等拒不配合，在实际效果中并没有什么太大差别。对于如何获取来自证人等方面的证据支持，还有赖于通过《刑事诉讼法》对关于拒证权等问题进行完善。

第二个变化，即参与诉讼的律师在表述上由辩护律师改为受委托的律师。据此，有观点认为，受委托的律师不仅包括审查起诉和审判阶段的辩护律师，也应该包括侦查阶段的律师。依此逻辑，侦查阶段的律师在侦查过程中，拥有调查取证的权利。笔者以为，这种理解是片面的。第一，《律师法》除了在第35条之外，并没有任何一个条文明确赋予侦查阶段介入诉讼的律师拥有调查取证权；第二，就第35条本身而言，从条文的逻辑结构来看，律师既可以自行调查取证，也可以申请人民法院、人民检察院调取，显然，如果律师申请调取，其请求仅及于人民法院和人民检察院。这就表明，该项规定仅适用于审查起诉和审判阶段，而不包括侦查阶段。第三，无论是《刑事诉讼法》还是《律师法》，都没有明确改变侦查阶段介入诉讼律师的法律帮助者身份。与侦查阶段律师的这种地位相对应，配置调查取证权的必要性值得探讨。尽管在侦查阶段赋予律师以调查取证权，能够有利于制约侦查权、保障被追诉者的合法权益、更好地履行辩护职能，都具有十分重要的意义，但是，根据现行法的规定，律师在侦查阶段不能行使调查取证权。

十七、律师能否分别为刑事案件双方的当事人担任辩护人和诉讼代理人

[法律依据]

1. 《律师法》的相关规定：

第三十九条　律师不得在同一案件中为双方当事人担任代理人，不得代理与本人或者其近亲属有利益冲突的法律事务。

2. 最高人民检察院《人民检察院刑事诉讼规则》的相关规定：

第三百一十七条　一名犯罪嫌疑人可以委托一至二人作为辩护人。

共同犯罪的案件，一名辩护人不得为二名以上的同案犯罪嫌疑人辩护。

律师担任诉讼代理人的，不得同时接受同一案件二名以上被害人的委托，参与刑事诉讼活动。

3. 《律师办理刑事案件规范》的相关规定：

第七条　律师不得接受同一案件两名以上犯罪嫌疑人、被告人的委托，参与刑事诉讼活动。

[实践指导]

从《律师法》的规定看，《律师法》明确禁止律师在同一案件中为双方当事人担任代理人。但是，律师能否分别为刑事案件双方的当事人担任辩护人和诉讼代理人，《律师法》并未明确规定。但是，笔者认为，比照《律师法》第39条的规定，从刑事诉讼内在规律和辩护代理制度的基本原理来看，律师也不应分别为刑事案件双方的当事人担任辩护人和诉讼代理人。对于同一律师事务所的律师能否分别为刑事案件双方的当事人担任辩护人和诉讼代理人的情况，《刑事诉讼法》及相关解释未作明确规定。笔者认为，除非在当事人聘请不同律师事务所的律师确有困难的情况外，同一律师事务所的律师不应当分别为刑事案件包括自诉案件双方担任辩护人和诉讼代理人。

十八、辩护人和诉讼代理人违反有关法律规定应承担什么责任

[法律依据]

1. 《刑法》的相关规定:

第三百零六条 在刑事诉讼中,辩护人、诉讼代理人毁灭、伪造证据,帮助当事人毁灭、伪造证据,威胁、引诱证人违背事实改变证言或者作伪证的,处三年以下有期徒刑或者拘役;情节严重的,处三年以上七年以下有期徒刑。

2. 《刑事诉讼法》的相关规定:

第三十八条 辩护律师和其他辩护人,不得帮助犯罪嫌疑人、被告人隐匿、毁灭、伪造证据或者串供,不得威胁、引诱证人改变证言或者作伪证以及进行其他干扰司法机关诉讼活动的行为。

违反前款规定的,应当依法追究法律责任。

3. 《律师法》的相关规定:

第四十七条 律师有下列行为之一的,由设区的市级或者直辖市的区人民政府司法行政部门给予警告,可以处五千元以下的罚款;有违法所得的,没收违法所得;情节严重的,给予停止执业三个月以下的处罚:(一)同时在两个以上律师事务所执业的;(二)以不正当手段承揽业务的;(三)在同一案件中为双方当事人担任代理人,或者代理与本人及其近亲属有利益冲突的法律事务的;(四)从人民法院、人民检察院离任后二年内担任诉讼代理人或者辩护人的;(五)拒绝履行法律援助义务的。

第四十八条 律师有下列行为之一的,由设区的市级或者直辖市的区人民政府司法行政部门给予警告,可以处一万元以下的罚款;有违法所得的,没收违法所得;情节严重的,给予停止执业三个月以上六个月以下的处罚:(一)私自接受委托、收取费用,接受委托人财物或者其他利益的;(二)接受委托后,无正当理由,拒绝辩护或者代理,不按时出庭参加诉讼或者仲裁的;(三)利用提供法律服务的便利牟取当事人争议的权益的;(四)泄露商业秘密或者个人隐私的。

第四十九条 律师有下列行为之一的,由设区的市级或者直辖市的区人民政府司法行政部门给予停止执业六个月以上一年以下的处罚,可以处五万元以下的罚款;有违法所得的,没收违法所得;情节严重的,由省、自治区、直辖市人民政府司法行政部门吊销其律师执业证书;构成犯罪的,依法追究刑事责任:(一)违反规定会见法官、检察官、仲裁员以及其他有关工作人员,或者以其他不正当方式影响依法办理案件的;(二)向法官、检察官、仲裁员以及其他有关工作人员行贿,介绍贿赂或者指使、诱导当事人行贿的;(三)向司法行政部门提供虚假材料或者有其他弄虚作假行为的;(四)故意提供虚假证据或者威胁、利诱他人提供虚假证据,妨碍对方当事人合法取得证据的;(五)接受对方当事人财物或者其他利益,与对方当事人或者第三人恶意串通,侵害委托人权益的;(六)扰乱法庭、仲裁庭秩序,干扰诉讼、仲裁活动的正常进行的;(七)煽动、教唆当事人采取扰乱公共秩序、危害公共安全等非法手段解决争议的;(八)发表危害国家安全、恶意诽谤他人、严重扰乱法庭秩序的言论的;(九)泄露国家秘密的。

律师因故意犯罪受到刑事处罚的,由省、自治区、直辖市人民政府司法行政部门吊销其律师执业证书。

第五十条 律师事务所有下列行为之一的，由设区的市级或者直辖市的区人民政府司法行政部门视其情节给予警告、停业整顿一个月以上六个月以下的处罚，可以处十万元以下的罚款；有违法所得的，没收违法所得；情节特别严重的，由省、自治区、直辖市人民政府司法行政部门吊销律师事务所执业证书：（一）违反规定接受委托、收取费用的；（二）违反法定程序办理变更名称、负责人、章程、合伙协议、住所、合伙人等重大事项的；（三）从事法律服务以外的经营活动的；（四）以诋毁其他律师事务所、律师或者支付介绍费等不正当手段承揽业务的；（五）违反规定接受有利益冲突的案件的；（六）拒绝履行法律援助义务的；（七）向司法行政部门提供虚假材料或者有其他弄虚作假行为的；（八）对本所律师疏于管理，造成严重后果的。

律师事务所因前款违法行为受到处罚的，对其负责人视情节轻重，给予警告或者处二万元以下的罚款。

第五十一条 律师因违反本法规定，在受到警告处罚后一年内又发生应当给予警告处罚情形的，由设区的市级或者直辖市的区人民政府司法行政部门给予停止执业三个月以上一年以下的处罚；在受到停止执业处罚期满后二年内又发生应当给予停止执业处罚情形的，由省、自治区、直辖市人民政府司法行政部门吊销其律师执业证书。

律师事务所因违反本法规定，在受到停业整顿处罚期满后二年内又发生应当给予停业整顿处罚情形的，由省、自治区、直辖市人民政府司法行政部门吊销律师事务所执业证书。

第五十三条 受到六个月以上停止执业处罚的律师，处罚期满未逾三年的，不得担任合伙人。

第五十四条 律师违法执业或者因过错给当事人造成损失的，由其所在的律师事务所承担赔偿责任。律师事务所赔偿后，可以向有故意或者重大过失行为的律师追偿。

[实践指导]

综合上述规定，辩护人和诉讼代理人在刑事诉讼中，如果违反法律或职业纪律的，将可能承担三种责任：第一，如果在刑事诉讼中，辩护人、诉讼代理人毁灭、伪造证据，帮助当事人毁灭、伪造证据，威胁、引诱证人违背事实改变证言或者作伪证、泄露国家秘密、以及向有关工作人员行贿或者指使、诱导当事人行贿等其他干扰司法机关诉讼活动的行为，构成犯罪的，将分别以辩护人、诉讼代理人毁灭证据罪、伪造证据罪和妨害作证罪追究刑事责任；第二，律师违法执业或者因过错给当事人造成损失的，由其所在的律师事务所承担赔偿责任后，可以向有故意或者重大过失行为的律师追偿。律师和律师事务所必须承担因违法执业或者因过错给当事人造成损失所应当承担的民事责任。第三，对于律师在担任辩护人或诉讼代理人的执业过程中，有违反律师法规定或禁止行为的，承担行政责任，由各级人民政府司法行政部门给予警告、责令改正、责令停业整顿、停止执业、没收违法所得、吊销律师执业证书等行政处罚。

第五章 证 据

一、何为证据能力和证明力

[实践指导]

证据能力是指证据在法律上能否作为定案根据的资格和条件。证据能力属于法律问题，可以由证据规则加以规范，如规定违法方法获得的口供不得作为证据使用等。

证明力又被称为证据价值，它是指证据对认定事实的证明价值和功能。即证据对于事实的裁判者形成心证的影响力。证据有无证明力以及证明力的大小，不同证据各不相同，法律一般不得预先规定，原则上由审判人员自由判断。

作为定案根据的证据必须既有证据能力，又有证明力。司法人员在审查判断证据时，应当首先审查证据有无证据能力，然后再对确认有证据能力的证据的证明力进行判断，否则，不必考虑有无证明力。

证据能力解决的是证据能否在法庭上提出，让事实的审理者（法官）看见和听见。而证据的证明力则是对在庭审中提出的证据的可信度和关联性进行的判断，要在评议中、形成判决的时候根据全案的证据予以确定。证据能力是英美法系证据法的核心问题，由职业法官裁定；在大陆法系及我国的参审制度之下，由法官和陪审员共同审查判断证据能力和证明力。

我国目前的法律和司法解释中没有采用证据能力这一概念。在司法实践中，当论及这一问题时一般表述为"不得作为定案的根据"、"不能作为证据使用"、"不具有证据效力"等。有学者主张在立法上使用证据能力这一概念，目的在于当事人双方在庭审开始前以及在庭审过程中，可以针对不具有证明能力的证据向法庭提出申请的动议，要求法庭予以排除，并说明其申请所依据的法律规定。这样可以提高庭审质量和诉讼效率。

二、测谎结果能否作为证据使用

[法律依据]

最高人民检察院《关于CPS多道心理测试鉴定结论能否作为诉讼证据使用问题的批复》的相关规定：

CPS多道心理测试（俗称测谎）鉴定结论与刑事诉讼法规定的鉴定结论不同，不属于刑事诉讼法规定的证据种类。人民检察院办理案件，可以使用CPS多道心理测试鉴定结论帮助审查、判断证据，但不能将CPS多道心理测试鉴定结论作为证据使用。

[实践指导]

这一批复表明了对测谎结果必须抱有慎重态度。

测谎仪的使用在我国刑事侦查中已经不是什么新鲜的或者罕见的事情了。但学界和司法界对此一直存在很大争议。有学者提出,这个批复也存在问题,因为没有任何一个测谎结果是单独作为诉讼证据使用的,测谎结果总是与被测谎人的陈述结合在一起的,如果将被测谎人在测谎过程中的陈述作为证据,并将测谎的结果作为判断这一陈述是否真实、可靠的依据,其结果仍然是测谎结果在证据的认定和事实的判定中发挥着举足轻重的作用。同样,由于测谎结果的准确性难以把握。因此,迷信这一结果作为判断案件证据真实性的作用,仍然会导致冤错案件。

笔者认为,对测谎结果应采取以下态度:

第一,不允许将测谎结果作为诉讼证据使用。

第二,在侦查阶段和审查起诉阶段,可以对犯罪嫌疑人进行测谎,但测谎结果只能用来排除犯罪嫌疑人有罪,但不能用来认定其有罪,即允许以测谎结果对他有利而采信他的辩解,不允许以测谎结果对他不利而拒绝采信他的辩解。如果将来赋予犯罪嫌疑人、被告人以反对强迫自证其罪的权利的话,对犯罪嫌疑人、被告人进行测谎还必须经其同意或者经其请求。

第三,法院在审判阶段不应当使用测谎仪作为检验证据的手段,也不允许在决定是否采信某一证据时将测谎结果作为考虑的因素。之所以在审判阶段作出严格限制,是因为法官为裁判者,即使不采纳测谎结果作为证据,该结果也会对法官判断证据产生影响,造成预断和错认,失去审判过程中的中立立场。相反,如果允许这样做,则测谎结果不准确或者不可靠,就会造成错误采证和错误认定案件事实。

三、私家侦探收集的案件材料可否作为证据使用

[法律依据]

公安部《关于禁止开设"私人侦探所"性质的民间机构的通知》的相关规定:

一、严禁任何单位和个人开办各种形式的"民事事务调查所""安全事务调查所"等私人侦探所性质的民间机构。

[实践指导]

在刑事诉讼中,必须是经法定执法主体依照法定程序收集符合法定形式的证据种类的证据才能成为法庭证据。显然,在我国的刑事诉讼中,私家侦探是没有相应法律地位的,其收集的证据也不能直接在诉讼中使用,其法律效力也不好确定。此外,由于私家侦探并不具有国家法律所赋予的公开的、强制的手段,那么他们开展活动往往是秘密进行的,这就容易侵犯公民隐私权。因此,笔者认为,在文明社会,特别是我国当前的法制状况和治安状况下,承认此类机构的合法存在并不是明智之举。

在当前缺乏法律规制的情况下,应严格执行公安部颁布的关于禁止开设"私人侦探所"性质的民间机构的通知,严禁任何单位和个人开办各种形式的"民事事务调查所"等私人侦探所性质的民间机构,并对现有机构进行清理整顿。对于由私人侦探提供的材料,可以作为一种线索,由有权主体可以依照法定程序进行收集。也就是说,私人侦探并不能成为证据的

收集主体,其收集的证据材料只有通过适格的主体加以收集,才能完成由证据材料向诉讼证据的转化。

四、骨龄鉴定能否作为确定刑事责任年龄的证据

[法律依据]

最高人民检察院《关于"骨龄鉴定"能否作为确定刑事责任年龄证据使用的批复》的相关规定:

犯罪嫌疑人不讲真实姓名、住址,年龄不明的,可以委托进行骨龄鉴定或其他科学鉴定,经审查,鉴定结论能够准确确定犯罪嫌疑人实施犯罪行为时的年龄的,可以作为判断犯罪嫌疑人年龄的证据使用。如果鉴定结论不能准确确定犯罪嫌疑人实施犯罪行为时的年龄,而且鉴定结论又表明犯罪嫌疑人年龄在刑法规定的应负刑事责任年龄上下的,应当依法慎重处理。

[实践指导]

关于骨龄鉴定结论能否作为证据使用的问题。对此,实践中有肯定和否定两种观点。

笔者认为,骨龄鉴定结论可以用作证明犯罪嫌疑人年龄的证据,这一点毋庸置疑。不仅如此,就近年来司法实践的发展动态来看,有些司法机关开始尝试将骨龄鉴定结论用作证明当事人的年龄的证据,这也是符合证据学法理的。

第一,骨龄鉴定结论具有关联性。骨龄鉴定是针对人体生物学年龄而开展的。它在诉讼中的重要作用在于,利用犯罪嫌疑人等的骨骼生长发育成熟和衰老的规律来推断其实际年龄。因此,骨龄鉴定结论对于证明案件争议事实,具有紧密的关联性。

第二,骨龄鉴定结论具有客观性。目前我国已经拥有比较精确和完整的骨龄鉴定方法,能够为需要进行年龄鉴定的案件审判提供比较客观的科学结论,而且,骨龄鉴定开始广泛应用于我国的司法活动中,成为侦查人员破案的重要手段。

第三,骨龄鉴定结论具有合法性。按照现行《刑事诉讼法》第42条的规定,我国法定的证据形式包括物证,书证,证人证言,被害人陈述,犯罪嫌疑人、被告人供述和辩解,勘验、检查笔录以及视听资料等七种。由此不难看出,骨龄鉴定结论的合法性问题就要看它可否归入"鉴定结论"的这种具体形式,笔者认为,骨龄鉴定结论是鉴定结论的一种,完全符合法定的形式,具有证据的合法性。

同时,我们应注意,骨龄鉴定结论可以用作证明犯罪嫌疑人或被害人年龄的证据,并不意味着它是唯一有效或者效力最高的证据。相反,从证明力的角度看,骨龄鉴定结论只是参考性的证据。司法人员在判断犯罪嫌疑人或被害人的实际年龄时,必须结合有关户籍资料、被害人陈述与犯罪嫌疑人供述和辩解等其他证据,进行具体分析具体判断。

五、专家法律意见书能否作为证据使用

[法律依据]

《刑事诉讼法》的相关规定:

第四十二条第二款 证据有下列七种:(一)物证、书证;(二)证人证言;(三)被害人

陈述;(四)犯罪嫌疑人、被告人供述与辩解;(五)鉴定结论;(六)勘验、检查笔录;(七)视听资料。

[实践指导]

专家法律意见书,简称专家意见书,应当说是我国的特定历史条件下的产物,从理论上讲,它在证据法理论中是找不到科学定位的,原因在于:

第一,它不是证据。从我国的《刑事诉讼法》、《民事诉讼法》和《行政诉讼法》的规定来看,在各自的诉讼中,只有证人证言、当事人陈述、被告人供述与辩解、鉴定结论、物证、书证、视听资料等证据形式,并没有专家法律意见书这种证据方法。在现代各国证据法中,都强调证据能力的法定化,而证据能力的法定化首先就是证据方法法定化,也就是证明案件事实需要用哪些证据方法,法律都作了明确而具体的规定,我国也不例外。可见,在我国的三大诉讼法中,并没有专家法律意见书的法律地位。

第二,它既不是鉴定结论,也不是专家证人意见陈述。大陆法系的鉴定结论也好,英美法系的专家证人意见陈述也好,鉴定人或专家证人,都是以自己的专门知识、特别经验为基础,对案件某一方面的事实,发表自己的意见,即意见证据。他不同于行为证人即我们通常所说的证人,证人作证的前提或能够成为证人,必须是对案件事实有亲身感受,否则,即不能成为证人。而鉴定人或专家证人,一般说来,很少有对案件事实有亲身感受的,都是以其知识与经验为基础,对案件事实发表意见与看法。陈述内容也不相同,证人是讲述亲身感受的,鉴定人或专家证人是陈述意见的,但有一点是共通的,即他们都陈述案件事实。而我们的专家法律意见书,出具意见的专家,既不是对案件事实有亲身感受的证人,也不是对案件事实具有专门知识与经验的专家,相反,却对案件的事实问题与法律问题发表意见。所以,这种意见当然既不是鉴定结论,也不是专家证人意见陈述。

因此,笔者认为,专家法律意见书既然不是证据,当事人就不能向法庭提出,法庭也就不应当接受。否则,就会产生一定的司法副作用,不利于司法公正。

六、陷阱取证有无证据能力

[法律依据]

最高人民法院《关于印发全国法院审理毒品犯罪案件工作座谈会纪要的通知》的相关规定:

运用特情侦破毒品案件,是依法打击毒品犯罪的有效手段。对特情介入侦破的毒品案件,要区别不同情形予以分别处理。

对已持有毒品待售或者有证据证明已准备实施大宗毒品犯罪者,采取特情贴靠、接洽而破获的案件,不存在犯罪引诱,应当依法处理。

行为人本没有实施毒品犯罪的主观意图,而是在特情诱惑和促成下形成犯意,进而实施毒品犯罪的,属于"犯意引诱"。对因"犯意引诱"实施毒品犯罪的被告人,根据罪刑相适应原则,应当依法从轻处罚,无论涉案毒品数量多大,都不应判处死刑立即执行。行为人在特情既为其安排上线,又提供下线的双重引诱,即"双套引诱"下实施毒品犯罪的,处刑时可予以更大幅度的从宽处罚或者依法免予刑事处罚。

行为人本来只有实施数量较小的毒品犯罪的故意,在特情引诱下实施了数量较大甚至达

到实际掌握的死刑数量标准

"陷阱取证"是法学理论与司法的毒品犯罪的,属于"数量引诱"。对因"数量引诱"实施毒品犯罪的被告人,应当依法从轻处罚,即使毒品数量超过实际掌握的死刑数量标准,一般也不判处死刑立即执行。

对不能排除"犯意引诱"和"数量引诱"的案件,在考虑是否对被告人判处死刑立即执行时,要留有余地。

对被告人受特情间接引诱实施毒品犯罪的,参照上述原则依法处理。

[**实践指导**]

实践中非常复杂的问题,通常出现于特殊的刑事案件的侦查中。世界上很多国家都对"陷阱取证"从法律上予以确认。鉴于"陷阱取证"在打击刑事犯罪,尤其是在打击日益蔓延的毒品犯罪中的重大作用,联合国公约和部分地区性公约也对此予以确认。

国外的相关理论将"陷阱取证"区分为犯意诱发型和机会提供型两种。犯意诱发型是指嫌疑人本无犯意,只是在侦查人员的引诱下才产生犯意,即犯意的产生与侦查人员的引诱行为之间存在着法律上的因果关系。机会提供型则不然,所谓机会提供型,是指嫌疑人的犯意是其自发产生的,侦查人员只不过是给其提供了一个犯罪机会,并且这一机会与其他任何人所提供的机会对嫌疑人犯意的影响并没有任何实质差别。从世界各国的立法来看,都普遍承认机会提供型"陷阱取证"的正当性,而根本否定犯意诱发型"陷阱取证"的正当性,对这两种不同的"陷阱取证"侦查方式采取了全然不同的立场,对于犯意诱发型要追究侦查人员的刑事责任,而对于机会提供型则在肯定其有存在必要的前提下,加以严格限制。

在我国"陷阱取证"早就在刑事侦查活动中得到运用,尤其在毒品、假币等犯罪的侦查中更是非常普遍。但是,目前我国还没有一部法律对此作出明确的具体规定。从上面的"通知"规定可以看出,我国对不当"陷阱取证"破获的毒品案件,并不影响对被告人定罪,只影响量刑。

笔者认为,由于犯意诱发型陷阱取证的嫌疑人在未经犯意引诱前并无犯罪意图,不具有社会危害性,其犯罪行为是在公权力的不当行使过程中促成的,同时这种公权力的不当行使与刑事诉讼法的目的相悖,因此,应借鉴西方国家的经验,严禁犯意诱发型陷阱取证,并对机会提供型陷阱取证给予以下限制:

第一,确立运用"陷阱取证"的必要性原则和严格的适用程序。只有在采用常规侦查手段难以侦破案件时,才可考虑使用"陷阱取证",实施之前还须履行严格的批准程序。

第二,"陷阱取证"只适用于特定的刑事案件。一般应规定为社会危害严重、难以侦破的案件,比如贩毒、贩卖假币、武器交易等等犯罪的侦查中适用"陷阱取证"。杀人、伤害等侵犯人身的暴力性犯罪是绝对禁止采用"陷阱取证"侦查手段的。

第三,"陷阱取证"只能由专门人员进行,通常要求侦查人员或者与侦查人员合作并受侦查人员控制的其他人员进行。

第四,如果"陷阱取证"违反了必要性原则和法律规定的适用程序,比如,将"陷阱取证"用于特定的刑事案件以外的案件或者不是由法定的人员实施或者没有经过法定的审批手续等等,就将构成不当"陷阱取证"。不当"陷阱取证"是合法的辩护理由,一旦成立,被告人将被宣判无罪。

七、秘密录制的视听资料能否作为刑事证据使用

[实践指导]

关于秘密取得的证据如秘密录制的录音、录像，能否作为证据使用，我国刑事诉讼法和司法解释均未作出规定。刑事诉讼中秘密取得的视听资料主要有三种：一是经过司法机关批准的侦查行为，如合法批准的监听、监录活动；二是当事人间无意录制的视听资料；三是有意录制的视听资料。对于前两种视听资料可以作为证据使用大家争议不大，争议比较大的是第三种情况。多数人的意见认为私自录制的视听资料可以作为证据使用，要把证据的取得的违法性与证据内容的真实性区别开来，只要证据内容是真实的，尽管是秘密录制的，可以作为证据使用。笔者认为这种观点值得商榷。违法取得的证据应当予以排除，私自录音录像多数情况下容易侵犯他人的隐私权、名誉权，如果这种情况下取得的证据可以使用的话，那么刑讯逼供取得的证据也可以使用，这种观点是危险的，不能以侵犯他人合法权益为代价来维护证据的效力。应当回到最高人民法院证据规则第68条的立场，以不违反法律禁止的方法和侵犯他人合法权益为前提，私自取得的视听资料才可以作为证据使用。

八、非法获取的证据能否作为定案的根据

[法律依据]

1.《宪法》的相关规定：

第十三条第一款　公民的合法的私有财产不受侵犯。

第三十七条　中华人民共和国公民的人身自由不受侵犯。

任何公民，非经人民检察院批准或者决定或者人民法院决定，并由公安机关执行，不受逮捕。

禁止非法拘禁和以其他方法非法剥夺或者限制公民的人身自由，禁止非法搜查公民的身体。

第三十九条　中华人民共和国公民的住宅不受侵犯。禁止非法搜查或者非法侵入公民的住宅。

第四十条　中华人民共和国公民的通信自由和通信秘密受法律的保护。除因国家安全或者追查刑事犯罪的需要，由公安机关或者检察机关依照法律规定的程序对通信进行检查外，任何组织或个人不得以任何理由侵犯公民的通信自由和通信秘密。

2.《刑法》的相关规定：

第二百四十七条　司法工作人员对犯罪嫌疑人、被告人实行刑讯逼供或者使用暴力逼取证人证言的，处三年以下有期徒刑或者拘役。致人伤残、死亡的，依照本法第二百三十四条、第二百三十二条的规定定罪从重处罚。

3.《刑事诉讼法》的相关规定：

第四十三条　审判人员、检察人员、侦查人员必须依照法定程序，收集能够证实犯罪嫌疑人、被告人有罪或者无罪、犯罪情节轻重的各种证据。严禁刑讯逼供和以威胁、引诱、欺骗以及其他非法的方法收集证据。必须保证一切与案件有关或者了解案情的公民，有客观地

充分地提供证据的条件，除特殊情况外，并且可以吸收他们协助调查。

4. 最高人民法院《关于执行〈中华人民共和国刑事诉讼法〉若干问题的解释》的相关规定：

第六十一条　严禁以非法的方法收集证据。凡经查证确实属于采用刑讯逼供或者威胁、引诱、欺骗等非法的方法取得的证人证言、被害人陈述、被告人口供，不能作为定案的根据。

5. 最高人民检察院《人民检察院刑事诉讼规则》的相关规定：

第二百六十五条第一款　严禁以非法的方法收集证据。以刑讯逼供、威胁、引诱、欺骗等非法的方法收集的犯罪嫌疑人供述、被害人陈述、证人证言，不能作为指控犯罪的根据。

[实践指导]

刑事诉讼中的非法证据及证明力，即非法证据能否采纳为定案根据的问题，在刑事诉讼法学界一直存在着争议，从世界各国的司法实践来看，各国基于本国法律文化的不同以及惩罚犯罪与保障人权的双重需要，对非法证据理论和具体做法存在许多差异。

在我国，对于非法取证行为立法上持否定态度，对于违法取证行为构成犯罪的，我国刑法规定了相应的刑罚。但是，对于非法取得的证据如何处理，立法并未作出相应的规定。最高人民检察院和最高人民法院关于实施《刑事诉讼法》的司法解释中虽确立了类似的规则，在一定程度上弥补了现行刑事诉讼法的不足。但范围仍然很狭窄，而且缺乏权威性和可操作性，因而在理论界和司法实施中形成了不同主张和观点。

笔者认为，在我国刑事诉讼中是否确立非法证据排除规则以及确立什么样的排除规则，仅凭对法条或判例的了解是不够的，我们不仅要了解其产生与发展的过程，更要认识其存在的理论基础和价值，非法证据排除规则的理论基础和价值主要体现在以下三个方面：

第一，限制公共权力的滥用。权力是保障权利和自由必不可缺的强力量，但为了切实保障权利和自由必须限制权力。因为权力客观上存在着易腐性、扩张性以及对权利的侵犯性。非法证据排除规则正是防止公权力滥用，侵害公民权利在证据制度上的具体体现。是对国家追诉机关侵犯被告人人权行为的最严厉的惩罚，从根本上粉碎了追诉机关企图通过违法手段收集证据达到控诉目的的梦想。

第二，抑制和制裁违法行为。非法取证行为本质上是侦查人员所实施的一种违法（甚至是犯罪）行为，根据违法者不能从其违法行为中获利的公理性原则，通过违法行为获得的证据不能用来指控被告人，防止其从自身错误、违法行为中获利，应当为其违法行为付出代价，只有这样才能抑制非法取证行为。正如平野龙一教授所指出的那样："只有排除违法搜查和扣押收取的证据，并适当运用这一规则，对于防止警察的违法行为，才是最为有效的方法。"

第三，救济公民权利。没有权利就不存在救济，合法权利是救济得以存续的依据。同样，没有救济就没有权利。一种无法诉诸法律保护的权利实际上就根本不是什么法律权利。法律不仅应宣示权利，而且还应同时配置救济的各种程序，否则这种权利就得不到保障。确立非法证据的基本目的是为公民在遭受国家权力侵犯时，提供救济。"排除法则最主要的价值在于回击政府官员违反宪法的非法行为，保护公民的宪法性权利。"

我国侦查实践中刑讯逼供、非法收集证据等一系列侵犯犯罪嫌疑人人权的现象屡禁不止，与我国《刑事诉讼法》没有确立非法证据排除规则是有一定因果关系。我国《刑事诉讼法》应当明确规定非法证据排除规则，即对侦查机关采用非法手段获得的证据，无论是通过刑讯逼供行为获得的口供，还是通过非法搜查、扣押、窃听等手段获得的实物证据原则上都应当排除，不允许进入法庭调查，但也可以规定一些例外情况。如果在法庭审查中提出后才发现其违法，法官在判决时应排除其证明作用，而不能作为定案的根据。非此不足以制止侦查人员的非法取证行为。同时我们不得不注意到，确立非法证据排除规则，必然导致审判所能使用的证据减少，从而造成对犯罪惩罚力度削弱，甚至出现实际从事犯罪的人被宣告无罪。这里存在一个代价或牺牲的问题，世界上不存在完美无缺、尽善尽美的法律制度，实现法治、保障人权有时也需要付出重大社会代价。因为，"人权只能在法律得到遵守和实施的国度里获得实现的机会。一个法律不再起保护作用的国家，也不再能够保障人权。"非法证据排除规则实际上是"两害相权取其轻"罢了。正如前美国大法官霍尔姆斯所言："罪犯逃脱法网与政府非法行为相比，罪孽要小得多。"

九、如何对待被告人的翻供和证人的翻证

[实践指导]

被告人翻供、证人翻证在庭审中时有发生，是控方比较担心的事，辩护人一般不怕被告人翻供，但是担心辩方证人翻证。有些证人翻证还会给辩护律师带来刑事追诉的危险。研究如何防止证人翻证是控辩双方共同的课题。鉴于目前刑事诉讼中，大量存在的言词证据，辩方的取证重点也主要是言词证据中的证人证言，其他证据如书证、物证辩方难以取得。为防止日后证人翻证，辩方可以采取以下防范措施：一是让证人自书证言，而不用调查笔录的方式，有人认为这种证人证言不具有证据的法定形式，不具有证据效力。笔者认为这种观点值得商榷。证人证言是言词证据的一种，至于是当面口述，还是以其他方式表现出来，只是表现形式不同而已。证言笔录或自书证言只是证言的载体不同而已，并不改变证言的法定形式。自书证言的好处是避免询问人、调查人的诱导或提示，以防证人日后翻证时将原因归结为辩护律师的引诱。二是在证人作证时引入公证程序，将证人作证过程中用公证程序固定下来。三是在证人作证时进行同期录音，以固定证言。上述三种方式是否能被控方取证时借鉴，值得研究。但现在侦查部门在对犯罪嫌疑人录口供时正越来越多地采取同步全程录音录像的做法值得倡导。这是防止被告人日后翻供和证明未刑讯逼供的好方法。为防止被告人庭上翻供，一些检察院正在进行一种新的尝试，即案件在审查起诉阶段，要求律师见证，当公诉人员对被告人进行讯问时，请律师对全程进行见证，笔者以为这也是个好方法。

当出现被告人翻供、证人翻证时，就存在一个是采信当庭供、证，还是采信庭前供、证的问题。《刑事诉讼法》第47条规定，证人证言必须在法庭上经过公诉人、被害人和被告人、辩护人双方讯问、质证，查证属实后才能作为定案依据。当出现庭前陈述与当庭陈述不一致时如何采信证人证言的问题，现行立法及司法解释均未作出规定。对于庭前供述与当庭供述孰优孰劣的问题，立法及司法解释同样未作出规定。遇到这种情形控辩双方往往各执一辞，皆因立场不同。从贯彻直接言词原则的要求来看，一般来讲，当庭供、证的效力应当优于庭前供、证。但这一原则也不是绝对的。证据的证明力主要取决其真实性，真实性程度越高，则其证明力越强，而不取决于是庭前还是当庭作出的。当庭供证与庭前供证的证明力主要取决它与其他证据相互印证与吻合。

十、刑事诉讼中的证明对象包括哪些

[法律依据]

最高人民法院《关于执行〈中华人民共和国刑事诉讼法〉若干问题的解释》的相关规定：

第五十二条　需要运用证据证明的案件事实包括：（一）被告人的身份；（二）被指控的犯罪行为是否存在；（三）被指控的行为是否为被告人所实施；（四）被告人有无罪过，行为的动机、目的；（五）实施行为的时间、地点、手段、后果以及其他情节；（六）被告人的责任以及与其他同案人的关系；（七）被告人的行为是否构成犯罪，有无法定或者酌定从重、从轻、减轻处罚以及免除处罚的情节；（八）其他与定罪量刑有关的事实。

[实践指导]

刑事诉讼证明对象是指公安司法机关的专门人员以及当事人和其他诉讼参与人在刑事诉讼中必须用证据加以证明的各种案件事实，又称为"待证事实"。对于司法机关来说，只有明确证明对象，才能依法收集足够的相关证据，准确、及时地查明案件事实；对于当事人来说，只有明确了证明对象，才能集中力量提供证据，实现自己的诉讼主张。

从理论上讲，刑事诉讼证明对象可以分为实体法方面的事实和程序法方面的事实两大类：

第一，实体法方面的事实

1. 有关犯罪构成要件方面的事实。《刑事诉讼法》第43条规定：审判人员、检察人员、侦查人员必须依照法定程序，收集能够证实犯罪嫌疑人、被告人有罪或者无罪、犯罪情节轻重的各种证据。这一规定中的"犯罪嫌疑人、被告人有罪或者无罪、犯罪情节轻重"就是刑事诉讼的主要证明对象。具体体现为刑法所规定的犯罪客体、犯罪主体、犯罪的客观方面和犯罪的主观方面等有关犯罪构成要件的事实内容。将以上内容进一步具体化，可以分为：（1）犯罪事实是否发生；（2）犯罪行为是否为犯罪嫌疑人、被告人所实施；（3）犯罪行为的实施过程，包括犯罪的时间、地点、手段、方法等；（4）犯罪造成的危害后果，包括危害后果与犯罪行为之间有无因果关系；（5）犯罪嫌疑人、被告人是否达到刑事责任年龄，有无刑事责任能力；（6）犯罪嫌疑人、被告人犯罪的主观罪过，包括故意和过失以及犯罪动机和目的等；（7）犯罪嫌疑人、被告人的犯罪行为依法应否追究刑事责任。诉讼理论界将上述需要证明的犯罪构成要件的事实概括为"七何"要素，即何人；何事；何时；何地；何方（法）；何因；何果。准确查明这七个方面的案件事实，对于正确认定罪与非罪、此罪与彼罪、重罪与轻罪具有重要意义。

在查明刑事法律规定的有关犯罪构成要件事实的时候，还要注意查明排除行为违法性、排除行为可罚性和排除行为人刑事责任的事实。排除行为违法性的事实主要是指正当防卫和紧急避险等。排除行为可罚性的事实主要是指《刑事诉讼法》第15条规定的情形。排除行为人刑事责任的事实主要是指行为人因不到刑事责任年龄而无刑事责任能力，或者行为人处于不能辨认、控制其行为的精神病发作期而依法不负刑事责任的事实，等等。

2. 作为从重或者从轻、减轻、免除刑事处罚的事实。法定从重处罚的事实有主犯、累犯、奸淫不满14周岁幼女的、国家工作人员利用职务便利走私的，等等；应当或者可以从轻、减轻或者免除处罚理由的事实有未遂犯、中止犯、从犯、胁从犯、犯罪后自首，等等。查明有无从重或者从轻、减轻、免除处罚的情节，这对正确量刑、罪当其罚有重要意义。

3. 犯罪嫌疑人、被告人的个人情况和犯罪后的表现。犯罪嫌疑人、被告人的个人情况包括姓名、性别、年龄、籍贯、家庭出身、本人成分、文化程度、民族、职业、住址、工作经历、是否受过刑事处罚或者其他处分，一贯表现，等等。犯罪嫌疑人、被告人犯罪后的表现主要是指犯罪后是否有自首、坦白或者立功等悔改表现，或者是否有逃跑、毁灭证据、串供等情形。这些情况虽然与是否构成犯罪无关或者无直接关系，但与量刑有关系，所以也是刑事诉讼证明需要查清的事实。

第二，程序法方面的事实

这是指刑事诉讼中具有程序意义的事实。如果诉讼中有违反程序法的事实发生，就会影响实体问题的查清乃至处理。所以，程序法方面的某些事实也是刑事诉讼证明中的证明对象。当然，程序法事实的证明不需要像实体法事实那样的严格证明。刑事诉讼证明中需要证明的程序法方面的事实主要有：（1）关于回避的事实；（2）影响采取某种强制措施的事实；（3）关于耽误期限是否有不能抗拒的原因等事实；（4）违反法定程序的事实。

运用证据证明案件事实中的"证据"本身就是经查证核实的事实，否则就不是刑事诉讼意义上的证据，所以，证据不应当成为刑事诉讼证明的对象。

十一、刑事诉讼中无需证明的案件事实有哪些

[法律依据]

最高人民检察院《人民检察院刑事诉讼规则》的相关规定：

第三百三十四条 在法庭审理中，下列事实不必提出证据进行证明：（一）为一般人共同知晓的常识性事实；（二）人民法院生效裁判所确认的并且未依审判监督程序重新审理的事实；（三）法律、法规的内容以及适用等属于审判人员履行职务所应当知晓的事实；（四）在法庭审理中不存在异议的程序事实；（五）法律规定的推定事实。

[实践指导]

关于免证事实，我国《刑事诉讼法》目前尚无这方面的规定，但在司法实践中也常遇到类似情况，司法实践中，有些问题是无须证明的确凿事实，因而司法机关就不必为证明这些问题去浪费时间和精力。在有些国家的诉讼中，对于无须证明的事实作了明确规定，有些国家虽无这方面的明确规定，但在司法实践中已形成了某些惯例，通常可以按照习惯的做法来加以确认。

由于不需要证明的事实司法机关可以直接确认，因此，对其限制是很严格的，从各国的司法实践看，下列事实不需使用证据加以证明即可直接确认。

第一，众所周知的事实及自然规律和科学定理。关于"众所周知"各国标准并不一样。英美法系国家以一般人知晓为标准，大陆法系国家以法院知晓为标准。比较来说，一般人知晓者，法院也能知晓，而法院知晓者，一般人未必知晓。因此，一般人都知晓作为"众所周知"的标准。科学原理和生活经验所确认的事实也属于"众所周知"的事实范围。

第二，司法人员职务上熟知的事实。所谓"司法人员职务上熟知的事实"是指国家的法律、法规和规章制度，政府各部门的设置及某些政策、措施等。凡属于此类事实，当事人可以不举证，一般可由办案人员直接加以"认知"。但也有例外，如对于外国法律、国际条约、地方性法规和各地的风俗习惯等并非司法人员熟知的事项，就不能作为无需证明的事实。

第三，预决的事实。预决的事实是指已经由人民法院生效判决所确定的事实。如在附带民事诉讼中，刑事判决部分对其后处理民事赔偿问题就产生预决的效力，而不必再对被告人的行为是否侵权，责任大小之类的事项加以证明。必须指出的是：刑事诉讼中的这种预决的事实，仅存在于人民法院的两个判决之间，而其他机关所认定的事实，对于人民法院的审判活动则是没有预决效力的。

第四，推定的事实。所谓推定，是指根据某一事实（基础事实）的存在而作出的另一事实（推定事实）存在的假定。推定根据有无法律规定进行划分，可以分为法律上的推定和事实上的推定。法律上的推定是指根据法律的明确规定，事实认定者在特定基础事实被证实时，不存在其他相反证据时，必须作出的法律规定的推定事实成立的推断；事实推定是指事实认定者有权依据已知事实，根据经验规则进行逻辑上的演绎，从而得出待证事实是否存在及其真伪的结论。由于法律不可能预先将所有应当适用推定的情形全部加以列举，故事实上的推定显然是十分必要的，并能促进司法人员发挥主观能动性。

十二、刑事诉讼证明责任是如何分担的

[法律依据]

《刑事诉讼法》的相关规定：

第四十三条 审判人员、检察人员、侦查人员必须依照法定程序，收集能够证实犯罪嫌疑人、被告人有罪或者无罪、犯罪情节轻重的各种证据。严禁刑讯逼供和以威胁、引诱、欺骗以及其他非法的方法收集证据。必须保证一切与案件有关或者了解案情的公民，有客观地充分地提供证据的条件，除特殊情况外，并且可以吸收他们协助调查。

[实践指导]

我国刑事诉讼中的证明责任，是指控方应当承担收集证据，提供证据，证明案件事实的法律责任。我国刑事诉讼证明责任的分担，具体表现为以下几个方面：

第一，证明犯罪嫌疑人、被告人有罪的责任，由在刑事诉讼中执行控诉职能的国家专门机关承担，即由人民检察院和公安机关等承担。《刑事诉讼法》第43条规定表明，公安机关、人民检察院和人民法院在刑事诉讼中分别行使侦查权、检察权和审判权，承担依法收集证据、提供证据、认定证据的职责和义务。证明责任与公安和人民检察院承担的法律职责、义务相联系。

第二，自诉案件的自诉人应当对其控诉承担证明责任。我国《刑事诉讼法》第171条规定：人民法院对于自诉案件进行审查后，按照下列情形分别处理：（1）犯罪事实清楚，有足够证据的案件，应当开庭审判；（2）缺乏罪证的自诉案件，如果自诉人提不出补充证据，应当说服自诉人撤回自诉，或者裁定驳回。自诉人在自诉案件中，处于原告的地位，独立地承担控诉职能，对自己提出的控诉主张依法应当承担证明责任。

第三，犯罪嫌疑人、被告人一般情况下不承担证明自己无罪的责任，但犯罪嫌疑人、被告人对侦查人员的提问应当如实陈述。

第四，在例外情况下，犯罪嫌疑人、被告人应当承担证明责任。这一例外情况主要是指《刑法》第395条第1款的规定。依据该款规定，国家工作人员的财产或者支出明显超过合法收入，差额巨大的，可以责令其说明来源。本人不能说明其来源是合法的，差额部分以非法

所得论，处五年以下有期徒刑或者拘役，财产的差额部分予以追缴。也就是说，对于巨额财产来源不明罪，犯罪嫌疑人负有说明其明显超过合法收入的那部分财产的来源的责任，如果不能说明来源是合法的，则以巨额财产来源不明罪论处。这是典型的证明责任倒置，是犯罪嫌疑人、被告人不承担证明自己无罪责任的一个例外。但是，证明国家工作人员的财产或者支出明显超过合法收入并差额巨大这一事实存在的责任，仍然由司法机关承担。

十三、人民法院是否承担证明责任

[实践指导]

我国《刑事诉讼法》规定人民法院有权收集证据，人民法院在法庭审理过程中，合议庭对证据有疑问的，可以宣布休庭，对证据进行调查核实。人民法院调查核实证据，可以进行勘验、检查、扣押、鉴定和查询、冻结。最高人民法院的司法解释规定，人民法院依法向有关单位和个人收集、调取、调查、核实证据，认为必要时，可以通知检察人员、辩护人到场。人民法院向有关单位收集、调取的书面证据材料，必须由提供人署名，并加盖单位印章；人民法院向个人收集、调取的书面证据材料，必须由本人确认无误后签名或者盖章。人民法院对公诉案件依法调查、核实证据时，发现对认定案件事实有重要作用的新的证据材料，应当告知检察人员和辩护人。必要时，也可以直接提取，复制后移送检察人员和辩护人。对鉴定结论有疑问的，人民法院可以指派或者聘请有专门知识的人或者鉴定机构，对案件中的某些专门性问题进行补充鉴定或者重新鉴定，等等。据此，有人认为，人民法院是有证明责任的。

笔者认为，这种观点是错误的，在诉讼中，法院承担审查判断证据的责任，有时也要在法庭中宣读、出示证据，甚至主动依职权收集证据，法院进行上述活动并不属于履行证明活动的行为，而属于履行法律赋予的审理职责的行为。法院的上述职责是基于审判权产生的，目的在于准确认定案情，作出正确的裁判。

法院不承担证明责任的原因在于：证明责任制度是为了解决在审判过程中，当事实出现争议或者真伪不明时由谁承担提出证据的责任，以及当不能提出证据或者不能提出足够的证据时由谁承担败诉等不利后果而产生的制度。由此确定的原则为"谁主张，谁证明"。在诉讼中，法院没有自己的诉讼主张，它只对诉讼两造的诉讼主张进行裁判，人民法院不能自己提出证明主张（一般表现为有罪控告），然后对自己的证明主张进行证明判决，否则就是"自己作了自己的裁判者"，因此法院不具备承担证明责任的前提条件。法院在诉讼中也不承担败诉等风险，否则是与法院作为中立裁判者的诉讼角色相冲突的。

总之，无论在公诉还是自诉案件中，人民法院都不应承担证明责任，否则是与法院居中裁判的地位和职责相矛盾的，所以，不能把法院依职权调查取证、审查判断证据、在法庭上宣读出示证据与履行证明责任混为一谈。

十四、刑讯逼供的证明责任应由谁承担

[实践指导]

我国理论界和实务界对刑讯逼供之证明责任问题的三种观点。第一种观点认为，刑讯逼供是辩方提出的一种积极抗辩，根据"谁主张，谁举证"的原则，证明责任当然应在辩方；

第二种观点认为，为了遏制刑讯逼供，证明责任应由控方承担，如果控方不能证明不存在刑讯逼供，就可以认为刑讯逼供成立，这样可以给人一种警示的效果；第三种观点认为，在我国现实的司法环境中，无论是由辩方还是由控方证明是否存在刑讯逼供，都会遇到很大的困难，因此法庭应当依据职权实事求是地查明真相。

笔者认为，判断刑讯逼供问题应该如何分配证明责任，要注意区分行为意义上的证明责任与结果意义上的证明责任。前者是指对刑讯逼供事实向法庭提供证据的责任，后者是指在刑讯逼供查不清楚时由谁承担不利后果的责任。这是两种紧密联系而又有所区别的法律责任。

就行为责任而言，显然是由控辩双方分担的，任一方都不可能回避这种责任。

首先，被告人如果在法庭上提出了侦查人员或者公诉人员刑讯逼供的说法，并以此作为抗辩理由的，那他就应该提出具体证明，比如说目前身上有伤或者同监舍的人能证明等。根据"谁主张，谁举证"的诉讼原则，凡被告人或辩护人提出刑讯逼供问题的，不可能不管有无任何根据，法庭都要停止开庭而审查这件事，控方都要就此举证。否则，势必增加审判机关和公诉机关的工作负担，降低诉讼效率。其次，如果辩护意见拿出了一定的事实根据，那么控方就应当补充侦查，查清事实真相进行举证。当前司法实践中，有的法庭一遇到辩方提出刑讯逼供问题就加以制止，有的公诉人仅仅让预审人员草草写一个没有刑讯逼供的书面材料了事，这些做法都是有欠妥当的。

而就结果责任而言，确实有一个由控辩哪一方承担的问题。也就是说，当法庭查不清楚侦查过程中是否存在严重刑讯逼供时，应该如何裁判。这需要考虑结果责任的分配原理和举证的便利条件等因素。在刑事诉讼中，刑讯逼供的受害人一般都是刑事案件的嫌疑人或被告人，他们在刑讯期间处于失去自由和孤立无援的境地，而且往往在相当长的一段时间内既无法取证也无法举证。当事情过后他们具有取证和举证的能力时，又因为时过境迁，难以再拿到充分的证据。即使由检察官或法官介入调查，也由于目击人或知情人多为警察，取证困难重重。与之相反，刑讯逼供的被控方了解当时的情况，处于举证的便利位置，让其承担结果责任也有利于查明事实真相。因此，绝大多数国家的立法或司法判例都规定，在犯罪侦查过程中警察是否有刑讯逼供行为的问题上，由控方承担结果责任。虽然我国法律还没有就此作出明确规定，但这无疑也是相对合理的选择。

此外，法律明确规定由控方对刑讯逼供的指控承担证明责任，可以对侦查人员等形成更为有力的行为约束力量。面对难以规避的刑罚，侦查人员等在讯问等活动中就必须小心谨慎，必须准备好证明未进行刑讯逼供的证据。

诚然，为落实这种证明责任分配机制，我国还需要为侦查人员执法提供配套性的保障措施。例如，引入办案人员讯问时的律师在场制度，或者实行讯问时全程录音录像制度，或者将我国现在的看守所从公安机关分离出去，或者实行讯问人员直接出庭作证的制度，等等。只有这些制度建立起来，我国才可能真正实现刑讯逼供的结果责任由控方承担的机制。可喜的是，国内有些地方已经开始了相关的改革。

十五、如何理解刑事诉讼的证明标准

[法律依据]

1. 《刑事诉讼法》的相关规定：

第一百二十九条 公安机关侦查终结的案件，应当做到犯罪事实清楚，证据确实、充分，并且写出起诉意见书,连同案卷材料、证据一并移送同级人民检察院审查决定。

第一百四十一条 人民检察院认为犯罪嫌疑人的犯罪事实已经查清,证据确实、充分,依法应当追究刑事责任的,应当作出起诉决定,按照审判管辖的规定,向人民法院提起公诉。

第一百六十二条 在被告人最后陈述后,审判长宣布休庭,合议庭进行评议,根据已经查明的事实、证据和有关的法律规定,分别作出以下判决:(一)案件事实清楚,证据确实、充分,依据法律认定被告人有罪的,应当作出有罪判决;(二)依据法律认定被告人无罪的,应当作出无罪判决;(三)证据不足,不能认定被告人有罪的,应当作出证据不足、指控的犯罪不能成立的无罪判决。

2. 公安部《公安机关办理刑事案件程序规定》的相关规定:

第二百六十四条 对于犯罪事实清楚,证据确实、充分,犯罪性质和罪名认定正确,法律手续完备,依法应当追究刑事责任的案件,应当制作《起诉意见书》,经县级以上公安机关负责人批准后,连同案卷材料、证据,一并移送同级人民检察院审查决定。

3. 最高人民检察院《人民检察院刑事诉讼规则》的相关规定:

第二百七十九条 人民检察院对案件进行审查后,认为犯罪嫌疑人的犯罪事实已经查清,证据确实、充分,依法应当追究刑事责任的,应当作出起诉决定。

具有下列情形之一的,可以确认犯罪事实已经查清:(一)属于单一罪行的案件,查清的事实足以定罪量刑或者与定罪量刑有关的事实已经查清,不影响定罪量刑的事实无法查清的;(二)属于数个罪行的案件,部分罪行已经查清并符合起诉条件,其他罪行无法查清的;(三)无法查清作案工具、赃物去向,但有其他证据足以对被告人定罪量刑的;(四)证人证言、犯罪嫌疑人供述和辩解、被害人陈述的内容中主要情节一致,只有个别情节不一致且不影响定罪的。

对于符合第(二)项情形的,应当以已经查清的罪行起诉。

4. 最高人民法院《关于执行〈中华人民共和国刑事诉讼法〉若干问题的解释》的相关规定:

第一百七十六条 人民法院应当根据案件的具体情形,分别作出裁判:(一)起诉指控的事实清楚,证据确实、充分,依据法律认定被告人的罪名成立的,应当作出有罪判决;(二)起诉指控的事实清楚,证据确实、充分,指控的罪名与人民法院审理认定的罪名不一致的,应当作出有罪判决;(三)案件事实清楚,证据确实、充分,依据法律认定被告人无罪的,应当判决宣告被告人无罪;(四)证据不足,不能认定被告人有罪的,应当以证据不足,指控的犯罪不能成立,判决宣告被告人无罪;(五)案件事实部分清楚,证据确实、充分的,应当依法作出有罪或者无罪的判决;事实不清,证据不足部分,依法不予认定;(六)被告人因不满十六周岁,不予刑事处罚的,应当判决宣告被告人不负刑事责任;(七)被告人是精神病人,在不能辨认或者不能控制自己行为的时候造成危害结果,不予刑事处罚的,应当判决宣告被告人不负刑事责任;(八)犯罪已过追诉时效期限,并且不是必须追诉或者经特赦令免除刑罚的,应当裁定终止审理;(九)被告人死亡的,应当裁定终止审理;对于根据已查明的案件事实和认定的证据材料,能够确认被告人无罪的,应当判决宣告被告人无罪。

[实践指导]

刑事诉讼中的证明标准,又叫证明要求,是指法律要求公安司法人员运用证据证明案件事实所要达到的程度。我国刑事诉讼的证明标准是:案件事实清楚,证据确实、充分。在历史上曾有过"神示真实"、"形式真实"或"法定真实"的证明要求。在现代,大陆法系国家实行自由心证的证据制度,是以法官的"内心确信"作为证明标准的;英美法系国家则以"排除合理怀疑"作为证明标准。

所谓案件事实清楚,是指凡与定罪量刑有关的事实和情节,都必须清楚的、真实的。具体讲就是作为构成案件事实的"七何"要素,即何人、在何时、何地、基于何种动机、使用何种手段、实施了何种犯罪行为、造成了何种危害后果等,或者作为犯罪构成的四个要件的事实,必须查清。至于那些不影响对被告人定罪量刑的细枝末节,则没有必要要求都搞清楚。

所谓证据确实,是指所有证据都必须经过查证属实,具有真实性和证明力。证据确实是对定案证据的质的要求:一是据以定案的单个证据必须经查证属实;二是单个证据与案件事实之间,必须存在客观联系。

所谓证据充分,是对定案证据的量的要求,是指经查证属实的证据在数量上必须符合法律关于定罪的要求。其含义体现在:(1)案件事实均有相应的证据予以证明;(2)证据之间、证据与案件事实之间的矛盾得到合理排除;(3)全案证据得出的结论是唯一的,排除了其他可能性。

在刑事诉讼的各个阶段对诉讼证明的要求是不同的。在立案阶段,只要求确定是否有犯罪事实发生并需要追究刑事责任。在需要逮捕犯罪嫌疑人时,要求有证据证明有犯罪事实,可能判处有期徒刑以上刑罚,采取取保候审、监视居住等方法尚不足以防止发生社会危害性而有逮捕必要。当侦查终结后,无论是人民检察院提起公诉,还是人民法院作出有罪判决,都必须符合犯罪事实清楚,证据确实、充分的证明要求。所以说,随着诉讼活动的进行,办案人员对案件事实的认识不断深化,法律对证明的要求也相应提高,直至达到定案时的最高标准。

在司法实践中,有时由于条件限制以及各种主、客观原因,再加上法律明确规定了诉讼期限限制,诉讼会出现证明不能的状态。证明不能有两种情况:一是没有证据,或者虽有证据,但这些证据被证明为虚假、不具有证据能力而被排除,从而无法进行证明;二是有一些证据证明被追诉人有犯罪嫌疑,但案内证据没有达到法定的证明标准,从而出现既不能证实被追诉人有罪,也不能排除其有罪的状态。这就是所谓的"疑罪"案件。当然这是极少数情况,但毕竟是客观存在的。我国《刑事诉讼法》第12条确立的未经人民法院依法判决,对任何人都不得确定有罪的原则体现了无罪推定原则的精神。《刑事诉讼法》第140条规定,对于补充侦查的案件,人民检察院仍然认为证据不足,不符合起诉条件的,可以作出不起诉的决定。并且补充侦查以两次为限。《刑事诉讼法》第162条第(3)项规定,人民法院在审判阶段,经过法庭审理,合议庭对证据不足,不能认定被告人有罪的,应当作出证据不足、指控的犯罪不能成立的无罪判决。这就在法律上明确规定了"疑罪从无"的原则。

第六章 强制措施

一、拘传和刑事传唤有何区别

[法律依据]

1. 《刑事诉讼法》的相关规定：

第五十条 人民法院、人民检察院和公安机关根据案件情况，对犯罪嫌疑人、被告人可以拘传、取保候审或者监视居住。

第九十二条第一款 对于不需要逮捕、拘留的犯罪嫌疑人，可以传唤到犯罪嫌疑人所在市、县内的指定地点或者到他的住处进行讯问，但是应当出示人民检察院或者公安机关的证明文件。

2. 最高人民检察院公布的《人民检察院刑事诉讼规则》的相关规定：

第三十三条第一款 拘传时，应当向被拘传的犯罪嫌疑人出示拘传证。对抗拒拘传的，可以使用戒具，强制到案。

3. 最高人民法院《关于执行〈中华人民共和国刑事诉讼法〉若干问题的解释》的相关规定：

第六十四条第三款 拘传被告人时，应当出示拘传票。对抗拒拘传的，可以使用戒具。

4. 公安部《公安机关办理刑事案件程序规定》的相关规定：

第一百三十三条 对犯罪嫌疑人执行拘传、拘留、逮捕、押解过程中，可以依法使用约束性警械。

办理未成年人犯罪案件不得使用警械，但确有行凶、逃跑、自杀、自伤、自残等现实危险的除外。

第一百七十三条 公安机关对于不需要拘留、逮捕的犯罪嫌疑人，经县级以上公安机关负责人批准，可以传唤到犯罪嫌疑人所在市、县内的指定地点或者到他的住处进行讯问。

第一百七十四条 传唤犯罪嫌疑人时，应当出示《传唤通知书》和侦查人员的工作证件，并责令其在《传唤通知书》上签名（盖章）、捺指印。

犯罪嫌疑人到案后，应当由其在《传唤通知书》上填写到案时间。讯问结束时，应当由其在《传唤通知书》上填写讯问结束时间。拒绝填写的，侦查人员应当在《传唤通知书》上注明。

第一百七十五条 传唤持续的时间不得超过十二小时。不得以连续传唤的形式变相拘禁犯罪嫌疑人。

需要对被传唤人采取强制措施的，应当在传唤期间内作出批准或者不批准的决定；对于不批准的，应当立即结束传唤。

[实践指导]

刑事诉讼中的传唤包括诉讼传唤和侦查传唤。诉讼传唤是指在审判阶段，人民法院要求诉讼当事人或其他诉讼参与人到庭接受询问或讯问，参加法庭审理的一种措施。在刑事诉讼中，诉讼传唤是指人民法院在审理刑事案件过程中对自诉人、被告人、附带民事诉讼原告人和被告人以及证人的传唤。它与拘传的区别比较明显：

第一，适用主体不同。公安机关、人民检察院、人民法院在刑事诉讼中都可以适用拘传，诉讼传唤只能由人民法院适用。

第二，适用对象不同。拘传作为一种强制措施只能适用于犯罪嫌疑人、被告人，而诉讼传唤可以适用于当事人和其他诉讼参与人。

第三，是否具有强制性不同。拘传具有强制性，诉讼传唤不具有强制性。

侦查传唤是指侦查机关命令不需要逮捕、拘留的犯罪嫌疑人在指定的时间到达指定的地点，接受讯问的刑事侦查措施。刑事诉讼法对侦查传唤作了比较详细的规定，从这些规定中我们可以看出，侦查传唤和拘传在讯问时间、讯问地点、不得连续适用的要求、执行的主要程序等方面都是相同的，但二者是两种完全不同的诉讼行为，必须区分开来。拘传和侦查传唤的本质区别在于是否具有强制性。拘传作为一种强制措施具有强制性，对抗拒拘传的犯罪嫌疑人、被告人可以使用约束性警械。侦查传唤不具有强制性，只是要求犯罪嫌疑人自行按照通知到指定地点接受讯问，因此，不能使用《传唤通知书》强制犯罪嫌疑人到案，也不能对传唤对象使用约束性警械，对《传唤通知书》不能适用留置送达，在传唤进行的过程当中，犯罪嫌疑人要求离开讯问地点的，必须结束传唤。但是，如果经合法传唤，犯罪嫌疑人无正当理由拒不到案可以对其适用拘传。

二、拘传是否以传唤为前提

[法律依据]

1. **最高人民检察院《人民检察院刑事诉讼规则》的相关规定：**

第三十二条第一款　人民检察院根据案件情况，对犯罪嫌疑人可以拘传。

2. **最高人民法院《关于执行〈中华人民共和国刑事诉讼法〉若干问题的解释》的相关规定：**

第六十四条第一款　对经过依法传唤，无正当理由拒不到庭，或者根据案件情况有必要拘传的被告人，可以拘传。

3. **公安部《公安机关办理刑事案件程序规定》的相关规定：**

第六十条第一款　公安机关根据案件情况对需要拘传的犯罪嫌疑人，或者经过传唤没有正当理由不到案的犯罪嫌疑人，可以拘传到其所在市、县内的指定地点进行讯问。

4. **最高人民检察院《关于检察机关侦查工作贯彻刑事诉讼法若干问题的意见》的相关规定：**

二、关于正确理解和运用强制措施：……法律对适用拘传的条件未作具体规定，根据侦查工作的需要，拘传既可以在传唤不到的情况下使用，也可以不经传唤直接使用。……

六、关于法纪案件侦查工作中的几个问题：（二）关于强制措施的几个特殊问题

1. 关于拘传：一般而言，法纪案件犯罪嫌疑人主观恶性较小，对自己的行为造成的危害

后果也有一定的认识,应采取传唤的方式进行讯问,不直接拘传。对犯罪嫌疑人,经合法传唤仍不到案的再采取拘传措施。

[实践指导]

在刑事诉讼中,拘传并不以传唤为前提。公安机关、人民检察院、人民法院可以对经过合法传唤后无正当理由拒不到案的犯罪嫌疑人、被告人适用拘传,也可以不经传唤直接对犯罪嫌疑人、被告人适用拘传。这与民事诉讼中的拘传不同,民事诉讼中的拘传必须以经过合法传唤,无正当理由拒不到案为前提,但刑事诉讼中的拘传对象的人身危险性远远大于民事诉讼中拘传对象的人身危险性,如果拘传一律以传唤为前提,在有些情况下可能导致犯罪嫌疑人、被告人逃跑或者隐匿证据或者串供,不利于保证刑事诉讼的顺利进行。因此,公安机关、人民检察院和人民法院应当结合案件的实际情况,综合考量是对犯罪嫌疑人、被告人先传唤还是直接拘传。但对法纪案件而言,一般情况下应当适用传唤,在无正当理由拒不到案时再适用拘传。

三、继续盘问和拘传是否可以针对同一对象连续适用

[法律依据]

1. 公安部《公安机关办理刑事案件程序规定》的相关规定:

第一百三十二条 对被留置盘问的犯罪嫌疑人需要拘留、逮捕、取保候审或者监视居住的,应当在留置期间内办理法律手续。

2.《中华人民共和国人民警察法》的相关规定:

第九条第一款 为维护社会治安秩序,公安机关的人民警察对有违法犯罪嫌疑的人员,经出示相应证件,可以当场盘问、检查;经盘问、检查,有下列情形之一的,可以将其带到公安机关,经公安机关批准,对其继续盘问:(1)被指控有犯罪行为的;(2)有现场作案嫌疑的;(3)有作案嫌疑身份不明的;(4)携带的物品有可能是赃物的。

3. 公安部《公安机关适用继续盘问规定》的相关规定:

第八条 对有违法犯罪嫌疑的人员当场盘问、检查后,不能排除其违法犯罪嫌疑,且具有下列情形之一的,人民警察可以将其带至公安机关继续盘问:(一)被害人、证人控告或者指认其有犯罪行为的;(二)有正在实施违反治安管理或者犯罪行为嫌疑的;(三)有违反治安管理或者犯罪嫌疑且身份不明的;(四)携带的物品可能是违反治安管理或者犯罪的赃物的。

第十一条第一款 继续盘问的时限一般为十二小时;对在十二小时以内确实难以证实或者排除其违法犯罪嫌疑的,可以延长至二十四小时;对不讲真实姓名、住址、身份,且在二十四小时以内仍不能证实或者排除其违法犯罪嫌疑的,可以延长至四十八小时。

[实践指导]

继续盘问(即原来的留置或留置盘问)是指公安机关的人民警察对经当场盘问检查后,仍然具有重大嫌疑的人采取的要求其到公安机关进一步接受盘问检查的一种行政强制措施。由于继续盘问的适用对象是有违法、犯罪嫌疑的人,就有可能对盘问对象进行盘问后发现其涉嫌刑事案件而对其采取强制措施的情况。实践中也存在着由于办案机关认为拘传时间太短

而先适用继续盘问,在继续盘问结束后连续适用拘传,以延长讯问时间。那么,对同一犯罪嫌疑人可否连续适用继续盘问和拘传呢?笔者认为不可以。因为拘传适用的目的是强制犯罪嫌疑人到案,因此其适用的前提是犯罪嫌疑人没有到案,对同一对象已经适用了继续盘问说明其已经到案,因此不能对其再适用拘传。《公安机关办理刑事案件程序规定》第132条的规定也只允许在继续盘问之后可以对犯罪嫌疑人适用取保候审、监视居住、拘留和逮捕,而没有规定可以适用拘传。

基于同样的理由,对同一犯罪嫌疑人也不能够连续适用刑事传唤和拘传,实践中将二者连续适用以增加讯问时间的做法是错误的。

四、一次拘传最长不得超过多长时间

[法律依据]

1. 《刑事诉讼法》的相关规定:

第九十二条第二款 传唤、拘传持续的时间最长不得超过十二小时。不得以连续传唤、拘传的形式变相拘禁犯罪嫌疑人。

2. 最高人民检察院《人民检察院刑事诉讼规则》的相关规定:

第三十四条 拘传持续的时间从犯罪嫌疑人到案时开始计算。犯罪嫌疑人到案后,应当责令其在《拘传证》上填写到案时间,并在拘传证上签名或者盖章,然后立即讯问。讯问结束后,应当责令犯罪嫌疑人在拘传证上填写讯问结束时间。犯罪嫌疑人拒绝填写的,检察人员应当在《拘传证》上注明。

一次拘传持续的时间最长不得超过十二小时,不得以连续拘传的方式变相拘禁犯罪嫌疑人。

第三十六条 需要对被拘传的犯罪嫌疑人变更强制措施的,应当经检察长或者检察委员会决定,在拘传期限内办理变更手续。

在拘传期间内决定不采取其他强制措施的,拘传期限届满,应当结束拘传。

3. 最高人民法院《关于执行〈中华人民共和国刑事诉讼法〉若干问题的解释》的相关规定:

第六十五条 审判人员对被拘传的人,应当在拘传后的十二小时以内讯问完毕,不得以连续拘传的形式变相关押被拘传人。

4. 公安部《公安机关办理刑事案件程序规定》的相关规定:

第六十一条 公安机关拘传犯罪嫌疑人应当出示《拘传证》,并责令其在《拘传证》上签名(盖章)、捺指印。

犯罪嫌疑人到案后,应当责令其在《拘传证》上填写到案时间。讯问结束后,应当由其在《拘传证》上填写讯问结束时间。犯罪嫌疑人拒绝填写的,侦查人员应当在《拘传证》上注明。

第六十二条第一款 拘传持续的时间不得超过十二小时,不得以连续拘传的形式变相拘禁犯罪嫌疑人。

5. 最高人民检察院《关于检察机关侦查工作贯彻刑事诉讼法若干问题的意见》的相关规定:

二、关于正确理解和运用强制措施:……根据修改后的刑事诉讼法第九十二条第二款规定，拘传持续的时间最长不得超过十二小时。计算方法应从犯罪嫌疑人到案时起算，到案之前的路途时间不计算在内。……

[实践指导]

从相关法律规定中我们可以明确，对犯罪嫌疑人、被告人适用拘传的时间应当是12小时。需要注意的是关于拘传起止时间的计算。开始计算的时间应为到案时间。到案时间应理解为将被拘传人带至讯问地点的时间（注意不是从对被拘传人宣布适用拘传也不是从开始讯问时计算，这样一方面保证路途上的时间不计算在内，从而使公安机关、人民检察院和人民法院有充分的讯问时间，另一方面也防止不及时讯问而对被拘传人变相羁押）。结束的时间应为被拘传人可以自由离开讯问地点或变更为其他强制措施的时间，其中，变更为其他强制措施的呈报和审批时间应当计算在拘传期间之内。如此理解拘传期间既符合刑事诉讼法的立法精神，又能符合办案的实际需要。

五、两次拘传间隔的时间应当如何确定

[法律依据]

1. 《刑事诉讼法》的相关规定：

第九十二条第二款　传唤、拘传持续的时间最长不得超过十二小时。不得以连续传唤、拘传的形式变相拘禁犯罪嫌疑人。

2. 最高人民法院《关于执行〈中华人民共和国刑事诉讼法〉若干问题的解释》的相关规定：

第六十五条　审判人员对被拘传的人，应当在拘传后的十二小时以内讯问完毕，不得以连续拘传的形式变相关押被拘传人。

3. 公安部《公安机关办理刑事案件程序规定》的相关规定：

第六十二条第一款　拘传持续的时间不得超过十二小时，不得以连续拘传的形式变相拘禁犯罪嫌疑人。

[实践指导]

立法在明确了不得以连续拘传的方式变相羁押犯罪嫌疑人、被告人之后，对两次拘传间隔的时间却没有作出规定，而两次拘传间隔的时间又影响着是否连续拘传的认定。有人主张，应当在刑事诉讼法或相关司法解释中明确两次拘传的间隔时间，以增强拘传的可操作性。目前有一种观点，认为两次拘传的间隔时间不得少于12小时。笔者认为，拘传的间隔时间与其说是立法问题，倒不如说是实践性很强的司法问题。这个问题的解决要从法律设定拘传的目的、意义、对人身自由拘束的程度进行综合考量。刑事诉讼法之所以规定不得以连续拘传的方式变相拘禁犯罪嫌疑人、被告人，是针对实践中存在的以拘传为名的变相拘禁现象，因此，在确定两次拘传间隔的时间上，应当最终落实到"不得变相拘禁"这一落脚点上，同时，还要考虑到刑事侦查工作的实际需要。案件具体情况不同，如果对拘传的间隔时间作出简单的、机械的规定，反而不利于发挥拘传的功能。如第一次拘传犯罪嫌疑人后，侦查机关发现了新的线索需要对犯罪嫌疑人再次拘传，是否一定要等到12小时之后呢？显然没有必要。因此，实践中把握拘传的间隔时间应当视案件的具体情况而定，只要不是不间断的拘传，并且保证

被拘传人必要的休息、饮食时间，不搞疲劳讯问，就不是连续拘传。

六、如何确定拘传地点，异地拘传应当如何办理

[法律依据]

1. 最高人民检察院《人民检察院刑事诉讼规则》的相关规定：

第三十五条 人民检察院拘传犯罪嫌疑人，应当在犯罪嫌疑人所在市、县内的地点进行。

犯罪嫌疑人的工作单位、户籍地与居住地不在同一市、县的，拘传应当在犯罪嫌疑人的工作单位所在的市、县进行；特殊情况下，也可以在犯罪嫌疑人户籍地或者居住地所在的市、县内进行。

2. 最高人民检察院《关于检察机关侦查工作贯彻刑事诉讼法若干问题的意见》的相关规定：

二、关于正确理解和运用强制措施：……拘传后讯问的地点，按修改后的刑事诉讼法第九十二条第一款的规定，讯问犯罪嫌疑人可以在其所在市、县内的指定地点或者到他的住处进行，不得进行异地拘传。

3. 公安部《公安机关办理刑事案件程序规定》的相关规定：

第六十条第一款 公安机关根据案件情况对需要拘传的犯罪嫌疑人，或者经过传唤没有正当理由不到案的犯罪嫌疑人，可以拘传到其所在市、县内的指定地点进行讯问。

第三百零九条 对异地公安机关提出协助调查、执行强制措施等协作请求，只要法律手续完备，协作地公安机关就应当及时无条件予以配合，不得收取任何形式的费用。

第三百一十条 县级以上公安机关办理刑事案件需要异地公安机关协作的，应当制作办案协作函件。

负责协作的县级以上公安机关接到异地公安机关请求协作的函件后，应当指定主管业务部门办理。

第三百一十三条 异地执行传唤、拘传，执行人员应当持《传唤通知书》、《拘传证》、办案协作函件和工作证件，与协作地县级以上公安机关联系。协作地公安机关应当协助将犯罪嫌疑人传唤、拘传到本市、县内的指定地点或者到犯罪嫌疑人的住处进行讯问。

[实践指导]

刑事诉讼法只规定了传唤的地点，未规定拘传的地点。《人民检察院刑事诉讼规则》和《公安机关办理刑事案件程序规定》将拘传的地点规定为被拘传人所在市、县的指定地点。根据《人民检察院刑事诉讼规则》的规定，被拘传人所在市、县是指犯罪嫌疑人的工作单位所在的市、县，犯罪嫌疑人的工作单位、户籍地与居住地不在同一市、县的，特殊情况下，拘传也可以在犯罪嫌疑人户籍地或者居住地所在的市、县内进行。所谓"指定地点"可以是办案机关的办公地点，也可以是被拘传人的居住地，还可以使其他的指定地点，但这一地点只能是被拘传人所在市、县内的指定地点，而不是办案机关所在地的指定地点，因此，严禁用拘传手续跨地区押解犯罪嫌疑人。如果需要到外地进行拘传，必须严格按照办案协作的有关规定办理，协作地的人民检察院和公安机关应当予以配合。

七、对犯罪嫌疑人、被告人进行拘传应遵守哪些程序，拘传后应如何处理

［法律依据］

1. 最高人民检察院《人民检察院刑事诉讼规则》的相关规定：

第三十二条 人民检察院根据案件情况，对犯罪嫌疑人可以拘传。拘传应当经检察长批准，签发拘传证。

第三十三条 拘传时，应当向被拘传的犯罪嫌疑人出示拘传证。对抗拒拘传的，可以使用戒具，强制到案。执行拘传的人员不得少于二人。

2. 最高人民法院《关于执行〈中华人民共和国刑事诉讼法〉若干问题的解释》的相关规定：

第六十三条 人民法院在审判过程中，根据案件情况，可以对被告人拘传、取保候审、监视居住或者决定逮捕。

合议庭或者独任审判员认为应当对被告人撤销或者变更强制措施的，应当报请院长批准。

第六十四条 对经过依法传唤，无正当理由拒不到庭，或者根据案件情况有必要拘传的被告人，可以拘传。

拘传由司法警察执行，执行人员不得少于二人。

拘传被告人时，应当出示拘传票。

3. 公安部《公安机关办理刑事案件程序规定》的相关规定：

第六十条第二款 需要拘传的，应当填写《呈请拘传报告书》，并附有关材料，报县级以上公安机关负责人批准。

第六十二条 拘传持续的时间不得超过十二小时，不得以连续拘传的形式变相拘禁犯罪嫌疑人。对抗拒拘传的，可以使用戒具。

需要对被拘传人变更为其他强制措施的，应当在拘传期间内作出批准或者不批准的决定；对于不批准的，应当立即结束拘传。

第一百三十三条 对犯罪嫌疑人执行拘传、拘留、逮捕、押解过程中，可以依法使用约束性警械。

办理未成年人犯罪案件不得使用警械，但确有行凶、逃跑、自杀、自伤、自残等现实危险的除外。

［实践指导］

关于拘传的执行需要注意的问题是：

第一，拘传应当由国家专门机关负责人批准方可执行，执行人员不得少于二人。

第二，拘传是刑事诉讼中的强制措施，因而具有强制性。对于抗拒拘传的犯罪嫌疑人、被告人，在抗拒拘传时可以使用约束性警械，但对办理未成年人犯罪案件时不得使用警械，除非确有行凶、逃跑、自杀、自伤、自残等现实危险等情况。

第三，将被拘传人带到指定地点之后必须立即进行讯问，在讯问结束后，或虽未结束但拘传时间已满，必须解除拘传或者变更为其他强制措施，变更为其他强制措施的呈请和批准的手续必须在期间届满之前完成。

八、取保候审有哪两种保证方式，在二者之间应如何进行选择

[法律依据]

1. 《刑事诉讼法》的相关规定：

第五十三条 人民法院、人民检察院和公安机关决定对犯罪嫌疑人、被告人取保候审，应当责令犯罪嫌疑人、被告人提出保证人或者交纳保证金。

2. 1998年1月19日公布的最高人民法院、最高人民检察院、公安部、国家安全部、司法部、全国人大常委会法制工作委员会《关于刑事诉讼法实施中若干问题的规定》的相关规定：

21. 刑事诉讼法第五十三条规定："对犯罪嫌疑人、被告人取保候审，应当责令犯罪嫌疑人、被告人提出保证人或者交纳保证金。"根据这一规定，不能要求同时提供保证人并交纳保证金。

3. 最高人民检察院《人民检察院刑事诉讼规则》的相关规定：

第四十一条 人民检察院决定对犯罪嫌疑人取保候审，应当责令犯罪嫌疑人提出保证人或者交纳保证金。

4. 最高人民法院《关于执行〈中华人民共和国刑事诉讼法〉若干问题的解释》的相关规定：

第六十九条 对符合取保候审条件，具有下列情形之一的被告人，人民法院决定取保候审时，可以责令其提供一至二名保证人：（一）无力交纳保证金的；（二）未成年人或者具有其他不宜收取保证金情形的。

第七十二条 对同一被告人决定取保候审的，不能同时使用保证人保证与保证金保证。

5. 公安部《公安机关办理刑事案件程序规定》的相关规定：

第六十七条 公安机关决定对犯罪嫌疑人取保候审的，应当责令犯罪嫌疑人提出保证人或者交纳保证金。

对同一犯罪嫌疑人，不得同时责令其提出保证人和交纳保证金。

6. 最高人民法院、最高人民检察院、公安部、国家安全部《关于取保候审若干问题的规定》的相关规定：

第四条 对犯罪嫌疑人、被告人决定取保候审的，应当责令其提出保证人或者交纳保证金。

对同一犯罪嫌疑人、被告人决定取保候审的，不得同时使用保证人保证和保证金保证。

[实践指导]

根据《刑事诉讼法》的规定，取保候审的保证方式有两种：保证人担保和保证金担保。保证人担保，也称人保，是国家专门机关依法责令犯罪嫌疑人、被告人提供保证人并出具保证书，保证其不逃避侦查、起诉、审判并随传随到的保证方式。这种保证方式的特点是以保证人的人格、名誉和信誉作担保，其得以建立的基础是保证人、被保证人与国家专门机关之间的相互信任。如果保证人尽到了义务，即使被保证人逃跑，也不得追究被保证人的责任。保证金担保又称财产保，是指国家专门机关依法责令犯罪嫌疑人、被告人交纳保证金，保证其在取保候审期间不逃避侦查、起诉、审判并随传随到的一种担保方式。保证金担保是1996年《刑事诉讼法》修改之后，借鉴国外体例新增加的一种担保方式。主要原因在于保证人担保约束程度有限，而社会主义市场经济体制的建立和完善，使人们的观念发生了重大的变化，

比较注重发挥经济在社会生活中的作用。财产保因为有较大的经济利益在驱动，可以促使犯罪嫌疑人、被告人自觉履行自己的义务，不妨碍侦查、起诉、审判工作的顺利进行。同时，也有利于解决由于犯罪嫌疑人、被告人因为一时难以找到保证人而在符合取保候审条件的情形下却无法适用取保候审的问题。

关于两种担保方式的选择，首先需要明确的是两种方式不可并用。刑事诉讼法的规定是"应当责令犯罪嫌疑人、被告人提出保证人或者交纳保证金"，法律用语是"或者"而不是"和"，可见二者是一种选择关系而非并列关系。而且，在后期颁布的相关司法解释中进一步明确了两种担保方式不可并用的精神。之所以作这样的规定，主要是考虑到取保候审毕竟是一项强制程度较弱的强制措施，不应当对被取保候审的犯罪嫌疑人、被告人施加太重的负担。

在两种强制措施不能同时适用的前提下，就涉及到如何选择适用的问题。刑事诉讼法未作规定，但从最高人民法院的司法解释的规定我们不难看出，其精神是在两种取保候审方式选择上应当优先选择保证金担保，在不能或不宜适用保证金担保时方考虑保证人担保。但这一规定毕竟是人民法院内部的解释，其他机关应当如何选择确定担保方式呢？笔者认为，最高人民法院司法解释中所体现的精神是值得肯定的。其原因在于：一方面，在现在市场经济条件下，金钱的担保力度要比单纯的人格、信誉担保力度大；另一方面，由于我国现行法律规定较为粗疏，保证人是否违反保证义务很难认定，对保证人处以罚款没有强制执行机制作保障，事实上保证人担保都很难发挥作用。因此，在两种担保方式的选择上，应当优先考虑保证金担保，在保证金担保不能或不宜适用时再考虑保证人担保。

九、被取保候审的犯罪嫌疑人、被告人违反规定应承担哪些法律后果

[法律依据]

1. 《刑事诉讼法》的相关规定：

第五十六条　被取保候审的犯罪嫌疑人、被告人应当遵守以下规定：（一）未经执行机关批准不得离开所居住的市、县；（二）在传讯的时候及时到案；（三）不得以任何形式干扰证人作证；（四）不得毁灭、伪造证据或者串供。

被取保候审的犯罪嫌疑人、被告人违反前款规定，已交纳保证金的，没收保证金，并且区别情形，责令犯罪嫌疑人、被告人具结悔过、重新交纳保证金、提出保证人或者监视居住、予以逮捕。犯罪嫌疑人、被告人在取保候审期间未违反前款规定的，取保候审结束的时候，应当退还保证金。

2. 最高人民检察院《人民检察院刑事诉讼规则》的相关规定：

第五十二条第一款　人民检察院对违反刑事诉讼法第五十六条规定的犯罪嫌疑人，已交纳保证金的，应当通知收取保证金的公安机关予以没收，并且根据案件的具体情况，责令犯罪嫌疑人具结悔过、重新交纳保证金、提出保证人或者监视居住、予以逮捕。

第五十三条　对下列违反取保候审规定的犯罪嫌疑人，应当予以逮捕：（一）企图自杀、逃跑、逃避侦查、审查起诉的；（二）实施毁灭、伪造证据或者串供、干扰证人作证行为，足以影响侦查、审查起诉工作正常进行的；（三）未经批准，擅自离开所居住的市、县，造成严重后果，或者两次未经批准，擅自离开所居住的市、县的；（四）经传讯不到案，造成严重后果，或者两次经传讯不到案的。

第五十四条　对在取保候审期间故意实施新的犯罪行为的犯罪嫌疑人，予以逮捕；已交纳保证金的，同时通知公安机关没收保证金。

3. 最高人民法院《关于执行〈中华人民共和国刑事诉讼法〉若干问题的解释》的相关规定：

第七十四条　被取保候审人违反刑事诉讼法第五十六条规定，被依法没收保证金后，人民法院仍决定对其取保候审的，取保候审的期限应当连续计算。

4. 公安部《公安机关办理刑事案件程序规定》的相关规定：

第七十八条　犯罪嫌疑人在取保候审期间违反有关规定的，公安机关应当根据其违法行为的情节，决定没收部分或者全部保证金，并且区别情形，责令其具结悔过、重新交纳保证金、提出保证人，或者变更为监视居住，或者提请人民检察院批准予以逮捕。

第一百三十七条　被取保候审、监视居住的犯罪嫌疑人，违反应当遵守的规定，尚未构成犯罪的，由公安机关依法给予治安管理处罚。

5. 《治安管理处罚法》的相关规定：

第六十条　有下列行为之一的，处五日以上十日以下拘留，并处二百元以上五百元以下罚款：（四）被依法执行管制、剥夺政治权利或者在缓刑、保外就医等监外执行中的罪犯或者被依法采取刑事强制措施的人，有违反法律、行政法规和国务院公安部门有关监督管理规定的行为。

[实践指导]

《刑事诉讼法》规定了被取保候审的犯罪嫌疑人、被告人在取保候审期间需要遵守的规定以及违反规定需要承担的法律后果。在对犯罪嫌疑人、被告人适用取保候审的时候，执行机关应当向其进行告知。具体来说，结合刑事诉讼法以及相关司法解释的规定，在将已交纳保证金的犯罪嫌疑人、被告人的保证金没收后，视犯罪嫌疑人、被告人违反规定的程度的不同，对被取保候审的犯罪嫌疑人、被告人适用不同的法律责任，具体包括责令具结悔过、重新提供保证人或交纳保证金、变更为监视居住和变更为逮捕。这里需要注意的问题是：

第一，保证金并非一律全部没收。实践中只要犯罪嫌疑人、被告人违反了取保候审的规定，执行机关就将保证金全部没收，而不考虑犯罪嫌疑人、被告人违反取保候审规定的程度，对比例性原则关注不足。对保证金的没收应根据具体情况决定全部没收或部分没收，而不应一律全部没收。

第二，责令犯罪嫌疑人、被告人重新提供保证人或交纳保证金后，取保候审的期间应当连续计算。之所以作出这样的规定，是因为责令犯罪嫌疑人、被告人重新提供保证人或交纳保证金已经是对违反规定的犯罪嫌疑人、被告人的惩罚，如果取保候审期间重新计算势必会进一步加重犯罪嫌疑人、被告人的负担，违背"一事不双罚"的基本法理。

第三，明确取保候审变更为逮捕的情形。变更为逮捕是对违反取保候审规定的犯罪嫌疑人、被告人设定的最严厉的法律后果，因此只适用于违反规定情节最严重的犯罪嫌疑人、被告人，对此必须依照司法解释，严格把握，以贯彻少捕的刑事政策。

第四，关于对违反取保候审规定的犯罪嫌疑人进行治安处罚。根据《公安机关办理刑事案件程序规定》和《治安管理处罚法》的相关规定，对违反规定但尚未构成犯罪的犯罪嫌疑人可以进行治安处罚，但是这一规定在实践中很少适用。其原因在于，一方面，进行治安处罚需要侦查部门和治安部门的沟通和协调，但是由于目前缺少操作规则，致使此种情形下沟通不畅，治安部门难以介入；另一方面，《治安管理处罚法》对被取保候审人违反规定至何种程度应当进行治安处罚没有规定，实践中无可遵循。实际上，刑事诉讼法所规定的违反规定的法律后果与违反规定的程度是相适应的，已经能够满足不同程度违反规定后追究法律责任的需要，在刑事诉讼法之外另行规定法律后果实属不必，反之将引起实践中的混乱。

十、对取保候审期间重新犯罪的犯罪嫌疑人、被告人是否可以没收保证金

[法律依据]

1. 最高人民检察院《人民检察院刑事诉讼规则》的相关规定：

第五十四条 对在取保候审期间故意实施新的犯罪行为的犯罪嫌疑人，予以逮捕；已交纳保证金的，同时通知公安机关没收保证金。

2. 最高人民法院、最高人民检察院、公安部、国家安全部《关于取保候审若干问题的规定》的相关规定：

第十二条 被取保候审人没有违反刑事诉讼法第五十六条的规定，但在取保候审期间涉嫌重新犯罪被司法机关立案侦查的，执行机关应当暂扣其交纳的保证金，待人民法院判决生效后，决定是否没收保证金。对故意重新犯罪的，应当没收保证金；对过失重新犯罪或者不构成犯罪的，应当退还保证金。

[实践指导]

《刑事诉讼法》第56条规定了被取保候审的犯罪嫌疑人、被告人应当遵守的规定以及违反规定的法律后果。但实践中存在着犯罪嫌疑人、被告人没有违反规定但重新犯罪的情形。对此应如何处理？有人认为在这种情况下不应没收保证金，因为犯罪嫌疑人、被告人并没有违反第56条的规定，没收保证金于法无据。笔者认为，这种情况下是否没收保证金应当考虑取保候审作为一种强制措施的适用目的。取保候审的适用目的有二：一是保障刑事诉讼的顺利进行，二是防止犯罪嫌疑人、被告人继续危害社会。对犯罪嫌疑人、被告人实施的妨碍刑事诉讼顺利进行的行为，可以没收保证金，对于其实施了继续危害社会的行为，可以说明对其适用取保候审已经不足以防止发生社会危险性，因此，不但应当没收保证金，还应当考虑变更强制措施。但是，这里的重新犯罪应当只限于重新实施的故意犯罪，对过失犯罪而言，其主观恶性小，人身危险性不大，没有必要没收保证金。相关司法解释对此也作了明确的规定。应当说，最高人民法院、最高人民检察院、公安部、国家安全部《关于取保候审若干问题的规定》的规定更加科学，先将保证金暂扣，待判决生效后再做最终处理，符合"未经人民法院依法判决，对任何人不得确定有罪"的基本原则。

十一、保证人的条件是什么，原保证人因情况变化不符合条件时应如何处理

[法律依据]

1. 《刑事诉讼法》的相关规定：

第五十四条 保证人必须符合下列条件：（一）与本案无牵连；（二）有能力履行保证义

务；(三)享有政治权利,人身自由未受到限制；(四)有固定的住处和收入。

2. **最高人民检察院《人民检察院刑事诉讼规则》的相关规定：**

第四十二条 采取保证人担保方式的,保证人必须符合刑事诉讼法第五十四条的规定,并经人民检察院审查同意。

第四十八条 采取保证人保证方式的,如果保证人在取保候审期间不愿继续担保或者丧失担保条件的,应当责令犯罪嫌疑人重新提出保证人或者变更为保证金担保方式,并将变更情况通知公安机关。

3. **最高人民法院《关于执行〈中华人民共和国刑事诉讼法〉若干问题的解释》的相关规定：**

第七十条 人民法院应当依法严格审查保证人是否符合法定条件。符合保证人条件的,应当告知他必须履行的义务,并由他出具保证书。

4. **公安部《公安机关办理刑事案件程序规定》的相关规定：**

第六十九条 采取保证人保证的,保证人必须符合以下条件,并经公安机关审查同意：(一)与本案无牵连；(二)有能力履行保证义务；(三)享有政治权利,人身自由未受到限制；(四)有固定的住处和收入。

第七十三条 对犯罪嫌疑人采取保证人保证的,如果保证人在取保候审期间情况发生变化,不愿继续担保或者丧失担保条件,应当责令犯罪嫌疑人重新提出保证人或者交纳保证金。

5. **最高人民检察院、公安部《关于适用刑事强制措施有关问题的规定》的相关规定：**

第五条 人民检察院决定对犯罪嫌疑人采取保证人担保形式取保候审的,如果保证人在取保候审期间不愿继续担保或者丧失担保条件,人民检察院应当在收到保证人不愿继续担保的申请或者发现其丧失担保条件后的三日以内,责令犯罪嫌疑人重新提出保证人或者交纳保证金,或者变更为其他强制措施,并通知公安机关执行。

公安机关在执行期间收到保证人不愿继续担保的申请或者发现其丧失担保条件的,应当在三日以内通知作出决定的人民检察院。

[实践指导]

由于保证人担保是一种纯粹的人格、信誉担保,保证人担负着保证犯罪嫌疑人、被告人不逃避侦查、起诉审判的重要责任,因此,在保证人担保中,对保证人的资格和能力进行审查以确定合格的保证人是非常重要的环节。保证人选用不当,不但难以起到应有的作用,还可能利用保证人的特殊身份隐匿、伪造证据,甚至帮助犯罪嫌疑人、被告人逃避追诉。与本案无牵连,即保证人应当与犯罪嫌疑人、被告人涉嫌的案件无牵连。他既不能是本案的同案犯,也不能是办理本案的侦查人员、检察人员和审判人员,同时也不应当是本案的被害人、辩护人、证人、翻译人员和鉴定人等。这是因为他们所负担的职责和所处的诉讼地位与保证人的职责和地位不一致,甚至相冲突。但是,犯罪嫌疑人、被告人的监护人、近亲属等,虽然与案件有一定的牵连,但他们的诉讼地位与保证人不冲突,而且可以利用其与犯罪嫌疑人、被告人之间的关系对犯罪嫌疑人、被告人进行监督和控制。保证人是否有能力履行保证义务需要综合考虑保证人的年龄、身体状况、精神状况、与被保证人的关系、日常表现、与被保证人住处的远近等多种因素。根据我国宪法规定,公民享有政治权利必须符合三个条件,即具有中华人民共和国国籍、年满18周岁、未被依法剥夺政治权利。因此,外国人、未成年人、已经被剥夺政治权利的人不得担任保证人。人身自由未受限制是指未被判处限制或剥夺人身自由的刑罚、未被适用刑事强制措施、未被司法拘留、未被适用限制或剥夺人身自由的行政强制措施或行政处罚。有固定的住处是为了便于国家专门机关与保证人进行联系，有固定的收入是为了使保证人的法律责任不至于落空（如对保证人科以罚款）。有固定的住处应当是在办案机关所在地合法的、长期的住处；有固定的收入应当是合法的、稳定的收入。在决定适用取保候审的时候，要严格审查犯罪嫌疑人、被告人提供的保证人是否符合条件，同时必须征得保证人的同意，在取保候审执行期间，也要随时审查保证人是否已经不具备保证人的条件，以做出及时处理，责令犯罪嫌疑人、被告人重新提出保证人或者交纳保证金或变更为其他强制措施。

十二、保证人未尽到义务应当承担哪些法律后果

[法律依据]

1. 《刑事诉讼法》的相关规定：

第五十五条第一款 保证人应当履行以下义务：（一）监督被保证人遵守本法第五十六条的规定；（二）发现被保证人可能发生或者已经发生违反本法第五十六条规定的行为的，应当及时向执行机关报告。

被保证人有违反本法第五十六条规定的行为，保证人未及时报告的，对保证人处以罚款，构成犯罪的，依法追究刑事责任。

2. 最高人民法院《关于执行〈中华人民共和国刑事诉讼法〉若干问题的解释》的相关规定：

第七十三条 根据案件事实，认为已经构成犯罪的被告人在取保候审期间逃匿的，如果保证人与该被告人串通，协助其逃匿以及明知藏匿地点而拒绝向司法机关提供的，对保证人应当依照刑法有关规定追究刑事责任。具有前款规定情形的，如果取保候审的被告人同时也是附带民事诉讼的被告人，保证人还应当承担连带赔偿责任，但应当以其保证前附带民事诉讼原告人提起的诉讼请求数额为限。

3. 最高人民法院、最高人民检察院、公安部、国家安全部《关于取保候审若干问题的规定》的相关规定：

第十六条 采取保证人形式取保候审的，被取保候审人违反刑事诉讼法第五十六条的规定，保证人未及时报告的，经查证属实后，由县级以上执行机关对保证人处一千元以上二万元以下罚款，并将有关情况及时通知决定机关。

第十八条 没收取保候审保证金和对保证人罚款均系刑事司法行为，不能提起行政诉讼。当事人如不服复核决定，可以依法向有关机关提出申诉。

[实践指导]

《刑事诉讼法》关于保证人的义务和责任的设定，可以使取保候审这种强制措施更具有可操作性。保证人在我国刑事诉讼中的义务主要有两项：监督和报告。为了使保证人的义务能够落到实处，《刑事诉讼法》和相关司法解释又规定了保证人违反义务之后需要承担的法律后果，即保证人的责任。视保证人违反义务的情节和程度，保证人的责任主要有罚款、刑事责任和附带民事诉讼的连带赔偿责任。这里需要注意的是保证人承担附带民事诉讼连带赔偿责任的条件。一是保证人的行为必须构成犯罪，如果只是一般的违反保证义务则不能够追究保证人的附带民事诉讼的连带赔偿责任。二是保证人的连带赔偿责任只能以其同意担任保证人

前附带民事诉讼原告人提起的请求数额为限，不应让保证人承担被保证人逃跑后附带民事诉讼原告人新增加的诉讼请求的连带赔偿责任，因为新增加的诉讼请求的风险是保证人在同意担任保证人时所不能够预见的。

实践中在追究保证人责任问题上存在两个障碍。一是认定保证人违反监督和报告的义务举证困难。如在保证人默许的情况下，被保证人实施了毁灭、伪造证据或干扰证人作证的行为，国家专门机关很难认定保证人没有尽到监督义务。另外，"发现被保证人可能发生或者已经发生违反本法第56条规定的行为的，应当及时向执行机关报告"中的"发现"和"及时报告"也很难认定。例如，保证人从种种迹象观察出被保证人逃跑的可能性而不动声色，待被保证人已经逃跑后再向执行机关报告。二是对保证人的罚款难以落实，没有强制执行依据。对保证人的罚款不属于行政处罚，当然更不属于人民法院的生效判决，所以执行机关（公安机关）无权强制执行，也不能申请人民法院强制执行，一旦保证人不自愿履行罚款义务，其法律责任就会落空。这也是导致实践中保证人担保适用比率极低，事实上被虚置的主要原因。

十三、如何确定保证金数额

[法律依据]

1. 最高人民检察院《人民检察院刑事诉讼规则》的相关规定：

第四十四条 采取保证金担保方式的，人民检察院可以根据犯罪的性质和情节、犯罪嫌疑人的人身危险性、经济状况和涉嫌犯罪数额，责令犯罪嫌疑人交纳一千元以上的保证金。

2. 最高人民法院《关于执行〈中华人民共和国刑事诉讼法〉若干问题的解释》的相关规定：

第七十一条 人民法院决定对被告人取保候审，根据案件情况，可以责令其交纳保证金。保证金仅限于现金。人民法院应当根据起诉指控犯罪的性质、情节、被告人的经济状况等因素，决定应当收取的保证金数额。保证金应当依照有关规定交由公安机关收取和保管。

3. 公安部《公安机关办理刑事案件程序规定》的相关规定：

第七十五条第一款 保证金的数额应当根据当地的经济发展水平、犯罪嫌疑人的经济状况、案件的性质、情节、社会危害性以及可能判处刑罚的轻重等情况，综合考虑确定。

4. 最高人民法院、最高人民检察院、公安部、国家安全部《关于取保候审若干问题的规定》的相关规定：

第五条 采取保证金形式取保候审的，保证金的起点数额为一千元。决定机关应当以保证被取保候审人不逃避、不妨碍刑事诉讼活动为原则，综合考虑犯罪嫌疑人、被告人的社会危险性，案件的情节、性质，可能判处刑罚的轻重，犯罪嫌疑人、被告人经济状况，当地的经济发展水平等情况，确定收取保证金的数额。

5. 公安部《关于取保候审保证金的规定》的相关规定：

第七条 保证金的数额，应当根据当地的经济发展水平、犯罪嫌疑人的经济状况以及案件的性质、情节、社会危害性以及可能判处刑罚的轻重等情况，综合考虑确定。

各省、自治区、直辖市公安厅、局应当根据不同类型案件的性质、社会危害性，结合当地的经济发展水平，确定本地区收取保证金的数额标准，以及需经地、市以上公安机关审批的数额标准。其中，经济犯罪、侵犯财产犯罪或者其他造成财产损失的犯罪，可以按涉案数额或者直接财产损失数额的一至三倍确定收取保证金的数额标准；对其他刑事犯罪，根据案件的不同情况,保证金的数额标准可以确定在2000元以上50000元以下。

[实践指导]

决定用保证金担保的方式适用取保候审首先需要解决的问题是确定保证金的数额。对此,我国《刑事诉讼法》没有规定,但相关司法解释作了原则性的规定。这些相关解释的总的精神是一致的,即确定保证金数额的时候要坚持一个原则——保证犯罪嫌疑人、被告人不逃避侦查、起诉、审判,考虑若干因素——案件性质、情节、社会危害性、可能判处刑罚的轻重、当地经济发展水平、犯罪嫌疑人、被告人的经济状况,确定一个底限——1000元人民币。由于保证金的数额只规定了下限而没有规定上限,导致实践中保证金收取过高的现象非常普遍,有的案件保证金收取数十万之巨。收取过高保证金势必会造成几种后果,一是会加重被保证人的负担,二是会造成法律面前的不平等,三是促使国家专门机关没收保证金的内心驱动强化;四是一旦保证金被没收,有可能给对被害人的民事赔偿形成障碍。据此,有人提出应当统一设定保证金上限,笔者认为,不宜对保证金的上限作出统一的规定。因为案件的具体情形不同,犯罪嫌疑人、被告人的具体情况也各不相同,目前不宜规定具体的数额标准,否则难以适应办理各种案件的需要。但是,考虑到取保候审毕竟是一种强制程度较弱的强制措施,在实践中要避免收取过高数额的保证金。对于那些涉案金额巨大,人身危险性较大的犯罪嫌疑人、被告人,不应适用取保候审。

十四、如何理解对犯罪嫌疑人、被告人适用取保候审的期间

[法律依据]

1. 《刑事诉讼法》的相关规定:

第五十八条第一款 人民法院、人民检察院和公安机关对犯罪嫌疑人、被告人取保候审最长不得超过十二个月,监视居住最长不得超过六个月。

2. 最高人民检察院《人民检察院刑事诉讼规则》的相关规定:

第五十五条 人民检察院决定对犯罪嫌疑人取保候审,最长不得超过十二个月。

第五十六条 公安机关决定对犯罪嫌疑人取保候审,案件移送人民检察院审查起诉后,对于需要继续取保候审的,人民检察院应当依法对犯罪嫌疑人办理取保候审手续。取保候审的期限应当重新计算并告知犯罪嫌疑人。

3. 最高人民法院《关于执行〈中华人民共和国刑事诉讼法〉若干问题的解释》的相关规定:

第七十五条 人民检察院、公安机关已对犯罪嫌疑人取保候审、监视居住,案件起诉到人民法院后,人民法院对于符合取保候审、监视居住条件的,应当依法对被告人重新办理取保候审、监视居住手续。取保候审、监视居住的期限重新计算。人民法院不得对同一被告重复采取取保候审、监视居住措施。

4. 最高人民检察院《关于检察机关侦查工作贯彻刑事诉讼法若干问题的意见》的相关规定:

二、关于正确理解和运用强制措施 2. 取保候审……关于取保候审的期限,根据刑事诉讼法第五十八条规定,不应理解为公、检、法三机关对一个犯罪嫌疑人、被告人取保候审的累计最长期限不得超过12个月,而应理解为公、检、法每一个机关有权决定取保候审的最长

期限不得超过 12 个月。

[实践指导]

我国法律对犯罪嫌疑人、被告人适用取保候审不得超过 12 个月。关键问题是如果是犯罪嫌疑人、被告人在侦查、起诉、审判程序中都被适用取保候审,这 12 个月是每一个机关都可以适用的期限,还是三个机关累计适用的最长期限?从相关司法解释的规定我们可以看出,每一机关实际上都可以对犯罪嫌疑人、被告人适用取保候审达至 12 个月,因此,如果三个机关每一机关都可以适用 12 个月,势必会导致对同一个犯罪嫌疑人、被告人限制人身自由达至三年的时间(取保候审的期间不计入侦查期限,虽然审查起诉和审判都有时间限制,但"案件在法定期间内不能办结的,可以对犯罪嫌疑人、被告人取保候审"的规定又使人民检察院和人民法院都可能对取保候审的期限适用至极限)。这与强制措施适用的比例性原则是相悖的(取保候审是强制程度相对较弱的强制措施),而且也不符合人权保障的观念。当然,这些规定的作出,与案件种类繁多、情况复杂,很难制定出一个能够使 12 个月在三个机关之间进行合理分配的方案有关。笔者认为,在实践中,要严格遵守《刑事诉讼法》第 58 条第 2 款的规定:"在取保候审、监视居住期间,不得中断对案件的侦查、起诉和审理",使案件尽早进入下一程序,以最大限度地保障犯罪嫌疑人、被告人的合法权益。

十五、保证金应当由哪个机关收取、保管、没收

[法律依据]

1. 最高人民法院、最高人民检察院、公安部、国家安全部、司法部、全国人大常委会法制工作委员会《关于刑事诉讼法实施中若干问题的规定》的相关规定:

22. 对犯罪嫌疑人采取保证金保证的,由决定机关根据案件具体情况确定保证金的数额。取保候审保证金由公安机关统一收取和保管。对取保候审保证人是否履行了保证义务,由公安机关认定,对保证人的罚款决定,也由公安机关作出。具体办法由公安部会同最高人民法院、最高人民检察院、国家安全部制定。

2. 公安部《公安机关办理刑事案件程序规定》的相关规定:

第七十六条 保证金由犯罪嫌疑人或者其亲友、法定代理人、单位向公安机关指定的银行专户交纳。

严禁截留、坐支、挪用或者以其他任何形式侵吞保证金。

第七十七条 公安机关在通知犯罪嫌疑人交纳保证金时,应当告知其必须遵守的规定以及违反规定应当承担的后果。

第七十八条 犯罪嫌疑人在取保候审期间违反有关规定的,公安机关应当根据其违法行为的情节,决定没收部分或者全部保证金,并且区别情形,责令其具结悔过、重新交纳保证金、提出保证人,或者变更为监视居住,或者提请人民检察院批准予以逮捕。

第八十二条 没收犯罪嫌疑人保证金的决定已过复核期限或者经复核后,公安机关应当及时通知指定的银行将没收的保证金,按照国家的有关规定上缴国库。

3. 最高人民法院、最高人民检察院、公安部、国家安全部《关于取保候审若干问题的规定》的相关规定:

第六条 取保候审保证金由县级以上执行机关统一收取和管理。没收保证金的决定、退

还保证金的决定、对保证人的罚款决定等，应当由县级以上执行机关作出。

第七条　县级以上执行机关应当在其指定的银行设立取保候审保证金专户，委托银行代为收取和保管保证金，并将指定银行的名称通知人民检察院、人民法院。

保证金应当以人民币交纳。

第八条　决定机关作出取保候审收取保证金的决定后，应当及时将《取保候审决定书》送达被取保候审人和为其提供保证金的单位或者个人，责令其向执行机关指定的银行一次性交纳保证金。

决定机关核实保证金已经交纳到执行机关指定银行的凭证后，应当将《取保候审决定书》、《取保候审执行通知书》和银行出具的收款凭证及其他有关材料一并送交执行机关执行。

第十条　被取保候审人违反刑事诉讼法第五十六条规定，依法应当没收保证金的，由县级以上执行机关作出没收部分或者全部保证金的决定，并通知决定机关；对需要变更强制措施的，应当同时提出变更强制措施的意见，连同有关材料一并送交决定机关。

第十一条　决定机关发现被取保候审人违反刑事诉讼法第五十六条的规定，认为依法应当没收保证金的，应当提出没收部分或者全部保证金的书面意见，连同有关材料一并送交县级以上执行机关。县级以上执行机关应当根据决定机关的意见，及时作出没收保证金的决定，并通知决定机关。

第二十六条　保证金的收取、管理和没收应当严格按照本规定和国家的财经管理制度执行，任何单位和个人不得截留、坐支、私分、挪用或者以其他任何方式侵吞保证金。对违反规定的，应当依照有关规定给予行政处分；构成犯罪的，依法追究刑事责任。

第二十七条　司法机关及其工作人员违反本规定，擅自收取、没收或者退还取保候审保证金的，依照有关法律和规定，追究直接负责的主管人员和其他直接责任人员的责任。

[实践指导]

在修订后的《刑事诉讼法》施行之初，由于保证金担保刚刚在我国适用，法律规定又不明确，导致保证金应当由哪个机关收取、保管和没收的认识不一致，决定机关和执行机关都认为应当由自己进行收取、保管和没收。如果这一问题不能解决，不但影响到取保候审功能的发挥，而且容易滋生国家专门机关没收保证金的不良内心驱动，不利于保护犯罪嫌疑人、被告人的合法权益，也为司法腐败提供了新的路径。据此，相关司法解释将保证金的收取、保管和没收的权力统一归为执行机关。将保证金规定为由执行机关统一收取的原因，笔者认为主要是考虑到操作上的技术性问题。如果对同一个犯罪嫌疑人、被告人，三机关在不同的诉讼程序中都决定对其适用取保候审，就涉及如下问题：保证金是否随案移送？（如果规定随案移送，很可能在几个机关之间发生扯皮）如果保证金不随案移送，是否将保证金退还给被保证人？（如果退还，案件进入下一程序须重新交纳，徒增繁扰）如果既不随案移送，又不退还给被保证人，下一机关是否需要重新收取？（势必会对犯罪嫌疑人、被告人多次收取保证金，增加犯罪嫌疑人、被告人负担）所以，将保证金统一由执行机关收取，既有利于保护犯罪嫌疑人、被告人的合法权利，又能够防止几个机关之间的推诿和扯皮。在具体执行中，向执行机关指定的专用银行账户交纳，执行机关在收取保证金后，应当委托银行代为妥善保管。由于执行机关负有监督被取保候审的犯罪嫌疑人、被告人是否遵守规定的责任，所以由执行机关对保证金的没收作出决定。执行机关必须严格按照规定执行，任何单位和个人不得截留、坐支、私分、挪用或者以其他任何方式侵吞保证金。对违反规定的，应当依照有关规定给予行政处分，构成犯罪的，依法追究刑事责任。

十六、对保证金应当如何处理

[法律依据]

1. 《刑事诉讼法》的相关规定:

第五十六条第二款 被取保候审的犯罪嫌疑人、被告人违反前款规定,已交纳保证金的,没收保证金,并且区别情形,责令犯罪嫌疑人、被告人具结悔过,重新交纳保证金、提出保证人或者监视居住、予以逮捕。犯罪嫌疑人、被告人在取保候审期间未违反前款规定的,取保候审结束的时候,应当退还保证金。

2. 最高人民检察院《人民检察院刑事诉讼规则》的相关规定:

第五十二条 人民检察院对违反刑事诉讼法第五十六条规定的犯罪嫌疑人,已交纳保证金的,应当通知收取保证金的公安机关予以没收,并且根据案件的具体情况,责令犯罪嫌疑人具结悔过,重新交纳保证金、提出保证人或者监视居住、予以逮捕。

重新交纳保证金的程序适用本规则第四十四条、第四十五条的规定。

对犯罪嫌疑人继续取保候审的时间应当累计计算。

第五十四条 对在取保候审期间故意实施新的犯罪行为的犯罪嫌疑人,予以逮捕;已交纳保证金的,同时通知公安机关没收保证金。

3. 最高人民法院《关于执行〈中华人民共和国刑事诉讼法〉若干问题的解释》的相关规定:

第七十四条 被取保候审人违反刑事诉讼法第五十六条规定,被依法没收保证金后,人民法院仍决定对其取保候审的,取保候审的期限应当连续计算。

4. 公安部《公安机关办理刑事案件程序规定》的相关规定:

第七十八条 犯罪嫌疑人在取保候审期间违反有关规定的,公安机关应当根据其违法行为的情节,决定没收部分或者全部保证金,并且区别情形,责令其具结悔过、重新交纳保证金、提出保证人,或者变更为监视居住,或者提请人民检察院批准予以逮捕。

第七十九条 需要没收保证金的,应当经过严格审核后,报县级以上公安机关负责人批准,签发《没收保证金决定书》。

决定没收较高数额保证金的,应当经地(市)级以上公安机关负责人批准。

第八十条 没收保证金的决定,公安机关应当在七日以内向犯罪嫌疑人宣读,并责令其在《没收保证金决定书》上签名(盖章)、捺指印;犯罪嫌疑人在逃的,应当向犯罪嫌疑人的家属、法定代理人或者单位宣布,并要求其家属、法定代理人或者单位的负责人在《没收保证金决定书》上签名或者盖章。

犯罪嫌疑人或者其家属、法定代理人、单位负责人拒绝签名或者盖章的,公安机关应当在《没收保证金决定书》上注明。

第八十一条 公安机关向犯罪嫌疑人宣读《没收保证金决定书》的同时,应当告知其对没收保证金的决定不服的,可以在五日以内向上一级公安机关申请复核一次。

上一级公安机关应当在收到复核申请书之日起的七日以内作出决定。对上级公安机关撤销或者变更没收保证金决定的,下级公安机关应当执行。

5. 最高人民法院、最高人民检察院、公安部、国家安全部《关于取保候审若干问题的规定》的相关规定:

第十条 被取保候审人违反刑事诉讼法第五十六条规定，依法应当没收保证金的，由县级以上执行机关作出没收部分或者全部保证金的决定，并通知决定机关；对需要变更强制措施的，应当同时提出变更强制措施的意见，连同有关材料一并递交决定机关。

第十一条 决定机关发现被取保候审人违反刑事诉讼法第五十六条的规定，认为依法应当没收保证金的，应当提出没收部分或者全部保证金的书面意见，连同有关材料一并送交县级以上执行机关。县级以上执行机关应当根据决定机关的意见，及时作出没收保证金的决定，并通知决定机关。

第十二条 被取保候审人没有违反刑事诉讼法第五十六条的规定，但在取保候审期间涉嫌重新犯罪被司法机关立案侦查的，执行机关应当暂扣其交纳的保证金，待人民法院判决生效后，决定是否没收保证金。对故意重新犯罪的，应当没收保证金；对过失重新犯罪或者不构成犯罪的，应当退还保证金。

第十三条 决定机关收到执行机关已没收保证金的书面通知，或者变更强制措施的意见后，应当在五日内作出变更强制措施或者责令犯罪嫌疑人重新交纳保证金、提出保证人的决定，并通知执行机关。

决定重新交纳保证金的程序，适用本规定的有关规定。

第十四条 执行机关应当向被取保候审人宣布没收保证金的决定，并告知其如不服本决定，可以在收到《没收保证金决定书》后的五日以内向执行机关的上一级主管机关申请复核一次。上一级主管机关收到复核申请后，应当在七日内作出复核决定。

第十五条 没收保证金的决定已过复核申请期限或者经复核后决定没收保证金的，县级以上执行机关应当及时通知银行按照国家的有关规定上缴国库。

6. 公安部《**关于取保候审保证金的规定**》的相关规定：

第十七条 犯罪嫌疑人在取保候审期间，没有违反刑事诉讼法第五十六条的规定或者具有刑事诉讼法第十五条的规定的情形之一的，在解除取保候审的同时，公安机关应当将保证金如数退还给犯罪嫌疑人。

[实践指导]

对犯罪嫌疑人、被告人适用取保候审后，对保证金的处理主要有以下几种方式：第一，返还。适用于犯罪嫌疑人、被告人没有违反取保候审的规定和符合《刑事诉讼法》第15条规定的依法不予追诉的情形两种情况。第二，暂扣。适用于犯罪嫌疑人、被告人在取保候审期间重新犯罪的情形，这种情况下对保证金的最终处理要待对新实施的犯罪作出实体上的最终处理作出后方可决定。第三，没收。适用于犯罪嫌疑人、被告人违反取保候审规定的情形，具体操作时要结合违反规定的严重程度而决定部分没收还是全部没收。执行机关在没收保证金时要杜绝为了没收保证金而没收保证金，侵犯被保证人合法权利的情形（如明知被保证人不在家而传其到案，或明知被保证人距办案机关很远而限时到案等等），在被保证人就是否应当认定为违反义务而对执行机关没收保证金的决定有异议时，执行机关应当承担举证责任。没收保证金要严格按照上述规定程序进行，并确保被保证人对没收保证金决定有异议的救济途径的通畅。

十七、犯罪嫌疑人、被告人因违反规定保证金被没收而后来被判无罪的，保证金是否返还

[法律依据]

公安部《关于取保候审保证金的规定》的相关规定：
第十七条 犯罪嫌疑人在取保候审期间，没有违反刑事诉讼法第五十六条的规定或者具有刑事诉讼法第十五条的规定的情形之一的，在解除取保候审的同时，公安机关应当将保证金如数退还给犯罪嫌疑人。

[实践指导]

犯罪嫌疑人、被告人被取保候审的，如果违反了应当遵守的规定，其交纳的保证金有可能被执行机关没收，这是《刑事诉讼法》对犯罪嫌疑人、被告人设定的违反规定的法律后果。但是，有可能保证金被没收后犯罪嫌疑人、被告人最后却被人民法院判决无罪（也有可能被人民检察院决定不起诉或在侦查终结时因犯罪嫌疑人不构成犯罪而撤销案件），此时被没收的保证金是否应当返还？刑事诉讼法对此未作规定，理论界和实务界对此存在两种观点。一种观点是不应返还。理由是犯罪嫌疑人、被告人有承受刑事追诉的义务，因此当国家专门机关对其适用强制措施时，必须遵守相应的规定。保证金设定的目的是担保其不逃避侦查、起诉、审判，而不是担保其行为不构成犯罪，没收保证金是对犯罪嫌疑人、被告人违反义务的惩罚，与其行为是否构成犯罪无关。另一种观点认为应当返还。理由是对不构成犯罪的犯罪嫌疑人、被告人适用取保候审是不应采取强制措施而采取强制措施，属于应当撤销的情形。既然强制措施没有适用的依据，当然不应当产生违反规定的法律责任。从公安部《关于取保候审保证金的规定》第17条的内容看，其精神是赞同第二种观点。虽然没有规定不构成犯罪返还保证金的情形，但《刑事诉讼法》第15条依法不予追诉的情形应当包括不构成犯罪的不予追诉。笔者认为，从作出有利于犯罪嫌疑人、被告人解释的角度，这一规定所体现的精神是可取的，实践中应当严格遵照执行，以维护犯罪嫌疑人、被告人的合法权益。

十八、对取保候审的申请应如何处理

[法律依据]

1.《刑事诉讼法》的相关规定：
第五十二条 被羁押的犯罪嫌疑人、被告人及其法定代理人、近亲属有权申请取保候审。
第九十六条 犯罪嫌疑人在被侦查机关第一次讯问后或者采取强制措施之日起，可以聘请律师为其提供法律咨询、代理申诉、控告。犯罪嫌疑人被逮捕的，聘请的律师可以为其申请取保候审。涉及国家秘密的案件，犯罪嫌疑人聘请律师，应当经侦查机关批准。

受委托的律师有权向侦查机关了解犯罪嫌疑人涉嫌的罪名，可以会见在押的犯罪嫌疑人，向犯罪嫌疑人了解有关案件情况。律师会见在押的犯罪嫌疑人，侦查机关根据案件情况和需要可以派员在场。涉及国家秘密的案件，律师会见在押的犯罪嫌疑人，应当经侦查机关批准。
2. 最高人民检察院《人民检察院刑事诉讼规则》的相关规定：

第四十条　被羁押的犯罪嫌疑人及其法定代理人、近亲属和聘请的律师向人民检察院申请取保候审，人民检察院应当在七日内作出是否同意的答复。经审查符合本规则第三十七条规定情形之一的，对被羁押的犯罪嫌疑人依法办理取保候审手续；经审查不符合取保候审条件的，应当告知申请人，并说明不同意取保候审的理由。

3. 最高人民法院《关于执行〈中华人民共和国刑事诉讼法〉若干问题的解释》的相关规定：

第六十八条　被羁押的被告人及其法定代理人、近亲属和律师有权申请取保候审。申请取保候审应当采用书面形式。人民法院应当在接到书面申请后七日内作出是否同意的答复。对符合取保候审条件并且提出了保证人或者能够交纳保证金的，人民法院应当同意，并依法办理取保候审手续；对不符合取保候审条件，不同意取保候审的，应当告知申请人，并说明不同意的理由。

4. 公安部《公安机关办理刑事案件程序规定》的相关规定：

第六十五条　被羁押的犯罪嫌疑人及其法定代理人、近亲属、被逮捕的犯罪嫌疑人聘请的律师申请取保候审的，应当书面提出。公安机关接到申请后应当在七日内作出同意或者不同意的答复。同意取保候审的，依法办理取保候审手续；不同意取保候审的，应当书面通知申请人，并说明理由。

[实践指导]

我国刑事诉讼中的取保候审在程序上可分为国家专门机关依职权直接决定适用的取保候审和依申请决定适用的取保候审。这里涉及依申请决定适用的取保候审。在依申请适用的取保候审中需要明确的有两个方面的问题：一是近亲属的范围。近亲属作为法律概念有其明确含义。根据《刑事诉讼法》第82条的规定："本法下列用语的含义是：……（六）'近亲属'是指夫、妻、父、母、子、女、同胞兄弟姊妹。"二是只有犯罪嫌疑人被逮捕之后，其聘请的律师方可为其申请取保候审，这就意味着犯罪嫌疑人被拘留期间其聘请的律师不得申请。而其他有权申请取保候审的人在犯罪嫌疑人、被告人羁押期间即可提出申请。

在设定了有权申请取保候审的人员范围之后，相关司法解释又明确了国家专门机关在收到申请人申请后的处理程序。因此，对无权申请取保候审的人提出的申请可以不予受理，而对有权提出取保候审的人提出的申请必须按照法定程序予以操作。这里存在的主要问题是，我国法律中并未为被取保候审人权利的行使提供畅通的途径。被取保候审人在整个取保候审运作的过程中只能被动承受而不能有任何作为。首先，申请人提出取保候审的申请后往往没有任何答复，如果对国家专门机关不予取保候审的决定不服，也缺乏向决定机关反映自己意见的途径。其次，在是否决定适用取保候审的过程中，申请人也不能充分地参与，只能接受专门机关的结果。这些都使我国取保候审无法起到应有的权利保障机能，相关立法应进一步完善。

十九、哪一机关有权对保证人罚款，保证人对罚款决定不服应如何救济

[法律依据]

1. 《刑事诉讼法》的相关规定：

第五十五条第二款　被保证人有违反本法第五十六条规定的行为，保证人未及时报告的，

对保证人处以罚款，构成犯罪的，依法追究刑事责任。

2. 最高人民法院、最高人民检察院、公安部、国家安全部、司法部、全国人大常委会法制工作委员会《关于刑事诉讼法实施中若干问题的规定》的相关规定：

22. 对犯罪嫌疑人采取保证金保证的，由决定机关根据案件具体情况确定保证金的数额。取保候审保证金由公安机关统一收取和保管。对取保候审保证人是否履行了保证义务，由公安机关认定，对保证人的罚款决定，也由公安机关作出。具体办法由公安部会同最高人民法院、最高人民检察院、国家安全部制定。

3. 最高人民检察院《人民检察院刑事诉讼规则》的相关规定：

第五十一条　人民检察院发现保证人没有履行刑事诉讼法第五十五条规定的义务，对被保证人违反刑事诉讼法第五十六条规定的行为未及时报告的，应当通知公安机关，要求公安机关对保证人作出罚款决定。构成犯罪的，依法追究保证人的刑事责任。

4. 最高人民法院、最高人民检察院、公安部、国家安全部《关于取保候审若干问题的规定》的相关规定：

第十一条　决定机关发现被取保候审人违反刑事诉讼法第五十六条的规定，认为依法应当没收保证金的，应当提出没收部分或者全部保证金的书面意见，连同有关材料一并送交县级以上执行机关。县级以上执行机关应当根据决定机关的意见，及时作出没收保证金的决定，并通知决定机关。

第十七条　执行机关应当向保证人宣布罚款决定，并告知其如不服本决定，可以在收到《对保证人罚款决定书》后的五日以内，向执行机关的上一级主管机关申请复核一次。上一级主管机关收到复核申请后，应当在七日内作出复核决定。

第十八条　没收取保候审保证金和对保证人罚款均系刑事司法行为，不能提起行政诉讼。当事人如不服复核决定，可以依法向有关机关提出申诉。

[实践指导]

将对保证人罚款的决定权赋予作为执行机关的公安机关，其原因在于执行机关在执行过程中能够对保证人违反保证义务的行为及时发现，从而使其法律责任能够得到及时落实。根据相关司法解释，在取保候审执行过程中，如果决定机关发现保证人违反了保证义务，应当通知执行机关，执行机关在对保证人处以罚款后要告知决定机关。

那么，对保证人的罚款是一种什么性质的罚款呢？它是由作为行政机关的公安机关作出的，是否是行政处罚？这一问题的厘清，不仅是理论探讨的需要，更涉及如果保证人认为自己的权利被侵犯应当如何救济的问题。笔者认为，取保候审是刑事诉讼中强制措施的一种，保证人因为强制措施的适用而进入刑事司法领域，因此，对保证人违反法定义务科以罚款属于司法处分的性质而不是行政处罚。行政处罚是指行政主体对违反行政法律规范的公民、法人或其他组织的惩戒性制裁。行政处罚必须以违反行政法律、法规为前提，而对保证人罚款是因为保证人违反了刑事诉讼法的规定，因此不具有行政处罚的性质，保证人也不能对罚款决定提起行政诉讼。保证人对罚款决定不服可以在收到《对保证人罚款决定书》后的5日以内，向执行机关的上一级主管机关申请复核一次。上一级主管机关收到复核申请后，应当在7日内作出复核决定。当事人如不服复核决定，可以依法向有关机关提出申诉。

二十、违反取保候审规定的犯罪嫌疑人、被告人在何种情形下可以变更为逮捕

[法律依据]

1. 《刑事诉讼法》的相关规定：

第五十六条　被取保候审的犯罪嫌疑人、被告人应当遵守以下规定：（一）未经执行机关批准不得离开所居住的市、县；（二）在传讯的时候及时到案；（三）不得以任何形式干扰证人作证；（四）不得毁灭、伪造证据或者串供。

被取保候审的犯罪嫌疑人、被告人违反前款规定，已交纳保证金的，没收保证金，并且区别情形，责令犯罪嫌疑人、被告人具结悔过、重新交纳保证金、提出保证人或者监视居住、予以逮捕。犯罪嫌疑人、被告人在取保候审期间未违反前款规定的，取保候审结束的时候，应当退还保证金。

2. 最高人民检察院《人民检察院刑事诉讼规则》的相关规定：

第五十三条　对下列违反取保候审规定的犯罪嫌疑人，应当予以逮捕：（一）企图自杀、逃跑，逃避侦查、审查起诉的；（二）实施毁灭、伪造证据或者串供、干扰证人作证行为，足以影响侦查、审查起诉工作正常进行的；（三）未经批准，擅自离开所居住的市、县，造成严重后果，或者两次未经批准，擅自离开所居住的市、县的；（四）经传讯不到案，造成严重后果，或者两次经传讯不到案的。

第五十四条　对在取保候审期间故意实施新的犯罪行为的犯罪嫌疑人，予以逮捕；已交纳保证金的，同时通知公安机关没收保证金。

3. 最高人民法院《关于执行〈中华人民共和国刑事诉讼法〉若干问题的解释》的相关规定：

第八十二条　对具有下列情形之一的被告人，应当变更强制措施，决定逮捕：（一）已取保候审或者监视居住的被告人，违反刑事诉讼法第五十六条、第五十七条的规定，不逮捕可能发生社会危险的；（二）具有本解释第六十六条第（三）项规定的情形而未予逮捕的被告人，疾病痊愈或者哺乳期已满的。

决定变更强制措施，予以逮捕的，应当通知负责执行取保候审或者监视居住的公安机关。

[实践指导]

《刑事诉讼法》关于被取保候审的犯罪嫌疑人、被告人违反规定的法律后果的设定是与犯罪嫌疑人、被告人违反规定的程度相适应的。由于逮捕是最严厉的强制措施，而且我国长期贯彻着可捕可不捕尽量不捕的刑事政策，因此，只有犯罪嫌疑人、被告人违反规定情节最严重时方可对其适用逮捕。另外，虽然犯罪嫌疑人、被告人在取保候审期间没有违反法律规定，但故意实施新的犯罪行为，同样体现了其人身危险性较强，采取取保候审已经不足以防止发生社会危险性，因此需要变更为逮捕。综合相关司法解释的规定，我们可以将取保候审变更为逮捕的情形概括为违反规定情节严重的、故意实施新的犯罪行为，因患有严重疾病或是怀孕、哺乳自己婴儿的妇女应当逮捕而未逮捕，法定事由消失三种情形。

二十一、被监视居住的犯罪嫌疑人、被告人应当遵守哪些规定

[法律依据]

1. 《刑事诉讼法》的相关规定：

第五十七条 被监视居住的犯罪嫌疑人、被告人应当遵守以下规定：（一）未经执行机关批准不得离开住处，无固定住处的，未经批准不得离开指定的居所；（二）未经执行机关批准不得会见他人；（三）在传讯的时候及时到案；（四）不得以任何形式干扰证人作证；（五）不得毁灭、伪造证据或者串供。

被监视居住的犯罪嫌疑人、被告人违反前款规定，情节严重的，予以逮捕。

2. 最高人民法院、最高人民检察院、公安部、国家安全部、司法部、全国人大常委会法制工作委员会《关于刑事诉讼法实施中若干问题的规定》的相关规定：

23. 被采取取保候审、监视居住的犯罪嫌疑人、被告人无正当理由不得离开所居住的市、县或者住处，有正当理由需离开所居住的市、县或者住处，应当经执行机关批准。如取保候审、监视居住是由人民检察院、人民法院决定的，执行机关在批准犯罪嫌疑人、被告人离开所居住的市、县或者住处前，应当征得决定机关同意。

24. 被监视居住的犯罪嫌疑人、被告人会见其聘请的律师不需要经过批准。

3. 最高人民检察院《人民检察院刑事诉讼规则》的相关规定：

第六十六条 人民检察院应当将监视居住执行通知书送达公安机关执行，并告知公安机关在执行期间拟批准犯罪嫌疑人离开住处、居所或者会见其他人员的，批准前应当征得人民检察院同意。

第六十七条 公安机关在执行监视居住期间向人民检察院征询是否同意批准犯罪嫌疑人离开住处、居所或者会见其他人员时，人民检察院应当根据案件的具体情况决定是否同意。

[实践指导]

在对被监视居住的犯罪嫌疑人、被告人需要遵守的规定的理解中需要特别注意三个问题：

第一，如何界定被监视居住的犯罪嫌疑人、被告人的活动范围。《刑事诉讼法》将被监视居住的犯罪嫌疑人、被告人的活动范围限制在住处或指定的居所。这里的"住处"是指犯罪嫌疑人、被告人在办案机关所在的市、县内生活的合法住处，"指定的居所"是指办案机关根据案件情况，在办案机关所在地的市、县内为犯罪嫌疑人、被告人指定的生活居所。这里需要明确：（1）"住处"和"指定的居所"是有顺序限制的，即犯罪嫌疑人、被告人没有住处的，方可为其指定居所。实践中存在着无论犯罪嫌疑人、被告人在办案机关所在地有无住处均指定居所的情况，很少有犯罪嫌疑人、被告人在住处被监视居住，这是违背立法本意的。（2）"住处"或"居所"不能够被简单地解释为犯罪嫌疑人、被告人居住的房屋内的空间。在确定被监视居住的犯罪嫌疑人、被告人的活动范围的时候要注意考虑到监视居住是一种限制而非剥夺人身自由的强制措施，其强制程度强于取保候审，弱于拘留和逮捕，因此，其范围不能过大，不能达到执行机关难以执行的程度，也不能过小，否则就成为变相软禁。我们理解，被监视居住人的活动范围应当是以其居住的房屋为中心的、保证被监视居住的犯罪嫌疑人、被告人能够进行基本生活的空间范围。严格禁止办案机关在拘留所、看守所或建立专门的监视居住场所对犯罪嫌疑人、被告人进行监视居住。

第二,被监视居住的犯罪嫌疑人、被告人会见哪些人需要执行机关的批准?我国《刑事诉讼法》将"未经执行机关批准,不得会见他人"作为被监视居住的犯罪嫌疑人、被告人必须遵守的规定。那么"他人"究竟包括哪些人?刑事诉讼法未作明确规定。从字面理解,"他人"应当是除了犯罪嫌疑人、被告人以外所有的人。但这种理解显然是不合适的。因为如果犯罪嫌疑人、被告人在住处监视居住,不可避免地要随时与共同居住的人接触,若每次都须执行机关批准,显然不可能。同时,《刑事诉讼法》第96条规定,"犯罪嫌疑人在被侦查机关第一次讯问后或者采取强制措施之日起,可以聘请律师为其提供法律咨询、代理申诉、控告。犯罪嫌疑人被逮捕的,聘请的律师可以为其申请取保候审。涉及国家秘密的案件,犯罪嫌疑人聘请律师,应当经侦查机关批准。受委托的律师有权向侦查机关了解犯罪嫌疑人涉嫌的罪名,可以会见在押的犯罪嫌疑人,向犯罪嫌疑人了解有关案件情况。可以看出,除涉及国家秘密的案件以外,律师会见被拘留、逮捕的在押的犯罪嫌疑人都不需要批准,那么对被采取强制程度相对较弱的监视居住的犯罪嫌疑人、被告人而言,律师对其会见更不需要批准。所以,被监视居住的犯罪嫌疑人、被告人会见共同居住的人及其聘请的律师不需要经过执行机关批准,会见其他人则需要经过批准。但是,涉及国家秘密的案件,被监视居住的犯罪嫌疑人、被告人会见律师是否需要批准呢?刑事诉讼法和相关司法解释都没有作出规定。笔者认为,鉴于这类案件的特殊性,律师会见犯罪嫌疑人应当经过执行机关的批准。

第三,合理界定被监视居住的犯罪嫌疑人、被告人活动的自由度。笔者认为,被监视居住的犯罪嫌疑人、被告人只是在一定程度上被限制人身自由,而不是被剥夺人身自由,因此可以进行正常的基本生活,即只要不违反《刑事诉讼法》的禁止性规定,其行为就应当受法律保护,包括在活动范围内的购物、通信、通讯等活动。

应当说,被监视居住的犯罪嫌疑人、被告人活动范围和自由度很难确定。如果严格遵循法律精神去操作,就会对犯罪嫌疑人、被告人难以监视,如果能够实现这种监视,就有可能侵犯人权,因此,实践中要尽可能地减少适用监视居住。

二十二、被监视居住的犯罪嫌疑人、被告人违反规定应当承担哪些法律后果

[法律依据]

1. 《刑事诉讼法》的相关规定:

第五十七条 被监视居住的犯罪嫌疑人、被告人应当遵守以下规定:(一)未经执行机关批准不得离开住处,无固定住处的,未经批准不得离开指定的居所;(二)未经执行机关批准不得会见他人;(三)在传讯的时候及时到案;(四)不得以任何形式干扰证人作证;(五)不得毁灭、伪造证据或者串供。

被监视居住的犯罪嫌疑人、被告人违反前款规定,情节严重的,予以逮捕。

2. 最高人民检察院《人民检察院刑事诉讼规则》的相关规定:

第六十八条 人民检察院对违反刑事诉讼法第五十七条规定的犯罪嫌疑人,情节严重的,予以逮捕;情节较轻的,可以予以训诫、责令具结悔过。

下列违反监视居住规定的行为,属于情节严重,对犯罪嫌疑人应当予以逮捕:(一)故意实施新的犯罪行为的;(二)企图自杀、逃跑,逃避侦查、审查起诉的;(三)实施毁灭、伪造证据或者串供、干扰证人作证行为,足以影响侦查、审查起诉工作正常进行的;(四)未经

批准，擅自离开住处或者指定的居所，造成严重后果，或者两次未经批准，擅自离开住处或者指定的居所的；（五）未经批准，擅自会见他人，造成严重后果，或者两次未经批准，擅自会见他人的；（六）经传讯不到案，造成严重后果，或者两次经传讯不到案的。

3. 1998年5月14日公安部公布的《公安机关办理刑事案件程序规定》的相关规定：

第九十九条 被监视居住的犯罪嫌疑人违反应当遵守的规定，有下列情形之一的，公安机关应当提请批准逮捕：（一）在监视居住期间逃跑的；（二）以暴力、威胁方法干扰证人作证的；（三）毁灭、伪造证据或者串供的；（四）在监视居住期间又进行犯罪活动的；（五）实施其他违反本规定第九十七条规定的行为，情节严重的。

第一百三十七条 被取保候审、监视居住的犯罪嫌疑人，违反应当遵守的规定，尚未构成犯罪的，由公安机关依法给予治安管理处罚。

4. 最高人民检察院、公安部《关于适用刑事强制措施有关问题的规定》的相关规定：

第十五条 人民检察院决定对犯罪嫌疑人监视居住的案件，犯罪嫌疑人违反应当遵守的规定的，执行监视居住的派出所应当及时报告县级公安机关通知决定监视居住的人民检察院。情节严重的，人民检察院应当决定予以逮捕，通知公安机关执行。

第十七条 公安机关决定对犯罪嫌疑人监视居住的案件，犯罪嫌疑人违反应当遵守的规定，情节严重的，公安机关应当依法提请批准逮捕。人民检察察院应当根据刑事诉讼法第五十七条的规定审查批准逮捕。

5. 《治安管理处罚法》的相关规定：

第六十条 有下列行为之一的，处五日以上十日以下拘留，并处二百元以上五百元以下罚款：第（四）项 被依法执行管制、剥夺政治权利或者在缓刑、保外就医等监外执行中的罪犯或者被依法采取刑事强制措施的人，有违反法律、行政法规和国务院公安部门有关监督管理规定的行为。

[实践指导]

《刑事诉讼法》将被监视居住的犯罪嫌疑人、被告人违反规定的法律后果仅设定为一种，即情节严重的，应予以逮捕。笔者认为，人民检察院刑事诉讼规则和公安机关办理刑事案件程序规定的补充是必要的，即对违反监视居住规定的犯罪嫌疑人、被告人，应视其违反规定的严重程度，追究不同的法律责任，这符合法律责任与违反义务的程度成比例的基本法理，使违反监视居住的法律责任更具有层次性。

另外需要注意的是，对于需要逮捕的犯罪嫌疑人、被告人，公安机关应当提请逮捕，由人民检察院进行审查决定是否批准逮捕，而不能够直接进行羁押，否则公安机关既行使了逮捕的决定权又行使了执行权。

二十三、应当如何理解对犯罪嫌疑人、被告人进行监视居住的期间

[法律依据]

1. 《刑事诉讼法》的相关规定：

第五十八条 人民法院、人民检察院和公安机关对犯罪嫌疑人、被告人取保候审最长不得超过十二个月，监视居住最长不得超过六个月。在取保候审、监视居住期间，不得中断对案件的侦查、起诉和审理。对于发现不应当追究刑事责任或者取保候审、监视居住期限届满

的，应当及时解除取保候审、监视居住。解除取保候审、监视居住，应当及时通知被取保候审、监视居住人和有关单位。

2. 最高人民检察院《人民检察院刑事诉讼规则》的相关规定：

第七十条　公安机关决定对犯罪嫌疑人监视居住，案件移送人民检察院审查起诉后，对于需要继续监视居住的，人民检察院应当依法对犯罪嫌疑人办理监视居住手续。监视居住的期限应当重新计算并告知犯罪嫌疑人。

第七十一条　在监视居住期间，不得中断对案件的侦查、审查起诉。

第七十二条　监视居住期限届满或者发现不应当追究犯罪嫌疑人刑事责任的，应当解除或者撤销监视居住。

3. 最高人民法院《关于执行〈中华人民共和国刑事诉讼法〉若干问题的解释》的相关规定：

第七十五条　人民检察院、公安机关已对犯罪嫌疑人取保候审、监视居住，案件起诉到人民法院后，人民法院对于符合取保候审、监视居住条件的，应当依法对被告人重新办理取保候审、监视居住手续。取保候审、监视居住的期限重新计算。人民法院不得对同一被告人重复采取取保候审、监视居住措施。

4. 公安部《公安机关办理刑事案件程序规定》的相关规定：

第一百零三条　在监视居住期间，公安机关不得中断案件的侦查，对被监视居住的犯罪嫌疑人，应当根据案情变化及时解除监视居住或者变更强制措施。

监视居住最长不得超过六个月。监视居住期限届满十日前，执行机关应当通知原决定机关。

第一百零四条　需要解除监视居住的，经县级以上公安机关负责人批准，签发《解除监视居住决定书》。

解除监视居住应当及时通知执行机关、被监视居住人和有关单位。

[实践指导]

从上述规定可以看出，对犯罪嫌疑人、被告人采取监视居住的期限不得超过6个月，而且公安机关、人民检察院、人民法院三机关在连续适用监视居住的情况下，各机关应当重新办理监视居住手续，监视居住时间重新计算。所以，这6个月是公安机关、人民检察院、人民法院各自决定对犯罪嫌疑人、被告人适用6个月，即累计起来可能超过6个月，最长可能达至18个月。因此，实践中应当严格遵守监视居住时间，期限届满，及时变更或解除，在监视居住期间，不得停止对案件的侦查、起诉和审判，以使案件得到及时处理，最大限度地保障犯罪嫌疑人、被告人合法权益。

二十四、同一机关对同一犯罪嫌疑人、被告人是否可以重复适用取保候审或者监视居住

[法律依据]

最高人民法院《关于执行〈中华人民共和国刑事诉讼法〉若干问题的解释》的相关规定：

第七十五条　人民检察院、公安机关已对犯罪嫌疑人取保候审、监视居住，案件起诉到人民法院后，人民法院对于符合取保候审、监视居住条件的，应当依法对被告人重新办理取

保候审、监视居住手续。取保候审、监视居住的期限重新计算。人民法院不得对同一被告人重复采取取保候审、监视居住措施。

[实践指导]

《刑事诉讼法》规定公安机关、人民检察院、人民法院在符合法定条件的情况下，可以对犯罪嫌疑人、被告人适用取保候审或监视居住，而且规定了案件进入下一诉讼程序，主持这一程序的专门机关可以继续对犯罪嫌疑人适用取保候审或者监视居住。但是，如果一个机关已经对犯罪嫌疑人、被告人适用取保候审或者监视居住，能否再重复适用？对此，刑事诉讼法没有规定，相关司法解释中也只有上述一个条款对此有所涉及。笔者认为，这一司法解释所体现的精神是正确的。因为如果允许一个机关对同一犯罪嫌疑人、被告人重复适用取保候审、监视居住，就会导致取保候审、监视居住的期限设定毫无意义，将会使犯罪嫌疑人、被告人长期处于限制人身自由的状态，不利于保障其合法权益。所以，取保候审、监视居住期限届满，必须办理解除或者变更手续，而不能够重复适用。

但是，这里的重复适用应当理解为连续的重复适用。因为司法实践中情况复杂，有的案件需要对犯罪嫌疑人、被告人适用两次甚至两次以上取保候审或者监视居住。犯罪嫌疑人应当逮捕但因为是正在哺乳自己婴儿的妇女而对其适用取保候审或者监视居住，后因法定情形消失而予以逮捕，但又因羁押期限届满案件没有办结，只能对其采取取保候审或者监视居住，如果不可以，显然于理不通，也不利于保障刑事诉讼活动的顺利进行。所以，笔者认为，不得重复适用是指不得连续重复适用，在符合法律规定的条件下，同一专门机关也可以对同一犯罪嫌疑人、被告人不连续地再次适用取保候审或者监视居住。

二十五、对哪些犯罪嫌疑人、被告人应当解除取保候审、监视居住

[法律依据]

1. 《刑事诉讼法》的相关规定：

第五十八条 人民法院、人民检察院和公安机关对犯罪嫌疑人、被告人取保候审最长不得超过十二个月，监视居住最长不得超过六个月。

在取保候审、监视居住期间，不得中断对案件的侦查、起诉和审理。对于发现不应当追究刑事责任或者取保候审、监视居住期限届满的，应当及时解除取保候审、监视居住。解除取保候审、监视居住，应当及时通知被取保候审、监视居住人和有关单位。

第七十三条 人民法院、人民检察院和公安机关如果发现对犯罪嫌疑人、被告人采取强制措施不当的，应当及时撤销或者变更。公安机关释放被逮捕的人或者变更逮捕措施的，应当通知原批准的人民检察院。

第七十五条 犯罪嫌疑人、被告人及其法定代理人、近亲属或者犯罪嫌疑人、被告人委托的律师及其他辩护人对于人民法院、人民检察院或者公安机关采取强制措施超过法定期限的，有权要求解除强制措施。人民法院、人民检察院或者公安机关对于被采取强制措施超过法定期限的犯罪嫌疑人、被告人应当予以释放、解除取保候审、监视居住或者依法变更强制措施。

2. 最高人民检察院《人民检察院刑事诉讼规则》的相关规定：

第五十八条 取保候审期限届满或者发现不应当追究犯罪嫌疑人的刑事责任的，应当及时解除或者撤销取保候审。

第五十九条　解除或者撤销取保候审，应当由办案人员提出意见，部门负责人审核，检察长决定。

第六十条　解除或者撤销取保候审的决定，应当及时通知执行机关，并将解除或者撤销取保候审的决定书送达犯罪嫌疑人；有保证人的，还应当通知保证人解除担保义务。

第七十二条　监视居住期限届满或者发现不应当追究犯罪嫌疑人刑事责任的，应当解除或者撤销监视居住。

第七十四条　解除或者撤销监视居住的决定应当通知执行机关，并将解除或者撤销监视居住的决定书送达犯罪嫌疑人。

第七十五条　犯罪嫌疑人及其法定代理人、近亲属或者犯罪嫌疑人委托的律师及其他辩护人认为监视居住超过法定期限，向人民检察院提出解除监视居住要求的，人民检察院应当在七日以内审查决定。经审查认为超过法定期限的，经检察长批准后，解除监视居住；经审查未超过法定期限的，书面答复申请人。

3. 最高人民法院《关于执行〈中华人民共和国刑事诉讼法〉若干问题的解释》的相关规定：

第二百零一条　人民法院裁定允许自诉人撤诉或者当事人自行和解的案件，被告人被采取强制措施的，应当立即解除。

第二百六十四条　第二审人民法院对于调解结案或者当事人自行和解的案件，被告人被采取强制措施的，应当立即予以解除。

4. 公安部《公安机关办理刑事案件程序规定》的相关规定：

第一百三十六条　取保候审、监视居住变更为拘留、逮捕的，在变更的同时，原强制措施自动解除，不再办理解除法律手续。

第一百三十八条　案件在取保候审、监视居住期间移送审查起诉后，是否需要重新办理取保候审、监视居住手续或者变更强制措施，由人民检察院决定。人民检察院决定重新取保候审、监视居住或者变更强制措施的，公安机关应当办理解除原强制措施手续。

5. 最高人民法院、最高人民检察院、公安部、国家安全部《关于取保候审若干问题的规定》的相关规定：

第二十条　取保候审即将到期的，执行机关应当在期限届满十五日前书面通知决定机关，由决定机关作出解除取保候审或者变更强制措施的决定，并于期限届满前书面通知执行机关。执行机关收到决定机关的《解除取保候审决定书》或者变更强制措施的通知后，应当立即执行，并将执行情况及时通知决定机关。

第二十一条　被取保候审人在取保候审期间没有违反刑事诉讼法第五十六条的规定，也没有故意重新犯罪的，在解除取保候审、变更强制措施或者执行刑罚的同时，县级以上执行机关应当制作《退还保证金决定书》，通知银行如数退还保证金，并书面通知决定机关。

执行机关应当及时向被取保候审人宣布退还保证金的决定，并书面通知其到银行领取退还的保证金。

第二十三条　原决定机关收到受案机关作出的变更强制措施决定后，应当立即解除原取保候审，并将《解除取保候审决定书》、《解除取保候审通知书》送达执行机关，执行机关应当及时书面通知被取保候审人、保证人；受案机关作出继续取保候审或者变更保证方式决定的，原取保候审自动解除，不再办理解除手续。

[实践指导]

强制措施的撤销是在强制措施执行期间由于出现了法定事由，国家专门机关决定不再继续适用强制措施而予以取消的诉讼行为。强制措施的解除是指强制措施超过法定期限或适用该强制措施的情形消失后对其依法取消。结合我国《刑事诉讼法》和相关司法解释的规定，强制措施的撤销和解除都意味着强制措施不再适用，但由于二者的原因不同，强制措施的撤销说明原来强制措施的适用不当，有可能产生法律责任，而解除则说明原取保候审的适用并无不当，只是由于期限届满或情形变化而取消，与法律责任无关。取保候审和监视居住撤销的原因比较简单，就是发现原来的取保候审或监视居住适用不当，即适用于不应当追究犯罪嫌疑人、被告人刑事责任的情形。取保候审、监视居住解除的原因相对复杂。根据我国《刑事诉讼法》和相关司法解释的规定，取保候审、监视居住解除的原因主要有期限届满、不应当追究刑事责任、变更为其他强制措施、案件进入下一诉讼阶段、其他原因五种。在撤销或解除取保候审时要严格遵守法律和相关司法解释规定的程序。

二十六、哪些机关有权适用拘留

[法律依据]

1.《刑事诉讼法》的相关规定：

第四条 国家安全机关依照法律规定，办理危害国家安全的刑事案件，行使与公安机关相同的职权。

第六十一条 公安机关对于现行犯或者重大嫌疑分子，如果有下列情形之一的，可以先行拘留：（一）正在预备犯罪、实行犯罪或者在犯罪后即时被发觉的；（二）被害人或者在场亲眼看见的人指认他犯罪的；（三）在身边或者住处发现有犯罪证据的；（四）犯罪后企图自杀、逃跑或者在逃的；（五）有毁灭、伪造证据或者串供可能的；（六）不讲真实姓名、住址，身份不明的；（七）有流窜作案、多次作案、结伙作案重大嫌疑的。

第一百三十二条 人民检察院直接受理的案件中符合本法第六十条、第六十一条第四项、第五项规定情形，需要逮捕、拘留犯罪嫌疑人的，由人民检察院作出决定，由公安机关执行。

2. 最高人民法院、最高人民检察院、公安部、国家安全部、司法部、全国人大常委会法制工作委员会《关于刑事诉讼法实施中若干问题的规定》的相关规定：

第二十五条 刑事诉讼法规定，拘留由公安机关执行。对于人民检察院直接受理的案件，人民检察院作出的拘留决定，应当送达公安机关执行，公安机关应当立即执行，人民检察院可以协助公安机关执行。

3. 最高人民检察院《人民检察院刑事诉讼规则》的相关规定：

第七十六条 人民检察院对于有下列情形之一的犯罪嫌疑人，可以决定拘留：（一）犯罪后企图自杀、逃跑或者在逃的；（二）有毁灭、伪造证据或者串供可能的。

4. 全国人大常委会《关于中国人民解放军保卫部门对军队内部发生的刑事案件行使公安机关的侦查、拘留、预审和执行逮捕的职权的决定》的相关规定：

中国人民解放军保卫部门承担军队内部发生的刑事案件的侦查工作，同公安机关对刑事案件的侦查工作性质是相同的，因此，军队保卫部门对军队内部发生的刑事案件，可以行使宪法和法律规定的公安机关的侦查、拘留、预审和执行逮捕的职权。

5. 全国人大常委会《关于国家安全机关行使公安机关的侦查、拘留、预审和执行逮捕的职权的决定》的相关规定：

第六届全国人民代表大会第一次会议决定设立的国家安全机关，承担原由公安机关主管的间谍、特务案件的侦查工作，是国家公安机关的性质，因而国家安全机关可以行使宪法和法律规定的公安机关的侦查、拘留、预审和执行逮捕的职权。

[实践指导]

从以上规定我们可以看出，在我国刑事诉讼中享有拘留权的机关是公安机关、国家安全机关、军队保卫部门和人民检察院。但其权力内容是不一致的。公安机关、国家安全机关、军队保卫部门享有完整的拘留权，即既有决定权，又有执行权，而人民检察院只有决定权，没有执行权。人民检察院决定的拘留，由公安机关负责执行。具体程序应当是，人民检察院作出拘留决定后，县级以上公安机关根据《拘留决定书》签发《拘留证》，并派两人以上执行。人民法院无权适用刑事拘留这一强制措施。

二十七、刑事拘留的时间能否折抵行政拘留的时间

[法律依据]

1. 全国人大法工委《关于刑事拘留时间可否折抵行政拘留时间的问题的答复意见》的相关规定：

行为人被刑事拘留的行为与被行政拘留的行为系同一行为的，如果该行为不构成犯罪，而属于应处以行政拘留的行为，应依法裁定给予行政拘留，并应将其被刑事拘留的时间折抵行政拘留时间。对没有犯罪事实或者没有事实证明有犯罪重大嫌疑的人实行刑事拘留的，应当依照国家赔偿法的规定依法给予国家赔偿。但是，如果经依法裁定给予行政拘留，且刑事拘留时间已经折抵行政拘留时间的，不再给予国家赔偿；未折抵的刑事拘留时间应当给予国家赔偿。

2. 公安部《关于刑事拘留时间可否折抵行政拘留时间问题的批复》的相关规定：

如果行为人依法被刑事拘留的行为与依法被行政拘留的行为系同一行为，公安机关在依法对其裁决行政拘留时，应当将其刑事拘留的时间折抵行政拘留时间。如果行为人依法被刑事拘留的时间已超过依法被裁决的行政拘留时间的，则其行政拘留不再执行，但必须将行政拘留裁决书送达被处罚人。

3. 公安部《关于对刑事拘留、治安拘留期限是否折抵收容教育期限问题的批复》的相关规定：

一、如果行为人被刑事拘留的行为与被决定收容教育的行为系因同一行为，其刑事拘留的期限应当折抵收容教育的期限，刑事拘留一日抵收容教育一日。

[实践指导]

如果行为人依法被刑事拘留的行为与依法被行政拘留的行为系同一行为，公安机关在依法对其裁决行政拘留时，应当将其刑事拘留的时间折抵行政拘留时间。实践中应当注意的问题是：一是行为人被依法刑事拘留的行为与依法被裁决行政拘留的行为，必须是同一行为。如果二者不是同一行为，则其被刑事拘留的时间不得折抵行政拘留的时间。二是为保护公民的合法权益，保障公民依法行使申请行政复议和提起行政诉讼的权利，对行为人依法裁决行政处罚的，应当依照治安管理处罚法、行政处罚法等法律、法规的规定，将行政处罚决定书送达被处罚人。不能因为行为人依法被刑事拘留的时间已超过依法被裁决的行政拘留时间，其行政拘留不再执行，就不将行政拘留决定书送达被处罚人。三是虽然因行为人依法被刑事

拘留的时间已超过依法裁决的行政拘留时间，其行政拘留不再执行，但是，公安机关必须严格按照法律程序作出行政拘留裁决，避免因程序违法而被行政复议机关、人民法院撤销。

此外，需要附带说明的是，根据公安部1997年12月11日颁布执行的《关于对刑事拘留、治安拘留期限是否折抵收容教育期限问题的批复》的规定，因同一行为先被刑事拘留，后又被收容教育的，其刑事拘留的期限应当折抵收容教育的期限。

二十八、公安机关适用拘留的条件与人民检察院适用拘留的条件有何不同

[法律依据]

1. 《刑事诉讼法》的相关规定：

第六十一条　公安机关对于现行犯或者重大嫌疑分子，如果有下列情形之一的，可以先行拘留：（一）正在预备犯罪、实行犯罪或者在犯罪后即时被发觉的；（二）被害人或者在场亲眼看见的人指认他犯罪的；（三）在身边或者住处发现有犯罪证据的；（四）犯罪后企图自杀、逃跑或者在逃的；（五）有毁灭、伪造证据或者串供可能的；（六）不讲真实姓名、住址，身份不明的；（七）有流窜作案、多次作案、结伙作案重大嫌疑的。

第一百三十二条　人民检察院直接受理的案件中符合本法第六十条、第六十一条第四项、第五项规定情形，需要逮捕、拘留犯罪嫌疑人的，由人民检察院作出决定，由公安机关执行。

2. **最高人民检察院《人民检察院刑事诉讼规则》的相关规定：**

第七十六条　人民检察院对于有下列情形之一的犯罪嫌疑人，可以决定拘留：（一）犯罪后企图自杀、逃跑或者在逃的；（二）有毁灭、伪造证据或者串供可能的。

[实践指导]

公安机关适用的拘留对象必须同时具备两个条件：一是现行犯或重大嫌疑分子，二是具有法定紧急情形之一。现行犯是指正在预备犯罪、实行犯罪或者犯罪后即时被发觉的。重大嫌疑分子是指有证据证明具有重大嫌疑的人，通常是指有部分证据或多种迹象表明实施犯罪可能性较大或很大的人。二是具有法定紧急情形之一，即《刑事诉讼法》第61条规定的紧急情形，主要包括：正在预备犯罪、实行犯罪或者在犯罪后即时被发觉的；被害人或者在场亲眼看见的人指认他犯罪的；在身边或者住处发现有犯罪证据的；犯罪后企图自杀、逃跑或者在逃的；有毁灭、伪造证据或者串供可能的；不讲真实姓名、住址，身份不明的；有流窜作案、多次作案、结伙作案重大嫌疑的。

人民检察院对具备犯罪后企图自杀、逃跑或者在逃的和有毁灭、伪造证据或者串供可能的两种情形之一的犯罪嫌疑人可以决定适用拘留。实践中，只要有证据证明犯罪嫌疑人有企图自杀、逃跑迹象，或具有串供、毁灭、伪造证据行为的，对犯罪嫌疑人即可适用拘留措施。犯罪嫌疑人企图自杀、逃跑、在逃，或者串供、毁灭、伪造证据，既是对犯罪嫌疑人决定拘留的条件，也是证明犯罪嫌疑人具有犯罪重大嫌疑事实的证据。侦查活动中，注意获取犯罪嫌疑人串供、串证、毁灭、伪造证据，以及企图逃跑、自杀的证据，对于拘留措施的运用具有非常重要的意义。

二十九、公安机关决定的拘留应当如何执行

[法律依据]

1. 《刑事诉讼法》的相关规定:

第六十四条 公安机关拘留人的时候,必须出示拘留证。

拘留后,除有碍侦查或者无法通知的情形以外,应当把拘留的原因和羁押的处所,在二十四小时以内,通知被拘留人的家属或者他的所在单位。

第六十五条 公安机关对于被拘留的人,应当在拘留后的二十四小时以内进行讯问。在发现不应当拘留的时候,必须立即释放,发给释放证明。对需要逮捕而证据还不充足的,可以取保候审或者监视居住。

2. 公安部《公安机关办理刑事案件程序规定》的相关规定:

第一百零六条 拘留犯罪嫌疑人,应当填写《呈请拘留报告书》,经县级以上公安机关负责人批准,签发《拘留证》。执行拘留时,必须出示《拘留证》,并责令被拘留人在《拘留证》上签名(盖章)、捺指印,其拒绝签名(盖章)、捺指印的,侦查人员应当注明。

对符合本规定第一百零五条所列情形之一,因情况紧急来不及办理拘留手续的,应当在将犯罪嫌疑人带至公安机关后立即办理法律手续。

第一百零七条 对于被拘留人,公安机关应当在拘留后二十四小时内进行讯问。发现不应当拘留的,经县级以上公安机关负责人批准,签发《释放通知书》,看守所凭《释放通知书》发给被拘留人《释放证明书》,将其立即释放。

第一百零八条 拘留后,应当在二十四小时内制作《拘留通知书》,送达被拘留人家属或者单位,但有下列情形之一的,经县级以上公安机关负责人批准,可以不予通知:(一)同案的犯罪嫌疑人可能逃跑、隐匿、毁弃或者伪造证据的;(二)不讲真实姓名、住址,身份不明的;(三)其他有碍侦查或无法通知的。上述情形消除后,应当立即通知被拘留人的家属或者他的所在单位。

对没有在二十四小时内通知的,应当在拘留通知书中注明原因。

[实践指导]

根据上述规定,公安机关决定的拘留在执行时应当注意如下问题:

第一,执行拘留时必须向被拘留人出示《拘留证》,并责令被拘留人在《拘留证》上签名(盖章)、捺指印,其拒绝签名(盖章)、捺指印的,侦查人员应当注明。《公安机关办理刑事案件程序规定》中又赋予了公安机关在符合拘留条件时,因情况紧急来不及办理拘留手续的,可以在将犯罪嫌疑人带到公安机关后立即办理法律手续。这实际上赋予了公安机关无证拘留的权力,突破了刑事诉讼法的规定。

第二,公安机关在执行拘留后的24小时之内必须对被拘留人进行讯问,发现不当拘留必须立即释放。

第三,公安机关应当在执行拘留后的24小时内以《拘留通知书》的形式将拘留的原因和羁押的处所通知被拘留人的家属和所在单位。如果存在有碍侦查或无法通知的情形可以不予通知,但应当在拘留通知书中注明。

三十、人民检察院决定的拘留应当如何执行

[法律依据]

1. 《刑事诉讼法》的相关规定：

第一百三十二条　人民检察院直接受理的案件中符合本法第六十条、第六十一条第四项、第五项规定情形，需要逮捕、拘留犯罪嫌疑人的，由人民检察院作出决定，由公安机关执行。

第一百三十三条　人民检察院对直接受理的案件中被拘留的人，应当在拘留后的二十四小时以内进行讯问。在发现不应当拘留的时候，必须立即释放，发给释放证明。对需要逮捕而证据还不充足的，可以取保候审或者监视居住。

2. **最高人民法院、最高人民检察院、公安部、国家安全部、司法部、全国人大常委会法制工作委员会《关于刑事诉讼法实施中若干问题的规定》的相关规定：**

25. 刑事诉讼法规定，拘留由公安机关执行。对于人民检察院直接受理的案件，人民检察院作出的拘留决定，应当送达公安机关执行，公安机关应当立即执行，人民检察院可以协助公安机关执行。

3. **最高人民检察院《人民检察院刑事诉讼规则》的相关规定：**

第七十八条　人民检察院作出拘留决定后，应当送达公安机关执行。必要的时候，人民检察院可以协助公安机关执行。

第八十条　对犯罪嫌疑人拘留后，人民检察院应当把拘留的原因和羁押的处所，在二十四小时以内，通知被拘留人的家属或者他的所在单位。

因有碍侦查，不能在二十四小时以内通知的，应当经检察长批准，并将原因写明附卷；无法通知的，应当向检察长报告，并将原因写明附卷。

4. **公安部《公安机关办理刑事案件程序规定》的相关规定：**

第一百一十四条　人民检察院决定拘留犯罪嫌疑人的，由县级以上公安机关凭人民检察院送达的决定拘留的法律文书签发《拘留证》并立即执行。必要时，可以请人民检察院协助。拘留后，应当及时通知人民检察院进行讯问，并由人民检察院通知被拘留人的家属或者他的所在单位。

5. **最高人民检察院、公安部《关于适用刑事强制措施有关问题的规定》的相关规定：**

第十八条　人民检察院直接立案侦查的案件，需要拘留犯罪嫌疑人的，应当依法作出拘留决定，并将有关法律文书和有关案由、犯罪嫌疑人基本情况的材料送交同级公安机关执行。

第十九条　公安机关核实有关法律文书和材料后，应当报请县级以上公安机关负责人签发拘留证，并立即派员执行，人民检察院可以协助公安机关执行。

第二十条　人民检察院对于符合刑事诉讼法第六十一条第（四）项或者第（五）项规定情形的犯罪嫌疑人，因情况紧急，来不及办理拘留手续的，可以先行将犯罪嫌疑人带至公安机关，同时立即办理拘留手续。

第二十一条　公安机关拘留犯罪嫌疑人后，应当立即将执行回执送达作出拘留决定的人民检察院。……

公安机关未能抓获犯罪嫌疑人的，应当在二十四小时以内，将执行情况和未能抓获犯罪嫌疑人的原因通知作出拘留决定的人民检察院。对于犯罪嫌疑人在逃的，在人民检察院撤销拘留决定之前，公安机关应当组织力量继续执行，人民检察院应当及时向公安机关提供新的

情况和线索。

[实践指导]

《刑事诉讼法》赋予了人民检察院拘留的决定权，但并没有赋予其拘留的执行权，人民检察院决定的拘留应当由公安机关执行。刑事诉讼法之所以将人民检察院决定的刑事拘留的执行权赋予公安机关，是因为拘留的执行包括两个阶段，一是向犯罪嫌疑人宣布拘留，二是将其羁押直至转为逮捕或解除拘留之日。我国看守所隶属于公安机关，人民检察院没有自己的羁押场所，对被拘留人的羁押只能在公安机关的看守所进行，因此，刑事诉讼法将人民检察院决定的拘留的执行权归属于公安机关，无疑是正确的。因此，人民检察院决定拘留犯罪嫌疑人的，由人民检察院制作《拘留决定书》，然后将《拘留决定书》送达公安机关，公安机关凭《拘留决定书》签发《拘留证》，再派员执行。但是由于这一程序环节较多，实践中的做法比较混乱，且无法满足紧急情况下对犯罪嫌疑人进行拘留的迫切性要求，所以，人民检察院因情况紧急来不及办理拘留手续的，应当在将犯罪嫌疑人带至公安机关后立即办理法律手续。另外，对犯罪嫌疑人执行拘留后，应当由人民检察院而不是公安机关履行在法定期间内的告知义务和讯问义务。

三十一、如何理解"先行拘留"中的"先行"

[法律依据]

1. 《刑事诉讼法》的相关规定：

第六十一条 公安机关对于现行犯或者重大嫌疑分子，如果有下列情形之一的，可以先行拘留：（一）正在预备犯罪、实行犯罪或者在犯罪后即时被发觉的；（二）被害人或者在场亲眼看见的人指认他犯罪的；（三）在身边或者住处发现有犯罪证据的；（四）犯罪后企图自杀、逃跑或者在逃的；（五）有毁灭、伪造证据或者串供可能的；（六）不讲真实姓名、住址，身份不明的；（七）有流窜作案、多次作案、结伙作案重大嫌疑的。

第六十九条 公安机关对被拘留的人，认为需要逮捕的，应当在拘留后的三日以内，提请人民检察院审查批准。在特殊情况下，提请审查批准的时间可以延长一日至四日。

对于流窜作案、多次作案、结伙作案的重大嫌疑分子，提请审查批准的时间可以延长至三十日。

人民检察院应当自接到公安机关提请批准逮捕书后的七日以内，作出批准逮捕或者不批准逮捕的决定。人民检察院不批准逮捕的，公安机关应当在接到通知后立即释放，并且将执行情况及时通知人民检察院。对于需要继续侦查，并且符合取保候审、监视居住条件的，依法取保候审或者监视居住。

2. 最高人民检察院《人民检察院刑事诉讼规则》的相关规定：

第一百二十八条 在举报线索的初查过程中，可以进行询问、查询、勘验、鉴定、调取证据材料等不限制被查对象人身、财产权利的措施。不得对被查对象采取强制措施，不得查封、扣押、冻结被查对象的财产。

3. 公安部《公安机关办理经济犯罪案件的若干规定》的相关规定：

第七条 在立案审查过程中，可以请有关单位协助调查，或者依照规定的程序采取必要的调查措施，但不得采取刑事强制措施，不得查封、扣押、冻结财产。

[实践指导]

《刑事诉讼法》仅仅规定了公安机关对现行犯和重大嫌疑分子可以先行拘留。但是，这里的"先行"应当先于何而行？理论界和实践中有三种不同的观点。一是先于办理拘留手续。即所谓"先行"是指在来不及办《拘留证》的情况下，先拘留犯罪嫌疑人，然后再补办法律手续。二是先于立案。即认为强制措施应当在立案之后采取，但是在立案前遇有紧急情况，不立即采取拘留措施，就可能逃跑、自杀或者继续危害社会，所以可以在立案前对现行犯和重大嫌疑分子进行拘留。三是先于逮捕或其他强制措施。即对需要逮捕的犯罪嫌疑人进行的前期审查。笔者认为第三种观点是正确的。《刑事诉讼法》第61条规定的拘留条件是针对所有拘留规定的，如果认为在符合法定条件下都可以先行拘留，就会使法律规定的拘留程序毫无意义，所以第一种观点是错误的。强制措施应当在立案之后才能采取，如果在立案之前就可以动用强制措施，就会使立案程序所具有的防止国家权力侵犯公民权利的屏蔽功能无法发挥，因此，在立案决定作出前不可以适用拘留。《公安机关办理经济犯罪案件的若干规定》体现了这一立法精神。结合《刑事诉讼法》第69条的规定我们可以看出，拘留是在对犯罪嫌疑人、被告人适用逮捕、取保候审或监视居住之前的一种临时性羁押措施，以待在法定期间内进行审查后再作出相应的决定。

另外，《刑事诉讼法》只是赋予了人民检察院在符合法定情形下对犯罪嫌疑人的拘留权，不涉及对现行犯和重大嫌疑分子的先行拘留问题，所以人民检察院所适用的拘留在立案决定作出之后方可适用，是毫无争议的，实践中应当严格执行。

三十二、异地执行拘留、逮捕应当注意哪些问题

[法律依据]

1.《刑事诉讼法》的相关规定：

第六十二条　公安机关在异地执行拘留、逮捕的时候，应当通知被拘留、逮捕人所在地的公安机关，被拘留、逮捕人所在地的公安机关应当予以配合。

2. 最高人民检察院《关于人民检察院侦查协作的暂行规定》的相关规定：

第八条　请求方派员到异地协助公安机关执行拘留、逮捕的，原则上应由请求方检察机关与当地公安机关取得联系后，通过公安协作渠道办理。必要时协作方检察机关也要予以配合。请求方到异地执行搜查、扣押、追缴涉案款物等，应当请当地检察机关协作，协作方应当予以配合。

3. 公安部《公安机关办理刑事案件程序规定》的相关规定：

第三百零九条　对异地公安机关提出协助调查、执行强制措施等协作请求，只要法律手续完备，协作地公安机关就应当及时无条件予以配合，不得收取任何形式的费用。

第三百一十四条　异地执行拘留、逮捕的，执行人员应当持《拘留证》、《逮捕证》、办案协作函件和工作证件，与协作地县级以上公安机关联系，协作地公安机关应当派员协助执行。

第三百一十五条　委托异地公安机关代为执行拘留、逮捕的，应当将《拘留证》、《逮捕证》、办案协作函件送达协作地公安机关。

协作地公安机关抓获犯罪嫌疑人后，应当立即通知委托地公安机关。委托地公安机关应当立即携带法律文书及时提解，提解的侦查人员不得少于二人。

[实践指导]

异地执行拘留、逮捕是公安机关办案协作中的经常性工作,实践中应当严格按照相关规定执行,不得以任何借口进行推诿。对于人民检察院办理的自侦案件,需要到异地执行拘留、逮捕的,人民检察院也应当严格遵照相关规定执行。

三十三、刑事拘留应当遵守哪些法定期间

[法律依据]

1. 《刑事诉讼法》的相关规定:

第六十四条 公安机关拘留人的时候,必须出示拘留证。

拘留后,除有碍侦查或者无法通知的情形以外,应当把拘留的原因和羁押的处所,在二十四小时以内,通知被拘留人的家属或者他的所在单位。

第六十五条 公安机关对于被拘留的人,应当在拘留后的二十四小时以内进行讯问。在发现不应当拘留的时候,必须立即释放,发给释放证明。对需要逮捕而证据还不充足的,可以取保候审或者监视居住。

第六十九条第一、二款 公安机关对被拘留的人,认为需要逮捕的,应当在拘留后的三日以内,提请人民检察院审查批准。在特殊情况下,提请审查批准的时间可以延长一日至四日。

对于流窜作案、多次作案、结伙作案的重大嫌疑分子,提请审查批准的时间可以延长至三十日。

第一百三十三条 人民检察院对直接受理的案件中被拘留的人,应当在拘留后的二十四小时以内进行讯问。在发现不应当拘留的时候,必须立即释放,发给释放证明。对需要逮捕而证据还不充足的,可以取保候审或者监视居住。

第一百三十四条 人民检察院对直接受理的案件中被拘留的人,认为需要逮捕的,应当在十日以内作出决定。在特殊情况下,决定逮捕的时间可以延长一日至四日。对不需要逮捕的,应当立即释放;对于需要继续侦查,并且符合取保候审、监视居住条件的,依法取保候审或者监视居住。

2. 最高人民检察院《人民检察院刑事诉讼规则》的相关规定:

第八十条 对犯罪嫌疑人拘留后,人民检察院应当把拘留的原因和羁押的处所,在二十四小时以内,通知被拘留人的家属或者他的所在单位。因有碍侦查,不能在二十四小时以内通知的,应当经检察长批准,并将原因写明附卷;无法通知的,应当向检察长报告,并将原因写明附卷。

第八十三条 人民检察院拘留犯罪嫌疑人的羁押期限为十日,特殊情况下可以延长一日至四日。

第一百零九条 人民检察院办理直接立案侦查的案件,需要逮捕犯罪嫌疑人的,由侦查部门填写逮捕犯罪嫌疑人意见书,连同案卷材料一并送交本院审查逮捕部门审查。犯罪嫌疑人已被拘留的,侦查部门应当在拘留后三日以内将案件送交本院审查逮捕部门审查。特殊情况下,移送审查的时间可以延长一日至四日。

3. 公安部《公安机关办理刑事案件程序规定》的相关规定:

第一百零七条 对于被拘留人,公安机关应当在拘留后二十四小时内进行讯问。发现不

应当拘留的，经县级以上公安机关负责人批准，签发《释放通知书》，看守所凭《释放通知书》发给被拘留人《释放证明书》，将其立即释放。

第一百零八条 拘留后，应当在二十四小时内制作《拘留通知书》，送达被拘留人家属或者单位，但有下列情形之一的，经县级以上公安机关负责人批准，可以不予通知：（一）同案的犯罪嫌疑人可能逃跑，隐匿、毁弃或者伪造证据的；（二）不讲真实姓名、住址，身份不明的；（三）其他有碍侦查或者无法通知的。上述情形消除后，应当立即通知被拘留人的家属或者他的所在单位。

对没有在二十四小时内通知的，应当在拘留通知书中注明原因。

第一百零九条 对于被拘留的犯罪嫌疑人，经过审查认为需要逮捕的，应当在拘留后的三日内提请人民检察院审查批准。在特殊情况下，经县级以上公安机关负责人批准，提请审查批准逮捕的时间，可以延长一至四日。

对于流窜作案、多次作案、结伙作案的重大嫌疑分子，经县级以上公安机关负责人批准，提请审查批准的时间可以延长至三十日。

第一百一十条 流窜作案，是指跨市、县管辖范围连续作案，或者在居住地作案后逃跑到外市、县继续作案。

多次作案，是指三次以上作案。

结伙作案，是指二人以上共同作案。

第十百一十一条 需要延长拘留期限的，办案单位应当在期限届满前二十四小时内制作《呈请延长拘留期限报告书》，报县级以上公安机关负责人批准。

第一百一十二条 犯罪嫌疑人不讲真实姓名、住址，身份不明，在三十日内不能查清提请批准逮捕的，经县级以上公安机关负责人批准，拘留期限自查清其身份之日起计算，但不得停止对其犯罪行为的侦查。对有证据证明有犯罪事实的案件，也可以按其自报的姓名提请批准逮捕。

4. 公安部《公安机关适用刑事羁押期限规定的通知》的相关规定：

第九条 对被拘留的犯罪嫌疑人在拘留后的三日以内无法提请人民检察院审查批准逮捕的，如果有证据证明犯罪嫌疑人有流窜作案，多次作案、结伙作案的重大嫌疑，报经县级以上公安机关负责人批准，可以直接将提请审查批准的时间延长至三十日。

[实践指导]

在我国刑事诉讼中，刑事拘留必须遵守的期间主要有通知被拘留人家属或所在单位的期间、第一次讯问犯罪嫌疑人的期间、提请逮捕的期间和人民检察院对犯罪嫌疑人进行拘留的羁押期间，这里有两个问题需要特别强调。一是注意理解"多次作案"、"结伙作案"、"流窜作案"的含义："流窜作案"是指跨市、县管辖范围连续作案，或者在居住地作案后逃跑到外市、县继续作案；"多次作案"是指三次以上作案；"结伙作案"是两人以上共同作案。严禁将不符合条件的犯罪嫌疑人拘留至30天，否则就是超期羁押。人民检察院适用拘留的条件没有"多次作案、结伙作案、流窜作案重大嫌疑"的情形，所以人民检察院无权对犯罪嫌疑人适用拘留至30天。二是对《公安机关办理刑事案件程序规定》第112条的评价。这一规定明显混淆了拘留羁押期限和逮捕后的侦查羁押期限，会导致对拘留期限的无限期延长，与刑事诉讼法的规定明显相悖（《刑事诉讼法》第128条第2款规定："犯罪嫌疑人不讲真实姓名、住址，身份不明的，侦查羁押期限自查清其身份之日起计算，但是不得停止对其犯罪行为的侦查取证。对于犯罪事实清楚、证据确实、充分的，也可以按其自报的姓名移送人民检察院审查起诉。"这一规定应当仅适用于侦查羁押期限,而不应适用于拘留羁押期限),与过去的收容审查无异,是公安部自行授权的体现,应当予以废除。

三十四、对犯罪嫌疑人刑事拘留后应如何处理

[法律依据]

《刑事诉讼法》的相关规定:

第六十五条 公安机关对于被拘留的人,应当在拘留后的二十四小时以内进行讯问。在发现不应当拘留的时候,必须立即释放,发给释放证明。对需要逮捕而证据还不充足的,可以取保候审或者监视居住。

第六十九条第一、二款 公安机关对被拘留的人,认为需要逮捕的,应当在拘留后的三日以内,提请人民检察院审查批准。在特殊情况下,提请审查批准的时间可以延长一日至四日。

对于流窜作案、多次作案、结伙作案的重大嫌疑分子,提请审查批准的时间可以延长至三十日。

[实践指导]

根据我国《刑事诉讼法》的规定,对犯罪嫌疑人进行拘留后,根据不同的情况可以作出不同的处理。主要有如下三种情形:

第一,将被拘留的犯罪嫌疑人释放。所谓不应当拘留是指符合如下两种情况:一是犯罪嫌疑人不构成犯罪的,二是符合刑事诉讼法规定的依法不予追诉的情形之一,即《刑事诉讼法》第15条规定的:"有下列情形之一的,不追究刑事责任,已经追究的,应当撤销案件,或者不起诉,或者终止审理,或者宣告无罪:(一)情节显著轻微、危害不大,不认为是犯罪的;(二)犯罪已过追诉时效期限的;(三)经特赦令免除刑罚的;(四)依照刑法告诉才处理的犯罪,没有告诉或者撤回告诉的;(五)犯罪嫌疑人、被告人死亡的;(六)其他法律规定免予追究刑事责任的。"

第二,将犯罪嫌疑人变更为取保候审或监视居住。被拘留的犯罪嫌疑人可以在两种情况下被变更为取保候审或监视居住。一是需要追究刑事责任,但采取取保候审、监视居住不致发生社会危险性的;二是需要逮捕证据还不充足的。

第三,将犯罪嫌疑人提请逮捕。适用于符合刑事诉讼法规定的逮捕条件的犯罪嫌疑人。

三十五、公民将扭送对象扭送至国家专门机关后,国家专门机关应当如何处理

[法律依据]

1.《刑事诉讼法》的相关规定:

第六十三条 对于有下列情形的人,任何公民都可以立即扭送公安机关、人民检察院或者人民法院处理:(一)正在实行犯罪或者在犯罪后即时被发觉的;(二)通缉在案的;(三)越狱逃跑的;(四)正在被追捕的。

2. 最高人民检察院《人民检察院刑事诉讼规则》的相关规定：

第八十四条 公民将正在实行犯罪或者在犯罪后即被发觉的、通缉在案的、越狱逃跑的、正在被追捕的犯罪嫌疑人或者犯罪人扭送到人民检察院的，人民检察院应当予以接受，并且根据具体情况决定是否采取相应的紧急措施。对于不属于自己管辖的，应当移送主管机关处理。

[实践指导]

扭送是国家专门机关进行刑事诉讼活动依靠群众原则的具体体现。扭送不是强制措施，因为其适用的主体不是国家专门机关而是普通公民，但是扭送有可能导致强制措施的适用。群众将扭送对象扭送至国家专门机关后，国家专门机关必须认真处理，以确保这一制度功能的发挥。

我国《刑事诉讼法》对如何对待群众扭送没有规定，相关规定中只有《人民检察院刑事诉讼规则》第84条中有所涉及，但并未明确具体的操作规则。实践中，公民将扭送对象扭送至国家专门机关后，应当注意的问题是：第一，应当立即接受，问明情况，制作笔录，笔录经宣读无误后，由扭送人签名或盖章。第二，有犯罪现场的，应当立即报告领导，并赶赴现场进行保护。犯罪嫌疑人正在实施危害行为的，应当立即采取措施予以制止；发现有人员受伤时，应当迅速采取救治措施；犯罪嫌疑人正在逃跑并且有条件追缉堵截的，应采取有效措施进行追缉堵截。第三，审查是否属于自己管辖，不属于自己管辖的，应当移送主管机关进行处理。

三十六、我国法律中的逮捕权是如何在专门机关之间分配的

[法律依据]

1. 《宪法》的相关规定：

第三十七条第二款 任何公民，非经人民检察院批准或者决定或者人民法院决定，并由公安机关执行，不受逮捕。

2. 《刑事诉讼法》的相关规定：

第四条 国家安全机关依照法律规定，办理危害国家安全的刑事案件，行使与公安机关相同的职权。

第五十九条 逮捕犯罪嫌疑人、被告人，必须经过人民检察院批准或者人民法院决定，由公安机关执行。

第六十六条 公安机关要求逮捕犯罪嫌疑人的时候，应当写出提请批准逮捕书，连同案卷材料、证据，一并移送同级人民检察院审查批准。必要的时候，人民检察院可以派人参加公安机关对于重大案件的讨论。

第六十八条 人民检察院对于公安机关提请批准逮捕的案件进行审查后，应当根据情况分别作出批准逮捕或者不批准逮捕的决定。对于批准逮捕的决定，公安机关应当立即执行，并且将执行情况及时通知人民检察院。对于不批准逮捕的，人民检察院应当说明理由，需要补充侦查的，应当同时通知公安机关。

第一百三十二条 人民检察院直接受理的案件中符合本法第六十条、第六十一条第四项、第五项规定情形，需要逮捕、拘留犯罪嫌疑人的，由人民检察院作出决定，由公安机关执行。

3. 全国人大常委会《关于中国人民解放军保卫部门对军队内部发生的刑事案件行使公安机关的侦查、拘留、预审和执行逮捕的职权的决定》的相关规定：

中国人民解放军保卫部门承担军队内部发生的刑事案件的侦查工作，同公安机关对刑事

案件的侦查工作性质是相同的，因此，军队保卫部门对军队内部发生的刑事案件，可以行使宪法和法律规定的公安机关的侦查、拘留、预审和执行逮捕的职权。

4. 全国人大常委会《关于国家安全机关行使公安机关的侦查、拘留、预审和执行逮捕的职权的决定》的相关规定：

第六届全国人民代表大会第一次会议决定设立的国家安全机关，承担原由公安机关主管的间谍、特务案件的侦查工作，是国家公安机关的性质，因而国家安全机关可以行使宪法和法律规定的公安机关的侦查、拘留、预审和执行逮捕的职权。

5. 最高人民法院《关于执行〈中华人民共和国刑事诉讼法〉若干问题的解释》的相关规定：

第七十七条　人民法院对有证据证明有犯罪事实存在，可能判处有期徒刑以上刑罚的被告人，认为采取取保候审、监视居住等措施，尚不足以防止发生社会危险而有逮捕必要的，应即决定依法逮捕。

[实践指导]

逮捕是我国刑事诉讼中最严厉的一项强制措施，是对犯罪嫌疑人、被告人人身自由的完全剥夺。因此，为了防止错误逮捕和实施不必要的逮捕给公民的人身自由权造成侵害，各国都对逮捕的条件和程序作了严格规定。我国法律将逮捕权力赋予不同的机关，其目的就是实现以权力制约权力，保障公民的人身自由不受非法侵害。

根据上述法律规定，逮捕权只能由公安机关（国家安全机关、军队保卫部门在办理各自管辖的案件中行使与公安机关相同的职权）、人民检察院和人民法院行使，其他任何机关、团体和个人都无权行使。这三机关之间有严格的分工，即人民检察院有逮捕的决定权和批准权，人民法院有逮捕的决定权，公安机关有逮捕的执行权。公安机关在刑事侦查过程中需要逮捕犯罪嫌疑人的，应当提请人民检察院审查批准，然后由自己执行；人民检察院在办理自侦案件或审查起诉过程中、人民法院在审判过程中，决定对犯罪嫌疑人、被告人逮捕的，应当由公安机关执行。《刑事诉讼法》与《宪法》关于逮捕权的规定并不完全一致，相比较之下，宪法的规定更加完整、准确，因为人民检察院不仅有权对公安机关提请逮捕的案件批准逮捕，而且有权对自侦案件决定逮捕。

三十七、如何理解逮捕的条件

[法律依据]

1. 《刑事诉讼法》的相关规定：

第六十条第一款　对有证据证明有犯罪事实，可能判处徒刑以上刑罚的犯罪嫌疑人、被告人，采取取保候审、监视居住等方法，尚不足以防止发生社会危险性，而有逮捕必要的，应即依法逮捕。

2. 最高人民法院、最高人民检察院、公安部、国家安全部、司法部、全国人大常委会法工委《关于刑事诉讼法实施中若干问题的规定》的相关规定：

第二十六条第一款　修改后的刑事诉讼法将原刑事诉讼法关于逮捕条件中"主要犯罪事实已经查清"的规定修改为"有证据证明有犯罪事实"。其中"有证据证明有犯罪事实"，是指同时具备下列情形：（一）有证据证明发生了犯罪事实；（二）有证据证明犯罪事实是犯罪嫌疑人实施的;(三)证明犯罪嫌疑人实施犯罪行为的证据已有查证属实的。

3. 最高人民检察院《人民检察院刑事诉讼规则》的相关规定:

第八十六条第三款 "犯罪事实"既可以是单一犯罪行为的事实,也可以是数个犯罪行为中任何一个犯罪行为的事实。

4. 最高人民检察院、公安部《关于依法适用逮捕措施有关问题的规定》的相关规定:

一、(三)对实施多个犯罪行为或者共同犯罪案件的犯罪嫌疑人,符合本条第(一)项、第(二)项的规定,具有下列情形之一的,应当予以逮捕:(1)有证据证明有数罪中的一罪的;(2)有证据证明有多次犯罪中的一次犯罪的;(3)共同犯罪中,已有证据证明有犯罪行为的。

5. 最高人民检察院、最高人民法院、海关总署《关于办理走私刑事案件适用法律若干问题的意见》的相关规定:

四、关于走私犯罪嫌疑人的逮捕条件

对走私犯罪嫌疑人提请逮捕和审查批准逮捕,应当依照刑事诉讼法第六十条规定的逮捕条件来办理。一般按照下列标准掌握:

(一)有证据证明有走私犯罪事实 1. 有证据证明发生了走私犯罪事实。有证据证明发生了走私犯罪事实,须同时满足下列两项条件:(1)有证据证明发生了违反国家法律、法规,逃避海关监管的行为;(2)查扣的或者有证据证明的走私货物、物品的数量、价值或者偷逃税额达到刑法及相关司法解释规定的起刑点。2. 有证据证明走私犯罪事实系犯罪嫌疑人实施的。有下列情形之一,可认为走私犯罪事实系犯罪嫌疑人实施的:(1)现场查获犯罪嫌疑人实施走私犯罪的;(2)视听资料显示犯罪嫌疑人实施走私犯罪的;(3)犯罪嫌疑人供认的;(4)有证人证言指证的;(5)有同案的犯罪嫌疑人供述的;(6)其他证据能够证明犯罪嫌疑人实施走私犯罪的。3. 证明犯罪嫌疑人实施走私犯罪行为的证据已经查证属实的符合下列证据规格要求之一,属于证明犯罪嫌疑人实施走私犯罪行为的证据已经查证属实的:(1)现场查获犯罪嫌疑人实施犯罪,有现场勘查笔录、留置盘问记录、海关扣留查问笔录或者海关查验(检查)记录等证据证实的;(2)犯罪嫌疑人的供述有其他证据能够印证的;(3)证人证言能够相互印证的;(4)证人证言或者同案犯供述能够与其他证据相互印证的;(5)证明犯罪嫌疑人实施走私犯罪的其他证据已经查证属实的。

6. 最高人民检察院《关于加强毒品犯罪批捕起诉工作的通知》的相关规定:

2. 对公安机关提请批准逮捕的毒品犯罪嫌疑人,检察机关要本着严厉惩治毒品犯罪的精神,对有证据证明有毒品犯罪事实的即应批准逮捕。对走私、贩卖、运输、制造毒品的,不论毒品数量多少均应批准逮捕,以保证毒品案件侦查工作的顺利进行。坚决防止在批捕环节出现打击不力。

7. 最高人民检察院、公安部《关于依法适用逮捕措施有关问题的规定(二)》的相关规定:

一、(二)具有下列情形之一的,即为刑事诉讼法第六十条规定的"有逮捕必要":1. 可能继续实施犯罪行为,危害社会的;2. 可能毁灭、伪造证据、干扰证人作证或者串供的;3. 可能自杀或逃跑的;4. 可能实施打击报复行为的;5. 可能有碍其他案件侦查的;6. 其他可能发生社会危险性的情形。对有组织犯罪、黑社会性质组织犯罪、暴力犯罪和多发性犯罪等严重危害社会治安和社会秩序以及可能有碍侦查的犯罪嫌疑人,一般应予逮捕。

[实践指导]

根据《刑事诉讼法》的规定,可以将逮捕条件概括为证据条件、罪重条件和危险性条件。

"有证据证明有犯罪事实"是逮捕的证据条件。这里包括了两方面的要求，一是对实体事实的要求，即要有"犯罪事实"，二是对证据的要求，即要"有证据证明"。逮捕条件中的"犯罪事实"既不是"主要犯罪事实"，也不是起诉条件中所要求的"全部犯罪事实"，单纯从证明对象角度考虑，这里的"犯罪事实"既可以是单一犯罪行为的事实，也可以是数个犯罪行为中任何一个犯罪行为的事实。对实施多个犯罪行为或者共同犯罪案件的犯罪嫌疑人、被告人，只要有证据证明实施数罪中的一罪、实施多次犯罪行为中的一次犯罪行为的或者在共同犯罪中已有犯罪事实的，即符合逮捕条件。"有证据证明"是证据的质和量的统一，只有证据既能证明犯罪事实客观存在，证据本身又查证属实，具有确实性，才是有证据证明。最高人民检察院、最高人民法院、海关总署《关于办理走私刑事案件适用法律若干问题的意见》中对走私犯罪案件中的逮捕证据问题作了详细的规定，更加具有操作性，实践中应当严格遵照执行。根据最高人民检察院《关于加强毒品犯罪批捕起诉工作的通知》的精神，对走私、贩卖、运输、制造毒品的，在审查批捕环节不必查清毒品数量，只要有证据证明犯罪嫌疑人实施了走私、贩卖、运输、制造毒品的行为即可。

"可能判处徒刑以上刑罚"是逮捕的罪重条件，即在有证据证明的基础上，根据已经查明的事实、性质、情节、危害后果等，依照刑法可能判处有期徒刑以上的刑罚。

"采取取保候审、监视居住等方法，尚不足以防止发生社会危险性，而有逮捕必要的"是逮捕的危险性条件，也是逮捕的核心条件。即虽然具备了上述两项条件，如果采取取保候审、监视居住足以防止发生社会危险性，而没有逮捕必要的，就应当采取取保候审、监视居住，而不能逮捕。一般来说，罪行较重的犯罪嫌疑人、被告人人身危险性较大，但也并不绝对，笔者认为，应当结合犯罪嫌疑人、被告人的主观恶性、犯罪前、犯罪中和犯罪后的表现对其逃避侦查、起诉、审判的可能性进行综合考量。逮捕只适用于那些非捕不可的犯罪嫌疑人、被告人，如果采取取保候审、监视居住能够足以防止犯罪嫌疑人、被告人逃避侦查、起诉、审判就没有必要适用逮捕。

以上三个条件是逮捕的有机整体，缺一不可，只有同时具备才能予以逮捕。

三十八、如何理解"附条件逮捕"

[法律依据]

最高人民检察院《人民检察院审查逮捕质量标准（试行）》的相关规定：

第四条 "有证据证明有犯罪事实"，一般是指证据所证明的事实已构成犯罪。对于证据有所欠缺但已基本构成犯罪、认为经过进一步侦查能够取到定罪所必需的证据、确有逮捕必要的重大案件的犯罪嫌疑人，经过检察委员会讨论决定可以批准逮捕并应采取以下措施：

（一）向侦查机关发出补充侦查提纲，列明需要查明的事实和需要补充收集、核实的证据，并及时了解补充取证情况；

（二）批准逮捕后三日内报上一级人民检察院备案；

（三）侦查机关在侦查羁押期限届满时，仍未能取到定罪所必需的充足证据的，应当及时撤销批准逮捕决定。

[实践指导]

"附条件逮捕"并不是一个严格意义上的法律用语，它只是实践部门对证据有所欠缺但已基本构成犯罪情况下适用逮捕措施的一种概括。北京市人民检察院在实践中首次适用,2005年1月,北京市人民检察院向最高人民检察院呈送了《关于当前审查逮捕案件质量存在的主要问题及对策的报告》,正式把"附条件逮捕"作为适用逮捕措施的一项执法标准单列出来。2005年5月,朱孝清副检察长在全国检察机关第二次侦查监督工作会议中,对"附条件逮捕"予以了肯定,并作了比较标准的阐述。2006年8月,最高人民检察院讨论通过了《审查逮捕案件质量标准(试行)》,以文件形式正式确认了"附条件逮捕"的适用。

根据朱孝清副检察长在全国检察机关第二次侦查监督工作会议中的讲话精神,对"附条件逮捕"的理解应当注意以下内容:对逮捕条件要正确把握,其中"有证据证明有犯罪事实"这一条件,要以"证据所证明的事实构成犯罪"为原则,"证据所证明的事实基本构成犯罪"为补充。基本构成犯罪确需逮捕的,一是证据所证明的事实必须基本构成犯罪,即要达到"八九不离十"的程度;二是根据现有证据综合分析,案件经过进一步侦查,能够取到构成犯罪的证据。为了保证这类案件的逮捕质量,在批捕时,要采取两条保障措施:一是要给侦查机关发补充证据通知书,并跟踪掌握其补证情况;二是对侦查机关经过努力仍然难以取到证明构成犯罪的证据的,要及时撤销批准逮捕决定。可见,附条件逮捕制度的实施要点是按提请逮捕的案件性质实行分流,按犯罪性质、犯罪危害性将侦查机关提请逮捕的案件分为一般案件和特殊重大案件,对一般案件适用更为严格的逮捕条件,减少逮捕数量,降低羁押率,多采用取保候审和监视居住的方式以减少羁押;对少数危害严重的重大案件,在法律的框架下,只要基本构成犯罪,即使证据尚不充分,也可附条件逮捕,继续补充侦查证据。

笔者认为,"附条件逮捕"对解决实践中逮捕条件把握过严,进而影响重大犯罪的打击这一现象是有利的。但是对其一定要慎重使用,严格遵守其范围,对侦查机关的取证进行科学引导,对经过努力仍然难以取得证明构成犯罪的证据的案件,必须立即撤销批准逮捕的决定,释放犯罪嫌疑人,以保障犯罪嫌疑人的合法权利。

三十九、对被取保候审、监视居住的犯罪嫌疑人、被告人违反规定予以逮捕的,是否必须同时具备《刑事诉讼法》第60条规定的逮捕的条件

[法律依据]

1. 《刑事诉讼法》的相关规定:

第五十六条第二款　被取保候审的犯罪嫌疑人、被告人违反前款规定,已交纳保证金的,没收保证金,并且区别情形,责令犯罪嫌疑人、被告人具结悔过、重新交纳保证金、提出保证人或者监视居住、予以逮捕。犯罪嫌疑人、被告人在取保候审期间未违反前款规定的,取保候审结束的时候,应当退还保证金。

第五十七条第二款　被监视居住的犯罪嫌疑人、被告人违反前款规定,情节严重的,予以逮捕。

2. 最高人民检察院《人民检察院刑事诉讼规则》的相关规定:

第五十三条　对下列违反取保候审规定的犯罪嫌疑人,应当予以逮捕:(一)企图自杀、逃跑,逃避侦查、审查起诉的;(二)实施毁灭、伪造证据或者串供、干扰证人作证行为,足以影响侦查、审查起诉工作正常进行的;(三)未经批准,擅自离开所居住的市、县,造成严重后果,或者两次未经批准,擅自离开所居住的市、县的;(四)经传讯不到案,造成严重后

果，或者两次经传讯不到案的。

第五十四条 对在取保候审期间故意实施新的犯罪行为的犯罪嫌疑人，予以逮捕；已交纳保证金的，同时通知公安机关没收保证金。

第六十八条第二款 下列违反监视居住规定的行为，属于情节严重，对犯罪嫌疑人应当予以逮捕：（一）故意实施新的犯罪行为的；（二）企图自杀、逃跑，逃避侦查、审查起诉的；（三）实施毁灭、伪造证据或者串供、干扰证人作证行为，足以影响侦查、审查起诉工作正常进行的；（四）未经批准，擅自离开住处或者指定的居所，造成严重后果，或者两次未经批准，擅自离开住处或者指定的居所的；（五）未经批准，擅自会见他人，造成严重后果，或者两次未经批准，擅自会见他人的；（六）经传讯不到案，造成严重后果，或者两次经传讯不到案的。

3. 最高人民法院《关于执行〈中华人民共和国刑事诉讼法〉若干问题的解释》的相关规定：

第八十二条 对具有下列情形之一的被告人，应当变更强制措施，决定逮捕：（一）已取保候审或者监视居住的被告人，违反刑事诉讼法第五十六条、第五十七条的规定，不逮捕可能发生社会危险的；（二）具有本解释第六十六条第（三）项规定的情形而未予逮捕的被告人，疾病痊愈或者哺乳期已满的。

决定变更强制措施，予以逮捕的，应当通知负责执行取保候审或者监视居住的公安机关。

4. 公安部《公安机关办理刑事案件程序规定》的相关规定：

第九十九条 被监视居住的犯罪嫌疑人违反应当遵守的规定，有下列情形之一的，公安机关应当提请批准逮捕：（一）在监视居住期间逃跑的；（二）以暴力、威胁方法干扰证人作证的；（三）毁灭、伪造证据或者串供的；（四）在监视居住期间又进行犯罪活动的；（五）实施其他违反本规定第九十七条规定的行为，情节严重的。

[实践指导]

从以上规定可以看出，被取保候审、监视居住的犯罪嫌疑人、被告人违反规定情节严重的应当予以逮捕。但是，根据《刑事诉讼法》第51条的规定，取保候审、监视居住的对象包括"可能判处管制、拘役或者独立适用附加刑"的犯罪嫌疑人、被告人，而《刑事诉讼法》第60条规定的逮捕条件要求予以逮捕必须符合"可能判处有期徒刑以上刑罚"的罪重条件。这里就产生了矛盾，因为违反取保候审、监视居住规定情节严重的犯罪嫌疑人、被告人不一定符合《刑事诉讼法》第60条所规定的逮捕条件（不能因其违反规定程度严重而加重刑罚处罚），那么在这种情况下对犯罪嫌疑人、被告人变更为逮捕是否需要同时遵守《刑事诉讼法》第60条的规定呢？笔者认为，在这种情况下无须同时遵守《刑事诉讼法》第60条的规定。因为《刑事诉讼法》将变更为逮捕作为强制犯罪嫌疑人、被告人（包括可能判处有期徒刑以下刑罚的犯罪嫌疑人、被告人）严格遵守有关规定的保障措施，即对违反规定情节严重的可以逮捕。从《刑事诉讼法》和相关司法解释的规定来看，取保候审、监视居住适用的条件只是针对违反规定的情形，而未将是否变更为逮捕措施与被取保候审、监视居住对象的犯罪事实与可能判处的刑罚相联系。我们可以将其理解为这是修改后的《刑事诉讼法》增加的逮捕的特殊条件，突破了一般逮捕条件中可能判处徒刑以上刑罚的规定，从而在一般逮捕条件之外又设立了逮捕的特殊条件。

四十、人民检察院应当如何审查批捕

[法律依据]

1. **最高人民检察院《人民检察院刑事诉讼规则》的相关规定：**

第八十九条　对具有下列情形之一的犯罪嫌疑人，人民检察院应当作出不批准逮捕的决定或者不予逮捕：（一）不符合本规则第八十六条、第八十七条规定的逮捕条件的；（二）具有刑事诉讼法第十五条规定的情形之一的。

第九十一条　人民检察院审查批准或者决定逮捕犯罪嫌疑人，由审查逮捕部门办理。

第九十二条第一款　审查逮捕部门办理审查逮捕的案件，应当指定办案人员进行审查。办案人员应当审阅案卷材料，制作阅卷笔录，提出批准或者决定逮捕、不批准或者不予逮捕的意见，经部门负责人审核后，报请检察长批准或者决定；重大案件应当经检察委员会讨论决定。

第九十五条　人民检察院办理下列审查逮捕案件，应当报上一级人民检察院备案：（一）批准逮捕的危害国家安全的案件、涉外案件；（二）检察机关直接立案侦查的案件。

上级人民检察院对报送的备案材料应当进行审查，发现错误的，应当在十日以内将审查意见通知报送备案的下级人民检察院或者直接予以纠正。

第九十八条　人民检察院审查逮捕部门受理同级公安机关提请批准逮捕的案件，应当查明提请批准逮捕书及案卷材料是否齐备。

第九十九条　对公安机关提请批准逮捕的犯罪嫌疑人，已被拘留的，人民检察院应当在接到提请批准逮捕书后的七日以内作出是否批准逮捕的决定；未被拘留的，应当在接到提请批准逮捕书后的十五日以内作出是否批准逮捕的决定，重大、复杂的案件，不得超过二十日。

2. **最高人民检察院《人民检察院审查逮捕质量标准（试行）》的相关规定：**

第十一条　审查侦查机关提请批准逮捕的案件，认为证据存有疑问的，可以复核有关证据，讯问犯罪嫌疑人，询问证人。必要时，可以派人参加侦查机关对重大案件的讨论。

审查下列案件，应当讯问犯罪嫌疑人：

（一）犯罪嫌疑人是否构成犯罪、是否需要予以逮捕等关键问题有疑点的，主要包括：罪与非罪界限不清的，犯罪嫌疑人是否达到刑事责任年龄需要确认的，有无逮捕必要难以确定的，犯罪嫌疑人对案件重要问题的供述前后矛盾或者违背常理的，据以定罪的主要证据存在重大矛盾的；

（二）案情重大复杂疑难的，主要包括：涉嫌造成被害人死亡的杀人案、故意伤害致人死亡案以及其他可能判处无期徒刑以上刑罚的，对罪与非罪的认定有争议的；

（三）犯罪嫌疑人系未成年人的；

（四）侦查活动可能存在刑讯逼供、暴力取证等违法行为的；

（五）犯罪嫌疑人要求讯问的。

讯问犯罪嫌疑人时，应当依法告知其享有的诉讼权利，认真听取其供述、辩解。

讯问未被采取强制措施的犯罪嫌疑人，讯问前应当征求侦查机关的意见。

对本条第二款规定之外的案件，可以讯问犯罪嫌疑人，未讯问的，应当送达《听取犯罪嫌疑人意见书》，由犯罪嫌疑人填写后及时收回审查并附卷。

第十二条 审查逮捕过程中，应当严格审查证据的合法性。

对以刑讯逼供方式取得的犯罪嫌疑人供述、以暴力取证方式取得的证人证言以及以威胁、引诱、欺骗等非法方式取得的犯罪嫌疑人供述、证人证言、被害人陈述等言词证据，应当依法予以排除。

对未严格遵守法律规定收集的其他证据，应当要求侦查机关依法重新收集或者采取补救措施，保证证据的合法性。

第十三条 审查逮捕工作应当严格遵循法定办案时限。侦查机关提请批准逮捕的犯罪嫌疑人已被拘留的，应当在接到提请批准逮捕书后的七日以内作出是否批准逮捕的决定；未被拘留的，应当在接到上述文书后的十五日以内作出是否批准逮捕的决定，重大、复杂的案件，不得超过二十日。

[实践指导]

人民检察院在审查批准逮捕工作中，一方面要严格按照法定程序，审查公安机关提请逮捕的案件是否符合逮捕的条件，作出是否批准逮捕的决定。另一方面，人民检察院在审查批准逮捕工作中要履行法律监督职能，即监督公安机关的侦查工作是否合法。人民检察院通过审查案卷材料等工作，了解公安机关的侦查活动是否依照法律规定进行，有无违法行为，发现违法情况时，应当通知公安机关予以纠正。这是法律赋予检察机关的重要职权，也是人民检察院实现法律监督职能的具体体现。这里的"违法情况"主要是指公安机关的侦查活动违反了法律规定，如对犯罪嫌疑人进行刑讯逼供，侦查人员应当回避的没有回避，对犯罪嫌疑人超期羁押，没有保障犯罪嫌疑人聘请律师为其提供法律咨询、代理申诉、控告的权利的行使以及侵犯犯罪嫌疑人、证人或者其他公民合法权益等情况。"纠正"是指公安机关根据侦查活动违法的不同内容、不同程度，采取不同的方式予以改正或挽回影响，如赔偿损失、赔礼道歉等。根据本条规定，公安机关应当接受检察院的监督，及时纠正违法行为，并且将纠正情况通知人民检察院。

应当说，《刑事诉讼法》对人民检察院审查逮捕的程序正当性关注不足，规定粗疏。我国的逮捕有其特殊性，它不仅是一种强制到案手段，还会导致相对较长时间的羁押。从国际通行的立法例来看，逮捕只是羁押的前置程序，羁押的决定只能由中立的法官作出，且通常要经过听证程序。从正当程序的视角来说，我国的逮捕决定也应由法官作出，并在这个过程中给予犯罪嫌疑人充分的参与机会。但由于司法审查制度在我国当前难以确立，人民检察院的批准逮捕权将在一定时期内长期保留。但是，我们必须尽可能地考虑到逮捕对人身自由剥夺的严重性，注重保护犯罪嫌疑人在逮捕程序中应当享有的权利。由于刑事诉讼法没有规定审查逮捕过程中犯罪嫌疑人的参与方式，长期以来，审查逮捕都是人民检察院在书面审查的基础上作出的，犯罪嫌疑人没有对关涉自己重大利益的决定的作出进行影响的机会。最高人民检察院《人民检察院审查逮捕质量标准（试行）》中细化了审查逮捕的程序，并规定了对特定案件应当讯问犯罪嫌疑人，同时强调在审查逮捕过程中对非法获得的言词证据的排除，这些规定虽然与正当程序的要求还有很大的距离，但毕竟能够听取犯罪嫌疑人的意见并对其权利予以一定的关注，这应当是一个值得肯定的进步。

四十一、人民检察院对未成年人的审查批捕需要遵守哪些规定

[法律依据]

最高人民检察院《人民检察院办理未成年人刑事案件的规定》的相关规定:

第八条 审查批准逮捕未成年犯罪嫌疑人,应当把是否已满十四、十六、十八周岁的临界年龄,作为重要事实予以查清。对难以判断犯罪嫌疑人实际年龄,影响案件认定的,应当作出不批准逮捕的决定,需要补充侦查的,同时通知公安机关。

第九条 审查批准逮捕未成年犯罪嫌疑人,应当注意是否有被胁迫情节,是否存在成年人教唆犯罪、传授犯罪方法犯罪或者利用未成年人实施犯罪的情况。

第十条 人民检察院审查批准逮捕未成年人刑事案件,应当讯问未成年犯罪嫌疑人。

讯问未成年犯罪嫌疑人,应当根据该未成年人的特点和实际,制定详细的讯问提纲,采取最适宜该未成年人的方式进行,讯问用语应当准确易懂。

讯问未成年犯罪嫌疑人,应当告知其依法享有的诉讼权利,告知其如实供述案件事实的法律规定和意义,核实其是否有立功、检举揭发等表现,听取其有罪的供述或者无罪、罪轻的辩解。

讯问未成年犯罪嫌疑人,应当通知法定代理人到场,告知法定代理人依法享有的诉讼权利和应当履行的义务。

讯问女性未成年犯罪嫌疑人,应当有女检察人员参加。

第十一条 讯问未成年犯罪嫌疑人一般不得使用戒具。对于确有人身现实危险,必须使用戒具的,在现实危险消除后,应当立即停止使用。

第十二条 人民检察院审查批准逮捕未成年人犯罪嫌疑人,应当根据未成年犯罪嫌疑人犯罪的事实、主观恶性、有无监护与社会帮教条件等,综合衡量其社会危害性,确定是否有逮捕必要慎重逮捕措施,可捕可不捕的不捕。

第十三条 对于罪行较轻,具备有监护条件或者社会帮助措施没有社会危害性或者社会危险性较小不会妨害诉讼正常进行的未成年犯罪嫌疑人一般不予批准逮捕。

对于罪行比较严重,但主观恶性不大,有悔罪表现,具备有效监护条件或者社会帮教措施,不具有社会危险性,不会妨害诉讼正常进行,并具有下列情形之一的未成年犯罪嫌疑人,可以依法不予以批准逮捕:(一)初次犯罪、过失犯罪的;(二)犯罪预备、中止、未遂的;(三)有自首或者立功表现的;(四)犯罪后能够如实交待罪行,认识自己行为的危害性、违法性,积极退赃,尽力减少和赔偿损失、得到被害人谅解的;(五)不是共同犯罪的主犯或者集团犯罪中的首要分子的;(六)属于已满十六周岁的未成年人或者系在校学生的;(七)其他没有逮捕必要的情形。

第十四条 适用本规定第十三条,在作出不批准逮捕决定前,应当审查其监护情况,参考其法定代理人、学校、单位、居住地公安派出所及居民委员会、村民委员会的意见。

[实践指导]

近年来,未成年人刑事案件呈上升趋势,根据未成年人身心发展特点及未成年人在国家和社会中的地位与作用,在充分考虑未成年人生理、心理特点的前提下,对未成年人适用符合其身心特点的有别于成年犯罪嫌疑人的逮捕审查程序,对于化解社会纠纷,促进社会和谐

具有重要意义。由于未成年人生理、心理尚不成熟,可塑性强,对未成年人应立足于教育,慎重适用逮捕强制措施,避免羁押期间的犯罪污染,使之尽快复归社会。这也符合国际刑事司法准则的基本精神。联合国《儿童权利公约》第37条规定:"对儿童的逮捕、拘留或监禁应符合法律规定并仅应作为最后手段,期限应为最短的适当的时间。"《联合国少年司法最低限度标准规则》(即北京规则)第13条规定:"审前拘留应仅作为万不得已的手段使用,而且时间尽可能短。如有可能,应采取其他替代办法,诸如密切监视、加强看管或安置在一个家庭或一个教育机关或环境内。"因此,人民检察院在审查批准逮捕未成年犯罪嫌疑人时,应当根据未成年犯罪嫌疑人涉嫌犯罪的事实、主观恶性、有无监护与社会帮教条件等,综合衡量其社会危险性,确定是否有逮捕必要,慎用逮捕措施,可捕可不捕的不捕。同时,对于罪行较轻,具备有效监护条件或者社会帮教措施,没有社会危险性或者社会危险性较小,不会妨害诉讼正常进行的未成年犯罪嫌疑人,一般不予批准逮捕。对于罪行比较严重,但主观恶性不大,有悔罪表现,具备有效监护条件或者社会帮教措施,不具有社会危险性,不会妨害诉讼正常进行,并具有一定情形的未成年犯罪嫌疑人,也可以依法不予批准逮捕。

四十二、人民检察院如何决定逮捕

[法律依据]

1.《刑事诉讼法》的相关规定:

第一百三十四条 人民检察院对直接受理的案件中被拘留的人,认为需要逮捕的,应当在十日以内作出决定。在特殊情况下,决定逮捕的时间可以延长一日至四日。对不需要逮捕的,应当立即释放;对于需要继续侦查,并且符合取保候审、监视居住条件的,依法取保候审或者监视居住。

2. 最高人民检察院《人民检察院刑事诉讼规则》的相关规定:

第一百零九条 人民检察院办理直接立案侦查的案件,需要逮捕犯罪嫌疑人的,由侦查部门填写逮捕犯罪嫌疑人意见书,连同案卷材料一并送交本院审查逮捕部门审查。犯罪嫌疑人已被拘留的,侦查部门应当在拘留后三日以内将案件送交本院审查逮捕部门审查。特殊情况下,移送审查的时间可以延长一日至四日。

第一百一十条 人民检察院审查逮捕部门受理本院侦查部门移送审查逮捕的案件,应当查明逮捕犯罪嫌疑人意见书及案卷材料是否齐备。

第一百一十一条 对本院侦查部门移送审查逮捕的案件,犯罪嫌疑人已被拘留的,应当在审查逮捕部门接到逮捕犯罪嫌疑人意见书后的七日以内,由检察长或者检察委员会决定是否逮捕;犯罪嫌疑人未被拘留的,应当在审查逮捕部门接到逮捕犯罪嫌疑人意见书后的十五日以内由检察长或者检察委员会决定是否逮捕,重大、复杂的案件,不得超过二十日。

第一百一十二条 对本院侦查部门移送审查逮捕的犯罪嫌疑人,符合本规则第八十六条、第八十七条规定,经检察长或者检察委员会决定逮捕的,审查逮捕部门应当将逮捕决定书连同案卷材料送交侦查部门,由侦查部门通知公安机关执行,必要时人民检察院可以协助执行。

第一百一十三条 对本院侦查部门移送审查逮捕的犯罪嫌疑人,具有本规则第八十九条、第九十条规定的情形,经检察长或者检察委员会决定不予逮捕的,审查逮捕部门应当将不予逮捕的决定连同案件材料移交侦查部门。犯罪嫌疑人已被拘留的,侦查部门应当通知公安机关立即释放。

第一百一十四条 对应当逮捕而本院侦查部门未移送审查逮捕的犯罪嫌疑人，审查逮捕部门应当向侦查部门提出移送审查逮捕犯罪嫌疑人的建议。如果建议不被采纳，审查逮捕部门可以报请检察长提交检察委员会决定。

3. 最高人民检察院《人民检察院直接受理侦查案件立案、逮捕实行备案审查的规定（试行）》的相关规定：

第二条 省级以下（含省级）人民检察院办理直接受理侦查案件，决定立案、逮捕的，应当报上一级人民检察院备案审查。

第三条第二款 人民检察院对直接受理侦查案件的犯罪嫌疑人决定逮捕的，应当在决定逮捕之日起三日以内，由侦查监督部门填写逮捕备案登记表，连同逮捕犯罪嫌疑人意见书、审查逮捕案件意见书和逮捕决定书，一并报送上一级人民检察院备案。

第四条 上一级人民检察院相对应的部门应当指定专人审查下级人民检察院报送的备案材料，对案件是否属于作出立案或者逮捕决定的检察机关管辖、是否符合立案或者逮捕条件、是否有其他应当立案或者逮捕的犯罪嫌疑人等进行审查。

对于需要补报有关案件材料的，上一级人民检察院应当在收到备案材料之日起三日以内责成下级人民检察院补报。下级人民检察院应当在收到上一级人民检察院通知之日起三日以内，按要求报送。

第五条 上一级人民检察院在审查备案材料过程中，可以向下级人民检察院了解案件事实、证据和适用法律等情况。

第六条 上一级人民检察院应当在收到备案材料之日起十日以内，由承办人填写备案审查表，提出是否同意下级人民检察院立案或者逮捕决定的审查意见，报部门负责人审批。认为下级人民检察院的立案或者逮捕决定错误的，或者发现下级人民检察院有应当立案而未立案或者应当逮捕犯罪嫌疑人而未决定逮捕情形的，应当在报经检察长或者检察委员会决定后，书面通知下级人民检察院纠正，或者由上一级人民检察院直接作出相关决定，通知下级人民检察院执行。

第七条 下级人民检察院应当执行上一级人民检察院的决定，并在收到上一级人民检察院的书面通知或者决定之日起五日以内，将执行情况向上一级人民检察院报告。

下级人民检察院对上一级人民检察院的决定有异议的，可以在执行的同时向上一级人民检察院报告。

[实践指导]

上述法律规定适用于人民检察院直接受理的案件中决定逮捕的程序。在实践中需要注意如下问题：

第一，在人民检察院直接受理的案件中，对案件的侦查和决定逮捕分别由侦查部门和审查逮捕部门进行，以实现内部监督。

第二，要严格遵守办案期限。《刑事诉讼法》规定"人民检察院对直接受理的案件中被拘留的人，认为需要逮捕的，应当在十日以内作出决定。在特殊情况下，决定逮捕的时间可以延长一日至四日。"这一期限包括侦查部门对犯罪嫌疑人的拘留期限和审查起诉部门对犯罪嫌疑人的审查逮捕期限。侦查部门应当在拘留后三日以内将案件送交本院审查逮捕部门审查。特殊情况下，移送审查的时间可以延长一日至四日。审查起诉部门对本院侦查部门移送审查逮捕的案件，犯罪嫌疑人已被拘留的，应当在审查逮捕部门接到逮捕犯罪嫌疑人意见书后的七日以内，做出是否逮捕的决定；犯罪嫌疑人未被拘留的，应当在审查逮捕部门接到逮捕犯罪嫌疑人意见书后的十五日以内做出是否逮捕的决定，重大、复杂的案件，不得超过二十日。

第三，人民检察院对自侦案件建立了监督制度，实践中要严格遵守。体现在审查批捕环节就是由侦查监督部门填写逮捕备案登记表，连同逮捕犯罪嫌疑人意见书、审查逮捕案件意见书和逮捕决定书，一并报送上一级人民检察院备案。上一级人民检察院相对应的部门应当指定专人审查下级人民检察院报送的备案材料，对案件是否属于作出逮捕决定的检察机关管辖、是否符合逮捕条件、是否有其他应当逮捕的犯罪嫌疑人等进行审查，严格履行监督程序。

四十三、人民检察院在审查逮捕中应当如何贯彻宽严相济的刑事政策

[法律依据]

最高人民检察院《关于在检察工作中贯彻宽严相济刑事司法政策的若干意见》的相关规定：

5. 依法严厉打击严重危害社会治安的犯罪和严重破坏市场经济秩序等犯罪。"严打"是宽严相济刑事司法政策的重要内容和有机组成部分，是贯彻宽严相济刑事司法政策的重要体现，必须坚定不移地坚持。必须依法从重从快打击黑社会性质组织犯罪、恐怖犯罪、毒品犯罪以及杀人、爆炸、抢劫、强奸、绑架、投放危险物质等严重危害社会治安的刑事犯罪，依法严厉惩治严重破坏金融秩序、侵犯知识产权、制售严重危害人身安全和人体健康的伪劣商品等严重破坏社会主义市场经济秩序的犯罪，依法打击重大环境污染等破坏环境资源犯罪。该批捕的要坚决批捕，该起诉的要坚决起诉，及时、准确、有力地予以打击。

6. 依法严肃查处贪污贿赂、渎职侵权等国家工作人员职务犯罪。加大对职务犯罪的查处力度，提高侦破率，降低漏网率，有效遏制、震慑职务犯罪。严肃查办党政领导干部的职务犯罪，国家工作人员利用人事权、司法权、行政审批权、行政执法权进行权钱交易的职务犯罪，充当黑恶势力"保护伞"的职务犯罪，重大安全责任事故所涉及的职务犯罪，放纵制售伪劣商品的职务犯罪，企业改制、征地拆迁、资源审批和社会保障等工作中侵害国家利益和人民群众切身利益的职务犯罪，发生在基层或者社会关注的行业以及人民群众反映强烈的职务犯罪。对罪行严重、拒不认罪、拒不退赃或者负案潜逃以及进行串供、毁证等妨害诉讼活动的，要果断采取必要的侦查、控制手段或者拘留、逮捕等措施。对于罪行较轻、真诚悔罪、证据稳定的，特别是其中的过失犯罪，可以依法不予逮捕或者及时变更强制措施。

7. 严格把握"有逮捕必要"的逮捕条件，慎重适用逮捕措施。逮捕是最严厉的刑事强制措施，能用其他强制措施的尽量使用其他强制措施。审查批捕要严格依据法律规定，在把握事实证据条件、可能判处刑罚条件的同时，注重对"有逮捕必要"条件的正确理解和把握。具体可以综合考虑以下因素：一是主体是否属于未成年人或者在校学生、老年人、严重疾病患者、盲聋哑人、初犯、从犯或者怀孕、哺乳自己婴儿的妇女等；二是法定刑是否属于较轻的刑罚；三是情节是否具有中止、未遂、自首、立功等法定从轻、减轻或者免除处罚等情形；四是主观方面是否具有过失、受骗、被胁迫等；五是犯罪后是否具有认罪、悔罪表现，是否具有重新危害社会或者串供、毁证、妨碍作证等妨害诉讼进行的可能；六是犯罪嫌疑人是否属于流窜作案、有无固定住址及帮教、管教条件；七是案件基本证据是否已经收集固定、是否有翻供翻证的可能等。对于罪行严重、主观恶性较大、人身危险性大或者有串供、毁证、妨碍作证等妨害诉讼顺利进行可能，符合逮捕条件的，应当批准逮捕。对于不采取强制措施

或者采取其他强制措施不至于妨害诉讼顺利进行的,应当不予批捕。对于可捕可不捕的坚决不捕。

[实践指导]

2004年12月22日,罗干同志在中央政法工作会议上指出:"正确运用宽严相济的刑事政策。"2006年的最高人民法院和最高人民检察院的工作报告中明确了我国现阶段要实行"宽严相济"的刑事政策。2006年在党的十六届六中全会上《中共中央关于构建社会主义和谐社会若干重大问题的决定》亦提出了要实施宽严相济的刑事司法政策。宽严相济是我们党和国家的重要刑事司法政策,是检察机关正确执行国家法律的重要指针。检察机关贯彻宽严相济的刑事司法政策,就是要根据社会治安形势和犯罪分子的不同情况,在依法履行法律监督职能中实行区别对待,注重宽与严的有机统一,该严则严,当宽则宽,宽严互补,宽严有度,对严重犯罪依法从严打击,对轻微犯罪依法从宽处理,对严重犯罪中的从宽情节和轻微犯罪中的从严情节也要依法分别予以宽严体现,对犯罪的实体处理和适用诉讼程序都要体现宽严相济的精神。在审查逮捕的过程中,人民检察院要认真坚持和严格贯彻区别对待(应当综合考虑犯罪的社会危害性、犯罪人的主观恶性以及案件的社会影响,根据不同时期、不同地区犯罪与社会治安的形势,具体情况具体分析,依法予以从宽或者从严处理)、严格依法(宽要有节,严要有度,宽和严都必须严格依照法律,在法律范围内进行,做到宽严合法,于法有据)、注重效果(应当做到惩治犯罪与保障人权的有机统一,法律效果与社会效果的有机统一,保护犯罪嫌疑人、被告人的合法权利与保护被害人的合法权益的有机统一,特殊预防与一般预防的有机统一,执法办案与化解矛盾的有机统一,以有利于维护稳定,化解矛盾,减少对抗,促进和谐)的原则,严格把握"有逮捕必要"的逮捕条件,慎重适用逮捕措施。

四十四、公安机关如对不批捕的决定有异议应当如何处理

[法律依据]

1.《刑事诉讼法》的相关规定:

第七十条 公安机关对人民检察院不批准逮捕的决定,认为有错误的时候,可以要求复议,但是必须将被拘留的人立即释放。如果意见不被接受,可以向上一级人民检察院提请复核。上级人民检察院应当立即复核,作出是否变更的决定,通知下级人民检察院和公安机关执行。

2.公安部《公安机关办理刑事案件程序规定》的相关规定:

第一百二十条 对于人民检察院决定不批准逮捕的,公安机关在收到不批准逮捕决定书后,如果犯罪嫌疑人已被拘留,应当立即释放,发给《释放证明书》,并将执行回执在三日内送达作出不批准逮捕决定的人民检察院。

对已被拘留不批准逮捕的犯罪嫌疑人,公安机关认为需要补充侦查、要求复议或者提请复核的,可以变更为取保候审或者监视居住。

第一百二十一条 对人民检察院不批准逮捕的决定,认为有错误需要复议的,应当在五日内制作《要求复议意见书》报经县级以上公安机关负责人批准后,送交同级人民检察院复议。

如果意见不被接受,认为需要复核的,应当在五日内制作《提请复核意见书》报经县级以上公安机关负责人批准后,连同人民检察院的《复议决定书》,一并提请上一级人民检察院复核。

[实践指导]

公安机关要逮捕犯罪嫌疑人需要报请人民检察院审查批准，人民检察院对不符合逮捕条件的可以作出不批准逮捕的决定，公安机关认为人民检察院的不批捕决定有错误，可以要求复议，如果意见不被接受，可以向上一级人民检察院提请复核，这是公安机关和人民检察院在刑事诉讼中分工负责、互相配合、互相制约原则的具体体现。这里需要注意的问题是，公安机关在收到人民检察院《不批准逮捕决定书》后即使认为不批准逮捕决定有错误，也要首先要将犯罪嫌疑人释放，然后再启动复议、复核程序，而且复议、复核的提起要在法定期限内严格按照法定程序进行。

四十五、人民检察院对提请逮捕的案件进行审查后可以作出哪些决定

[法律依据]

1. 《刑事诉讼法》的相关规定：

第六十九条第三款　人民检察院应当自接到公安机关提请批准逮捕书后的七日以内，作出批准逮捕或者不批准逮捕的决定。人民检察院不批准逮捕的，公安机关应当在接到通知后立即释放，并将执行情况及时通知人民检察院。对于需要继续侦查，并且符合取保候审、监视居住条件的，依法取保候审或者监视居住。

2. 最高人民检察院《人民检察院刑事诉讼规则》的相关规定：

第一百条　对公安机关提请批准逮捕的犯罪嫌疑人，人民检察院经审查认为符合本规则第八十六条、第八十七条规定的，应当作出批准逮捕的决定，连同案卷材料送达公安机关执行。

第一百零一条　对公安机关提请批准逮捕的犯罪嫌疑人，具有本规则第八十九条或者第九十条规定情形，人民检察院作出不批准逮捕决定的，应当说明理由，连同案卷材料送达公安机关执行。需要补充侦查的，应当同时通知公安机关。

第一百零三条　人民检察院办理审查逮捕案件，发现应当逮捕而公安机关未提请批准逮捕的犯罪嫌疑人的，应当建议公安机关提请批准逮捕。如果公安机关不提请批准逮捕的理由不能成立的，人民检察院也可以直接作出逮捕决定，送达公安机关执行。

[实践指导]

人民检察院在审查批准逮捕后，可以作出两种决定，即批准逮捕的决定和不批准逮捕的决定。需要注意的问题是：第一，补充侦查不是单独的决定，而是作出不批捕的决定同时要求补充侦查，所以公安机关不能因为人民检察院要求补充侦查而不将犯罪嫌疑人释放。第二，人民检察院在作出不批捕决定时，不能直接决定对犯罪嫌疑人取保候审或者监视居住。因为案件仍然处于侦查阶段，公安机关侦查的案件的犯罪嫌疑人应当由公安机关决定取保候审或者监视居住。

此外，《人民检察院刑事诉讼规则》第103条规定的内容是人民检察院在对共同犯罪案件中的犯罪嫌疑人进行审查逮捕时可能出现的情况。人民检察院在进行审查逮捕时要对公安机关提请逮捕的材料进行全面审查，如果发现共同犯罪的案件中，不但公安机关提请逮捕的犯

罪嫌疑人符合逮捕的条件，其他未提请逮捕的犯罪嫌疑人也需要逮捕，可以要求公安机关提请逮捕；如果公安机关不提请逮捕的理由不能成立的，人民检察院有权决定逮捕，送达公安机关执行，这是人民检察院对公安机关刑事侦查活动进行监督的体现。但是这种监督由于缺乏配套制度的支持，实践中很难发挥应有的功能。根据我国相关法律规定，公安机关在变更或撤销强制措施时，不需要决定机关的批准。因此，人民检察院对未提请逮捕的犯罪嫌疑人决定逮捕之后，公安机关仍然可以在执行逮捕后变更强制措施，而不需要人民检察院批准。应当说，公安机关自行变更逮捕决定是对人民检察院批准逮捕权的一种侵犯。在现行法律框架之下，人民检察院要注意对这一类案件的跟踪监督，发现公安机关不适当变更强制措施时，要及时进行纠正。

四十六、人民检察院在进行对不批捕案件的复议、复核工作中应当遵守哪些规定

[法律依据]

1. 《刑事诉讼法》的相关规定：

第七十条 公安机关对人民检察院不批准逮捕的决定，认为有错误的时候，可以要求复议，但是必须将被拘留的人立即释放。如果意见不被接受，可以向上一级人民检察院提请复核。上级人民检察院应当立即复核，作出是否变更的决定，通知下级人民检察院和公安机关执行。

2. 最高人民检察院《人民检察院刑事诉讼规则》的相关规定：

第一百零五条 对公安机关要求复议的不批准逮捕的案件，人民检察院应当另行指派审查逮捕部门办案人员复议，并在收到提请复议书和案卷材料后的七日以内作出是否变更的决定，通知公安机关。

第一百零六条 对公安机关提请上一级人民检察院复核的不批准逮捕的案件，上一级人民检察院应当在收到提请复核意见书和案卷材料后的十五日以内由检察长或者检察委员会作出是否变更的决定，通知下级人民检察院和公安机关执行。如果需要改变原决定，应当通知作出不批准逮捕决定的人民检察院撤销原决定，另行制作批准逮捕决定书。必要时，上级人民检察院也可以直接作出批准逮捕决定，通知下级人民检察院送达公安机关执行。

对不批准逮捕案件的复核，由人民检察院审查逮捕部门办理。

第一百零七条 人民检察院作出不批准逮捕决定，并且通知公安机关补充侦查的案件，公安机关在补充侦查后又提请复议的，人民检察院应当建议公安机关重新提请批准逮捕。公安机关坚持复议的，人民检察院不予受理。

[实践指导]

这里需要注意的问题有两个：一是复议由原作出不批捕决定的人民检察院负责，复核由作出不批捕决定的上一级人民检察院负责，复核以复议为前提，不能不经复议而直接提请复核。二是对需要补充侦查的案件，人民检察院作出不批捕决定的，公安机关可以要求复议、复核。但是公安机关没有申请复议、复核而是进行了补充侦查，获得了新的事实、材料后又认为应当逮捕犯罪嫌疑人的，只能重新提请逮捕，这时，公安机关已经不是对原案件材料是否符合逮捕条件有异议了，而是对新的案件事实是否符合逮捕条件提请检察机关进行审查，

因此不能再提请复议、复核，对坚持复议、复核的，人民检察院可以作出不批准逮捕的决定。

四十七、人民检察院在快速办理轻微刑事案件的批捕程序中应当遵守哪些特殊规定

[法律依据]

最高人民检察院《关于依法快速办理轻微刑事案件的意见》的相关规定：
三、适用快速办理机制的轻微刑事案件，应当同时符合以下条件：
（一）案情简单，事实清楚，证据确实、充分；
（二）可能判处三年以下有期徒刑、拘役、管制或者单处罚金；
（三）犯罪嫌疑人、被告人承认实施了被指控的犯罪；
（四）适用法律无争议。
四、对于符合第三条规定的条件的下列案件，应当依法快速办理：
（一）未成年人或者在校学生涉嫌犯罪的案件；
（二）七十岁以上的老年人涉嫌犯罪的案件；
（三）盲聋哑人、严重疾病患者或者怀孕、哺乳自己未满一周岁婴儿的妇女涉嫌犯罪的案件；
（四）主观恶性较小的初犯、过失犯；
（五）因亲友、邻里等之间的纠纷引发的刑事案件；
（六）当事人双方已经就民事赔偿、化解矛盾等达成和解的刑事案件；
（七）具有中止、未遂、自首、立功等法定从轻、减轻或者免除处罚情节的案件；
（八）其他轻微刑事案件。
五、对于危害国家安全犯罪的案件、涉外刑事案件、故意实施的职务犯罪案件以及其他疑难、复杂的刑事案件，不适用快速办理机制。对于严重刑事犯罪案件，应当贯彻依法从重从快方针，集中力量及时办理，不适用本意见规定的快速办理机制。六、……审查批捕时，犯罪嫌疑人已被拘留的，应当在三日内作出是否批准逮捕的决定；未被拘留的，应当在五日内作出是否批准逮捕的决定。
七、对于适用快速办理机制的轻微刑事案件，应当简化制作审查逮捕意见书和审查起诉终结报告。认定事实与侦查机关一致的，应当予以简要说明，不必重复叙述；可以简单列明证据的出处及其所能证明的案件事实，不必详细抄录；应当重点阐述认定犯罪事实的理由和处理意见。
八、对于侦查机关提请批准逮捕的轻微刑事案件，经审查认为符合快速办理条件的，在作出批准逮捕或者因无逮捕必要而作出不批准逮捕决定时，可以填写《快速移送审查起诉建议书》，建议侦查机关及时移送审查起诉；认为证据有所欠缺的，可以建议侦查机关补充证据后及时移送审查起诉。
《快速移送审查起诉建议书》应当同时抄送本院公诉部门。

[实践指导]

在轻微刑事案件中适用特殊程序是人民检察院贯彻落实宽严相济的刑事司法政策，提高诉讼效率，节约司法资源，及时化解社会矛盾，实现办案的法律效果和社会效果的有机统一

的重要举措。在轻微刑事案件的审查批捕程序中，审查批捕的时间缩短，程序简化，有利于诉讼资源的节约和案件的及时处理。需要注意的是依法快速办理轻微刑事案件的案件范围和应当坚持的原则。根据最高人民检察院《关于依法快速办理轻微刑事案件的意见》的精神，在依法快速办理轻微刑事案件中应当坚持的原则是：严格依法原则（必须严格执行法律规定的程序，快速办理可以简化内部工作流程，缩短各个环节的办案期限，但不能省略法定的办案程序）、公正与效率相统一原则（必须把公正与效率相统一原则贯彻始终，保证既好又快地办理轻微刑事案件）、充分保障诉讼参与人诉讼权利原则（必须充分保障法律规定的诉讼参与人特别是犯罪嫌疑人、被告人、被害人的诉讼权利；对于法律规定的诉讼参与人行使诉讼权利的期限，不能缩短。绝不能为了追求快速办理而忽视对诉讼参与人诉讼权利的保护）和及时化解社会矛盾原则。

四十八、执行逮捕应当履行哪些法律程序

[法律依据]

1. 《刑事诉讼法》的相关规定：

第七十一条 公安机关逮捕人的时候，必须出示逮捕证。

逮捕后，除有碍侦查或者无法通知的情形以外，应当把逮捕的原因和羁押的处所，在二十四小时以内通知被逮捕人的家属或者他的所在单位。

2. 公安部《公安机关办理刑事案件程序规定》的相关规定：

第一百二十二条 接到人民检察院《批准逮捕决定书》后，应当由县级以上公安机关负责人签发《逮捕证》，立即执行，并将执行回执及时送达作出批准逮捕的人民检察院。如果未能执行，也应当将回执送达人民检察院，并写明未能执行的原因。

第一百二十三条 执行逮捕时，必须向被逮捕人出示《逮捕证》，并责令被逮捕人在《逮捕证》上签名（盖章）、捺指印，拒绝签名（盖章）、捺指印的，应当注明。

执行逮捕的侦查人员不得少于二人。

第一百二十五条 对犯罪嫌疑人执行逮捕后，应当在二十四小时内制作《逮捕通知书》，送达被逮捕人家属或者单位，但有下列情形之一的，经县级以上公安机关负责人批准，可以不予通知：（一）同案的犯罪嫌疑人可能逃跑、隐匿、毁弃或者伪造证据的；（二）不讲真实姓名、住址，身份不明的；（三）其他有碍侦查或者无法通知的。

上述情形消除后，应当立即通知被逮捕人的家属或者他的所在单位。

对没有在二十四小时内通知的，应当在逮捕通知书中注明原因。

第一百二十六条 人民法院、人民检察院决定逮捕犯罪嫌疑人、被告人的，由县级以上公安机关凭人民法院、人民检察院决定逮捕的法律文书，签发《逮捕证》并立即执行，将执行回执及时送达原决定的机关。如果未能执行，也应当将回执送达原决定的机关，并说明未能执行的原因。必要时，可以请人民法院、人民检察院协助执行。

逮捕后，应当及时通知人民法院、人民检察院进行讯问，并由人民法院、人民检察院通知被逮捕人的家属或者他的所在单位。

[实践指导]

在执行逮捕中需要强调的问题是，对由拘留变更为逮捕的犯罪嫌疑人仍然应当在24小时

内将逮捕的原因和羁押的处所通知其家属和所在单位。《刑事诉讼法》第64条规定了公安机关对犯罪嫌疑人执行拘留后必须履行的通知义务："公安机关拘留人的时候，必须出示拘留证。拘留后，除有碍侦查或者无法通知的情形以外，应当把拘留的原因和羁押的处所，在二十四小时以内，通知被拘留人的家属或者他的所在单位。"第71条又规定了对犯罪嫌疑人逮捕后的通知义务："公安机关逮捕人的时候，必须出示逮捕证。逮捕后，除有碍侦查或者无法通知的情形以外，应当把逮捕的原因和羁押的处所，在二十四小时以内通知被逮捕人的家属或者他的所在单位。"那么，如果犯罪嫌疑人已经被先行拘留，后来又转为逮捕，公安机关是否仍然需要在24小时内将逮捕的原因和羁押的处所通知其家属和所在单位？实践中对此有不同的理解。有人认为，在执行拘留之后已经通知家属或者所在单位，家属和所在单位已经知悉其处于被羁押的状态，因此没有再次通知的必要。笔者认为，对犯罪嫌疑人已经被先行拘留，后又转为逮捕的案件，公安机关仍然负有通知犯罪嫌疑人家属或所在单位的义务。因为对犯罪嫌疑人适用的强制措施已经发生了变化，而拘留和逮捕是在适用条件、羁押时间、强制程度完全不同的强制措施，犯罪嫌疑人家属和所在单位有权利了解诉讼进程。同时，被拘留的犯罪嫌疑人和被逮捕的犯罪嫌疑人的诉讼权利也不完全相同（例如，被拘留的犯罪嫌疑人聘请的律师无权申请取保候审，而被逮捕的犯罪嫌疑人聘请的律师有权申请取保候审），因此，逮捕之后的告知程序对犯罪嫌疑人诉讼权利的行使具有重要影响。

四十九、逮捕在哪些情形下可以变更为其他强制措施

[法律依据]

1. 《刑事诉讼法》的相关规定：

第七十三条　人民法院、人民检察院和公安机关如果发现对犯罪嫌疑人、被告人采取强制措施不当的，应当及时撤销或者变更。公安机关释放被逮捕的人或者变更逮捕措施的，应当通知原批准的人民检察院。

第七十四条　犯罪嫌疑人、被告人被羁押的案件，不能在本法规定的侦查羁押、审查起诉、一审、二审期限内办结，需要继续查证、审理的，对犯罪嫌疑人、被告人可以取保候审或者监视居住。

2. 最高人民法院《关于执行〈中华人民共和国刑事诉讼法〉若干问题的解释》的相关规定：

第八十条　对已经逮捕的被告人，符合下列情形之一的，人民法院可以变更强制措施：（一）患有严重疾病的；（二）案件不能在法律规定的期限内审结的；（三）正在怀孕、哺乳自己婴儿的妇女。

第八十一条　对已经逮捕的被告人，符合下列情形之一的，人民法院应当变更强制措施或者释放：（一）第一审人民法院判处管制或者宣告缓刑以及单独适用附加刑，判决尚未发生法律效力的；（二）第二审人民法院审理期间，被告人被羁押的时间已到第一审人民法院对其判处的刑期期限的；（三）因进行司法鉴定而尚未审结的案件，法律规定的期限届满的。

3. 公安部《公安机关办理刑事案件程序规定》的相关规定：

第一百三十五条　犯罪嫌疑人及其法定代理人、近亲属或者犯罪嫌疑人委托的律师对于公安机关采取强制措施超过法定期限，要求公安机关解除强制措施的，公安机关应当释放犯罪嫌疑人、解除取保候审、监视居住或者依法变更强制措施。

第二百四十五条 对犯罪嫌疑人作精神病鉴定的时间不计入办案期限,其他鉴定时间都应当计入办案期限。

对于因鉴定时间较长,办案期限届满仍不能终结的案件,自期限届满之日起,应当对被羁押的犯罪嫌疑人变更强制措施,改为取保候审或者监视居住。

[实践指导]

综上,逮捕的变更是指在刑事诉讼过程中,因为发现犯罪嫌疑人或者案件存在某种情形而不宜继续羁押的,可以将逮捕变更为其他强制措施。逮捕变更为其他强制措施的情形可以概括为:(1)被逮捕的人患有严重疾病;(2)被逮捕的人是正在怀孕、哺乳自己婴儿的妇女;(3)案件在法定期限内不能办结的;(4)第一审人民法院判处管制或者宣告缓刑以及单独适用附加刑,判决尚未发生法律效力的;(5)第二审人民法院审理期间,被告人被羁押的时间已到第一审人民法院对其判处的刑期期限的。其中,人民法院对具有第(4)、第(5)两种情形可以决定将被羁押的人释放。无论是变更强制措施还是将被羁押的人释放,均应当制作相应的法律文书。

五十、在何种情形下逮捕可以被撤销

[法律依据]

1.《刑事诉讼法》的相关规定:

第七十二条 人民法院、人民检察院对于各自决定逮捕的人,公安机关对于经人民检察院批准逮捕的人,都必须在逮捕后的二十四小时以内进行讯问。在发现不应当逮捕的时候,必须立即释放,发给释放证明。

第七十三条 人民法院、人民检察院和公安机关如果发现对犯罪嫌疑人、被告人采取强制措施不当的,应当及时撤销或者变更。公安机关释放被逮捕的人或者变更逮捕措施的,应当通知原批准的人民检察院。

2.最高人民检察院《人民检察院刑事诉讼规则》的相关规定:

第一百零四条 对已作出的批准逮捕决定发现确有错误的,人民检察院应当撤销原批准逮捕决定,送达公安机关执行。

对已作出的不批准逮捕决定发现确有错误,需要批准逮捕的,人民检察院应当撤销原不批准逮捕决定,并重新作出批准逮捕决定,送达公安机关执行。

对因撤销原批准逮捕决定而被释放的犯罪嫌疑人或者逮捕后公安机关变更为取保候审、监视居住的犯罪嫌疑人,又发现需要逮捕的,人民检察院应当重新办理逮捕手续。

第一百一十六条 对被逮捕的犯罪嫌疑人,人民检察院侦查部门应当在逮捕后的二十四小时以内进行讯问。

发现不应当逮捕的,应当经检察长批准,撤销逮捕决定或者变更为其他强制措施,并通知公安机关执行。

对按照本条第二款的规定释放犯罪嫌疑人和变更逮捕措施的,侦查部门应当通知审查逮捕部门。

对按照本条第二款的规定被释放的犯罪嫌疑人和被变更逮捕措施的犯罪嫌疑人,又发现需要逮捕的,应当重新办理逮捕手续。

第一百一十八条 变更或者撤销由上级人民检察院决定的逮捕措施时，应当报请原决定逮捕的人民检察院同意。

第一百一十九条 人民检察院办理直接立案侦查的案件，侦查部门应当将决定、变更、撤销逮捕措施的情况书面通知本院监所检察部门。

3. 最高人民法院《关于执行〈中华人民共和国刑事诉讼法〉若干问题的解释》的相关规定：

第七十九条 对人民法院决定逮捕的被告人，审判人员必须在逮捕后的二十四小时内进行讯问。如果发现不应当逮捕的，应当报经院长批准后，变更强制措施或者立即释放。立即释放的，应当发给释放证明。

4. 公安部《公安机关办理刑事案件程序规定》的相关规定：

第一百二十四条 对被逮捕的人，必须在逮捕后的二十四小时内进行讯问，发现不应当逮捕的，经县级以上公安机关负责人批准，签发《释放通知书》。看守所凭《释放通知书》发给被逮捕人《释放证明书》，将其立即释放，并将释放理由书面通知原批准逮捕的人民检察院。

第一百三十四条 公安机关如果发现对犯罪嫌疑人采取强制措施不当的，应当及时撤销或者变更。公安机关释放被逮捕的人或者变更强制措施的，应当通知原批准的人民检察院。

[实践指导]

国家专门机关在适用逮捕措施以后发现适用不当的，不但可以变更，而且可以将逮捕措施撤销。对逮捕的撤销通常适用于原批准逮捕的决定有错误，即不应当适用逮捕而适用逮捕的情形。所谓不应当逮捕而逮捕是指不符合逮捕条件而逮捕，有可能产生国家赔偿责任。这里存在的主要问题是，公安机关需要逮捕犯罪嫌疑人必须提请检察机关的批准，而撤销、变更逮捕决定则不需要检察机关的同意，只要事后通知原批准逮捕的人民检察院就可以了，这在客观上部分否定了检察机关的批捕权，另一方面也容易使公安机关因为不受制约而滥用权力。笔者认为，公安机关在执行逮捕决定时或执行逮捕决定后需要变更或撤销逮捕决定时应当征得人民检察院同意后方可变更或撤销，相关立法应当予以完善。在这个问题上，人民检察院刑事诉讼规则中作了比较科学的内部规定，即变更或者撤销由上级人民检察院决定的逮捕措施时，应当报请原决定逮捕的人民检察院同意。同时办理直接立案侦查的案件，侦查部门应当将决定、变更、撤销逮捕措施的情况书面通知本院监所检察部门，以保证对强制措施的撤销和变更情况予以监督。

五十一、人民检察院对认为羁押犯罪嫌疑人超过法定期限而提出解除的要求应当如何处理

[法律依据]

1. 《刑事诉讼法》的相关规定：

第七十五条 犯罪嫌疑人、被告人及其法定代理人、近亲属或者犯罪嫌疑人、被告人委托的律师及其他辩护人对于人民法院、人民检察院或者公安机关采取强制措施超过法定期限的，有权要求解除强制措施。人民法院、人民检察院或者公安机关对于被采取强制措施超过法定期限的犯罪嫌疑人、被告人应当予以释放、解除取保候审、监视居住或者依法变更强制措施。

2. 最高人民检察院《人民检察院刑事诉讼规则》的相关规定：

第九十六条　犯罪嫌疑人及其法定代理人、近亲属或者犯罪嫌疑人委托的律师及其他辩护人认为人民检察院批准或者决定逮捕的犯罪嫌疑人羁押超过法定期限，向人民检察院提出释放犯罪嫌疑人或者变更逮捕措施要求的，由人民检察院审查逮捕部门审查，审查逮捕部门应当向侦查机关或者本院侦查部门了解有关情况，并在七日以内审查完毕。

审查逮捕部门经审查认为超过法定期限的，应当提出释放犯罪嫌疑人或者变更逮捕措施的意见，经检察长批准后，通知公安机关执行；经审查认为未超过法定期限的，书面答复申诉人。

审查逮捕部门应当将审查结果同时书面通知本院监所检察部门。

3. 最高人民检察院《关于在检察工作中防止和纠正超期羁押的若干规定》的相关规定：

七、建立超期羁押投诉和纠正机制

犯罪嫌疑人及其法定代理人、近亲属或者犯罪嫌疑人委托的律师及其他辩护人认为超期羁押的，有权向作出逮捕决定的人民检察院或者其上级人民检察院投诉，要求解除有关强制措施。在押的犯罪嫌疑人可以约见驻所检察人员对超期羁押进行投诉。

人民检察院监所检察部门负责受理关于超期羁押的投诉，接受投诉材料或者将投诉内容记明笔录，并及时对投诉进行审查，提出处理意见报请检察长决定。检察长对于确属超期羁押的，应当立即作出释放犯罪嫌疑人或者变更强制措施的决定。

人民检察院监所检察部门在投诉处理以后，应当及时向投诉人反馈处理意见。

[实践指导]

法律通过赋予特定主体对超过法定期限的强制措施的申请解除权，从而为犯罪嫌疑人、被告人的超期羁押提供了救济途径。根据这一规定，在刑事诉讼中，有权申请解除强制措施的是犯罪嫌疑人、被告人及其法定代理人、近亲属（配偶、父母、子女、同胞兄弟姐妹）或者犯罪嫌疑人、被告人委托的律师及其他辩护人。对其他人提出的解除请求，人民检察院没有书面答复的义务，这是保证诉讼效率的要求。针对申请人提出的申请，人民检察院的审查起诉部门必须在7日内审查完毕并做出相应决定，超过法定期限的，提出相应意见并经检察长同意后通知公安机关执行，认为未超过法定期限的，应当给申诉人以书面答复。实践中存在的主要问题是由于缺少违反程序的法律后果的规定，人民检察院对申请人的申请经常置之不理，而且申请人也没有影响检察机关决定作出的有效途径，使得这一法律规定的应有功能难以发挥，超期羁押的问题长期得不到有效解决。最高人民检察院《关于在检察工作中防止和纠正超期羁押的若干规定》中又规定了在押犯罪嫌疑人对超期羁押的投诉制度，但是还应当设置相应的配套规则。面对法律的不科学（科学的做法应当是建立逮捕、羁押分离制度，建立和完善由中立的裁判机构主持进行的司法审查机制，使羁押的授权、审查和救济具有诉讼性的品质）和不完善，笔者认为，人民检察院应当从保护诉讼参与人合法权益角度出发，对申请人的申请按照法律程序进行处理，以切实维护犯罪嫌疑人、被告人的利益。

五十二、变更强制措施后，原批准逮捕的决定是否有效

[法律依据]

1. 最高人民检察院《人民检察院刑事诉讼规则》的相关规定：

第一百零四条第三款　对因撤销原批准逮捕决定而被释放的犯罪嫌疑人或者逮捕后公安

机关变更为取保候审、监视居住的犯罪嫌疑人，又发现需要逮捕的，人民检察院应当重新办理逮捕手续。

第一百一十六条 对被逮捕的犯罪嫌疑人，人民检察院侦查部门应当在逮捕后的二十四小时以内进行讯问。

发现不应当逮捕的，应当经检察长批准，撤销逮捕决定或者变更为其他强制措施，并通知公安机关执行。

对按照本条第二款的规定释放犯罪嫌疑人和变更逮捕措施的；侦查部门应当通知审查逮捕部门。

对按照本条第二款的规定被释放的犯罪嫌疑人和被变更逮捕措施的犯罪嫌疑人，又发现需要逮捕的，应当重新办理逮捕手续。

2. 最高人民检察院、公安部《关于适用刑事强制措施有关问题的规定》的相关规定：

第九条 公安机关决定对犯罪嫌疑人取保候审的案件，犯罪嫌疑人违反应当遵守的规定，情节严重的，公安机关应当依法提请批准逮捕。人民检察院应当根据刑事诉讼法第五十六条的规定审查批准逮捕。

[实践指导]

在变更强制措施后，原批准逮捕的决定自动失效，因此，公安机关对被批准逮捕的犯罪嫌疑人变更为取保候审、监视居住后，又发现需要逮捕的，应当重新提请人民检察院提请逮捕，而不能直接予以羁押。理由是，公安机关将逮捕变更为取保候审或监视居住后原逮捕决定虽未撤销，但已不再执行。不同的强制措施具有不同的适用条件，对同一犯罪嫌疑人或被告人，只能适用一种强制措施，不能同时适用几种强制措施，因此，一种强制措施变更为另一种强制措施后，原强制措施的决定由于被新决定所代替，便自动失效。另外，根据《刑事诉讼法》第59条关于"逮捕犯罪嫌疑人、被告人，必须经过人民检察院批准或者人民法院决定，由公安机关执行"的规定，公安机关只有逮捕的执行权，无权自行决定或批准逮捕。如果认为原批准逮捕的决定仍然有效，则公安机关可以直接对犯罪嫌疑人予以羁押，公安机关就既行使了逮捕的决定权，又行使了逮捕的执行权，显然是有悖于我国法律规定的。

五十三、人民检察院审查批捕部门办理审查逮捕的案件是否能够另行侦查

[法律依据]

1. 最高人民检察院《人民检察院刑事诉讼规则》的相关规定：

第九十七条 审查逮捕部门办理审查逮捕案件，不另行侦查。在审查批捕中如果认为报请批准逮捕的证据存有疑问的，可以复核有关证据，讯问犯罪嫌疑人、询问证人。但讯问未被采取强制措施的犯罪嫌疑人的，讯问前应当征求公安机关或者本院侦查部门的意见。

2. 最高人民检察院《关于对报请批准逮捕的案件可否侦查问题的批复》的相关规定：

人民检察院审查公安机关提请逮捕的案件，经审查，应当作出批准或者不批准逮捕的决定，对报请批准逮捕的案件不另行侦查。人民检察院在审查批捕中如果认为报请批准逮捕的证据存有疑问的，可以复核有关证据，讯问犯罪嫌疑人、询问证人，以保证批捕案件的质量，防止错捕或漏捕。

[实践指导]

公安机关提请逮捕犯罪嫌疑人必须经过人民检察院审查批准。人民检察院刑事诉讼规则对人民检察院审查逮捕的内容和程序作了详细规定。审查逮捕原则上是对公安机关移送过来的案卷材料进行书面审查，人民检察院可能仅通过书面审查仍然对报请批准逮捕存有疑问，难以确定是否符合逮捕条件的，此时，人民检察院的审查逮捕部门不应当另行侦查。原因在于审查起诉部门不具有侦查权，而且案件仍然处在侦查阶段，侦查活动仍然应当由公安机关负责。因此，人民检察院在进行审查批捕时，应当通过阅卷、讯问犯罪嫌疑人、询问证人复核有关证据，以确定是否符合逮捕条件。如果仍然难以确定是否符合逮捕条件的，可在作出不批准逮捕决定的同时要求公安机关补充侦查。

五十四、在服刑期间重新犯罪的人是否需要作出逮捕决定

[法律依据]

最高人民法院、最高人民检察院、公安部、司法部《关于罪犯在服刑期间又犯罪是否办理逮捕手续问题的批复》的相关规定：

一、如查明查获的犯罪分子确为服刑期间脱逃的劳改犯，可由捕获地公安机关负责人批准羁押，不必再办逮捕手续。其中对于未发现有其他新罪的，通知原押劳改单位解回处理；如果在捕获地发现犯有其他新罪的，即由捕获地公安机关将新的犯罪事实侦查核实后，向当地人民检察院移送起诉，在人民法院判决后，通知原押劳改单位解回执行。

二、当时没有查明犯罪人系逃脱的劳改犯，其所犯罪行又应该逮捕的，可依法办理逮捕手续，按《刑事诉讼法》规定的程序处理。

三、假释的罪犯，在假释考验期限内又重新犯罪的，按《刑法》第七十五条（97《刑法》的对应条款为八十一条。作者注）的规定处理，不必另办逮捕手续。

四、对判处有期徒刑宣告缓刑的犯罪分子，在缓刑考验期限内，再犯新罪并确有逮捕必要的，应依法逮捕，按照《刑法》第七十条（97《刑法》的对应条款为七十七条。作者注）的有关规定办理。

对上述不需要再办逮捕手续的罪犯，看守所凭县以上公安机关的羁押证明文件收押。

[实践指导]

根据以上规定，对在服刑期间重新犯罪的人办理逮捕手续，应根据不同的情况做出不同的处理：

第一，对未发现有其他新罪的服刑期间脱逃的劳改犯，不需要办理逮捕手续，而由捕获地公安机关负责批准羁押。

第二，对在捕获地发现有新罪的服刑期间脱逃的劳改犯，公安机关侦查终结后向当地人民检察院移送起诉，法院判决后，通知原押劳改单位解回执行。

第三，在假释考验期限又重新犯罪的，不必另办逮捕手续。被假释的犯罪分子，在假释考验期限内犯新罪，应当撤销假释，与原判刑罚实行数罪并罚。

第四，在缓刑考验期限内，再犯新罪并确有逮捕必要的，应依法逮捕，被宣告缓刑的犯罪分子，在缓刑考验期限内犯新罪的，应当撤销缓刑，对新犯的罪作出判决，把前罪和后罪

所判处的刑罚执行数罪并罚。

五十五、人民检察院如何对批准逮捕决定的执行进行监督

[法律依据]

1.《刑事诉讼法》的相关规定：

第六十八条 人民检察院对于公安机关提请批准逮捕的案件进行审查后，应当根据情况分别作出批准逮捕或者不批准逮捕的决定。对于批准逮捕的决定，公安机关应当立即执行，并且将执行情况及时通知人民检察院。对于不批准逮捕的，人民检察院应当说明理由，需要补充侦查的，应当同时通知公安机关。

第六十九条第三款 人民检察院不批准逮捕的，公安机关应当在接到通知后立即释放，并且将执行情况及时通知人民检察院。

第七十三条 人民法院、人民检察院和公安机关如果发现对犯罪嫌疑人、被告人采取强制措施不当的，应当及时撤销或者变更。公安机关释放被逮捕的人或者变更逮捕措施的，应当通知原批准的人民检察院。

2. 最高人民检察院《关于刑事诉讼法律监督工作贯彻刑诉法若干问题的意见》的相关规定：

三、……

人民检察院对逮捕决定执行的监督包括：（1）对于人民检察院批准逮捕的决定，公安机关必须立即执行，并将执行情况及时通知人民检察院。"执行情况"包括是否已将罪犯抓获，予以逮捕，关押何处；如果没有抓获，说明无法执行逮捕的原因等。（2）对于检察机关不批准逮捕的，公安机关应当立即释放，并将执行情况及时通知人民检察院，其中包括犯罪嫌疑人是否释放，是否需要采取取保候审，监视居住等强制措施。（3）公安机关发现对犯罪嫌疑人采取逮捕强制措施不当，撤销、变更逮捕强制措施，应当通知原批准的人民检察院，人民检察院如果有不同意见可以提出纠正。

3. 最高人民检察院、公安部《关于适用刑事强制措施有关问题的规定》的相关规定：

第三十七条 人民检察院应当加强对公安机关、人民检院办案部门适用刑事强制措施工作的监督，对于超期羁押、超期限办案、不依法执行的，应当及时提出纠正意见，督促公安机关或者人民检察院办案部门依法执行。

公安机关、人民检察院的工作人员违反刑事诉讼法和相关规定，玩忽职守、滥用职权、徇私舞弊，导致超期羁押、超期限办案者实施其他违法行为的，应当依照有关法律和规定追究法律责任；构成犯罪的，依法追究刑事责任。

[实践指导]

《刑事诉讼法》针对以往司法实践中存在的人民检察院逮捕决定不能得到有效执行的问题，增加了关于批准逮捕决定执行的监督的内容。这些规定突出了人民检察院在刑事诉讼中的法律监督机关的地位，逮捕执行机关对逮捕决定必须立即执行而且要将逮捕情况、不捕放人情况、强制措施变更情况及时向人民检察院报告。人民检察院批准逮捕和不批准逮捕的决定作出后，要注意加强跟踪监督，对于公安机关执行逮捕，释放被逮捕的犯罪嫌疑人，或者变更强制措施等情况，人民检察院如果发现有违法情形，应当通知公安机关纠正。对于公安

机关变更逮捕措施不当、释放被逮捕的犯罪嫌疑人，经提出纠正意见后公安机关不纠正的，人民检察院应当作出逮捕决定，通知公安机关执行。对公安机关认为变更逮捕措施后，需要逮捕犯罪嫌疑人的，应当重新报请人民检察院审查批准，公安机关不能自行决定收监，对违反刑事诉讼法和相关规定，玩忽职守、滥用职权、徇私舞弊，导致超期羁押、超期限办案者实施其他违法行为的法律责任，实践中应当严格遵照执行。

五十六、对人大代表适用拘留、逮捕等强制措施需要遵守哪些特别规定

[法律依据]

1. 《全国人民代表大会组织法》的相关规定：

第四十四条　全国人民代表大会代表非经全国人民代表大会主席团许可，在全国人民代表大会闭会期间非经全国人民代表大会常务委员会许可，不受逮捕或者刑事审判。

全国人民代表大会代表如果因为是现行犯被拘留，执行拘留的公安机关应当立即向全国人民代表大会主席团或者全国人民代表大会常务委员会报告。

2. 《地方各级人民代表大会和地方各级人民政府组织法》的相关规定：

第三十五条　县级以上地方各级人民代表大会代表，非经本级人民代表大会常务委员会许可，不受逮捕或者刑事审判。如果因为是现行犯被拘留，执行拘留的公安机关应当立即向该级人民代表大会主席团或常务委员会报告。

3. 《全国人民代表大会和地方各级人民代表大会代表法》的相关规定：

第三十条　县级以上的各级人民代表大会代表，非经本级人民代表大会主席团许可，在本级人民代表大会闭会期间，非经本级人民代表大会常务委员会许可，不受逮捕或者刑事审判。如果因为是现行犯被拘留，执行拘留的机关应当立即向该级人民代表大会主席团或者人民代表大会常务委员会报告。

对县级以上的各级人民代表大会代表，如果采取法律规定的其他限制人身自由的措施，应当经该级人民代表大会主席团或者人民代表大会常务委员会许可。乡、民族乡、镇的人民代表大会代表，如果被逮捕、受刑事审判、或者被采取法律规定的其他限制人身自由的措施，执行机关应当立即报告乡、民族乡、镇的人民代表大会。

4. 最高人民检察院《人民检察院刑事诉讼规则》的相关规定：

第七十九条　担任县级以上人民代表大会代表的犯罪嫌疑人因现行犯被拘留的，人民检察院应当立即向该代表所属的人民代表大会主席团或者常务委员会报告；因为其他情形需要拘留的，人民检察院应当报请该代表所属的人民代表大会主席团或者常务委员会许可。

人民检察院拘留担任本级人民代表大会代表的犯罪嫌疑人，直接向本级人民代表大会主席团或常务委员会报告或者报请许可。

拘留担任上级人民代表大会代表的犯罪嫌疑人，应当立即层报该代表所属的人民代表大会同级的人民检察院报告或者报请许可。

拘留担任下级人民代表大会代表的犯罪嫌疑人，可以直接向该代表所属的人民代表大会主席团或者常务委员会报告或者报请许可，也可以委托该代表所属的人民代表大会同级的人民检察院报告或者报请许可；拘留担任乡、民族乡、镇的人民代表大会代表的犯罪嫌疑人，由县级人民检察院报告乡、民族乡、镇的人民代表大会。

拘留担任两级以上人民代表大会代表的犯罪嫌疑人，分别按照本条第二、三、四款的规定报告或者报请许可。

拘留担任办案单位所在省、市、县（区）以外的其他地区人民代表大会代表的犯罪嫌疑人，应当委托该代表所属的人民代表大会同级的人民检察院报告或者报请许可；担任两级以上人民代表大会代表的，应当分别委托该代表所属的人民代表大会同级的人民检察院报告或者报请许可。

第九十三条 人民检察院对担任本级人民代表大会代表的犯罪嫌疑人批准或者决定逮捕，应当报请本级人民代表大会主席团或者常务委员会许可。

对担任上级人民代表大会代表的犯罪嫌疑人批准或者决定逮捕，应当层报该代表所属的人民代表大会同级的人民检察院报请许可。

对担任下级人民代表大会代表的犯罪嫌疑人批准或者决定逮捕，可以直接报请该代表所属的人民代表大会主席团或者常务委员会许可，也可以委托该代表所属的人民代表大会同级的人民检察院报请许可；对担任乡、民族乡、镇的人民代表大会代表的犯罪嫌疑人批准或者决定逮捕，由县级人民检察院报告乡、民族乡、镇的人民代表大会。

对担任两级以上的人民代表大会代表的犯罪嫌疑人批准或者决定逮捕，分别依照本条第一、二、三款的规定报请许可。

对担任办案单位所在省、市、县（区）以外的其他地区人民代表大会代表的犯罪嫌疑人批准或者决定逮捕，应当委托该代表所属的人民代表大会同级的人民检察院报请许可；担任两级以上人民代表大会代表的，应当分别委托该代表所属的人民代表大会同级的人民检察院报请许可。

5. 最高人民检察院《关于严格执行人民代表大会执行职务司法保障规定的通知》的相关规定：

三、各级人民检察院直接立案侦查的刑事案件，依法需要对本级人大代表决定采取逮捕，或者监视居住、取保候审、拘传等限制人身自由措施的，应当报经同级人民代表大会主席团或人民代表大会常务委员会许可。

各级人民检察院办理直接立案侦查的案件，对人大代表依法拘留的，应当由执行拘留的机关立即向该代表所属的人民代表大会主席团或者常务委员会报告。

五、（第三款）对于乡、民族乡、镇的人民代表大会代表依法决定或者批准逮捕，采取监视居住、取保候审、拘传等限制人身自由的措施，由人民检察院执行的，应当由县级人民检察院或上级人民检察院委托县级人民检察院立即报告乡、民族乡、镇的人民代表大会。

六、各级人民检察院办理有关人大代表的案件应报上一级人民检察院及人民代表所属的人民代表大会同级的人民检察院备案。

七、各级人民检察院在办理有关人大代表的案件中，遇到执行法律方面的问题，要及时层报最高人民检察院。

6. 公安部《公安机关办理刑事案件程序规定》的相关规定：

第一百四十条 公安机关依法对县级以上各级人民代表大会代表采取拘传、取保候审、监视居住、拘留或者提请逮捕的，应当书面报请该代表所属的人民代表大会主席团或者常务委员会许可。

第一百四十一条 公安机关对现行犯或者重大嫌疑分子先行拘留的时候，发现其是县级以上人民代表大会代表的，应当立即向其所属的人民代表大会主席团或者常务委员会报告。

公安机关在依法执行拘传、取保候审、监视居住、拘留或者逮捕中，发现被执行人是县级以上人民代表大会代表的，应当暂缓执行，并报告原决定或者批准机关。如果在执行后发现被执行人是县级以上人民代表大会代表的，应当立即解除，并报告原决定或者批准机关。

第一百四十二条 公安机关依法对乡、民族乡、镇的人民代表大会代表采取拘传、取保候审、监视居住、拘留或者执行逮捕的，应当在执行后立即报告其所属的人民代表大会。

[实践指导]

从目前世界各国宪法和法律规定来看，对于具有代表身份的公民需要采取法律程序上的人身强制措施或者限制人身自由的刑罚措施的，需要经过特殊的法律程序，并征得代表机关的同意或许可，是各国的普遍做法。这一立法目的是为了保证人大代表更好地履行职责，防止来自司法机关的不当干涉，特别是防止因履行代表职务对司法或行政机关的利益造成影响而受到不公正的待遇。在我国，人大代表代表人民的利益和意志，依照宪法和法律赋予本级人民代表大会的职权，参与行使国家权力。人民检察院、公安机关应当依法为人大代表执行代表职务提供司法保障，严格按照法律程序对人大代表适用强制措施，切实保障人大代表依法行使职权。

五十七、对政协委员适用拘留、逮捕等强制措施需要遵守哪些特别规定

[法律依据]

1. 公安部《公安机关办理刑事案件程序规定》的相关规定：

第一百四十三条 公安机关依法对政治协商委员会委员采取拘传、取保候审、监视居住的，应当将有关情况通报给该委员所属的政协组织。

第一百四十四条 公安机关依法对政治协商委员会委员执行拘留、逮捕前，应当向该委员所属的政协组织通报情况；情况紧急的，可在执行的同时或者执行以后及时通报。

2. 中共中央政法委员会《关于对政协委员采取刑事拘留、逮捕强制措施应向所在政协党组通报情况的通知》的相关规定：

各级公安机关、国家安全机关、人民检察院、人民法院依法对有犯罪嫌疑的政协委员采取刑事拘留、逮捕强制措施前，应向该委员所在的政协党组通报情况；情况紧急的，可同时或事后及时通报。

[实践指导]

中国人民政治协商会议是爱国统一战线的组织，是中国共产党领导的多党合作和政治协商的重要机构，是中国政治生活中发扬社会主义民主的重要形式。对政协委员适用强制措施的通报制度是保障政协组织充分发挥职能作用，维护各级政协委员的合法权益，调动政协委员参政议政的积极性的必然要求。根据相关规定，对政协委员采取限制人身自由的强制措施的，将有关情况通报给该委员所属的政协组织即可；对于政协委员适用剥夺人身自由的强制措施的，应当在适用该种强制措施前向该委员所属的政协组织通报情况，情况紧急时可在执行的同时或者执行以后及时通报，从而有利于政协组织及时掌握相关情况，采取相应的配合措施，保证案件的顺利查处。

需要指出的是，《公安机关办理刑事案件程序规定》中只规定了在执行拘留、逮捕前的通报，未涉及拘留决定作出前是否通报的问题，人民检察院尚未出台关于对政协委员的拘留决

定作出前及批准逮捕决定作出前的通报规定，人民法院也没有关于对政协委员逮捕决定作出前的通报程序的相关规定，但是强制措施的采取应当包括决定、批准和执行的全部程序，所以，根据中共中央政法委下发的《关于对政协委员采取刑事拘留、逮捕强制措施应向所在政协党组通报情况的通知》的相关内容，公安机关在作出拘留决定前，人民检察院在作出拘留决定和批准逮捕决定前，以及人民法院在作出逮捕决定前，都应当履行通报程序，情况紧急的可同时或事后通报。

五十八、对外国人适用强制措施应当遵守哪些特别规定

[法律依据]

1. 最高人民检察院《人民检察院刑事诉讼规则》的相关规定：

第九十四条 外国人、无国籍人涉嫌危害国家安全犯罪的案件或者涉及国与国之间政治、外交关系的案件以及在适用法律上确有疑难的案件，需要逮捕犯罪嫌疑人的，由分、州、市人民检察院审查并提出意见，层报最高人民检察院审查。最高人民检察院经征求外交部的意见后，决定批准逮捕。经审查认为不需要逮捕的，可以直接作出不批准逮捕的决定。

外国人、无国籍人涉嫌本条第一款规定以外的其他犯罪的案件，由分、州、市人民检察院审查并提出意见，报省级人民检察院审查。省级人民检察院经征求同级政府外事部门的意见后，决定批准逮捕，同时报最高人民检察院备案。经审查认为不需要逮捕的，可以直接作出不批准逮捕的决定。

2. 公安部《公安机关办理刑事案件程序规定》的相关规定：

第三百三十条 发生重大的或者可能引起外交交涉的外国人犯罪案件的，有关省、自治区、直辖市公安机关应当及时将案件办理情况报告公安部。公安部商外交部后，应当单独或者会同外交部联名将案件进展情况等及时通知我国驻外使馆、领事馆。

第三百三十一条 需要对外国人采取拘留、监视居住、取保候审的，应当经省级公安机关负责人批准后，将有关案情、处理情况等于采取强制措施的四十八小时以内报告公安部，同时通报同级人民政府外事办公室。

第三百三十二条 对外国人依法作出取保候审、监视居住决定或者执行拘留、逮捕后，有关省、自治区、直辖市公安厅、局应当在规定的期限内，将外国人的姓名、性别、入境时间、护照或者证件号码、案件发生的时间、地点及有关情况，涉嫌犯罪的主要事实，已采取的强制措施及其法律依据，通知该外国人所属国家的驻华使馆、领事馆，同时报告公安部。

外国人在公安机关侦查或者执行刑罚期间死亡的，有关省、自治区、直辖市公安机关应当通知该外国人所属国家的驻华使馆、领事馆，同时报告公安部。

第三百三十四条 公安机关侦查终结前，外国驻华外交、领事官员要求探视被监视居住、拘留、逮捕或者正在服刑的本国公民的，立案侦查的公安机关应当及时安排有关的探视事宜。犯罪嫌疑人拒绝其所属国家驻华外交、领事官员探视的，公安机关可以不予安排，但应当由其本人提出书面声明。

在公安机关侦查羁押期间，经公安机关批准，外国籍犯罪嫌疑人可以与其近亲属、监护人会见，与外界通信。

第三百三十五条 对外国籍犯罪嫌疑人采取强制措施的同时，经省级公安机关批准，可

以依法扣留其护照,发给本人扣留护照的证明,并将有关情况及时报告公安部,通报同级人民政府外事办公室。

3. 公安部《公安机关办理刑事案件程序规定(修正案)》的相关规定:

一、将第三百三十一条修改为:"需要对外国人采取拘留、监视居住、取保候审的,应当由地(市)级以上公安机关负责人批准,并将有关案情、处理情况等于采取强制措施的四十八小时以内报告省级公安机关,同时通报同级人民政府外事办公室;需要对涉及国家安全的案件或者涉及国与国之间外交关系的案件以及其他重大、复杂案件中的外国人采取拘留、监视居住、取保候审的,应当由省级公安机关负责人批准,并将有关案情、处理情况等于采取强制措施的四十八小时以内报告公安部,同时通报同级人民政府外事办公室。"

二、将第三百三十二条第一款修改为:"地(市)级公安机关对外国人依法作出取保候审、监视居住决定或者执行拘留、逮捕后,应当在四十八小时内,将外国人的姓名、性别、入境时间、护照或者证件号码、案件发生的时间、地点及有关情况,涉嫌犯罪的主要事实,已采取的强制措施及其法律依据等报告省级公安机关。有关省、自治区、直辖市公安机关应当在规定的期限内通知该外国人所属国家的驻华使馆、领事馆,同时报告公安部。"

4. 最高人民检察院《关于人民检察院审查批准逮捕外国籍犯罪嫌疑人程序的规定》的相关规定:

一、外国人(包括无国籍人,但不包括享有外交特权和豁免权的人,下同)涉嫌危害国家安全犯罪的案件或者涉及国与国之间政治、外交关系的案件以及在适用法律上确有疑难的案件,需要逮捕外国籍犯罪嫌疑人,由分、州、市人民检察院审查并提出意见,层报最高人民检察院审查。

最高人民检察院经征求外交部的意见后,作出批准逮捕的决定,同时抄送最高人民法院、外交部、公安部、国家安全部、司法部。必要时,报请中央批准。对经审查认为不需要逮捕的,可以直接作出不批准逮捕的决定。

二、外国人涉嫌其他犯罪的案件,由分、州、市人民检察院审查并提出意见,连同案件材料报省级人民检察院审查。省级人民检察院经征求同级外事部门的意见后,作出批准逮捕的决定,同时报最高人民检察院备案,并抄报最高人民法院、外交部、公安部、国家安全部、司法部。经审查认为不需要逮捕的,可以直接作出不批准逮捕的决定。

三、中国籍同案犯罪嫌疑人由分、州、市人民检察院审查批准逮捕,同时报省级人民检察院备案。

四、经有审批权限的人民检察院审查,作出的批准逮捕或者不批准逮捕的决定,应当批复给受理案件的分、州、市人民检察院。受理案件的分、州、市人民检察院根据上级人民检察院的批复,填发"批准逮捕决定书"或者"不批准逮捕决定书",送请公安机关执行。

五、批准逮捕的外国人犯罪案件和批准逮捕中国籍同案犯罪嫌疑人备案材料,包括书面报告和审查后作出的决定和批复。最高人民检察院和省级人民检察院对上报的备案材料应当认真审查,发现错误及时纠正。

六、检察机关审查批准逮捕外国人犯罪案件的材料一律使用密码电传报送。

七、要严格执行办案时限,检察机关要加强与公安机关的配合,适时介入公安机关的侦查活动,熟悉案情,做好审查批准逮捕的准备工作。要加强与外事部门沟通和联系,及时征求外事部门的意见。

八、审查批准逮捕外国籍犯罪嫌疑人,因特殊原因,不能在法定时限内作出决定的,检察机关应当通知有关公安机关依法改变强制措施。

5. 最高人民检察院、最高人民法院、公安部、安全部、司法部、外交部《关于对驻华使、领馆探视被羁押本国公民的安排机关进行调整的通知》的相关规定:

当事人在侦查终结前的羁押期间,探视的有关事宜由立案侦查的公安机关、国家安全机关或人民检察院安排;侦查终结后移送人民检察院审查起诉的羁押期间,探视的有关事宜由审查起诉的人民检察院安排;人民法院受理案件后在作出终审判决前的羁押期间,探视的有关事宜由审理案件的人民法院安排;人民法院将案件退回人民检察院,或者人民检察院将案件退回公安机关、国家安全机关补充侦查的羁押期间,探视的有关事宜由补充侦查的人民检察院、公安机关、国家安全机关安排;经人民法院判决后在监狱服刑期间,探视的有关事宜由司法行政机关安排。

主办机关需要同有关驻华使、领馆联系时,应当分别经过各省、自治区、直辖市高级人民法院、人民检察院、公安厅(局)、国家安全厅(局)、司法厅(局)进行。如需要,地方外事办公室或者外交部可予以协助。

[实践指导]

随着我国对外开放政策的实施,来华的外国人越来越多,外国人在华因违反中国法律而被拘留、逮捕和被起诉、判处刑罚的涉外案件也相应增加。涉外刑事案件的办理,不仅涉及涉外案件当事人权利的保护,而且与国家主权和国家间的关系密切相关,因此应当慎重对待。在涉外刑事案件的办理过程中,如果需要对外国人适用强制措施,则要在坚持国家主权原则、信守国际条约原则、诉讼权利同等原则、使用我国通用语言文字进行诉讼原则的前提下,严格按照法律和相关司法解释以及其他规范性文件进行,以维护国家主权和当事人的合法权益。

第七章 附带民事诉讼

一、哪些主体有权提起附带民事诉讼

[法律依据]

1. 《刑事诉讼法》的相关规定:

第七十七条第一、二款 被害人由于被告人的犯罪行为而遭受物质损失的,在刑事诉讼过程中,有权提起附带民事诉讼。

如果是国家财产、集体财产遭受损失的,人民检察院在提起公诉的时候,可以提起附带民事诉讼。

2. 最高人民法院《关于执行〈中华人民共和国刑事诉讼法〉若干问题的解释》的相关规定:

第八十四条 人民法院受理刑事案件后,可以告知因犯罪行为遭受物质损失的被害人

（公民、法人和其他组织）、已死亡被害人的近亲属、无行为能力或者限制行为能力被害人的法定代理人，有权提起附带民事诉讼。

有权提起附带民事诉讼的人放弃诉讼权利的，应当准许，并记录在案。

第八十五条 如果是国家财产、集体财产遭受损失，受损失的单位未提起附带民事诉讼，人民检察院在提起公诉时提起附带民事诉讼的，人民法院应当受理。

3. 最高人民检察院《人民检察院刑事诉讼规则》的相关规定：

第二百三十五条 提出起诉意见或者不起诉意见的，侦查部门应当将起诉意见书或者不起诉意见书以及其他案卷材料，一并移送本院审查起诉部门审查。国家或者集体财产遭受损失的，在提出提起公诉意见的同时，可以提出提起附带民事诉讼的意见。

第二百五十条 人民检察院审查移送起诉的案件，必须查明：……（七）有无附带民事诉讼；对于国家财产、集体财产遭受损失的，是否需要由人民检察院提起附带民事诉讼；

[实践指导]

在执行上述法律和司法解释时应注意以下问题：

第一，人民检察院提起附带民事诉讼的，检察院不具有民事原告的地位和权利。首先，检察院并不是享有民事实体权利的原告，只有犯罪行为造成了国家或集体财产的损失，并且，发生财产损失的单位放弃提起附带民事诉讼的权利时，人民检察院为了对公共财产加强保护，才强制性地提起民事诉讼。有权提起附带民事诉讼的当事人放弃诉讼权利，不能使检察院产生民事实体权利，检察院只是强行替代原告起诉而已。其次，检察院没有在民事诉讼中进行和解、变更诉讼请求、参与调解的权利，因为检察院没有处分原告实体权利的诉讼权利。再次，检察院不能在民事判决后享有原告的实体权利，即不能占有附带民事诉讼被告对原告的民事赔偿利益，民事赔偿的实际利益应由放弃诉讼权利的单位享有。

第二，为被害人支付了医疗费、丧葬费等费用的单位和个人有权提起附带民事诉讼。虽然他们不是刑事诉讼法规定的被害人，但按照民事法律的规定，他们有权就因犯罪行为引起的经济损失请求犯罪行为人赔偿。

第三，刑事案件中的被害人如果就犯罪行为造成的损失已向保险公司索赔，保险公司是否有权提起附带民事诉讼应区别情形对待。如果被害人向保险公司投保的是财产险，索赔后保险公司有权代位求偿，提起附带民事诉讼；如果被害人向保险公司投保的是人身险，索赔后保险公司无权代位求偿，因为人身权利具有不可替代性。

第四，无行为能力或者限制行为能力被害人的法定代理人虽然有权提起附带民事诉讼，但并不是原告，原告应是无行为能力或者限制行为能力的被害人本人。

第五，除刑事被害人以外，因犯罪行为遭受财产损害的公民、法人或其他组织有权提起附带民事诉讼。如：在酒店斗殴的双方伤害对方时，也将酒店的财物损坏，酒店不是刑事案件中一般意义上的被害人，但也有权在刑事诉讼中提起附带的民事诉讼。

总结上述规定和理论，有权提起附带民事诉讼的主体有：刑事被害人、人民检察院、已死亡被害人的近亲属、无行为能力或者限制行为能力被害人的法定代理人、为被害人支付了医疗费、丧葬费等费用的单位和个人、因被告人的犯罪行为遭受财产损失的单位和个人、已向刑事被害人理赔财产险的保险公司。

二、哪些主体可能在附带民事诉讼中负有赔偿责任

[法律依据]

1. 《民法通则》的相关规定：

第四十三条　企业法人对它的法定代表人和其他工作人员的经营活动，承担民事责任。

第一百二十一条　国家机关或国家机关工作人员在执行职务中，侵犯公民、法人的合法权益造成损害的，应当承担民事责任。

2. 最高人民法院《关于执行〈中华人民共和国刑事诉讼法〉若干问题的解释》的相关规定：

第七十三条　根据案件事实，认为已经构成犯罪的被告人在取保候审期间逃匿的，如果保证人与该被告人串通，协助其逃匿以及明知藏匿地点而拒绝向司法机关提供的，对保证人应当依照刑法有关规定追究刑事责任。具有前款规定情形的，如果取保候审的被告人同时也是附带民事诉讼的被告人，保证人还应当承担连带赔偿责任，但应当以其保证前附带民事诉讼原告人提起的诉讼请求数额为限。

第八十六条　附带民事诉讼中依法负有赔偿责任的人包括：（一）刑事被告人（公民、法人和其他组织）及没有被追究刑事责任的其他共同致害人；（二）未成年刑事被告人的监护人；（三）已被执行死刑的罪犯的遗产继承人；（四）共同犯罪案件中，案件审结前已死亡的被告人的遗产继承人；（五）其他对刑事被告人的犯罪行为依法应当承担民事赔偿责任的单位和个人。

第八十七条　附带民事诉讼的成年被告人，应当承担赔偿责任的，如果其亲属自愿代为承担，应当准许。

3. 最高人民法院研究室《关于成年人犯罪造成经济损害其父母有无赔偿义务问题的电话答复》的相关规定：

成年人实施犯罪行为使被害人遭受经济损失的，应当由犯罪分子本人承担赔偿经济损失的责任，其父母没有赔偿的义务。犯罪分子的父母自愿承担部分或者全部赔偿责任的，应当允许；对犯罪前将超出生活费部分的经济收入交父母用于共同生活的，应当根据具体情况判处犯罪分子赔偿经济损失，并通知其父母执行。

4. 最高人民法院《关于在审理经济纠纷案件中涉及经济犯罪嫌疑若干问题的规定》的相关规定：

第二条　单位直接负责的主管人员和其他直接责任人员，以为单位骗取财物为目的，采取欺骗手段对外签订经济合同，骗取的财物被该单位占有、使用或处分构成犯罪的，除依法追究有关人员的刑事责任，责令该单位返还骗取的财物外，如给被害人造成经济损失的，单位应当承担赔偿责任。

第四条　个人借用单位的业务介绍信、合同专用章或者盖有公章的空白合同书，以出借单位名义签订经济合同，骗取财物归个人占有、使用、处分或者进行其他犯罪活动，给对方造成经济损失构成犯罪的，除依法追究借用人的刑事责任外，出借业务介绍信、合同专用章或者盖有公章的空白合同书的单位，依法应当承担赔偿责任。但是，有证据证明被害人明知签订合同对方当事人是借用行为，仍与之签订合同的除外。

第五条　行为人盗窃、盗用单位的公章、业务介绍信、盖有公章的空白合同书，或者私

刻单位的公章签订经济合同，骗取财物归个人占有、使用、处分或者进行其他犯罪活动构成犯罪的，单位对行为人该犯罪行为所造成的经济损失不承担民事责任。

行为人私刻单位公章或者擅自使用单位公章、业务介绍信、盖有公章的空白合同书以签订经济合同的方法进行的犯罪行为，单位有明显过错，且该过错行为与被害人的经济损失之间具有因果关系的，单位对该犯罪行为所造成的经济损失，依法应当承担赔偿责任。

第六条 企业承包、租赁经营合同期满后，企业按规定办理了企业法定代表人的变更登记，而企业法人未采取有效措施收回其公章、业务介绍信、盖有公章的空白合同书，或者没有及时采取措施通知相对人，致原企业承包人、租赁人得以用原承包、租赁企业的名义签订经济合同，骗取财物占为己有构成犯罪的，该企业对被害人的经济损失，依法应当承担赔偿责任。但是，原承包人、承租人利用擅自保留的公章、业务介绍信、盖有公章的空白合同书以原承包、租赁企业的名义签订经济合同，骗取财物占为己有构成犯罪的，企业一般不承担民事责任。

单位聘用的人员被解聘后，或者受单位委托保管公章的人员被解除委托后，单位未及时收回其公章，行为人擅自利用保留的原单位公章签订经济合同，骗取财物占为己有构成犯罪，如给被害人造成经济损失的，单位应当承担赔偿责任。

[实践指导]

执行上述司法解释的规定应注意以下几点：

第一，在附带民事诉讼中负有赔偿责任的人不一定是民事被告，如未成年刑事被告人的监护人就不应该列为民事被告；民事被告不一定是刑事被告人，如没有被追究刑事责任的其他共同致害人。

第二，在交通肇事案件中，车辆买卖未办理过户手续的，购买方以自己名义使用该车时因交通事故造成他人财产损失的，出卖方不承担附带民事赔偿责任。因为车辆使用的受益人不是名义上的车主，而是车辆的使用者。

第三，虽然已经提起了附带民事诉讼，但刑事被告人在审判阶段死亡，民事诉讼部分应移交法院民事审判庭审理，因为刑事诉讼已经终结。若是共同犯罪案件，只要还有刑事被告人存在，附带民事诉讼即可进行，并将案件审结前已死亡的被告人的遗产继承人列为民事被告。

总结上述规定和理论，在附带民事诉讼中负有赔偿责任的主体有：刑事被告人、没有被追究刑事责任的其他共同致害人、未成年刑事被告人的监护人、已被执行死刑的罪犯的遗产继承人、共同犯罪案件中案件审结前已死亡的被告人的遗产继承人、应当承担连带赔偿责任的保证人、自愿为民事被告承担赔偿责任的人、其他对刑事被告人的犯罪行为依法应当承担民事赔偿责任的单位和个人。

三、刑事附带民事诉讼的范围如何

[法律依据]

1. 最高人民法院《关于刑事附带民事诉讼范围问题的规定》的相关规定：

第一条 因人身权利受到犯罪侵犯而遭受物质损失或者财物被犯罪分子毁坏而遭受物质损失的，可以提起附带民事诉讼。

对于被害人因犯罪行为遭受精神损失而提起附带民事诉讼的，人民法院不予受理。

第二条 被害人因犯罪行为遭受的物质损失，是指被害人因犯罪行为已经遭受的实际损失和必然遭受的损失。

第三条 人民法院审理附带民事诉讼案件，依法判决后，查明被告人确实没有财产可供执行的，应当裁定中止或者终结执行。

第四条 被告人已经赔偿被害人物质损失的，人民法院可以作为量刑情节予以考虑。

第五条 犯罪分子非法占有、处置被害人财产而使其遭受物质损失的，人民法院应当依法予以追缴或者责令退赔。被追缴、退赔的情况，人民法院可以作为量刑情节予以考虑。

经过追缴或者退赔仍不能弥补损失，被害人向人民法院民事审判庭另行提起民事诉讼的，人民法院可以受理。

2. 最高人民法院《关于人民法院是否受理刑事案件被害人提起精神损害赔偿民事诉讼问题的批复》的相关规定：

根据刑法第三十六条和刑事诉讼法第七十七条以及我院《关于刑事附带民事诉讼范围问题的规定》第一条第二款的规定，对于刑事案件被害人由于被告人的犯罪行为而遭受精神损失提起的附带民事诉讼，或者在该刑事案件审结以后，被害人另行提起精神损害赔偿民事诉讼的，人民法院不予受理。

[实践指导]

上述司法解释的规定，有的与民事法律存在冲突，如：由于被告人的犯罪行为而遭受精神损失提起的附带民事诉讼，人民法院不予受理，就没有充分保护被害人的合法权益；有的程序设计存在明显的不经济性，如：犯罪分子非法占有、处置被害人财产而使其遭受物质损失，经过追缴或者退赔仍不能弥补损失，被害人不得向人民法院提起附带民事诉讼，而只能向民事审判庭另行提起民事诉讼。因此，加强法律、司法解释统一性、协调性的法律修改工作十分必要。但是，在目前规定存在矛盾和冲突的情形下，司法人员还应当依照针对具体问题的有关规定执行，只是在办案过程中要尽量克服现行规定存在的缺陷。

四、一审法院应当如何审查和处理附带民事诉讼

[法律依据]

1. 《刑事诉讼法》的相关规定：

第七十七条第三款 人民法院在必要的时候，可以查封或者扣押被告人的财产。

第七十八条 附带民事诉讼应当同刑事案件一并审判，只有为了防止刑事案件审判的过分迟延，才可以在刑事案件审判后，由同一审判组织继续审理附带民事诉讼。

2. 最高人民法院《关于执行〈中华人民共和国刑事诉讼法〉若干问题的解释》的相关规定：

第八十八条 附带民事诉讼的起诉条件是：（一）提起附带民事诉讼的原告人、法定代理人符合法定条件；（二）有明确的被告人；（三）有请求赔偿的具体要求和事实根据；（四）被害人的物质损失是由被告人的犯罪行为造成的；（五）属于人民法院受理附带民事诉讼的范围。

第八十九条 附带民事诉讼应当在刑事案件立案以后第一审判决宣告以前提起。有权提

起附带民事诉讼的人在第一审判决宣告以前没有提起的，不得再提起附带民事诉讼。但可以在刑事判决生效后另行提起民事诉讼。

第九十条　在侦查、预审、审查起诉阶段，有权提起附带民事诉讼的人向公安机关、人民检察院提出赔偿要求，已经公安机关、人民检察院记录在案的，刑事案件起诉后，人民法院应当按附带民事诉讼案件受理；经公安机关、人民检察院调解，当事人双方达成协议并已给付，被害人又坚持向法院提起附带民事诉讼的，人民法院也可以受理。

第九十一条　提起附带民事诉讼一般应当提交附带民事诉状。书写诉状确有困难的，可以口头起诉。审判人员应当对原告人的口头诉讼请求详细询问，并制作笔录，向原告人宣读；原告人确认无误后，应当签名或者盖章。

第九十二条　人民法院收到附带民事诉状后，应当进行审查，并在七日内决定是否立案。符合刑事诉讼法第七十七条第一、二款以及本解释第八十八条规定的，应当受理；不符合规定的，应当裁定驳回起诉。

第九十三条　人民法院受理附带民事诉讼后，应当在五日内向附带民事诉讼的被告人送达附带民事起诉状副本，或者将口头起诉的内容及时通知附带民事诉讼的被告人，并制作笔录。被告人是未成年人的，应当将附带民事起诉状副本送达其法定代理人，或者将口头起诉的内容通知其法定代理人。

人民法院送达附带民事起诉状副本时，应当根据刑事案件审理的期限，确定被告人或者其法定代理人提交民事答辩状的时间。

第九十四条　附带民事诉讼案件的当事人对自己提出的主张，有责任提供证据。

第九十五条　人民法院审理附带民事诉讼案件，在必要时，可以决定查封或者扣押被告人财产。

第九十六条　审理附带民事诉讼案件，除人民检察院提起的以外，可以调解。调解应当在自愿合法的基础上进行。经调解达成协议的，审判人员应当及时制作调解书。调解书经双方当事人签收后即发生法律效力。

调解达成协议并当庭执行完毕的，可以不制作调解书，但应当记入笔录，经双方当事人、审判人员、书记员签名或者盖章即发生法律效力。

第九十七条　经调解无法达成协议或者调解书签收前当事人反悔的，附带民事诉讼应当同刑事诉讼一并判决。

第九十八条　附带民事诉讼的原告人经人民法院传票传唤，无正当理由拒不到庭，或者未经法庭许可中途退庭的，应当按自行撤诉处理。

第九十九条　对于被害人遭受的物质损失或者被告人的赔偿能力一时难以确定，以及附带民事诉讼当事人因故不能到庭等案件，为了防止刑事案件审判的过分迟延，附带民事诉讼可以在刑事案件审判后，由同一审判组织继续审理。如果同一审判组织的成员确实无法继续参加审判的，可以更换审判组织成员。

第一百条　人民法院审判附带民事诉讼案件，除适用刑法、刑事诉讼法外，还应当适用民法通则、民事诉讼法有关规定。

第一百零一条　人民法院认定公诉案件被告人的行为不构成犯罪的，对已经提起的附带民事诉讼，经调解不能达成协议的，应当一并作出刑事附带民事判决。

第一百零二条　人民法院审理刑事附带民事诉讼案件，不收取诉讼费

3. 最高人民法院通过的《关于审理刑事附带民事诉讼案件有关问题的批复》的相关规定：

根据《最高人民法院关于执行〈中华人民共和国刑事诉讼法〉若干问题的解释》第一百

条的规定，对于附带民事诉讼当事人提出先予执行申请的，人民法院应当依照民事诉讼法的有关规定，裁定先予执行或者驳回申请。

4. 最高人民法院《关于严格执行案件审理期限制度的若干规定》的相关规定：

第一条第一款 适用普通程序审理的第一审刑事公诉案件、被告人被羁押的第一审刑事自诉案件和第二审刑事公诉、刑事自诉案件的期限为一个月，至迟不得超过一个半月；附带民事诉讼案件的审理期限，经本院院长批准，可以延长两个月。有刑事诉讼法第一百二十六条规定情形之一的，经省、自治区、直辖市高级人民法院批准或者决定，审理期限可以再延长一个月；最高人民法院受理的刑事上诉、刑事抗诉案件，经最高人民法院决定，审理期限可以再延长一个月。

[实践指导]

一审法院在执行上述规定时还需要注意以下几点：

第一，经公安机关、人民检察院调解，当事人双方达成赔偿协议并已给付，被害人又坚持向法院提起附带民事诉讼的，人民法院"应当"受理。最高人民法院《关于执行〈中华人民共和国刑事诉讼法〉若干问题的解释》第90条规定的"也可以受理"不妥。"也可以受理"当然意味着可以不受理，笔者认为不受理此种诉讼请求侵犯了被害人的诉讼权利。因为已经履行完毕的协议是一种合同，当事人有权通过诉讼方式变更合同，如果人民法院不予受理，不仅剥夺了当事人的诉权，同时也可能对当事人的实体性民事权利没有给予法律的保护。

第二，刑事诉讼中止的，如发生刑事被告人逃跑、丧失诉讼行为能力等情形，附带民事诉讼也应中止或另行起诉；刑事诉讼终结的，如发生刑事被告人死亡等情形的，附带民事诉讼也应终结，当事人可另行起诉。

五、二审法院如何审理附带民事诉讼案件

[法律依据]

1. 最高人民法院《关于执行〈中华人民共和国刑事诉讼法〉若干问题的解释》的相关规定：

第二百三十七条 被告人、自诉人、附带民事诉讼的原告人和被告人直接向第二审人民法院提出上诉的，第二审人民法院应当在收到上诉状后三日以内将上诉状交第一审人民法院。第一审人民法院应当审查上诉是否符合法律规定。符合法律规定的，应当在接到上诉状后三日以内将上诉状连同案卷、证据移送上一级人民法院，同时将上诉状副本送交同级人民检察院和对方当事人。

第二百三十八条 被告人、自诉人、附带民事诉讼的原告人和被告人及其法定代理人在上诉期限内要求撤回上诉的，应当准许。

第二百三十九条 被告人、自诉人、附带民事诉讼的原告人和被告人及其法定代理人在上诉期满后要求撤回上诉的，应当由第二审人民法院进行审查。如果认为原判决认定事实和适用法律正确，量刑适当，应当裁定准许被告人撤回上诉；如果认为原判决事实不清，证据不足或者将无罪判为有罪、轻罪重判等，应当不准许撤回上诉，并按照上诉程序进行审理。

第二百四十二条 对附带民事判决或者裁定的上诉、抗诉期限，应当按照刑事部分的上诉、抗诉期限确定。如果原审附带民事部分是另行审判的，上诉期限应当按照民事诉讼法规

定的期限执行。

第二百四十九条 审理附带民事诉讼的上诉、抗诉案件，应当对全案进行审查。如果第一审判决的刑事部分并无不当，第二审人民法院只需就附带民事诉讼部分作出处理。如果第一审判决附带民事部分事实清楚，适用法律正确的，应当以刑事附带民事裁定维持原判，驳回上诉、抗诉。

第二百五十条 附带民事诉讼案件，只有附带民事诉讼的当事人和他们的法定代理人提出上诉的，第一审刑事部分的判决，在上诉期满后即发生法律效力。

应当送监执行的第一审刑事被告人是第二审附带民事诉讼被告人的，在第二审附带民事诉讼案件审结前，可以暂缓送监执行。

第二百六十条 第二审人民法院审理刑事附带民事上诉、抗诉案件，如果发现刑事和附带民事部分均有错误需依法改判的，应当一并改判。

第二百六十一条 第二审人民法院审理对刑事部分提出上诉、抗诉，附带民事诉讼部分已经发生法律效力的案件，如果发现第一审判决或者裁定中的民事部分确有错误，应当对民事部分按照审判监督程序予以纠正。

第二百六十二条 第二审人民法院审理对附带民事诉讼部分提出上诉、抗诉，刑事部分已经发生法律效力的案件，如果发现第一审判决或者裁定中的刑事部分确有错误，应当对刑事部分按照审判监督程序进行再审，并将附带民事诉讼部分与刑事部分一并审理。

第二百六十六条 在第二审案件附带民事部分审理中，第一审民事原告人增加独立的诉讼请求或者第一审民事被告人提出反诉的，第二审人民法院可以根据当事人自愿的原则就新增加的诉讼请求或者反诉进行调解，调解不成的，告知当事人另行起诉。

2. 最高人民法院通过的《关于审理刑事附带民事诉讼案件有关问题的批复》的相关规定：

第二审人民法院审理对附带民事诉讼部分提出上诉的案件，原告一方要求增加赔偿数额，第二审人民法院可以依法进行调解。调解未达成协议或者调解书送达前一方反悔的，第二审人民法院应当依照刑事诉讼法、民事诉讼法的有关规定作出判决或者裁定。

[实践指导]

应当补充说明一点，二审法院发现一审法院没有告知刑事被害人和有附带民事诉讼原告资格的人，可以在一审中提起附带民事诉讼，导致附带民事诉讼没有提起的，属于"剥夺或者限制了当事人的法定诉讼权利，可能影响公正审判的"情形，应按照《刑事诉讼法》第191条第（3）项的规定，裁定撤销原判，发回原审法院重新审判。

六、公安机关、检察机关是否可以对附带民事诉讼案件实行财产保全

[实践指导]

许多案件在侦查和起诉阶段，由于犯罪行为而造成物质损失的受害方为了能在诉讼终结时获得赔偿，往往要求办案机关对犯罪嫌疑人的财产予以查封和扣押，对此，《刑事诉讼法》没有明确的规定，实践中的做法也有不同。一种观点认为，由于诉讼没有进行到审判阶段，附带民事诉讼的当事人不能申请诉讼前的财产保全，为了防止犯罪嫌疑人转移和隐藏财产，公安机关、检察机关应当根据保护被害人的需要，应被害人的申请或自行决定查封、扣押犯

罪嫌疑人的财产。另一种观点认为,《刑事诉讼法》没有赋予公安机关、检察机关财产保全的权力,不论被害人是否申请,都不能超越法律规定在侦查和起诉阶段进行财产保全。

笔者认为,《刑事诉讼法》的确没有审前程序中的财产保全规定,但是,被害人在侦查、起诉阶段申请财产保全具有明显的合理性。由于《民事诉讼法》要求民事诉讼起诉前的财产保全申请提出后,必须在 15 日内提起诉讼,而刑事诉讼中的附带民事诉讼几乎都无法满足这一要求,所以,由人民法院进行诉讼保全的可能性极小。这种实践中的困境完全是由立法的不合理造成的。为了尽可能保护被害人的合法权益,又不违背现行的法律规定,笔者建议,公安机关、检察机关在被害人申请或自己认为有必要时,对犯罪嫌疑人的存款和汇款可以进行冻结。因为《刑事诉讼法》第 117 条第 1 款规定,人民检察院、公安机关根据侦查犯罪的需要,可以依照规定查询、冻结犯罪嫌疑人的存款、汇款。虽然这一规定没有明确是财产保全措施,但也可以暂且为财产保全的目的所用。但是,涉及存款、汇款以外的财产,公安机关、检察机关就不能在侦查和起诉阶段予以查封和扣押,除非属于"可用以证明犯罪嫌疑人有罪或者无罪的各种物品"。因为《刑事诉讼法》第 114 条第 1 款规定,在勘验、搜查中发现的可用以证明犯罪嫌疑人有罪或者无罪的各种物品和文件,应当扣押;与案件无关的物品、文件,不得扣押。

七、刑事诉讼在没有宣告犯罪成立的情况下终止,原附带的民事诉讼部分如何救济

[实践指导]

刑事诉讼的开始并不意味着最终一定能够确认犯罪的成立。有的是由于启动刑事诉讼程序本身就是个错误,即没有犯罪的发生;有的是由于侦查活动不能完成任务,无法收集到足够的证据,又受到办案手段、办案期限等条件的约束,诉讼被迫终止。所以,侦查过程中撤销案件、起诉环节作出不起诉决定和审判阶段宣告被告人无罪或终止诉讼,都完全有可能发生。在不能认定犯罪成立的情形下诉讼终止,认为原犯罪嫌疑人、被告人应当赔偿因其行为造成的物质损失的被害人,并不当然无法挽回经济损失。在侦查过程中撤销案件的情形下,存在两种可能,一是确认犯罪嫌疑人无罪,一是无法确认犯罪的有无。对于任何一种情形,被害人都可以根据自己的认识和所掌握的证据,向人民法院独立提起民事诉讼。尤其是第二种情形,民事原告可以利用侦查机关所获取的证据进行诉讼,其方式是申请人民法院调取。侦查机关无法确认犯罪有无的证据,在民事诉讼中完全可能成为胜诉的根据,因为民事诉讼中的证明标准和刑事诉讼中的证明标准不同。民事诉讼中的胜诉只要求证据达到优势证明,而刑事诉讼中的定罪则要求证明程度达到无合理怀疑。起诉阶段的不起诉决定也同样不能阻止被害人的民事诉讼进行,尤其是相对不起诉。由于相对不起诉是有罪的认定,被害人据此提起民事诉讼更是理由和证据都充分。对于绝对不起诉,被害人只要没有超过诉讼时效的要求,依然可以提起独立的民事诉讼。

审判阶段的无罪判决有两种,存疑的无罪判决一般不允许同时支持被害人民事赔偿的请求,否则,一个判决就案件事实将作出两个截然相反的结论。但被害人另行提起民事诉讼的,却完全有可能胜诉。确认无罪的判决又分为被告人应当承担民事责任和不应当承担民事责任两种情形,无罪判决可一并判处民事部分。审判阶段终止诉讼的,要求赔偿方只要没有超过诉讼时效的规定,即可另行提起独立的民事诉讼。

附带提起民事诉讼的时效,依附于刑事诉讼的存在而不起算;没有附带提起的民事诉讼,如果曾经进行过刑事诉讼,则以刑事诉讼的终止为时效的起算时间,有些司法解释就体现了这个精神。1998年4月29日起施行的最高人民法院《关于在审理经济纠纷案件中涉及经济犯罪嫌疑若干问题的规定》第9条规定,被害人请求保护其民事权利的诉讼时效在公安机关、检察机关查处经济犯罪嫌疑期间中断。如果公安机关决定撤销涉嫌经济犯罪案件或者检察机关决定不起诉的,诉讼时效从撤销案件或决定不起诉之次日起重新计算。

八、附带民事诉讼的赔偿对刑罚的确定是否有影响

[法律依据]

最高人民法院《关于刑事附带民事诉讼范围问题的规定》的相关规定:
第四条 被告人已经赔偿被害人物质损失的,人民法院可以作为量刑情节予以考虑。
第五条第一款 犯罪分子非法占有、处置被害人财产而使其遭受物质损失的,人民法院应当依法予以追缴或者责令退赔。被追缴、退赔的情况,人民法院可以作为量刑情节予以考虑。

[实践指导]

最高人民法院《关于刑事附带民事诉讼范围问题的规定》第5条第1款规定的责令退赔是人民法院对被告人赔偿被害人损失的强制要求,它与人民法院通过判决的方式判处赔偿,性质是相同的。可见,民事赔偿影响刑罚是有明确和具体的司法解释规定的。

刑事附带民事诉讼过程中,民事的实际赔偿情况,应对量刑有相当大的影响。一般而言,刑事附带民事诉讼的民事部分都可能调解解决,并在判决前履行完调解的内容,这样,刑事判决中的刑罚就当然要反映刑事被告人的赔偿态度。笔者鼓励这样的做法。一则,刑事被告人有机会在确定刑罚前表现悔罪态度,让审判机关正确判断其人身危险性,从而公正适用刑罚;二则,刑事被害人也可以利用附带民事诉讼的机会,表达对刑事被告人处理的态度,并通过民事调解获得赔偿的保障。如果不能就民事部分调解解决,判决的执行难度会使刑事被害人再次受到伤害。三则,由于民事赔偿对刑罚的影响明显,刑事被告人将积极进行赔偿以争取较轻的刑罚,这就能较好地平复被害人的创伤,使审判具有恢复性司法的功能,有利于和谐社会的建设。

刑法没有将犯罪分子的赔偿情况作为量刑的法定情节,但司法实践和理论界都不否认赔偿情节对刑罚适用的影响。附带民事诉讼的存在能有效地将这种影响及时加以体现,民事赔偿不仅反映刑事被告人的认罪态度和悔罪表现,给刑事被告人一个争取从轻处罚的机会,也使刑事被害人及时获得了补偿。

第八章 期间、送达

一、期间应当如何计算

[法律依据]

1. 《刑事诉讼法》的相关规定：

第七十九条 期间以时、日、月计算。期间开始的时和日不算在期间以内。法定期间不包括路途上的时间。上诉状或者其他文件在期满前已经交邮的，不算过期。

2. 最高人民法院、最高人民检察院、公安部、国家安全部、司法部、全国人大常委会法制工作委员会《关于刑事诉讼法实施中若干问题的规定》的相关规定：

29. 关于刑事诉讼中期间的计算，期间的最后一日为节假日的，以节假日后的第一日为期间届满日期。但对于犯罪嫌疑人、被告人或者罪犯在押期间，应当至期间届满之日为止，不得因节假日而延长在押期限至节假日后的第一日。

3. 最高人民法院《关于执行〈中华人民共和国刑事诉讼法〉若干问题的解释》的相关规定：

第一百零三条 期间以时、日、月计算。期间开始的时和日不计算在期间以内；计算法定期间时，应当将路途上的时间扣除；期间的最后一日为节假日的，以节假日后的第一日为期间届满日期。但对于被告人或者罪犯的在押期间，应当至期间届满之日为止，不得因节假日而延长在押期限。

当事人由于不能抗拒的原因或者有其他正当理由而耽误期限，依法申请继续进行应当在期限届满以前完成的诉讼活动，人民法院查证属实后，应当裁定准许。以月计算的期限，自本月某日至下月某日为一个月，如本月1日收案至下一个月1日、本月最后一日至下一个月最后一日为一个月的审理期限；半月一律按15日计算期限。

4. 公安部《公安机关适用刑事羁押期限规定》的相关规定：

第四条 对犯罪嫌疑人的羁押期限，按照以下方式计算：（一）拘留后的提请审查批准逮捕的期限以日计算，执行拘留后满二十四小时为一日；（二）逮捕后的侦查羁押期限以月计算，自对犯罪嫌疑人执行逮捕之日起至下一个月的对应日止为一个月；没有对应日的，以该月的最后一日为截止日。

对犯罪嫌疑人作精神病鉴定的期间不计入羁押期限。鉴定期限自决定对犯罪嫌疑人进行鉴定之日起至收到鉴定结论后决定恢复计算侦查羁押期限之日止。

[实践指导]

综合以上法律规定，笔者认为，期间的计算有以下需要注意的问题：

第一，刑事诉讼中的期间计算单位是时、日、月，没有年。其中，开始的时和日不计算在期间之内，以月为计算单位的，自本月某日至下月某日为一个月，没有对应日的，以该月的最后一日为截止日，半月一律按15日计算。

第二，期间届满之日是法定节假日的，顺延至法定节假日后的第一个工作日。但对于犯罪嫌疑人、被告人的在押期间，应当自期间届满之日为止，不得因节假日而延长羁押期间。期间经过中的法定节假日正常计算。根据2007年12月7日发布的《国务院关于修改〈全国年节及纪念日放假办法〉的决定》的规定，法定节假日是指全体公民放假的时间，包括新年、春节、清明节、劳动节、端午节、中秋节、国庆节和休息日（星期六和星期天）只有部分公民放假的时间不属于法定节假日，对期间的计算没有影响。

第三，期间的计算，不包括路途上的时间。诉讼文书在期间届满前交邮的，不算过期。

二、期间的补救应当具备哪些条件

[法律依据]

1.《刑事诉讼法》的相关规定：

第八十条 当事人由于不能抗拒的原因或者有其他正当理由而耽误期限的，在障碍消除后五日以内，可以申请继续进行应当在期满以前完成的诉讼活动。

前款申请是否准许，由人民法院裁定。

2. 最高人民法院《关于执行〈中华人民共和国刑事诉讼法〉若干问题的解释》的相关规定：

第一百零三条第二款 当事人由于不能抗拒的原因或者有其他正当理由而耽误期限，依法申请继续进行应当在期限届满以前完成的诉讼活动，人民法院查证属实后，应当裁定准许。

[实践指导]

根据上述规定，我们可以把恢复期间的条件概括为：（1）只有当事人才有权申请恢复；（2）必须是由于不可抗拒的原因或其他正当理由；（3）必须在妨碍其遵守法定期间的原因消除后5日以内提出申请；（4）必须向人民法院提出申请并经人民法院裁定。但是这里有两个问题需要明确：一是是否只有当事人才有权提出恢复期间的申请，其他诉讼参与人是否有权提出申请？笔者认为，只要期间的耽误能够对其权利的行使产生影响的都应当有权提出申请。刑事诉讼中的期间制度设置的意义在于督促国家专门机关和诉讼参与人及时行使权利，直接影响到诉讼权利的有无和某一诉讼行为是否有效。刑事诉讼中因为期间的耽误而使诉讼权利受到影响的不仅仅是当事人，也包括其他诉讼参与人，甚至是未被法律列入诉讼参与人范围的其他参与刑事诉讼的人，如保证人。1999年8月4日公布的最高人民法院、最高人民检察院、公安部、国家安全部《关于取保候审若干问题的规定》第17条规定："执行机关应当向保证人宣布罚款决定，并告知其如不服本决定，可以在收到《对保证人罚款决定书》后的五日以内，向执行机关的上一级主管机关申请复核一次。上一级主管机关收到复核申请后，应当在七日内作出复核决定。"如果有正当理由使得保证人未行使申请复核权，却不赋予其申请恢复期间的机会，显然不妥当。所以，有权申请恢复期间的不应仅仅是当事人，凡是在刑事诉讼中进行诉讼行为的参与刑事诉讼的人，在符合法定条件下都应当有权提出恢复期间的申请。二是恢复期间的申请是否只能向人民法院提出？在刑事诉讼的各个阶段都可能发生当事人有正当理由而耽误期间的情形。如果不是在审判阶段耽误期间的，是否也应当向人民法院提出呢？这样显然不适当。例如，1999年8月4日公布的最高人民法院、最高人民检察院、公安部、国家安全部《关于取保候审若干问题的规定》第14条规定："执行机关应当向被取保候审人宣布没收保证金的决定，并告知其如不服本决定，可以在收到《没收保证金决定书》后的五日以内向执行机关的上一级主管机关申请复核一次。上一级主管机关收到复核申请后，应当在七日内作出复核决定。"如果被取保候审的犯罪嫌疑人的保证金是在侦查阶段或审查起诉阶段被没收，犯罪嫌疑人有正当理由没有在五日之内申请复议的，向人民法院提出恢复期间的申请，人民法院不了解案件情况，由其作出裁定显然不妥。如果向主持该诉讼阶段的公安机关或人民检察院提出则更为合理。因此，应当将对诉讼期间恢复的决定权扩展至公安机关、人民检察院等刑事诉讼专门机关，而不应仅限于人民法院。

三、恢复耽误的期间应当如何计算

[法律依据]

1.《刑事诉讼法》的相关规定：

第八十条 当事人由于不能抗拒的原因或者有其他正当理由而耽误期限的，在障碍消除后五日以内，可以申请继续进行应当在期满以前完成的诉讼活动。

前款申请是否准许，由人民法院裁定。

2.最高人民法院《关于执行〈中华人民共和国刑事诉讼法〉若干问题的解释》的相关规定：

第一百零三条第二款 当事人由于不能抗拒的原因或者有其他正当理由而耽误期限，依法申请继续进行应当在期限届满以前完成的诉讼活动，人民法院查证属实后，应当裁定准许。

[实践指导]

根据以上规定，有正当理由而耽误期间的应当是期间的中断，因此耽误前的期间应当计算在期间之内，被恢复的期间应当是被耽误的期间，即当事人原来剩余的期间。剩余的时间应当从裁定准许恢复之日起计算。

四、在什么情形下期间可以重新计算

[法律依据]

《刑事诉讼法》的相关规定：

第一百二十八条 在侦查期间，发现犯罪嫌疑人另有重要罪行的，自发现之日起依照本法第一百二十四条的规定重新计算侦查羁押期限。

犯罪嫌疑人不讲真实姓名、住址，身份不明的，侦查羁押期限自查清其身份之日起计算，但是不得停止对其犯罪行为的侦查取证。对于犯罪事实清楚，证据确实、充分的，也可以按其自报的姓名移送人民检察院审查起诉。

第一百三十八条 人民检察院对于公安机关移送起诉的案件，应当在一个月以内作出决定，重大、复杂的案件，可以延长半个月。

人民检察院审查起诉的案件，改变管辖的，从改变后的人民检察院收到案件之日起计算审查起诉期限。

第一百四十条 人民检察院审查案件，可以要求公安机关提供法庭审判所必需的证据材料。

人民检察院审查案件，对于需要补充侦查的，可以退回公安机关补充侦查，也可以自行侦查。

对于补充侦查的案件，应当在一个月以内补充侦查完毕。补充侦查以二次为限。补充侦查完毕移送人民检察院后，人民检察院重新计算审查起诉期限。

对于补充侦查的案件，人民检察院仍然认为证据不足，不符合起诉条件的，可以作出不起诉的决定。

第一百六十八条 人民法院审理公诉案件，应当在受理后一个月以内宣判，至迟不得超过一个半月。有本法第一百二十六条规定情形之一的，经省、自治区、直辖市高级人民法院批准或者决定，可以再延长一个月。

人民法院改变管辖的案件，从改变后的人民法院收到案件之日起计算审理期限。

人民检察院补充侦查的案件，补充侦查完毕移送人民法院后，人民法院重新计算审理期限。

[实践指导]

根据上述规定，《刑事诉讼法》规定的可以重新计算的期间包括如下情形：

1. 对于补充侦查的案件，补充侦查完毕移送人民检察院后，人民检察院重新计算审查起诉期间。

2. 人民检察院审查起诉的案件，改变管辖的，从人民检察院收到案件之日起计算审查起诉期间。

3. 人民法院改变管辖的案件，从改变后的人民法院收到案件之日起计算审判期间。

4. 人民法院审判案件的过程中，人民检察院补充侦查的案件，补充侦查完毕移送人民法院后，人民法院重新计算审理期限。

5. 在侦查期间，发现犯罪嫌疑人另有重要罪行的，自发现之日起重新计算侦查期间。

需要注意的是，因为改变管辖而使期间重新计算的只能是审查起诉期间和审判期间，侦查期间改变管辖（包括侦查羁押期间和拘留期间）改变管辖都不能够导致期间的重新计算。因为期间的重新计算将会使犯罪嫌疑人的羁押时间延长，而对犯罪嫌疑人的羁押必须有明确的法律依据，在刑事诉讼法未规定期间可以重新计算的情况下，严禁因为改变管辖而将侦查期间重新计算。笔者认为，刑事诉讼法未作规定的出发点是保障犯罪嫌疑人的合法权利，侦查期间不宜因为改变管辖而重新计算。原因在于，刑事案件的侦查管辖规定的较为原则（例如，《公安机关办理刑事案件程序规定》第15条规定："刑事案件由犯罪地的公安机关管辖。如果由犯罪嫌疑人居住地的公安机关管辖更为适宜的，可以由犯罪嫌疑人居住地的公安机关管辖。"第16条规定："几个公安机关都有权管辖的刑事案件，由最初受理的公安机关管辖。必要时，可以由主要犯罪地的公安机关管辖。"第17条规定："对管辖不明确的刑事案件，可以由有关公安机关协商确定管辖。对管辖有争议或者情况特殊的刑事案件，可以由共同的上级公安机关指定管辖。"第18条规定："县级公安机关负责侦查发生在本辖区内的刑事案件；地（市）级以上公安机关负责重大涉外犯罪、重大经济犯罪、重大集团犯罪和下级公安机关侦破有困难的重大刑事案件的侦查。"其中，犯罪地指犯罪行为地和犯罪结果地，犯罪嫌疑人居住地指犯罪嫌疑人居住地或经常居住地），一个案件可能有几个公安机关都有管辖权，虽然又规定几个公安机关都有管辖权的由最初受理地公安机关管辖，但是必要的时候移送主要犯罪地管辖。侦查的灵活性决定了随着侦查的进展，主要犯罪地可能发生变化。在级别管辖中，重大涉外犯罪、重大经济犯罪、重大集团犯罪和下级公安机关侦破有困难的案件界限模糊。而侦查管辖的确定属于典型的行政化行为，如果允许侦查期间因为改变管辖重新计算期间，将会使侦查机关因为办案期限不足而改变管辖，在缺乏富有实效的监督制度的情况下，很有可能侵犯犯罪嫌疑人的合法权益。

五、我国刑事诉讼中有几种送达方式，各需要遵守哪些规定

[法律依据]

1.《刑事诉讼法》的相关规定：

第八十一条 送达传票、通知书和其他诉讼文件应当交给收件人本人；如果本人不在，可以交给他的成年家属或者所在单位的负责人员代收。

收件人本人或者代收人拒绝接收或者拒绝签名、盖章的时候，送达人可以邀请他的邻居或者其他见证人到场，说明情况，把文件留在他的住处，在送达证上记明拒绝的事由、送达的日期，由送达人签名，即认为已经送达。

2. 最高人民法院《关于执行〈中华人民共和国刑事诉讼法〉若干问题的解释》的相关规定：

第一百零四条 送达诉讼文书必须有送达回证。收件人本人应当在送达回证上记明收到的日期，并且签名或者盖章。如果本人不在，可以由其成年家属或者所在单位负责收件人员代收，代收人应当在送达回证上记明收到的日期，并且签名或者盖章。

收件人本人或者代收人在送达回证上签收的日期为送达的日期。

如果收件人本人或者代收人拒绝接收或者拒绝签名、盖章，送达人可以邀请见证人到场，说明情况，在送达回证上记明拒收的事由和日期，由送达人、见证人签名或者盖章，并将诉讼文书留在收件人或者代收人住处或者单位后，即视为送达。

第一百零五条 直接送达诉讼文书有困难的，可以委托收件人所在地的人民法院代为送达，或者邮寄送达。

第一百零六条 委托送达的，应当将委托函、委托送达的诉讼文书及送达回证，寄送收件人所在地的人民法院。受委托的人民法院收到委托送达的诉讼文书，应当登记，并由专人及时送达收件人，然后将送达回证及时退回委托送达的人民法院。受委托的人民法院无法送达时，应当将不能送达的原因及时告知委托的人民法院，并将诉讼文书及送达回证退回。

第一百零七条 邮寄送达的，应当将诉讼文书、送达回证挂号邮寄给收件人。挂号回执上注明的日期为送达的日期。

第一百零八条 诉讼文书的收件人是军人的，可以通过所在部队团级以上单位的政治部门转交。

收件人正在服刑的，可以通过所在监狱或者其他执行机关转交。

收件人正在劳动教养的，可以通过劳动教养单位转交。

代为转交的部门、单位收到诉讼文书后，应当立即交收件人签收，并将送达回证及时退回送达的人民法院。

[实践指导]

根据送达的方式不同,可以将刑事诉讼中的送达分为以下五种:

1. 直接送达。直接送达是指由国家专门机关的送达人员将需要送达的诉讼文书直接交给收件人本人,如本人不在,则由他的成年家属或者所在单位的负责人员代收的送达方式。

2. 留置送达。留置送达是指送达人员在向受送达人或有资格接受送达的人送达诉讼文书时,受送达人或有资格接受送达的人拒绝签收,送达人将诉讼文书依法留放在受送达人住所或单位的送达方式。留置送达时应当有见证人到场,说明情况,把文件留在受送达人的住处或单位,并在送达证上记明拒绝的事由、送达的日期,由送达人员和见证人签名。留置送达与直接送达具有相同的法律效力。但并不是所有的诉讼文书都适用留置送达,如果需送达的诉讼文书是调解书而收件人拒绝签收的,则不可适用留置送达。

3. 委托送达。委托送达是指直接送达确有困难,而委托其他专门机关将需要送达的诉讼文书送交收件人的送达方式。委托送达通常适用于异地送达。

4. 邮寄送达。邮寄送达是指在直接送达有困难的情况下,通过邮局以挂号信的方式将需送达的诉讼文书邮寄给收件人的送达方式。邮寄送达也适用于异地送达。

5. 转交送达。转交送达是指由于受送达人的情况特殊,不宜将诉讼文书直接交给收件人本人而将需送达的诉讼文书交给有关机关、单位转交受送达人的送达方式。转交送达适用于受送达人是军人、正在服刑的罪犯和正在被劳动教养的人。

所有的送达必须严格按照法律程序进行,方可产生法律效力。

第二编 立案、侦查和起诉

第九章 立 案

一、报案、控告、举报有何区别

[法律依据]

《刑事诉讼法》的相关规定：

第八十四条第一、二款 任何单位和个人发现有犯罪事实或者犯罪嫌疑人，有权利也有义务向公安机关、人民检察院或者人民法院报案或者举报。

被害人对侵犯其人身、财产权利的犯罪事实或者犯罪嫌疑人，有权向公安机关、人民检察院或者人民法院报案或者控告。

[实践指导]

第一，报案与控告的区别。报案是指有关单位或者个人发现有犯罪事实发生而向公安机关、人民检察院、人民法院揭露和报告的行为。报案在主体上具有普遍性特征，即报案人既可以是有关的利害关系人或被害人，也可以是与案件无利害关系的其他人。报案一般是针对犯罪事实的发生，报案材料提供的案件事实、证据材料较为简单笼统，往往不能明确指出犯罪嫌疑人，也不明确表示要求司法机关追究被报案人的刑事责任。而控告是被害人或其法定代理人、近亲属为维护被害人的合法权利向公安机关、人民检察院或者人民法院揭发、报告犯罪事实或犯罪嫌疑人。控告的主体只能是被害人或其法定代理人、近亲属。控告的内容不仅有犯罪事实发生，通常还具体指明了犯罪嫌疑人并明确表示要求追究被控告人的刑事责任，提供的犯罪事实和犯罪证据相对具体和详细。

第二，报案与举报的区别。举报是指被害人或其法定代理人、近亲属以外的有关单位或者个人将其发现的犯罪事实及犯罪嫌疑人向公安机关、人民检察院、人民法院揭发、报告的行为。举报与报案的区别在于，举报的主体通常是与案件无直接利害关系的单位或个人。举报的内容不仅有犯罪事实发生，通常还具体指明了犯罪嫌疑人，提供的犯罪事实和犯罪证据相对具体和详细。举报的目的是为了维护国家、集体或他人的合法权益或者伸张正义。举报如果属于诬告陷害要承担法律责任。

第三，控告与举报的区别。控告与举报就内容而言基本相同，二者的区别主要在于，控告的主体是被害人或其法定代理人、近亲属，而举报的主体通常是与案件无直接利害关系的单位或个人。

在司法实践中，区别报案、控告、举报，有助于办案人员在接受案件、处理案件过程中正确界定报案人、控告人、举报人各自享有的诉讼权利和应履行的诉讼义务。比如根据公安机关办理刑事案件程序规定，对于有控告人的案件，决定不予立案的，公安机关应当制作

《不予立案通知书》，在七日内送达控告人。控告人对不立案决定不服的，可以在收到《不予立案通知书》后七日内向原决定的公安机关申请复议。原决定的公安机关应当在收到复议申请后十日内作出决定，并书面通知控告人。

二、受案时应当注意哪些问题

[法律依据]

1. 《刑事诉讼法》的相关规定：

第八十四条第三款　公安机关、人民检察院或者人民法院对于报案、控告、举报，都应当接受。对于不属于自己管辖的，应当移送主管机关处理，并且通知报案人、控告人、举报人；对于不属于自己管辖而又必须采取紧急措施的，应当先采取紧急措施，然后移送主管机关。

2. 最高人民检察院《人民检察院刑事诉讼规则》的相关规定：

第一百二十条　人民检察院直接受理依照本规则第二章的规定由本院管辖的报案、控告、举报和犯罪嫌疑人的自首。对于不属于本院管辖的有关犯罪的报案、控告、举报和自首，也应当接受。

第一百二十一条　人民检察院举报中心负责统一受理、管理举报线索。本院检察长和其他部门或者人员对所接受的犯罪案件线索，应当及时批交或者移送举报中心。

有关机关或者部门移送人民检察院审查是否立案的案件线索和人民检察院侦查部门查办案件发现的案件线索，由侦查部门自行审查。

第一百二十二条　举报中心对于所接受的举报线索，应当逐件登记举报人和被举报人的基本情况、举报的主要内容和办理情况。对于当面举报和电话举报，应当制作举报笔录，必要时可以录音。

对于自首，应当制作自首笔录，由自首人在笔录上逐页签名或者盖章。

第一百二十三条　举报中心对于不愿公开姓名和举报行为的举报人，应当为其保密。严禁将举报材料转给被举报单位和被举报人。

3. 最高人民法院《关于执行〈中华人民共和国刑事诉讼法〉若干问题的解释》的相关规定：

第一百八十六条　人民法院受理的自诉案件必须符合下列条件：（一）属于刑事诉讼法第一百七十条、本解释第一条规定的案件；（二）属于本院管辖的；（三）刑事案件的被害人告诉的；（四）有明确的被告人、具体的诉讼请求和能证明被告人犯罪事实的证据。

人民法院受理刑事诉讼法第一百七十条第（三）项规定的自诉案件，还应当符合刑事诉讼法第八十六条、第一百四十五条的规定。

第一百八十七条　本解释第一条规定的案件，如果被害人死亡、丧失行为能力或者因受强制、威吓等原因无法告诉，或者是限制行为能力人以及由于年老、患病、盲、聋、哑等原因不能亲自告诉，其法定代理人、近亲属代为告诉的，人民法院应当依法受理。

因前款规定的原因，被告人不能告诉，由其法定代理人、近亲属代为告诉的，代为告诉人应当提供与被害人关系的证明和被害人不能亲自告诉的原因的证明。

第一百九十三条　自诉人明知有其他共同侵害人，但只对部分侵害人提起自诉的，人民法院应当受理，并视为自诉人对其他侵害人放弃告诉权利。判决宣告后自诉人又对其他共同侵害人就同一事实提起自诉的，人民法院不再受理。共同被害人中只有部分人告诉的，人民法院应当通知其他被害人参加诉讼。被通知人接到通知后表示不参加诉讼或者不出庭的，即视为放弃告诉权利。第一审宣判后，被通知人就同一事实又提起自诉的，人民法院不予受理。但当事人另行提起民事诉讼的，不受本解释限制。

4. 公安部《公安机关办理刑事案件程序规定》的相关规定：

第一百五十五条 公安机关对于公民扭送、报案、控告、举报或者犯罪嫌疑人自首的，都应当立即接受，问明情况，并制作笔录，经宣读无误后，由扭送人、报案人、控告人、举报人签名或者盖章。必要时，公安机关可以录音。

第一百五十六条 公安机关接受案件时，应当制作《接受刑事案件登记表》，作为公安机关受理刑事案件的原始材料，并妥善保管、存档备查。

第一百五十七条 公安机关接受控告、举报的工作人员，应当向控告人、举报人说明诬告应负的法律责任。但是，只要不是捏造事实、伪造证据，即使控告、举报的事实有出入，甚至是错告的，也应当与诬告严格加以区别。

第一百五十八条 公安机关应当保障扭送人、报案人、控告人、举报人及其近亲属的安全。

扭送人、报案人、控告人、举报人如果不愿意公开自己的姓名和扭送、报案、控告、举报行为的，应当为他保守秘密。

[实践指导]

根据上述法律规定，对立案材料的接受应当注意以下几点：

第一，公安机关、人民检察院、人民法院对于报案、控告、举报和扭送都应当立即接受，不得以任何借口推诿和拒绝。

第二，公安司法机关既接受用书面形式提出报案、控告、举报，也接受用口头形式提出报案、控告、举报，并问明有关情况，制作笔录，必要时可以录音。

第三，讲明法律责任，妥善处理紧急情况。按照法律规定的精神，从鼓励群众揭露犯罪的角度出发，对控告人、举报人因各种主客观因素影响而出现控告、举报事实有出入甚至错告的，只要不是故意捏造事实、伪造证据诬陷他人，就不能按诬告处理。在受案时要特别注意对紧急情况的处理，如有现场的及时组织力量保护现场，防止被破坏；有受伤人员的要及时救护；犯罪嫌疑人尚未逃远的及时布置力量追击堵截。

第四，保障报案人、控告人、举报人、扭送人及其近亲属的安全，并为他们保密。

法律将司法机关无条件接受所有有关犯罪的材料并妥善处理紧急情况，保障扭送人、报案人、控告人、举报人及其近亲属的安全等确立为其必须遵守的职责，既便于广大群众同犯罪行为作斗争，又有利于公安司法机关及时有效地揭露、证实和惩罚犯罪。

三、公安机关如何办理行政执法机关移送的涉嫌犯罪案件

[法律依据]

《行政执法机关移送涉嫌犯罪案件的规定》的相关规定：

第七条 公安机关对行政执法机关移送的涉嫌犯罪案件，应当在涉嫌犯罪案件移送书的回执上签字；其中，不属于本机关管辖的，应当在24小时内转送有管辖权的机关，并书面告

知移送案件的行政执法机关。

第八条 公安机关应当自接受行政执法机关移送的涉嫌犯罪案件之日起3日内，依照刑法、刑事诉讼法以及最高人民法院、最高人民检察院关于立案标准和公安部关于公安机关办理刑事案件程序的规定，对所移送的案件进行审查。认为有犯罪事实，需要追究刑事责任，依法决定立案的，应当书面通知移送案件的行政执法机关；认为没有犯罪事实，或者犯罪事实显著轻微，不需要追究刑事责任，依法不予立案的，应当说明理由，并书面通知移送案件的行政执法机关，相应退回案卷材料。

第九条 行政执法机关接到公安机关不予立案的通知书后，认为依法应当由公安机关决定立案的，可以自接到不予立案通知书之日起3日内，提请作出不予立案决定的公安机关复议，也可以建议人民检察院依法进行立案监督。

作出不予立案决定的公安机关应当自收到行政执法机关提请复议的文件之日起3日内作出立案或者不予立案的决定，并书面通知移送案件的行政执法机关。移送案件的行政执法机关对公安机关不予立案的复议决定仍有异议的，应当自收到复议决定通知书之日起3日内建议人民检察院依法进行立案监督。

公安机关应当接受人民检察院依法进行的立案监督。

第十三条 公安机关对发现的违法行为，经审查，没有犯罪事实，或者立案侦查后认为犯罪事实显著轻微，不需要追究刑事责任，但依法应当追究行政责任的，应当及时将案件移送同级行政执法机关，有关行政执法机关应当依法作出处理。

[实践指导]

涉嫌犯罪案件是指行政执法机关在依法查处违法行为过程中，发现违法事实涉及的金额，违法事实的情节，违法事实造成的后果等，根据《刑法》关于破坏社会主义市场经济秩序罪、妨害社会管理秩序罪等罪的规定和最高人民法院、最高人民检察院关于破坏社会主义市场经济秩序罪、妨害社会管理秩序罪等罪的司法解释以及最高人民检察院、公安部关于经济犯罪案件的追诉标准等规定，涉嫌构成犯罪，依法需要追究刑事责任，必须按规定向公安机关移送的案件。

实践表明，一些地方行政执法机关移送涉嫌犯罪案件存在"两少"现象。一是移送涉嫌犯罪案件的行政执法机关少，二是移送涉嫌犯罪案件的数量少。主要原因在于：认识不到位。少数行政执法机关和执法人员认为自身的主要任务是查处行政违法案件，打击破坏社会主义市场经济秩序的犯罪和妨碍社会管理秩序的犯罪，归属公安和其他司法部门，因此大多满足于查纠行政违法行为，罚款结案了事；业务能力欠缺。少数行政执法机关和执法人员法律素质不高，对刑法中有关罪名和构成要件掌握不够，对罪与非罪、此罪与彼罪等把握不准；移送案件工作机制不健全。行政执法机关与公安机关之间缺乏统一的案件移送标准，关于案件移送的法律规定可操作性不强，协调性差，在一定程度上影响了行政执法机关移送涉嫌犯罪案件；监督不到位。从检察监督的角度来看，立案监督主要对象为公安机关，而对行政执法机关移送涉嫌犯罪案件问题的监督较少，使得此类案件移送难以得到切实监督；执法环境不理想。地方保护主义和部门利益驱动在一定程度上促使不少行政执法部门以多查案件、多罚款为创收途径，搞以罚代刑。

对公安机关办理行政执法机关移送涉嫌犯罪案件的具体程序作出详细规定，有助于建立行政执法机关与刑事执法机关相衔接的长效工作机制，提高行政执法机关及时移送涉嫌经济犯罪案件的自觉性，防止部门利益驱动，杜绝以罚代刑的情况。同时公安机关也应按照法定的条件和程序及时接受移送案件，防止证据的灭失和变化。实践中，各地已经探索出一些行之有效的做法，如行政执法机关在查处行政违法案件工作中建立的行政执法责任制度、罚缴分离制度、错案追究制度；行政执法与刑事执法相衔接工作机制中的行政执法联席会制度、备案审查制度；强化监督工作中检察机关立案监督工作向前延伸制度等。

四、人民检察院如何办理行政执法机关移送的涉嫌犯罪案件

[法律依据]

最高人民检察院《人民检察院办理行政执法机关移送涉嫌犯罪案件的规定》的相关规定：

一、对于行政执法机关移送检察机关的涉嫌犯罪案件，统一由人民检察院控告检察部门受理。

人民检察院控告检察部门受理行政执法机关移送的涉嫌犯罪案件后，应当登记，并指派二名以上检察人员进行初步审查。

二、人民检察院控告检察部门审查行政执法机关移送的涉嫌犯罪案件，应当根据不同情况，提出移送有关部门的处理意见，三日内报主管副检察长或者检察长批准，并通知移送的行政执法机关：（一）对于不属于检察机关管辖的案件，移送其他有管辖权的机关处理；（二）对于属于检察机关管辖，但不属于本院管辖的案件，移送有管辖权的人民检察院办理；（三）对于属于本院管辖的案件，转本院反贪、渎职侵权检察部门办理。

对于性质不明、难以归口办理的案件，可以先由控告检察部门进行必须的调查。

三、对于不属于本院管辖但又必须采取紧急措施的案件，人民检察院控告检察部门在报经主管副检察长或者检察长批准后，应当先采取紧急措施，再行移送。

四、对于行政执法机关移送的涉嫌犯罪案件，人民检察院反贪、渎职侵权检察部门应当审查是否附有下列材料：（一）涉嫌犯罪案件移送书；（二）涉嫌犯罪案件情况的调查报告；（三）涉案物品清单；（四）有关检验报告或者鉴定结论；（五）其他有关涉嫌犯罪的材料。

人民检察院可以要求移送案件的行政执法机关补充上述材料和证据。

五、对于行政执法机关移送的涉嫌犯罪案件，人民检察院经审查，认为符合立案条件的，应当及时作出立案决定，并通知移送的行政执法机关。

六、对于行政执法机关移送的涉嫌犯罪案件，人民检察院经审查，认为不符合立案条件的，可以作出不立案决定；对于需要给予有关责任人员行政处分、行政处罚或者没收违法所得的，可以提出检察意见，移送有关主管部门处理，并通知移送的行政执法机关。

七、对于人民检察院的不立案决定，移送涉嫌犯罪案件的行政执法机关可以在收到不立案决定书后五日内要求作出不立案决定的人民检察院复议。人民检察院刑事申诉检察部门应当指派专人进行审查，并在收到行政执法机关要求复议意见书后七日内作出复议决定。

行政执法机关对复议决定不服的，可以在收到人民检察院复议决定书后五日内向上一级人民检察院提请复核。上一级人民检察院应当在收到行政执法机关提请复核意见书后十五日内作出复核决定。对于原不立案决定错误的，应当及时纠正，并通知作出不立案决定的下级人民检察院执行。

八、对于人民检察院决定立案侦查的案件，办理案件的人民检察院应当将立案决定和案件的办理结果及时通知移送案件的行政执法机关。

[实践指导]

目前行政执法与刑事执法相衔接的工作机制还不够完善，工作中还存在信息沟通不畅、案件移送不及时、协作配合不规范等问题，影响了对破坏社会主义市场经济秩序犯罪的打击力度和效果。虽然破坏社会主义市场经济秩序的违法犯罪案件不断增多，行政执法机关查处的案件也逐年增长，但移送司法机关追究刑事责任的案件较少，移送后最终追究刑事责任的案件也不多。因此有必要建立起行政执法机关与人民检察院相互配合的长效工作机制。这种机制必将促进执法资源的合理利用，提高工作效率，推动涉嫌犯罪案件及时进入司法程序，增强打击破坏社会主义市场经济秩序犯罪的力度。

五、立案条件和立案标准有何区别

[法律依据]

1. 《刑事诉讼法》的相关规定：

第八十六条　人民法院、人民检察院或者公安机关对于报案、控告、举报和自首的材料，应当按照管辖范围，迅速进行审查，认为有犯罪事实需要追究刑事责任的时候，应当立案；认为没有犯罪事实，或者犯罪事实显著轻微，不需要追究刑事责任的时候，不予立案，并且将不立案的原因通知控告人。控告人如果不服，可以申请复议。"

2. 林业部、公安部《关于森林案件管辖范围及森林刑事案件立案标准的暂行规定》，对森林案件管辖范围及森林刑事案件立案标准作了界定。

3. 公安部《关于毒品案件立案标准的通知》，具体规定了毒品案件立案标准。

4. 公安部《扰乱社会秩序等六类刑事案件立案标准》和《严重暴力案件立案标准》，具体规定了扰乱社会秩序等六类刑事案件和严重暴力案件的立案标准。

5. 公安部《公安部关于修改盗窃案件立案统计办法的通知》，对立案标准又作出具体规定，同时强调个人诈骗和抢夺公私财物的案件，参照上述立案标准执行。

6. 最高人民法院、最高人民检察院、公安部《关于盗窃罪数额认定标准问题的规定》对一般、重大、特大盗窃案件立案标准的规定。

7. 最高人民检察院《关于人民检察院直接受理立案侦查案件立案标准的规定（试行）》，对人民检察院直接受理立案的贪污贿赂、渎职、侵权等职务犯罪案件的立案标准进行了具体的规定。

8. 公安部《关于妨害国（边）境管理犯罪案件立案标准及有关问题的通知》，对妨害国（边）境管理犯罪案件立案标准及办理妨害国（边）境管理犯罪案件有关事宜作了通知。

9. 最高人民检察院、公安部《关于经济犯罪追诉标准的规定》，具体而明确规定了经济犯罪追诉标准。

10. 司法部《狱内刑事案件立案标准》。

11. 最高人民检察院《关于渎职侵权犯罪案件立案标准的规定》，具体而明确规定了渎职侵权犯罪案件立案标准。

12. 最高人民检察院、公安部《关于经济犯罪案件追诉标准的补充规定》，对违规披露、不披露重要信息案，背信损害上市公司利益案，内幕交易、泄露内幕信息案，操纵证券、期货市场案，背信运用受托财产案的追诉标准作了规定。同时明确指出，**最高人民检察院、公**

安部《关于经济犯罪案件追诉标准的规定》中有关规定与《补充规定》不一致的,适用《补充规定》。

[实践指导]

根据法律规定,立案必须同时具备下列条件:一是有犯罪事实;二是需要追究刑事责任;三是属于受理机关管辖。这是针对公安机关和人民检察院的立案而言的。

刑事案件的多样性和复杂性,为实践中准确掌握立案条件带来了难度。为了便于公安司法人员准确掌握立案的条件,提高办案质量,公安部、最高人民检察院等根据有关法律规定,结合司法实践,对部分刑事案件制定了具体的立案标准,这是法定立案条件在个案中的具体化,具有较强的操作性。

关于立案标准,存在突出问题是规范紊乱,标准不一。上述标准有些是从有利于案件的侦查角度出发而制定的,这些案件侦破后就该起案件而言是不能追究犯罪嫌疑人刑事责任的,可以暂且称之为侦查标准。如:公安部于1991年1月16日颁布实施的《扰乱社会秩序等六类刑事案件立案标准》中规定,赌博案以牟利为目的,聚众赌博的;或一次赌博赌资在一千元以上的。后一种情形已经不切合当前的办案实践。但是,由于公安部未明文规定废止,也没有作出修正,有些地方公安机关仍然将此作为刑事立案的标准,进行立案和破案统计;有些标准将立案与追诉有机地结合起来,立案的标准就是追究犯罪嫌疑人刑事责任的标准,该案件侦破后能够直接就此追究犯罪嫌疑人的刑事责任,可以称之为追诉标准。如:最高人民检察院、公安部于2001年4月18日颁布实施的《关于经济犯罪案件追诉标准的规定》中指出,本规定中"追诉"是指公安机关立案侦查、检察机关审查批捕、审查起诉活动";还有许多罪别没有明文规定立案的标准,只能根据《刑事诉讼法》第86条的原则性规定进行评判,如1997年刑法新增加的一些罪名。这种规范紊乱的状况引发很大的负面效应,既不利于公安机关本身的立案操作,也不利于检察机关的立案监督,更不利于正确理解立案标准与量刑标准的关系。笔者认为,立案标准、追诉标准与量刑标准的下限应当有机地统一起来。

六、如何对立案材料进行审查和处理

[法律依据]

1.《刑事诉讼法》的相关规定:

第八十六条 人民法院、人民检察院或者公安机关对于报案、控告、举报和自首的材料,应当按照管辖范围,迅速进行审查,认为有犯罪事实需要追究刑事责任的时候,应当立案;认为没有犯罪事实,或者犯罪事实显著轻微,不需要追究刑事责任的时候,不予立案,并且将不立案的原因通知控告人。控告人如果不服,可以申请复议。

2. 公安部《公安机关办理刑事案件程序规定》的相关规定:

第一百五十九条 对于接受的案件,或者发现的犯罪线索,公安机关应当迅速进行审查。经过审查,认为有犯罪事实,但不属于自己管辖的案件,应当在二十四小时内,经县级以上公安机关负责人批准,签发《移送案件通知书》,移送有管辖权的机关处理。

对于不属于自己管辖又必须采取紧急措施的,应当先采取紧急措施,然后办理手续,移送主管机关。

第一百六十条 经过审查,对于告诉才处理的案件和被害人有证据证明的轻微刑事案件,应当将案件材料和有关证据送交有管辖权的人民法院,并告知当事人向人民法院起诉。

第一百六十一条　经过审查,对于不够刑事处罚需要给予行政处理的,依法处理。

第一百六十二条　公安机关受理案件后,经过审查,认为有犯罪事实需要追究刑事责任,且属于自己管辖的,由接受单位制作《刑事案件立案报告书》,经县级以上公安机关负责人批准,予以立案。

认为没有犯罪事实,或者犯罪情节显著轻微不需要追究刑事责任,或者具有其他依法不追究刑事责任情形的,接受单位应当制作《呈请不予立案报告书》,经县级以上公安机关负责人批准,不予立案。

第一百六十三条　对于有控告人的案件,决定不予立案的,公安机关应当制作《不予立案通知书》,在七日内送达控告人。

控告人对不立案决定不服的,可以在收到《不予立案通知书》后七日内向原决定的公安机关申请复议。原决定的公安机关应当在收到复议申请后十日内作出决定,并书面通知控告人。

第一百六十四条　对于人民检察院要求说明不立案理由的案件,应当在七日内制作《不立案理由说明书》,经县级以上公安机关负责人批准后,通知人民检察院。

人民检察院认为不立案理由不能成立,公安机关在接到人民检察院要求立案的通知后,应当在十五日内决定立案,并将立案决定书送达人民检察院。

第一百六十五条　对疑难、复杂、重大、特别重大案件决定立案侦查的,应当拟定侦查工作方案。侦查工作方案应当包括以下内容:(一)对案情的初步分析和判断,包括对线索来源可靠程度和涉嫌范围的测定;(二)侦查方向和侦查范围;(三)为查明案情需要采取的措施;(四)侦查力量的组织和分工;(五)需要有关方面配合的各个环节如何紧密衔接;(六)侦查所必须遵循的制度和规定;(七)如属预谋犯罪案件,还应当提出制止现行破坏和防止造成损失的措施。

3. 最高人民检察院《人民检察院刑事诉讼规则》的相关规定:

第一百二十四条第一款　举报中心对于所收到的举报线索,应当及时审查,并根据举报线索的不同情况和管辖规定,在七日以内分别作出如下处理:(一)不属于人民检察院管辖的,移送有关主管机关处理,并且通知报案人、控告人、举报人、自首人。对于不属于人民检察院管辖又必须采取紧急措施的,应当先采取紧急措施,然后移送主管机关;(二)属于人民检察院管辖的,按照《最高人民检察院关于完善人民检察院侦查工作内部制约机制的若干规定》第二条的规定,集体研究举报线索的分流。属于本院管辖的,由举报中心按照职能分工移交本院有关部门办理;属于下级人民检察院或者其他人民检察院管辖的,由举报中心移送有管辖权的人民检察院。

第一百二十七条　侦查部门对举报中心移交举报的线索进行审查后,认为需要初查的,应当报检察长或者检察委员会决定。举报线索的初查由侦查部门进行,但性质不明、难以归口处理的案件线索可以由举报中心进行初查。

第一百二十九条　侦查部门对举报线索初查后,应当制作审查结论报告,提出处理意见,报检察长决定:(一)认为有犯罪事实需要追究刑事责任的,提请批准立案侦查;(二)对具有下列情形之一的,提请批准不予立案:(1)认为没有犯罪事实的;(2)事实不清,证据不足的;(3)具有刑事诉讼法第十五条规定情形之一的。

第一百三十三条　人民检察院决定对案件立案侦查的,应当制作立案决定书。

第一百三十四条　人民检察院决定不予立案的,如果是被害人控告的,应当制作不立案通知书，写明案由和案件来源、决定不立案的原因和法律依据，由侦查部门在十五日以内送达控告人，同时告知本院控告申诉检察部门。控告人如果不服，可以在收到不立案通知书后十日以内申请复议。

对不立案的复议，由人民检察院控告申诉检察部门办理，并在收到复议申请的三十日以内作出复议决定。

人民检察院对于未构成犯罪，决定不予立案，但需要追究党纪、政纪责任的被举报人，应当移送有关主管机关处理。

第一百三十五条　人民检察院决定对人民代表大会代表立案，应当按照本规则第七十九条规定的程序向该代表所属的人民代表大会主席团或者常务委员会通报。

4. 最高人民法院《关于执行〈中华人民共和国刑事诉讼法〉若干问题的解释》的相关规定：

第一百八十八条　对于自诉案件，人民法院经审查有下列情形之一的，应当说服自诉人撤回起诉，或者裁定驳回起诉：（一）不符合本解释第一百八十六条规定的条件的；（二）证据不充分的；（三）犯罪已过追诉时效期限的；（四）被告人死亡的；（五）被告人下落不明的；（六）除因证据不足而撤诉的以外，自诉人撤诉后，就同一事实又告诉的；（七）经人民法院调解结案后，自诉人反悔，就同一事实再行告诉的。

第一百九十一条　人民法院应当在收到自诉状或者口头告诉第二日起十五日内作出是否立案的决定，并书面通知自诉人或者代为告诉人。

第一百九十二条　对于已经立案，经审查缺乏罪证的自诉案件，如果自诉人提不出补充证据，应当说服自诉人撤回起诉或者裁定驳回起诉；自诉人经说服撤回起诉或者被驳回起诉后，又提出了新的足以证明被告人有罪的证据，再次提起自诉的，人民法院应当受理。

5. 最高人民法院《关于人民法院立案工作的暂行规定》的相关规定：

第九条　人民法院审查立案中，发现原告或者自诉人证明其诉讼请求的主要证据不具备的，应当及时通知其补充证据。收到诉状的时间，从当事人补交有关证据材料之日起开始计算。

第十条　人民法院收到诉状和有关证据，应当进行登记，并向原告或者自诉人出具收据。收据中应当注明证据名称、原件或复制件、收到时间、份数和页数，由负责审查起诉的审判人员和原告、自诉人签名或者盖章。对于不予立案或者原告、自诉人在立案前撤回起诉的，应当将起诉材料退还，并由当事人签收。

第十一条　对经审查不符合法定受理条件，原告坚持起诉的，应当裁定不予受理；自诉人坚持起诉的，应当裁定驳回。

第十二条　不予受理和驳回起诉的裁定书由负责审查起诉的审判人员制作，报庭长或者院长审批。裁定书由负责审查起诉的审判员、书记员署名，加盖人民法院印章。

第十三条　经审查认为起诉符合受理条件的，根据案件的不同情况，由负责审查起诉的审判人员决定立案或者报庭长审批。重大疑难案件报院长审批或者经审判委员会讨论决定。

第十四条　起诉经审查决定立案后，应当编立案号，填写立案登记表，计算案件受理费，向原告或者自诉人发出案件受理通知书，并书面通知原告预交案件受理费。

第十五条　决定立案后，立案机构应当在二日内将案件移送有关审判庭审理，并办理移交手续，注明移交日期。经审查决定受理或立案登记的日期为立案日期。

第十六条　刑事自诉案件应当在收到自诉状、口头告诉第二日起十五日内决定立案或者裁定驳回起诉；民事、经济纠纷案件应当在收到起诉状、口头告诉之日起七日内决定立案或者裁定不予受理;行政案件应当在收到起诉状之日起七日内决定立案或者裁定不予受理。

第十七条 审判庭对立案机构移送的案件认为不属本庭职责范围的,应当及时提出,报院长决定。

第十八条 人民法庭经审查认为符合受理条件的起诉,报庭长批准立案;当事人直接向基层人民法院起诉的,基层人民法院应当审查受理。

人民法庭决定立案后,应当将当事人的姓名、单位、案由、简要案情报基层人民法院统一编立案号。

对符合受理条件的起诉人民法庭不予立案的,基层人民法院应当决定立案,交由人民法庭审理。

第十九条 对当事人不服一审判决、裁定提出上诉的案件,第一审人民法院应当及时办妥送达上诉状副本等有关手续,将案卷材料连同二审案件诉讼费缴费凭证等一并移送第二审人民法院。

第二十条 第二审人民法院立案机构收到第一审人民法院移送的上诉材料及一审案件卷宗材料,应当查对以下内容:(一)上诉状、一审裁判文书齐全;一审卷宗数应与案件移送函标明的数量相符。(二)上诉人递交上诉状的时间在法定上诉期限以内;虽然超过法定上诉期限,但提交了因不可抗拒的事由或者具有其他正当理由申请顺延上诉期限的书面材料。(三)附有上诉案件受理费单据或者上诉人关于缓、减、免交上诉费用的申请。

对卷宗、材料不齐备的,应当及时通知第一审人民法院补充。

第二十一条 第二审人民法院立案机构经查对有关材料无误的,应当填写立案登记表,编立案号,向当事人发送案件受理通知书和上诉案件应诉通知书,并将案卷材料于立案登记的第二日移交有关审判庭。

第二十二条 对当事人提出的申诉或者再审申请,认为符合受理条件的,应当登记后立卷审查。

第二十三条 对具有以下情形的再审案件,应当移送有关审判庭审理:(一)经审查认为申诉或者再审申请符合法律规定的条件,并报经院长批准再审的;(二)本院院长提交审判委员会讨论决定再审的;(三)上级人民法院指令再审的;(四)人民检察院提出抗诉的。

[实践指导]

《刑事诉讼法》对立案材料的审查和处理作出的原则性规定。由于公安机关、人民检察院、人民法院在刑事诉讼中的职能分工不同,直接受理的刑事案件各具特色,因而三机关在立案材料审查和处理的具体做法上有所区别。

笔者认为,从上述有关法律规定看,公诉案件的立案程序没有提供实现立案条件的必要手段。法律规定了审查对象是"报案、控告、举报和自首的材料",但并未明确审查手段,许多情况下仅凭报案、控告、举报、自首材料很难判断是否有犯罪事实需要追究刑事责任。该方式可能因为报案人等提供材料的模糊性和有限性而无法启动追诉活动,妨碍追诉机关发现犯罪的积极性、主动性和有效性。即当材料无法满足立案条件时,这种审查方式可能成为追诉机关拒不立案的借口,推卸侦查犯罪的责任。而且因为法定审查手段无法满足实践的需要,故实践中大量存在将侦查手段作为立案审查手段的现实,与立法形成悖论。理论界和实践中都在积极探索改革方案,或者主张在保持现行立法宏观框架不变的前提下,赋予立案机关一定的调查、核实手段。如询问知情人,调取物证、书证,进行勘验、检查,传唤嫌疑人到指定地点协助调查等;或者主张取消立案作为独立阶段的地位,改造为侦查程序的前期工序,即作为犯罪消息登记程序,用以获悉和记载犯罪消息。

七、如何掌握初查的含义和分工

[法律依据]

1. 初查的含义的相关规定

(1) 最高人民检察院《关于进一步加强大案要案查处工作的通知》,将初查作为人民检察院查处大案要案的一个重要步骤,对涉及县处级以上干部要案线索的初查作出了规定。

(2) 最高人民检察院《关于要案线索备查、初查的规定》,第一次将初查的含义界定为:"初查是指人民检察院在立案前对要案线索材料进行审查的司法活动"。至此,初查正式成为人民检察院办理刑事自侦案件中的一项重要程序。

(3) 最高人民检察院《关于检察机关侦查工作贯彻刑诉法若干问题的意见》中指出:修改后的刑事诉讼法关于立案条件的规定有两条:第八十三条规定:"公安机关或者人民检察院发现犯罪事实或者犯罪嫌疑人,应当按照管辖范围,立案侦查"。第八十六条规定:"人民法院、人民检察院或者公安机关对于报案、控告、举报和自首的材料,应当按照管辖范围,迅速进行审查,认为有犯罪事实需要追究刑事责任的时候,应当立案;认为没有犯罪事实,或者犯罪事实显著轻微,不需要追究刑事责任的时候,不予立案"。前者是指人民检察院在工作或侦查中发现犯罪事实或者犯罪嫌疑人,符合应追究刑事责任条件的,要按照管辖范围予以立案。后者是指对于控告、举报、报案等材料,由于情况复杂,应当审查确定是否有犯罪事实存在、需要追究刑事责任。这种审查是对受理的控告、报案、举报和自首材料进行书面审查和事实的初步调查,我们称之为初查。

2. 初查的分工的相关规定

(1) 最高人民检察院《人民检察院刑事诉讼规则》的相关规定:

第一百二十七条 侦查部门对举报中心移交举报的线索进行审查后,认为需要初查的,应当报检察长或者检察委员会决定。举报线索的初查由侦查部门进行,但性质不明、难以归口处理的案件线索可以由举报中心进行初查。

(2) 最高人民检察院《关于要案线索备查、初查的规定》的相关规定:

第五条 地、州、市级人民检察院负责县处级干部犯罪线索的初查;省级人民检察院负责厅局级干部犯罪线索的初查;最高人民检察院负责省部级干部犯罪线索的初查。负责初查的人民检察院应当及时报告同级党委的主要领导同志。

根据需要,上级人民检察院可对下级人民检察院负责初查的要案线索直接初查或派员参与初查,也可将本院负责初查的要案线索交下级人民检察院初查。

第六条 各级人民检察院对于控告、检举和犯罪人自首的要案线索,都应依法受理,指定专人逐件登记,并及时报本院检察长研究,依照本《规定》第五条的规定,属应由本院初查的,应当及时报上级人民检察院备案,并提出初查意见;不属本院初查的,应当及时移送有关检察院处理。

第九条 对应由本院初查的要案线索,经本院检察长研究决定,即可依法进行初查。

第十条 要案线索的初查工作应当秘密进行。

第十一条 对要案线索进行初查后,应当分别情况,作出处理:(一) 有犯罪事实或者有事实证明有犯罪重大嫌疑的,应当立案侦查;(二) 没有犯罪事实,或者犯罪事实显著轻微,不需要追究刑事责任的，不予立案，必要时可移送有关机关处理；（三）属于错告，如果对被控告、检举人造成不良影响的，应向有关部门澄清事实；（四）属诬告陷害的，应依法追究或移送有关机关追究诬告陷害人的责任。初查后的处理情况，应在十日内按备案的范围报上级人民检察院。上级人民检察院如认为处理不当，应及时通知下级人民检察院依法处理。

[实践指导]

根据上述规定，举报中心主要负责案件的接纳受理工作，反贪污贿赂部门主要负责贪污、贿赂、挪用公款等案件线索的初查，反渎职侵权部门主要负责渎职、侵权案件线索的初查。同时举报中心也承担一部分案件性质不明、难以归口的案件线索的初查。具体来讲，根据立法和实践，下列案件可以由举报中心负责初查：第一，举报材料性质不明，难以归口的；第二，情况紧急，必须及时办理的；第三，群众多次举报，有关业务部门未查处的；第四，检察长交办的案件线索。举报中心初查的目的，主要是为了确定管辖、化解举报线索。经过初查，认为具备移交条件的，应当立即移交有关侦查部门。

八、初查的程序和要求有哪些

[法律依据]

1. 最高人民检察院《人民检察院刑事诉讼规则》的相关规定：

第一百二十八条 在举报线索的初查过程中，可以进行询问、查询、勘验、鉴定、调取证据材料等不限制被查对象人身、财产权利的措施。不得对被查对象采取强制措施，不得查封、扣押、冻结被查对象的财产。

第一百二十九条 侦查部门对举报线索初查后，应当制作审查结论报告，提出处理意见，报检察长决定：（一）认为有犯罪事实需要追究刑事责任的，提请批准立案侦查；（二）对具有下列情形之一的，提请批准不予立案：（1）认为没有犯罪事实的；（2）事实不清，证据不足的；（3）具有刑事诉讼法第十五条规定情形之一的。

第一百三十条 人民检察院对要案线索初查后的处理情况，应当在作出决定后十日以内按照备案的范围报上级人民检察院备案。上级人民检察院认为处理不当的，应当在收到备案材料后十日以内通知下级人民检察院纠正。

第一百三十一条 侦查部门接到举报中心移送的举报材料后，应当在一个月内将处理情况回复举报中心；下级人民检察院接到上级人民检察院移送的举报材料后，应当在三个月内将处理情况回复上级人民检察院举报中心，逾期未回复的，举报中心应当进行催办。

第一百三十二条 对于属于错告的，如果对被控告人、被举报人造成不良影响的，应当向有关部门澄清事实。

对于属于诬告陷害的，应当依法追究其责任。

2. 最高人民检察院《关于检察机关侦查工作贯彻刑诉法若干问题的意见》的相关规定：

一、……

立案前初查同立案后的侦查是紧密相联而又相对独立的。立案后侦查的任务是要查明全部犯罪事实，刑事诉讼法规定可以使用各种强制措施和手段。立案前初查的结果，一部分线索经过初查认为有犯罪事实需要追究刑事责任，进入立案程序；一部分线索经过初查，反映的犯罪嫌疑事实被否定，或证据不足以认定有犯罪嫌疑事实，需要追究刑事责任。因此，立案前初查阶段只能适用刑事诉讼法和其他法律、法规规定的调查、询问、查询、勘验、检查、鉴定、调取等不涉及限制犯罪嫌疑人人身权利、财产权力的手段和措施，而不能使用限制犯罪嫌疑人人身权利的强制措施。已获取部分证据，能够判定有重大犯罪嫌疑存在，需要使用拘留等强制措施的，应当迅速立案。

立案前初查较侦查工作来讲，具有取证方式的限制性和手段的不完全性，这决定对受理的案件线索进行事实调查时，一要严格执行内部审批制度。要案线索和重大有影响案件线索的初查，报经检察长或主管副检察长审批。二要秘密初查。做到线索交办和批准审查保密；初查对象保密；初查内容与意图保密。三要讲究初查的策略方法。能通过一般途径，公开或秘密地获取证据的，要尽可能在不惊动犯罪嫌疑人的情况下，获取已经存在的证据。通过一般方法无法获取已经存在的证据的，要善于利用和获取犯罪嫌疑人在实施反侦查活动中形成的新生证据，把薄弱证据变为扎实证据。要根据案件的具体情况，宜于直接初查的就直接初查，不宜直接初查的就指导有关单位配合初查。

初查终结后，应当制作《初查结论报告》，根据不同情况提出处理意见，报检察长决定：①认为有犯罪事实需要追究刑事责任的，提请批准立案侦查；②认为没有犯罪事实，或者虽有犯罪嫌疑，但缺乏证据证明或者属于刑事诉讼法第15条规定的不追究刑事责任的情形之一的，提请批准不予立案。

[实践指导]

笔者认为，从上述规定及实践看，初查直接产生于检察机关自侦案件的工作实践，其运作模式随着办案经验的积累正在不断完善。我国《刑事诉讼法》规定了较高的立案条件，但没有赋予充足的立案审查手段。检察机关直接受理的职务犯罪案件，尤其是贪污贿赂犯罪，隐蔽性和谋略性较强，很少有外在的痕迹显现，缺乏直接受害的对象，几无犯罪现场可循。除特殊案例外，很难仅凭有限的材料猜测、确定犯罪事实发生与否，必然要求开展前奏性的司法调查活动，初查由此应运而生。但初查在法律上仍处于一种尴尬的境地：一方面，它作为检察机关自侦案件办案的重要手段之一在刑事诉讼中发挥实际作用；另一方面，它游离于刑事诉讼法的具体规定之外，缺乏必要的法源支持。在现行制度下，初查工作应当严格遵循以下原则：检察长或检察委员会决定原则；秘密原则；不限制被查对象人身、财产权利原则；明确目的、突出重点原则。

九、人民检察院直接受理侦查案件立案、逮捕如何实行备案审查

[法律依据]

最高人民检察院《人民检察院直接受理侦查案件立案、逮捕实行备案审查的规定（试行）》的相关规定：

第二条 省级以下（含省级）人民检察院办理直接受理侦查案件，决定立案、逮捕的，应当报上一级人民检察院备案审查。

第三条 人民检察院对直接受理侦查的案件决定立案的，应当在决定立案侦查之日起三日以内，由承办案件的部门填写立案备案登记表，连同提请立案报告和立案决定书，一并报送上一级人民检察院备案。

人民检察院对直接受理侦查案件的犯罪嫌疑人决定逮捕的，应当在决定逮捕之日起三日

以内,由侦查监督部门填写逮捕备案登记表,连同逮捕犯罪嫌疑人意见书、审查逮捕案件意见书和逮捕决定书,一并报送上一级人民检察院备案。

第四条 上一级人民检察院相对应的部门应当指定专人审查下级人民检察院报送的备案材料,对案件是否属于作出立案或者逮捕决定的检察机关管辖、是否符合立案或者逮捕条件、是否有其他应当立案或者逮捕的犯罪嫌疑人等进行审查。

对于需要补报有关案件材料的,上一级人民检察院应当在收到备案材料之日起三日以内责成下级人民检察院补报。下级人民检察院应当在收到上一级人民检察院通知之日起三日以内,按要求报送。

第五条 上一级人民检察院在审查备案材料过程中,可以向下级人民检察院了解案件事实、证据和适用法律等情况。

第六条 上一级人民检察院应当在收到备案材料之日起十日以内,由承办人填写备案审查表,提出是否同意下级人民检察院立案或者逮捕决定的审查意见,报部门负责人审批。认为下级人民检察院的立案或者逮捕决定错误的,或者发现下级人民检察院有应当立案而未立案或者应当逮捕犯罪嫌疑人而未决定逮捕情形的,应当在报经检察长或者检察委员会决定后,书面通知下级人民检察院纠正,或者由上一级人民检察院直接作出相关决定,通知下级人民检察院执行。

第七条 下级人民检察院应当执行上一级人民检察院的决定,并在收到上一级人民检察院的书面通知或者决定之日起五日以内,将执行情况向上一级人民检察院报告。

下级人民检察院对上一级人民检察院的决定有异议的,可以在执行的同时向上一级人民检察院报告。

[实践指导]

依法直接受理侦查职务犯罪案件,是检察机关对国家工作人员不依法履行职务的犯罪行为进行法律监督的重要手段。立案、逮捕是检察机关办理职务犯罪案件的关键环节,决定着对案件是否进行追诉、是否限制犯罪嫌疑人的人身自由,也就是说决定着打击犯罪和保障人权的力度。因此,建立和完善对于这些关键环节的监督制约机制就十分必要。上述规定有利于加强上级人民检察院对下级人民检察院办理直接受理侦查案件工作的领导和监督制约,进一步提高人民检察院对直接受理侦查案件作出立案、逮捕决定的质量,实现加大对职务犯罪案件的查办力度和有效保障人权的双重目的。

十、检察机关收集调取的有关证明应该立案的材料,在通知公安机关立案时是否移送给公安机关

[法律依据]

1. 最高人民法院、最高人民检察院、公安部、国家安全部、司法部、全国人大常委会法制工作委员会《关于刑事诉讼法实施中若干问题的规定》的相关规定:

7. 刑事诉讼法第八十七条规定:"人民检察院认为公安机关对应当立案侦查的案件而不立案侦查的,或者被害人认为公安机关对应当立案侦查的案件而不立案侦查,向人民检察院提出的,人民检察院应当要求公安机关说明不立案的理由。人民检察院认为公安机关不立案理由不能成立的,应当通知公安机关立案,公安机关接到通知后应当立案。"根据上述规定,公

安机关在收到人民检察院《要求说明不立案理由通知书》后七日内应当将说明情况书面答复人民检察院。人民检察院认为公安机关不立案理由不能成立，发出《通知立案书》时，应当将有关证明应该立案的材料同时移送公安机关。公安机关在收到《通知立案书》后，应当在十五日内决定立案，并将立案决定书送达人民检察院。

2. 最高人民检察院《关于人民检察院发出〈通知立案书〉时，应当将有关证明应该立案的材料移送公安机关问题的批复》的相关规定：

人民检察院向公安机关发出《通知立案书》时，应当将有关证明应该立案的材料同时移送公安机关。以上"有关证明应该立案的材料"主要是指被害人的控告材料，或者是检察机关在审查举报、审查批捕、审查起诉过程中发现的材料。人民检察院在立案监督中，不得进行侦查，但可以对通知公安机关立案所依据的有关材料，进行必要的调查核实。

3. 最高人民检察院《人民检察院立案监督工作问题解答》的相关规定：

13. 立案监督过程中检察机关收集调取的有关证明应该立案的材料，在通知公安机关立案时，是否移送给公安机关？

答：根据六部委规定，立案监督过程中检察机关调查获取的证明应该立案的有关材料，在通知公安机关立案时，应同时移送给公安机关。

十一、对"公安机关应当立案侦查而不立案侦查"的规定应当如何理解

[法律依据]

最高人民检察院《人民检察院立案监督工作问题解答》的相关规定：

1. 修改后的刑事诉讼法第八十七条规定："人民检察院认为公安机关应当立案侦查而不立案侦查的，或者被害人认为公安机关对应当立案侦查的案件而不立案侦查，向人民检察院提出的，人民检察院应当要求公安机关说明不立案的理由。"对"公安机关应当立案侦查而不立案侦查"应如何理解？

答："应当立案侦查"的案件，是指属于公安机关（包括国家安全机关、军队保卫部门、监狱，下同）管辖且符合刑事诉讼法第八十三条和第八十六条规定的立案条件的刑事案件。"不立案侦查"，是指公安机关没有依照法律规定对应当立案侦查的案件进行立案侦查。没有向公安机关报案或者公安机关没有掌握、发现犯罪事实的案件不属于刑事诉讼法第八十七条规定的立案监督的范围。人民检察院受理的这类案件应当按照刑事诉讼法第八十三、八十四条的规定移送有管辖权的公安机关或者人民法院，不应作为立案监督案件办理。

[实践指导]

当前立法只规定人民检察院对公安机关"应当立案侦查而不立案侦查"的案件有权进行监督，没有明确规定人民检察院对公安机关"不应当立案而立案"的监督权限。在司法实践中，一些地方公安机关出于地方保护或者利益驱动，以刑事立案插手经济纠纷或者利用刑事手段解决民事纠纷等问题比较突出。由于刑事诉讼法规定的上述缺憾，致使这类违法问题不能被及时发现和有效纠正。当然，人民检察院可以通过审查批捕来加以纠正，即人民检察院通过不批准逮捕决定来要求公安机关撤销不该立案而已立案的案件。但这种监督显然是一种"亡羊补牢"式的监督，明显带有滞后性。在人民检察院对公安机关的这种违法立案活动加以

纠正之前，就会使无辜公民受到非法羁押，使其人身自由受到非法限制或剥夺，显然不利于保障刑事诉讼的依法进行和维护公民的合法权益。因此，应当通过修改刑事诉讼法，把不应当立案而立案侦查的问题纳入刑事立案监督的范畴。

十二、人民检察院向公安机关发出《要求说明不立案理由通知书》后，公安机关在规定时限内拒不说明不立案理由的如何处理

[法律依据]

最高人民检察院《人民检察院立案监督工作问题解答》的相关规定：

6. 向公安机关发出《要求说明不立案理由通知书》后，公安机关在规定时限内拒不说明不立案理由的，如何办理？

答：根据最高人民法院、最高人民检察院、公安部、国家安全部、司法部、全国人大常委会法制工作委员会《关于刑事诉讼法实施中若干问题的规定》（以下简称六部委规定），公安机关在收到人民检察院《要求说明不立案理由通知书》后七日内应当将说明情况书面答复人民检察院。人民检察院向公安机关发出《要求说明不立案理由通知书》后，在上述时限内公安机关没有说明不立案理由的，人民检察院可以发出纠正违法通知书予以纠正，如现有材料证明确属应当立案侦查的，也可以直接向公安机关发出《通知立案书》。

[实践指导]

公安机关没有在规定的时限内说明不立案理由的，人民检察院可以发出纠正违法通知书予以纠正。与此相连的一个问题是，人民检察院能否不经要求公安机关说明不立案的理由而直接通知公安机关立案。有人认为，人民检察院经审查，对于公安机关不立案决定明显不符合法律规定，依法应当立案侦查的案件，可以不必先要求公安机关说明不立案的理由再通知立案，而直接通知公安机关立案，这样做有利于及时有效地惩罚犯罪。笔者认为，这种认识是不符合法律规定的。根据《刑事诉讼法》第87条的规定，对于公安机关该立不立的案件，无论是人民检察院自行发现的，还是被害人向人民检察院提出的，人民检察院都应当首先要求公安机关说明不立案的理由，然后再根据情况决定是否需要通知公安机关立案。也就是说，要求公安机关说明不立案的理由是通知公安机关立案的必经程序。既然法律明确作出了这样的规定，司法实践中，人民检察院就应当严格遵照执行，不得以任何理由违背这些规定。

十三、对公安机关接到《通知立案书》后，在规定时限内不予立案的情况如何处理

[法律依据]

最高人民检察院《人民检察院立案监督工作问题解答》的相关规定：

14. 公安机关接到"通知立案书"后，在规定时限内不予立案的如何办理？

答：根据六部委规定，人民检察院通知公安机关立案的，公安机关在收到《通知立案书》后，应当在十五日内决定立案，并将立案决定书送达人民检察院。在上述时限内不予立案的，人民检察院应当发出纠正违法通知书予以纠正。公安机关仍不予纠正的，报上一级检察机关

商同级公安机关处理，或者报告同级人大常委会。如果属于刑事诉讼法第十八条第二款规定的国家机关工作人员利用职权实施的其他重大犯罪，通知立案后公安机关不予立案的，应报请本院检察长提交检察委员会讨论，决定是否层报省级检察院批准直接受理。

[实践指导]

《刑事诉讼法》虽然授权检察机关可以对公安机关的刑事立案活动进行监督，发现应当立案而公安机关不立案的，检察机关可以要求公安机关说明不立案的理由，认为理由不成立的可以通知公安机关立案。但是，法律却没有规定对公安机关接到立案通知后仍不立案的进一步监督措施，使得刑事立案监督缺乏应有的刚性和实效。从有利于加强立案监督、有效打击犯罪、提高诉讼效率和保护被害人合法权益考虑，有必要在刑事诉讼立法中增加检察机关对通知公安机关立案而公安机关拒不立案或者立而不侦的案件，可以直接立案侦查的规定。同时，为了防止滥用此项职权，有必要在程序上严格限制，但对于直接立案侦查案件的范围，则不应过多限制。

十四、对公安机关接到《通知立案书》后立而不查、久拖不决或者立案后又撤销案件的情况如何处理

[法律依据]

1. 最高人民检察院《人民检察院立案监督工作问题解答》的相关规定：

15. 公安机关接《通知立案书》后虽已立案，但立案后立而不查、久拖不决的怎么办？

答：对于通知公安机关立案的案件，检察机关应加强跟踪监督，防止监督流于形式。对于公安机关接《通知立案书》后虽已立案，但立而不查、久拖不决的，人民检察院应当分别原因，有针对性地跟踪监督公安机关侦查活动，对公安机关久侦不结的，要加强联系，经常督促，必要时报告上一级检察院，由上一级检察院督促同级公安机关纠正。符合逮捕条件的，要建议公安机关提请逮捕。对有意阻挠查处的，要建议有关部门严肃查处，追究有关人员的责任。对犯罪嫌疑人在逃的，要结合公安机关开展的破大案追逃犯等专项斗争，督促公安机关加大追逃力度；还可以发动群众提供线索，协助公安机关抓捕在逃犯罪嫌疑人。对侦查工作已有重大突破的案件，批捕部门要适时介入公安机关的侦查活动，促使公安机关加快办案进度。

2. 最高人民检察院《人民检察院立案监督工作问题解答》的相关规定：

17. 人民检察院通知立案的案件，公安机关立案后撤销案件怎么办？

答：根据刑事诉讼法第一百三十条的规定，在侦查过程中，发现不应对犯罪嫌疑人追究刑事责任的，应当撤销案件。这当然包括公安机关依检察机关的通知而立案的案件。但是对于检察机关通知公安机关立案的案件，公安机关立案后又撤销案件的，检察机关经审查认为撤销案件不当的，应当发出纠正违法通知书，通知公安机关予以纠正。

[实践指导]

实践中，关于人民检察院通知公安机关立案的案件，公安机关能否作撤案处理问题有不同意见。一种意见认为，人民检察院通知公安机关立案的，公安机关不能自行撤销案件，而必须在侦查终结后将案件移送人民检察院审查处理；另一种意见认为，公安机关立案后可以

撤案。笔者认为，根据我国刑事诉讼法的规定，在侦查过程中，发现不应对犯罪嫌疑人追究刑事责任的，应当撤销案件。人民检察院通知公安机关立案的，公安机关立案后对符合撤案条件的，可以撤销案件。对于公安机关作撤案处理的案件，人民检察院有权依法进行监督，如果认为公安机关将不符合撤案条件的案件作撤案处理，应当通知公安机关纠正。

十五、立案监督中的调查应如何进行

[法律依据]

最高人民检察院《人民检察院立案监督工作问题解答》的相关规定：
11. 立案监督中的调查应如何进行？
答：根据刑事诉讼法和《人民检察院刑事诉讼规则》的规定，人民检察院在立案监督过程中，应进行必要的审查和调查。调查的重点是查明是否存在公安机关应当立案侦查而不立案侦查的事实。要求公安机关说明不立案理由之前和审查公安机关说明的不立案理由，都应当进行必要的调查，以保证立案监督的准确性。在要求公安机关说明不立案理由之前，应当查明：（1）是否符合刑事诉讼法规定的刑事立案条件；（2）是否属于公安机关管辖；（3）公安机关是否立案。在收到公安机关说明的不立案理由之后，应当围绕公安机关说明的不立案理由是否成立进行调查。需要调查时，调查的方案要报审查逮捕部门负责人和主管检察长批准；调查要严格依法进行，严禁使用强制措施；调查要秘密进行，不暴露意图，一般不接触犯罪嫌疑人。

[实践指导]

根据法律规定，立案的前提是有犯罪事实发生，需要追究刑事责任。人民检察院判断公安机关应当立案侦查不能是随意"认为"，而应当是根据有关证据得出的结论和意见。如果没有调查，仅凭公安机关提交的材料和书面的审查，或者靠被害人的说明，很难对是否应当立案作出正确的判断，这样既不能保证立案监督的有效性，也会使通知立案书缺乏说服力。完整的立案监督权应当包含对立案活动的调查权、对不立案理由的质询权和对违法不立案（或者立案）的纠正权三个组成部分。但是，这种调查行为不是侦查行为，而是一种法律监督行为，证据调查只是检察机关开展立案监督的一种手段或者方式。尽管《人民检察院刑事诉讼规则》以及《人民检察院立案监督工作问题解答》对于检察机关在立案监督中的调查权作出了规定，但由于该规定属于检察机关发布的司法解释，检察机关介入有关司法、执法活动进行检查监督，调阅有关案卷材料时，往往会遭到阻力。因此，应当在法律上进一步明确规定检察机关必要的证据调查权，如规定检察机关有权调取和审查公安机关决定不立案案件的案卷材料，有权审查公安机关的受案、立案、破案的登记表册，有权审查公安机关的立案、不立案和撤案决定书，有权对刑事立案活动中的违法行为作进一步调查等等。

第二编 立案、侦查和起诉

第十章 侦 查

一、讯问犯罪嫌疑人应遵循哪些程序

[法律依据]

1.《刑事诉讼法》的相关规定：

第九十一条 讯问犯罪嫌疑人必须由人民检察院或者公安机关的侦查人员负责进行。讯问的时候，侦查人员不得少于二人。

第九十二条 对于不需要逮捕、拘留的犯罪嫌疑人，可以传唤到犯罪嫌疑人所在市、县内的指定地点或者到他的住处进行讯问，但是应当出示人民检察院或者公安机关的证明文件。

传唤、拘传持续的时间最长不得超过十二小时。不得以连续传唤、拘传的形式变相拘禁犯罪嫌疑人。

第九十三条 侦查人员在讯问犯罪嫌疑人的时候，应当首先讯问犯罪嫌疑人是否有犯罪行为，让他陈述有罪的情节或者无罪的辩解，然后向他提出问题。犯罪嫌疑人对侦查人员的提问，应当如实回答。但是对与本案无关的问题，有拒绝回答的权利。

第九十五条 讯问笔录应当交犯罪嫌疑人核对，对于没有阅读能力的，应当向他宣读。如果记载有遗漏或者差错，犯罪嫌疑人可以提出补充或者改正。犯罪嫌疑人承认笔录没有错误后，应当签名或者盖章。侦查人员也应当在笔录上签名。犯罪嫌疑人请求自行书写供述的，应当准许。必要的时候，侦查人员也可以要犯罪嫌疑人亲笔书写供词。

2. 最高人民检察院《人民检察院刑事诉讼规则》的相关规定：

第一百三十六条 讯问犯罪嫌疑人，由检察人员负责进行。讯问的时候，检察人员不得少于二人。

第一百三十七条 对于不需要逮捕、拘留的犯罪嫌疑人，经检察长批准，可以传唤到犯罪嫌疑人所在市、县内的指定地点或者到他的住处进行讯问。

传唤犯罪嫌疑人，应当向犯罪嫌疑人出示传唤通知书和有关证件，并责令犯罪嫌疑人在传唤通知书上签名或者盖章。

本规则第三十五条第二款的规定适用于传唤犯罪嫌疑人。

第一百三十八条 一次传唤持续的时间最长不得超过十二小时。不得以连续传唤的形式变相拘禁犯罪嫌疑人。

第一百三十九条 提讯在押的犯罪嫌疑人，应当填写提押证，在看守所进行讯问。因侦查工作需要，需要提押犯罪嫌疑人出所辨认罪犯、罪证或者追缴犯罪有关财物的，可以提押犯罪嫌疑人到人民检察院接受讯问。

提押犯罪嫌疑人到人民检察院讯问的，应当经检察长批准，由二名以上司法警察押解。

第一百四十条 讯问犯罪嫌疑人的时候,应当首先查明他的基本情况,讯问其是否有犯罪行为,让其陈述有罪的事实或者作无罪的辩解,然后向他提出问题。对提出的反证要认真查核。严禁刑讯逼供和以威胁、引诱、欺骗以及其他非法的方法获取供述。

第一百四十一条 讯问聋、哑的犯罪嫌疑人,应当有通晓聋、哑手势的人在场,并且将这种情况记明笔录。

第一百四十二条 讯问犯罪嫌疑人,应当制作讯问笔录。讯问笔录应当字迹清楚,详细具体,忠实原话,并交犯罪嫌疑人核对。对于没有阅读能力的,应当向他宣读。如果记载有遗漏或者差错,应当补充或者改正。犯罪嫌疑人认为讯问笔录没有错误的,由犯罪嫌疑人在笔录上逐页签名或者盖章。如果犯罪嫌疑人拒绝签名或者盖章的,应当在笔录上注明。检察人员也应当在笔录上签名。

第一百四十三条 犯罪嫌疑人请求自行书写供述的,检察人员应当准许。必要的时候,检察人员也可以要犯罪嫌疑人亲笔书写供词。

第一百四十四条 讯问犯罪嫌疑人,可以同时采用录音、录像的记录方式。

第一百四十五条 检察人员第一次讯问犯罪嫌疑人后或者对其采取强制措施之日起,应当告知犯罪嫌疑人可以聘请律师为其提供法律咨询、代理申诉、控告或者为其申请取保候审,并将告知情况记明笔录。

3. 公安部《公安机关办理刑事案件程序规定》的相关规定:

第一百七十三条 公安机关对于不需要拘留、逮捕的犯罪嫌疑人,经县级以上公安机关负责人批准,可以传唤到犯罪嫌疑人所在市、县内的指定地点或者到他的住处进行讯问。

第一百七十四条 传唤犯罪嫌疑人时,应当出示《传唤通知书》和侦查人员的工作证件,并责令其在《传唤通知书》上签名(盖章)、捺指印。

犯罪嫌疑人到案后,应当由其在《传唤通知书》上填写到案时间。讯问结束时,应当由其在《传唤通知书》上填写讯问结束时间。拒绝填写的,侦查人员应当在《传唤通知书》上注明。

第一百七十五条 传唤持续的时间不得超过十二小时。不得以连续传唤的形式变相拘禁犯罪嫌疑人。

需要对被传唤人采取强制措施的,应当在传唤期间内作出批准或者不批准的决定;对于不批准的,应当立即结束传唤。

第一百七十六条 提讯在押的犯罪嫌疑人,应当填写《提讯证》,在看守所或者公安机关的工作场所进行讯问。

第一百七十七条 讯问犯罪嫌疑人,必须由侦查人员进行。讯问的时候,侦查人员不得少于二人。讯问同案的犯罪嫌疑人,应当个别进行。

第一百七十八条 讯问前,侦查人员应当了解案件情况和证据材料,制订讯问计划,列出讯问提纲。

第一次讯问,应当问明犯罪嫌疑人的姓名、别名、曾用名、出生年月日、户籍所在地、暂住地、籍贯、出生地、民族、职业、文化程度、家庭情况、社会经历、是否受过刑事处罚或者行政处理等情况。

第一百七十九条 讯问犯罪嫌疑人时,应当首先讯问犯罪嫌疑人是否有犯罪行为,让他陈述有罪的情节或者无罪的辩解,然后向他提出问题。

第一百八十条 讯问犯罪嫌疑人时,应当告知其对侦查人员的提问应当如实回答,对与本案无关的问题有拒绝回答的权利。

第二编 立案、侦查和起诉

第一百八十一条 讯问的时候，应当认真听取犯罪嫌疑人的供述和辩解；严禁刑讯逼供或者使用威胁、引诱、欺骗以及其他非法的方法获取供述。

第一百八十三条 侦查人员应当将问话和犯罪嫌疑人的供述或者辩解如实地记录清楚。书写讯问笔录应当使用能够长期保持字迹的书写工具、墨水。

第一百八十四条 讯问笔录应当交给犯罪嫌疑人核对或者向他宣读。如记录有差错或者遗漏，应当允许犯罪嫌疑人更正或者补充，并捺指印。笔录经犯罪嫌疑人核对无误后，应当由其在笔录上逐页签名（盖章）、捺指印，并在末页写明"以上笔录我看过（或向我宣读过），和我说的相符"。拒绝签名（盖章）、捺指印的，侦查人员应当在笔录上注明。

讯问笔录上所列项目，应当按规定填写齐全。侦查人员、翻译人员应当在讯问笔录上签名或者盖章。

讯问犯罪嫌疑人，在文字记录的同时，可以根据需要录音、录像。

第一百八十五条 犯罪嫌疑人请求自行书写供述的，应当准许；必要时，侦查人员也可以要求犯罪嫌疑人亲笔书写供词。犯罪嫌疑人应当在亲笔供词的末页签名（盖章）、捺指印，侦查人员收到后，应当在首页右上方写明"于某年某月某日收到"，并签名。

第一百八十六条 侦查人员在讯问中对犯罪嫌疑人的犯罪事实、动机、目的、手段，与犯罪有关的时间、地点，涉及的人、事、物，都应当讯问清楚。对犯罪嫌疑人供述的犯罪事实、申辩和反证，公安机关都应当认真核查，依法处理。

第一百八十七条 在讯问中，需要运用证据证实犯罪嫌疑人的罪行时，应当防止泄露侦查工作秘密。

[实践指导]

获得犯罪嫌疑人的自愿性供述应当成为讯问的价值追求。我国《刑事诉讼法》第46条以及相关的司法解释的规定昭示着我国在讯问过程中以保证犯罪嫌疑人自愿性陈述为原则，但同时这一规定又与其他关于讯问的规定存在内在冲突，侦查人员几乎享有完全的程序支配权，犯罪嫌疑人往往只能以供述的方式配合，丧失了基本的自主权。表现在：根据第92条规定，侦查人员对未被羁押的犯罪嫌疑人可以自由地采取传唤、拘传的方式要求其接受讯问；根据第93条规定，犯罪嫌疑人对侦查人员的提问必须如实回答；根据第96条规定，律师会见犯罪嫌疑人，侦查机关根据案件情况和需要可以派员在场。相反，侦查人员讯问时律师不能在场，不能阅卷；法律对讯问方法的正当性规定过于笼统。但是，随着侦查法治化程度的不断提高，侦查讯问的规范性必然会加强，当前尤其应注意以下问题：

第一，讯问前的权利告知。在讯问犯罪嫌疑人前，侦查人员应当告知其享有的诉讼权利，诸如有权知悉所有涉嫌的罪名、有权进行无罪、罪轻的辩解，等等。

第二，讯问的地点。讯问地点不只是一个技术性问题，还直接关系到犯罪嫌疑人在生理、心理上是否能够避免受到不应当的折磨或损害问题。所以对于已被羁押的犯罪嫌疑人的讯问，应当在羁押场所内进行。

第三，讯问的时间限制。对讯问时间进行限制，既是保证讯问公正、人道的一个重要方面，也是被追诉人有罪供述自愿性的一种保障机制。首先，关于夜间讯问的限制。不少国家对夜间讯问进行了限制。我国刑事诉讼法并没有对讯问时间作出明确的限制，导致司法实践中夜间突审屡见不鲜，不仅容易发生诸如刑讯逼供等非法取证行为，也难以保证犯罪嫌疑人供述的自愿性。因此夜间讯问应尽量作为例外，如首次讯问、对于解救人质、查获危险物品等特殊案件，可以在夜间对犯罪嫌疑人进行讯问。其次，对于单次讯问的持续时间及两次讯问之间的间隔，甚至一天之内能够讯问的总时间，也应进行控制。我国刑事诉讼法对于一次讯问的持续时间尽管没有作出明确的限制，但实践中也应考虑讯问时间的合理限度。

第四，讯问的手段。在大陆法系国家，立法一般都明确规定禁止使用的讯问方法，以保障犯罪嫌疑人的自由意志。在英美法国家，对讯问方法的限定一般是借助具体的案例来说明的。但随着制定法的发展，立法也开始对讯问的方法进行明确的限定。根据我国《刑事诉讼法》第43条的规定，不仅刑讯逼供受到了明确禁止，威胁、引诱、欺骗的方法也被认为是收集证据的非法手段而为法律所不容。

第五，讯问过程中的律师在场。综观西方各主要国家以及我国香港、台湾地区，大都对辩护律师讯问在场权给予了充分保障，这已成为现代法治国家和地区的通常做法。为了保障被讯问人的辩护权利乃至人身权利，防止羁押性讯问权的异化，进而确保"有罪供述"的自愿性和稳定性，我国将来有必要在原则上承认侦查讯问程序中犯罪嫌疑人要求律师在场的权利，除非犯罪嫌疑人自愿、明知并以书面方式放弃该权利。当然，对于危害国家安全犯罪、组织、领导、参加黑社会性质组织犯罪、组织、领导、参加恐怖活动组织罪以及其他严重危害公共安全的犯罪，应当排除律师的在场权；对于需要立即查找危险物品排除爆炸物的以及需要解救人质的案件，如果律师的介入足以影响侦查工作的展开，也应当排除律师的在场权。

第六，讯问笔录的制作。我国《刑事诉讼法》第95条对讯问结果的固定作出了明确规定，侦查人员应当将讯问的内容如实地记录清楚，原则上应当逐字逐句与讯问同步记录。讯问笔录中必须写明讯问的地点、开始和结束的时间、做记录的时间、讯问的任何中断。讯问笔录应当交犯罪嫌疑人核对，允许补充或者改正。随着现代技术手段的推广，利用录音、录像的方法固定讯问情况内容日益受到重视。同步录音录像有利于使讯问过程透明化，保障被讯问人的权利，更有利于保全证据。尤其是在刑事侦查阶段，获取的犯罪嫌疑人口供具有潜在的不稳定性，而采取同步录音录像的方式来固定讯问结果，当庭出示，可以证明被告人在侦查阶段所作的交代的真实性以及侦查人员行为的合法性。实践中，某些地区的公安机关对大要案讯问过程经常进行录音或者录像，但所记载的有的只是犯罪嫌疑人所作的某一次有罪供述情况，通常不会对所有审讯加以记载，这样反而容易掩盖"刑讯逼供"、"指名问供"等违法行为。因此录音或录像应在羁押场所进行，如果条件具备应对每一次讯问过程都进行全程录音或者录像，以保证讯问结果的可靠性和真实性。

二、如何确定传唤的指定地点

[法律依据]

1. 《刑事诉讼法》的相关规定：

第九十二条第一款 对于不需要逮捕、拘留的犯罪嫌疑人，可以传唤到犯罪嫌疑人所在市、县内的指定地点或者到他的住处进行讯问，但是应当出示人民检察院或者公安机关的证明文件。

2. 最高人民检察院《人民检察院刑事诉讼规则》的相关规定：

第一百三十七条第一款 对于不需要逮捕、拘留的犯罪嫌疑人，经检察长批准，可以传唤到犯罪嫌疑人所在市、县内的指定地点或者到他的住处进行讯问。

3. 公安部《公安机关办理刑事案件程序规定》的相关规定：

第一百七十三条 公安机关对于不需要拘留、逮捕的犯罪嫌疑人，经县级以上公安机关负责人批准，可以传唤到犯罪嫌疑人所在市、县内的指定地点或者到他的住处进行讯问。

[实践指导]

《刑事诉讼法》及相关规定根据实际需要和可能，将传唤的地点限定在"犯罪嫌疑人所在的市、县内"，即不能传唤到犯罪嫌疑人所在市、县以外的地区。这里的市一般可以理解为县级市，但不能一概而论，兼顾侦破案件和保护犯罪嫌疑人合法权益的需要，也可以将范围扩大到设区的地级市。实践中，犯罪嫌疑人实际所在地有时与户口所在地、家庭所在地、工作所在地不在同一市、县，应如何确定传唤地点法律缺乏明确规定。笔者认为，一般应当在犯罪嫌疑人实际所在地的市、县内指定传唤地点，便于及时控制犯罪嫌疑人，及时讯问获得证据。"指定地点"主要是指犯罪嫌疑人在被讯问时，所在的市、县的公安局、公安派出所、基层组织及其所在单位等。"住处"是指犯罪嫌疑人在被讯问时所居住的地方。为了防止滥用审讯权，保护犯罪嫌疑人的合法权利，法律规定，侦查人员传唤犯罪嫌疑人到上述地点进行讯问时，应当出示人民检察院或者公安机关的证明文件。这里规定的出示"证明文件"，是指传唤犯罪嫌疑人使用的《传唤通知书》及到犯罪嫌疑人住处讯问时应当出示的人民检察院或者公安机关证明侦查人员身份和执行讯问任务的证明。

三、讯问被传唤、拘传的犯罪嫌疑人不能在12小时以内结束应如何处理

[法律依据]

1.《刑事诉讼法》的相关规定：

第九十二条第二款　传唤、拘传持续的时间最长不得超过十二小时。不得以连续传唤、拘传的形式变相拘禁犯罪嫌疑人。

2.最高人民检察院《人民检察院刑事诉讼规则》的相关规定：

第一百三十八条　一次传唤持续的时间最长不得超过十二小时。不得以连续传唤的形式变相拘禁犯罪嫌疑人。

3.公安部《公安机关办理刑事案件程序规定》的相关规定：

第一百七十五条　传唤持续的时间不得超过十二小时。不得以连续传唤的形式变相拘禁犯罪嫌疑人。

需要对被传唤人采取强制措施的，应当在传唤期间内作出批准或者不批准的决定；对于不批准的，应当立即结束传唤。

[实践指导]

上述规范性文件所称的"传唤、拘传持续的时间"是指每次传唤、拘传所持续的时间。"不得以连续传唤、拘传的形式变相拘禁犯罪嫌疑人"是指不得以连续传唤、拘传的形式使传唤、拘传超过法定最长时限，剥夺犯罪嫌疑人的人身自由。对于案情复杂或者被传唤、拘传人不予配合，导致在12小时难以完成讯问任务的，应区分情况处理：对于经过讯问掌握的情况认为符合采取其他强制措施条件的，及时办理有关强制措施的法律手续，在12小时内结束讯问采取强制措施；对于其他情况，只能在12小时内结束讯问，将犯罪嫌疑人放回，间隔一定时间后可以再次传唤或拘传。

四、讯问未成年犯罪嫌疑人、聋哑犯罪嫌疑人应注意哪些问题

[法律依据]

1. 《刑事诉讼法》的相关规定：

第九十四条 讯问聋、哑的犯罪嫌疑人，应当有通晓聋、哑手势的人参加，并且将这种情况记明笔录。

2. 最高人民检察院《人民检察院刑事诉讼规则》的相关规定：

第一百四十一条 讯问聋、哑的犯罪嫌疑人，应当有通晓聋、哑手势的人在场，并且将这种情况记明笔录。

3. 公安部《公安机关办理刑事案件程序规定》的相关规定：

第一百八十二条 讯问未成年的犯罪嫌疑人，应当针对未成年人的身心特点，采取不同于成年人的方式；除有碍侦查或者无法通知的情形外，应当通知其家长、监护人或者教师到场；讯问可以在公安机关进行，也可以到未成年人的住所、单位、学校或者其他适当的地点进行。

讯问聋、哑犯罪嫌疑人，应当有通晓聋、哑手势的人参加，并在讯问笔录上注明犯罪嫌疑人的聋、哑情况，以及翻译人的姓名、工作单位和职业。

讯问不通晓当地语言文字的犯罪嫌疑人，应当配备翻译人员。

4. 公安部《公安机关办理未成年人违法犯罪案件的规定》的相关规定：

第四条 办理未成年人违法犯罪案件，严禁使用威胁、恐吓、引诱、欺骗等手段获取证据。严禁刑讯逼供。

第十条 对违法犯罪未成年人的讯问应当采取不同于成年人的方式。讯问前，除掌握案件情况和证据材料外，还应当了解其生活、学习环境、成长经历、性格特点、心理状态及社会交往等情况，有针对性地制作讯问提纲。

第十一条 讯问违法犯罪的未成年人时，根据调查案件的需要，除有碍侦查或者无法通知的情形外，应当通知其家长或者监护人或者教师到场。

第十二条 办理未成年人违法犯罪案件，不得少于二人。对违法犯罪未成年人的讯问可以在公安机关进行，也可以到未成年人的住所、单位或者学校进行。

第十三条 讯问违法犯罪的未成年人时，应当耐心细致地听取其陈述或者辩解，认真审核、查证与案件有关的证据和线索，并针对其思想顾虑、畏惧心理、抵触情绪进行疏导和教育。

第十四条 讯问应当如实记录。讯问笔录应当交被讯问人核对或者向其宣读。被讯问人对笔录内容有异议的，应当核实清楚，准予更正或者补充。必要时，可以在文字记录的同时使用录音、录像。

第十五条 办理未成年人违法犯罪案件，应当严格限制和尽量减少使用强制措施。

严禁对违法犯罪的未成年人使用收容审查。

[实践指导]

控辩双方的平等对抗是现代刑事诉讼的基本特征。但是我国侦查机关的权力过于强大，犯罪嫌疑人一方权利则显得相对不足，而且刑事诉讼法在侦查阶段没有为任何情况下的犯罪

嫌疑人规定法律援助权,因此,对未成年犯罪嫌疑人、聋哑犯罪嫌疑人的诉讼地位尤其需要重点关注。为了保障未成年犯罪嫌疑人和生理上有缺陷犯罪嫌疑人的诉讼权利,法律规定未成年或聋哑犯罪嫌疑人除享有同其他公民一样的诉讼权利外,还享有一些特殊的诉讼权利,在执法环节应当将这些规定落到实处。

五、人民检察院讯问职务犯罪嫌疑人实行全程同步录音录像在技术工作方面有哪些要求

[法律依据]

1. 最高人民检察院办公厅《人民检察院讯问职务犯罪嫌疑人实行全程同步录音录像技术工作流程(试行)》的相关规定:

第二条 检察技术部门在接到办案部门的全程同步录音录像通知后,应当指派技术人员执行,并制作《人民检察院讯问全程同步录音录像受理登记表》。

第三条 录制人员在接受录制任务后,应当做好录制准备工作,对讯问场所及设备进行检查和调试。因特殊原因无法录制的,应当及时告知办案部门。

第四条 录制的起止时间,以被讯问人员进入讯问场所开始,以被讯问人核对讯问笔录、签字捺印手印结束后停止。

第五条 在固定场所进行全程同步录音录像的,应当以画中画方式显示,主画面反映被讯问人正面中景,全程反映被讯问人的体态、表情,并显示同步录像时间,辅画面反映讯问场所全景。

在临时场所进行全程同步录音录像,使用不具备画中画功能的录制设备时,录制画面主要反映被讯问人,同时兼顾讯问场所全景,并显示同步时间。

第六条 对参与讯问人员和讯问室温度、湿度,应当在讯问人员宣布讯问开始时以主画面反映。对讯问过程中使用证据、被讯问人辨认书证、物证、核对笔录、签字和捺印手印的过程应当以主画面反映。

第七条 录制人员应当监控录音录像系统设备的运行,因更换存储介质需要暂停录制时,应当提前告知讯问人员。因技术故障等客观原因需要停止录制时,应当立即告知讯问人员。排除故障继续录制时,应当在录音录像中反映讯问人员对中断录制的语言补正。

第八条 录制人员应当及时填写《人民检察院讯问全程同步录音录像工作说明》中有关录制工作的内容,客观记录讯问过程的录制、系统运行、技术人员交接,以及对使用光盘编号等情况。本人签名后,交讯问人员按要求安排填写,在录制资料副本移交时收回归档。

第九条 录制结束后,录制人员应当将录制资料的正本交讯问人员、被讯问人确认,当场装入人民检察院讯问全程同步录音录像资料密封袋,由录制人员、讯问人员、被讯问人三方封签,由被讯问人在封口处骑缝捺印手印。

第十条 技术部门应当将全程同步录音录像录制资料正本存放于专门的录制资料档案柜内,长期保存,并做到防尘、防潮、避免高温和挤压,以磁介质存储的资料要存放在防磁柜内。

录制资料副本应当在收到《人民检察院讯问全程同步录音录像工作说明》时移交委托录制的办案部门签收。

第十一条 根据《人民检察院讯问职务犯罪嫌疑人实行全程同步录音录像的规定(试

行)》第十六条规定,需要技术处理的,经检察长批准,检察技术人员应当按照办案部门提交的《人民检察院讯问全程同步录音录像资料技术处理(复制)单》,以录制资料副本作为信号源,在办案人员的主持下进行技术处理。

第十二条 因特殊原因需要制作录制资料复制件的,经检察长批准,检察技术人员应当按照办案部门提交的《人民检察院讯问全程同步录音录像资料技术处理(复制)单》,以录制资料副本作为信号源,在办案人员的主持下进行复制。

第十三条 案件侦查终结后,技术部门应当将本案《人民检察院讯问全程同步录音录像受理登记表》、《人民检察院讯问全程同步录音录像工作说明》等文书材料制作全程同步录音录像技术协作卷宗予以保存。

第十四条 全程同步录音录像技术协作卷宗编号按照档案管理部门相关规定执行。

一案多人多次讯问的,在卷宗编号后加编被讯问人号和讯问次数,作为录制编号。每次讯问一个录制编号,当次讯问涉及的全部文书材料及录制资料均对应此编号。

第十五条 法庭需要对录制资料正本当庭启封质证的,技术部门在收到《人民检察院讯问全程同步录音录像资料档案调用单》后,将录制资料正本移交公诉部门签收。

第十六条 技术部门收到公诉部门返还的录制资料正本后,应当核实签收,归档保存。

2. 最高人民检察院办公厅《人民检察院讯问职务犯罪嫌疑人实行全程同步录音录像系统建设规范(试行)》的相关规定:

(全文略)

[实践指导]

在职务犯罪侦查中实行讯问犯罪嫌疑人同步录音录像,是检察机关严格规范办案行为、保障公民合法权益的一项重要举措。早在2005年12月,最高人民检察院就下发《人民检察院讯问职务犯罪嫌疑人实行全程同步录音录像的规定(试行)》。最高人民检察院技术中心印发《人民检察院讯问职务犯罪嫌疑人实行全程同步录音录像的技术规范(试行)》,从检察技术部门的环节上保障这一制度的有效实施。2006年1月,最高人民检察院考虑到全国各地经济发展不平衡、地域差异等因素,制定出"三步走"的计划:第一步,从2006年3月1日起,普遍实行讯问职务犯罪嫌疑人全程同步录音,高检院、省级院、省会、首府、市院和东部地区分州市院办理贿赂案件和职务犯罪要案实行全程同步录像;第二步,从2006年底开始,中西部地区分州市级院和东部地区县区级院办理贿赂案件和其他职务犯罪要案,必须实行讯问犯罪嫌疑人全程同步录像;第三步,从2007年10月1日开始,全国检察机关办理职务犯罪案件讯问犯罪嫌疑人实行全程同步录像。

《人民检察院讯问职务犯罪嫌疑人实行全程同步录音录像技术工作流程(试行)》主要从录制的过程、画面的构成、录制资料的签封、保存等方面进行了明确。如规定起讫时间,要求讯问人员每一次讯问必须全过程录制,不得中途中止,特别是讯问后应由被讯问人核对讯问笔录,签字捺印手印,整个讯问程序才告结束,以保证讯问内容与同步录音录像的一致性,这是侦查讯问中保障人权的重要体现;为了保证被讯问人在适当的温度和湿度环境中接受讯问,要求录像画面须反映参与讯问人员和讯问室温度、湿度。这不仅能够保护犯罪嫌疑人,而且能够保护办案人员,表明办案人员没有违反法律规定,对犯罪嫌疑人施压;规定讯问结束后,三方签字、当场封存,并以专门方式保管,可以保证录音录像资料的原始性和真实性。《人民检察院讯问职务犯罪嫌疑人实行全程同步录音录像系统建设规范(试行)》则是从录音录像的系统构成、设备配置与相关技术参数上作了具体要求,进一步细化了同步录音录像工作。尽量兼顾全国各地的地区差异,既考虑到能够保证录像画面足够清晰,又兼顾到经济条件较困难的检察机关能够负担得起,比如摄像机的分辨率规定大于470线,是对目前流行的产品和各地的经济条件进行大量调查后确定的。严格按照上述两个文件规范操作,能够促使办案人员自觉依法文明办案,提高办案质量,也有利于维护检察机关的执法形象。同时,检察院实行全程同步录音录像,也彰显了尊重人权、保障人权的办案理念。

六、询问证人、被害人应当如何进行

[法律依据]

1. 《刑事诉讼法》的相关规定：

第九十七条 侦查人员询问证人,可以到证人的所在单位或者住处进行,但是必须出示人民检察院或者公安机关的证明文件。在必要的时候,也可以通知证人到人民检察院或者公安机关提供证言。

询问证人应当个别进行。

第九十八条 询问证人,应当告知他应当如实地提供证据、证言和有意作伪证或者隐匿罪证要负的法律责任。

询问不满十八岁的证人,可以通知其法定代理人到场。

第九十九条 本法第九十五条的规定,也适用于询问证人。

第一百条 询问被害人,适用本节各条规定。

2. 最高人民法院、最高人民检察院、公安部、国家安全部、司法部、全国人大常委会法制工作委员会《关于刑事诉讼法实施中若干问题的规定》的相关规定：

17. 刑事诉讼法第九十七条规定："侦查人员询问证人,可以到证人的所在单位或者住处进行","在必要的时候,也可以通知证人到人民检察院或者公安机关提供证言"。侦查人员询问证人,应当依照刑事诉讼法第九十七条的规定进行,不得另行指定其他地点。

3. 最高人民检察院《人民检察院刑事诉讼规则》的相关规定：

第一百五十七条 人民检察院在侦查过程中,应当及时询问证人,并且告知证人履行作证的权利和义务。

人民检察院应当保证一切与案件有关或者了解案情的公民,有客观地充分地提供证据的条件,并为他们保守秘密。除特殊情况外,人民检察院可以吸收证人协助调查。

第一百五十八条 询问证人,应当由检察人员进行。询问的时候,检察人员不得少于二人。

第一百五十九条 询问证人,可以到证人的所在单位、住处进行,检察人员应当出示人民检察院的询问证人通知书和工作证。必要时,也可以通知证人到人民检察院提供证言。

询问证人应当个别进行。

第一百六十条 询问证人,应当问明证人的基本情况以及与当事人的关系,并且告知证人应当如实地提供证据、证言和有意作伪证或者隐匿罪证要负的法律责任,但是不得向证人泄露案情,不得采用羁押、刑讯、威胁、引诱、欺骗以及其他非法方法获取证言。

第一百六十一条 询问不满十八岁的证人,可以通知其法定代理人到场。

第一百六十二条 本规则第一百四十一条至第一百四十二条的规定,适用于询问证人。

第一百六十三条 人民检察院应当保障证人及其近亲属的安全。

询问中涉及证人隐私的,应当保守秘密。

对证人及其亲属进行威胁、侮辱、殴打或者打击报复,构成犯罪或者应当给予治安管理处罚的,应当移送公安机关处理;情节轻微的,予以批评教育、训诫。

第一百六十四条 询问被害人,适用询问证人的规定。

4. 公安部《公安机关办理刑事案件程序规定》的相关规定:

第一百八十八条 询问证人、被害人,可以到证人、被害人所在单位或者住所进行。必要的时候,也可以通知证人、被害人到公安机关提供证言。

询问证人、被害人应当个别进行,并应当向证人、被害人出示公安机关的证明文件或者侦查人员的工作证件。

第一百八十九条 询问前,应当了解证人、被害人的身份,证人、犯罪嫌疑人、被害人之间的关系。询问时,应当告知证人、被害人必须如实地提供证据、证言和有意作伪证或者隐匿罪证应负的法律责任。

侦查人员不得向证人、被害人泄露案情或者表示对案件的看法,严禁使用威胁、引诱和其他非法方法询问证人、被害人。

第一百九十条 询问未成年的证人、被害人,可以通知其法定代理人到场。

第一百九十一条 本规定第一百八十四条、第一百八十五条的规定,也适用于询问证人、被害人。

第一百九十二条 询问中,涉及证人、被害人的隐私,应当保守秘密。

[实践指导]

关于询问证人、被害人的程序,法律规定较为详细、明确。询问被害人除了应当依照询问证人的各项规定进行外,还应当注意被害人的特殊心理状态及对受害情况感受深刻、了解犯罪人更多情况的特点,做好被害人的思想工作,使被害人如实陈述,注意其陈述的细节,防止夸大或者遗漏重要情节,并根据被害人的具体情况采取相应的措施。如对生命垂危的被害人,在积极采取有效措施进行抢救的同时,应当争取时间,抓紧询问;对未成年的被害人进行询问,可以通知其法定代理人或监护人到场。凡是涉及被害人隐私问题的,侦查人员应当为其保密,并向被害人说明,而且不宜反复多次询问,以消除被害人顾虑,使其如实提供所知道的案件情况。

七、询问未成年人是否一律通知其法定代理人到场

[法律依据]

1. 《刑事诉讼法》的相关规定:

第九十八条第二款 询问不满十八岁的证人,可以通知其法定代理人到场。

2. 最高人民检察院《人民检察院刑事诉讼规则》的相关规定:

第一百六十一条 询问不满十八岁的证人,可以通知其法定代理人到场。

3. 公安部《公安机关办理刑事案件程序规定》的相关规定:

第一百九十条 询问未成年的证人、被害人,可以通知其法定代理人到场。

[实践指导]

笔者认为,未成年人的心理及生理特点不同于成年人,观察问题、辨别是非、分析问题

的能力不强,缺乏社会知识和经验。一般情况下,询问未成年人时其法定代理人参加有助于减轻其思想压力,增强其心理承受能力,保证其如实陈述。当然,法律规定的是可以让未成年人的法定代理人参加,而不是应当让其法定代理人参加。因此,是否让法定代理人参加,应当由侦查机关根据案件的实际情况以及未成年人的心理成熟程度、生理发育程度来确定。

八、现场勘验检查职责如何划分

[法律依据]

公安部《公安机关刑事案件现场勘验检查规则》的相关规定:

第十二条 县级公安机关负责辖区内全部刑事案件的现场勘验、检查。对于案情重大、现场复杂的案件,上级公安机关认为有必要时,可以直接组织领导现场勘验、检查。

第十三条 上级公安机关对下级公安机关刑事案件现场勘验、检查提供技术支援。

第十四条 涉及两个县级以上地方公安机关的刑事案件现场勘验、检查,现场勘验、检查职责由有关地方公安机关协商,必要时,由上级公安机关指定。

第十五条 新疆生产建设兵团和铁路、交通、民航、森林公安机关及海关缉私部门负责其管辖的刑事案件的现场勘验、检查。

第十六条 公安机关和军队、武装警察部队互涉刑事案件的现场勘验、检查,依照公安机关和军队互涉刑事案件管辖分工的有关规定确定现场勘验、检查职责。

第十七条 人民法院、人民检察院和国家安全机关、军队保卫部门、监狱等部门的自办案件,需要公安机关协助进行现场勘验、检查,并出具委托书的,有关公安机关应予协助。

九、如何保护犯罪现场

[法律依据]

1. 公安部《公安机关办理刑事案件程序规定》的相关规定:

第一百九十四条第一款 发案地派出所、巡警或者治安保卫组织应当妥善保护犯罪现场,注意保全证据,控制犯罪嫌疑人,并立即报告公安机关主管部门。

2. 公安部《公安机关刑事案件现场勘验检查规则》的相关规定:

第十八条 案发地公安机关接到刑事案件报警后应当迅速派员赶赴现场,做好现场保护工作。

第十九条 负责保护现场的人民警察应当根据案件具体情况,划定保护范围,设置警戒线和告示牌,禁止无关人员进入现场。

第二十条 负责保护现场的人民警察除抢救伤员、保护物证等紧急情况外,不得进入现场,不得触动现场上的痕迹、物品和尸体。处理紧急情况时,应当尽可能避免破坏现场上的痕迹、物品和尸体。

第二十一条 负责保护现场的人民警察对可能受到自然、人为因素破坏的现场,应当对现场上的痕迹、物品和尸体等采取相应的保护措施。

第二十二条 保护现场的时间,从发现刑事案件现场开始,至现场勘验、检查结束。不能完成现场勘验、检查的,应当对整个现场或者部分现场继续予以保护。

第二十三条 负责现场保护的人民警察应当将现场保护情况及时报告现场勘验、检查指挥员。

[实践指导]

犯罪现场保护就是对发生或发现刑事案件的地点或场所及时进行警戒、封锁，保持犯罪现场发生或被发现时的状态，并对与案件有关的人员进行保护和对与犯罪有关的痕迹物品采取科学方法、手段进行保全的紧急性措施。

根据法律规定和实践经验，犯罪现场保护应遵循以下原则：第一，犯罪现场准入原则。即除救人、排险外，必须防止不必要人员或非经批准的人员进入现场；第二，痕迹、物证保护的紧急与必要原则。即除抢救伤员、防止痕迹、物证遭到破坏等紧急情况外，负责保护现场的人民警察不得进入现场，不得触动现场上的痕迹物品和尸体，处理紧急情况时，应将对现场的破坏降到最低；第三，现场中的人与物双重保护原则。既要注重保护现场中的痕迹、物证，又要注重对相关人员的保护，如被害人受伤后送往医院的路途中及到达医院后如何实施保护，对现场主要知情人如何保护等，均应纳入现场保护的内容中。

根据法律规定和实践经验，犯罪现场保护的具体任务包括：第一，记录到案时间，核查犯罪现场情况；第二，合理划定现场保护的范围，布置警戒；第三，利用发案不久的有利时机，了解现场的初步情况；第四，记录知情人，监控犯罪嫌疑人，保护痕迹、物证；第五，负责现场保护的人民警察及时、客观、全面向指挥员汇报情况。

十、如何进行现场勘验检查的组织与指挥

[法律依据]

1. 公安部《公安机关办理刑事案件程序规定》的相关规定：

第一百九十六条 现场勘查，由县级以上公安机关侦查部门负责。

一般案件的现场勘查，由侦查部门负责人指定的人员现场指挥；重大、特别重大案件的现场勘查由侦查部门负责人现场指挥。必要时，发案地公安机关负责人应当亲自到现场指挥。

2. 公安部《公安机关刑事案件现场勘验检查规则》的相关规定：

第六条 刑事案件现场勘验、检查由县级以上公安机关侦查部门组织实施。必要时，可以指派或者聘请具有专门知识的人参加现场勘验、检查。

第二十四条 公安机关对刑事案件现场勘验、检查应当统一指挥，周密组织，明确分工，落实责任，及时完成各项任务。

第二十五条 现场勘验、检查的指挥员由具有现场勘验、检查专业知识和组织指挥能力的人民警察担任。

第二十六条 现场勘验、检查的指挥员依法履行下列职责：（一）决定和组织实施现场勘验、检查的紧急措施；（二）制定和实施现场勘验、检查的工作方案；（三）对参加现场勘验、检查人员进行分工；（四）指挥、协调现场勘验、检查工作；（五）确定现场勘验、检查见证人；（六）审核现场勘验、检查工作记录；（七）组织现场分析；（八）决定对现场的处理。

[实践指导]

现场勘查的人员结构，应根据案件的类型、危害程度及紧急状态来确定，主要由侦查指

挥员、侦查员、刑事技术人员、发案地派出所民警、110巡警及涉案单位保卫干部、见证人等组成。

现场勘查的指挥员应当根据犯罪现场的实际情况对到场人员进行适当的组织和分工，明确责任。一般情况下，勘查重大、特大案件现场时，可将到场人员分为犯罪现场保护组、犯罪现场访问组、犯罪现场勘验检查组和犯罪现场机动组等，实施统一指挥，分头工作。

现场勘查的指挥工作主要有如下几方面：第一，出场前的指挥工作。包括：做好犯罪现场勘查的准备工作；加强对报警信息的研判；适时采取紧急措施。第二，临场指挥工作。包括：听取汇报，巡视现场；制定勘查方案，下达勘查开始的指令；监督见证人到场见证；抓住战机，调整紧急措施；全面指挥协调勘查工作。第三，勘查后的指挥工作。包括：适时主持犯罪现场分析；依法监督保全证据，完善法律文书；主持完善侦查工作方案；处置现场，保全证据，下达结束犯罪现场勘查工作的命令。

十一、如何做好现场勘验检查工作记录

[法律依据]

1. 公安部《公安机关办理刑事案件程序规定》的相关规定：

第一百九十七条　勘查现场，应当按照现场勘查规则的要求拍摄现场照片，制作《现场勘查笔录》和现场图。对重大、特别重大案件的现场，应当录像。

计算机犯罪案件的现场勘查，应当立即停止应用，保护计算机及相关设备，并复制电子数据。

2. 公安部《公安机关刑事案件现场勘验检查规则》的相关规定：

第四十六条　现场勘验、检查结束后，应当及时制作现场勘验、检查工作记录。

现场勘验、检查工作记录包括现场勘验检查笔录、现场图、现场照片、现场录像和现场录音。

第四十七条　现场勘验、检查笔录应当客观、全面、详细、准确、规范，能够作为核查现场或者恢复现场原状的依据，符合法定的证据要求。

第四十八条　现场勘验、检查笔录包括以下基本内容：（一）前言部分：笔录文号，接报案件时间和内容，现场地点，现场保护情况，勘验、检查的起止时间，天气情况，勘验、检查利用的光线，组织指挥人员，现场方位和周围环境等；（二）正文部分：与犯罪有关的痕迹和物品的名称、部位、数量、性状、分布等情况，尸体的位置、衣着、姿势、损伤、血迹分布、形状和数量等；（三）结尾部分：提取痕迹、物证情况，扣押物品情况，制图和照相的数量，录像、录音的时间。笔录人、制图人、照相人、录像人、录音人，执行现场勘验、检查任务人员的单位、职务及签名，见证人签名。

第四十九条　对现场进行多次勘验、检查的，在制作首次现场勘验、检查笔录后，逐次制作补充勘验、检查笔录。

第五十条　现场勘验、检查人员应当根据现场情况选择制作现场平面示意图、现场平面比例图、现场平面展开图、现场立体图和现场剖面图等。

第五十一条　绘制现场图应当符合以下基本要求：（一）标明案件名称，案件发生、发现时间，案发地点；（二）完整反映现场的位置、范围；（三）准确反映与犯罪活动有关的主要物体，标明痕迹、物证、成趟足迹、尸体、作案工具等具体位置等；（四）文字说明简明、准确；（五）布局合理，重点突出，画面整洁，标识规范；（六）注明测量方法、比例、方向、图例、绘图单位、绘图日期和绘图人。

第五十二条 现场照相和录像包括方位、概貌、重点部位和细目四种。

第五十三条 现场照相和录像应当符合以下基本要求：（一）影像清晰、主题突出、层次分明、色彩真实；（二）清晰、准确记录现场方位、周围环境及原始状态，记录痕迹、物证所在部位、形状、大小及其相互之间的关系；（三）细目照相、录像应当放置比例尺；（四）现场照片贴纸上加注文字说明；（五）符合有关行业标准。

第五十四条 现场绘图、现场照相、录像、现场勘验、检查笔录应当相互吻合。

第五十五条 现场绘图、现场照相、录像、现场勘验、检查笔录等现场勘验、检查的原始资料应当妥善保存。

[实践指导]

目前，各地公安机关使用的《犯罪现场勘验检查工作记录》，是侦查人员临场勘验、检查时所做的侦查工作记录，其中既有对犯罪现场事实、状态等的客观描述，也有对犯罪现场、犯罪性质和犯罪行为的定性或定量的分析判断。《犯罪现场勘验检查工作记录》的主体内容包括《现场勘验检查笔录》、《现场勘验检查情况分析报告》两个组成部分。前者作为勘验检查笔录的重要内容和正式法律文书归入诉讼卷，一旦完成便不能修改，只能作补充笔录。而后者是侦查工作建议或侦查计划雏形，不属于正式法律文书，应由办案单位归入侦查工作卷保管，可以随着侦查工作的开展而不断修正。

十二、对哪些人可以强制进行人身检查

[法律依据]

1. 《刑事诉讼法》的相关规定：

第一百零五条第一、二款 为了确定被害人、犯罪嫌疑人的某些特征、伤害情况或者生理状态，可以对人身进行检查。

犯罪嫌疑人如果拒绝检查，侦查人员认为必要的时候，可以强制检查。

2. 最高人民检察院《人民检察院刑事诉讼规则》的相关规定：

第一百六十九条第一、二款 为了确定被害人、犯罪嫌疑人的某些特征、伤害情况或者生理状态，检察人员可以对人身进行检查。

犯罪嫌疑人如果拒绝检查，检察人员认为必要的时候，可以强制检查。

3. 公安部《公安机关办理刑事案件程序规定》的相关规定：

第一百九十八条 为了确定被害人、犯罪嫌疑人的某些特征、伤害情况或者生理状态，可以对人身进行检查。

犯罪嫌疑人如果拒绝检查，侦查人员认为必要的时候，可以强制检查。

检查妇女的身体，应当由女侦查人员或者医师进行。

检查的情况应当制作笔录，由参加检查的侦查人员、检查人员和见证人签名或者盖章。

[实践指导]

根据法律规定，侦查中可以强制进行人身检查的对象只能是犯罪嫌疑人。实践中，对犯

罪嫌疑人进行人体检查遭到拒绝时，侦查人员应当根据具体情况采取有效措施。一般情况下，侦查人员应当首先问明原因，向其讲明检查的目的、意义，让其接受检查。这样有利于犯罪嫌疑人配合检查，保证检查工作的顺利进行。但犯罪嫌疑人经教育仍拒绝检查的，侦查人员应当采取强制手段进行检查。这里规定的"必要的时候"，通常是指不进行强制检查，人身检查的任务无法完成，侦查活动无法正常进行的时候。如经过说服教育，犯罪嫌疑人仍不接受检查的，或者犯罪嫌疑人精神失常，不能控制自己的，侦查人员可以采取强制的手段对其人身进行检查。

十三、对死因不明的尸体公安机关、人民检察院如何处理

[法律依据]

1. 《刑事诉讼法》的相关规定：

第一百零四条 对于死因不明的尸体，公安机关有权决定解剖，并且通知死者家属到场。

2. 最高人民检察院《人民检察院刑事诉讼规则》的相关规定：

第一百六十八条 人民检察院决定解剖死因不明的尸体时，应当通知死者家属到场，并让其在解剖通知书上签名或者盖章。

死者家属无正当理由拒不到场或者拒绝签名、盖章的，不影响解剖的进行，但是应当在解剖通知书上记明。对于身份不明的尸体，无法通知死者家属的，应当记明笔录。

3. 公安部《公安机关办理刑事案件程序规定》的相关规定：

第一百九十九条 为了确定死因，经县级以上公安机关负责人批准，可以解剖尸体或者开棺检验，并且通知死者家属到场，并让其在《解剖尸体通知书》上签名或者盖章。

死者家属无正当理由拒不到场或者拒绝签名（盖章）的，不影响解剖或者开棺检验，但是应当在《解剖尸体通知书》上注明。对于身份不明的尸体，无法通知死者家属的应当在笔录中注明。

[实践指导]

对于死因不明的尸体，侦查机关有权决定解剖，并且通知死者家属到场。实践中，侦查人员应填写尸体解剖报告表，报县级以上侦查机关负责人批准。尸体解剖应严格按照卫生部《解剖尸体规则》进行，还要特别注意尊重当地群众的风俗习惯，尽量保持尸体外貌完整。尸体解剖应当写出明确的结论，如确定的死亡时间、原因、损伤情况等。此外，尸体解剖只能在侦查机关和医院附设的法医室（科）进行。

十四、办理强奸案件中能否检查被害人的处女膜

[法律依据]

1. 最高人民检察院《关于在办理强奸案件中是否可以检查处女膜问题的批复》的相关规定：

关于这个问题，1965年3月11日最高人民法院、最高人民检察院、公安部"转发湖南省政法三机关关于不准检查处女膜的通知"中明确指出："今后，办理流氓强奸案件时，不准对

被害人进行处女膜的检查,也不准用检查处女膜的结论作为证据。"1979 年 5 月 22 日中央卫生部转发湖南省劳动、卫生、高等教育局、湖南省妇女联合会"关于不准检查女青年处女膜的通知"中也明确指出:"凡是有招工、招生、征兵、吸收国家干部或处理两性关系案件时,一律不准检查未婚女青年处女膜。"我们认为以上规定是正确的。办案的实践证明:处女膜的状况不能作为认定或否定强奸罪行的依据,检查的结果常常是弊多利少。因此,在办理强奸案件时,仍应按以上通知执行。

2. 最高人民法院、最高人民检察院、公安部《转发湖南省政法三机关关于不准检查处女膜的通知》的相关规定:

目前有些地方在办理流氓强奸案件中,乱检查处女膜的情况很严重。有的以检查处女膜代替侦查调查;有的不择手段强行检查;甚至个别检查人员还借机奸污妇女,在群众中造成极坏的影响。对此,各地必须认真进行一次检查。今后,办理流氓强奸案件时,不准对被害人进行处女膜的检查,也不准用检查处女膜的结论作为证据。

十五、搜查的基本程序有哪些

[法律依据]

1.《刑事诉讼法》的相关规定:

第一百零九条 为了收集犯罪证据、查获犯罪人,侦查人员可以对犯罪嫌疑人以及可能隐藏罪犯或者犯罪证据的人的身体、物品、住处和其他有关的地方进行搜查。

第一百一十条 任何单位和个人,有义务按照人民检察院和公安机关的要求,交出可以证明犯罪嫌疑人有罪或者无罪的物证、书证、视听资料。

第一百一十一条 进行搜查,必须向被搜查人出示搜查证。

在执行逮捕、拘留的时候,遇有紧急情况,不另用搜查证也可以进行搜查。

第一百一十二条 在搜查的时候,应当有被搜查人或者他的家属、邻居或者其他见证人在场。

搜查妇女的身体,应当由女工作人员进行。

第一百一十三条 搜查的情况应当写成笔录,由侦查人员和被搜查人或者他的家属,邻居或者其他见证人签名或者盖章。如果被搜查人或者他的家属在逃或者拒绝签名、盖章,应当在笔录上注明。

2. 最高人民检察院《人民检察院刑事诉讼规则》的相关规定:

第一百七十四条 人民检察院有权要求有关单位和个人,交出能够证明犯罪嫌疑人有罪或者无罪的证据。

第一百七十五条 为了收集犯罪证据,查获犯罪人,侦查人员可以对犯罪嫌疑人以及可能隐藏罪犯或者犯罪证据的人的身体、物品、住处、工作地点和其他有关的地方进行搜查。

第一百七十六条 人民检察院在搜查前,应当了解被搜查对象的基本情况、搜查现场及周围环境,确定搜查的范围和重点,明确搜查人员的分工和责任。

第一百七十七条 搜查应当在检察人员的主持下进行,可以有司法警察参加。必要的时候,可以指派检察技术人员参加或者邀请当地公安机关、有关单位协助进行。

第一百七十八条 进行搜查,应当向被搜查人或者他的家属出示搜查证。

搜查证由检察长签发。

第一百七十九条　在执行逮捕、拘留的时候，遇有紧急情况，不使用搜查证也可以进行搜查。但搜查结束后，搜查人员应当及时向检察长报告，及时补办有关手续。

第一百八十条　搜查时，应当有被搜查人或者他的家属、邻居或者其他见证人在场，并且对被搜查人或者其家属说明阻碍搜查、妨碍公务应负的法律责任。

搜查妇女的身体，应当由女工作人员进行。

第一百八十一条　搜查时，如果遇到阻碍，可以强制进行搜查。对以暴力、威胁方法阻碍搜查的，应当予以制止，或者由司法警察将其带离现场；对于构成犯罪的，应当依法追究刑事责任。

第一百八十二条　搜查应当全面、细致、及时，并且指派专人严密注视搜查现场的动向。

第一百八十三条　进行搜查的人员，应当遵守纪律，服从指挥，文明执法，不得无故损坏搜查现场的物品。对于查获的重要书证、物证、视听资料及其放置地点应当拍照，并且用文字说明有关情况，必要的时候，可以录像。

第一百八十四条　搜查情况应当制作笔录，由检察人员和被搜查人或者他的家属、邻居或者其他见证人签名或者盖章。如果被搜查人或者他的家属在逃，或者拒绝签名、盖章的，应当记明笔录。

第一百八十五条　人民检察院到本辖区以外执行搜查任务，办案人员应当携带搜查证、工作证以及写有主要案情、搜查目的、要求等内容的公函，与当地人民检察院联系。当地人民检察院应当配合、协助执行搜查。

3. 公安部《公安机关办理刑事案件程序规定》的相关规定：

第二百零五条　为了收集犯罪证据、查获犯罪人，经县级以上公安机关负责人批准，侦查人员可以对犯罪嫌疑人以及可能隐藏罪犯或者犯罪证据的人的身体、物品、住处和其他有关的地方进行搜查。

第二百零六条　进行搜查，必须向被搜查人出示《搜查证》，执行搜查的侦查人员不得少于二人。

第二百零七条　执行拘留、逮捕的时候，遇有下列紧急情况之一的，不用《搜查证》也可以进行搜查：（一）可能随身携带凶器的；（二）可能隐藏爆炸、剧毒等危险物品的；（三）可能隐匿、毁弃、转移犯罪证据的；（四）可能隐匿其他犯罪嫌疑人的；（五）其他突然发生的紧急情况。

第二百零八条　进行搜查时，应当有被搜查人或者他的家属、邻居或者其他见证人在场。搜查妇女的身体，应当由女侦查人员进行。

第二百零九条　搜查的情况应当制作《搜查笔录》，由侦查人员、被搜查人或者他的家属、邻居或者其他见证人签名或者盖章。

如果被搜查人或者他的家属不在现场，或者拒绝签名、盖章的，侦查人员应当在笔录上注明。

[实践指导]

搜查是刑事诉讼中一种强制性侦查行为，是侦查机关为了收集犯罪证据、查获犯罪人的重要手段，但适用不当也可能对犯罪嫌疑人、被告人合法权益造成侵犯。因此，根据司法实践，搜查时还应注意以下问题：

第一，为了防止被搜查人或其家属等逃跑、或者转移、销毁被搜查的物品，搜查人员不要让无关人员进入搜查现场；对被搜查人及其家属等要注意监视，防止其行凶、逃跑、自杀、毁灭证据、串供等，必要时可以在被搜查的场所周围设置武装警戒或者封锁通道，保证搜查工作的顺利进行。

第二，在搜查中兼顾人权保障。搜查时必须严格履行法律程序，保证搜查合法有效；对于场所的搜查尽量在白天进行；针对人身、住所等不同种类的搜查分别设定要求，从而提供不同层次的保护措施；侦查人员对搜查中获悉的个人隐私或者商业机密等承担保密义务，防止有关信息泄露，损及被搜查者的名誉与生活。

第三，搜查时注意保护公私财物。为了收集和提取证据或者查获犯罪嫌疑人而不得不损坏财物时，应当尽量将损失控制在最低限度。

第四，对搜查的物证等应妥善保管或处理。如发现易燃易爆、剧毒和其他有害、危险物品，要及时妥善处理；对淫秽物品要防止传播、扩散。

十六、可以不使用搜查证进行搜查的特定情形有哪些

[法律依据]

1.《刑事诉讼法》的相关规定：
第一百一十一条　进行搜查，必须向被搜查人出示搜查证。
在执行逮捕、拘留的时候，遇有紧急情况，不另用搜查证也可以进行搜查。
2. 最高人民检察院《人民检察院刑事诉讼规则》的相关规定：
第一百七十九条　在执行逮捕、拘留的时候，遇有紧急情况，不使用搜查证也可以进行搜查。但搜查结束后，搜查人员应当及时向检察长报告，及时补办有关手续。
3. 公安部《公安机关办理刑事案件程序规定》的相关规定：
第二百零七条　执行拘留、逮捕的时候，遇有下列紧急情况之一的，不用《搜查证》也可以进行搜查：（一）可能随身携带凶器的；（二）可能隐藏爆炸、剧毒等危险物品的；（三）可能隐匿、毁弃、转移犯罪证据的；（四）可能隐匿其他犯罪嫌疑人的；（五）其他突然发生的紧急情况。

[实践指导]

搜查不仅涉及公民的人身自由权、住宅权、财产权，还涉及公民的隐私权，因此一般情况下要凭搜查证进行。考虑到发现与控制犯罪的需要，法律设定了上述几种"例外"情形，从中可以看出，在我国进行无证搜查，需要同时具备两个条件：一是附带于拘留、逮捕；二是遇有紧急情况。换言之，拘留、逮捕并不必然意味着可以实施无证搜查，是否可以实施无证搜查，还要看是否有紧急情况存在，反过来看，仅有紧急情况也不能进行无证搜查。这一规定的缺陷在于，一是无证搜查的条件过高，既不利于保障拘留、逮捕活动的顺利实施，也不利于及时发现犯罪嫌疑人和犯罪证据。二是无证搜查的情形过少，不利于搜查活动及时有效地进行。

按照现行《刑事诉讼法》的规定，所有搜查都是强制搜查，这就会造成即使公民同意搜查，在警察未取得搜查证时，也不能进行此种侦查行为。搜查固然会对公民的基本权利造成侵犯，但公民作为权利享有之主体，根据权利自治的一般法理，其有权对自身享有的权利进行处分。在同意搜查的情况下，实际上是公民对自身享有的权利进行了处置。世界许多国家立法中规定了"被告人同意"的例外，指取得被搜查人同意而进行的搜查。同意搜查可以以

无证搜查的方式进行。在程序上，一是被搜查人要以书面方式表示同意搜查，如果不会书写，应在笔录中载明并将他的同意表示记入。二是要求警察履行告知程序，应当事先告知被搜查人没有必须接受搜查的义务等规定。笔者认为，我国《刑事诉讼法》应增设同意搜查的规定，明确在被搜查人同意的情况下，不另用搜查证也可以进行搜查。搜查人员应当履行告知程序，即在搜查前搜查人员应告知当事人没有必须接受搜查的义务，不会因拒绝搜查而导致任何不利后果。同时应让被搜查人在笔录上签字，以表明搜查是在其"自愿同意"的情况下进行的。

十七、扣押物证、书证的主要程序有哪些

[法律依据]

1. 《刑事诉讼法》的相关规定：

第一百一十四条　在勘验、搜查中发现的可用以证明犯罪嫌疑人有罪或者无罪的各种物品和文件，应当扣押；与案件无关的物品、文件，不得扣押。

对于扣押的物品、文件，要妥善保管或者封存，不得使用或者损毁。

第一百一十五条　对于扣押的物品和文件，应当会同在场见证人和被扣押物品持有人查点清楚，当场开列清单一式二份，由侦查人员、见证人和持有人签名或者盖章，一份交给持有人，另一份附卷备查。

第一百一十八条　对于扣押的物品、文件、邮件、电报或者冻结的存款、汇款，经查明确实与案件无关的，应当在三日以内解除扣押、冻结，退还原主或者原邮电机关。

2. 最高人民检察院《人民检察院刑事诉讼规则》的相关规定：

第一百八十九条　在勘验、搜查中发现的可以证明犯罪嫌疑人有罪或者无罪的各种文件、资料和其他物品，应当扣押；与案件无关的，不得扣押。

不能立即查明是否与案件有关的可疑的文件、资料和其他物品，也可以扣押，但是应当及时审查。经查明确实与案件无关的，应当在三日以内退还。

持有人拒绝交出应当扣押的文件、资料和其他物品的，可以强制扣押。

第一百九十条　对于扣押的文件、资料和其他物品，侦查人员应当会同在场见证人和被扣押物品持有人查点清楚，当场开列扣押物品清单一式二份，写明文件、资料和其他物品的名称、型号、规格、数量、重量、质量、颜色、新旧程度和缺损特征等，由检察人员、见证人和持有人签名或者盖章，一份交给持有人，另一份附卷备查。如果持有人拒绝签名或者盖章的，应当在扣押物品清单上记明。

对于扣押的金银珠宝、文物、名贵字画、违禁品以及其他不易辨别真伪的贵重物品，应当当场密封，并由扣押人员、见证人和被扣押物品持有人在密封材料上签名或者盖章。

第一百九十一条　对于应当扣押但是不便提取的物品，经拍照或者录像后，可以交被扣押物品持有人保管，并且单独开具扣押物品清单一式二份，在清单上注明该物品已经拍照或者录像，物品持有人应当妥善保管，不得转移、变卖、毁损，由检察人员、见证人和持有人签名或者盖章，一份交给物品持有人，另一份连同照片或者录像带附卷备查。

第一百九十三条　对于扣押在人民检察院的物品、文件、邮件、电报，应当指派人员妥善保管，不得使用、调换、损毁或者自行处理。经查明确实与案件无关的，应当在三日以内解除扣押，退还原主或者原邮电机关。

3. **公安部《公安机关办理刑事案件程序规定》的相关规定：**

第二百一十条　在勘查、搜查中发现的可用以证明犯罪嫌疑人有罪或者无罪的物品和文件应当扣押；但与案件无关的物品、文件，不得扣押。

持有人拒绝交出应当扣押的物品、文件的，公安机关可以强行扣押。

第二百一十一条　在现场勘查或者搜查中需要扣押物品、文件的，由现场指挥人员决定。

第二百一十二条　执行扣押物品、文件的侦查人员不得少于二人，并持有有关法律文书或者侦查人员工作证件。

第二百一十三条　对于扣押的物品和文件，应当会同在场证人和被扣押物品、文件的持有人查点清楚，当场开列《扣押物品、文件清单》一式三份，写明物品或者文件的名称、编号、规格、数量、重量、质量、特征及其来源，由侦查人员、见证人和持有人签名或者盖章后，一份交给持有人，一份交给公安机关保管人员，一份附卷备查。

[实践指导]

扣押物证、书证是一种强制性侦查行为，通常是在勘验、搜查时进行的。扣押物证、书证，有助于防止证明犯罪嫌疑人有罪或无罪、罪重或罪轻的物证、书证发生毁弃、丢失或被隐藏等情况发生。但运用不当，极易危及公民的基本权利，为此必须严格遵循法律程序。世界许多国家规定了令状主义原则，即由法官根据侦查机关的告发书申请签发扣押令。同时，又规定了在紧急情况下的无证扣押。对于无证扣押的情形，除了要符合法律规定的条件外，还要受司法权的审查，以确认这种处分是否具有合法性，同时还通过非法证据排除规则的适用，由法官对无证扣押情况下可能出现的不正当处分进行审查，并对依此收集到的证据是否具有可采性进行自由裁量。我国扣押决定权由侦查机关内部负责人行使，一方面缺少中立的裁判方的裁判；另一方面辩护方的防御较侦查权而言过于薄弱。我国可参照美、德、日、意大利等国立法，明确规定令状主义原则，即侦查机关采取扣押措施时要事先取得由法官签发的扣押令才能进行。对于侦查机关在紧急情况下实施无证扣押时，侦查机关要在法定期限内提交法官审查，以确认这种处分是否具有合法性。同时明确违法扣押获得的物证、书证的效力。

十八、扣押邮件、电子邮件、电报应当如何进行

[法律依据]

1. **《刑事诉讼法》的相关规定：**

第一百一十六条　侦查人员认为需要扣押犯罪嫌疑人的邮件、电报的时候，经公安机关或者人民检察院批准，即可通知邮电机关将有关的邮件、电报检交扣押。

不需要继续扣押的时候，应即通知邮电机关。

2. **最高人民检察院《人民检察院刑事诉讼规则》的相关规定：**

第一百九十二条　扣押犯罪嫌疑人的邮件、电报或者电子邮件，应当经检察长批准，通知邮电机关或者网络服务机构将有关的邮件、电报或者电子邮件检交扣押。

不需要继续扣押的时候，应当立即通知邮电机关或者网络服务机构。

3. **公安部《公安机关办理刑事案件程序规定》的相关规定：**

第二百一十五条　扣押犯罪嫌疑人的邮件、电子邮件、电报，应当经县级以上公安机关负责人批准，签发扣押通知书，通知邮电部门或者网络服务单位检交扣押。

第二百一十六条 不需要继续扣押的时候，应当经县级以上公安机关负责人批准，签发解除扣押通知书，立即通知邮电部门或者网络服务单位。

第二百一十七条 对于扣押的物品、文件、邮件、电子邮件、电报，应当指派专人妥善保管，不得使用、调换、损毁或者自行处理。经查明确实与案件无关的，应当在三日以内解除扣押，退还原主或者原邮电部门、网络服务单位。

[实践指导]

根据上述规定，由于侦查的需要，侦查人员对犯罪嫌疑人的邮件、电报可以通知邮电部门或者网络服务单位检交扣押。扣押犯罪嫌疑人的邮件、电报必须经过法定程序，即经过公安机关或者人民检察院批准。这充分体现了我国公民通信自由和通信秘密受国家保护的宪法原则。法律规定的"认为需要扣押犯罪嫌疑人的邮件、电报"必须是为了追究犯罪嫌疑人的刑事责任的需要，即通过邮件或电报认定犯罪事实或查明犯罪人。因此，扣押的邮件、电报必须与案件有关，与本案无关的，不得扣押。犯罪嫌疑人的邮件、电报既包括他人发给犯罪嫌疑人的，也包括犯罪嫌疑人发给他人的。这里的"邮件"是指通过邮政企业或者网络服务单位寄递的信件、印刷品、邮包、汇款通知、报刊等。为了保护公民的合法权益和保证邮电部门和网络服务单位工作的正常进行，对被扣押的邮件、电报不需要继续扣押的时候，应当即时通知邮电机关解除扣押。"不需要继续扣押的时候"主要是指案件发生变化或者邮件、电报所涉及的犯罪事实已经查清，该邮件、电报不作为证据使用，扣押的邮件、电报已失去继续扣押意义的时候。

十九、侦查机关对应当扣押但不便提取的、不易保管的、不宜随案移送的物品、文件应当如何处理

[法律依据]

1. 最高人民检察院《人民检察院刑事诉讼规则》的相关规定：

第一百九十一条 对于应当扣押但是不便提取的物品，经拍照或者录像后，可以交被扣押物品持有人保管，并且单独开具扣押物品清单一式二份，在清单上注明该物品已经拍照或者录像，物品持有人应当妥善保管，不得转移、变卖、毁损，由检察人员、见证人和持有人签名或者盖章，一份交给物品持有人，另一份连同照片或者录像带附卷备查。

2. 公安部《公安机关办理刑事案件程序规定》的相关规定：

第二百一十四条 对于应当扣押但是不便提取的物品、文件，经拍照或者录像后，可以交被扣押物品持有人保管或者封存，并且单独开具《扣押物品、文件清单》一式二份，在清单上注明已经拍照或者录像，物品、文件持有人应当妥善保管，不得转移、变卖、毁损，由侦查人员、见证人和持有人签名或者盖章，一份交给物品、文件持有人，另一份连同照片或者录像带附卷备查。

第二百一十九条 对查获的下列不宜随案移送的物品、文件，原物不随卷保存，但应当拍成照片存入卷内，原物由公安机关妥为保管或者按照国家有关规定分别移送主管部门处理或者销毁：（一）淫秽物品；（二）武器弹药、管制刀具，易燃、易爆、剧毒、放射等危险品；（三）鸦片、海洛因、吗啡、冰毒、大麻等毒品和制毒原料或者配剂、管制药品；（四）危害国家安全的传单、标语、信件和其他传品；（五）秘密文件、图表资料；（六）珍贵文物、珍

贵动物及其制品、珍稀植物及其制品；（七）其他大宗的、不便搬运的物品。

对容易腐烂变质及其他不易保管的物品，可以根据具体情况，经县级以上公安机关负责人批准，在拍照或者录像后委托有关部门变卖、拍卖，变卖、拍卖的价款暂予保存，待诉讼终结后一并处理。通知被害人后，超过半年未来领取的，予以没收，上缴国库。如有特殊情况，可以酌情延期处理。凡是已经送交财政部门处理的赃款赃物，如果失主前来认领，并经查证属实，由原没收机关从财政部门提回，予以归还。如原物已经卖掉，应当退还价款。

3. 最高人民检察院《人民检察院扣押、冻结款物工作规定》的相关规定：

第十一条 对于应当扣押但不便提取的物品，经拍照或者录像后原地封存，并且单独开具扣押（原地封存）清单一式四份，注明已经拍照或者录像，由检察人员、见证人和持有人签名或者盖章。持有人拒绝签名、盖章或者不在场的，应当在清单上注明。

第十二条第（四）项 对易损毁、灭失、变质以及其他不宜长期保存的物品，应当用笔录、绘图、拍照、录像等方法加以保全后进行封存，或者经检察长批准后委托有关部门变卖、拍卖。

二十、侦查机关对犯罪嫌疑人违法所得财物及其孳息应当如何处理

[法律依据]

1. 《刑事诉讼法》的相关规定：

第一百九十八条第一、二款 公安机关、人民检察院和人民法院对于扣押、冻结犯罪嫌疑人、被告人的财物及其孳息，应当妥善保管，以供核查。任何单位和个人不得挪用或者自行处理。对被害人的合法财产，应当及时返还。对违禁品或者不宜长期保存的物品，应当依照国家有关规定处理。

对作为证据使用的实物应当随案移送，对不宜移送的，应当将其清单、照片或者其他证明文件随案移送。

2. 公安部《公安机关办理刑事案件程序规定》的相关规定：

第二百二十条第一款 对犯罪嫌疑人违法所得的财物及其孳息，应当依法追缴。

第二百二十一条 对扣押的犯罪嫌疑人的财物及其孳息，应当妥善保管，以供核查。任何单位和个人不得挪用、损毁或者自行处理。

第二百二十二条 对扣押的犯罪嫌疑人的财物及其孳息中，作为证据使用的实物应当随案移送；对不宜移送的，应当将其清单、照片或者其他证明文件随案移送。待人民法院作出生效判决后，由扣押的公安机关按照人民法院的通知，上缴国库或者返还受害人，并向人民法院送交执行回单。

[实践指导]

笔者认为，对于被扣押、冻结的财物及其孳息，应当按照法律和国家的有关规定处理，任何单位和个人不得挪用或者自行处理。当前，某些公安机关存在乱退赃现象，理由是通过退赃达到为国家、集体、个人挽回损失的终极目的，而有的纯属是为当事人追债。如某些公安机关没有充分证据认定是被害人的合法财产就退还给所谓的被害人，当犯罪嫌疑人无法被批准逮捕、移送审查起诉或者被人民法院判决无罪需要解除扣押时却无法将所谓的赃款赃物退还；某些公安机关对被扣押的钱物在权属不明确或者有多个被害人而没有查清的情况下就

仓促退还引起争议，等等。《刑事诉讼法》没有规定公安机关有退赃的权利（只规定退还被害人的合法财产），明确规定"对作为证据使用的实物应当随案移送，只有对不宜移送的，应当将其清单、照片或者其他证明文件随案移送"。公安机关在刑事诉讼中无权认定被扣押、冻结的财物及其孳息为赃款赃物，其性质最终只能由人民法院的生效裁决予以确定。刑事诉讼法在公安机关的侦查环节，只使用"物品、文件"、"存款、汇款"、"财物及其孳息"、"合法财产"等用语。总之，随意处理扣押、冻结的财物及其孳息，既不利于依法收集和保全证据，也会影响正确进行赃款赃物的追缴和处理。

二十一、侦查机关对被害人的合法财产及其孳息应当如何处理

[法律依据]

1.《刑事诉讼法》的相关规定：

第一百九十八条第一、二款　公安机关、人民检察院和人民法院对于扣押、冻结犯罪嫌疑人、被告人的财物及其孳息，应当妥善保管，以供核查。任何单位和个人不得挪用或者自行处理。对被害人的合法财产，应当及时返还。对违禁品或者不宜长期保存的物品，应当依照国家有关规定处理。

对作为证据使用的实物应当随案移送，对不宜移送的，应当将其清单、照片或者其他证明文件随案移送。

2. 公安部《公安机关办理刑事案件程序规定》的相关规定：

第二百二十条第二款　对被害人的合法财产及其孳息，应当在登记、拍照或者录像、估价后及时返还，并在案卷中注明返还的理由，将原物照片、清单和被害人的领取手续存卷备查。

3. 最高人民检察院《人民检察院扣押、冻结款物工作规定》的相关规定：

第二十八条　对于被害人的合法财产，不需要在法庭出示的，应当及时返还。诉讼程序终结后，经查明属于犯罪嫌疑人、被不起诉人以及被告人合法财产的扣押、冻结款物，人民检察院应当及时返还。领取人应当在返还款物清单上签名或者盖章。返还清单、物品照片应当附入卷宗。

对依法上缴国库或者返还有关单位和个人的扣押、冻结款物，如果有孳息的，应当一并上缴或者返还。

第二十九条　对于应当返还被害人的扣押、冻结款物，无人认领的，应当公告通知。公告满一年无人认领的，依法上缴国库。

无人认领的款物在上缴国库后有人认领，经查证属实的，人民检察院应当向政府财政部门申请退库或者返还。原物已经拍卖、变卖的，应当退回价款。

[实践指导]

笔者认为，只有在有证据证明扣押财物是被害人的合法财产，并且不是必须在法庭上作为证据出示的情况下，才应当及时返还给被害人，以保证被害人的生产、生活需要。实践中，侦查机关应当慎用"归还被害人的合法财产"。要"归还被害人的合法财产"，需要做两个方面的事情：一是在归还前应充分考虑到，如果涉案的犯罪嫌疑人无法被批准逮捕，或者检察机关作出不起诉决定，或者人民法院判决涉案的犯罪嫌疑人无罪，按照法律规定需要侦查机

关解除扣押或者冻结并将涉案款物退还给犯罪嫌疑人时如何处理。二是归还被害人的合法财产应当满足如下条件：（1）有确实充分的证据证明该退还物是被害人的合法财产，而且不存在权属争议；（2）证据不是必须在法庭上作为证据出示的；（3）有确实充分的证据表明可以由人民法院判决该犯罪嫌疑人有罪的；（4）有确实充分的证据证明该退还物是犯罪嫌疑人涉嫌犯罪所得。如果不满足以上条件，就应当把被扣押的财物作为证据随案移送。

二十二、如何查询、冻结、扣划证券和证券交易结算资金

[法律依据]

最高人民法院、最高人民检察院、公安部、中国证券监督管理委员会《关于查询、冻结、扣划证券和证券交易结算资金有关问题的通知》的相关规定：

一、人民法院、人民检察院、公安机关在办理案件过程中，按照法定权限需要通过证券登记结算机构或者证券公司查询、冻结、扣划证券和证券交易结算资金的，证券登记结算机构或者证券公司应当依法予以协助。

二、人民法院要求证券登记结算机构或者证券公司协助查询、冻结、扣划证券和证券交易结算资金，人民检察院、公安机关要求证券登记结算机构或者证券公司协助查询、冻结证券和证券交易结算资金时，有关执法人员应当依法出具相关证件和有效法律文书。

执法人员证件齐全、手续完备的，证券登记结算机构或者证券公司应当签收有关法律文书并协助办理有关事项。

拒绝签收人民法院生效法律文书的，可以留置送达。

三、人民法院、人民检察院、公安机关可以依法向证券登记结算机构查询客户和证券公司的证券账户、证券交收账户和资金交收账户内已完成清算交收程序的余额、余额变动、开户资料等内容。

人民法院、人民检察院、公安机关可以依法向证券公司查询客户的证券账户和资金账户、证券交收账户和资金交收账户内的余额、余额变动、证券及资金流向、开户资料等内容。

查询自然人账户的，应当提供自然人姓名和身份证件号码；查询法人账户的，应当提供法人名称和营业执照或者法人注册登记证书号码。

证券登记结算机构或者证券公司应当出具书面查询结果并加盖业务专用章。查询机关对查询结果有疑问时，证券登记结算机构、证券公司在必要时应当进行书面解释并加盖业务专用章。

四、人民法院、人民检察院、公安机关按照法定权限冻结、扣划相关证券、资金时，应当明确拟冻结、扣划证券、资金所在的账户名称、账户号码、冻结期限、所冻结、扣划证券的名称、数量或者资金的数额。扣划时，还应当明确拟划入的账户名称、账号。

冻结证券和交易结算资金时，应当明确冻结的范围是否及于孳息。

本通知规定的以证券登记结算机构名义建立的各类专门清算交收账户不得整体冻结。

五、证券登记结算机构依法按照业务规则收取并存放于专门清算交收账户内的下列证券，不得冻结、扣划：

（一）证券登记结算机构设立的证券集中交收账户、专用清偿账户、专用处置账户内的证券；

（二）证券公司在证券登记结算机构开设的客户证券交收账户、自营证券交收账户和证

处置账户内的证券。

六、证券登记结算机构依法按照业务规则收取并存放于专门清算交收账户内的下列资金，不得冻结、扣划：

（一）证券登记结算机构设立的资金集中交收账户、专用清偿账户内的资金；

（二）证券登记结算机构依法收取的证券结算风险基金和结算互保金；

（三）证券登记结算机构在银行开设的结算备付金专用存款账户和新股发行验资专户内的资金，以及证券登记结算机构为新股发行网下申购配售对象开立的网下申购资金账户内的资金；

（四）证券公司在证券登记结算机构开设的客户资金交收账户内的资金；

（五）证券公司在证券登记结算机构开设的自营资金交收账户内最低限额自营结算备付金及根据成交结果确定的应付资金。

七、证券登记结算机构依法按照业务规则要求证券公司等结算参与人、投资者或者发行人提供的回购质押券、价差担保物、行权担保物、履约担保物等担保物，在交收完成之前，不得冻结、扣划。

八、证券公司在银行开立的自营资金账户内的资金可以冻结、扣划。

九、在证券公司托管的证券的冻结、扣划，既可以在托管的证券公司办理，也可以在证券登记结算机构办理。不同的执法机关同一交易日分别在证券公司、证券登记结算机构对同一笔证券办理冻结、扣划手续的，证券公司协助办理的为在先冻结、扣划。

冻结、扣划未在证券公司或者其他托管机构托管的证券或者证券公司自营证券的，由证券登记结算机构协助办理。

十、证券登记结算机构受理冻结、扣划要求后，应当在受理日对应的交收日交收程序完成后根据交收结果协助冻结、扣划。

证券公司受理冻结、扣划要求后，应当立即停止证券交易，冻结时已经下单但尚未撮合成功的应当采取撤单措施。冻结后，根据成交结果确定的用于交收的应付证券和应付资金可以进行正常交收。在交收程序完成后，对于剩余部分可以扣划。同时，证券公司应当根据成交结果计算出同等数额的应收资金或者应收证券交由执法机关冻结或者扣划。

十一、已被人民法院、人民检察院、公安机关冻结的证券或证券交易结算资金，其他人民法院、人民检察院、公安机关或者同一机关因不同案件可以进行轮候冻结。冻结解除的，登记在先的轮候冻结自动生效。

轮候冻结生效后，协助冻结的证券登记结算机构或者证券公司应当书面通知做出该轮候冻结的机关。

十二、冻结证券的期限不得超过二年，冻结交易结算资金的期限不得超过六个月。

需要延长冻结期限的，应当在冻结期限届满前办理续行冻结手续，每次续行冻结的期限不得超过前款规定的期限。

十三、不同的人民法院、人民检察院、公安机关对同一笔证券或者交易结算资金要求冻结、扣划或者轮候冻结时，证券登记结算机构或者证券公司应当按照送达协助冻结、扣划通知书的先后顺序办理协助事项。

十四、要求冻结、扣划的人民法院、人民检察院、公安机关之间，因冻结、扣划事项发生争议的，要求冻结、扣划的机关应当自行协商解决。协商不成的，由其共同上级机关决定；没有共同上级机关的，由其各自的上级机关协商解决。

在争议解决之前，协助冻结的证券登记结算机构或者证券公司应当按照争议机关所送达法律文书载明的最大标的范围对争议标的进行控制。

十五、依法应当予以协助而拒绝协助，或者向当事人通风报信，或者与当事人通谋转移、隐匿财产的，对有关的证券登记结算机构或者证券公司和直接责任人应当依法进行制裁。

[实践指导]

概括而言，《关于查询、冻结、扣划证券和证券交易结算资金有关问题的通知》主要涉及六个方面的问题。首先，明确了执法机关查询、冻结、扣划证券所应遵循的法定程序，以及登记结算机构和证券公司的协助义务。第二，规定了不得冻结、扣划的证券和资金范围。证券登记结算机构建立的集中交收账户内的证券和资金、证券登记结算机构收取的结算风险基金和结算互保金、新股发行验资专户和网下申购资金账户内的资金、证券登记结算机构在银行开立的结算备付金专用存款账户内的资金；客户资金交收账户内的资金和证券公司的自营资金交收账户内最低限额自营结算备付金，以及根据成交结果确定的应付资金；证券登记结算机构按照业务规则收取的各类交收担保物，在交收程序完成之前，都不得冻结、扣划。第三，明确了协助执行主体的范围及协助的具体要求。对于托管在证券公司的证券，证券登记结算机构、证券公司均应当予以协助，但不同的司法机关同一交易日分别在证券登记结算机构、证券公司对同一证券办理冻结、扣划手续的，在证券公司办理的为在先。而对于未托管在证券公司的证券或者为证券公司自营证券的，则只能在证券登记结算机构办理。第四，针对不同司法机关之间沟通信息机制不全、法律又禁止重复冻结的弊端，规定了不同执法机关对同一笔证券和资金冻结时的轮候制度。第五，统一了冻结的期限。对证券的冻结期限统一规定为两年，对资金的期限规定为六个月，在续冻时也是如此，这和此前最高人民法院有关续冻分别不得超过一年和三个月的规定有明显区别。第六，规定了争议解决办法。司法机关之间因冻结、扣划事项发生争议的，应当自行协商解决；协商不成的，由其共同上级机关决定；没有共同上级机关的，由其各自的上级机关协商解决。在争议解决之前，协助执行的证券登记结算机构、证券公司应当按照协助执行法律文书载明的最大标的范围对争议标的进行控制。

需要特别强调的是，只有人民法院才有权对证券和交易结算资金进行扣划，人民检察院、公安机关因为侦查案件的需要，可以依照规定查询、冻结；通知指出对于查询、冻结、扣划的对象要提供明确的资料，这就要求执法机关的查询对象必须指向涉案的特定当事人，冻结、扣划的对象必须是涉案当事人可执行的特定财产。

二十三、人民检察院扣押、冻结涉案款物的程序有哪些

[法律依据]

最高人民检察院《人民检察院扣押、冻结款物工作规定》的相关规定：

第九条　扣押、冻结涉案款物，应当履行法律手续。

扣押、冻结涉案款物，应当报经检察长批准，由两名以上办案人员进行。

在搜查、拘留、逮捕、现场勘查过程中发现的可用以证明犯罪嫌疑人有罪或者无罪的各种物品，非法持有的违禁品，可能属于违法所得的款项，应当扣押；与案件无关的，不得扣押。不能立即查明是否与案件有关的可疑款物，可以先行扣押并按照本规定第十三条审查处理。

对于犯罪嫌疑人、被告人到案时随身携带的物品需要扣押的，依照前款规定办理。对于

与案件无关的个人用品，逐件登记，随人移交，或者退还家属。

第十条 对于扣押的款物，检察人员应当会同在场见证人和被扣押款物持有人查点清楚，当场开列扣押清单一式四份，注明扣押物品的名称、型号、规格、数量、质量、颜色、新旧程度、包装等主要特征，由检察人员、见证人和持有人签名或者盖章。持有人拒绝签名、盖章或者不在场的，应当在清单上注明。

第十一条 对于应当扣押但不便提取的物品，经拍照或者录像后原地封存，并且单独开具扣押（原地封存）清单一式四份，注明已经拍照或者录像，由检察人员、见证人和持有人签名或者盖章。持有人拒绝签名、盖章或者不在场的，应当在清单上注明。

第十二条 办案部门扣押、冻结下列款物，应当进行相应的处理：（一）扣押外币、金银珠宝、文物、名贵字画以及其他不易辨别真伪的贵重物品，应当在拍照或者录像后当场密封，由检察人员、见证人和被扣押物品持有人在密封材料上签名或者盖章，根据办案需要及时委托具有资质的部门出具鉴定报告。启封时应当有见证人或者持有人在场并且签名或者盖章；（二）对存折、信用卡、有价证券等支付凭证和具有一定特征能够证明案情的现金，应当注明特征、编号、种类、面值、张数、金额等，作为实物进行封存，并且冻结相应的账户；（三）对录音带、录像带、磁盘、光盘等磁质、电子存储介质，应当注明案由、内容、规格、类别、应用长度、文件格式、制作或者提取时间、制作人或者提取人等。（四）对易损毁、灭失、变质以及其他不宜长期保存的物品，应当用笔录、绘图、拍照、录像等方法加以保全后进行封存，或者经检察长批准后委托有关部门变卖、拍卖。

第十三条 对扣押、冻结的款物，应当及时进行审查。经查明确实与案件无关的，应当在三日内作出解除或者退还决定，并通知有关当事人。

[实践指导]

《人民检察院扣押、冻结款物工作规定》对扣押、冻结款物的程序设专章进行规定，细化了扣押、冻结款物的程序。如扣押、冻结涉案款物，应当报经检察长批准，由两名以上办案人员进行，除对可用以证明犯罪嫌疑人有罪或者无罪的各种物品可以扣押外，对非法持有的违禁品，可能属于违法所得的款项以及不能立即查明是否与案件有关的可疑款物，也可以扣押，对扣押物如何清点、如何扣押开列清单也作了详尽的规定，特别是对扣押特殊款物（如文物、有价证券等）提出了明确要求。笔者认为，这些明晰而具体的程序，具有很强的可操作性，对于指导、规范人民检察院的工作，维护公民的合法权益具有重要意义。同时，鉴于公安部相关规定中某些内容阙如，侦查实践中操作失范的现状，上述具体规定也值得公安机关在扣押、冻结款物工作中加以借鉴。

二十四、人民检察院对扣押、冻结款物应当如何保管

[法律依据]

最高人民检察院《人民检察院扣押、冻结款物工作规定》的相关规定：

第十四条 人民检察院对于扣押、冻结的款物及其孳息，应当如实登记，妥善保管。

第十五条 人民检察院负责财务装备的部门是扣押款物的管理部门，负责对扣押款物统一管理。法律和本规定另有规定的除外。

第十六条 办案部门扣押款物后，应当在三日内移交管理部门，并附扣押清单复印件。

由于特殊原因不能按时移交的,经检察长批准,可以由办案部门暂时保管,在原因消除后及时移交。

第十七条 下列扣押、冻结款物可以不移交本院管理部门,由办案部门拍照或者录像后及时依照有关规定处理:(一)对不动产、大型物品等不便提取的财物,在不影响办案的情况下,可以在查封后交由被扣押物品持有人保管,也可以委托有关部门封存保管;(二)对珍贵文物、珍贵动物及其制品、珍稀植物及其制品,按照国家有关规定移送主管部门;(三)对毒品、淫秽物品等违禁品,及时移交有关部门,或者根据办案需要严格封存,不得使用或者扩散;(四)对爆炸性、易燃性、放射性、毒害性、腐蚀性等危险品,及时移交有关部门或者根据办案需要委托有关部门妥善保管。

第十八条 办案部门向管理部门移交扣押的款物时,应当列明物品的名称、规格、特征、质量、数量或者现金的数额等,出具本规定第十二条要求的手续。管理部门应当当场审验,对不符合规定的,应当要求办案部门立即补正;符合规定的,应当在移交清单上签名并向办案部门开具收据。

第十九条 对扣押款应当逐案设立明细账,并及时存入指定银行的专用账户,严格收付手续。

第二十条 对扣押的实物应当建账设卡,一案一账,一物一卡。

对于细小物品,可以根据物品种类分袋、分件、分箱设卡。

第二十一条 对扣押物品应当设立符合防火、防盗、防潮、防尘等安全要求的专用保管场所,并配备必要的计量和存储设备。严格封存登记和出入库手续。管理人员应当定期对扣押款物进行检查,防止挪用、丢失、损毁等。

第二十二条 为了核实证据需要临时调用扣押、冻结款物时,应当经检察长批准。加封的款物启封时,办案部门和管理部门应当同时派员在场,并应当有见证人或者持有人在场,当面查验。归还时,应当重新封存,由管理人员清点验收。管理部门应当对调用和归还情况进行登记。

第二十三条 对于扣押、冻结的股票,权利人申请出售并且不损害国家利益、被害人利益的,经检察长批准或者检察委员会讨论决定,可以依法出售,所得价款由管理部门保管。

[实践指导]

《人民检察院扣押、冻结款物工作规定》明确指出了人民检察院扣押款物的管理部门,要求人民检察院应当设立符合安全要求的专用保管场所,并配备必要的设备。针对扣押、冻结款物的不同情况明确了相应的保管要求,对扣押、冻结特殊款物作出了特殊的处理规定。特别是作出了扣押、冻结的股票,经一定的程序后,可以依法出售这一新规定。其中某些规定也值得公安机关在扣押、冻结款物工作中加以借鉴。

二十五、人民检察院对扣押、冻结款物应当如何处理

[法律依据]

最高人民检察院《人民检察院扣押、冻结款物工作规定》的相关规定:

第二十四条 处理扣押、冻结的涉案款物,应当由检察长决定;重大案件应当提交检察委员会讨论决定。

人民检察院向其他机关移送案件需要随案移送扣押、冻结款物的，依照前款的规定办理。

第二十五条 扣押、冻结的款物，除依法应当返还被害人或者经查明确实与案件无关的以外，不得在诉讼程序终结之前处理。

人民检察院作出撤销案件决定书、不起诉决定书或者收到人民法院生效判决、裁定书后，应当在三十日以内对扣押、冻结的款物依法作出处理。情况特殊的，经检察长决定，可以延长三十日。

第二十六条 人民检察院撤销案件时，应当在撤销案件决定书中对扣押、冻结款物的处理作出说明。扣押的违法所得需要没收的，应当移送有关主管机关处理；需要返还被害人的，直接决定返还。

因犯罪嫌疑人死亡而撤销案件，被冻结的存款、汇款应当依法予以没收或者返还被害人的，可以申请人民法院裁定通知冻结犯罪嫌疑人存款、汇款的金融机构上缴国库或者返还被害人；因其他原因撤销案件的，直接通知冻结机构上缴国库或者返还被害人。

主管机关，是指对犯罪嫌疑人违反法律、法规的行为具有管理、处罚权限的机关或者其他单位。

第二十七条 人民检察院决定不起诉时，应当在不起诉决定书中对扣押、冻结款物的处理作出说明。需要没收被不起诉人违法所得的，应当提出检察意见，连同不起诉决定书一并移送有关主管机关处理。

犯罪嫌疑人在审查起诉中死亡，其存款、汇款应当依法予以没收或者返还被害人的，可以申请人民法院裁定通知冻结犯罪嫌疑人存款、汇款的金融机构上缴国库或者返还被害人。

提起公诉的案件，人民检察院应当严格按照人民法院的生效判决、裁定处理扣押、冻结的款物。对于起诉书中未认定的扣押、冻结款物以及起诉书中已经认定、但人民法院判决、裁定中未认定的扣押、冻结款物，参照本条第一款、本规定第二十八条的规定处理。

第二十八条 对于被害人的合法财产，不需要在法庭出示的，应当及时返还。诉讼程序终结后，经查明属于犯罪嫌疑人、被不起诉人以及被告人合法财产的扣押、冻结款物，人民检察院应当及时返还。领取人应当在返还款物清单上签名或者盖章。返还清单、物品照片应当附入卷宗。

对依法上缴国库或者返还有关单位和个人的扣押、冻结款物，如果有孳息的，应当一并上缴或者返还。

第二十九条 对于应当返还被害人的扣押、冻结款物，无人认领的，应当公告通知。公告满一年无人认领的，依法上缴国库。

无人认领的款物在上缴国库后有人认领，经查证属实的，人民检察院应当向政府财政部门申请退库或者返还。原物已经拍卖、变卖的，应当退回价款。

第三十条 案件移送审查起诉或者提起公诉的，侦查部门、公诉部门应当制作扣押、冻结款物的处理、去向清单，连同有关法律文书复印件一并存入内卷。

第三十一条 人民检察院作出撤销案件或者不起诉决定以及人民法院作出生效判决、裁定后，侦查部门、公诉部门应当制作扣押、冻结款物处理终结报告，详细列明每一项款物的来源、去向并附有关法律文书复印件，报检察长审核后存入内卷。

第三十二条 人民检察院对扣押、冻结的款物作出处理决定后，应当在七日内通知有关当事人，并同时告知如果对处理决定不服，可以申请复议。复议由办案部门办理，并应当在七日内作出复议决定。复议期间停止处理决定的执行。当事人对复议决定不服的，可以向上一级人民检察院申诉。上一级人民检察院应当对申诉及时进行复查并作出决定。

[实践指导]

《人民检察院扣押、冻结款物工作规定》明确了扣押、冻结款物在撤销案件、不起诉、提起公诉、生效判决等不同情形时的处理方法。与以往的规定相比,增加了上缴国库或返还有关单位或个人的扣押、冻结的款物,如果有孳息的应当一并上缴或返还、无人认领的扣押、冻结款物应当公告通知、在各个诉讼环节结案时应当制作扣押、冻结款物处理终结报告、当事人对处理决定不服的复议等内容。这些规定是对《刑事诉讼法》相关规定的细化,对指导实际工作有较强的针对性,也值得公安机关在扣押、冻结款物工作中加以借鉴。

二十六、公安机关、人民检察院能否扣划银行存款、汇款

[法律依据]

最高人民法院、最高人民检察院、公安部、国家安全部、司法部、全国人大常委会法制工作委员会《关于刑事诉讼法实施中若干问题的规定》的相关规定:

19. 刑事诉讼法第一百一十七条规定:"人民检察院、公安机关根据侦查犯罪的需要,可以依照规定查询、冻结犯罪嫌疑人的存款、汇款。"根据这一规定,人民检察院、公安机关不能扣划存款、汇款,对于在侦查、审查起诉中犯罪嫌疑人死亡,对犯罪嫌疑人的存款、汇款应当依法予以没收或者返还被害人的,可以申请人民法院裁定通知冻结犯罪嫌疑人存款、汇款的金融机构上缴国库或者返还被害人。

[实践指导]

根据上述规定,人民检察院、公安机关不能划扣存款、汇款,对于在侦查起诉中犯罪嫌疑人死亡,存款、汇款应当依法予以没收或者返还被害人的,可以申请人民法院裁定通知冻结犯罪嫌疑人存款、汇款的金融机构上缴国库或者返还被害人。

二十七、检察机关的法医能否根据省级人民政府指定医院的医学鉴定作出伤情程度结论

[法律依据]

最高人民检察院《关于检察机关的法医能否根据省级人民政府指定医院作出的医学鉴定作出伤情程度结论问题的批复》的相关规定:

检察机关委托省级人民政府指定的医院进行刑事医学鉴定,其鉴定没有明确指明损伤程度等法医学问题的,检察机关的法医可以根据省级人民政府指定医院出具的医学鉴定,就伤情程度等问题提出法医学意见。办理案件的检察人员应当根据省级人民政府指定医院出具的关于伤情情况的鉴定并参照检察机关法医提出的法医学意见,综合进行审查判断,以正确认定案情。

二十八、人身伤害的重新鉴定、精神病的医学鉴定应当如何进行

[法律依据]

1.《刑事诉讼法》的相关规定：

第一百二十条　鉴定人进行鉴定后，应当写出鉴定结论，并且签名。

对人身伤害的医学鉴定有争议需要重新鉴定或者对精神病的医学鉴定，由省级人民政府指定的医院进行。鉴定人进行鉴定后，应当写出鉴定结论，并且由鉴定人签名，医院加盖公章。

鉴定人故意作虚假鉴定的，应当承担法律责任。

2. 最高人民法院、最高人民检察院、公安部、国家安全部、司法部、全国人大常委会法制工作委员会《关于刑事诉讼法实施中若干问题的规定》的相关规定：

18. 刑事诉讼法第一百二十条第二款规定："对人身伤害的医学鉴定有争议需要重新鉴定或者对精神病的医学鉴定，由省级人民政府指定的医院进行。"人民法院在开庭审理时，对省级人民政府指定的医院作出的鉴定结论，经质证后，认为有疑问，不能作为定案根据的，可以另行聘请省级人民政府指定的其他医院进行补充鉴定或者重新鉴定。不能另行聘请其他鉴定机构进行补充鉴定或者重新鉴定。

3. 最高人民检察院《人民检察院刑事诉讼规则》的相关规定：

第二百零七条　对人身伤害的医学鉴定有争议需要重新鉴定或者对精神病的医学鉴定，由省级人民政府指定的医院进行。鉴定人进行鉴定后，应当写出鉴定结论，并且由鉴定人签名，医院加盖公章。

对人身伤害的医学鉴定有争议需要重新鉴定的情形包括：（一）对同一人身伤害已存在两个以上的不同鉴定结论，人民检察院与公安机关、犯罪嫌疑人、被害人之间或者被害人与犯罪嫌疑人之间不能形成一致认识，人民检察院认为需要重新鉴定的；（二）人民检察院认为公安机关的人身伤害医学鉴定不能作为定案依据，需要重新鉴定的；（三）人民检察院与公安机关、被害人、犯罪嫌疑人之间或者被害人与犯罪嫌疑人之间对同一人身伤害的医学鉴定有不同认识，人民检察院认为需要重新鉴定的。

第二百零八条　人民检察院认为省级人民政府指定的医院作出的鉴定结论不能作为定案依据的，应当另行委托省级人民政府指定的其他医院重新鉴定或者补充鉴定。

4. 最高人民法院最高人民法院《关于执行〈中华人民共和国刑事诉讼法〉若干问题的解释》的相关规定：

第六十条　人民法院在开庭审理时，对省级人民政府指定的医院作出的鉴定结论，经质证后，认为有疑问，不能作为定案根据的，可以另行聘请省级人民政府指定的其他医院进行补充鉴定或者重新鉴定。

5. 公安部《公安机关办理刑事案件程序规定》的相关规定：

第二百三十九条　对人身伤害的医学鉴定有争议需要重新鉴定的或者对精神病的医学鉴定，由省级人民政府指定的医院进行。鉴定人进行鉴定后，应当写出鉴定结论，并且由鉴定人签名，医院加盖公章。

二十九、对精神病患者的鉴定时间是否计入办案期限

[法律依据]

1. 《刑事诉讼法》的相关规定：

第一百二十二条　对犯罪嫌疑人作精神病鉴定的期间不计入办案期限。

2. 最高人民法院、最高人民检察院、公安部、国家安全部、司法部、全国人大常委会法制工作委员会《关于刑事诉讼法实施中若干问题的规定》的相关规定：

33. 刑事诉讼法第一百二十二条规定："对犯罪嫌疑人作精神病鉴定的期间不计入办案期限。"根据上述规定，犯罪嫌疑人、被告人在押的案件，除对犯罪嫌疑人、被告人的精神病鉴定时间不计入办案期限外，其他鉴定时间都应当计入办案期限。对于因鉴定时间较长，办案期限届满仍不能终结的案件，自期限届满之日起，应当对被羁押的犯罪嫌疑人、被告人变更强制措施，改为取保候审或者监视居住。

3. 最高人民检察院《人民检察院刑事诉讼规则》的相关规定：

第二百零九条　对犯罪嫌疑人作精神病鉴定的时间不计入羁押期限和办案期限。

4. 公安部《公安机关办理刑事案件程序规定》的相关规定：

第二百四十五条第一款　对犯罪嫌疑人作精神病鉴定的时间不计入办案期限，其他鉴定时间都应当计入办案期限。

[实践指导]

《刑事诉讼法》第122条中"对犯罪嫌疑人作精神病鉴定的期间"，是指犯罪嫌疑人及其法定代理人或者辩护人向侦查机关提出确定犯罪嫌疑人在实施犯罪行为过程中精神状态的申请，或者侦查机关办理案件中认为需要对犯罪嫌疑人作精神病鉴定时，在省级人民政府指定的医院开始对犯罪嫌疑人进行鉴定到得出鉴定结论的期间。"不计入办案期限"是指不计入侦查羁押期限。除对犯罪嫌疑人的精神病鉴定时间不计入办案期限外，其他鉴定时间，包括对受害人作精神病鉴定的时间，都应当计入办案期限。对于因鉴定时间较长，办案期限届满仍不能终结的案件，自期限届满之日起，应当对被羁押的犯罪嫌疑人变更强制措施，改为取保候审或者监视居住。

三十、辨认的程序和要求有哪些

[法律依据]

1. 最高人民检察院《人民检察院刑事诉讼规则》的相关规定：

第二百一十条　为了查明案情，在必要的时候，检察人员可以让被害人、证人和犯罪嫌疑人对与犯罪有关的物品、文件、尸体进行辨认；也可以让被害人、证人对犯罪嫌疑人进行辨认，或者让犯罪嫌疑人对其他犯罪嫌疑人进行辨认。

对犯罪嫌疑人进行辨认，应当经检察长批准。

第二百一十一条　辨认应当在检察人员的主持下进行。在辨认前，应当向辨认人详细询问被辨认人或者被辨认物的具体特征，禁止辨认人见到被辨认人或者被辨认物，并应当告知

辨认人有意作假辨认应负的法律责任。

第二百一十二条　几名辨认人对同一被辨认人或者同一物品进行辨认时,应当由每名辨认人单独进行。必要的时候,可以有见证人在场。

第二百一十三条　辨认时,应当将辨认对象混杂在其他人员或者物品之中,不得给予辨认人任何暗示。

辨认犯罪嫌疑人时,受辨认人的人数不得少于五人,照片不得少于五张。

辨认物品时,同类物品不得少于五件,照片不得少于五张。

第二百一十四条　辨认的情况,应当制作笔录,由参加辨认的有关人员签名或者盖章。

第二百一十五条　人民检察院主持进行辨认,可以商请公安机关参加或者协助。

2. 公安部《公安机关办理刑事案件程序规定》的相关规定:

第二百四十六条　为了查明案情,在必要的时候,侦查人员可以让被害人、犯罪嫌疑人或者证人对与犯罪有关的物品、文件、尸体、场所或者犯罪嫌疑人进行辨认。

对犯罪嫌疑人进行辨认,应当经办案部门负责人批准。

第二百四十七条　辨认应当在侦查人员的主持下进行。主持辨认的侦查人员不得少于二人。

组织辨认前,应当向辨认人详细询问辨认对象的具体特征,避免辨认人见到辨认对象。

第二百四十八条　几名辨认人对同一辨认对象进行辨认时,应当由辨认人个别进行。

第二百四十九条　辨认时,应当将辨认对象混杂在其他对象中,不得给辨认人任何暗示。

辨认犯罪嫌疑人时,被辨认的人数不得少于七人;对犯罪嫌疑人照片进行辨认的,不得少于十人的照片。

第二百五十条　对犯罪嫌疑人的辨认,辨认人不愿意公开进行时,可以在不暴露辨认人的情况下进行,侦查人员应当为其保守秘密。

第二百五十一条　辨认经过和结果,应当制作《辨认笔录》,由侦查人员签名,辨认人、见证人签字或者盖章。

[实践指导]

辨认作为一种侦查行为,是指侦查过程中为了查明有关案件情况,由侦查人员主持并组织被害人、证人、犯罪嫌疑人对犯罪嫌疑人、物品、场所、尸体等进行同一认定的行为。刑事诉讼法对此尚无规定,只有最高人民检察院和公安部在总结实践经验的基础上作了上述规定。实践中进行辨认要注意以下环节:第一,在辨认的预备环节,应遵循互不接触原则,即禁止辨认人与辨认对象见面,侦查人员应认真进行辨认前告知和询问程序,告知辨认人有意作虚假辨认应当承担的法律责任,仔细询问辨认对象的特征等有关情况;第二,在辨认进行环节,注意针对不同种类的辨认采用不同的规则;第三,在笔录制作上,应遵循全面、客观、详细原则,笔录至少应包括:主持辨认的侦查人员的姓名;辨认的时间、地点;辨认的目的;辨认前的告知和询问以及辨认人对辨认对象特征等的陈述;辨认的进行过程;辨认的结果;侦查人员签名、辨认人、见证人签字或者盖章。

三十一、通缉的对象和条件有哪些

[法律依据]

1. 《刑事诉讼法》的相关规定:

第一百二十三条第一款 应当逮捕的犯罪嫌疑人如果在逃,公安机关可以发布通缉令,采取有效措施,追捕归案。

2. 最高人民检察院《人民检察院刑事诉讼规则》的相关规定:

第二百一十六条 人民检察院侦查直接受理的案件,应当逮捕的犯罪嫌疑人如果在逃,或者已被逮捕的犯罪嫌疑人脱逃的,经检察长批准,可以作出通缉的决定。

3. 公安部《公安机关办理刑事案件程序规定》的相关规定:

第二百五十二条第一款 应当逮捕的犯罪嫌疑人如果在逃,公安机关可以发布通缉令,采取有效措施,追捕归案。

第二百六十条 通缉越狱逃跑的犯罪嫌疑人、被告人或者罪犯,适用本节的有关规定。

[实践指导]

根据法律规定精神,通缉的对象具体包括:(1)已批准或决定逮捕而在逃和在被采取取保候审、监视居住期间逃跑的犯罪嫌疑人;(2)已决定拘留而在逃的重大嫌疑分子;(3)从被羁押场所逃跑的犯罪嫌疑人;(4)在讯问或押解期间逃跑的犯罪嫌疑人。此外,对越狱逃跑的罪犯,也可以通缉。

通缉应当具备以下两个条件:一是实质条件,即按照犯罪嫌疑人所犯罪行应当逮捕;二是形式条件,即有证据证明犯罪嫌疑人确已逃跑。

三十二、人民检察院通缉犯罪嫌疑人可否直接发布通缉令

[法律依据]

1. 最高人民检察院《人民检察院刑事诉讼规则》的相关规定:

第二百一十六条 人民检察院侦查直接受理的案件,应当逮捕的犯罪嫌疑人如果在逃,或者已被逮捕的犯罪嫌疑人脱逃的,经检察长批准,可以作出通缉的决定。

第二百一十七条 各级人民检察院需要在本辖区内通缉犯罪嫌疑人的,可以直接决定通缉;需要在本辖区外通缉犯罪嫌疑人的,由有决定权的上级人民检察院决定。

第二百一十八条 人民检察院应当将通缉通知书和通缉犯的照片、身份、特征、案情简况送达公安机关,由公安机关发布通缉令,追捕归案。

第二百一十九条 人民检察院应当与公安机关积极配合,及时检查监督通缉的执行情况。

第二百二十条 对于应当逮捕的犯罪嫌疑人,如果潜逃出境,可以报告最高人民检察院商请国际刑事警察组织中国国家中心局,请求有关方面协助,或者通过其他法律规定的途径追捕归案。

2. 最高人民检察院、公安部《关于适用刑事强制措施有关问题的规定》的相关规定:

第三十三条 人民检察院直接立案侦查的案件,需要通缉犯罪嫌疑人的,应当作出逮捕

决定，并将逮捕决定书、通缉通知书和犯罪嫌疑人的照片、身份、特征等情况及简要案情，送达同级公安机关，由公安机关按照规定发布通缉令。人民检察院应当予以协助。

各级人民检察院需要在本辖区内通缉犯罪嫌疑人的，可以直接决定通缉；需要在本辖区外通缉犯罪嫌疑人的，由有决定权的上级人民检察院决定。

[实践指导]

从上述法律规定看，人民检察院通缉犯罪嫌疑人与公安机关通缉犯罪嫌疑人的程序大致相同，只是人民检察院在办理自侦案件过程中，需要追捕在逃的犯罪嫌疑人时，经检察长批准，作出通缉决定后，仍需由公安机关发布通缉令。这样规定一是因为通缉是执行逮捕的继续，只有公安机关才有执行逮捕权；二是考虑公安机关的装备比较全，力量强，具有相应的强制手段，有利于将犯罪嫌疑人及时抓获归案。

三十三、人民检察院如何进行侦查协作

[法律依据]

最高人民检察院《人民检察院侦查协作的暂行规定》的相关规定：

第一条 侦查协作是指检察机关在依法查办贪污贿赂、侵权渎职等职务犯罪案件侦查活动中，对需要核实案情、调查取证、采取强制性措施等事宜所进行的协调、配合和合作。侦查协作应当遵循依法配合、快速有效、保守秘密、各负其责的原则。

第二条 办理职务犯罪案件的人民检察院，遇有与侦查相关的事宜，确有必要请求有关人民检察院予以协助的，可以请求侦查协作。

第三条 人民检察院提出侦查协作请求，应当具备以下条件：（一）法律手续完备，包括立案决定书、请求协作函件及法律规定采取强制性措施等必需的法律文书和手续；（二）协作事项具体明确，包括协查目的、协查要求、协查对象、协查内容等。

第四条 需要进行侦查协作的案件，应由案件承办人书面提出协作请求，层报主管检察长批准，并加盖院章。

第五条 侦查协作一般由办理案件的人民检察院（以下简称请求方）直接向负有协作义务的人民检察院（以下简称协作方）提出请求函件，并填写请求侦查协作表。涉及厅级以上领导干部、省级以上人大代表（政协委员）的侦查协作事项，应当通过省级以上人民检察院予以安排；涉及担任实职的县（处）级领导干部的侦查协作事项，应当通过分（州、市）以上人民检察院进行安排。

第六条 协作方人民检察院收到侦查协作请求后，应当依据法律和有关规定进行程序审查，并分别作出以下处理：（一）符合侦查协作条件，法律手续及有关材料完备的，应当予以协作；（二）法律手续及有关材料不完备的，应当告知请求方予以补充；（三）对不符合侦查协作条件的，应当说明理由，不予协作，并将有关材料退回请求方。

第七条 请求方办理案件遇有紧急事项需要请求协作，无法及时办理有关请求协作手续的，可以商请协作方紧急协作，但是有关请求协作手续必须及时予以补办。

第八条 请求方派员到异地协助公安机关执行拘留、逮捕的，原则上应由请求方检察机关与当地公安机关取得联系后，通过公安协作渠道办理。必要时，协作方检察机关也要予以配合。请求方到异地执行搜查、扣押、追缴涉案款物等，应当请当地检察机关协作，协作方

应当予以配合。

第九条 最高人民检察院、上级人民检察院交办协作事项,下级人民检察院必须按要求执行。

第十条 提供侦查协作一般应当在收到侦查协作请求后十日内完成。情况紧急的,应当及时完成并反馈结果;情况复杂的,可以适当予以延长。由于客观原因无法提供协作的,应当在十日内通知请求协作的人民检察院。

第十一条 请求侦查协作事项办理完毕后,协作方应当将情况和材料及时向请求方反馈。协作事项属上级院交办的,协作方和请求方均应向各自的上级院报告。

第十二条 侦查协作中的争议,由有关各方协商解决。协商不成的,报各自上级人民检察院或者共同的上级人民检察院协调。经上级院协调确定的意见,有关人民检察院应当执行,不得拖延。

第十三条 协作方依照协作请求履行协作事宜,其引起的法律后果由请求方承担;协作方实施超越协作请求范围的行为所产生的法律后果,由协作方承担。

对不履行侦查协作职责或者阻碍侦查协作进行,给办案工作造成严重影响或者其他严重后果的,应当对有关单位予以通报批评,并责令改正;对直接负责的主管人员和其他直接责任人员,应当依照有关规定给予党纪政纪处分;玩忽职守、滥用职权、泄露秘密、通风报信构成犯罪的,依法追究其刑事责任。

第十四条 人民检察院依照规定履行协作职责不得收取费用。侦查协作经费列入办案业务经费预算统筹开支。最高人民检察院、省级人民检察院对提供侦查协作业务繁重、经费开支较大的地方人民检察院予以适当补助。

第十五条 侦查协作工作应纳入考核侦查部门办案成绩的重要内容和指标,各级人民检察院侦查部门应当确立专门机构或者指派专人具体负责侦查协作工作。上级检察院要加强对侦查协作工作的指导、协调和检查。

三十四、内地检察机关如何同香港、澳门特别行政区进行个案协查工作

[法律依据]

最高人民检察院《关于进一步规范涉港澳个案协查工作的通知》的相关规定:

一、地方各级人民检察院办理的案件需请香港、澳门特别行政区有关部门协助的,由所在省、自治区、直辖市人民检察院逐案报最高人民检察院审批。香港特别行政区廉政公署、澳门特别行政区检察院办理的案件需请内地有关检察机关协助的,与最高人民检察院个案协助查办公室联系。

二、内地检察机关请香港、澳门特别行政区有关部门协助代为调查取证的,有关省、自治区、直辖市人民检察院的专题报告应附详细调查提纲;确需派员赴香港、澳门特别行政区开展个案协查的,应将拟赴港澳人员的姓名、职务一并附上。

三、内地检察机关请香港、澳门特别行政区有关部门代为调查取证时,经审批后,由最高人民检察院个案协查办公室同香港、澳门特别行政区有关部门联系落实。需派员赴港、澳调查取证时,由最高人民检察院个案协查办公室同香港、澳门特别行政区有关部门联系,并派员指导,或者委托广东省人民检察院派员协助。赴港、澳调查取证人员,持最高人民检察

院批件在当地外事部门办理赴港、澳通行证。

四、最高人民检察院个案协查办公室负责个案协查日常工作，对有关省、自治区、直辖市人民检察院报送的个案协查报告要及时办理，并征求有关业务部门意见，报主管检察长审批。

五、各省、自治区、直辖市人民检察院应当指定一名副检察长主管个案协查工作，同时确定政策水平高、业务能力强的检察人员负责个案协查日常工作，并将名单报最高人民检察院个案协查办公室备案。

[实践指导]

个案协查是在我国多法域并存的情况下内地与港澳三方打击和控制犯罪的有效途径和手段。实践中个案协查的内容主要涉及协助会见和询问知情人和证人，向有关部门了解、查询、调取物证、书证，对某些物证、书证进行鉴别、鉴定，对单项证据资料进行核对，提供犯罪嫌疑人的出境入境资料或动向报告，安排本法域居民到境外出席法庭作证，办理举报案件线索的转介，通过法律程序追缴与犯罪有关的赃款赃物等。最高人民检察院《关于进一步规范涉港澳个案协查工作的通知》，建立了由最高人民检察院统揽全局、指导内地与港澳地区开展个案协查的高层协调机制。具体地讲，在联系方式上，直接由内地检察机关与港澳特区的廉政公署三方联系协查事宜；在个案协查机制的运行方面，个案协查实行个案协查办公室主任、香港廉政专员公署执行处、澳门特区廉政公署个案协查首长负责制，并各自指定一位代表办理具体事宜。省、自治区、直辖市检察机关认为需要港澳特区有关部门协查合作的，层报最高人民检察院个案协查办公室审查并与境外对口单位联络，待作出安排后由办案单位具体执行；在个案协查的法律依据方面，应当尊重各方法律确立的刑事管辖权，在调查取证时要根据被请求协助方的法律程序进行，由当地参与协查的廉政公署出具司法文书；在具体的调查取证活动中，内地侦查人员与当地廉政公署的协查人员一起公开参与调查取证活动。在当地廉政公署的安排下，各方派往对方管辖区域从事调查活动的人员与当地的协查人员共同开展侦查、调查工作，但应当以当地的协查人员为主执行调查取证的任务。

三十五、人民检察院办理直接受理立案侦查案件如何实行内部制约

[法律依据]

最高人民检察院《关于人民检察院办理直接受理立案侦查案件实行内部制约的若干规定》的相关规定：

第二条 人民检察院对贪污贿赂、渎职侵权等犯罪案件的受理、立案侦查、审查逮捕、审查起诉等工作由不同内设机构承办，实行分工负责、互相配合、互相制约。分管侦查工作的检察长不得同时分管侦查监督和公诉工作。

第三条 人民检察院举报中心统一受理、管理贪污贿赂、渎职侵权犯罪案件线索，其他内设机构收到贪污贿赂、渎职侵权犯罪的举报材料，应当及时移交举报中心统一管理。举报中心对涉嫌贪污贿赂、渎职侵权等犯罪的案件线索，应当在受理后七日以内按照职能分工，移送本院侦查部门或者依照规定移送有管辖权的人民检察院。侦查部门对举报中心移送的举报线索应当在一个月以内将处理情况书面回复举报中心，逾期未回复的，举报中心应当催办，侦查部门应当说明理由。

第四条 侦查部门对举报中心移送的举报线索进行审查后，认为需要初查或者拟不予初查的，应当报检察长或者检察委员会决定。侦查部门对举报线索初查后，应当制作审查结论报告，提出提请批准立案侦查或者不予立案的处理意见，报检察长决定。对举报线索决定不予初查或者初查后决定不予立案的，侦查部门应当回复举报中心。举报中心认定决定不当的，应当报经分管检察长同意，提请检察长或者检察委员会决定。

第五条 人民检察院侦查监督部门或者公诉部门发现本院侦查部门对应当立案侦查的案件不报请立案侦查的，应当提出报请立案侦查的建议，报经分管检察长同意后，送侦查部门。侦查部门同意报请立案侦查的，应当在报经检察长批准作出立案决定后将立案决定书复印件送侦查监督部门或者公诉部门；不同意报请立案侦查的，应当书面说明不立案理由，报分管检察长同意后回复侦查监督部门或者公诉部门。侦查监督部门或者公诉部门认为不立案理由不能成立的，应当报分管检察长同意后，报请检察长决定。

第六条 侦查监督部门对侦查、公诉部门需要逮捕犯罪嫌疑人的，应当审查提出意见，报检察长或者检察委员会决定；对侦查部门需要延长侦查羁押期限、重新计算侦查羁押期限的，应当审查提出意见，报检察长决定。重大复杂案件，应当提请检察委员会讨论决定。

第七条 侦查、公诉部门收到逮捕决定书后，应当立即通知公安机关执行，并在执行后的三日以内，将执行回执复印件送交侦查监督部门，因故未能及时执行的，应当书面说明情况。对已经决定逮捕的犯罪嫌疑人，侦查、公诉部门认为需要变更、撤销逮捕措施的，应当报经检察长批准，并及时书面通知侦查监督部门。

第八条 侦查部门对案件侦查终结后，对于犯罪事实清楚，证据确实、充分，依法应当追究刑事责任的案件，应当写出侦查终结报告，并且制作起诉意见书，报检察长批准后，移送公诉部门；公诉部门审查提出意见后，报检察长或者检察委员会决定。对于犯罪情节轻微，依照刑法规定不需要判处刑罚或者免除刑罚的案件，侦查部门应当制作不起诉意见书，报检察长批准后，移送公诉部门；公诉部门审查提出意见后，提请检察委员会讨论决定。

第九条 公诉部门在审查起诉中，发现犯罪嫌疑人、证人推翻原供述、证言，或者其他证据发生重大变化，足以影响对案件主要事实的认定及定罪量刑的，应当及时报告分管检察长，同时书面通知侦查部门。

第十条 公诉部门认为需要退回补充侦查的，应当列明需要补充侦查的具体事项，报经分管检察长同意后退回侦查部门补充侦查；犯罪嫌疑人、被告人在押的，公诉部门应当将退回补充侦查的起止时限书面通知监所检察部门。侦查部门应当在法定期限内及时补充侦查。对于证据确实难以补充的案件，应当作出书面说明，报经分管检察长同意后移送公诉部门。

第十一条 侦查监督、公诉部门发现应当逮捕、起诉而未移送审查逮捕、审查起诉的，应当报经分管检察长同意，建议侦查部门移送审查逮捕、审查起诉。侦查部门采纳的，应当及时移送审查逮捕、审查起诉；不采纳的，应当书面说明理由，报分管检察长同意后回复侦查监督、公诉部门。侦查监督、公诉部门仍坚持移送审查逮捕、审查起诉意见的，应当报检察长或者检察委员会决定。

第十二条 侦查部门对重大复杂案件移送审查逮捕前，可以报经检察长批准，通知侦查监督部门派员提前介入侦查；对重大复杂案件侦查终结前，可以报经检察长批准，通知公诉部门派员提前介入侦查。侦查监督、公诉部门介入侦查后，应当对案件证据进行审查，并就证据收集和法律适用等问题向侦查部门提出意见。

第十三条 公诉部门应当将人民法院开庭审理人民检察院直接受理立案侦查案件的时间、地点于开庭二日以前通知侦查部门。侦查部门可以派员旁听法庭审理。公诉部门收到人民法院的裁判文书后，应当在七日以内将裁判文书的副本或者复印件送交侦查部门；被告人在押的，应当同时送交监所检察部门。

第十四条 监所检察部门对侦查、侦查监督、公诉部门在办案中违反法定羁押期限的情况，应当提出纠正意见。对犯罪嫌疑人执行、变更、撤销逮捕措施后，或者决定对已逮捕的犯罪嫌疑人移送审查起诉、不起诉或者提起公诉后，侦查、公诉部门应当在三日以内书面通知监所检察部门。决定对犯罪嫌疑人延长侦查羁押期限、重新计算侦查羁押期限的，侦查部门应当在三日以内书面通知监所检察部门。

第十五条 在被逮捕犯罪嫌疑人的羁押期限届满前七日，监所检察部门应当向侦查部门或者公诉部门发出提示通知。监所检察部门发现超过法定羁押期限而没有变更、撤销逮捕措施的，应当立即向侦查部门或者公诉部门提出纠正意见，并将有关情况及时报告分管检察长和检察长。侦查部门或者公诉部门应当在三日以内将超期羁押的原因及纠正情况上报分管检察长和检察长，同时书面回复监所检察部门。

第十六条 刑事申诉检察部门对有关单位或者个人不服人民检察院撤案、不起诉决定的申诉进行复查时，可以调阅有关案卷材料，认为撤案、不起诉决定确有错误的，应当写出复查意见，经分管检察长同意后，报检察长或者检察委员会决定。

第十七条 人民检察院财务部门统一保管办案中扣押的款物。侦查、公诉部门在办案中扣押、查获的物品、物证，除入卷作为证据使用的扣押款物由办案部门妥善保管外，应当及时交由财务部门保管。财务部门应当实行账目与款物分人管理制度，健全出入库和收付手续。扣押款物要按有关规定及时移交、上缴或者返还。任何部门和个人不得贪污、侵占、挪用、使用、私分、私存、调换、外借、压价收购或者擅自处理扣押、冻结款物及其孳息。

第十八条 人民检察院对办案人员涉嫌违纪案件，应当按照干部管理权限规定进行调查，并依照规定追究有关人员的纪律责任；涉嫌犯罪的，依法移送有关部门处理。

第十九条 各级人民检察院应当严格执行贪污贿赂、渎职侵权犯罪案件的备案审查制度和请示报告制度。上级人民检察院对下级人民检察院的请示要及时答复，发现下级人民检察院的决定确有错误的，应当指令下级人民检察院纠正，或者依法予以撤销、变更。

[实践指导]

人民检察院对直接受理案件的侦查权，是指人民检察院对自己受理的案件，依法进行的专门调查工作和有关的强制性措施的职权。职务犯罪侦查权归属于检察权，是检察机关履行法律监督权的职权之一。从宪政角度看待，对权力缺乏必要的监督制约，必将对公民权利造成侵害。在我国现有国情和司法环境下，建立由法院进行司法审查机制的时机和条件并不成熟。因此，建立健全检察机关内部制约机制仍是加强和完善检察机关自侦案件监督制约体系的主要措施。上述规定的核心要求是：第一，规范内部分工管辖。第二，内部各个部门进行横向制约。

三十六、法律要求必须有见证人参加的侦查行为有哪些

[法律依据]

1.《刑事诉讼法》的相关规定：

第一百零六条 勘验、检查的情况应当写成笔录，由参加勘验、检查的人和见证人签名

或者盖章。

第一百一十二条第一款 在搜查的时候,应当有被搜查人或者他的家属,邻居或者其他见证人在场。

第一百一十三条 搜查的情况应当写成笔录,由侦查人员和被搜查人或者他的家属,邻居或者其他见证人签名或者盖章。如果被搜查人或者他的家属在逃或者拒绝签名、盖章,应当在笔录上注明。

第一百一十五条 对于扣押的物品和文件,应当会同在场见证人和被扣押物品持有人查点清楚,当场开列清单一式二份,由侦查人员、见证人和持有人签名或者盖章,一份交给持有人,另一份附卷备查。

2. 最高人民检察院《人民检察院刑事诉讼规则》的相关规定:

第一百七十条 勘验、检查的情况应当制作笔录,由参加勘验、检查的人和见证人签名或者盖章。

第一百八十条第一款 搜查时,应当有被搜查人或者他的家属、邻居或者其他见证人在场,并且对被搜查人或者其家属说明阻碍搜查、妨碍公务应负的法律责任。

第一百八十四条 搜查情况应当制作笔录,由检察人员和被搜查人或者他的家属、邻居或者其他见证人签名或者盖章。如果被搜查人或者他的家属在逃,或者拒绝签名、盖章的,应当记明笔录。

第一百九十条 对于扣押的文件、资料和其他物品,侦查人员应当会同在场见证人和被扣押物品持有人查点清楚,当场开列扣押物品清单一式二份,写明文件、资料和其他物品的名称、型号、规格、数量、重量、质量、颜色、新旧程度和缺损特征等,由检察人员、见证人和持有人签名或者盖章,一份交给持有人,另一份附卷备查。如果持有人拒绝签名或者盖章的,应当在扣押物品清单上记明。

对于扣押的金银珠宝、文物、名贵字画、违禁品以及其他不易辨别真伪的贵重物品,应当当场密封,并由扣押人员、见证人和被扣押物品持有人在密封材料上签名或者盖章。

第一百九十一条 对于应当扣押但是不便提取的物品,经拍照或者录像后,可以交被扣押物品持有人保管,并且单独开具扣押物品清单一式二份,在清单上注明该物品已经拍照或者录像,物品持有人应当妥善保管,不得转移、变卖、毁损,由检察人员、见证人和持有人签名或者盖章,一份交给物品持有人,另一份连同照片或者录像带附卷备查。

3. 公安部《公安机关办理刑事案件程序规定》的相关规定:

第一百九十八条第四款 检查的情况应当制作笔录,由参加检查的侦查人员、检查人员和见证人签名或者盖章。

第二百零八条第一款 进行搜查时,应当有被搜查人或者他的家属、邻居或者其他见证人在场。

第二百零九条第一款 搜查的情况应当制作《搜查笔录》,由侦查人员、被搜查人或者他的家属、邻居或者其他见证人签名或者盖章。

第二百一十三条 对于扣押的物品和文件,应当会同在场见证人和被扣押物品、文件的持有人查点清楚,当场开列《扣押物品、文件清单》一式三份,写明物品或者文件的名称、编号、规格、数量、重量、质量、特征及其来源,由侦查人员、见证人和持有人签名或者盖章后,一份交给持有人,一份交给公安机关保管人员,一份附卷备查。

第二百一十四条 对于应当扣押但是不便提取的物品、文件,经拍照或者录像后,可以交被扣押物品持有人保管或者封存,并且单独开具《扣押物品、文件清单》一式二份,在清单上注明已经拍照或者录像,物品、文件持有人应当妥善保管,不得转移、变卖、毁损,由侦查人员、见证人和持有人签名或者盖章,一份交给物品、文件持有人,另一份连同照片或者录像带附卷备查。

第二百五十一条 辨认经过和结果,应当制作《辨认笔录》,由侦查人员签名,辨认人、见证人签字或者盖章。

[实践指导]

根据我国《刑事诉讼法》及其相关立法,见证人制度主要体现在勘验、检查、扣押、搜查、辨认等诉讼活动中。见证人参与以上诉讼活动,一方面,能证明办案人员实施执法行为的步骤和过程以及发现和提取了哪些与犯罪有关证据,从而保证诉讼行为的真实性和所收集证据的客观性、关联性;另一方面,能监督办案人员的执法行为。见证人不能因为是被侦查人员邀请而与侦查人员站在同一立场上,实际上,见证人应该是中立的,其更重要的作用是监督办案人员的执法行为,防止违法现象的发生。此外,笔者认为侦查机关进行侦查实验、强制采样等活动中也应邀请见证人,以保证这些活动的合法性和公正性。

三十七、侦查机关应当如何确保办理死刑案件的质量

[法律依据]

最高人民法院、最高人民检察院、公安部、司法部《关于进一步严格依法办案确保办理死刑案件质量的意见》的相关规定:

8. 侦查机关应当依照刑事诉讼法、司法解释及其他有关规定所规定的程序,全面、及时收集证明犯罪嫌疑人有罪或者无罪、罪重或者罪轻等涉及案件事实的各种证据,严禁违法收集证据。

9. 对可能属于精神病人、未成年人或者怀孕的妇女的犯罪嫌疑人,应当及时进行鉴定或者调查核实。

10. 加强证据的收集、保全和固定工作。对证据的原物、原件要妥善保管,不得损毁、丢失或者擅自处理。对与查明案情有关需要鉴定的物品、文件、电子数据、痕迹、人身、尸体等,应当及时进行刑事科学技术鉴定,并将鉴定报告附卷。涉及命案的,应当通过被害人近亲属辨认、DNA鉴定、指纹鉴定等方式确定被害人身份。对现场遗留的与犯罪有关的具备同一认定检验鉴定条件的血迹、精斑、毛发、指纹等生物物证、痕迹、物品,应当通过DNA鉴定、指纹鉴定等刑事科学技术鉴定方式与犯罪嫌疑人的相应生物检材、生物特征、物品等作同一认定。侦查机关应当将用作证据的鉴定结论告知犯罪嫌疑人、被害人。如果犯罪嫌疑人、被害人提出申请,可以补充鉴定或者重新鉴定。

11. 提讯在押的犯罪嫌疑人,应当在羁押犯罪嫌疑人的看守所内进行。严禁刑讯逼供或者以其他非法方法获取供述。讯问犯罪嫌疑人,在文字记录的同时,可以根据需要录音录像。

12. 侦查人员询问证人、被害人,应当依照刑事诉讼法第九十七条的规定进行。严禁违法取证,严禁暴力取证。

13. 犯罪嫌疑人在被侦查机关第一次讯问后或者采取强制措施之日起,聘请律师或者经法律援助机构指派的律师为其提供法律咨询、代理申诉、控告的,侦查机关应当保障律师依法行使权利和履行职责。涉及国家秘密的案件,犯罪嫌疑人聘请律师或者申请法律援助,以及律师会见在押犯罪嫌疑人,应当经侦查机关批准。律师发现有刑讯逼供情形的,可以向公

安机关、人民检察院反映。

14. 侦查机关将案件移送人民检察院审查起诉时，应当将包括第一次讯问笔录及勘验、检查、搜查笔录在内的证明犯罪嫌疑人有罪或者无罪、罪重或者罪轻等涉及案件事实的所有证据一并移送。

15. 对于可能判处死刑的案件，人民检察院在审查逮捕工作中应当全面、客观地审查证据，对以刑讯逼供等非法方法取得的犯罪嫌疑人供述、被害人陈述、证人证言应当依法排除。对侦查活动中的违法行为，应当提出纠正意见。

[实践指导]

侦查机关战斗在打击犯罪的第一线，负责许多可能判处死刑案件的侦查，这是保证办理死刑案件质量的基础环节。近几年来，一些地方先后发现个别重大刑事冤错案件，在社会上引起强烈反响，也在一定程度上成为展现当前侦查取证中种种弊端的一个个标本。这些弊端突出表现在：侦查理念落后，有罪推定、重实体轻程序、重打击轻保护观念根深蒂固；由供到证的侦查模式没有根本性改变；违法侦查似乎已经成为某些侦查机关办案的固有方式，尤其是在命案必破的压力之下，往往对法律赋予犯罪嫌疑人的睡眠、饮食等基本生理需要完全不顾及，这样在侦查阶段就开始酝酿着冤假错案。

杜绝冤错案件发生，是侦查机关依法担负的重大责任，也是最根本的要求。《关于进一步严格依法办案确保办理死刑案件质量的意见》对侦查机关提出的要求可以概括为以下几个主要方面：一是全面、及时收集证据。侦查机关应当依法全面、及时收集证明犯罪嫌疑人有罪或者无罪、罪重或者罪轻等涉及案件事实的各种证据，严禁违法收集证据。二是加强证据的保全和固定工作。对与查明案情有关需要鉴定的物品、文件、电子数据、痕迹、人身、尸体等，应当及时进行刑事科学技术鉴定，并将鉴定报告附卷。三是依法讯问犯罪嫌疑人、询问证人。侦查机关提讯在押的犯罪嫌疑人，应当在其被羁押的看守所内进行。严禁刑讯逼供或者以其他非法方法获取供述。讯问犯罪嫌疑人，在文字记录的同时，可以根据需要录音录像。严禁违法取证，严禁暴力取证。四是全面移送证据材料。侦查机关将案件移送人民检察院审查起诉时，应当将包括第一次讯问笔录及勘验、检查、搜查笔录在内的证明犯罪嫌疑人有罪或者无罪、罪重或者罪轻等涉及案件事实的所有证据一并移送。

三十八、如何掌握延长侦查羁押期限的批准权限和范围

[法律依据]

1. 《刑事诉讼法》的相关规定：

第一百二十四条　对犯罪嫌疑人逮捕后的侦查羁押期限不得超过二个月。案情复杂、期限届满不能终结的案件，可以经上一级人民检察院批准延长一个月。

第一百二十五条　因为特殊原因，在较长时间内不宜交付审判的特别重大复杂的案件，由最高人民检察院报请全国人民代表大会常务委员会批准延期审理。

第一百二十六条　下列案件在本法第一百二十四条规定的期限届满不能侦查终结的，经省、自治区、直辖市人民检察院批准或者决定，可以延长二个月：（一）交通十分不便的边远地区的重大复杂案件；（二）重大的犯罪集团案件；（三）流窜作案的重大复杂案件；（四）犯罪涉及面广，取证困难的重大复杂案件。

第一百二十七条　对犯罪嫌疑人可能判处十年有期徒刑以上刑罚，依照本法第一百二十六条规定延长期限届满，仍不能侦查终结的，经省、自治区、直辖市人民检察院批准或者决定，可以再延长二个月。

2. 最高人民法院、最高人民检察院、公安部、国家安全部、司法部、全国人大常委会法制工作委员会《关于刑事诉讼法实施中若干问题的规定》的相关规定：

30. 公安机关对案件提请延长羁押期限时，应当在羁押期限届满七日前提出，并书面呈报延长羁押期限案件的主要案情和延长羁押期限的具体理由，人民检察院应当在羁押期限届满前作出决定。

31. 最高人民检察院直接立案侦查的案件，符合刑事诉讼法第一百二十四条、第一百二十六条和第一百二十七条规定的条件，需要延长犯罪嫌疑人侦查羁押期限的，由最高人民检察院依法决定。

3. 最高人民检察院《人民检察院刑事诉讼规则》的相关规定：

第二百二十一条　对犯罪嫌疑人逮捕后的侦查羁押期限不得超过二个月。基层人民检察院、分、州、市人民检察院和省级人民检察院直接立案侦查的案件，案情复杂、期限届满不能终结的案件，可以经上一级人民检察院批准延长一个月。

第二百二十二条　基层人民检察院和分、州、市人民检察院直接立案侦查的案件，属于交通十分不便的边远地区的重大复杂案件、重大的犯罪集团案件、流窜作案的重大复杂案件和犯罪涉及面广、取证困难的重大复杂案件，在依照本规则第二百二十一条规定的期限届满前不能侦查终结的，经省、自治区、直辖市人民检察院批准，可以延长二个月。

省级人民检察院直接立案侦查的案件，属于上述情形的，可以直接决定延长二个月。

第二百二十三条　基层人民检察院和分、州、市人民检察院直接立案侦查的案件，对犯罪嫌疑人可能判处十年有期徒刑以上刑罚，依照本规则第二百二十二条的规定依法延长羁押期限届满，仍不能侦查终结的，经省、自治区、直辖市人民检察院批准，可以再延长二个月。

省级人民检察院直接立案侦查的案件，属于上述情形的，可以直接决定再延长二个月。

第二百二十四条　最高人民检察院直接立案侦查的案件，依照刑事诉讼法的规定需要延长侦查羁押期限的，直接决定延长侦查羁押期限。

第二百二十五条　公安机关需要延长侦查羁押期限的，应当在侦查羁押期限届满七日前，向同级人民检察院移送延长侦查羁押期限意见书，写明案件的主要案情和延长侦查羁押期限的具体理由。

人民检察院直接立案侦查的案件，侦查部门认为需要延长侦查羁押期限的，应当按照本条第一款的规定向本院审查逮捕部门移送延长侦查羁押期限的意见及有关材料。

第二百二十六条　人民检察院审查批准或者决定延长侦查羁押期限，由审查逮捕部门办理。

受理案件的人民检察院审查逮捕部门对延长侦查羁押期限的意见审查后，应当提出是否同意延长侦查羁押期限的意见，报检察长决定后，将侦查机关延长侦查羁押期限的理由和本院的审查意见层报有决定权的人民检察院审查决定。有决定权的人民检察院应当在侦查羁押期限届满前作出是否批准延长侦查羁押期限的决定，并交由受理案件的人民检察院审查逮捕部门送达公安机关或者本院侦查部门。

第二百二十七条　因为特殊原因，在较长时间内不宜交付审判的特别重大复杂的案件，由最高人民检察院报请全国人民代表大会常务委员会批准延期审理。

4. 公安部《公安机关办理刑事案件程序规定》的相关规定：

第一百二十七条　对犯罪嫌疑人逮捕后的侦查羁押期限不得超过二个月。案情复杂、期限届满不能终结的案件，应当制作《提请批准延长羁押期限意见书》，经县级以上公安机关负责人批准后，在期限届满七日前送请同级人民检察院转报上一级人民检察院批准延长一个月。

第一百二十八条　下列案件在本规定第一百二十七条规定的期限届满不能侦查终结的，应当制作《提请批准延长羁押期限意见书》，经县级以上公安机关负责人批准，在期限届满七日前送请同级人民检察院层报省、自治区、直辖市人民检察院批准，延长二个月：（一）交通十分不便的边远地区的重大复杂案件；（二）重大的犯罪集团案件；（三）流窜作案的重大复杂案件；（四）犯罪涉及面广，取证困难的重大复杂案件。

第一百二十九条　犯罪嫌疑人可能判处十年有期徒刑以上刑罚，依照本规定第一百二十七条和第一百二十八条规定延长期限届满，仍不能侦查终结的，应当制作《提请批准延长羁押期限意见书》，经县级以上公安机关负责人批准，在期限届满七日前送请同级人民检察院层报省、自治区、直辖市人民检察院批准，再延长二个月。

三十九、如何防止和纠正超期羁押

[法律依据]

1. 最高人民检察院《关于在检察工作中防止和纠正超期羁押的若干规定》的相关规定：

一、严格依法正确适用逮捕措施

各级人民检察院应当严格按照《中华人民共和国刑事诉讼法》的有关规定适用逮捕等剥夺人身自由的强制措施，依法全面、正确掌握逮捕条件，慎用逮捕措施，对确有逮捕必要的，才能适用逮捕措施。办案人员应当树立保障人权意识，提高办案效率，依法快办快结。对犯罪嫌疑人已经采取逮捕措施的案件，要在法定羁押期限内依法办结。严禁违背法律规定的条件，通过滥用退回补充侦查、发现新罪、改变管辖等方式变相超期羁押犯罪嫌疑人。对于在法定羁押期限内确实难以办结的案件，应当根据案件的具体情况依法变更强制措施或者释放犯罪嫌疑人。对于已经逮捕但经侦查或者审查，认定不构成犯罪、不需要追究刑事责任或者证据不足、不符合起诉条件的案件，应当及时、依法作出撤销案件或者不起诉的决定，释放在押的犯罪嫌疑人。

二、实行和完善听取、告知制度

实行听取制度。人民检察院在审查决定、批准逮捕中，应当讯问犯罪嫌疑人。检察人员在讯问犯罪嫌疑人的时候，应当认真听取犯罪嫌疑人的陈述或者无罪、罪轻的辩解。犯罪嫌疑人委托律师提供法律帮助或者委托辩护人的，检察人员应当注意听取律师以及其他辩护人关于适用逮捕措施的意见。

完善告知制度。人民检察院在办理直接受理立案侦查的案件中，对于被逮捕的人，应当由承办部门办案人员在逮捕后的二十四小时以内进行讯问，讯问时即应把逮捕的原因、决定机关、羁押起止日期、羁押处所以及在羁押期间的权利、义务用犯罪嫌疑人能听（看）懂的语言和文书告知犯罪嫌疑人。人民检察院在逮捕犯罪嫌疑人以后，除有碍侦查或者无法通知的情形以外，应当把逮捕的原因和羁押的处所，在二十四小时以内通知被逮捕人的家属或者他的所在单位，并告知其家属有权为犯罪嫌疑人申请变更强制措施，对超期羁押有权向人民检察院投诉。

无论在侦查阶段还是审查起诉阶段，人民检察院依法延长或者重新计算羁押期限，都应当将法律根据、羁押期限书面告知犯罪嫌疑人、被告人及其委托的人。

人民检察院应当将听取和告知记明笔录，并将上述告知文书副本存工作卷中。

三、实行羁押情况通报制度

人民检察院在犯罪嫌疑人被逮捕或者在决定、批准延长侦查羁押期限、重新计算侦查羁押期限以后，侦查部门应当在三日以内将有关情况书面通知本院监所检察部门。

人民检察院在决定对在押的犯罪嫌疑人延长审查起诉期限、改变管辖、退回补充侦查重新计算审查起诉期限以后，公诉部门应当在三日以内将有关情况书面通知本院监所检察部门。

对犯罪嫌疑人异地羁押的，办案部门应当将羁押情况书面通知羁押地人民检察院的监所检察部门。羁押地人民检察院监所检察部门发现羁押超期的，应当及时报告、通知作出羁押决定的人民检察院监所检察部门，由作出羁押决定的人民检察院的监所检察部门对超期羁押提出纠正意见。

已经建成计算机局域网的人民检察院，有关部门可以运用局域网通报、查询羁押情况。

四、实行羁押期限届满提示制度

监所检察部门对本院办理案件的犯罪嫌疑人的羁押情况实行一人一卡登记制度。案卡应当记明犯罪嫌疑人的基本情况、诉讼阶段的变更、羁押起止时间以及变更情况等。有条件的地方应当推广和完善对羁押期限实施网络化管理。监所检察部门应当在每月底向检察长报告本院办理案件的羁押人员情况。

监所检察部门应当在本院办理案件的犯罪嫌疑人羁押期限届满前七日制发《犯罪嫌疑人羁押期满提示函》，通知办案部门犯罪嫌疑人羁押期限即将届满，督促其依法及时办结案件。《犯罪嫌疑人羁押期满提示函》应当载明犯罪嫌疑人的基本情况、案由、逮捕时间、期限届满时间、是否已经延长办案期限等内容。

案件承办人接到提示后，应当检查案件的办理情况并向本部门负责人报告，严格依法在法定期限内办结案件。如果需要延长羁押期限、变更强制措施，应当及时提出意见，按照有关规定办理审批手续。

五、严格依法执行换押制度

人民检察院凡对在押的犯罪嫌疑人依法变更刑事诉讼阶段的，应当严格按照有关规定办理换押手续。

人民检察院对于公安机关等侦查机关侦查终结移送审查起诉的、决定退回补充侦查以及决定提起公诉的案件，公诉部门应当在三日以内将有关换押情况书面通知本院监所检察部门。

六、实行定期检查通报制度

各级人民检察院应当将检察环节遵守法定羁押期限情况作为执法检查工作的重点之一。检察长对本院办理案件的羁押情况、上级检察机关对下级检察机关办理案件的羁押情况应当定期进行检查；对办案期限即将届满的，应当加强督办。各业务部门负责人应当定期了解、检查本部门办理案件的犯罪嫌疑人羁押情况，督促办案人员在法定期限内办结。

基层人民检察院监所检察部门应当向本院检察长及时报告本院业务部门办理案件执行法定羁押期限情况；分、州、市人民检察院应当每月向所辖检察机关通报辖区内检察机关办案中执行法定羁押期限情况；各省、自治区、直辖市人民检察院应当每季度向所辖检察机关通报本省、自治区、直辖市检察机关办案中执行法定羁押期限情况；最高人民检察院应当在每年年中和年底向全国检察机关通报检察机关办案中执行法定羁押期限情况。

七、建立超期羁押投诉和纠正机制

犯罪嫌疑人及其法定代理人、近亲属或者犯罪嫌疑人委托的律师及其他辩护人认为超期羁押的，有权向作出逮捕决定的人民检察院或者其上级人民检察院投诉，要求解除有关强制措施。在押的犯罪嫌疑人可以约见驻所检察人员对超期羁押进行投诉。

人民检察院监所检察部门负责受理关于超期羁押的投诉，接受投诉材料或者将投诉内容记明笔录，并及时对投诉进行审查，提出处理意见报请检察长决定。检察长对于确属超期羁押的，应当立即作出释放犯罪嫌疑人或者变更强制措施的决定。

人民检察院监所检察部门在投诉处理以后，应当及时向投诉人反馈处理意见。

八、实行超期羁押责任追究制

进一步健全和落实超期羁押责任追究制，严肃查处和追究超期羁押有关责任人员。对于违反刑事诉讼法和本规定，滥用职权或者严重不负责任，造成犯罪嫌疑人超期羁押的，应当追究直接负责的主管人员和其他直接责任人员的纪律责任；构成犯罪的，依照《中华人民共和国刑法》第三百九十七条关于滥用职权罪、玩忽职守罪的规定追究刑事责任。

2. 最高人民法院、最高人民检察院、公安部《关于严格执行刑事诉讼法，切实纠防超期羁押的通知》的相关规定：

一、进一步端正执法思想，牢固树立实体法和程序法并重、打击犯罪和保障人权并重的刑事诉讼观念。社会主义司法制度必须保障在全社会实现公平和正义。人民法院、人民检察院和公安机关依法进行刑事诉讼，既要惩罚犯罪，维护社会稳定，也要尊重和保障人权，尊重和保障犯罪嫌疑人、被告人的合法权益，是依法惩罚犯罪和依法保障人权的有机统一。任何人，在人民法院依法判决之前，都不得被确定有罪。在侦查、起诉、审判等各个阶段，必须始终坚持依法进行诉讼，认真遵守刑事诉讼法关于犯罪嫌疑人、被告人羁押期限的规定，坚决克服重实体、轻程序，重打击、轻保障的错误观念，避免因超期羁押而侵犯犯罪嫌疑人、被告人合法权益现象的发生。

二、严格适用刑事诉讼法关于犯罪嫌疑人、被告人羁押期限的规定，严禁随意延长羁押期限。犯罪嫌疑人、被告人被羁押的，人民法院、人民检察院和公安机关在刑事诉讼的不同阶段，要及时办理换押手续。在侦查阶段，要严格遵守拘留、逮捕后的羁押期限的规定；犯罪嫌疑人被逮捕以后，需要延长羁押期限的，应当符合刑事诉讼法第一百二十四条、第一百二十六条或者第一百二十七条规定的情形，并应当经过上一级人民检察院或者省、自治区、直辖市人民检察院的批准或者决定。在审查逮捕阶段和审查起诉阶段，人民检察院应当在法定期限内作出决定。在审判阶段，人民法院要严格遵守刑事诉讼法关于审理期限的规定；需要延长一个月审理期限的，应当属于刑事诉讼法第一百二十六条规定的情形之一，而且应当经过省、自治区、直辖市高级人民法院批准或者决定。

凡不符合刑事诉讼法关于重新计算犯罪嫌疑人、被告人羁押期限规定的，不得重新计算羁押期限。严禁滥用退回补充侦查、撤回起诉、改变管辖等方式变相超期羁押犯罪嫌疑人、被告人。

三、准确适用刑事诉讼法关于取保候审、监视居住的规定。人民法院、人民检察院和公安机关在对犯罪嫌疑人、被告人采取强制措施时，凡符合取保候审、监视居住条件的，应当依法采取取保候审、监视居住。对已被羁押的犯罪嫌疑人、被告人，在其法定羁押期限已满时必须立即释放，如侦查、起诉、审判活动尚未完成，需要继续查证、审理的，要依法变更强制措施为取保候审或者监视居住，充分发挥取保候审、监视居住这两项强制措施的作用，做到追究犯罪与保障犯罪嫌疑人、被告人合法权益的统一。

四、坚持依法办案，正确适用法律，有罪依法追究，无罪坚决放人，人民法院、人民检察院和公安机关在刑事诉讼过程中,要分工负责,互相配合,互相制约,依法进行,避免超期羁押现象的发生。在侦查、起诉、审判等各个诉讼阶段,凡发现犯罪嫌疑人、被告人不应或者不需要追究刑事责任的,应当依法撤销案件,或者不起诉,或者终止审理,或者宣告无罪。公安机关、人民检察院要严格执行刑事诉讼法关于拘留、逮捕条件的规定,不符合条件的坚决不拘、不提请批准逮捕或者决定不批准逮捕。人民检察院对于经过两次补充侦查或者在审判阶段建议补充侦查并经人民法院决定延期审理的案件,不再退回公安机关;对于经过两次补充侦查,仍然证据不足、不符合起诉条件的案件,要依法作出不起诉的决定。公安机关要依法加强对看守所的管理,及时向办案机关通报超期羁押情况。人民法院对于人民检察院提起公诉的案件,经过审理,认为证据不足,不能认定被告人有罪的,要依法作出证据不足、指控的犯罪不能成立的无罪判决。第二审人民法院经过审理,对于事实不清或者证据不足的案件,只能一次裁定撤销原判、发回原审人民法院重新审判;对于经过查证,只有部分犯罪事实清楚、证据充分的案件,只就该部分罪行进行认定和宣判;对于查证以后,仍然事实不清或者证据不足的案件,要依法作出证据不足、指控的犯罪不能成立的无罪判决,不得拖延不决,迟迟不判。

五、严格执行超期羁押责任追究制度。超期羁押侵犯犯罪嫌疑人、被告人的合法权益,损害司法公正,对此必须严肃查处,绝不姑息。本通知发布以后,凡违反刑事诉讼法和本通知的规定,造成犯罪嫌疑人、被告人超期羁押的,对于直接负责的主管人员和其他直接责任人员,由其所在单位或者上级主管机关依照有关规定予以行政或者纪律处分;造成犯罪嫌疑人、被告人超期羁押,情节严重的,对于直接负责的主管人员和其他直接责任人员,依照刑法第三百九十七条的规定,以玩忽职守罪或者滥用职权罪追究刑事责任。

六、对于重大、疑难、复杂的案件,涉外案件,新类型案件以及危害国家安全案件涉及的适用法律问题,应及时报请全国人大常委会作出立法解释或者最高人民法院、最高人民检察院作出司法解释。

四十、如何重新计算侦查羁押期限

[法律依据]

1. 《刑事诉讼法》的相关规定:

第一百二十八条 在侦查期间,发现犯罪嫌疑人另有重要罪行的,自发之日起依照本法第一百二十四条的规定重新计算侦查羁押期限。

犯罪嫌疑人不讲真实姓名、住址,身份不明的,侦查羁押期限自查清其身份之日起计算,但是不得停止对其犯罪行为的侦查取证。对于犯罪事实清楚,证据确实、充分的,也可以按其自报的姓名移送人民检察院审查起诉。

2. 最高人民法院、最高人民检察院、公安部、国家安全部、司法部、全国人大常委会法制工作委员会《关于刑事诉讼法实施中若干问题的规定》的相关规定:

32. 根据刑事诉讼法第一百二十八条的规定,公安机关在侦查期间,发现犯罪嫌疑人另有重要罪行,重新计算侦查羁押期限的,由公安机关决定,不再经人民检察院批准。但须报人民检察院备案,人民检察院可以进行监督。

3. 最高人民检察院《人民检察院刑事诉讼规则》的相关规定:

第二百二十八条 人民检察院在侦查期间发现犯罪嫌疑人另有重要罪行的,自发现之日起依照本规则第二百二十一条的规定重新计算侦查羁押期限。

另有重要罪行是指与逮捕时的罪行不同种的重大犯罪和同种的将影响罪名认定、量刑档次的重大犯罪。

第二百二十九条　人民检察院重新计算侦查羁押期限，应当由侦查部门提出重新计算侦查羁押期限的意见移送本院审查逮捕部门审查。审查逮捕部门审查后应当提出是否同意重新计算侦查羁押期限的意见，报检察长决定。

第二百三十条　对公安机关重新计算侦查羁押期限的备案，由审查逮捕部门审查。审查逮捕部门认为公安机关重新计算侦查羁押期限不当的，应当提出纠正意见，报检察长决定后，通知公安机关纠正。

第二百三十一条　人民检察院直接立案侦查的案件，不能在法定侦查羁押期限内侦查终结的，应当依法释放犯罪嫌疑人或者变更强制措施。

第二百三十二条　人民检察院监所检察部门对于本院直接立案侦查的案件，发现超过侦查羁押期限的，应当提出纠正意见，报告检察长。

第二百三十三条　人民检察院批准、决定延长侦查羁押期限或者决定重新计算侦查羁押期限的，审查逮捕部门应当同时书面告知本院监所检察部门。

4. 公安部《公安机关办理刑事案件程序规定》的相关规定：

第一百三十条　在侦查期间，发现犯罪嫌疑人另有重要罪行的，应当自发现之日起五日内报县级以上公安机关负责人批准后，重新计算侦查羁押期限，制作《重新计算羁押期限通知书》，送达看守所，并报原批准逮捕的人民检察院备案。

第一百三十一条　犯罪嫌疑人不讲真实姓名、住址，身份不明的，侦查羁押期限自查清其身份之日起计算，但是不得停止对其犯罪行为的侦查取证。对犯罪事实清楚、证据确实、充分的，也可以按其自报的姓名移送人民检察院审查起诉。

[实践指导]

理解上述法律规定，需要重点解决以下两个问题：一是对"侦查期间"的理解。有的认为，侦查期间仅限于立案至侦查终结这一段时间。有的认为，侦查期间还包括补充侦查期间。笔者认为第一种观点更具合理性，即在补充侦查期间发现了新的"重要罪行"不能重新计算侦查羁押期限。从立法原意来看，《刑事诉讼法》第128条关于重新计算侦查羁押期限的规定是放在第二章"侦查"这一节中来规定，说明该条针对的是侦查阶段的情况，而不包括审查起诉阶段的情况。从补充侦查的功能来看，补充侦查是对已经侦查终结的案件在犯罪事实和证据方面的补充，只是针对已经侦查终结的案件进行的侦查，并不包括对新发现罪行的侦查，也并非是对全案事实的复查或审查。正因为补充侦查所需时间不会太长，法律上也只对补充侦查规定了一个月的时间。二是对"重要罪行"的理解。有的认为，重要罪行是指能够够得上逮捕的罪行，即可能判处有期徒刑以上刑罚的罪行；有的认为，根据《人民检察院刑事诉讼规则》第228条第2款之规定："另有重要罪行是指与逮捕时的罪行不同种的重大犯罪和同种的将影响罪名认定、量刑档次的重大犯罪。"笔者认为，所谓"重要罪行"，既不是指与原有的罪行相比量刑为重的罪行，也不是指刑法分则中规定的某些重罪，而是能够影响对犯罪嫌疑人定罪量刑的罪行。对于一般的违法行为或者没有证据证明其犯罪事实的，都不能适用本条。发现"重要罪行"而需要重新计算侦查羁押期限实际上相当于对犯罪嫌疑人进行又一次逮捕，因此，对"重要罪行"的理解应该以能够对犯罪实行逮捕为条件，除有证据证明其有犯罪事实以外，还应当以犯罪嫌疑人可能受到的刑罚轻重为标准。

四十一、公安机关移送审查起诉的条件和程序有哪些

[法律依据]

1.《刑事诉讼法》的相关规定：

第一百二十九条 公安机关侦查终结的案件，应当做到犯罪事实清楚，证据确实、充分，并且写出起诉意见书，连同案卷材料、证据一并移送同级人民检察院审查决定。

2. 公安部《公安机关办理刑事案件程序规定》的相关规定：

第二百六十一条 侦查终结的案件，侦查人员应当制作结案报告。

结案报告应当包括以下内容：（一）犯罪嫌疑人的基本情况；（二）是否采取了强制措施及其理由；（三）案件的事实和证据；（四）法律依据和处理意见。

第二百六十二条 侦查终结案件的处理，由县级以上公安机关负责人批准；重大、复杂、疑难的案件应当经过集体讨论决定。

第二百六十三条 侦查终结后，应当将全部案卷材料加以整理，按要求装订立卷。

向人民检察院移送案件时，只移送诉讼卷，侦查卷由公安机关存档备查。技术侦查获取的材料，需要作为证据公开使用时，按照规定采取相应的处理。

第二百六十四条 对于犯罪事实清楚，证据确实、充分，犯罪性质和罪名认定正确，法律手续完备，依法应当追究刑事责任的案件，应当制作《起诉意见书》，经县级以上公安机关负责人批准后，连同案卷材料、证据，一并移送同级人民检察院审查决定。

第二百六十五条 共同犯罪案件的《起诉意见书》，应当写明每个犯罪嫌疑人在共同犯罪中的地位、作用、具体罪责和认罪态度，分别提出处理意见。

第二百六十七条 被害人提出附带民事诉讼的，应当记录在案；移送审查起诉时，应当在《起诉意见书》末页注明。

[实践指导]

侦查终结是指侦查机关对立案侦查的案件，经过一系列的侦查活动，根据已查明的事实、证据，并依据有关的法律规定，足以对案件作出移送审查起诉或撤销案件的结论，从而决定结束侦查的一种诉讼活动。我国《刑事诉讼法》将侦查终结的条件和对案件的处理方式一并表述，缺少科学性。根据现行刑事诉讼法的规定，公安机关对侦查终结的案件有两种处理：一是提出起诉意见；二是撤销案件。

公安机关移送审查起诉的案件必须具备下列三个条件：第一，犯罪事实清楚。犯罪事实清楚是移送起诉的首要条件，是指对于犯罪人、犯罪时间和地点、犯罪动机和目的、犯罪手段、犯罪后果都已经查清，并且没有遗漏犯罪罪行，没有遗漏应当追究刑事责任的其他人。第二，证据确实、充分。证据确实、充分是移送起诉的中心环节，是指案件的证据材料来源可靠，经核对无误，证据与案件事实之间的联系清楚，案内各种证据之间能够相互印证，足以确实证明犯罪嫌疑人的行为已经构成犯罪。第三，法律手续完备。法律手续完备，同样是移送起诉必不可少的条件。法律手续是侦查机关依法办案的依据，也是对侦查工作的一种监督，是侦查工作质量的保证，所以，只有法律手续完备，才可移送起诉。如果发现有遗漏或不符合法律规定之处，应当及时采取有效措施予以补充或改正。以上三个条件必须同时具备，缺一不可。

四十二、公安机关撤销案件的条件和程序有哪些

[法律依据]

1. 《刑事诉讼法》的相关规定：

第一百三十条 在侦查过程中，发现不应对犯罪嫌疑人追究刑事责任的，应当撤销案件；犯罪嫌疑人已被逮捕的，应当立即释放，发给释放证明，并且通知原批准逮捕的人民检察院。

2. 公安部《公安机关办理刑事案件程序规定》的相关规定：

第一百六十八条 经过侦查，发现具有下列情形之一的，应当撤销案件：（一）没有犯罪事实的；（二）情节显著轻微、危害不大，不认为是犯罪的；（三）犯罪已过追诉时效期限的；（四）经特赦令免除刑罚的；（五）犯罪嫌疑人死亡的；（六）其他依法不追究刑事责任的。

第一百六十九条 需要撤销案件的，办案部门应当制作撤销案件报告，报县级以上公安机关负责人批准。

撤销案件报告包括以下内容：（一）原来立案的根据和来源；（二）案件侦查的结果；（三）撤销案件的理由和根据。

公安机关决定撤销案件时，犯罪嫌疑人已被逮捕的，应当立即释放，发给释放证明，并通知原批准逮捕的人民检察院。

[实践指导]

根据法律规定，公安机关在侦查过程中，案件终结前，发现不应对犯罪嫌疑人追究刑事责任的，应当及时终止侦查，撤销案件；如果犯罪嫌疑人已被逮捕的，应当立即释放，发给释放证明，并应将释放情况及原因通知原批准逮捕的人民检察院。这里的"侦查过程中"是指在侦查阶段的整个过程，即何时发现不应对犯罪嫌疑人追究刑事责任，就应何时撤销案件。"不应对犯罪嫌疑人追究刑事责任的"是指经侦查查明的事实不是犯罪的事实，或者虽有犯罪事实，但不是该人所为的，或者属于《刑事诉讼法》第15条规定的不予追诉的情形。

执法中应注意以下几个问题：第一，为保障公民的合法权利，一经发现不应对犯罪嫌疑人追究刑事责任且犯罪嫌疑人已被逮捕的，应当立即释放，不能久押不放；第二，释放被逮捕人的，应当及时通知原批准逮捕的人民检察院，便于人民检察院依法进行监督。

我国《刑事诉讼法》对撤销案件的条件和处理方式的规定仍存在疏漏，比如经过再三侦查，仍然认为事实不清，证据不足的，如何处理法律规定不明确，笔者认为理想的处理方式也应当是撤销案件。

四十三、人民检察院对侦查终结的案件如何处理

[法律依据]

1. 《刑事诉讼法》的相关规定：

第一百三十五条 人民检察院侦查终结的案件，应当作出提起公诉、不起诉或者撤销案件的决定。

2. **最高人民检察院《人民检察院刑事诉讼规则》的相关规定：**

第二百三十四条 经过侦查,认为犯罪事实清楚,证据确实、充分,依法应当追究刑事责任的案件,侦查人员应当写出侦查终结报告,并且制作起诉意见书。

对于犯罪情节轻微,依照刑法规定不需要判处刑罚或者免除刑罚的案件,侦查人员应当写出侦查终结报告,并且制作不起诉意见书。

侦查终结报告和起诉意见书或者不起诉意见书由侦查部门负责人审核,检察长批准。

第二百三十五条 提出起诉意见或者不起诉意见的,侦查部门应当将起诉意见书或者不起诉意见书以及其他案卷材料,一并移送本院审查起诉部门审查。国家或者集体财产遭受损失的,在提出提起公诉意见的同时,可以提出提起附带民事诉讼的意见。

第二百三十六条 上级人民检察院侦查终结的案件,依照刑事诉讼法的规定应当由下级人民检察院提起公诉或者不起诉的,应当将检察委员会的决定、侦查终结报告连同案卷材料、证据移送下级人民检察院,由下级人民检察院按照上级人民检察院检察委员会的决定交侦查部门制作起诉意见书或者不起诉意见书,移送本院审查起诉部门审查。

下级人民检察院审查起诉部门认为应当对案件补充侦查的,可以退回本院侦查部门补充侦查,同时,上级人民检察院侦查部门应当协助进行。

下级人民检察院认为上级人民检察院的决定有错误的,可以向上级人民检察院提请复议,上级人民检察院维持原决定的,下级人民检察院应当执行。

第二百三十七条 侦查过程中,发现具有下列情形之一的,应当由检察人员写出撤销案件意见书,经侦查部门负责人审核后,报请检察长或者检察委员会决定撤销案件:(一)具有刑事诉讼法第15条规定情形之一的;(二)没有犯罪事实的,或者依照刑法规定不负刑事责任和不是犯罪的;(三)虽有犯罪事实,但不是犯罪嫌疑人所为的。

对于共同犯罪的案件,如有符合本条规定情形的犯罪嫌疑人,应当撤销对该犯罪嫌疑人的立案。

第二百三十八条 撤销案件的决定,应当分别送达犯罪嫌疑人所在单位和犯罪嫌疑人。犯罪嫌疑人死亡的,应当送达犯罪嫌疑人原所在单位。如果犯罪嫌疑人在押,应当制作决定释放通知书,通知公安机关依法释放。

第二百三十九条 人民检察院撤销案件时,对犯罪嫌疑人的违法所得应当区分不同情形,作出相应处理:(一)因犯罪嫌疑人死亡而撤销案件的,如果被冻结的犯罪嫌疑人的存款、汇款应当予以没收或者返还被害人,可以申请人民法院裁定,通知冻结机关上缴国库或者返还被害人;因其他原因撤销案件的,直接通知冻结机关上缴国库或者返还被害人。(二)对扣押在人民检察院的犯罪嫌疑人的违法所得需要没收的,应当提出检察建议,移送有关主管机关处理;需要返还被害人的,直接决定返还被害人。

第二百四十条 人民检察院直接立案侦查的共同犯罪案件,如果同案犯罪嫌疑人在逃,但在案犯罪嫌疑人犯罪事实清楚、证据确实、充分的,对本案犯罪嫌疑人应当根据本规则第二百三十四条的规定分别移送审查起诉或者移送审查不起诉。

由于同案犯罪嫌疑人在逃,在案犯罪嫌疑人的犯罪事实无法查清的,对在案犯罪嫌疑人应当根据案件的不同情况分别报请延长侦查羁押期限、变更强制措施或者解除强制措施。

第二百四十一条 侦查过程中,犯罪嫌疑人长期潜逃,采取有效追捕措施仍不能缉拿归案的,或者犯罪嫌疑人患有精神病及其他严重疾病不能接受讯问,丧失诉讼行为能力的,经检察长决定,中止侦查。中止侦查的理由和条件消失后,经检察长决定,应当恢复侦查。

中止侦查期间,如果犯罪嫌疑人在押,对符合延长侦查羁押期限条件的,应当依法延长侦查羁押期限;对侦查羁押期限届满的,应当依法变更为取保候审或者监视居住措施。

第二百四十二条　人民检察院直接立案侦查的案件，对犯罪嫌疑人没有采取取保候审、监视居住、拘留或者逮捕措施的，侦查部门应当在立案后二年以内提出移送审查起诉、移送审查不起诉或者撤销案件的意见；对犯罪嫌疑人采取取保候审、监视居住、拘留或者逮捕措施的，侦查部门应当在解除或者撤销强制措施后一年以内提出移送审查起诉、移送审查不起诉或者撤销案件的意见。

第二百四十三条　人民检察院直接立案侦查的案件，撤销案件以后，又发现新的事实或者证据，认为有犯罪事实需要追究刑事责任的，可以重新立案侦查。

3. 最高人民检察院《关于检察机关侦查工作贯彻刑诉法若干问题的意见》的相关规定：

五、关于侦查终结问题

修改后的刑事诉讼法规定侦查终结的条件是："犯罪事实清楚，证据确实、充分。"同时规定："人民检察院侦查终结的案件，应当作出提起公诉、不起诉或者撤销案件的决定。""人民检察院决定不起诉的案件，应当同时对侦查中扣押、冻结的财物解除扣押、冻结。对被不起诉人需要给予行政处罚、行政处分或者需要没收其违法所得的，人民检察院应当提出检察意见，移送有关主管机关处理。有关主管机关应当将处理结果及时通知人民检察院。"这是就检察机关整体而作出的规定。对于侦查部门来讲，决定侦查终结的案件应该是：对犯罪嫌疑人指控的犯罪事实已经查清，证据确实、充分的案件。侦查部门侦查终结的案件依照法律可以做出以下三种决定：一是对经过侦查，认为犯罪事实清楚、证据确实、充分，足以证实犯罪嫌疑人有罪的案件，作出侦查终结，移送起诉的意见。侦查终结报告和移送起诉意见，经侦查部门负责人同意后，报检察长决定。二是对经过侦查，认为犯罪事实清楚、证据确实、充分，但犯罪情节轻微，依照刑法规定不需要判处刑罚或者免除刑罚的，作出侦查终结，移送不起诉的意见，经侦查部门负责人同意后，报检察长决定。三是对侦查过程中，发现不应当对犯罪嫌疑人追究刑事责任的，应当终止侦查，由侦查人员写出撤销案件意见书，经侦查部门负责人同意后，报请检察长或者检察委员会决定。适用撤销案件决定的主要是指犯罪嫌疑人没有实施犯罪行为或者具有《刑事诉讼法》第15条规定情形之一，不予以追究刑事责任的案件。对于犯罪情节轻微，依照刑法规定不需要判处刑罚的或免除刑罚的，不能适用撤销案件，而只能移送不起诉。这样做一是因为撤销案件与适用不起诉的条件不同。

适用不起诉可以对犯罪嫌疑人做出犯罪情节轻微的定性；另一个原因是，适用不起诉可以较好地与行政处罚、行政处分结合起来，解决好与行政处罚、处分手段的结合问题。

[实践指导]

人民检察院侦查部门对于侦查终结的案件，根据案件情况可以作出三种决定：第一，移送审查起诉。条件是犯罪事实清楚，证据确实、充分，依法需要追究刑事责任，各种法律手续完备。第二，移送审查不起诉。条件是犯罪事实清楚，证据确实、充分，但犯罪情节轻微，依照刑法规定不需要判处刑罚或者免除刑罚的。第三，撤销案件。条件是不应当对犯罪嫌疑人追究刑事责任。适用撤销案件决定的主要是指犯罪嫌疑人没有实施犯罪行为或者具有《刑事诉讼法》第15条规定情形之一，不予以追究刑事责任的案件。对于犯罪情节轻微，依照刑法规定不需要判处刑罚的或免除刑罚的，不能适用撤销案件，而只能移送不起诉。

我国立法对于侦查终结的条件和处理方式的规定仍存在漏洞，比如对于那些经过反复侦查，仍然事实不清，证据不足的案件，即所谓疑案，侦查机关（部门）该如何处理，法律规定不明。不能否认，由于人类认识的主客观条件的限制，某些案件虽然穷尽了现有技术和法律许可范围内的一切侦查手段，仍然难以查清案件真相。而刑事程序一旦启动，就必须作出结案意见。这既是保护被害人和犯罪嫌疑人利益的需要，也是维护社会稳定的需要。将来最合理的制度安排就是规定侦查阶段疑案也可作无罪处理。

四十四、省级以下人民检察院对直接受理侦查案件作撤销案件决定是否需要报上一级人民检察院批准

[法律依据]

最高人民检察院《关于省级以下人民检察院对直接受理侦查案件作撤销案件、不起诉决定报上一级人民检察院批准的规定》（试行）的相关规定：

第二条　省级以下（含省级）人民检察院办理直接受理侦查的案件，拟作撤销案件、不起诉决定的，应当报请上一级人民检察院批准。

第三条　对于人民检察院直接受理侦查的案件，侦查部门经过侦查认为应当撤销案件的，应当制作拟撤销案件意见书。公诉部门经过对侦查部门移送的案件进行审查，认为应当不起诉的，应当制作拟不起诉意见书。

侦查部门、公诉部门应当及时将拟撤销案件意见书或者拟不起诉意见书以及相关材料移送本院人民监督员办公室，接受人民监督员监督。

第四条　人民检察院直接受理侦查的案件，拟撤销案件或者拟不起诉的，经人民监督员履行监督程序，提出表决意见后，侦查部门或者公诉部门应当报请检察长或者检察委员会决定。报送案件时，应当将人民监督员的表决意见一并报送。

按规定报请检察长决定的，检察长如果不同意人民监督员的表决意见，应当提请检察委员会讨论决定。检察长同意人民监督员表决意见的，由检察长决定。

第五条　检察长或者检察委员会同意拟撤销案件意见或者拟不起诉意见的，应当由侦查部门或者公诉部门将拟撤销案件意见书或者拟不起诉意见书，以及人民监督员的表决意见，连同本案全部卷宗材料，在法定期限届满七日之前报上一级人民检察院审查；重大、复杂案件，在法定期限届满十日之前报上一级人民检察院审查。

对于共同犯罪案件，应当将处理同案犯罪嫌疑人的有关法律文书以及案件事实、证据材料复印件等，一并报送上一级人民检察院。

第六条　对于下级人民检察院报请审批的拟撤销案件或者拟不起诉案件，由上一级人民检察院相应侦查部门或者公诉部门承办。上一级人民检察院侦查部门或者公诉部门应当指定专人办理，对案件事实、证据和适用法律进行全面审查，必要时可以讯问犯罪嫌疑人。

第七条　上一级人民检察院侦查部门或者公诉部门审查下级人民检察院报送的拟撤销案件或者拟不起诉案件，应当提出是否同意撤销案件或者不起诉的意见，连同下级人民检察院人民监督员的表决意见，报请检察长或者检察委员会决定。

第八条　上一级人民检察院审查下级人民检察院报送的拟撤销案件或者拟不起诉案件，应当于收到案件七日内书面批复下级人民检察院；重大、复杂案件，应当于收到案件十日内书面批复下级人民检察院。情况紧急或者因其他特殊原因不能按时送达的，可以先电话通知下级人民检察院执行，随后送达书面批复。

第九条　上一级人民检察院批准撤销案件或者不起诉的，下级人民检察院应当作出撤销案件或者不起诉的决定，并制作撤销案件决定书或者不起诉决定书。上一级人民检察院不批准撤销案件或者不起诉的，下级人民检察院应当执行上一级人民检察院的决定。

四十五、补充侦查的种类有哪些

[法律依据]

《刑事诉讼法》的相关规定：

第六十八条 人民检察院对于公安机关提请批准逮捕的案件进行审查后，应当根据情况分别作出批准逮捕或者不批准逮捕的决定。对于批准逮捕的决定，公安机关应当立即执行，并且将执行情况及时通知人民检察院。对于不批准逮捕的，人民检察院应当说明理由，需要补充侦查的，应当同时通知公安机关。

第一百四十条 人民检察院审查案件，可以要求公安机关提供法庭审判所必需的证据材料。

人民检察院审查案件，对于需要补充侦查的，可以退回公安机关补充侦查，也可以自行侦查。

对于补充侦查的案件，应当在一个月以内补充侦查完毕。补充侦查以二次为限。补充侦查完毕移送人民检察院后，人民检察院重新计算审查起诉期限。

对于补充侦查的案件，人民检察院仍然认为证据不足，不符合起诉条件的，可以作出不起诉的决定。

第一百六十五条 在法庭审判过程中，遇有下列情形之一，影响审判进行的，可以延期审理：（一）需要通知新的证人到庭，调取新的物证，重新鉴定或者勘验的；（二）检察人员发现提起公诉的案件需要补充侦查，提出建议的；（三）由于当事人申请回避而不能进行审判的。

第一百六十六条 依照本法第一百六十五条第二项的规定延期审理的案件，人民检察院应当在一个月以内补充侦查完毕。

[实践指导]

补充侦查，是指公安机关或者人民检察院依照法定程序，在原有侦查工作的基础上，就案件的部分事实、情节继续进行侦查的诉讼活动。根据我国刑事诉讼法的上述规定，补充侦查在程序上有以下三种：

第一，审查批捕阶段的补充侦查。

根据《刑事诉讼法》第68条的规定，人民检察院对于公安机关提请批准逮捕的案件进行审查后，应当根据情况分别作出批准逮捕或者不批准逮捕的决定。对于批准逮捕的决定，公安机关应当立即执行，并且将执行情况及时通知人民检察院。对于不批准逮捕的，人民检察院应当说明理由，需要补充侦查的，应当同时通知公安机关。最高人民法院、最高人民检察院、公安部、国家安全部、司法部、全国人大常委会法制工作委员会《关于刑事诉讼法实施中若干问题的规定》第27条对《刑事诉讼法》第68条解释为"人民检察院审查公安机关提请批准逮捕的案件，应当作出批准或者不批准逮捕的决定，对报请批准逮捕的案件不另行侦查"。笔者认为，这一规定实际上已取消了审查批捕阶段的退回补充侦查程序。但这在法理上是欠妥的，对刑事诉讼法的修改应当由国家权力机关通过立法程序进行。

第二，审查起诉阶段的补充侦查。

根据《刑事诉讼法》第140条的规定，补充侦查的情况有两种：如果是由公安机关侦查终结，人民检察院审查之后，需要补充侦查时，既可以决定将案件退回公安机关补充侦查，也可以决定自行侦查。如果是人民检察院自行侦查终结的案件需要补充侦查的，则不能退由公安机关补充侦查；对于退回公安机关补充侦查的案件，应当在一个月以内补充侦查完毕，人民检察院审查起诉的期限从案件补充侦查完毕移送起诉之日起重新计算。人民检察院审查起诉中决定自行侦查的，应当在审查起诉期限内侦查完毕；补充侦查的次数不得超过2次，这既指退回公安机关补充侦查的案件，也包括人民检察院决定退回侦查部门补充侦查的案件；经过补充侦查的案件，人民检察院仍然认为证据不足，不符合起诉条件的，可以作出不起诉的决定。其目的在于维护犯罪嫌疑人的合法权益，防止案件久拖不决，提高诉讼效率。

第三，法庭审判阶段的补充侦查。

根据《刑事诉讼法》第165条和第166条的规定，在法庭审理过程中，检察人员发现提起公诉的案件需要补充侦查，并提出补充侦查建议的，人民法院可以延期审理，补充侦查应当在1个月以内完毕。可见，法庭审理阶段补充侦查只有人民检察院依法提出建议，人民法院才能作出延期审理的决定。人民法院不能主动将案件退回人民检察院补充侦查。至于补充侦查的方式，一般由人民检察院自行侦查，必要时可以要求公安机关协助。补充侦查的期限不能超过1个月。

四十六、人民检察院如何进行侦查监督

[法律依据]

最高人民检察院《人民检察院刑事诉讼规则》的相关规定：

第三百八十一条 侦查监督主要发现和纠正以下违法行为：（一）对犯罪嫌疑人刑讯逼供、诱供的；（二）对被害人、证人以体罚、威胁、诱骗等非法手段收集证据的；（三）伪造、隐匿、销毁、调换或者私自涂改证据的；（四）徇私舞弊，放纵、包庇犯罪分子的；（五）故意制造冤、假、错案的；（六）在侦查活动中利用职务之便谋取非法利益的；（七）在侦查过程中不应当撤案而撤案的；（八）贪污、挪用、调换所扣押、冻结的款物及其孳息的；（九）违反刑事诉讼法关于决定、执行、变更、撤销强制措施规定的；（十）违反羁押和办案期限规定的；（十一）在侦查中有其他违反刑事诉讼法有关规定的行为的。

第三百八十二条 人民检察院审查逮捕部门、审查起诉部门在审查逮捕、审查起诉中，应当审查公安机关的侦查活动是否合法。发现违法情况，应当提出意见通知公安机关纠正。构成犯罪的，移送有关部门依法追究刑事责任。

监所检察部门发现侦查中违反法律规定的羁押和办案期限规定的，应当依法提出纠正违法意见。

第三百八十三条 人民检察院根据需要可以派员参加公安机关对于重大案件的讨论和其他侦查活动，发现违法行为，应当及时通知纠正。

第三百八十四条 诉讼参与人对于侦查机关或者侦查人员侵犯其诉讼权利和人身侮辱的行为提出控告的，人民检察院应当受理，并及时审查，依法处理。

第三百八十五条 对于公安机关执行人民检察院批准或者不批准逮捕决定的情况，以及释放被逮捕的犯罪嫌疑人或者变更逮捕措施的情况，人民检察院发现有违法情形的，应当通知纠正。

第三百八十六条 人民检察院发现公安机关或者公安人员在侦查或者决定、执行、变更、撤销强制措施等活动中有违法情形的，应当及时提出纠正意见。

对于情节较轻的违法情形，由检察人员以口头方式向侦查人员或者公安机关负责人提出纠正，并及时向本部门负责人汇报；必要的时候，由部门负责人提出。

对于情节较重的违法情形，应当报请检察长批准后，向公安机关发出纠正违法通知书。

第三百八十七条 人民检察院发出纠正违法通知书的，应当根据公安机关的回复，监督落实情况；没有回复的，应当督促公安机关回复。

第三百八十八条 人民检察院提出的纠正意见不被接受的，应当向上一级人民检察院报告，并抄报上一级公安机关。上级人民检察院认为下级人民检察院意见正确的，应当通知同级公安机关督促下级公安机关纠正；上级人民检察院认为下级人民检察院纠正违法的意见错误的，应当通知下级人民检察院撤销纠正违法通知书，并通知同级公安机关。

第三百八十九条 人民检察院审查逮捕部门、审查起诉部门发现侦查人员在侦查活动中的违法行为情节严重，构成犯罪的，应当移送本院侦查部门审查，并报告检察长。侦查部门审查后应当提出是否立案侦查的意见，报请检察长决定。对于不属于人民检察院管辖的，应当移送有管辖权的机关处理。

第三百九十条 人民检察院审查逮捕部门或者审查起诉部门对本院侦查部门侦查或者决定、执行、变更、撤销强制措施等活动中的违法行为，应当根据情节分别处理。情节较轻的，可以直接向侦查部门提出纠正意见；情节较重或者需要追究刑事责任的，应当报告检察长决定。

[实践指导]

宪法和法律赋予检察机关的一项重要职能是侦查监督权。侦查监督是指人民检察院对公安机关等侦查机关的侦查活动是否合法所进行的法律监督，是检察机关与侦查机关在诉讼活动中分工负责、互相配合、互相制约的具体体现，它对于确保司法公正和维护社会稳定具有重要意义。

上述规定主要解决三方面问题，一是侦查监督的主要内容，即对侦查活动合法性的监督；二是侦查监督的途径，即主要通过审查批捕和审查起诉以及派员参加公安机关对于重大案件的讨论和其他侦查活动进行监督，发现违法行为，及时通知纠正；三是对侦查违法行为的处理。主要是发出纠正违法通知，及时提出纠正意见。

尽管如此，现有规定仍存在不完善之处，如侦查监督的范围不够明确，强调对侦查活动合法性的监督，并没有明确将适用法律是否正确纳入侦查监督范围；监督方式不尽科学有效，目前侦查监督的方式主要是通过书面审查侦查机关移送的案卷材料进行监督，事实上侦查活动中的违法情况，显然不可能全部反映在案卷材料中；侦查监督的法律后果不明确：只规定公安机关应将执行检察机关所作决定的情况通知检察机关，而没有进一步明确公安机关拒不纠正违法，或者拒不执行检察机关所作决定之后应当承担什么样法律后果；检察引导侦查的基础不牢，公安机关不配合，等等。

目前，在实际运作方面强化侦查监督，可以考虑如下主要措施：第一，将侦查监督工作延伸到从立案到侦查终结或撤销案件的全过程，对于每一个案件的侦查，从决定立案时起实施监督，直至侦查终结或者撤销案件；第二，侦查监督工作涵盖所有案件的侦查，即将所有刑事案件的侦查纳入侦查监督的范围，不但监督大案、要案，而且监督小案；第三，侦查监督与侦查活动"同步"进行，改变监督滞后的局面。因为事后监督、书面监督难以发挥引导侦查的作用，导致侦查任务与起诉目的脱节，侦查终结后难以起诉的现象普遍存在，而且也难以发现侦查活动中的违法行为;第四,进行"动态"的侦查监督。检察机关要彻底改变单纯等待提请批准逮捕、等待移送审查起诉的工作模式,变"静态"为动态,和公安机关互通信息,及时掌握侦查进展情况和侦查中的重大事项。此外,要逐案跟踪批捕或不批捕决定的执行情况及变更、撤销逮捕的情况,对不执行批捕或不批捕决定以及违法变更、撤销逮捕的,及时监督纠正。对因事实不清、证据不足而不予批捕并附补查提纲的,要加强对公安机关补查情况的跟踪监督,及时催办,发现问题及时纠正并查明原因,防止案件流失。

四十七、人民监督员有权对人民检察院查办的哪些案件实行监督

[法律依据]

1. 最高人民检察院《关于实行人民监督员制度的规定(试行)》的相关规定:

第十三条 人民监督员对人民检察院查办职务犯罪案件的下列情形实施监督:(一)犯罪嫌疑人不服逮捕决定的;(二)拟撤销案件的;(三)拟不起诉的。

涉及国家秘密或者经特赦令免除刑罚以及犯罪嫌疑人死亡的职务犯罪案件不适用前款规定。

第十四条 人民监督员发现人民检察院在查办职务犯罪案件中具有下列情形之一的,可以提出意见:(一)应当立案而不立案或者不应当立案而立案的;(二)超期羁押的;(三)违法搜查、扣押、冻结的;(四)应当给予刑事赔偿而不依法予以确认或者不执行刑事赔偿决定的;(五)检察人员在办案中有徇私舞弊、贪赃枉法、刑讯逼供、暴力取证等违法违纪情况的。

2. 最高人民检察院《关于人民监督员监督"五种情形"的实施规则(试行)》的相关规定:

第二条 本规则所称"五种情形",是指《试行规定》第十四条规定的下列情形:(一)应当立案而不立案或者不应当立案而立案的;(二)超期羁押的;(三)违法搜查、扣押、冻结的;(四)应当给予刑事赔偿而不依法予以确认或者不执行刑事赔偿决定的;(五)检察人员在办案中有徇私舞弊、贪赃枉法、刑讯逼供、暴力取证等违法违纪情况的。

人民监督员对"五种情形"提出监督意见的,人民检察院应当按照本规则的规定,接受人民监督员的监督。

对于人民监督员提出的监督意见,人民检察院各有关部门应当分工负责,互相配合,依法公正处理。

[实践指导]

上述规定中所称的职务犯罪嫌疑人不服逮捕决定、拟撤销案件、拟不起诉"三类案件"和"五种情形"都是检察机关在查办职务犯罪过程中应该主动接受人民监督员监督的内容,也都是检察机关在执法过程中发生问题较多、人民群众反映比较突出的问题,将其纳入监督范围的目的就是要进一步规范检察机关的自身执法行为,提高检察机关的法律监督能力,更好地维护社会公平与正义。"三类案件"监督的对象是具体的个案,而"五种情形"的监督是对检察机关司法活动的评价。"三类案件"属于检察环节司法结果方面的内容,"五种情形"属于司法程序和司法行为的范畴。从监督的程序和形式上看,"三类案件"监督是对"事"的监督,人民监督员从社情民意和社会正义的角度,通过独立的监督评议程序,可以提出同意或

不同意检察机关对具体案件的拟处理决定的意见,供检察机关参考。"五种情形"监督则主要是针对"人"的监督,监督办案人员是否具有"五种情形"规定的违法违纪情形,一旦发现并被确认,将直接导致相关办案人员承担违法行为的相应责任,从而促使办案人员规范地查办案件,提高执法水平和办案质量。

人民监督员行使监督权,其前提是必须有充分的知情权。具体如何落实知情权,从检察机关角度来说,一是加强宣传监督"三类案件"和"五种情形"的规定,让人民监督员以及社会充分了解"三类案件"和"五种情形"监督的内容及程序;二是在严格遵守法律规定、切实执行该"实施规则"的前提下,大胆探索、积极创新,采取多种形式,为人民监督员提供各种便利条件,畅通监督信息。如邀请人民监督员参与执法检查、列席有关会议,建立有关情况通报制度等。从监督者的角度来说,人民监督员可以利用自身从事社会活动等多种形式了解社会各界信息,掌握足够的信息源,使监督更有针对性、实效性。

第十一章 起 诉

一、人民检察院审查起诉的内容有哪些规定

[法律依据]

1. 《刑事诉讼法》的相关规定:

第一百三十七条 人民检察院审查案件的时候,必须查明:(一)犯罪事实、情节是否清楚,证据是否确实、充分,犯罪性质和罪名的认定是否正确;(二)有无遗漏罪行和其他应当追究刑事责任的人;(三)是否属于不应追究刑事责任的;(四)有无附带民事诉讼;(五)侦查活动是否合法。

2. 最高人民检察院《人民检察院刑事诉讼规则》的相关规定:

第二百四十五条 人民检察院对于公安机关移送审查起诉的案件,应当在收到起诉意见书后,指定检察人员审查以下内容:(一)案件是否属于本院管辖;(二)起诉意见书以及案卷材料是否齐备;案卷装订、移送是否符合有关要求和规定,诉讼文书、技术性鉴定材料是否单独装订成卷等;(三)对作为证据使用的实物是否随案移送,移送的实物与物品清单是否相符;(四)犯罪嫌疑人是否在案以及采取强制措施的情况。

第二百五十条 人民检察院审查移送起诉的案件,必须查明:(一)犯罪嫌疑人身份状况是否清楚,包括姓名、性别、国籍、出生年月日、职业和单位等;(二)犯罪事实、情节是否清楚,认定犯罪性质和罪名的意见是否正确;有无法定的从重、从轻、减轻或者免除处罚的情节;共同犯罪案件的犯罪嫌疑人在犯罪活动中的责任的认定是否恰当;(三)证据材料是否随案移送,不宜移送的证据的清单、复制件、照片或者其他证明文件是否随案移送;(四)证据是否确实、充分;(五)有无遗漏罪行和其他应当追究刑事责任的人;(六)是否属于不应

当追究刑事责任的；（七）有无附带民事诉讼；对于国家财产、集体财产遭受损失的，是否需要由人民检察院提起附带民事诉讼；（八）采取的强制措施是否适当；（九）侦查活动是否合法；（十）与犯罪有关的财物及其孳息是否扣押、冻结并妥善保管，以供核查。对被害人合法财产的返还和对违禁品或者不宜长期保存的物品的处理是否妥当，移送的证明文件是否完备。

3. 最高人民检察院《人民检察院办理起诉案件质量标准（试行）》的相关规定：

一、办理案件质量标准：（一）指控的犯罪事实清楚：（1）指控的被告人的身份，实施犯罪的时间、地点、手段、动机、目的、后果以及其他影响定罪量刑的事实、情节清楚；（2）无遗漏犯罪事实；（3）无遗漏被告人。（二）证据确实、充分：（1）证明案件事实和情节的证据合法有效；（2）证明犯罪构成要件的事实和证据确实、充分；（3）据以定罪的证据之间不存在矛盾或者矛盾能够合理排除；（4）根据证据得出的结论具有排他性。（三）适用法律正确：（1）认定的犯罪性质和罪名准确；（2）认定的一罪或者数罪正确；（3）认定从重、从轻、减轻或者免除处罚的法定情节准确；（4）认定共同犯罪的各被告人在犯罪活动中的作用和责任恰当；（5）引用法律条文准确、完整。（四）诉讼程序合法：（1）本院有案件管辖权；（2）符合回避条件的人员应当依法回避；（3）强制措施适用恰当；（4）依法讯问了犯罪嫌疑人，听取了被害人和犯罪嫌疑人、被害人委托的人的意见；（5）在法定期限内审结；（6）遵守法律、法规规定的其他办案程序。（五）其他质量标准：（1）造成国家财产、集体财产损失，需要由人民检察院提起附带民事诉讼的，应当依法提起；（2）对侦查、审判活动中的违法行为依法提出了纠正意见；（3）需要向有关部门提出检察意见或书面纠正意见的已经提出；（4）依法应当移送或者作出处理的有关证据材料、扣押款物、非法所得及其孳息等，已移送有关机关或者依法作出了处理，证明文件完备；（5）对人民法院确有错误的判决、裁定已依法提出抗诉；（6）法律文书、工作文书规范。

[实践指导]

审查起诉，是指人民检察院对侦查终结需要提起公诉的案件进行审查，决定是否将其起诉到人民法院审判的诉讼活动，是检察机关侦查监督权的法定内容。

人民检察院审查内容主要包括：

"犯罪事实、情节"是指犯罪嫌疑人实施犯罪行为的过程、手段、后果、因果关系及犯罪的动机、目的等。"证据是否确实、充分"是指用以证明案件事实的证据是否真实可靠，能否反映案件的真实情况，取得的证据能否足以证实侦查终结认定的犯罪事实和情节。"犯罪性质和罪名的认定"是指根据犯罪事实对犯罪性质的认定和依据刑法对罪名的认定，他直接反映适用法律的准确性。正确适用法律，准确认定犯罪性质，才能正确定罪量刑，对犯罪性质和罪名的认定是人民检察院审理案件的重要内容。

"有无遗漏罪行"是指有没有应当发现而没有发现，或者应当认定而没有认定的犯罪嫌疑人的罪行。"其他应当追究刑事责任的人"是指除已被移送审查起诉的犯罪嫌疑人以外，其他应当追究刑事责任的同案犯。审查起诉中，如果发现有遗漏罪行或者发现有其他应当追究刑事责任的人时，应当要求侦查机关补充侦查，必要时也可以自行侦查。

"不应追究刑事责任的"是指没有犯罪事实的，以及具有刑法规定的不负刑事责任情形的，如未达到刑事责任年龄，无刑事责任能力的，或者有《刑事诉讼法》第15条规定不应追究刑事责任的情形的之一的，人民检察院审查案件中发现有不应追究刑事责任的，应当依法作出不起诉的决定。

"附带民事诉讼"是指在刑事诉讼中追究犯罪嫌疑人刑事责任的同时，为解决由犯罪嫌疑人犯罪行为造成被害人的物质损失而进行民事赔偿的诉讼活动。审查有无附带民事诉讼，主要是审查是否由于犯罪行为使被害人遭受物质损失，对被告人应当提起附带民事诉讼而没有提起，可以告知被害人有权提起附带民事诉讼；对国家、集体物质财产遭受损失应当提起附带民事诉讼而没有提起的，人民检察院在提起诉讼的时候，可以提起附带民事诉讼。

"侦查活动是否合法"是指人民检察院通过审查案卷材料、提审犯罪嫌疑人、询问证人、被害人等诉讼活动，了解侦查活动是否按法律规定的原则和程序进行，有无违法情况，包括是否违反法定程序；在侦查活动中是否侵犯了当事人及其他诉讼参与人的诉讼权利和其他合法权益；侦查人员有无违法乱纪的行为等。

二、审查起诉阶段，对人民检察院退回补充侦查的规定有哪些

[法律依据]

1. 《刑事诉讼法》的相关规定：

第一百四十条　人民检察院审查案件，可以要求公安机关提供法庭审判所必需的证据材料。

人民检察院审查案件，对于需要补充侦查的，可以退回公安机关补充侦查，也可以自行侦查。

对于补充侦查的案件，应当在一个月以内补充侦查完毕。补充侦查以二次为限。补充侦查完毕移送人民检察院后，人民检察院重新计算审查起诉期限。

对于补充侦查的案件，人民检察院仍然认为证据不足，不符合起诉条件的，可以作出不起诉的决定。

2. 最高人民检察院《人民检察院刑事诉讼规则》的相关规定：

第二百六十五条　严禁以非法的方法收集证据。以刑讯逼供或者威胁、引诱、欺骗等非法的方法收集的犯罪嫌疑人供述、被害人陈述、证人证言，不能作为指控犯罪的根据。

人民检察院审查起诉部门在审查中发现侦查人员以非法方法收集犯罪嫌疑人供述、被害人陈述、证人证言的，应当提出纠正意见，同时应当要求侦查机关另行指派侦查人员重新调查取证，必要时人民检察院也可以自行调查取证。

侦查机关未另行指派侦查人员重新调查取证的，可以依法退回侦查机关补充侦查。

第二百六十六条　人民检察院认为犯罪事实不清、证据不足或者遗漏罪行、遗漏同案犯罪嫌疑人等情形，认为需要补充侦查的，应当提出具体的书面意见，连同案卷材料一并退回公安机关补充侦查；人民检察院也可以自行侦查，必要时可以要求公安机关提供协助。

第二百六十七条　人民检察院审查起诉部门对本院侦查部门移送审查起诉的案件审查后，认为犯罪事实不清、证据不足或者遗漏罪行、遗漏同案犯罪嫌疑人等情形，认为需要补充侦查的，应当向侦查部门提出补充侦查的书面意见，连同案卷材料一并退回侦查部门补充侦查。

第二百六十八条第一、二款　对于退回公安机关补充侦查的案件，应当在一个月以内补充侦查完毕。

补充侦查以二次为限。补充侦查完毕移送审查起诉后，人民检察院重新计算审查起诉期限。人民检察院审查起诉部门退回本院侦查部门补充侦查的期限、次数参照前款规定执行。

[实践指导]

第一，关于人民检察院可以要求公安机关提供法庭审判所必需的证据材料的规定。这里

所谓"提供法庭审判所必需的证据材料"并不是补充侦查,而是指对案件事实已经查清,但尚有个别证据需要查证,没有完全达到庭审的要求,而又不必要补充侦查的案件,人民检察院可以要求公安机关提供这些个别的证据材料。

第二,关于人民检察院如何处理需要补充侦查的案件。对于需要补充侦查的,有两条途径解决,一是退回公安机关,二是自行侦查。"退回公安机关补充侦查"是指对那些犯罪事实不清、证据不足,或者有遗漏罪行和其他需要追究刑事责任的人,可能影响对犯罪嫌疑人定罪量刑的案件,可以将案件退回公安机关,由公安机关进行补充性侦查;"可以自行侦查"是指案件只是有部分证据需要查证,而自己又有能力侦查的或者自行侦查更有利于案件正确处理的案件由人民检察院自己补充侦查。

第三,关于补充侦查的时限。补充侦查应当在一个月以内完成,补充侦查的期间从侦查机关接到补充侦查的案件第二日起计算。同时规定补充侦查以二次为限,补充侦查完毕移送人民检察院后,重新计算审查起诉期限。检察人员必须严格掌握补充侦查的案件,不得滥用补充侦查,随意延长办案期限。

第四,关于补充侦查后仍然证据不足如何处理。案件经补充侦查后,人民检察院仍然认为证据不足,不符合起诉条件的,可以作出不起诉的决定。其中"仍然认为证据不足,不符合起诉条件的"包含二层意思,一是指经过一次退回补充侦查,认为该案证明犯罪的证据不足,不符合起诉条件,且没有必要再补充侦查的,可以作出不起诉的决定;二是指经过二次退回补充侦查后,证据仍然补侦不足,应当作出不起诉的决定。目的在于维护犯罪嫌疑人的合法权益,防止案件久拖不决,提高诉讼效率。

三、提起公诉的条件有哪些

[法律依据]

1.《刑事诉讼法》的相关规定:
第一百四十一条 人民检察院认为犯罪嫌疑人的犯罪事实已经查清,证据确实、充分,依法应当追究刑事责任的,应当作出起诉决定,按照审判管辖的规定,向人民法院提起公诉。

2. 最高人民检察院《人民检察院刑事诉讼规则》的相关规定:
第二百四十八条 各级人民检察院提起公诉的案件,应当与人民法院审判管辖相适应。

人民检察院受理同级公安机关移送审查起诉的案件,经审查认为属于上级人民法院管辖的第一审案件时,应当写出审查报告,连同案卷材料报送上一级人民检察院,同时通知移送审查起诉的公安机关;认为属于同级其他人民法院管辖的第一审案件时,应当写出审查报告,连同案卷材料移送有管辖权的人民检察院或者报送共同的上级人民检察院指定管辖,同时通知移送审查起诉的公安机关。

上级人民检察院受理同级公安机关移送审查起诉案件,认为属于下级人民法院管辖时,可以直接交下级人民检察院审查,由下级人民检察院向同级人民法院提起公诉,同时通知移送审查起诉的公安机关。

一人犯数罪,共同犯罪和其他需要并案审理的案件,只要其中一人或一罪属于上级人民检察院管辖的,全案由上级人民检察院审查起诉。

第二百七十九条 人民检察院对案件进行审查后,认为犯罪嫌疑人的犯罪事实已经查清,证据确实、充分,依法应当追究刑事责任的,应当作出起诉决定。

具有下列情形之一的，可以确认犯罪事实已经查清：（一）属于单一罪行的案件，查清的事实足以定罪量刑或者与定罪量刑有关的事实已经查清，不影响定罪量刑的事实无法查清的；（二）属于数个罪行的案件，部分罪行已经查清并符合起诉条件，其他罪行无法查清的；（三）无法查清作案工具、赃物去向，但有其他证据足以对被告人定罪量刑的；（四）证人证言、犯罪嫌疑人供述和辩解、被害人陈述的内容中主要情节一致，只有个别情节不一致且不影响定罪的。

对于符合第（二）项情形的，应当以已经查清的罪行起诉。

第二百八十条 人民检察院在办理公安机关移送起诉的案件中，发现遗漏依法应当移送审查起诉同案犯罪嫌疑人的，应当建议公安机关补充移送审查起诉；对于犯罪事实清楚，证据确实、充分的，人民检察院也可以直接提起公诉。

[实践指导]

根据以上规定，检察机关提起公诉的条件可分为实体条件、政策条件和程序条件。

提起公诉的实体条件：一是犯罪嫌疑人的犯罪事实已经查清，证据确实、充分；二是依法应当追究刑事责任。

提起公诉的程序条件：一是检察院对提起公诉的案件具有管辖权；二是被告人在案。

提起公诉的政策条件：是实现公诉个别化的要求。当犯罪情节轻微、依法可以起诉也可以不起诉的情况下，检察机关应当贯彻国家的刑事政策，综合考虑犯罪的性质、情节、后果、被害人态度及社会影响等因素。如果认为提起公诉更符合公共利益，即应提起公诉；反之，应当不起诉。

四、属于起诉错误的情形有哪些

[法律依据]

最高人民检察院《人民检察院办理起诉案件质量标准（试行）》的相关规定：

二、具有下列情形之一的，属于起诉错误：1.本院没有案件管辖权；2.对不构成犯罪的或者具有刑事诉讼法第十五条规定的情形不应当被追究刑事责任的人提起公诉；3.认定事实、情节有误，或者适用法律不当，严重影响定罪量刑的；4.法院作出无罪判决，经审查确认法院判决正确的；5.起诉后，事实和证据没有变化而撤回起诉的；6.适用强制措施不当造成严重后果的；7.具有其他严重违反法律规定情形的。

五、属于漏诉的情形有哪些

[法律依据]

最高人民检察院《人民检察院办理起诉案件质量标准（试行）》的相关规定：

三、具有下列情形之一的，为漏诉：1.依法应当起诉的案件而作不起诉处理，或者经检察机关建议侦查机关（部门）作撤案处理的；2.有明显的犯罪线索，审查中应当发现被告人的其他犯罪事实或者应当发现有其他应负刑事责任的人而未发现；或者虽已发现而未向侦查机关（部门）提出补充移送审查起诉建议或未直接追加起诉的；3.遗漏部分犯罪事实的。

六、属于起诉质量不高的情形有哪些

[法律依据]

最高人民检察院《人民检察院办理起诉案件质量标准(试行)》的相关规定：

四、有下列情形之一的，为起诉质量不高：

1. 认定事实或情节有误，但不影响全案处理的；2. 遗漏认定从重、从轻、减轻或者免除处罚的法定情节的；3. 对共同犯罪的各被告人在犯罪活动中的作用和责任认定不恰当的；4. 因工作失误，在法院判决前变更起诉或者追加起诉的；5. 引用法律条文不准确或者不完整，但不影响定罪量刑的；6. 出庭公诉有明显失误，影响定罪量刑的；7. 依法应当回避的人员没有依法回避的；8. 没有依法讯问犯罪嫌疑人，或者没有依法听取被害人及其委托人、犯罪嫌疑人及其委托人的意见的；9. 超过了法定期限或者违反了其他办案程序，但不属于工作重大失误的；10. 适用强制措施不当，但后果不严重的；11. 依法应当提起附带民事诉讼而没有提起的；12. 对侦查、审判活动中的违法行为没有依法提出纠正意见的；13. 应当向有关部门提出检察意见或书面纠正意见而没有依法提出的；14. 依法应当移送或者作出处理的有关证据材料、扣押款物、非法所得及其孳息等，没有移送有关机关，或者没有依法作出处理，证明文件不完备的；15. 对人民法院确有错误的判决、裁定依法应当抗诉而没有提出抗诉的；16. 法律文书或者工作文书不规范的；17. 具有其他违反法律规定的情形，但不属于工作重大失误的。

七、对于公安机关移送审查起诉的案件，发现犯罪嫌疑人没有违法犯罪行为的或犯罪事实并非犯罪嫌疑人所为的检察机关应如何处理

[法律依据]

最高人民检察院《人民检察院刑事诉讼规则》的相关规定：

第二百六十二条 对于公安机关移送审查起诉的案件，发现犯罪嫌疑人没有违法犯罪行为的，应当书面说明理由将案卷退回公安机关处理；发现犯罪事实并非犯罪嫌疑人所为的，应当书面说明理由将案卷退回公安机关并建议公安机关重新侦查。如果犯罪嫌疑人已经被逮捕，应当撤销逮捕决定，通知公安机关立即释放。

第二百六十三条 审查起诉部门对于本院侦查部门移送审查起诉的案件，发现具有本规则第262条规定的情形之一的，应当退回本院侦查部门建议作出撤销案件的处理。

[实践指导]

对于犯罪嫌疑人没有违法犯罪行为，或者发现犯罪事实并非犯罪嫌疑人所为应如何处理，刑事诉讼法没有规定，而《人民检察院刑事诉讼规则》中规定，应当退回侦查机关处理。检察机关之所以对上述案件采取这种程序倒流的处理方式，主要是因为对绝对无罪人作不起诉决定缺乏法律依据。但这种程序倒流的不正常现象又显然不利于实现《刑事诉讼法》第2条所规定的保障无罪的人不受刑事追究的任务，不能体现发现错误及时纠正的精神，违背了司法公正原则。同时，由于无罪之人长时间处于刑事诉讼状态，不能及时结案，不仅增加了司

法投入，加大了成本，也影响了对真正犯罪嫌疑人的追究，影响了刑事诉讼的实际效果，因而违背了法律程序的效益价值原则。此种情形属于完全无罪情形，理应作无罪不起诉处理才较妥当。因此，建议刑事诉讼法应当增加无罪不起诉这一处理方式，以弥补立法上的漏洞。

八、对正当防卫是否可以适用法定不起诉

[实践指导]

检察机关在审查起诉阶段，发现公安机关移送审查起诉的犯罪嫌疑人的行为属于正当防卫的行为，检察机关应如何处理？对这一问题有两种意见。

第一种意见认为，应作出法定不起诉处理。理由是虽然《刑事诉讼法》第15条以列举方式对法定不起诉的范围进行了框定并认为法定不起诉包括所有不构成犯罪的情况。若将案件退回公安机关作撤案处理，程序回流，既造成司法资源的浪费，也不利于犯罪嫌疑人权利的保障。

第二种意见认为，应根据《人民检察院刑事诉讼规则》第262条的规定，将案件退回公安机关处理。理由是正当防卫属于"不负刑事责任"的情形，而不属于《刑事诉讼法》第15条规定的"不追究刑事责任"的情形，将其作法定不起诉处理于法无据。而且将不是犯罪的正当防卫行为，与"不认为是犯罪"的行为以及其他已经构成犯罪但"免予追究刑事责任"的行为混为一谈，显然不合理。

笔者同意第二种意见。处理这一问题出现争议首先是法律规定的不完善造成的。刑事诉讼法规定检察机关在审查起诉的刑事诉讼过程中最终只能作出起诉或不起诉的决定。对于已经认定是正当防卫的行为人，如将其起诉到法院由法院作出无罪判决，显然是极其不合理的司法行为，而且也不符合法律规定的起诉条件。正当防卫行为又不属于《刑事诉讼法》第15条规定的是法定的不起诉情形，而且，按立法精神，只有法律明文列举的六种情形下，检察机关才能作出不起诉决定，没有选择和裁量的余地，除此六种情形外，检察机关不能适用此条作出不起诉决定，检察机关作为司法机关不能越权对此条作扩张解释，这是"法定不起诉"的法律含义。正当防卫显然不是《刑事诉讼法》第15条第（1）至（5）项规定的行为，而且正当防卫也不是法律规定免予追究刑事责任的行为，因为免予追究刑事责任是以应当追究刑事责任为前提的，而法律规定正当防卫是不负刑事责任，属于不应当追究刑事责任的范畴。

另外，对于法定不起诉的情形，国家赔偿法规定属于国家赔偿的免责事由之一，人民检察院刑事赔偿工作规则规定属于请求赔偿的违法侵犯人身权情形应当依法不予确认的一种。如果正当防卫的行为人，被逮捕羁押后由检察机关作出了法定不起诉的处理，就会出现无辜的人不能得到国家赔偿的不良后果。因此，依照《刑事诉讼法》第15条对正当防卫人作出法定不起诉既不符合法律规定，也不合情理。

笔者认为，检察机关在审查起诉阶段，发现公安机关移送审查起诉的犯罪嫌疑人的行为属于正当防卫的行为，依照法律不应追究刑事责任的，在法律的限制性规定内，以退回公安机关补充侦查的形式，向公安机关说明理由及处理意见，由公安机关作出撤销案件的决定，并不违反刑事诉讼法的规定。而对于公安机关追究正当防卫人刑事责任的不当司法行为，提出纠正意见，则是符合法律赋予检察机关法律监督职责的行为。

九、酌定不起诉的条件是什么

[法律依据]

《刑事诉讼法》的相关规定：

第一百四十二条第二款 对于犯罪情节轻微，依照刑法规定不需要判处刑罚或者免除刑罚的，人民检察院可以作出不起诉决定。

[实践指导]

酌定不起诉，也称"相对不起诉"、"微罪不起诉"，是指人民检察院认为犯罪嫌疑人的犯罪情节轻微，依照刑法规定不需要判处刑罚或者免除刑罚，而作出的不起诉决定。

酌定不起诉的适用必须符合下列三个条件：

第一，人民检察院认为犯罪嫌疑人的行为已经构成犯罪，应当负刑事责任。也就是说，案件事实清楚，证据确实充分，犯罪嫌疑人的行为依照刑法规定已经构成犯罪，符合提起公诉的条件，依法可以追究刑事责任。

第二，犯罪行为情节轻微。即从犯罪嫌疑人实施犯罪行为的动机、目的、手段、危害后果等情况以及犯罪嫌疑人的年龄、一贯表现等综合考虑，认为犯罪情节轻微。

第三，依照刑法规定不需要判处刑罚或者免除刑罚。

所谓"依照刑法规定不需要判处刑罚"，主要是指虽然不具有免除刑罚的情节，但犯罪嫌疑人的犯罪情节轻微，社会危害较小，综合全案具体情况，结合刑法和司法解释关于法定刑和量刑标准的规定，认为不需要判处刑罚。例如，犯罪数额接近起刑点，而有其他从轻、减轻处罚情节，认为不起诉更加适宜时，也可以不起诉。

依照刑法的规定，免除刑罚的情形主要是下列几种情况：（1）犯罪嫌疑人在中华人民共和国领域外犯罪，依照我国刑法规定应当负刑事责任，但在外国已经受过刑事处罚的，可以免除或者减轻处罚（第10条）；（2）犯罪嫌疑人又聋又哑，或者是盲人的，可以从轻、减轻或者免除处罚（第19条）；（3）正当防卫明显超过必要限度造成重大损害的，应当减轻或者免除处罚（第20条第2款）；（4）紧急避险超过必要限度造成不应有的损害的，应当减轻或者免除处罚（第21条第2款）；（5）对于预备犯，可以比照既遂犯从轻、减轻处罚或者免除处罚（第22条第2款）；（6）对于中止犯，没有造成损害的，应当免除处罚（第24条第2款）；（7）对于从犯，应当从轻、减轻处罚或者免除处罚（第27条第2款）；（8）对于被胁迫参加犯罪的，应当按照他的犯罪情节减轻处罚或者免除处罚（第28条）；（9）对于自首的犯罪分子，犯罪较轻的，可以免除处罚（第67条）；（10）有重大立功表现的，可以减轻或者免除处罚；犯罪后自首又有重大立功表现的，应当减轻或者免除处罚（第68条）；（11）非法种植罂粟或者其他毒品原植物，在收获前自动铲除的，可以免除处罚（第351条）；（12）个人贪污数额在5千元以上不满1万元，犯罪后有悔改表现，积极退赃的，可以减轻处罚或者免予刑事处罚（第383条第1款第（3）项）；（13）行贿人在被追诉前主动交代行贿行为的，可以减轻处罚或者免除处罚（第390条第2款）；（14）介绍贿赂人在被追诉前主动交代介绍贿赂行为的，可以减轻处罚或者免除处罚（第392条第2款）。

一般认为，必须同时具备上述三个条件，人民检察院才可以作出不起诉决定。也有一种观点主张，在犯罪嫌疑人具备免除处罚的情节时，尽管犯罪性质比较严重，也可以不起诉，也就是说,"依照刑罚规定免除刑罚"并不以"犯罪情节轻微"为前提。这种观点不符合立法本意。刑法条文中免除处罚基本上是与从轻处罚、减轻处罚一起规定的,供量刑时选择。在对被告人量刑时,选择适用哪一种从宽处罚方式,必须考虑犯罪本身的社会危害程度,对性质严重的犯罪通常从宽的程度也应较小,因此,在犯罪性质较为严重的情况下,即使具备可以免除处罚的情节,也应当提起公诉,由人民法院审判。而且就《刑事诉讼法》第140条第2款的语法结构和字面含义而言,应该理解为"犯罪情节轻微"和"依照刑罚规定不需要判处刑罚或者免除刑罚"是必须同时具备的两个条件。

在同时符合上述三个条件的基础上,人民检察院认为作出不起诉的决定更有利于教育挽救犯罪嫌疑人,有利于节约诉讼资源,符合公共利益时,经检察委员会讨论决定,可以不起诉。也就是说,酌定不起诉是人民检察院在可以追究犯罪嫌疑人刑事责任的情况下,根据其犯罪情节轻微和不需要判处刑罚或可以免除刑罚的具体情况,认为没有起诉必要而作出的不起诉决定。酌定不起诉体现了人民检察院的起诉自由裁量权,符合刑事诉讼中起诉便宜主义的发展趋势。与国外的不起诉相比,我国的酌定不起诉是一种"微罪不检举"意义上的起诉裁量制度。

十、存疑不起诉的条件是什么

[法律依据]

1. 《刑事诉讼法》的相关规定:

第一百四十条第四款　对于补充侦查的案件,人民检察院仍然认为证据不足,不符合起诉条件的,可以作出不起诉的决定。

2. 最高人民检察院《人民检察院刑事诉讼规则》的相关规定:

第二百八十六条第一、二款　人民检察院对于退回补充侦查的案件,仍然认为证据不足,不符合起诉条件的,经检察委员会讨论决定,可以作出不起诉决定。

作出不起诉决定前应当根据案件情况在法律规定的范围内确定补充侦查的次数。

[实践指导]

存疑不起诉是检察机关在确认不具备起诉条件、无胜诉可能的情况下作出的不起诉决定。在三类不起诉情形中,它是新增的,其适用对象是事实不清、证据不足的案件。在这类案件中,嫌疑人是否犯罪处于既不能证实亦不能证伪的悬疑状态,若将这类案件强行起诉,难以达到起诉的目的。存疑不起诉主要是针对在司法实践中经常出现的反复退查、反复移送,造成案件久拖不决,犯罪嫌疑人被长期羁押的情况而增设的,它是"疑罪从无"原则的具体体现。这不仅是对犯罪嫌疑人人权的保护,也是无罪推定原则在刑事诉讼中的具体体现。

根据《刑事诉讼法》第140条的规定,适用存疑不起诉的条件有二:一是证据不足,二是退补或检察机关自行侦查。若退补,根据《刑事诉讼法》第140条第3款,以最多二次为限。

这里需要注意两个问题:

第一,《刑事诉讼法》第140条第4款对"补充侦查的次数"未作明确规定,造成了理解上的分歧。目前,学界和实务界对该问题存在两种观点。一种观点认为,对于所有证据不足不起诉的案件都应当经过两次补充侦查,即第一次补充侦查仍然证据不足,则应当要求再次进行补充侦查。另一种观点则认为,人民检察院经侦查机关第一次补充侦查后,如果依然认为证据不足、不符合起诉条件的，则可以直接作出不起诉的决定或者作出再次补充侦查的决定；如果在第二次补充侦查后仍然认为证据不足、不符合起诉条件的，则应做出不起诉决定。针对这种分歧，最高人民检察院《人民检察院刑事诉讼规则》第286条第2款规定：作出不起诉决定前应当根据案件的情况在法律规定范围内确定补充侦查的次数。这实际上采纳了上述第二种意见。争议有所解决，但也反映出该法律条款设置的模糊与不足。

第二，对于补充侦查的案件，人民检察院仍然认为证据不足，不符合起诉条件的，可以作出不起诉决定。这种"存疑不起诉"与法院"疑罪从无"的思想是一致的。但是，根据该条的规定，检察机关对存疑不起诉是似乎享有自由裁量权的，也就是说，对于补充侦查的案件，如果人民检察院仍然认为证据不足，不符合起诉条件的，既可以作出不起诉决定，也可以作出起诉决定。笔者认为法律对存疑不起诉的规定，一定程度上违背疑罪从无的精神。因为，所谓不符合起诉条件，主要是指用以证明案件事实的证据经审查认为没有达到确实、充分的程度。对于移送起诉的案件，如果经过补充侦查后，据以认定犯罪嫌疑人的犯罪事实的证据，仍然不确实、充分的，人民检察院应当作出不起诉，而不是可以作出不起诉的决定。因为，根据刑事诉讼法确认的疑罪从无的原则，这种证据不足的案件即使起诉到人民法院，人民法院也应当作出无罪判决，此处用"可以"是对司法资源的明显浪费。

十一、如何理解"证据不足，不符合起诉条件"

[法律依据]

最高人民检察院《人民检察院刑事诉讼规则》的相关规定：

第二百八十六条第三款 具有下列情形之一，不能确定犯罪嫌疑人构成犯罪和需要追究刑事责任的，属于证据不足，不符合起诉条件：（1）据以定案的证据存在疑问、无法查证属实的；（2）犯罪构成要件事实缺乏必要的证据予以证明的；（3）证据之间的矛盾不能合理排除的；（4）根据证据得出的结论具有其他可能性而无法排除的。

[实践指导]

作为证据不足不起诉适用条件的"证据不足"是指定罪证据不足，从而无法确定犯罪嫌疑人是否构成犯罪，也可以理解为案件证据未达到最低的证据标准，从而不具备起诉条件。上述四种情形，已经把"证据不足"和"不符合起诉条件"这两个条件结合起来。从这个意义上讲，只要案件经过补充侦查，又具有上述四种情形之一的，就可以适用证据不足不起诉。在犯罪嫌疑人涉嫌多起犯罪事实的情况下。如果只有一部分犯罪事实的证据确实、充分，符合起诉条件，应当就查清的犯罪事实提起公诉，同时不必就其他事实再作不起诉决定。

十二、存疑不起诉是否应当给予国家赔偿

[法律依据]

1.《国家赔偿法》的相关规定：

第十五条 行使侦查、检察、审判、监狱管理职权的机关及其工作人员在行使职权时有下列侵犯人身权情形之一的，受害人有取得赔偿的权利：

（一）对没有犯罪事实或者没有事实证明有犯罪重大嫌疑的人错误拘留的；

（二）对没有犯罪事实的人错误逮捕的；

（三）依照审判监督程序再审改判无罪，原判刑罚已经执行的；

（四）刑讯逼供或者以殴打等暴力行为或者唆使他人以殴打等暴力行为造成公民身体伤害或者死亡的；

（五）违法使用武器、警械造成公民身体伤害或者死亡的。

2. 最高人民检察院《刑事赔偿工作规定》的相关规定：

第八条 证据不足的撤销案件、不起诉案件或者判决无罪的案件，应当由人民检察院分别下列情形对检察机关作出的逮捕、拘留决定有无侵犯人身权情形依法进行确认：（一）对不能证明有犯罪事实或不能证明有犯罪重大嫌疑的人错误拘留的，予以确认。（二）对不能证明有犯罪事实的人错误逮捕的予以确认。（三）对有证据证明有犯罪事实的人拘留、逮捕，或者有证据证明有犯罪重大嫌疑的人拘留的，不予确认。

[实践指导]

实践中，对存疑不起诉和无罪判决案件是赔还是不赔？不仅存在着较大的争议，并且也难把握。笔者认为，要准确把握赔与不赔的标准，必须有注意以下几方面：

第一，对刑事赔偿案件的审查，主要是看是否存在着"错误逮捕"。如果逮捕是错误的，就应依法给予国家赔偿，否则不予赔偿。然而怎样判定逮捕是否错误的呢？

根据《刑事诉讼法》的规定，逮捕的证据标准是"有证据证明有犯罪事实"，具体就是"有证据证明发生了犯罪事实，有证据证明该犯罪事实是犯罪嫌疑人实施的，证明犯罪嫌疑人实施犯罪行为的证据已经查证属实的。"而公诉的证据标准是"证据确实、充分。"法院有罪判决的证据标准是"证据确实、充分。"从法律的规定可以看出，《刑事诉讼法》对证据的要求是有区别的，批捕的要求低于起诉的要求和判决的要求。正因为如此，在刑事诉讼过程中，批捕的案件并不一定移送起诉，移送起诉案件经审查后可能并不提起公诉，即使提起公诉的案件被告人也可能判无罪。也就是说，是否错误逮捕，只能以逮捕时的证据要求为标准，只要有已经查证属实的证据证明犯罪嫌疑人实施了犯罪行为，那么对其逮捕的决定就没有错误，而不能以此后的存疑不起诉、证据不足判无罪来否定逮捕的正确性。况且，对一个案件来讲，证据是否确实充分，不同的人从不同的角度去看，会产生不同的看法。

第二，最高人民检察院规定的对存疑不起诉是否赔偿应当区别情况对待，以此决定赔与不赔的观点我们赞同，这符合《国家赔偿法》的要求的规定和世界各国的通行做法。只要具备逮捕条件，就应对犯罪嫌疑人或被告人逮捕，不能因为起诉环节由于证据不足达不到起诉要求，作出存疑不起诉，就对嫌疑人进行赔偿，这与依法办案的原则是相违背的。

有学者认为，在形式上，最高人民检察院在《国家赔偿法》和《刑事诉讼法》未就这一问题作出明确规定的情况下，以司法解释性文件的形式对此作出授权性规定，有违现代刑事法治的基本要求。主张凡是涉及国家司法机关的职权配置和公民重大权益保障的事项，都应当由立法机关通过法律的形式加以规定，而不能由其他机关、团体或个人以其他任何形式作出规定。这的确是需要我们思考的一个问题。

十三、公安机关不服不起诉决定的救济途径有哪些

[法律依据]

1. 《刑事诉讼法》的相关规定：

第一百四十四条 对于公安机关移送起诉的案件，人民检察院决定不起诉的，应当将不起诉决定书送达公安机关。公安机关认为不起诉的决定有错误的时候，可以要求复议，如果意见不被接受，可以向上一级人民检察院提请复核。

2. 最高人民检察院、公安部《关于适用刑事强制措施有关问题的规定》的相关规定：

第三十六条 公安机关认为人民检察院的不起诉决定有错误的，应当在收到人民检察院不起诉决定书后七日内制作要求复议意见书，要求同级人民检察院复议。人民检察院应当在收到公安机关要求复议意见书后三十日内作出复议决定。

公安机关对人民检察院的复议决定不服的，可以在收到人民检察院复议决定书后七日内制作提请复核意见书，向上一级人民检察院提请复核。上一级人民检察院应当在收到公安机关提请复核意见书后三十日内作出复核决定。

3. 最高人民检察院《人民检察院刑事诉讼规则》的相关规定：

第二百九十七条 公安机关认为不起诉决定有错误，要求复议的，人民检察院审查起诉部门应当另行指定检察人员进行审查并提出审查意见，经审查起诉部门负责人审核，报请检察长或者检察委员会决定。

人民检察院应当在收到要求复议意见书后的三十日内作出复议决定，通知公安机关。

第二百九十八条 上一级人民检察院收到公安机关对不起诉决定提请复核的意见书后，应当交由审查起诉部门办理。审查起诉部门指定检察人员进行审查并提出审查意见，经审查起诉部门负责人审核，报请检察长或者检察委员会决定。

上一级人民检察院应当在收到提请复核意见书后的三十日内作出决定，制作复核决定书送交提请复核的公安机关和下级人民检察院。经复核改变下级人民检察院不起诉决定的，应当撤销下级人民检察院作出的不起诉决定，交由下级人民检察院执行。

[实践指导]

对上述规定，应注意四点：

第一，对于公安机关移送起诉的案件，人民检察院决定不起诉的，应当将不起诉决定书送达公安机关。"公安机关移送起诉的案件"是指公安机关经过侦查取证，认为应当对犯罪嫌疑人追究刑事责任而移送人民检察院审查提起公诉的案件。人民检察院经过审查后，认为不应当提起公诉而决定不起诉的，应当同时将不起诉决定书送达公安机关，不起诉决定书中应当写明不起诉的理由和根据。

第二，公安机关认为不起诉的决定有错误的时候，可以要求复议。这是指公安机关接到不起诉决定书后，认为自己移送的案件，证据确实充分，事实清楚，应当追究犯罪嫌疑人刑事责任，而人民检察院作出了不起诉的决定。可以要求作出不起诉决定的人民检察院复议。

第三，公安机关的复议意见如果不被作出不起诉的人民检察院接受，公安机关可以向上一级人民检察院提请复核。其中"意见不被接受"是指公安机关关于应当对犯罪嫌疑人提起公诉的意见没有被接受，"向上一级人民检察院提请复核"是指向作出不起诉决定的人民检察

院的上一级人民检察院提请对本案不起诉决定进行复核。上一级人民检察院应当及时复核并作出复核决定，制作《复核决定书》，送交提请复核的公安机关和下级人民检察院。

第四，在执行中，复议、复核时，不停止对不起诉决定的执行、不能以复议、复核为由继续羁押被不起诉人；经上一级人民检察院复核，提出改变不起诉决定意见的，下级人民检察院应当执行。

十四、被害人不服不起诉决定的救济途径有哪些

[法律依据]

1. 《刑事诉讼法》的相关规定：

第一百四十五条 对于有被害人的案件，决定不起诉的，人民检察院应当将不起诉决定书送达被害人。被害人如果不服，可以自收到决定书后七日以内向上一级人民检察院申诉，请求提起公诉。人民检察院应当将复查决定告知被害人。对人民检察院维持不起诉决定的，被害人可以向人民法院起诉。被害人也可以不经申诉，直接向人民法院起诉。人民法院受理案件后，人民检察院应当将有关案件材料移送人民法院。

2. 最高人民检察院《人民检察院刑事诉讼规则》的相关规定：

第二百九十九条 被害人对人民检察院作出的不起诉决定不服的，可以自收到决定书后七日以内向作出不起诉决定的人民检察院的上一级人民检察院申诉，上一级人民检察院控告申诉部门应当立案复查。

被害人向作出不起诉决定的人民检察院提出申诉的，作出决定的人民检察院应当将申诉材料连同案卷一并报送上一级人民检察院受理。

第三百条 被害人对人民检察院不起诉的决定不服，收到不起诉决定书超过七日后提出申诉的，由作出不起诉决定的人民检察院控告申诉部门受理，经审查后决定是否立案复查。

第三百零一条 上一级人民检察院对被害人不服不起诉决定的申诉进行复查后，应当在三个月内作出复查决定，案情复杂的，最长不得超过六个月。

控告申诉部门应当提出复查意见，报请检察长作出复查决定。

复查决定书应当送达被害人和作出不起诉决定的人民检察院。上级人民检察院经复查作出起诉决定的，应当撤销下级人民检察院的不起诉决定，交由下级人民检察院提起公诉，并将复查决定抄送移送审查起诉的公安机关。出庭支持公诉由审查起诉部门办理。

第三百零二条 人民检察院收到人民法院受理被害人对被不起诉人起诉的通知后，人民检察院应当终止复查，将作出不起诉决定所依据的有关案件材料移送人民法院。

[实践指导]

上述规定对决定不起诉而有被害人的案件如何处理包含了五层意思：

第一，"对于有被害人的案件，决定不起诉的，人民检察院应当将不起诉决定书送达被害人。""被害人"既包括自然人，也包括法人。人民检察院将不起诉决定书送达被害人，有利于被害人及时了解案件处理结果，保护自己的合法权益。

第二，"被害人如果不服，可以自收到决定书后七日以内向上一级人民检察院申诉，请求提起公诉。人民检察院应当将复查决定告知被害人。"这是指被害人认为被不起诉人的行为应当被追究刑事责任，人民检察院不起诉决定有错误，可以在收到不起诉决定书后七日以内向

作出不起诉决定的上一级人民检察院申诉，请求提起公诉。上一级人民检察院应当及时复查，并将复查结果告知被害人。

第三，"对人民检察院维持不起诉决定的，被害人可以向人民法院起诉。"这是指经过上一级人民检察院复查后仍维持不起诉决定的，被害人仍认为应当追究被不起诉人刑事责任的，可以向人民法院提起自诉。

第四，"被害人也可以不经申诉，直接向人民法院起诉。"这是指对有证据证明对被不起诉人侵犯自己人身、财产权利的行为应当追究刑事责任，而人民检察院作出不起诉决定的，被害人也可以不经向上一级人民检察院申诉的程序直接向人民法院起诉。

第五，"人民法院受理案件后，人民检察院应当将有关案件材料移送人民法院"。这是指人民法院决定受理上述案件后，人民检察院应当将案件材料及时移送人民法院，以使审判顺利进行。这样规定，是考虑自诉案件被害人应当提供证据，而上述案件的证据往往被害人已向公安机关提供或已被公安机关收集，移送人民检察院，被害人难以再举出证据。

在执行中应当区分公诉与自诉的界限。对于公诉案件，首先要公安机关立案侦查，检察机关起诉，只有公安机关或检察机关不侦查、不起诉时，被害人才有权向法院直接起诉，而不是所有公诉案件都可直接向人民法院起诉。

十五、被不起诉人不服不起诉决定的救济途径有哪些

[法律依据]

1. 《刑事诉讼法》的相关规定：

第一百四十六条 对于人民检察院依照本法第一百四十二条第二款规定作出的不起诉决定，被不起诉的人如果不服，可以自收到决定书后七日以内向人民检察院申诉。人民检察院应当作出复查决定，通知被不起诉的人，同时抄送公安机关。

2. 最高人民检察院《人民检察院刑事诉讼规则》的相关规定：

第三百零三条 被不起诉人对人民检察院依照刑事诉讼法第一百四十二条第二款规定作出的不起诉决定不服，自收到不起诉决定书后七日以内提出申诉的，应当由作出决定的人民检察院立案复查，由控告申诉部门办理。被不起诉人自收到不起诉决定书后七日以外提出申诉的，由控告申诉部门审查是否立案复查。

人民检察院控告申诉部门复查后应当提出复查意见，认为应当维持不起诉决定的，报请检察长作出复查决定；认为应当撤销不起诉决定提起公诉的，报请检察长提交检察委员会讨论决定。

复查决定书应当送达被不起诉人，撤销不起诉决定或者变更不起诉的事实或者法律根据的，应当同时抄送移送审查起诉的公安机关和本院有关部门。

人民检察院作出撤销不起诉决定提起公诉的复查决定后，应当将案件交由审查起诉部门提起公诉。

[实践指导]

根据上述规定，对于人民检察院依照《刑事诉讼法》第142条第2款规定作出的不起诉决定，被不起诉人如果不服，认为自己没有犯罪行为，不存在第142条第2款规定的情形的，可以自收到不起诉决定书后7日以内向作出不起诉决定的人民检察院申诉。不起诉虽然是无罪

的法律处理，但由于第142条第2款所规定的不起诉是针对"犯罪情节轻微，依照刑法规定不需要判处刑罚或者免除刑罚的"，被不起诉人可能认为自己根本就没有犯罪行为，提出检察机关适用法律存在错误。为了体现刑事诉讼活动和司法机关司法文书的严肃性，规定了被不起诉人的申诉权，人民检察院应当进行复查，并作出复查决定，通知被不起诉人。如果是公安机关移送的案件，人民检察院应将复查决定同时抄送公安机关。

法律对被不起诉人要求起诉的情形如何处理未加考虑，而实际上此种情形于实践中并非不存在，但究竟应当如何处理，理论上仍有待进一步探讨。

十六、如何理解移送起诉时的"主要证据"

[法律依据]

1. 《刑事诉讼法》的相关规定：

第一百五十条　人民法院对提起公诉的案件进行审查后，对于起诉书中有明确指控犯罪事实，并且附有证据目录、证人名单和主要证据复印件或者照片的，应当决定开庭审判。

2. 最高人民法院、最高人民检察院、公安部、国家安全部、司法部、全国人大常委会法制工作委员会《关于刑事诉讼法实施中若干问题的规定》的相关规定：

第三十六条　根据刑事诉讼法第一百五十条的规定，人民检察院提起公诉的案件，应当向人民法院移送所有犯罪事实的主要证据的复印件或者照片。主要证据包括：（一）起诉书中涉及的各证据种类中的主要证据；（二）多个同种类证据中被确定为"主要证据"的；（三）作为法定量刑情节的自首、立功、累犯、中止、未遂、正当防卫的证据。

人民检察院针对具体案件移送起诉时，"主要证据"由人民检察院根据以上规定确定。

[实践指导]

修订后的《刑事诉讼法》不再要求检察机关全卷移送，并且废除了人民法院公诉审查后可以退回检察机关补充侦查的做法，取消了法院在开庭前必要时可以进行勘验、检查、搜查、扣押和鉴定的规定。从以上规定中可以看出，《刑事诉讼法》虽然对提起公诉时人民检察院移送案卷及证明材料的范围作了较大的限制，但并没有完全实行"诉状一本主义"。立法的这种选择是符合我国国情的。一方面，法律不再要求提起公诉时移送全部的卷、证材料，有利于防止"先定后审"，避免法庭审理走过场，保证程序的公正性，另一方面也考虑到了我国司法人员目前的现状。

如何界定"主要证据"是目前各司法机关之间认识分歧较大的问题。由于刑事诉讼立法第一次提出主要证据的概念，法律对此规定又比较抽象，实践中检、法两家常因此出现扯皮现象。"六部委"的规定对主要证据的解释，有利于促进刑事诉讼程序的顺利进行。

但从实践中看，界定"主要证据"的范围应当恰当，不能过窄也不宜太宽，应限于对定罪起主要作用或有重要影响的证据，即属于在起诉书中所列举的各证据种类中，仅指那些对于认定起诉书所指控的犯罪事实起主要证明作用的证据。因为具有这些证据便基本上能够保证将被告人交付审判决定的正确性。同时，由于案件的具体情况千差万别，也不宜将"主要证据"规定得过死，应当要求办案人员根据各个证据在具体案件中的实际证明作用确认是否为"主要证据"，即授权办案人员认定主要证据的一定机动权。

十七、人民检察院不起诉决定作出后能否再行起诉

[法律依据]

最高人民检察院公布的《人民检察院刑事诉讼规则》的相关规定：

第二百八十七条　人民检察院根据刑事诉讼法第一百四十条第四款规定决定不起诉的，在发现新的证据，符合起诉条件时，可以提起公诉。

第二百九十五条　不起诉决定书应当送达被害人或者其近亲属及其诉讼代理人、被不起诉人以及被不起诉人的所在单位。送达时，应当告知被害人或者其近亲属及其诉讼代理人，如果对不起诉决定不服，可以自收到不起诉决定书后七日以内向上一级人民检察院申诉，也可以不经申诉，直接向人民法院起诉；告知依照刑事诉讼法第一百四十二条第二款规定被不起诉的人，如果对不起诉决定不服，可以自收到不起诉决定书后七日以内向人民检察院申诉。

第二百九十六条　对于公安机关移送起诉的案件，人民检察院决定不起诉的，应当将不起诉决定书送达公安机关。

第二百九十七条　公安机关认为不起诉决定有错误，要求复议的，人民检察院审查起诉部门应当另行指定检察人员进行审查并提出审查意见，经审查起诉部门负责人审核，报请检察长或者检察委员会决定。

人民检察院应当在收到要求复议意见书后的三十日内作出复议决定，通知公安机关。

第二百九十八条　上一级人民检察院收到公安机关对不起诉决定提请复核的意见书后，应当交由审查起诉部门办理。审查起诉部门指定检察人员进行审查并提出审查意见，经审查起诉部门负责人审核，报请检察长或者检察委员会决定。

上一级人民检察院应当在收到提请复核意见书后的三十日内作出决定，制作复核决定书送交提请复核的公安机关和下级人民检察院。经复核改变下级人民检察院不起诉决定的，应当撤销下级人民检察院作出的不起诉决定，交由下级人民检察院执行。

第二百九十九条　被害人对人民检察院作出的不起诉决定不服的，可以自收到决定书后七日以内向作出不起诉决定的人民检察院的上一级人民检察院申诉，上一级人民检察院控告申诉部门应当立案复查。

被害人向作出不起诉决定的人民检察院提出申诉的，作出决定的人民检察院应当将申诉材料连同案卷一并报送上一级人民检察院受理。

第三百条　被害人对人民检察院不起诉的决定不服，收到不起诉决定书超过七日后提出申诉的，由作出不起诉决定的人民检察院控告申诉部门受理，经审查后决定是否立案复查。

第三百零一条　上一级人民检察院对被害人不服不起诉决定的申诉进行复查后，应当在三个月内作出复查决定，案情复杂的，最长不得超过六个月。

控告申诉部门应当提出复查意见，报请检察长作出复查决定。

复查决定书应当送达被害人和作出不起诉决定的人民检察院。

上级人民检察院经复查作出起诉决定的，应当撤销下级人民检察院的不起诉决定，交由下级人民检察院提起公诉，并将复查决定抄送移送审查起诉的公安机关。出庭支持公诉由审查起诉部门办理。

第三百零二条　人民检察院收到人民法院受理被害人对被不起诉人起诉的通知后，人民检察院应当终止复查，将作出不起诉决定所依据的有关案件材料移送人民法院。

第三百零三条 被不起诉人对人民检察院依照刑事诉讼法第一百四十二条第二款规定作出的不起诉决定不服，自收到不起诉决定书后七日以内提出申诉的，应当由作出决定的人民检察院立案复查，由控告申诉部门办理。被不起诉人自收到不起诉决定书后七日以外提出申诉的，由控告申诉部门审查是否立案复查。

人民检察院控告申诉部门复查后应当提出复查意见，认为应当维持不起诉决定的，报请检察长作出复查决定；认为应当撤销不起诉决定提起公诉的，报请检察长提交检察委员会讨论决定。

复查决定书应当送达被不起诉人，撤销不起诉决定或者变更不起诉的事实或者法律根据的，应当同时抄送移送审查起诉的公安机关和本院有关部门。

人民检察院作出撤销不起诉决定提起公诉的复查决定后，应当将案件交由审查起诉部门提起公诉。

第三百零四条 被害人、被不起诉人对不起诉决定不服，提出申诉的，应当递交申诉书，写明申诉理由。被害人、被不起诉人没有书写能力的，也可以口头提出申诉，人民检察院应当根据其口头提出的申诉制作笔录。

第三百零五条 人民检察院如果发现不起诉决定确有错误，符合起诉条件的，应当撤销不起诉决定，提起公诉。

第三百零六条 最高人民检察院对地方各级人民检察院的起诉、不起诉决定，上级人民检察院对下级人民检察院的起诉、不起诉决定，如果发现确有错误的，应当予以撤销或者指令下级人民检察院纠正。

[实践指导]

不起诉决定一经作出，就具有终止诉讼的法律效力，诉讼不再继续进行。但不起诉这种终止诉讼的法律效力不是绝对的，而是相对的。公诉机关不起诉决定的法律效力和法院生效判决的法律效力是有区别的，法院生效的实体判决，也意味着对诉讼案件程序上的终局性处理，依"一事不再理"原则，对该案件不可再向法院提起诉讼。而公诉机关的不起诉决定，显然不具备既判力的法律效力。因此，对于公诉机关作出不起诉决定的案件，如果有了新的证据或发现新事实，符合法律规定的起诉条件的，公诉机关依职权应撤销原来的不起诉决定，依法向法院提起诉讼。对于有被害人的案件，被害人对不起诉决定不服的，也可以向法院提起诉讼，依此作为一种自诉案件，被害人得以寻求法律上的救济，保护其合法权益。

十八、由于同案犯罪嫌疑人在逃，在案犯罪嫌疑人的犯罪事实无法查清的，起诉机关应如何处理

[法律依据]

最高人民检察院法律政策研究室《关于对同案犯罪嫌疑人在逃对解除强制措施的在案犯罪嫌疑人如何适用〈人民检察院刑事诉讼规则〉有关问题的答复》的相关规定：

在共同犯罪案件中，由于同案犯罪嫌疑人在逃，在案犯罪嫌疑人的犯罪事实无法查清，对在案犯罪嫌疑人除取保候审后，对在案的犯罪嫌疑人可以撤销案件，也可以依据刑事诉讼法第一百四十条第四款的规定作出不起诉决定。撤销案件或者作出不起诉决定以后，又发现有犯罪事实需要追究刑事责任的，可以重新立案侦查。

十九、暂予监外执行的罪犯在异地又犯罪的应由何地检察机关处理

[法律依据]

最高人民检察院《关于对服刑罪犯暂予监外执行期间在异地又犯罪应由何地检察院受理审查起诉问题的批复》的相关规定：

对罪犯在暂予监外执行期间在异地犯罪，如果罪行是在犯罪地被发现、罪犯是在犯罪地被捕获的，由犯罪地人民检察院审查起诉；如果案件由罪犯暂予监外执行地人民法院审判更为适宜的，也可以由罪犯暂予监外执行地的人民检察院审查起诉；如果罪行是在暂予监外执行的情形消失，罪犯被继续收监执行剩余刑期期间发现的，由罪犯服刑地的人民检察院审查起诉。

二十、人民检察院如何正确行使撤回起诉权

[法律依据]

1. 最高人民检察院《人民检察院刑事诉讼规则》的相关规定：

第三百五十一条 在人民法院宣告判决前，人民检察院发现被告人的真实身份或者犯罪事实与起诉书中叙述的身份或者指控犯罪事实不符的，可以要求变更起诉；发现遗漏的同案犯罪嫌疑人或者罪行可以一并起诉和审理的，可以要求追加起诉；发现不存在犯罪事实、犯罪事实并非被告人所为或者不应当追究被告人刑事责任的，可以要求撤回起诉。

第三百五十三条 变更、追加或者撤回起诉应当报经检察长或者检察委员会决定，并以书面方式在人民法院宣告判决前向人民法院提出。

在法庭审理过程中，公诉人认为需要变更、追加或者撤回起诉的，应当要求休庭，并记明笔录。

变更、追加起诉需要给予被告人、辩护人必要时间进行辩护准备的，公诉人可以建议合议庭延期审理。

撤回起诉后，没有新的事实或者新的证据不得再行起诉。

2. 最高人民法院《关于执行〈中华人民共和国刑事诉讼法〉若干问题的解释》的相关规定：

第一百七十七条 在宣告判决前，人民检察院要求撤回起诉的，人民法院应当审查人民检察院撤回起诉的理由，并作出是否准许的裁定。

[实践指导]

根据以上规定，应注意以下两个问题：

第一，关于撤诉的适用范围。《人民检察院刑事诉讼规则》第351条规定在三种情形下可以撤回起诉：(1) 不存在犯罪事实；(2) 犯罪事实并非被告人所为；(3) 不应当追究被告人刑事责任的。从司法实践来看，有的地方存在超出这三种情形适用撤回起诉的现象，甚至有的检察机关撤回起诉的绝大多数案件，不符合上述情形。另外，检察机关为避免过多的无罪

案件，往往对法院准备判决无罪的案件事先撤回公诉，而法院也因为考虑两家关系有时也担心无罪案件增加会影响有关方面对法院的评价，故对检察机关的要求常常乐于配合，有时还主动向检察机关通报情况，建议检察机关撤回案件。如此，检察机关撤回公诉已经成为处理无罪案件的常规手段。这不仅扩大了撤诉的范围，还在客观上助长了公诉人滥用撤诉权的错误，危害深远。笔者认为，在相关的法律出台以前，司法机关应严格遵守上述司法解释关于撤诉适用范围的规定，不得超出上述三种情形适用撤诉。

第二，关于撤回起诉的时间。根据"两高"解释，检察机关在"人民法院宣告判决前"均可以撤诉。笔者认为，这一规定不妥。首先，不利于保障被告人的合法权益。一般而言，案件经过人民法院的审理之后，就应当对被告人刑事责任作出认定，如果既不宣告有罪，也不宣告无罪，而是允许人民检察院随时撤回起诉，则可能使被告人处于一种十分不利的境地，国家和社会对其评价不确定，使其无法正常从事社会活动。另外，案件一旦进入法庭审理程序，检察机关就应积极地承担举证责任，通过证明被告人有罪推翻无罪推定，达到胜诉的目的。如果不对检察机撤回起诉的时间进行限制的话，涉讼的被告人就无法在法庭上获得权威的法律裁决，从而使被告人的地位、命运一直处于不确定甚至有待判定的状态，侵犯了被告人的合法权益。其次，不利于节约司法资源。"人民法院宣告判决前"是包括法庭在评议以后将作出的判决的时间和判决做出后宣告以的时间。这一时间允许检察机关撤诉是不妥的。因为法庭经过评议作出判决后，尽管可能并未立即宣告，但该案的审理实际上已告结束，如果在法院做出判决后仍然允许撤回，无疑将使此前进行的程序归于无效，这就导致诉讼资源的无谓浪费。

基于上述分析，笔者认为，人民检察院行使撤回起诉权应当于"法庭在评议前"，最好是"被告人最后陈述完成前"进行。否则，法院可以不同意人民检察院撤回起诉。

第三编 审 判

第十二章 审判组织和第一审程序

一、陪审制应在哪些案件中适用

[法律依据]

1. 《人民法院组织法》的相关规定:

第十条 人民法院审判第一审案件,由审判员组成合议庭或者由审判人员和陪审员组成合议庭进行。

2. 《刑事诉讼法》的相关规定:

第十三条 人民法院审判案件,依照本法实行人民陪审员陪审的制度。

第一百四十七条第一、三款 基层人民法院、中级人民法院审判第一审案件,应当由审判人员三人或由审判人员和人民陪审员三人组成合议庭进行,但基层人民法院适用简易程序的案件可以由审判人员一人独任审判。

高级人民法院、最高人民法院审判第一审案件,应当由审判人员三人至七人或者审判人员和人民陪审员三人至七人组成合议庭进行。

3. 全国人民代表大会常务委员会《关于完善人民陪审员制度的决定》的相关规定:

第二条 人民法院审判下列第一审案件,由人民陪审员和法官组成合议庭进行,适用简易程序审理的案件和法律另有规定的案件除外:(一)社会影响较大的刑事、民事、行政案件;(二)刑事案件被告人、民事案件原告或者被告、行政案件原告申请由人民陪审员参加合议庭审判的案件。

[实践指导]

根据我国《刑事诉讼法》的规定,陪审制是我国的审判组织形式之一,审理第一审刑事案件可以采用职业法官组成合议庭,也可以由法官与人民陪审员共同组成合议庭。正是由于刑事诉讼法中只将陪审制作为可选择的审判组织形式之一,加之有些法院认为陪审制效率低、成本高,实践中采用陪审制进行审判的案件较少,陪审制没有得到广泛适用,仅仅成为了司法民主的"点缀"。全国人民代表大会常务委员会《关于完善人民陪审员制度的决定》与人民法院组织法和刑事诉讼法中的规定相比,进一步明确了适用陪审制的案件范围,即如果是影响较大的刑事案件和刑事案件被告人要求适用陪审制的,法院应当适用陪审制进行审判。可见,全国人大的这个单行法律的用意在于扩大实践中陪审制的适用范围,使陪审制发挥应有的作用。最高立法机关的立法初衷符合民主、法治精神。陪审制的重要意义主要体现在以下方面:首先,陪审制是民主参与、实现司法民主的重要方式。陪审制不仅是民主制的象征,更是司法民主的实现途径。陪审员的参与意味着对职业法官的民主监督,可以促进职业法官恪尽职守、廉洁自律，保证实体法与程序法的严格适用；通过陪审员的参与，实现"同类人"的审判，增加社会公众与诉讼参与人对司法的信任，提高司法的权威性。其次，陪审制可以充分利用公众智慧，弥补职业法官之不足。在案件审理中如果能充分利用陪审员这部分社会资源，实现职业法官与非职业法官的知识、素质互补，便可以使现有的司法资源发挥最大的效能。最后，通过普通公民对审判的参与，陪审制打通了司法与社会的隔离状态，创造了法律技术专家与普通公民价值观念融合的可能性。

在全国人民代表大会常务委员会《关于完善人民陪审员制度的决定》规定的适用陪审制两种情形中，后种情形非常明确，而何谓影响较大的刑事案件则需法院自由裁量。"影响较大"应考虑两方面因素：一是案件性质。越是性质严重的案件越倾向于采用陪审制审判。特别是基层人民法院审理案件更应当考虑这方面因素，对可能判处 10 年以上有期徒刑的案件，原则上应适用陪审制审判。另一方面，是案件受社会舆论关注的程度。有些案件由于被告人的身份特殊或案情特殊媒体和群众特别关注，这些案件有陪审员参与审判，既有利于社会监督，也能形成司法与社会的互动效应。中级人民法院审理的案件都是重刑案件，应多考虑社会关注因素。还应注意的是，我国四级人民法院对一审刑事案件都有审判权，依据刑事诉讼法的规定，高级人民法院和最高人民法院审理的第一审案件是全省性和全国性案件，原则上均是在全省和全国有重大影响的案件，因此应适用陪审制审判。

二、审判委员会的权限有哪些

[法律依据]

1.《人民法院组织法》的相关规定：

第十条第一款 各级人民法院设立审判委员会，实行民主集中制。审判委员会的任务是总结审判经验，讨论重大的或者疑难的案件和其他有关审判工作的问题。

2.《刑事诉讼法》的相关规定：

第一百四十九条 合议庭开庭审理并且评议后，应当作出判决。对于疑难、复杂、重大的案件，合议庭认为难以作出决定的，由合议庭提请院长决定提交审判委员会讨论决定。审判委员会的决定，合议庭应当执行。

3. 最高人民法院《关于执行〈中华人民共和国刑事诉讼法〉若干问题的解释》的相关规定：

第一百一十四条第二款 对下列疑难、复杂、重大的案件，合议庭认为难以作出决定的，可以提请院长提交审判委员会讨论决定：（一）拟判处死刑的；（二）合议庭成员有重大分歧的；（三）人民检察院抗诉的；（四）在社会上有重大影响的；（五）其他需要由审判委员会讨论决定的。对于合议庭提请院长提请审判委员会讨论决定的案件，院长认为不必要的，可以建议合议庭复议一次。独任审判的案件，开庭审理后，独任审判员认为有必要的，也可以提请院长决定提审判委员会讨论决定。

4. 最高人民法院《关于人民法院合议庭工作的若干规定》的相关规定：

第十二条 合议庭应当依照规定的权限，及时对评议意见一致或者形成多数意见的案件直接作出判决或者裁定。但是对于下列案件，合议庭应当提请院长决定提交审判委员会讨论决定：（一）拟判处死刑的；（二）疑难、复杂、重大或者新类型案件，合议庭认为应当由审判委员会讨论的；（三）合议庭在适用法律方面有重大意见分歧的；（四）合议庭认为需要提请审判委员会讨论的其他案件,或者审判委员会确定的应当由审判委员会讨论的案件。

[实践指导]

在我国,审判委员会是独任审判员和合议庭之外的一种特殊的审判组织。审判委员会除对法院审判工作进行一般指导外,在案件审理过程中对某些特殊案件进行讨论,并按少数服从多数原则进行表决、作出决定。由于合议庭对审判委员会的决定应当执行,也就意味着审判委员会对由其讨论的案件行使审判权,审判委员会决定案件处理结果。

我国的审判委员会制度起源于新民主革命时期。新中国建立以后沿袭了这一制度。历史地考察,我国审判委员会的审判职权的设定基于这样的考虑:一方面这一集体领导方式,有利于政令在审判中的贯彻和施行,在革命战争和政权初建时期确保政令统一是非常必要的;另一方面,革命战争与政权初建时期,法制处于初建阶段,审判人员的专业化程度较低,在无法可依的情况下,审判在很大程度上适用的是政策,由审判委员会集体为审判人员把关,能在一定程度上保证案件的正确处理。审判委员会在司法实践中也确实发挥了积极作用。在目前法官素质——特别是基层法院法官素质不尽人意的条件下,审判委员会发挥其集体智慧,能够起到为案件把关的作用;通过审判委员会"集体"的作用,能更有力地抵制外来的干扰;同时集体决议也有利于抑制法院行政负责人个人的司法腐败和对案件的不当影响。

然而,我们必须看到审判委员会的审判职权给公正审判带来的种种制度上的障碍,这些负面影响体现在:第一,审判委员会制度给当权者干预案件的处理提供了合法的渠道,使司法腐败得以登堂入室披上合法的外衣。可以说它的集体决议机制在抑制司法腐败的同时,其相对于审判组织的优势地位又为司法腐败提供了潜在的可能性。第二,由于审判委员会对其讨论的重大、疑难案件的处理意见,合议庭必须执行,这就意味着在这样的案件中,审判委员会就是审判权主体,而其对案件的处理建立在听取办案人汇报的基础上,不是直接通过审判获取的相关信息。审判权主体的"亲历性"是正确认定案件事实的保证,审判权主体的"间接审判",与认识规律相背。同时,间接审判也隐含着办案人员带有倾向性的意见导致审判委员会错误判断的危险。

我国现行立法中对审判委员会的审判权进行了一定的限制,对于疑难、复杂、重大的案件,合议庭认为难以作出决定的,由合议庭提请院长决定提交审判委员会讨论决定。这里,是否将案件交审判委员会讨论,合议庭有决定权,在一定程度上限制了审判委员会对个案的主动干涉。但在最高人民法院《关于人民法院合议庭工作的若干规定》中规定,合议庭提请院长决定提交审判委员会讨论的案件中包括,本院审判委员会确定应由审判委员会讨论的案件。这一规定与刑事诉讼法相矛盾,可见最高人民法院还是倾向于扩大审判委员会的审判职权。

从发展趋势上看,在民主与法治深入发展过程中,审判委员会的审判职权"相对合理性"的存在基础,将随着法官制度、法院体制的完善将逐步丧失。因此对审判委员会的地位和职权必须重新定位。在审判组织成为独立行使审判权的主体的条件下,审判委员会最终只能归位于法院内部行政管理机构和法律咨询机构,其对案件的处理意见没有约束力,只能供审判组织参考。作为过渡时期的权宜之计,可以先对审判委员会的审判权进行限制,将其职权限定在只能对案件适用法律问题进行讨论。因为从世界各国的经验看,采用间接审理方式进行法律审通常是被容许的。

三、何种情况下刑事案件应向上级法院请示

[法律依据]

最高人民法院《关于报送刑事请示案件的范围和应注意事项的通知》的相关规定：

一、报送请示案件的范围应严格限制在：（1）中央和最高民法院关注的案件；（2）在本省、市乃至全国或国际上有重大响，易引发群众激愤、新的社会矛盾和外事交涉的案件；（3）适用法律不明的案件；（4）按有关规定须报我院内审的涉外、涉澳台和涉侨眷案件；（5）案件管辖不明或管辖有争议的案件。除以上各类案件外，其他案件请各省、区、市高级人民法院自行依法研究处理，不要再报送我院请示。

二、报送请示案件，必须事实清楚，证据确凿。对于案件事实的认定，由报送单位负完全责任。凡属案件事实不清、证据不扎实以及对事实、证据的认定有不同意见的，不要上报请示。

三、对事实清楚、证据确凿、定性也无大的分歧，只是对量刑分歧意见大的，亦不宜上报请示。

四、报送请示案件，要写出正式请示报告并附详细案情报和案卷。请示报告中要写明中、高级法院审委会的意见，重大案件以及司法部门之间存在原则分歧的案件还须附政法委员会的意见。如果审委会、政法委有几种不同意见，也应写明各自倾向性的意见。

[实践指导]

刑事案件审理过程中的"请示——批复"运作方式，是行政性的案件处理方式。尽管这种方式在一定程度上有利于适用法律统一和形成统一的刑事政策。但由于这是游离于诉讼程序之外的"潜规则"，也存在着相当大的隐患。其中最大的问题是，这种"请示——批复"方式使上诉审等审级制度形同虚设。因为案件已经过了上级法院的批示，下级法院就拿到了尚方宝剑，避免了二审改判后可能存在的错案追究责任，而上级法院在批复中已经对案件做出了处理决定，不可能在二审或其他程序中推翻自己已做出的决定。"请示——批复"过程处于暗箱操作的状态，仅仅是上下级法院之间的案件材料的移送，没有当事人参与，也不征求当事人意见。如果决定案件结果的不是诉讼程序，而是程序之外某些运作方式，这不是对法治的维护，而是对法治所要求的正当程序的背离。当事人从这种"请示——批复"程序中，也无法获得公正感，因为这种隐形程序排斥当事人参与，而不论是案件事实认定问题，还是适用法律问题，与当事人有直接利害关系，刑事诉讼不仅仅是国家权力运作过程，更是当事人的寻求救济的途径。同时，司法权的行政化也隐藏着司法权受到不正当干涉的危险。

尽管如此，这种"请示——批复"的工作方式，在我国产生和存在有一定现实合理性。首先，它是特定历史条件下的产物。革命根据地时期，在战争特定条件下法制不健全，实现政令统一十分重要，在审判中就相关政策问题向上级请示，就成为了审判工作的一种重要方式。新中国成立以后，原有法统被废除，在法制真空阶段依政策司法势在必行，"请示——批复"的司法工作方式由此形成。其次，在司法专业化程度不足、法官素质不高的现实条件下，"请示——批复"有利于上级法院对下级法院把关，保证案件处理质量。再次，我国两审终审制的审判制度，使最高人民法院通过诉讼途径解决适用法律问题的可能性很小。实践中有些案件不得不以请示的方式上报到最高人民法院。最后，一度对错案追究制的滥用，也助长了

此种隐形程序的运用。不能因为上下级法院对案件适用法律出现了分歧，而在二审中改判就认为下级法院出现了错案。机械地进行错案追究，最终导致下级法院通过请示规避风险。

随着司法专业化程度的提高和审级制度的完善，相信"请示——批复"制度将从中国司法中淡出。但是，目前取消该制度的条件还不具备，作为过渡，只能在一定条件下限制该制度的适用。1995年最高人民法院的《关于报送刑事请示案件的范围和应注意的事项通知》，体现了这样的原则和方向。该通知将报请最高人民法院复核的案件限定在适用法律方面，并且规定了报请复核案件必须是因案情特殊有特别重大影响的案件。可见最高人民法院旨在通过批复途径形成统一的司法政策。目前，最高人民法院的批复作为司法解释对各级人民法院有约束力。从发展趋势上看，在审级制度完善的基础上，最高人民法院应以参考性判例取代批复制度。

各级地方人民法院在使用批复方式处理案件时，也应参照最高人民法院的这一通知，理解和贯彻该通知的精神，参照该通知限制批复案件范围，慎用批复权，以免带来副效应。应注意的是，地方各级法院的批复，没有法律约束力，对下级法院只有参考意义。

四、庭前公诉审查的内容有哪些

[法律依据]

1. 《刑事诉讼法》的相关规定：

第一百五十条 人民法院对提起公诉的案件进行审查后，对于起诉书中有明确的指控犯罪事实并且附有证据目录、证人名单和主要证据复印件或者照片的，应当决定开庭审判。

2. 最高人民法院《关于执行〈中华人民共和国刑事诉讼法〉若干问题的解释》的相关规定：

第一百一十六条 人民法院对人民检察院提起的公诉案件，应当在收到起诉书（一式八份，每增加一名被告人，增加起诉书五份）后，指定审判员审查以下内容：（一）案件是否属于本院管辖；（二）起诉书指控的被告人的身份、实施犯罪的时间、地点、手段、犯罪事实、危害后果和罪名以及其他可能影响定罪量刑的情节等是否明确；（三）起诉书中是否载明被告人被采取强制措施的种类、羁押地点、是否在案以及有无扣押、冻结在案的被告人的财物及存放地点；是否列明被害人的姓名、住址、通讯处，为保护被害人而不宜列明的，应当单独移送被害人名单；（四）是否附有起诉前收集的证据的目录；（五）是否附有能够证明指控犯罪行为性质、情节等内容的主要证据复印件或者照片；（六）是否附有起诉前提供了证言的证人名单；证人名单应当分别列明出庭作证和拟不出庭作证的证人的姓名、性别、年龄、职业、住址和通讯处；（七）已委托辩护人、代理人的，是否附有辩护人、代理人的姓名、住址、通讯处明确的名单；（八）提起附带民事诉讼的，是否附有相关证据材料；（九）侦查、起诉程序的各种法律手续和诉讼文书复印件是否完备；（十）有无刑事诉讼法第十五条第（二）至（六）项规定的不追究刑事责任的情形。

前款第（五）项中所说的主要证据包括：1. 起诉书中涉及的刑事诉讼法第四十二条规定的证据种类中的主要证据；2. 同种类多个证据中被确定为主要证据的；如果某一种类证据中只有一个证据，该证据即为主要证据；3. 作为法定量刑情节的自首、立功、累犯、中止、未遂、防卫过当等证据。

3. 最高人民法院、最高人民检察院、公安部、国家安全部、司法部、全国人大常委会法制工作委员会《关于刑事诉讼法实施中若干问题的规定》的相关规定：

第三十六条　根据刑事诉讼法第一百五十条的规定，人民检察院提起公诉的案件，应当向人民法院移送所有犯罪事实的主要证据的复印件或者照片。"主要证据"包括：（一）起诉书中涉及的各证据种类中的主要证据；（二）多个同种类证据中被确定为"主要证据"的；（三）作为法定量刑情节的自首、立功、累犯、中止、未遂、正当防卫的证据。

人民检察院针对具体案件移送起诉时，"主要证据"由人民检察院根据以上规定确定。

[实践指导]

《刑事诉讼法》第150条规定了起诉与审判衔接的环节。这一条文既包含了法院庭前公诉审查的方式，也包含了检察机关的案卷移送方式。我国庭前公诉审查不对证据进行任何审查，而只审查检察机关移送材料的完整性。这有利于彻底切断审判与起诉的联系，防止审前形成成见。但通过庭前审查，对案件筛选、处理相关问题以保证庭审质量的功能，无从发挥。最高人民法院的司法解释对此进行了细化和补充，特别是对管辖权和《刑事诉讼法》第15条第（2）到第（6）项的审查，更是非常必要。如果开庭审判之后才发现管辖权有误、再进行移送，无疑影响诉讼效率；而诉讼中发现有《刑事诉讼法》第15条情形，应及时终结程序，到开庭之后才发现问题，浪费了司法资源。对《刑事诉讼法》第15条第（1）项不进行审查，是因为要对"情节显著轻微危害不大，不认为是犯罪"做出判断，必须进行证据审查，这与第150条确定的庭前公诉审查方式相背。

检察机关案卷移送可概括为"复印件主义"方式。检察机关移送到法院的案卷材料就是辩护人在审判中能查阅到的案卷材料。因此，起诉与审判的衔接方式关系到辩护权的行使。1996年修改前的《刑事诉讼法》中规定检察机关全卷移送案卷材料，辩护人在法院能查阅到全部控方证据；而现行《刑事诉讼法》对移送案卷材料进行限制，只考虑到防止法官先见一方面，却限制了辩护人的阅卷权。虽然司法解释中对何为"主要证据"有进一步的明确规定，但检察机关对确定"主要证据"仍有很大裁量权。司法实践中，有的检察机关出于公诉策略考虑移送案卷时有所保留，追求审判中"突袭"效果；有的检察机关为对法官心证形成有力影响，尽可能多移送案卷材料；有的落后地区检察机关由于无复印设备，而将证据原件直接移送。"复印件主义"案卷移送方式还存在的问题是，不能完全避免法官形成先见，因为法官为庭审中控制局面，庭前仍会查阅"主要证据"的内容。

五、庭前公诉审查后应如何处理

[法律依据]

1. 《刑事诉讼法》的相关规定：

第一百五十条　人民法院对提起公诉的案件进行审查后，对于起诉书中有明确的指控犯罪事实并且附有证据目录、证人名单和主要证据复印件或者照片的，应当决定开庭审判。

2. 最高人民法院《关于执行〈中华人民共和国刑事诉讼法〉若干问题的解释》的相关规定：

第一百一十七条　案件经审查后，应当根据不同情况分别处理：（一）对于不属于本院管辖或者被告人不在案的，应当决定退回人民检察院；（二）对于不符合本解释第一百一十六条第（二）至（九）项规定之一，需要补送材料的，应当通知人民检察院在三日内补送；（三）对于根据刑事诉讼法第一百六十二条第（三）项规定宣告被告人无罪，人民检察院依据新的事实、证据材料重新起诉的，人民法院应当依法受理；（四）依照本解释第一百七十七条规定，人民法院裁定准许人民检察院撤诉的案件，没有新的事实、证据，人民检察院重新起诉的，人民法院不予受理（五）对于符合刑事诉讼法第十五条第（二）至（六）项规定的情形的，应当裁定终止审理或者决定不予受理；（六）对于被告人真实身份不明，但符合刑事诉讼法第一百二十八条第二款规定的，人民法院应当依法受理。

第一百一十八条　人民法院对于按照普通程序审理的公诉案件，决定是否受理，应当在七日内审查完毕。

对于人民检察院建议按简易程序审理的公诉案件，决定是否受理，应当在三日内审查完毕。

人民法院对提起公诉的案件进行审查的期限，计入人民法院的审理期限。

[实践指导]

《刑事诉讼法》150条仅规定了符合该条规定应开庭审理，没有规定不符合该条规定应如何处理，严格意义上说，此法律规范不完整。最高人民法院《关于执行〈中华人民共和国刑事诉讼法〉若干问题的解释》（以下简称《解释》）第117条，是对《刑事诉讼法》第150条的细化和补充说明。《解释》第117条第（2）项即是对《刑事诉讼法》第150条的直接补充，经过庭前公诉审查，对于移送材料不全的要求补充完整。该条第（1）项的退卷处理，适用于管辖权错误和被告人不在案。法院在庭前公诉审查发现管辖权错误不能直接将案件移送至有管辖权的法院，因为法院之间在审判事务上各自独立、无隶属关系，只能由起诉启动审判程序，所以法院退卷后，由检察机关在内部移送案卷，由检察机关向有管辖权的法院重新起诉。被告人不在案是指应当被采取逮捕或其他强制措施的被告人在逃，或者是无法对没有被采取强制措施的被告人送达传票、不知其下落。我国刑事诉讼中没有缺席审判程序，因此被告人不在案无法开庭审理，退卷后由检察机关会同公安机关采取强制措施令被告人归案后再向法院起诉。

该条第（3）、（4）、（6）项规定了三种特殊情况下，法院应受理的情形：一是曾有过证据不足无罪判决后的重新起诉；二是证据不足撤诉后的起诉；三是被告人身份不明的起诉。这三种情况应作为司法实践中法院例外性受理处理。前两种重新起诉如果被滥用，等同于检察机关可以懈怠于起诉职责，事后仍有补救的机会；而在侦查阶段查明嫌疑人身份是公安机关的基本职责，在被告人身份不明情形下起诉，判决、服刑后仍有遗留问题，应仅限于极少数特例。

该条第（5）项规定针对《刑事诉讼法》第15条第（2）至第（6）项，应当采取终止审理或决定不予受理两种处理方式，但没有具体规定两种不同的处理方式所针对的法定情形。《刑事诉讼法》第15条规定不需要追究刑事责任的情形下，在审判阶段应做出终止审理或宣告无罪处理，似乎与其相矛盾。《刑事诉讼法》第15条所规定的"终止审理"强调的是程序结束的状态，而不是法院具体的处理形式，而司法解释中的裁定终止审理和决定不予受理是两种不同形式的裁判，其程序效果均是程序终结。裁定终止审理原则上适用于被告人死亡，此种情况下法院不需要就其他实体事实和程序事实进行判断和评价，程序终结的原因是被追诉主体的消失；而追诉时效已过、经特赦令赦免和告诉才处理的案件，应使用不予受理的决定，这三种情形下法院必须要对相关程序事实进行判断和评价，如果符合法定情形，法院没有合法审判权,当然无权受理。对第(6)项"其他法律规定免予追究刑事责任的",原则上应作出不予受理的决定,但如果需要通过对证据审查判断,才能对相关案件事实作出评价,不能直接对案件作出不予受理的决定,应开庭审理。

最高人民法院的前项司法解释,有人认为有失妥当。因为,是否开庭审理的标准应是,处理案件是否需要对证据进行实质审查,如果需要用证据对程序性事实加以证明,则应开庭审理。检察机关已将案件起诉到法院,即意味着法院与检察院在适用《刑事诉讼法》第15条的问题上存在分歧,法院应开庭审理、听取检察机关意见,不宜直接作出不予受理的决定。

此外,根据《解释》第181条规定,在庭前公诉审查阶段发现被告人丧失全部或部分行为能力,不能接受审判,应做出裁定中止审理。

六、审判中如何处理追加、变更和撤回起诉问题

[法律依据]

1. 最高人民检察院《人民检察院刑事诉讼规则》的相关规定:

第三百五十一条 在人民法院宣告判决前,人民检察院发现被告人的真实身份或者犯罪事实与起诉书中叙述的身份或者指控犯罪事实不符的,可以要求变更起诉;发现遗漏同案犯罪嫌疑人或者罪行可以一并起诉和审理的,可以要求追加起诉;发现不存在犯罪事实、犯罪事并非被告人所为或者不应当追究被告人刑事责任的,可以要求撤回起诉。

第三百五十二条 在法庭审理过程中,人民法院建议人民检察院补充侦查、补充或者变更起诉的,人民检察院应当审查有关理由,并作出是否退回补充侦查、补充或者变更起诉的决定。人民检察院不同意的,可以要求人民法院就起诉指控的犯罪事实依法作出裁判。

第三百五十三条 变更、追加或者撤回起诉应当报经检察长或者检察委员会决定,并以书面方式在人民法院宣告判前向人民法院提出。

在法庭审理过程中,公诉人认为需要变更、追加或者撤回起诉的,应当要求休庭,并记明笔录。

变更、追加起诉需要给予被告人、辩护人必要时间进行辩护准备的,公诉人可以建议合议庭延期审理。撤回起诉后,没有新的事实或者新的证据不得再行起诉。

撤回起诉后,没有新的事实或者新的证据不得再行起诉。

2. 最高人民法院《关于执行〈中华人民共和国刑事诉讼法〉若干问题的解释》的相关规定:

第一百七十七条 在宣告判决前,人民检察院要求撤回起诉的,人民法院应当审查人民检察院撤回起诉的理由,并做出是否准许的裁定。

第一百七十八条 人民法院在审理中发现新事实,可能影响定罪的,应当建议人民检察院补充或者变更起诉,人民检察院不同意的,人民法院应当就起诉指控的犯罪事实依照本解释第一百七十六条的有关规定依法作出裁判。

[实践指导]

根据目前最高人民检察院的解释,追加、变更和撤销起诉是检察机关发现错误、及时纠正的诉讼途径,并不包括裁量后的权宜性变更。其中撤回起诉既包括撤回全案,也包括对一被告人撤销某些指控的罪名和撤回对某些共同被告人的指控。检察机关如果已经发现了起诉

中的错误，如错误认定罪名或遗漏指控犯罪等，仍消极地等待法院在判决中纠正、或是另案再诉，是对工作的严重不负责任，及时变更起诉也更有利于提高诉讼效率。

应当注意的是，案件一旦起诉即系属于法院，审判过程中应尊重审判的权威性。变更起诉原则上要经过法院同意。法院对检察机关变更、撤销起诉请求的审查，应参照检察机关司法解释中的规定。最高人民法院在司法解释中特别指出，检察机关撤回起诉必须经过法院裁定许可才发生法律效力，如果法院裁定不许撤回起诉，案件必须继续审理，检察机关要继续履行公诉职能。但追加起诉问题比较特殊，追加起诉也就是扩大起诉范围，主动权在检察机关，依据不告不理原则和目前法院公诉审查方式，只要检察机关移送法定的案件材料，法院必须受理。检察机关要求变更、追加和撤回起诉应在庭审过程中提出，特别是法院在对撤回起诉请求进行审查时，对撤回起诉的时间应严格掌握，庭审已经结束，直接进行判决即可，没有必要由公诉机关撤诉。司法实践中法院对检察机关在庭审后的撤诉请求通常也裁定许可，很大程度上是迁就检察机关起诉后的有罪判决率的结果。

检察机关变更起诉的途径有两种：一是检察机关提出变更要求；二是法院向检察机关提出建议。法院变更起诉的建议对检察机关没有法律上的约束力，检察机关可以坚持原来的起诉内容，此后法院作出一审判决后，检察机关认为判决确有错误，应进行抗诉。

不论哪种途径引发的变更起诉，在诉讼程序上均引起休庭、延期审理的程序后果。变更起诉后，要给被告人、辩护人合理的辩护准备时间，以保证辩护权的有效行使。特别在追加指控情况下，没有合理辩护准备时间，等于剥夺被告人辩护权，属严重程序违法，所以更要注意对被告人辩护权的维护。

七、强奸案件被害人出庭时审理中应注意的问题有哪些

[法律依据]

最高人民法院、最高人民检察院《关于审理强奸案件应慎重处理被害人出庭问题的通知》的相关规定：

一、人民法院开庭审理强奸妇女和奸淫幼女案件时，对于被害人依照刑事诉讼法的规定，愿意出庭向被告人发问、陈述作证和发言辩论的，可以通知被害人到庭；对于被害人不愿意出庭的，可以不通知其到庭。被害人是否愿意出庭行使诉讼权利和履行作证义务，人民法院应当在开庭前征求被害人的意见，并将被害人的意见告知提起公诉的人民检察院。

二、对强奸妇女和奸淫幼女案件，如果需要以被害人的陈述作为定案证据的，人民检察院在审查起诉时和人民法院在开庭审理前，都应当查证属实。在被害人不愿出庭的情况下，人民法院开庭审理时，可依照刑事诉讼法第116条的规定，当庭宣读被害人的证言笔录或亲笔证词。对于被害人与被告人素不相识的，在当庭宣读被害人的证言或亲笔证词时，应参照刑事诉讼法第60条的规定，不公开被害人的姓名。如果合议庭认为案件证据不充分，或者发现新的事实，需要进一步向被害人查证的，可以依照刑事诉讼法第123条的规定办理，也不要通知被害人到庭作证。

三、强奸妇女和奸淫幼女案件，属于个人隐私的案件。依照刑事诉讼法第111条的规定，人民法院对这类案件实行不公开审理。开庭时，除本案的审判人员、书记员、公诉人、律师、司法警察和其他诉讼参与人在场外，不允许其他任何人进入法庭。把对个人隐私案件的审理，在实际上搞成'内部公开审理'的做法，是违反刑事诉讼法规定的，应予纠正。参加开庭审

理个人隐私案件的有关人员也不应对外传播审理的情况。

[实践指导]

强奸案件的审理涉及被害人个人隐私，为避免被害人在审理中"第二次受害"，在坚持不公开审判的同时，还应更为慎重地处理开庭中的细节问题。尽管"两高"《关于审理强奸案件应慎重处理被害人出庭问题的通知》早在1982年就已颁布，但其规定的对被害人特殊的诉讼关照举措，现在仍具有可行性。被害人可以选择是否参加庭审和出庭作证；被害人的身份对被告人保密；除必须参加庭审的人员，不允许任何人进入法庭等措施，都充分体现了对被害人名誉、人身安全的保护及人格的尊重。此外，上述司法解释中关于法院应在开庭前将被害人陈述查证属实的规定，与现行刑事诉讼法规定抵触，不应适用。

八、人民法院审判中发现新犯罪事实应如何处理

[法律依据]

最高人民法院《关于执行〈中华人民共和国刑事诉讼法〉若干问题的解释》的相关规定：
第一百七十八条　人民法院在审理中发现新的事实，可能影响定罪的，应当建议人民检察院补充侦查或者变更起诉；人民检察院不同意的，人民法院应当就起诉书指控的犯罪事实，依照本解释第一百七十六条的有关规定依法做出裁判。

[实践指导]

最高人民法院司法解释中对人民法院审判中发现新事实后处理的规定充分贯彻了控审分离和不告不理的诉讼原理。人民法院在审判案件过程中发现新犯罪事实，包括两种情况：一是发现被告人的其他罪行；一是发现了没有被起诉的同案犯并认为需要追究刑事责任。如果审判过程中发现其他犯罪嫌疑人的其他罪行，应作为犯罪线索报告有侦查权的机关。不论法院审判中发现哪种"新事实"，都不能径行定罪、判决，这种做法实质是法院在没有起诉的前提下进行了审判，法院代检察机关行使了控诉权，法院丧失了中立的立场，成为了积极的追诉者。发现"新事实"后，法院补充或者变更起诉的建议，对检察机关没有约束力，在起诉问题上检察机关不受法院的制约，检察机关如果坚持原来的起诉，法院的建议没有强制起诉的效力，法院只能在原有的指控范围内定罪和量刑。还应注意，并不是法院发现所有"新事实"都有必要提出变更起诉的建议，对改变被告人定罪没有意义的"新事实"，不需要提出变更起诉建议。

九、当事人多次故意不配合法庭审理、扰乱法庭秩序，审判是否继续进行

[实践指导]

根据《刑事诉讼法》第161条的相关规定，对当事人故意不配合法庭审理、扰乱法庭秩序，情节严重的，可处以一千元以下罚款或者十五日以下拘留。一般来讲，在处罚的同时，还要进行说服、教育，讲明参与庭审是其自身的诉讼权利，有利于其合法权益维护。如果当

事人不知悔改、恶意不配合庭审、扰乱法庭秩序，由于我国刑事诉讼法中没有规定缺席审判制度，法院只能尽可能排除当事人干扰，按照正常程序继续进行审理。对于当事人拒绝行使诉讼权利的，视为当事人当庭放弃诉讼权利。扰乱法庭秩序的当事人有辩护人、诉讼代理人的，其辩护人、诉讼代理人应参与法庭审理，见证此种情况，并维护其当事人的合法权益。法院在庭审笔录中应明确记录此种情况，必要时可对开庭过程进行录像，以证明程序合法性。

十、法官如何行使庭外调查权

[法律依据]

1. 《刑事诉讼法》的相关规定：

第一百五十八条 法庭审理过程中，合议庭对证据有疑问的，可以宣布休庭，对证据进行调查核实。

人民法院调查核实证据，可以进行勘验、检查、扣押、鉴定和查询、冻结。

2. 最高人民法院《关于执行〈中华人民共和国刑事诉讼法〉若干问题的解释》的相关规定：

第五十四条 人民法院向有关单位或个人收集、调取、核实证据，认为必要时，可以通知检察人员、辩护人到场。

人民法院向有关单位收集、调取的书面证据材料，必须由提供人署名，并加盖单位印章；人民法院向个人收集、调取的书面证据材料，必须由本人确认无误后签名或者盖章。

第五十五条 人民法院对公诉案件依法调查、核实证据时，发现对认定案件事实有重要作用的新的证据材料，应当告知检察人员和辩护人。必要时，也可以直接提取，复制后移送检察人员和辩护人。

第一百五十四条 人民法院调查核实证据时，可以进行勘验、检查、扣押、鉴定和查询、冻结。必要时，可以通知检察人员、辩护人到场。

第一百五十八条 人民法院向人民检察院调取需要调查核实的证据材料，或者根据辩护人、被告人的申请，向人民检察院调取在侦查、审查起诉中收集的有关被告人无罪和罪轻的证据材料，应当通知人民检察院在收到调取证据材料决定书后三日内移交。

第一百五十九条 合议庭在案件审理过程中，发现被告人可能有自首、立功等法定量刑情节，而起诉和移送的证据材料中没有这方面的证据材料的，应当建议人民检察院补充侦查。

[实践指导]

立法中将"证据有疑问"作为进行庭外查证的条件，容易产生歧义。我国现有的庭审方式突出控辩双方的诉讼职能，法院归位于消极证据裁判者的地位。在此基础上，法院滥用庭外调查权将会对基本诉讼结构造成破坏。如果认定有罪的控诉证据存在疑问，法院依法应作出无罪判决，此时法院对证据的疑点进行调查核实，等同于帮助控诉方行使控诉职能；对有利于被告人的证据核实，符合有利被告人的诉讼原则，法官的这种查证在其诉讼关照权的权能之中；对仅与量刑有关的证据，如：在共同犯罪事实足以认定但被告人之间责任分担事实不清的情况之下，法院进行调查是其作出判决所必需的职能。按照上述分析，实践中法院不应当扩张性使用该庭外查证权。我们应对法律文本进行限制性解释，为避免重蹈控审一体的覆辙，原则上禁止利用庭外查证收集有利于控方的证据。

由于检察机关有维护公共利益的职责,无论对被告人有利还是不利,法院都可以建议检察机关对有关事实进行补充侦查,庭外调查权应慎用。法官的庭外调查权应限定在以下几方面:(1)与量刑相关的情节,无需建议检察机关补充侦查的;(2)对鉴定结论、医院诊断证明有疑问,合议庭可以聘请鉴定人进行鉴定,或对案件中的某些专门性问题进行补充鉴定或者重新鉴定;(3)辩护方提出控诉证据是侦查、起诉过程中采用刑讯逼供手段进行诱供、骗供、指供等非法手段收集的,又无有力证据证明,法庭认为有必要核实的;(4)辩护方提出被告人有检举立功或者其他从轻情节,合议庭认为有必要查证的。

目前我国刑事诉讼法在总则中规定辩护人可以申请法院收集调取证据,但在具体程序中则无条文与之对应。由于实践中法庭上多以宣读证人证言笔录代替证人出庭,所以如国外庭前对证人证言笔录的保全措施似乎没必要再加以规定。但从制度发展趋势上看,在严格贯彻直接言辞原则基础上,这种例外性的证人证言保全措施有必要在刑事诉讼法中明确规定。庭外查证可作为庭前证据保全手段,及诉讼中对被告人的诉讼关照方式,但前者以辩方申请为原则,后者则可依职权主动进行。在庭外查证过程中,应当允许当事人参与,提升程序的公信力;在庭外获得证据的使用上,要坚持质证原则,经过法庭上的进一步核实,才能作为定案根据使用。

十一、法庭哪些情况下应制止控辩双方的发问和辩论

[法律依据]

1. 《刑事诉讼法》的相关规定:

第一百五十六条第一款 证人作证,审判人员应当告知他要如实地提供证言和有意作伪证或者隐匿罪证要负的法律责任。公诉人、当事人和辩护人、诉讼代理人经审判长许可,可以对证人、鉴定人发问。审判长认为发问的内容与案件无关的时候,应当制止。

2. 最高人民法院《关于执行〈中华人民共和国刑事诉讼法〉若干问题的解释》的相关规定:

第一百三十六条 审判长对于控辩双方讯问、发问被告人、被害人和附带民事诉讼原告人、被告人的内容与本案无关或者讯问、发问的方式不当的,应当制止。

对于控辩双方认为对方讯问或者发问的内容与本案无关或者讯问、发问的方式不当并提出异议的,审判长应当判明情况予以支持或者驳回。

第一百四十六条 询问证人应当遵循以下规则:(一)发问的内容应当与案件的事实相关;(二)不得以诱导方式提问;(三)不得威胁证人;(四)不得损害证人的人格尊严。

前款规定也适用于对被告人、被害人、附带民事诉讼原告人和被告人、鉴定人的讯问、发问或者询问。

第一百四十七条 审判长对于向证人、鉴定人发问的内容与本案无关或者发问的方式不当的,应当制止。

对于控辩双方认为对方发问的内容与本案无关或者发问的方式不当并提出异议的,审判长应当判明情况予以支持或者驳回。

第一百六十三条 在法庭辩论过程中,审判长对于控辩双方与案件无关、重复或者互相指责的发言应当制止。

[实践指导]

制止询问、辩论权是法官诉讼指挥权的重要权能。法官及时制止控辩双方不正当的询问和辩论,能够避免控辩双方法庭中的对抗蜕变为无意义的纠缠和人身攻击,维持法庭秩序,使庭审查明案件事实的功能充分发挥,避免不必要的拖延。

在交叉询问中,法官应成为掌握"规则"的裁判者,通过询问制止权的行使,使控辩双方的交叉询问真正成为发现事实的有效机制。禁止诱导性询问这一规则的目的在于保证证人不受询问者干扰、客观地进行陈述。在英美法系,禁止诱导询问只适用于主询问中,反询问中诱导性询问是必需的询问技巧,并不被禁止。因为主询问的目的在于立论,如果立论的基础存在很大程度的不可信,陪审团的心证很容易偏离正确方向,但反询问在主询问立论之后,其主要目的就是攻击对方的薄弱环节,揭示不真实,诱导性技术是不能缺少的手段。主询问中在例外的情况下,可以进行诱导性询问。例如:针对与案件实质问题无关的入门性问题的询问;为唤起证人的记忆、启发理解能力有限的证人陈述;当证人做出意外回答或证人是敌意证人时可以进行诱导性提问;对鉴定专家可以进行诱导询问等等。诱导性与非诱导性的界线存在一定的模糊性,庭审中控辩双方可以充分利用这一点,使陪审员形成有利于本方的心证。我国法官在掌握禁止诱导性询问规则上应借鉴英美法系相关规则的适用方法,对反询问中禁止诱导性询问规则的适用须灵活掌握。

十二、庭审后控辩双方是否应向法院移交证据

[法律依据]

最高人民法院《关于执行〈中华人民共和国刑事诉讼法〉若干问题的解释》的相关规定:
第一百五十一条 当庭出示的证据、宣读的证人证言、鉴定结论和勘验、检查笔录等,在出示、宣读后,应即将原件移交法庭。对确实无法当庭移交的,应当要求出示、宣读证据的一方在休庭后三日内移交。

第一百五十二条第一款 对公诉人在法庭上宣读、播放未到庭证人的证言的,如果该证人提供过不同的证言,法庭应当要求公诉人将该证人的全部证言在休庭后三日内移交。

[实践指导]

开庭后控、辩双方向法院移送全部证据材料,法院形成完整案卷,是各国普遍的惯例。如果检察机关提出抗诉、当事人提出上诉,全部案件材料移送上级法院。因为上诉审中法院要进行案卷审查,所以庭审后法院接管控辩双方移送的证据,是为二审进行准备。然而,庭后阅卷会产生这样一种可能性,即法官依靠庭审后对书面证据材料的审查形成"心证"。法官过度对案卷的依赖,会使庭审与判决失去内在联系,使庭审失去实质性作用,因此有人认为,庭后阅卷的"默读审判"是破坏庭审效果的最大危险。然而,笔者认为,一方面,在制度层面,影响庭审效果的最重要因素不能归因为庭后的案卷移送,相反正是因为庭审的事实发现功能不足,强化了庭后阅卷的动因。另一方面,只从制度上归因,而不从制度运行中的异化上寻找原因,是不客观的。目前原有"侦查中心"的诉讼模式中形成的法官案卷审理的工作习惯,在司法实践中仍具有"惯性"。我国法官的实践理性不足,这促成了法庭审理与庭下阅卷关系的本末倒置。

法官行使庭后阅卷权，其目的在于补充和印证庭上形成的"心证"，更好地完成发现实体真实的任务。最高人民法院的司法解释中对移送证据的要求，在目前辩护方不能全面了解控方所掌握的证据的条件下，有利于防止误判和对被告人的保护。我国庭前制度存在缺陷，而在法官职业素质又有待提高的条件下，通过庭后案卷审查补充心证就更具有必要性。但是，如果法官要将与庭审中不同的证人证言作为定案的依据，必须再次开庭，由控辩双方进行质证。

然而，应当承认，过度使用庭后的案卷审查权，确实存在这样的危险：使审理方式由直接言辞和公开的审理蜕变成了秘密的书面审。这是我们应当严加防范的。首先，庭前程序、庭审程序和证据制度的完善，能增强程序的事实发现功能，在客观上缓解刑事审判权主体对案卷的依赖。其次，通过制度培养，促使职业法官实践理性能力的提升，在法官群体中形成"庭审中心"的职业习惯。最后，在具体操作上可以对庭后阅卷权进行限制。例如，在法国重罪法院审判中，案卷由重罪法院的书记官保管，审判长只可以为评议所需而保留刑事审查庭的裁定书；评议时需要审查某个证据，审判长有权命令将案卷送交法庭，但审查时，必须有检察官、被告人的律师和民事当事人在场。

十三、案件审理期限如何确定

[法律依据]

最高人民法院《关于严格执行案件审理期限制度的若干规定》的相关规定：

第一条 适用普通程序审理的第一审刑事公诉案件、被告人被羁押的第一审刑事自诉案件和第二审刑事公诉、刑事自诉案件的期限为1个月，最迟不得超过1个半月；附带民事诉讼案件的审理期限，经本院院长批准，可以延长2个月。有刑事诉讼法第126条规定情形之一的，经省、自治区、直辖市高级人民法院批准或者决定，审理期限可以再延长1个月；最高人民法院受理的刑事上诉、刑事抗诉案件，经最高人民法院决定，审理期限可以再延长1个月。

适用普通程序审理的被告人未被羁押的第一审刑事自诉案件，期限为6个月；有特殊情况需要延长的，经本院院长批准，可以延长3个月。

适用简易程序审理的刑事案件，审理期限为20日。

第六条 第一审人民法院收到起诉书（状）或者执行申请书后，经审查认为符合受理条件的应当在7日内立案；收到自诉人自诉状或者口头告诉的，经审查认为符合自诉案件受理条件的应当在15日内立案。

改变管辖的刑事、民事、行政案件，应当在收到案卷后的3日内立案。

第二审人民法院应当在收到第一审人民法院移送的上（抗）诉材料及案卷材料后的7日内立案。

发回重审或指令再审的案件，应当在收到发回重审或指令再审裁定及案卷材料后的次日内立案。

按照审判监督程序重新审判的案件，应当在作出提审、再审裁定（决定）的次日立案。

第七条 立案机构应当在决定立案的3日内将案卷材料移送审判庭。

第八条 案件的审理期限从立案次日起计算。

由简易程序转为普通程序审理的第一审刑事案件的期限，从决定转为普通程序次日起计算。

第九条 下列期间不计入审理、执行期限：（1）刑事案件对被告人作精神病鉴定的期间；（2）刑事案件因另行委托、指定辩护人，法院决定延期审理的，自案件宣布延期审理之日起至第10日止准备辩护的时间；（3）公诉人发现案件需要补充侦查，提出延期审理建议后，合议庭同意延期审理的期间；（4）刑事案件二审期间，检察院查阅案卷超过7日后的时间；（5）因当事人、诉讼代理人、辩护人申请通知新的证人到庭、调取新的证据、申请重新鉴定或者勘验，决定延期审理1个月之内的期间；（6）民事、行政案件公告、鉴定的期间；（7）审理当事人提出的管辖权异议和处理法院之间的管辖争议的期间；（8）民事、行政、执行案件由有关专业机构进行审计、评估、资产清理的期间；（9）中止诉讼（审理）或执行至恢复诉讼（审理）或执行的期间；（10）当事人达成执行和解或者提供执行担保后，执行法院决定暂缓执行的期间；（11）上级人民法院通知暂缓执行的期间；（12）执行中拍卖、变卖被查封、扣押财产的期间。

第十条 人民法院判决书宣判、裁定书宣告或者调解书送达最后一名当事人的日期为结案时间。如需委托宣判、送达的，委托宣判、送达的人民法院应当在审限届满前将判决书、裁定书、调解书送达受托人民法院。受托人民法院应当在收到委托书后7日内送达。

人民法院判决书宣判、裁定书宣告或者调解书送达有下列情形之一的，结案时间遵守以下规定：（1）留置送达的，以裁判文书留在受送达人的住所日为结案时间；（2）公告送达的，以公告刊登之日为结案时间；（3）邮寄送达的，以交邮日期为结案时间；（4）通过有关单位转交送达的，以送达回证上当事人签收的日期为结案时间。

第十一条 刑事公诉案件、被告人被羁押的自诉案件，需要延长审理期限的，应当在审理期限届满7日以前，向高级人民法院提出申请；被告人未被羁押的刑事自诉案件，需要延长审理期限的，应当在审理期限届满10日前向本院院长提出申请。

第十四条 对于下级人民法院申请延长办案期限的报告，上级人民法院应当在审理期限届满3日前作出决定，并通知提出申请延长审理期限的人民法院。

需要本院院长批准延长办案期限的，院长应当在审限届满前批准或者决定。

第二十条 各级人民法院应当将审理案件期限情况作为审判管理的重要内容，加强对案件审理期限的管理、监督和检查。

第二十一条 各级人民法院应当建立审理期限届满前的催办制度。

第二十二条 各级人民法院应当建立案件审理期限定期通报制度。对违反诉讼法规定，超过审理期限或者违反本规定的情况进行通报。

第二十三条 审判人员故意拖延办案，或者因过失延误办案，造成严重后果的，依照《人民法院审判纪律处分办法（试行）》第59条的规定予以处分。

审判人员故意拖延移送案件材料，或者接受委托送达后，故意拖延不予送达的，参照《人民法院审判纪律处分办法（试行）》第59条的规定予以处分。

十四、检察机关如何对刑事审判活动进行法律监督

[法律依据]

1.《刑事诉讼法》的相关规定：

第一百六十九条 人民检察院发现人民法院审理案件违反法律规定的诉讼程序，有权向

人民法院提出纠正意见。

2. 最高人民检察院《人民检察院刑事诉讼规则》的相关规定：

第三百九十一条　人民检察院依法对人民法院的审判活动是否合法实行监督。

第三百九十二条　审判活动监督主要发现和纠正以下违法行为：（1）人民法院对刑事案件的受理违反管辖规定的；（2）人民法院审理案件违反法定审理和送达期限的；（3）法庭组成人员不符合法律规定的；（4）法庭审理案件违反法定程序的；（5）侵犯当事人和其他诉讼参与人的诉讼权利和其他合法权利的；（6）法庭审理时对有关程序问题所作出的决定违反法律规定的；（7）其他违反法律规定的审理程序的行为。

第三百九十三条　审判监督由审查起诉部门承办，对于人民法院审理案件违反法定期限的，由监所检察部门承办。

人民检察院可以通过庭外调查、审阅案卷、受理申诉等活动，监督审判活动是否合法。

第三百九十四条　人民检察院在审判活动监督中，如果发现人民法院或者审判人员审理案件违反法律规定的诉讼程序，应当向人民法院提出纠正意见。

出席法庭的检察人员发现法庭审判违反法律规定的诉讼程序，应当在休庭后及时向本院检察长报告。

人民检察院对违反程序的庭审活动提出纠正意见，应当由人民检察院在庭审后提出。

第三百九十五条　人民检察院对人民法院审判活动中违法行为的监督，可以参照本规则有关人民检察院对公安机关侦查活动中违法行为监督的规定办理。

[实践指导]

检察机关对刑事审判活动的监督是作为专门法律监督机关的法律监督职能在刑事诉讼中的体现。检察机关对审判活动进行全面监督，通过公诉人出庭监督庭审活动是检察机关对审判活动进行法律监督的主要途径，但不是唯一的，庭外调查、审查案卷和受理申诉等都是监督的途径。公诉人在执行控诉职能的同时又履行法律监督职能，可能产生负面影响。法院作为审判方，在审判中保持中立，控辩双方要尊重审判方的权威，但在另一种法律监督者与被监督者的法律关系中，检察机关却处于优位。检察机关的法律监督者地位有可能使审判者倾向于控诉方，形成控审一体的诉讼结构；另一方面则有可能引发控诉方与审判方之间的冲突。假如不允许公诉人进行法律监督，他又是审判的亲历者，对审判情况最有发言权。在现有司法体制框架内公诉人进行法律监督的消极影响不可避免，只能在一定条件下消解这种影响。依据最高人民检察院的司法解释，公诉人不能直接在法庭上提出对庭审违法活动的纠正意见，避免检、法产生直接冲突。在庭审后应向检察长报告，经批准在庭审后提出纠正意见。

接受检察机关的纠正意见，对审判应产生什么样程序性法律后果，司法解释中没有明确规定。笔者认为，最严重的程序后果是已经进行的审判归于无效，例如对于法庭组成人员不合法、庭审中剥夺了被告人的辩护权等程序违法，法院应重新组成合议庭进行审理；管辖权错误时，案件应退回检察机关，由检察机关重新起诉；对轻微的程序违法，可进行补正。

十五、哪些情况下可以休庭

[实践指导]

休庭，是指开庭审理过程中法庭在较短时间内暂时停止开庭的状态。休庭可以因审判障碍而引起，如：法庭决定延期审理必然导致休庭的程序结果；休庭也可以是法庭进行诉讼活动中正常的、必要的休息，如：经过半天开庭，在中午用餐、休息时间应宣布休庭；在开庭审理和宣判之间，合议庭要进行评议，庭审结束后也要宣布休庭。一般休庭的时间较短，审判组织能够确定继续开庭、进行诉讼活动的时间，休庭之后，在短时间内将继续进行审判活动。如果出现了中止审判的情形，意味着在较短时间内不能排除诉讼障碍，尽管中止审理也是法院停止审判工作的状态，但经过较长时间后诉讼障碍排除，原则上庭审不应继续进行，而应重新开始。

法庭宣布休庭的事由主要包括以下情形：(1)当事人申请回避而不能继续进行审判活动的；(2)经审判长同意，当事人和辩护人、诉讼代理人申请通知新的证人到庭，调取新的物证，申请重新鉴定或者勘验的；(3)合议庭对证据有疑问时，需要对证据进行必要的调查核实的；(4)检察人员提起公诉案件需要补充侦查，提出建议的；(5)发生严重扰乱法庭秩序的行为，致使审判活动无法继续进行的；(6)被告人最后陈述后，审判长宣布休庭，合议庭进行评议；(7)开庭过程中的必要休息；(8)被告人当庭拒绝辩护人为其辩护，要求另行委托辩护人、法院准许的；(9)审判过程中，公诉人或自诉人变更指控罪名、扩大指控范围，法院应给辩护人重新准备辩护的时间；或法院建议公诉机关变更指控，需要征求控辩双方意见。(10)遇有其他使审判活动无法继续进行的情况。

十六、哪些情况下可以中止审理

[法律依据]

最高人民法院《关于执行〈中华人民共和国刑事诉讼法〉若干问题的解释》的相关规定：

第一百八十一条 在审理过程中，自诉人或者被告人患精神病或者其他严重疾病，以及案件起诉到人民法院后被告人脱逃的，致使案件在较长时间内无法继续审理的，人民法院应当裁定中止审理。

由于其他不能抗拒的原因，使案件无法继续审理的，可以裁定中止审理。

中止原因消失后，应当恢复审理。中止审理的期间不计入审理期限。

[实践指导]

中止审理是指人民法院在审理刑事案件的过程中遇到障碍，致使正在进行的审判活动无法继续进行，而在一定时间内暂停审理，待影响审理的障碍因素消除之后再恢复审理的程序处理。中止审理的原因可能发生在开庭审理期间，也可能是在开庭审理之前；可以发生在一审中，也可以发生在一审以外的程序中。无论发生在哪个阶段，引起审理中止的情形均是在可预期的短时间内无法克服的障碍，如果出现在可预见的较短时间内能解决的问题，不应适用中止审理的程序处理，而应做出延期审理的处理。刑事诉讼法对中止审理没有规定，最高人民法院的司法解释中明确规定了此种程序处理方式。自诉人或被告人患精神病或者其他严重疾病，丧失行为能力或限制行为能力，在短时间内行为能力难以恢复，而刑事审判与民事审判不同，一审法庭审理必须有自诉人、被告人本人参加，二审中即使不开庭审理，也必须征求自诉人、被告人本人的意见，因此在自诉人、被告人没有恢复参与诉讼的行为能力之前，一般只能停止审理，在程序上作出中止审理裁定；不论被告人是否被羁押，其脱逃或下落不明，在客观上都无法预期何时能抓捕被告人归案或找到其下落，由于我国没有缺席审判程序，也只能中止审理。而根据现行法律规定,中止的消除只能等待被告人自动归案,这不利于对被害人的保护和司法最终解决原则的贯彻。笔者认为,公诉案件在审判阶段裁定中止后,应当退回起诉机关,由追诉机关采取措施,待被告人归案后,再进行审理。

最高人民法院的司法解释中规定,"由于其他不能抗拒的原因,使案件无法继续审理的,可以裁定中止审理",是一种弹性的文本表达,授权审理案件的审判组织根据诉讼中出现的情况灵活处理。但由于审理中止的后果是不确定期限的停止处理案件的工作,必须慎重适用,法院滥用审判中止权,同样会造成对国家和公民权益的损害。法院裁定中止审理,应书面通知同级人民检察院。中止自诉案件的审理,人民法院在作出裁定后,还应当通知有关当事人。对中止审理的裁定,检察机关可以抗诉,当事人可以上诉。

十七、哪些情况下可以延期审理

[法律依据]

1. 《刑事诉讼法》的相关规定:

第一百六十五条　法庭在审判过程中,遇有下列情形之一,影响审判进行的,可以延期审理:(一)需要通知新的证人到庭,调取新的物证,重新鉴定或者勘验的;(二)检察人员发现提起公诉的案件需要补充侦查,提出建议的;(三)由于当事人申请回避而不能进行审判的。

2. 最高人民法院《关于执行〈中华人民共和国刑事诉讼法〉若干问题的解释》的相关规定:

第一百五十六条第二款　依照前款规定延期审理的时间不得超出一个月,延期审理的时间不计入审限。

第一百五十七条第一款　在庭审过程中,公诉人发现案件需要补充侦查,提出延期审理建议的,合议庭应当同意。但是建议延期审理的次数不得超过两次。

第一百六十五条第一款　被告人当庭拒绝辩护人为其辩护,要求另行委托辩护人的,应当同意,并宣布延期审理。

3. 最高人民检察院《人民检察院刑事诉讼规则》的相关规定:

第三百四十八条　法庭审理过程中遇有下列情形之一的,公诉人应当要求法庭延期审理:(一)发现事实不清、证据不足,或者遗漏罪行、遗漏同案犯罪嫌疑人,需要补充侦查或者补充提供证据的;(二)发现遗漏罪行或者遗漏同案犯罪嫌疑人,虽不需要补充侦查和补充提供证据,但需要提出追加或者变更起诉的;(三)需要通知开庭前未向人民法院提供名单的证人、鉴定人或者经人民法院通知而未到庭的证人出庭陈述的。

第三百四十九条　法庭宣布延期审理后,人民检察院应当在补充侦查的期限内提请人民法院恢复法庭审理或者撤回起诉。

公诉人在法庭审理过程中建议延期审理的次数不得超过两次,每次不得超过一个月。

[实践指导]

所谓延期审理,是指人民法院在开庭审理过程中,由于遇到些特殊情况,而决定将案件的审理期限予以推迟,待造成延期理的事由消除后,再继续审理该案的一种程序处理。延期审理的情形一般发生在开庭审理过程中,而不是庭前审查阶段。如果某些情况发生在开庭审理前，那么一般发生推迟开庭日期的程序后果，而不是延期审理。延期审理是法院在审理中遇到诉讼障碍后的处理方式，这些障碍是在可预见的较短时间内能够消除的。延期的具体时间由审判组织根据具体情况确定。延期审理后的开庭日期，可以由审判人员当庭确定，也可以休庭以后另行确定。当庭确定的，审判人员应当当庭公开宣布下次开庭的时间、地点；当庭不能确定的，在休庭确定后亦应将开庭的时间、地点通知公诉人、当事人及其他诉讼参与人。因检察机关要求退回补充侦查的延期审理，不能超过两次，每次时间不超过1个月。延期审理的最长时间，司法解释中规定不得超过1个月。如果延期审理时间过长，就破坏了开庭的连续性，与集中审判的原则相背，影响庭审效果。参照国外立法，延期审理的时间如果超过1个月，此前的审理无效，案件须重新开庭审。从司法实践看，还有以下情况也可能导致延期审理：审判过程中，公诉人或自诉人变更指控罪名、扩大指控范围，法院应给辩护人重新准备辩护的时间；法院建议公诉机关变更指控，如果公诉机关接受此建议，法院也应给控、辩双方一定的准备时间等。

十八、审理中被告人丧失诉讼行为能力应如何处理

[法律依据]

最高人民法院《关于执行〈中华人民共和国刑事诉讼法〉若干问题的解释》的相关规定：
第一百八十一条第一款　在审判过程中，自诉人或者被告人患精神病或者其他严重疾病以及由于其他不能抗拒的原因，致使案件在较长时间内无法继续审理的，人民法院应当中止审理。

[实践指导]

上述司法解释规定适用于被告人在审理期间丧失诉讼行为能力的情况。被告人在犯罪时已经丧失刑事责任能力，按照《刑法》第18条的规定，不承担刑事责任。如果这种情况在审理中才发现，不应中止审理或终止审理，应宣告被告人不负刑事责任。如果被告人在犯罪时属于正常人，在审理期间由于患精神病或其他情形，不能控制自己的行为能力成为无诉讼行为能力人，原则上应当按照最高人民法院《关于执行〈中华人民共和国刑事诉讼法〉若干问题的解释》第181条第1款规定，裁定中止对案件的审理。但笔者认为，经过鉴定被告人的行为能力不能恢复，如严重脑外伤引起的行为能力丧失等情形，可以裁定终止审理。因为被告人丧失行为能力，刑罚的特殊预防意义不可能实现，追诉犯罪失去意义。此种情况下，如果被告人又恢复诉讼行为能力的，法院可恢复审判程序。被告人是否恢复诉讼能力必须经医学鉴定，如果确已恢复诉讼行为能力，应恢复对该案件的审理。

十九、法院判决能否对起诉书中指控的罪名进行变更

[法律依据]

最高人民法院《关于执行〈中华人民共和国刑事诉讼法〉若干问题的解释》的相关规定：
第一百七十六条第（二）项　（二）起诉指控的事实清楚，证据确实、充分，指控的罪名与人民法院审理认定的罪名不一致的，应当做出有罪判决。

[实践指导]

司法解释中的相关规定，没有采用严格的英美法系诉因制度，而是允许在指控事实成立、认定有罪的基础上进行罪名变更，这与大陆法系的公诉事实制度和日本的诉因变更较接近。大陆法系的公诉事实制度中，公诉的效力体现在人与事两方面，审判机关不得对没有指控的被告人和犯罪事实进行判决，但控方的"指控范围"只是案件事实，在适用法律方面不受指控的限制，因此审判机关有权对指控的罪名进行变更。日本的诉因变更制度要旨在于允许检察官对诉因主动提出变更，由法官来审查，而法院的诉因变更命令对检察机关只有劝告性、不具有约束力，即法官不可以依自行变更的诉因判决。

在判决中变更指控罪名有理论根据，并不违背不告不理原则，问题的关键是如何通过具体审判程序设计使法院的罪名变更具有正当性基础。不论变更为更重的罪名、还是更轻的罪名，审判人员都要形成与控辩双方的理性对话、论证与交流。当审判人员认为应对控方指控的罪名进行变更时，不能搞"突袭审判"，要适时地将心证公开，听取控辩双方的意见，力求与其达成三方共识，这不仅使被告人充分地行使了辩护权，也尽量避免了不必要的上诉和抗诉。目前我国立法中对罪名变更的条件、程序还没有明确规定。笔者对此的设计如下：

第一，审判人员对指控罪名变更的实质条件是，必须在不损害控诉事实的同一性的基础上进行变更。审判人员只能在控方所提出证据所能证明的案件事实的基础上作出法律评价，可以单纯变更罪名，也可以将数罪变更为一罪或将一罪变更为数罪；可变更为较重的罪名，也可以变更为较轻的罪名。

第二，审判人员罪名变更建议的效力。审判人员对其拟定变更的罪名向控变双方释明，对控辩双方并没有强制的约束力，辩论权是控辩双方的诉讼权利，审判人员的干预只能是引导性的，控辩双方并不是必须要改变自己的诉讼主张而只能针对审判人员释明的罪名进行辩论。从实体裁判权来看，审判人员在定罪方面有最终的决定权。

第三，罪名变更程序：其一，审判人员在法庭调后辩论开始前罪名变更程序。可由审判长在简单征求其他审判人员的意见后，口头向控辩双方释明拟变更的罪名并做出说明，让控辩双方分别发表意见。如果控辩双方或其中一方提出要就此进行适当的准备，应当允许，作出延期审理的决定；如果控辩双方均不同意审判人员的意见，应在分别说明理由之后进行辩论；如果双方认可审判人员的意见或只有一方接受，审判长应作出延期审理的决定，使控辩双方有合理的时间对辩论内容进行调整，控方接受审判人员的意见应变更起诉。经过辩论和被告人的最后陈述后，依据合议庭的评议结果进行判决，但不一定必须依据拟变更的罪名进行判决。其二，审判人员在评议之后的罪名变更程序。应以书面方式向控辩双方发出通知，释明拟变更的罪名和理由，征求控辩双方的意见。如果双方均没有在特定期限内提出书面异议，视为双方接受了审判人员的意见，审判人员应当依据拟变更的罪名进行判决。如果双方或一方提出异议，审判人员应当面听取控辩双方的意见，根据具体情况可恢复辩论，辩论结束仍要给被告人最后陈述的机会。此后，合议庭进行再次评议做出判决，但不一定必须依拟变更的罪名进行判决。对于审判人员没有依据罪名变更程序而在判决中自行变更控诉罪名的，检察机关应当抗诉，当事人可以上诉。二审人民法院应当将案件发回原审人民法院重新审理，以纠正一审法院的程序违法行为。

二十、庭审后、宣判前同案被告人逃跑或下落不明，程序上应如何处理

[实践指导]

庭审后、宣判前同案被告人逃跑或下落不明，案件可以分案处理。根据最高人民法院《关于执行〈中华人民共和国刑事诉讼法〉若干问题的解释》的规定，被告人逃跑或下落不明，致使人民法院在较长时间内无法继续审判的，应当裁定中止审理。但如果对全案裁定中止，对在案的其他被告人有失公平，将导致其他在案被告人不能及时行使上诉权，还可能增加其诉讼中被羁押的时间。因此，为避免其他被告人的讼累，案件应分案处理：对其他在案被告人的诉讼程序继续进行，评议和表决之后，进行宣判；对在逃或下落不明的被告人，裁定中止审理，被告人归案后，恢复诉讼程序，再进行宣判。如果同案被告人逃跑时法院已形成判决，也应分案处理，对在案和不在案的被告人应分别制作判决和裁定，对在案的及时宣判，对不在案的，裁定中止审理。

二十一、审理单位犯罪案件应遵守的程序规则有哪些

[法律依据]

最高人民法院《关于执行〈中华人民共和国刑事诉讼法〉若干问题的解释》的相关规定：

第二百零七条 人民法院受理单位犯罪案件，除依照本解释第一百一十六条的有关规定进行审查外，还应当审查起诉书中是否列明被告单位的名称、住所地，以及代表被告单位出庭的诉讼代表人盼姓名、职务、通讯处。未按规定列明的，应当按本解释第一百一十七条第（二）项的规定办理。

第二百零八条 代表被告单位出庭的诉讼代表人，应当是单位找法定代表人或者主要负责人；法定代表人或者主要负责人被指控为单位犯罪直接负责的主管人员的，应当由单位的其他负责人作为被告单位的诉讼代表人出庭。

被告单位的诉讼代表人与被指控为单位犯罪直接负责的主管.人员是同一人的，人民法院应当要求人民检察院另行确定被告单位的诉讼代表人出庭。

第二百零九条 人民法院决定开庭审理单位犯罪案件，应当通知被告单位的诉讼代表人出庭。

第二百一十条 接到出庭通知的被告单位的诉讼代表人应当出庭。拒不出庭的，人民法院在必要的时候，可以拘传到庭。

第二百一十一条 人民法院审理单位犯罪案件，被告单位的诉讼代表人享有刑事诉讼法规定的有关被告人的诉讼权利。开庭时，诉讼代表人席位置于审判台前左侧。

第二百一十二条 被告单位需要委托辩护人的，参照本解释有关辩护的规定办理。

第二百一十三条 被告单位的违法所得及其产生的收益，尚未依法追缴或者扣押、冻结的，人民法院应当根据案件具体情况，决定追缴或者扣押、冻结。

第二百一十四条 人民法院为了保证判决的执行，根据案件具体情况，可以先行扣押、冻结被告单位的财产或者由被告单位提出担保。

第二百一十五条　人民法院审理单位犯罪案件，被告单位被注销或者宣告破产，但单位犯罪直接负责的主管人员和其他直接责任人员应当负刑事责任的，应当继续审理。

第二百一十六条　审理单位犯罪案件的其他程序，参照本解释的有关规定办理。

[实践指导]

单位作为特殊的被告人，在审判程序中主要应注意两方面问题：一是单位诉讼代表人的确定；一是强制措施的适用。单位犯罪中的单位诉讼代表人和因单位犯罪被追诉的自然人应相分离，这样有利于更充分地维护单位被告人的权益。对单位犯罪的自然人被告可以适用刑事诉讼法所规定的强制措施；对单位诉讼代表人只能适用拘传强制其到庭，不能适用其他强制措施，如果其下落不明，可变更诉讼代表人；为保证单位罚金刑、民事赔偿执行，可扣押、冻结单位财产或由单位提出担保，具体范围和数额应坚持适度原则，足以保证判决执行即可，不一定扣押、冻结单位全部财产。

二十二、简易程序适用的前提条件是什么

[法律依据]

1. 《刑事诉讼法》的相关规定：

第一百七十四条　人民法院对于下列案件，可以适用简易程序，由审判员一人独任审判：（一）对依法可能判处三年以下有期徒刑、拘役、管制、单处罚金的公诉案件，事实清楚、证据充分，人民检察院建议或者同意适用简易程序的；（二）告诉才处理的案件；（三）被害人起诉的有证据证明的轻微刑事案件。

2. 最高人民法院、最高人民检察院、司法部《关于适用简易程序审理公诉案件的若干意见》的相关规定：

第一条　对于同时具有下列情形的公诉案件，可以适用简易程序审理：（一）事实清楚、证据充分；（二）被告人及辩护人对所指控的基本犯罪事实没有异议；（三）依法可能判处三年以下有期徒刑、拘役、管制或者单处罚金。

第二条　具有下列情形之一的公诉案件，不适用简易程序审理：（一）比较复杂的共同犯罪案件；（二）被告人、辩护人作无罪辩护的；（三）被告人系盲、聋、哑人的；（四）其他不宜适用简易程序审理的情形。

第三条　人民检察院建议适用简易程序的，应当制作《适用简易程序建议书》，在提起公诉时，连同全案卷宗、证据材料、起诉书一并移送人民法院。

人民法院在征得被告人、辩护人同意后决定适用简易程序的，应当制作《适用简易程序决定书》，在开庭前送达人民检察院、被告人及辩护人。

人民法院认为依法不应当适用简易程序的，应当书面通知人民检察院，并将全案卷宗和证据材料退回人民检察院。

[实践指导]

简易程序的设立意义重大，效率是当今各国刑事司法的基本价值诉求。真正的有效率意味着对司法资源的合理配置，而程序上繁简分流，当繁则繁、当简则简，是发挥现有司法资源效能的必然选择。简易程序的适用条件正是繁简分流的立法标准。这一条件的设置关系到

司法资源的合理配置，同时，必须符合正当程序的基本要求。刑事诉讼法所规定的简易程序适用范围，包括自诉案件和公诉案件两部分。公诉案件适用简易程序的范围应注意以下方面：首先，只有可能判处较轻微刑罚的犯罪案件才能适用简易程序，如果审判中法院认为该案应判处三年以上有期徒刑的，应转为普通程序处理；其次，证据方面有一定要求，刑事诉讼法规定事实清楚、证据充分，而《关于适用简易程序审理公诉案件的若干意见》中补充了"被告人及辩护人对所指控的基本犯罪事实没有异议"这一点，十分重要。因为如果被告人对基本犯罪事实有异议，说明控辩双方有重大分歧，需要正式庭审进一步调查法院才能作出裁判。最后，刑事诉讼法中规定简易程序的适用应由检察机关建议或同意适用。《关于适用简易程序审理公诉案件的若干意见》中将由检察机关建议适用简易程序需履行的诉讼文书和移送的案卷材料具体化。简易程序是对普通程序的简化，不能不考虑到被告人的诉讼权利问题。刑事诉讼法中规定公诉案件简易程序的适用可以以检、法两家的合意为条件，而排除了被告人的意愿，而《关于适用简易程序审理公诉案件的若干意见》中就此进行了补充：要求公诉案件适用简易程序必须征得被告人和辩护人的同意。这体现了对被告人权利的尊重和保护。

并非所有自诉案件都可以适用简易程序，公诉转自诉的案件不适用简易程序审判。自诉案件适用简易程序也有是否应征得当事人同意的问题，但目前尚无相关司法解释。笔者认为应当以当事人的同意为前提。

在立法与司法解释中适用简易程序均采用"可以"适用的立法例。这样的法律规定意味着，简易程序审判是法院一种权宜性的审判方式，法院对此有裁量权。符合适用简易程序的基本条件、没有采取简易方式审判，并不是违法审判。但立法和司法解释中的规定，体现了一种政策导向，简易程序的适用不仅是审判工作的简化，更是合理配置司法资源的要求，而保证诉讼效率也是法院的职责所在。因此，司法实践中应保证简易程序的适用比例。

二十三、简易程序审理应如何进行

[法律依据]

1.《刑事诉讼法》的相关规定：

第一百七十五条 适用简易程序审理公诉案件，人民检察院可以不派员出席法庭。被告人可以就起诉书指控的犯罪进行陈述和辩护。人民检察院派员出席法庭的，经审判人员许可，被告人及其辩护人可以同公诉人互相辩论。

第一百七十六条 适用简易程序审理自诉案件，宣读起诉书后，经审判人员许可，被告人及其辩护人可以同自诉人及其诉讼代理人互相辩论。

第一百七十七条 适用简易程序审理案件，不受关于讯问被告人、询问证人、鉴定人、出示证据、法庭辩论程序规定的限制。但在判决宣告前应当听取被告人的最后陈述意见。

第一百七十八条 适用简易程序审理案件，人民法院应当在受理后二十日以内审结。

2. 最高人民法院《关于执行〈中华人民共和国刑事诉讼法〉若干问题的解释》的相关规定：

第二百二十五条 适用简易程序审理的案件，审判员宣布开庭，传被告人到庭后，应当查明被告人的基本情况，然后依次宣布案由、独任审判员、书记员、公诉人、辩护人、诉讼代理人、鉴定人和翻译人员的名单，并告知各项诉讼权利。

被告人可以就起诉书指控的犯罪事实进行陈述和辩护。审判员可以出示、宣读主要证据，并听取被告人的意见。如果公诉人出庭支持公诉，在被告人陈述后，公诉人可以出示、宣读主要证据。经审判员准许，被告人及其辩护人可以同公诉人进行辩论。

审判员在必要时，可以讯问被告人。

被告人作最后陈述后，人民法院一般应当当庭宣判。

第二百二十六条 适用简易程序审理的案件，被告人委托辩护人的，辩护人可以不出庭，但应当在开庭审判前将书面辩护意见送交人民法院。

第二百二十七条 被告人、自诉人要求证人出庭的，人民法院可以准许。

第二百二十八条 适用简易程序审理的自诉案件，自诉人宣读起诉书后，被告人可以就起诉书指控的犯罪事实进行陈述，并自行辩护。自诉人应当出示主要证据。被告人有证据出示的，审判员应当准许。经审判员准许，被告人及其辩护人可以同自诉人及其诉讼代理人进行辩论。

3. 最高人民法院、最高人民检察院、司法部《关于适用简易程序审理公诉案件的若干意见》的相关规定：

第六条 适用简易程序审理公诉案件，除人民检察院监督公安机关立案侦查的案件，以及其他人民检察院认为有必要派员出庭的案件外，人民检察院可以不派员出庭。

第七条 适用简易程序审理的公诉案件，独任审判员宣布开庭，传被告人到庭后，应当查明被告人的基本情况，然后依次宣布案由、独任审判员、书记员、公诉人、被害人、辩护人、诉讼代理人和翻译人员的名单，并告知各项诉讼权利。

独任审判员应当讯问被告人对起诉书的意见，是否自愿认罪，并告知有关法律规定及可能导致的法律后果；被告人及其辩护人可以就起诉书指控的犯罪进行辩护。

被告人有最后陈述的权利。

被告人自愿认罪，并对起诉书所指控的犯罪事实无异议的，法庭可以直接作出有罪判决。

第八条 对于适用简易程序审理的公诉案件，人民法院一般当庭宣判，并在五日内将判决书送达被告人和提起公诉的人民检察院。

第九条 人民法院对自愿认罪的被告人，酌情予以从轻处罚。

[实践指导]

1998年最高人民法院的司法解释中关于简易程序的内容是对《刑事诉讼法》中简易程序审判方式的进一步解释和说明。两者共同确定了简易程序审判的基本原则：首先，简易程序的审判在保证被告人的辩护权基础上进行。应当保证被告人在审判中辩护权、最后陈述权的实现。其次，总体的审理方式与普通程序相同，简易程序进行开庭言辞审理，不是书面审。再次，开庭中的某些环节可以省略。讯问被告人、证据调查和法庭辩论可以不进行，由审判人员酌情掌握。公诉案件中公诉人不出庭，法官可以出示主要证据；公诉人出庭的，可以出示证据；自诉案件自诉人应当出示主要证据。公诉案件公诉人出庭，控辩双方可以进行辩论。自诉案件也可以进行法庭辩论。也就是说，有些简易程序审判中庭审各阶段都有可能进行。最后，审判组织简化、审限缩短。

《关于适用简易程序审理公诉案件的若干意见》将公诉案件的简易程序进一步简化。根据此意见，原则上公诉人不出庭，被告人认罪后进行辩护和最后陈述。庭审中的讯问被告人、证据调查和辩论都省略。这种更为简化的审理方式在被告人认罪的基础上，被告人认罪意味着在案件事实方面控辩双方没有异议，因此，这种简化审理具有合理性。但法院一般应保证被告人同意适用简易程序和认罪是在得到律师帮助后进行的，如果被告人没有委托律师作为辩护人，对被告人的认罪应谨慎对待，特别注意将认罪后的法律后果对被告人进行详细告知。

此外，尽管可能不进行事实调查，审判人员仍应重视被告人和辩护人在量刑方面的意见。

二十四、何种情形下简易程序应当变更为普通程序

[法律依据]

最高人民法院《关于执行〈中华人民共和国刑事诉讼法〉若干问题的解释》的相关规定：

第二百二十九条 适用简易程序审理的案件，在法庭审理过程中，发现以下不宜适用简易程序情形的，应当决定中止审理，并按照公诉案件或者自诉案件的第一审普通程序重新审理：（一）公诉案件被告人的行为不构成犯罪的；（二）公诉案件被告人应当判处三年以上有期徒刑的；（三）公诉案件被告人当庭翻供，对于起诉指控的犯罪事实予以否认的；（四）事实不清或者证据不充分的；（五）其他依法不应当或者不宜适用简易程序的。

[实践指导]

在特定情况下将简易程序转为普通程序是保证正确处理案件所必需的程序处理。简易程序的副产品是程序的简化可能产生错判。在简易审理过程中发现不适宜适用简易程序的情形，及时转化为普通程序，其用意在于，通过普通程序严格审查能够最大限度避免错案。上述司法解释中第（2）、（4）项情形，不符合刑事诉讼法对适用简易程序案件的基本要求；第（1）项情形为在案件事实清楚的情况下，对被告人行为的法律评价发生变化，在适用法律方面需要进行更慎重审查；第（3）项情形导致控辩双方对案件事实产生重大分歧，即使除被告人口供之外，其他证据足以定罪，也要通过普通程序进行严格审查，避免罪及无辜；第（5）项情形为弹性规定，由法官酌情掌握，如：辩护人在法庭上提出影响量刑的重要辩护理由，不宜进行简易审理等。综上，依据司法解释，通过简易程序不能作出无罪判决。

简易程序变更为普通程序可以在判决前的任何阶段，可以在法庭证据调查阶段、辩论阶段、被告人最后陈述阶段，也可以在庭审后、宣判前。由独任审判员做出转为普通程序决定，程序上发生审判中止效果。转为普通程序的公诉案件，证据要退回检察机关，审判时公诉人出示。

二十五、普通程序简易审适用的条件是什么

[法律依据]

最高人民法院、最高人民检察院和司法部《关于适用普通程序审理"被告人认罪案件"的若干意见（试行）》的相关规定：

第一条 被告人对被指控的基本犯罪事实无异议，并自愿认罪的第一审公诉案件，一般适用本意见审理。

对于指控被告人犯数罪的案件，对被告人认罪的部分，可以适用本意见审理。

第二条 下列案件不适用本意见审理：1. 被告人系盲、聋、哑人的；2. 可能判处死刑的；3. 外国人犯罪的；4. 有重大社会影响的；5. 被告人认罪但经审查认为可能不构成犯罪的；6. 共同犯罪案件中，有的被告人不认罪或者不同意适用本意见审理的；7. 其他不宜适用本意见审理的案件。

第三条 人民检察院认为符合适用本意见审理的案件，可以在提起公诉时书面建议人民

法院适用本意见审理。

对于人民检察院没有建议适用本意见审理的公诉案件，人民法院经审查认为可以适用本意见审理的，应当征求人民检察院、被告人及辩护人的意见。人民检察院、被告人及辩护人同意的，适用本意见审理。

第四条 人民法院在决定适用本意见审理案件前，应当向被告人讲明有关法律规定、认罪和适用本意见审理可能导致的法律后果，确认被告人自愿同意适用本意见审理。

第五条 人民法院对决定适用本意见审理的案件，应当书面通知人民检察院、被告人及辩护人。

[实践指导]

普通程序简易审是在现有刑事诉讼法规定的简易程序和普通程序之外的一种第一审审判程序，依据司法解释的规定其适用范围相当广泛，除有可能判处死刑或其他特定情形的案件均可以适用该程序。适用普通程序简易审的实质条件是：被告人对被指控的基本犯罪事实无异议并自愿认罪。这一条件与刑事诉讼法规定起诉的证明标准"事实清楚、证据确实充分"相比，在表述上不同，但不能认为这一条件所要求的证明标准更低。检察机关向法院提出适用普通程序简易审的建议，是在对案件起诉的前提下，因此应理解为"证据确实充分"与被告人认罪均是适用普通程序简易审的条件，被告人认罪为证据确实充分的具体体现，被告人不认罪、其他证据到达证明有罪的标准，应当起诉，但不能进行普通程序简易审。如果犯罪嫌疑人在审查起诉阶段认罪，但证据没有达到确实充分的程度，检察机关不能作出起诉决定；如果法院经审查认为尽管被告人认罪，但指控证据仍有疑点，则不能进行简易化审理。被告人认罪包含着对检察机关指控的行为性质评价的认同，被告人对检察机关指控自己行为的性质和适用罪名有异议的，不能认定为对指控事实无异议。

普通程序简易审只是司法机关为加快办案进度而采用的一种权宜性审判方式。这一程序适用必须建立在尊重被告人程序选择权基础上。只有这样，才能避免普通程序被架空、正当程序的倒退。为防止该程序滥用、造成对被告人权益损害，在程序适用中应注意对被告人的保护，特别在程序选择和认罪方面，要避免被告人因对程序后果不了解而疏于主张权利。法院适用普通程序简易审必须征得被告人同意，并告知法律后果，原则上也应告知被告人的辩护人，使其有可能帮助被告人做出理性选择。被告人审查起诉阶段的认罪在审判阶段并不当然有效，在审判阶段应重新确认被告人是否认罪，此后询问被告人是否同意适用普通程序简易审程序。

依据司法解释规定，对于指控被告人犯数罪的案件，对被告人认罪的部分，可以进行简易化审理，但不能理解为另案审理，应理解为在同一庭审过程中，对被告人认罪的犯罪事实证据调查中的简化。

二十六、普通程序简易审应如何进行

[法律依据]

最高人民法院、最高人民检察院和司法部《关于适用普通程序审理"被告人认罪案件"的若干意见（试行）》的相关规定：

第六条 对于决定适用本意见审理的案件，人民法院在开庭前可以阅卷。

第七条 对适用本意见开庭审理的案件，合议庭应当在公诉人宣读起诉书后，询问被告人对被指控的犯罪事实及罪名的意见,核实其是否自愿认罪和同意适用本意见进行审理,是否知悉认罪可能导致的法律后果。对于被告人自愿认罪并同意适用本意见进行审理的,可以对具体审理方式作如下简化:(一)可以不再就起诉书指控的犯罪事实进行供述。(二)公诉人、辩护人、审判人员对被告人的讯问、发问可以简化或者省略。(三)控辩双方对无异议的证据,可以仅就证据的名称及所证明的事项作出说明。合议庭经确认公诉人、被告人、辩护人无异议的,可以当庭予以认证。对于合议庭认为有必要调查核实的证据,控辩双方有异议的证据,或者控方、辩方要求出示、宣读的证据,应当出示、宣读,并进行质证。(四)控辩双方主要围绕确定罪名、量刑及其他有争议的问题进行辩论。

第八条 适用本意见审理案件,应当严格执行刑事诉讼法规定的基本原则和程序,做到事实清楚、证据确实充分,切实保障被告人的诉讼权利。

第九条 人民法院对自愿认罪的被告人,酌情予以从轻处罚。

第十条 对适用本意见审理的案件,人民法院一般当庭宣判。

第十一条 适用本意见审理案件过程中,发现有不符合本意见规定情形的,人民法院应当决定不再适用本意见审理。

[实践指导]

普通程序简易审的基本审理方式是案卷审和简化的言辞审的结合。普通程序简易审仍开庭审理,除法定不公开审判的,一律公开审理,与简易程序不同,公诉人必须出庭。证据调查阶段可以采取最简化的方式:控辩双方对证据明确表示无异议即可结束证据调查,而法庭予以认证作为定案的根据。但也不绝对排除在此阶段被告人进行供述、控辩双方对被告人讯问和询问及控辩双方进行质证,可以根据情况适当简化。因为法官通过开庭前的案卷审查对案件已形成了相当强的心证,而控辩双方对案件基本事实又无异议,所以庭审只是在此基础上的补充和验证,并不是案件审理的中心。我国普通程序中直接言辞的审理方式排斥庭前法官形成心证,普通程序简易审已经超越了这种审判方式,更多借助案卷审查方式。因此,程序运用中应尽可能简化证据调查环节,否则就与普通程序简易审的初衷相悖。

普通程序简易审由合议庭进行审理,普通程序简易审中开庭、辩论、被告人最后陈述、评议和宣判环节不能省略,不能剥夺被告人的辩护权。被告人对基本案件事实无异议,不等于说控辩双方在量刑方面没有诉讼请求、双方没有分歧,在辩论阶段仍要给控辩双方充分发表意见和进行辩论的机会。普通程序简易审理过程中,可以对附带民事诉讼部分进行审理。对选择普通程序简易审的被告人,司法解释中规定酌情予以从轻处罚。这意味着对选择普通程序简易审的被告人最高司法机关有着从宽处理的政策导向,而对认罪、适用普通程序审判的被告人,则此条款不适用。普通程序简易审的庭审结束后,合议庭仍要进行评议,由于案件事实清楚评议可以在短时间内完成,因此一般可以在短暂休庭后,当庭宣判。被告人和其他当事人对普通程序简易审的判决不服,有权提出上诉。

二十七、审理未成年人犯罪案件应遵循什么庭审程序

[法律依据]

最高人民法院《关于审理未成年人刑事案件的若干规定》的相关规定:

第二十四条 人民法院应当在辩护台靠近旁听区一侧为未成年被告人的法定代理人设置

席位。

第二十五条 在法庭上不得对未成年被告人使用戒具。未成年被告人在法庭上可以坐着接受法庭调查、询问，在回答审判人员的提问、宣判时应当起立。

第二十六条 未成年被告人或者其法定代理人当庭拒绝委托的辩护人进行辩护，要求另行委托或者人民法院为其另行指定辩护人、辩护律师的，合议庭应当同意并宣布延期审理。

未成年被告人或者其法定代理人当庭拒绝由人民法院指定的辩护律师进行辩护，要求另行委托辩护人的，合议庭应当同意并宣布延期审理。未成年被告人或者其法定代理人当庭拒绝人民法院指定的辩护律师为其辩护，如确有正当理由，合议庭应当同意并宣布延期审理，人民法院应当为未成年人另行指定辩护律师。

重新开庭后，未成年被告人或者其法定代理人再次当庭拒绝重新委托的辩护人或者由人民法院指定的辩护律师进行辩护的，一般不予准许。如果重新开庭时被告人已满18周岁的，应当准许，但不得再行委托或者由人民法院再行指定辩护人、辩护律师。上述情况应当记录在卷。

第二十七条 法庭审理时，审判人员应当注意未成年被告人的智力发育程度和心理状态，要态度严肃、和蔼，用语准确、通俗易懂。发现有对未成年被告人诱供、训斥、讽刺或者威胁的情形时，应当及时制止。

第二十八条 法庭审理时，审判人员应当核实未成年被告人在实施被指挥的行为时的年龄。同时还应当查明未成年被告人实施被指挥的行为时的主观和客观原因。

第二十九条 法庭审理时，控辩双方向法庭提出从轻判处未成年被告人管制、拘役宣告缓刑或者有期徒刑宣告缓刑、免予刑事处罚等适用刑罚建议的，应当提供有关未成年被告人能够获得监护、帮教的书面材料。

第三十条 休庭时，可以允许法定代理人或者其他成年近亲属、教师等人员会见被告

第三十一条 对未成年人刑事案件宣告判决应当公开进行，但不得采取召开大会等形式。

第三十二条 定期宣告判决的，合议庭应当通知公诉人、未成年被告人的法定代理人及其他诉讼参与人到庭。

法定代理人不到庭或者确实无法到庭的，也可以通知其他成年近亲属到庭，并在宣判后向其送达判决书副本。

第三十三条 人民法院判决未成年被告人有罪的，宣判后，由合议庭组织到庭的诉讼参与人对未成年被告人进行教育。如果未成年被告人的法定代理人以外的其他成年近亲属或者教师、公诉人等参加有利于教育、感化未成年被告人的，合议庭可以邀请其参加宣判后的教育。

对未成年被告人的教育可以围绕下列内容进行：（1）犯罪行为对社会的危害和应当受到刑罚处罚的必要性；（2）导致犯罪行为发生的主观、客观原因及应当吸取的教训；（3）正确对待人民法院的裁判。

第三十四条 开庭审理的上诉和抗诉案件，参照上述规定进行。

第三十六条 适用简易程序审理的案件，应当通知未成年被告人的法定代理人、辩护人出庭。

第三十七条 适用简易程序审理的案件，对未成年被告人进行法庭教育适用本《规定》第三十三条的规定。

[实践指导]

对未成年人审判应遵循如下原则：第一，对未成年人进行特殊的诉讼关照。允许其法定

代理人到庭；休庭时，可以允许法定代理人或者其他成年近亲属、教师等人员会见被告人；在法庭上不得对未成年被告人使用戒具。未成年被告人在法庭上可以坐着接受法庭调查、询问；法庭审理时，审判人员应当注意未成年被告人的智力发育程度和心理状态，要态度严肃、和蔼，用语准确、通俗易懂。第二，充分保障未成年被告人辩护权原则。允许被告人或其法定代理人拒绝辩护，法院可以重新指定辩护人，法院指定辩护人为未成年被告人进行强制辩护。第三，审判与教育相结合。不强调庭审的控辩对抗的规范性，而突出各方社会力量对被告人的教育。宣判后专设对被告人进行教育阶段。第四，减少社会影响原则。一般不公开审判，对未成年人刑事案件宣告判决应当公开进行，但不得采取召开大会等形式。

二十八、人民法院对扣押、冻结的赃款赃物及其他在案物品如何处理

[法律依据]

1.《刑事诉讼法》的相关规定：

第一百九十八条 公安机关、人民检察院和人民法院对于扣押、冻结犯罪嫌疑人、被告人的财物及其孳息，应当妥善保管，以供核查。任何单位和个人不得挪用或者自行处理。对被害人的合法财产，应当及时返还。对违禁品或者不宜长期保存的物品，应当依照国家有关规定处理。

对作为证据使用的实物应当随案移送，对不宜移送的，应当将其清单、照片或者其他证明文件随案移送。

人民法院作出的判决生效以后，对被扣押、冻结的赃款赃物及其孳息，除依法返还被害人的以外，一律没收，上缴国库。

司法工作人员贪污、挪用或者私自处理被扣押、冻结的赃款赃物及其孳息的，依法追究刑事责任；不构成犯罪的，给予处分。

2. 最高人民法院、最高人民检察院、公安部、国家安全部、司法部、全国人大常委会法制工作委员会《关于刑事诉讼法实施中若干问题的规定》的相关规定：

48. 对于赃款赃物，除依法返还被害人的财物以及依法销毁的违禁品外，必须一律上缴国库。任何单位和个人都不得挪用或者私自处理。关于赃款赃物的处理，应当按照刑事诉讼法第198条的规定执行，并应当根据不同情况作以下处理：（1）对作为证据使用的实物，应当依法随案移送。对不宜移送的，应当将其清单、照片或者其他证明文件随案移送，不得以未移送赃款赃物为由，拒绝受理案件。（2）侦查机关冻结在金融机构的赃款，应当向人民法院随案移送该金融机构出具的证明文件，待人民法院作出生效判决后，由人民法院通知该金融机构上缴国库，该金融机构应当向人民法院送交执行回单。（3）查封、扣押的赃款赃物，对依法不移送的，应当随案移送证据清单、照片或者其他证明文件，待人民法院作出生效判决后，由人民法院通知查封、扣押机关上缴国库，查封、扣押机关应当向人民法院送交执行回单。

3. 最高人民法院《关于执行〈中华人民共和国刑事诉讼法〉若干问题的解释》的相关规定：

第二百八十八条 人民法院对于扣押、冻结在案的被告人的财物及其孳息，应当妥善保管，以供核查。任何单位和个人不得挪用或者自行处理。

依法扣押的货币、有价证券，应当登记写明货币、有价证券的名称、数额、面额，货币应当存入银行专户，并登记银行存款凭证的名称、内容，入卷备查。

依法扣押的物品，应当登记物品名称、型号、规格、数量、重量、质量、成色、纯度、颜色、新旧程度、缺损特征和来源等，入卷备查。

依法扣押的文物、金银、珠宝、名贵字画等以及违禁品，应当及时鉴定。

对扣押的物品应当及时依照有关规定作价。

第二百八十九条 对于被害人的合法财产，被害人明确的，扣押、冻结机关应当依法及时返还。但须经拍照、鉴定、作价，并在案卷中注明返还的理由，将原物照片、清单和被害人领取手续入卷备查。

第二百九十条 对作为证据使用的实物，包括作为物证的货币、有价证券等，应当随案移送。开庭审判时，经向法庭出示、质证后移送法庭。休庭或者闭庭时办理证据交接手续，清点、核对无误的，由经手人在清单上分别签名后予以封存。对因上诉、抗诉引起第二审程序的，第一审人民法院应当将上述证据移送第二审人民法院，并办理证据交接手续。

第二百九十一条 下列不宜移送的实物，人民法院受理案件时，应当审查是否附有相关证据材料；需要鉴定（包括作价）的，应当附有鉴定结论：（1）大宗的、不便搬运的物品，由扣押机关开列清单，并附有原物照片和封存手续，注明存放地点；（2）易腐烂、霉变和不易保管的物品，扣押机关变卖处理后，随案移送原物照片、清单、变价处理的凭证（复印件）；（3）违禁品、枪支弹药、易燃易爆物品、剧毒物品以及其他危险品，扣押机关依照国家有关规定处理后，随案移送原物照片和清单。

对于查封、扣押的货币、有价证券等依法不移送的，人民法院受理案件时，应当审查是否附有原物照片、清单或者其他证明文件。

第二百九十二条 人民法院受理案件时，对于侦查机关冻结在机构的存款，应当审查是否附有金融机构出具的证明文件原件。

人民法院作出生效判决后，通知该金融机构上缴国库，同时将判决书送达有关财政机关，金融机构应当在接到执行通知书后15日内向人民法院送交执行回单。

第二百九十三条 对于查封、扣押的赃款、赃物依法不移送的，人民法院作出的判决生效后，由原审的人民法院通知查封、扣押机关上缴国库，同时将通知及判决书送达有关财政机关。查封、扣押机关应当在接到执行通知书后15日内向人民法院送交执行回单。

第二百九十四条 对于人民法院扣押、冻结的赃款、赃物及其孳息，人民法院作出的判决生效后，由原审人民法院依照生效的法律文书进行处理。除依法返还被害人的以外，应当一律没收，上缴国库。法律另有规定的除外。

对人民检察院、公安机关因犯罪嫌疑人死亡，申请人民法院裁定通知冻结犯罪嫌疑人存款、汇款等的金融机构，将该犯罪嫌疑人的存款、汇款等上缴国库或者返还被害人的案件，人民法院应当经过阅卷、审查有关证据材料后作出裁定。

第二百九十五条 对于扣押、冻结的与本案无关的财物，已列入清单的，人民法院应当通知扣押、冻结机关依法处理。被告人被判处财产刑的，人民法院应当通知扣押、冻结机关将拟返还被告人的财物移交人民法院执行刑罚。

二十九、对于自诉人的起诉，人民法院应如何审查处理

[法律依据]

1. 《刑事诉讼法》的相关规定：

第一百七十一条第一款 人民法院对于自诉案件进行审查后，按照下列情形分别处理：(一)犯罪事实清楚，有足够证据的案件，应当开庭审判；(二)缺乏罪证的自诉案件，如果自诉人提不出补充证据，应当说服自诉人撤回自诉，或者裁定驳回。

2. 最高人民法院《关于执行〈中华人民共和国刑事诉讼法〉若干问题的解释》的相关规定：

第一百八十六条 人民法院受理的自诉案件必须符合下列条件：(一)属于刑事诉讼法第一百七十条、本解释第一条规定的案件；(二)属于本院管辖的；(三)刑事案件的被害人告诉的；(四)有明确的被告人、具体的诉讼请求和能证明被告人犯罪事实的证据。

人民法院受理刑事诉讼法第一百七十条第(三)项规定的自诉案件，还应当符合刑事诉讼法第八十六条、第一百四十五条的规定。

第一百八十七条 本解释第一条规定的案件，如果被害人死亡、丧失行为能力或者因受强制、威吓等原因无法告诉，或者是限制行为能力人以及由于年老、患病、盲、聋、哑等原因不能亲自告诉，其法定代理人、近亲属代为告诉的，人民法院应当依法受理。

因前款规定的原因，被告人不能告诉，由其法定代理人、近亲属代为告诉的，代为告诉人应当提供与被害人关系的证明和被害人不能亲自告诉的原因的证明。

第一百八十八条 对于自诉案件，人民法院经审查有下列情形之一的，应当说服自诉人撤回起诉，或者裁定驳回起诉：(一)不符合本解释第一百八十六条规定的条件的；(二)证据不充分的；(三)犯罪已过追诉时效期限的；(四)被告人死亡的；(五)被告人下落不明的；(六)除因证据不足而撤诉的以外，自诉人撤诉后，就同一事实又告诉的；(七)经人民法院调解结案后，自诉人反悔，就同一事实再行告诉的。

第一百八十九条 自诉人应当向人民法院提交刑事自诉状；提起附带民事诉讼的，还应当提交刑事附带民事自诉状。

自诉人书写自诉状确有困难的，可以口头告诉，由人民法院工作人员作出告诉笔录，向自诉人宣读，自诉人确认无误后，应当签名或者盖章。

第一百九十条 自诉状或者告诉笔录应当包括以下内容：(一)自诉人、被告人、代为告诉人的姓名、性别、年龄、民族、出生地、文化程度、职业、工作单位、住址；(二)被告人犯罪行为的时间、地点、手段、情节和危害后果等；(三)具体的诉讼请求；(四)致送人民法院的名称及具状时间；(五)证人的姓名、住址及其他证据的名称、来源等。

如果被告人是二人以上的，自诉人在告诉时需按被告人的人数提供自诉状副本。

第一百九十一条 人民法院应当在收到自诉状或者口头告诉第二日起十五日内作出是否立案的决定，并书面通知自诉人或者代为告诉人。

第一百九十二条 对于已经立案，经审查缺乏罪证的自诉案件，如果自诉人提不出补充证据，应当说服自诉人撤回起诉或者裁定驳回起诉；自诉人经说服撤回起诉或者被驳回起诉后，又提出了新的足以证明被告人有罪的证据，再次提起自诉的，人民法院应当受理。

第一百九十三条 自诉人明知有其他共同侵害人，但只对部分侵害人提起自诉的，人民

法院应当受理，并视为自诉人对其他侵害人放弃告诉权利。判决宣告后自诉人又对其他共同侵害人就同一事实提起自诉的，人民法院不再受理。共同被害人中只有部分人告诉的，人民法院应当通知其他被害人参加诉讼。被通知人接到通知后表示不参加诉讼或者不出庭的，即视为放弃告诉权利。第一审宣判后，被通知人就同一事实又提起自诉的，人民法院不予受理。但当事人另行提起民事诉讼的，不受本解释限制。

[实践指导]

自诉案件的庭前审查与公诉案件的庭前审查有所不同。最主要的差别主要有两方面：一是，自诉案件在审前法院要对起诉证据进行审查，而公诉案件庭前法院不对证据进行实质性审查。对庭前自诉案件审查的证明标准——"缺乏罪证"和"证据不充分"情况下驳回自诉，不能理解为与有罪判决一致的证明标准。庭前审查只对自诉人证据进行单方审查，此时的证明标准应仅从证据的"量"方面来审查，即主要犯罪事实是否有证据证明，以表面证据来衡量是否能支持追诉请求。这一环节的证明标准应低于有罪判决的证明标准，否则自诉案件开庭审理就失去意义，自诉案件开庭审理过程中因被告人当庭认罪而获得被告人口供，是证明有罪的有力证据，因此开庭有利于自诉人实现追诉目的。为自诉案件庭前审查设置合理的证明标准，既要防止公民滥用诉权，又要考虑到自诉人实际的举证能力，不宜设置过高的证明标准，否则就无法发挥自诉程序对自诉人的救济功能。二是，自诉案件庭前要对自诉人、被告人的主体资格进行审查。起诉人必须具备实体上的被害人资格才具有自诉人资格；符合法定条件近亲属代为起诉的，应当受理；自诉人没有新证据重新起诉，法院不能受理；被害人在先前诉讼中放弃诉权，又向法院起诉，法院不能受理。自诉人起诉必须有明确的被告人，如果自诉人不能确定被告人身份，由于法院没有侦查职能，不能受理起诉，可告知被害人向公安机关报案。被告人下落不明，又不符合逮捕条件，法院不能受理，可告知被害人向公安机关报案；符合逮捕条件，法院可以决定对被告人逮捕，公安机关执行。

三十、审理自诉案件应注意的特殊问题有哪些

[法律依据]

1. 《刑事诉讼法》的相关规定：

第一百七十一条第二款、第三款 自诉人经两次依法传唤，无正当理由拒不到庭的，或者未经法庭许可中途退庭的，按撤诉处理。

法庭审理过程中，审判人员对证据有疑问，需要调查核实的，适用本法第一百五十八条的规定。

第一百七十二条 人民法院对自诉案件，可以进行调解；自诉人在宣告判决前，可以同被告人自行和解或者撤回自诉。本法第一百七十条第三项规定的案件不适用调解。

第一百七十三条 自诉案件的被告人在诉讼过程中，可以对自诉人提起反诉。反诉适用自诉的规定。

2. 最高人民法院《关于执行〈中华人民共和国刑事诉讼法〉若干问题的解释》的相关规定：

第一百九十二条 对于已经立案，经审查缺乏罪证的自诉案件，如果自诉人提不出补充证据，应当说服自诉人撤回起诉或者裁定驳回起诉；自诉人经说服撤回起诉或者被驳回起诉

后，又提出了新的足以证明被告人有罪的证据，再次提起自诉的，人民法院应当受理。

第一百九十五条 人民法院受理自诉案件后，对于当事人因客观原因不能取得并提供有关证据而申请人民法院调取证据，人民法院认为必要的，可以依法调取。

第一百九十六条 人民法院对于决定受理的自诉案件，应当开庭审判。不适用简易程序审理的，审判程序参照公诉案件第一审程序的规定进行。

第一百九十七条 人民法院对告诉才处理和被害人有证据证明的轻微刑事案件，可以在查明事实、分清是非的基础上进行调解。自诉人在宣告判决前可以同被告人自行和解或者撤回起诉。

第一百九十八条 对于自诉人要求撤诉的，经人民法院审查认为确属自愿的，应当准许；经审查认为自诉人系被强迫、威吓等，不是出于自愿的，应当不予准许。

第一百九十九条 对于已经审理的自诉案件，当事人自行和解的，应当记录在卷。

第二百条 调解应当在自愿、合法，不损害国家、集体和其他公民利益的前提下进行。调解达成协议的，人民法院应当制作刑事自诉案件调解书，由审判人员和书记员署名，并加盖人民法院印章。调解书经双方当事人签收后即发生法律效力。调解没有达成协议或者调解书签收前当事人反悔的，人民法院应当进行判决。

第二百零一条 人民法院裁定准许自诉人撤诉或者当事人自行和解的案件，被告人被采取强制措施的，应当立即予以解除。

第二百零二条 自诉人经两次依法传唤，无正当理由拒不到庭的，或者未经法庭准许中途退庭的，人民法院应当决定按自诉人撤诉处理。

自诉人是二人以上，其中部分人撤诉的，不影响案件的继续审理。

第二百零三条 对于刑事诉讼法第一百七十条第（三）项规定的案件，不适用调解。

第二百零四条 在自诉案件审理过程中，被告人下落不明的，应当中止审理。被告人归案后，应当恢复审理，必要时，应当对被告人依法采取强制措施。

第二百零五条 审理自诉案件，应当参照刑事诉讼法第一百六十二条和本解释第一百七十六条的有关规定作出判决。对于依法宣告无罪的案件，其附带民事诉讼部分应当依法进行调解或者一并作出判决。

第二百零六条 告诉才处理和被害人有证据证明的轻微刑事案件的被告人或者其法定代理人在诉讼过程中，可以对自诉人提起反诉。反诉必须符合下列条件：（一）反诉的对象必须是本案自诉人；（二）反诉的内容必须是与本案有关的行为；（三）反诉的案件必须符合本解释第一条第（一）、（二）项的规定。

反诉案件适用自诉案件的规定，并应当与自诉案件一并审理。原自诉人撤诉的，不影响反诉案件的继续审理。

[实践指导]

自诉案件审理参照普通审判程序和简易程序进行，但与一般审判程序相比又有自身特点，主要体现在如下几方面：第一，根据最高人民法院的司法解释，司法实践中证据不足无罪判决原则上不适用于自诉案件，立案之后发现缺乏罪证，允许自诉人补充证据，如果自诉人无法补充新证据，说服自诉人撤诉或裁定驳回自诉。但这种做法与法律规定相矛盾。第二，自诉案件可以调解结案，但公诉转自诉案件不适用调解。调解可参照民事调解进行，但对调解内容存在争议。有人认为调解的内容仅限于自诉人撤诉，不能对刑罚的适用进行调解；有人认为除撤诉外，还可以对刑罚适用进行调解。笔者同意第一种观点。刑罚裁量权是法院的权力，当事人无权处分，因此不能作为调解的内容。第三，自诉案件适用反诉，但公诉转自诉的案件除外。法院应对自诉案件的本诉与反诉分别判决，不能在判决中将刑罚相互抵消。

三十一、开庭前自行辩护的被告人是否可以查阅案卷

[实践指导]

尽管立法与司法解释对此无明确规定，但从拥有辩护人的被告人开庭前能够了解控诉方证据的法律规定和维护被告人辩护权角度考虑，应当允许自行辩护的被告人在法院查阅案卷。具体理由如下：第一，这是被告人有效行使辩护权的必要条件。被告人放弃了聘请辩护人辩护的权利，并不意味着放弃了自行辩护的权利。通过阅读起诉书仅仅能基本了解指控的犯罪事实、罪名和法律依据，无法知悉控诉方在法庭上出示证据的内容，也无法对庭审中控诉方出示的证据进行有针对性的准备从而保证庭审中自行辩护的质量。国家机关应当为被告人行使辩护权创造方便条件，不应仅从惩罚犯罪角度出发设计法律制度。第二，没有委托辩护人的被告人更加需要法律的充分保护。按照现行的法律规定，拥有辩护人的被告人，在开庭前不仅可以获得辩护人的法律咨询帮助，还能通过辩护人从人民法院复印或摘抄的控诉方的证据资料，了解到起诉所依据的证据，并对此作出充分的庭前辩护准备。没有委托辩护人的被告人，已经无法获得来自辩护人的法律咨询帮助，如果再不允许其了解控诉方所依据的控诉证据，其辩护权的行使就更加没有保障了。也许有人认为被告人放弃委托辩护人权利的同时，就应当对相应的法律后果有充分的预见，并理性而自愿地进行了选择。笔者认为，就中国的刑事司法实务情况而言，并非所有的被告人放弃委托辩护人的情形都是如此。还存在相当一部分被告人由于文化知识、法律知识的匮乏，不能了解放弃委托行为的法律后果；也还存在相当一部分被告人由于经济条件的原因被迫放弃委托。对于这样的被告人，法律如果不加强保护，其合法权益遭到侵犯的可能性极大。所以，给没有委托辩护人的被告人与已经委托了辩护人的被告人相同的法律保护，不仅符合法律面前人人平等的基本原则，也是人民法院正确认定案件事实和准确适用法律的需要。

由于目前没有明确的规定，建议实务部门的同仁分以下两种情形处理：第一，对于审前在押的被告人，在开庭前将案卷中允许辩护人了解的证据，提供给被告人查阅。其方式可以由法官携卷到羁押场所进行，也可以将被告人带至法院进行。第二，对于审前没有被羁押的被告人，在送达起诉书时即应告知有权到法院查阅控诉方的证据。法院应当为被告人阅卷提供方便条件。

三十二、一审死刑案件审理中应注意的问题有哪些

[法律依据]

1. 最高人民法院、最高人民检察院、公安部、司法部《关于进一步严格依法办案确保办理死刑案件质量的意见》的相关规定：

第三十一条 人民法院受理案件后，应当告知因犯罪行为遭受物质损失的被害人、已死亡被害人的近亲属、无行为能力或者限制行为能力被害人的法定代理人，有权提起附带民事

诉讼和委托诉讼代理人。经济困难的，还应当告知其可以向法律援助机构申请法律援助。在审判过程中，注重发挥附带民事诉讼中民事调解的重要作用，做好被害人、被害人近亲属的安抚工作，切实加强刑事被害人的权益保护。

第三十二条 人民法院应当通知下列情形的被害人、证人、鉴定人出庭作证：（一）人民检察院、被告人及其辩护人对被害人陈述、证人证言、鉴定结论有异议，该被害人陈述、证人证言、鉴定结论对定罪量刑有重大影响的；（二）人民法院认为其他应当出庭作证的。经人民法院依法通知，被害人、证人、鉴定人应当出庭作证；不出庭作证的被害人、证人、鉴定人的书面陈述、书面证言、鉴定结论经质证无法确认的，不能作为定案的根据。

第三十三条 人民法院审理案件，应当注重审查证据的合法性。对有线索或者证据表明可能存在刑讯逼供或者其他非法取证行为的，应当认真审查。人民法院向人民检察院调取相关证据时，人民检察院应当在三日以内提交。人民检察院如果没有相关材料，应当向人民法院说明情况。

第三十四条 第一审人民法院和第二审人民法院审理死刑案件，合议庭应当提请院长决定提交审判委员会讨论。最高人民法院复核死刑案件，高级人民法院复核死刑缓期二年执行的案件，对于疑难、复杂的案件，合议庭认为难以作出决定的，应当提请院长决定提交审判委员会讨论决定。审判委员会讨论案件，同级人民检察院检察长、受检察长委托的副检察长均可列席会议。

第三十五条 人民法院应当根据已经审理查明的事实、证据和有关的法律规定，依法作出裁判。对案件事实清楚，证据确实、充分，依据法律认定被告人有罪的，应当作出有罪判决；对依据法律认定被告人无罪的，应当作出无罪判决；证据不足，不能认定被告人有罪的，应当作出证据不足、指控的犯罪不能成立的无罪判决；定罪的证据确实，但影响量刑的证据存有疑点，处刑时应当留有余地。

2. 最高人民法院、司法部《关于充分保障律师依法履行辩护职责，确保死刑案件办理质量的若干规定》的相关规定：

第二条 被告人可能被判处死刑而没有委托辩护人的，人民法院应当通过法律援助机构指定律师为其提供辩护。被告人拒绝指定的律师为其辩护，有正当理由的，人民法院应当准许，被告人可以另行委托辩护人；被告人没有委托辩护人的，人民法院应当通知法律援助机构为其另行指定辩护人；被告人无正当理由再次拒绝指定的律师为其辩护的，人民法院应当不予准许并记录在案。

第三条 法律援助机构在收到指定辩护通知书三日以内，指派具有刑事案件出庭辩护经验的律师担任死刑案件的辩护人。

第四条 被指定担任死刑案件辩护人的律师，不得将案件转由律师助理办理；有正当理由不能接受指派的，经法律援助机构同意，由法律援助机构另行指派其他律师办理。

第五条 人民法院受理死刑案件后，应当及时通知辩护律师查阅案卷，并积极创造条件，为律师查阅、复制指控犯罪事实的材料提供方便。

人民法院对承办法律援助案件的律师复制涉及被告人主要犯罪事实并直接影响定罪量刑的证据材料的复制费用，应当免收或者按照复制材料所必须的工本费减收。

律师接受委托或者被指定担任死刑案件的辩护人后，应当及时到人民法院阅卷；对于查阅的材料中涉及国家秘密、商业秘密、个人隐私、证人身份等情况的，应当保守秘密。

第十条 律师接到人民法院开庭通知后，应当保证准时出庭。人民法院应当按时开庭。法庭因故不能按期开庭，或者律师确有正当理由不能按期出庭的，人民法院应当在不影响案件审理期限的情况下，另行安排开庭时间，并于开庭三日前通知当事人、律师和人民检察院。

第十一条 人民法院应当加强审判场所的安全保卫，保障律师及其他诉讼参与人的人身安全，确保审判活动的顺利进行。

第十二条 法官应当严格按照法定诉讼程序进行审判活动，尊重律师的诉讼权利，认真听取控辩双方的意见，保障律师发言的完整性。对于律师发言过于冗长、明显重复或者与案件无关，或者在公开开庭审理中发言涉及国家秘密、个人隐私，或者进行人身攻击，法官应当提醒或者制止。

第十三条 法庭审理中，人民法院应当如实、详细地记录律师意见。法庭审理结束后，律师应当在闭庭三日以内向人民法院提交书面辩护意见。

第十四条 人民法院审理被告人可能被判处死刑的刑事附带民事诉讼案件，在对赔偿事项进行调解时，律师应当在其职责权限范围内，根据案件和当事人的具体情况，依法提出有利于案件处理、切实维护当事人合法权益的意见，促进附带民事诉讼案件调解解决。

第十五条 人民法院在裁判文书中应当写明指派律师担任辩护人的法律援助机构、律师姓名及其所在的执业机构。对于律师的辩护意见，合议庭、审判委员会在讨论案件时应当认真进行研究，并在裁判文书中写明采纳与否的理由。

人民法院应当按照有关规定将裁判文书送达律师。

第十六条 人民法院审理案件过程中，律师提出会见法官请求的，合议庭根据案件具体情况，可以在工作时间和办公场所安排会见、听取意见。会见活动，由书记员制作笔录，律师签名后附卷。

[实践指导]

死刑适用是刑事司法领域最敏感的问题。通过正当程序规制司法机关死刑裁量权、保障死案件当事人诉讼权利，成为公正审理死刑案件的基本要求。在现有立法框架下，死刑案件审理中应充分贯彻直接言辞原则，以人证调查为庭审证据调查的中心，保证法官心证建立在坚实的证据基础之上。案件审理中应充分发挥附带民事诉讼程序对被害人物质损失弥补和精神抚慰的作用，力求在刑罚适用的同时，全面恢复犯罪给被害人带来的伤害。对死刑案件被告人则应以辩护权的程序保障为其权利保护的关键。法院应提供有效途径，保证死刑案件被告人能够获得切实的法律援助，同时创造律师辩护得以发挥作用的便利条件。

第十三章 第二审程序

一、被告人在上诉期间死亡如何处理

[法律依据]

《刑事诉讼法》的相关规定：

第十五条 有下列情形之一的，不追究刑事责任，已经追究的，应当撤销案件，或者不起诉，或者终止审理，或者宣告无罪：（五）犯罪嫌疑人、被告人死亡的；

[实践指导]

被告人在上诉期间死亡原则上应适用《刑事诉讼法》第15条的规定，由人民法院裁定终止审理。具体由哪一级人民法院做出裁定，则应区别对待。如果检察机关没有提出抗诉或被告人没有提出上诉，在上诉期间被告人死亡，诉讼应当终结，一审判决中追缴、没收赃款、赃物以及财产刑和附带民事诉讼的处理应当生效。如果检察机关已提出抗诉或被告人已提出上诉或有证据证明被告人生前已委托辩护人、近亲属上诉但尚未提出的，在上诉期间被告人死亡，应由第二审人民法院做出终止审理裁定。如果被告人的近亲属要求法院对案件性质做出结论，以恢复被告人名誉的，则应从尊重被告人名誉考虑，不应一律作出终止审理裁定。二审法院可以对案件进行进一步审查，但此时对案件的处理已不再是一般意义上的诉讼程序。因为作为诉讼一方的被追诉者已不存在，我国现行立法和司法解释中没有对这种特殊程序的规定。二审法院可以经过对案件审查，制作特殊的诉讼文书，宣告已死亡的被告人无罪；但如果二审法院认为对已死亡的被告人应做有罪认定，则应将结果通知其近亲属，法院不宜作有罪宣告。

不论是一审法院还是二审法院作出的终止审理裁定，尽管一般意义上的诉讼程序已结束，法院均应履行好"后诉讼"职责：对赃款、赃物和其他涉案财物应及时追缴、妥善处理，及时反还被害人和其他相关人员，解除扣押、冻结，避免财产损失；如果发现犯罪事实不是已死亡的被告人所为，应通知相关侦查机关。也有人主张应建立刑事诉讼中针对涉案财物进行处理的特殊程序。

二、提出上诉的被告人的辩护人与近亲属应有怎样的诉讼地位

[法律依据]

《刑事诉讼法》的相关规定：

第一百八十条第一款 被告人、自诉人和他们的法定代理人，不服地方各级人民法院第

一审的判决裁定，有权用书状或者口头向上一级人民法院上诉。被告人的辩护人和近亲属，经被告人同意，可以提出上诉。

[实践指导]

被告人的辩护人和近亲属没有独立的上诉权，他们仅能作为被告人的委托人代为提出上诉的诉讼请求。被告人的辩护人和近亲属如果没有经过被告人同意提出上诉请求，上诉无效。被告人的辩护人和近亲属提出上诉，应出具证明被告人同意上诉的书面文件，法院则应直接向被告人征求其是否同意上诉的意见。如果被告人先有上诉授权，后又不同意上诉，应视为撤回上诉，上诉不发生法律效力；如果被告人上诉的内容与辩护人、近亲属的上诉内容不一致，不影响上诉的效力，因为我们国家立法中采用的是"无因上诉"的上诉制度，具体的上诉请求不影响上诉的效力，二审中法院进行全面审查、不受上诉请求范围的限制。辩护人和近亲属代为提出上诉，不意味着他们可以代被告人进行二审的诉讼活动，二审的诉讼活动必须有被告人本人参与。

三、可以上诉、抗诉的裁定有哪些

[实践指导]

因为刑事诉讼法中对可上诉、抗诉的裁定种类没有限制，所以原则上对第一审人民法院的所有裁定都可以提出上诉和抗诉。司法实践中，对此分歧较大。有的人认为，可上诉、抗诉的裁定既包括有关实体内容的，也包括关于程序方面的裁定；既包括对公诉案件的裁定，也包括对自诉案件的裁定。无论属于何种类型的裁定，都应当按照《刑事诉讼法》第180、181条规定提出上诉、提起抗诉。也有的人认为，应当对准许和不准许提起上诉、抗诉的裁定进行分类，凡是涉及实体性裁定或具有终止案件审理的终局性裁定，如驳回起诉、终止审理等，都应当准许上诉抗诉；凡在诉讼过程中就某一问题作出不涉及当事人实体利益的程序性裁定，如中止审理、管辖及其减刑、假释等，则不应当准许上诉、抗诉。笔者认为第一种意见比较正确。司法机关在没有法律明确规定的情况下自我授权，对可上诉、抗诉的裁定范围进行限制，违背了现代法治所要求的诉讼有利于诉讼当事人原则，即当法律规定不明或缺失的情况下，司法机关应按着最有利于当事人的原则进行诉讼行为。二审程序既是国家权力进行自律纠错的程序，也是为当事人提供救济的程序。司法机关限制可抗诉、上诉的裁定范围，其实质是限制当事人的救济途径，等于剥夺当事人的上诉权。

根据我国《刑事诉讼法》的规定，诉讼中第一审人民法院以裁定方式做出处理的事项是很有限的，主要包括：裁定减刑、假释、审判管辖等。特别是针对程序问题我国一般使用决定方式进行处理，裁定事项与其他国家相比范围更窄，在此方面我国的程序性保障已经不足，"无救济则无权利"，不重视程序权利的救济，就是不重视程序权利，立法中应当矫正"重实体、轻程序"的倾向。因此，实践中更不应再进一步限制对裁定的上诉范围。一审以外其他审判程序中的裁判不能抗诉和上诉，主要包括：二审中裁定驳回上诉或抗诉，裁定撤销原判、发回原审人民法院重新审理；死刑复核程序中裁定予以核准、裁定发回重审；审判监督程序中裁定驳回申诉或抗诉，裁定撤销原判、发回原审法院重新审理等。

在二审或其他审判程序中，法院作出的终止审理、中止审理或其他程序问题裁定，是否可以上诉、抗诉？笔者认为，刑事诉讼法中规定上诉、抗诉条件，强调的是做出裁定的法院审级为"第一审"。这对于实体性裁定的上诉当然是适合的,但对程序性问题的裁定则存在问题。二审或其他审级中的程序性裁定也是第一次作出,仅仅因为不是在第一审程序中作出的就不允许上诉或抗诉,显然有失公允。因此在立法中规定,只要程序性裁定为第一次作出就可以上诉、抗诉,更为合理。

四、二审中上诉的当事人是否可以撤回上诉

[法律依据]

1. 《刑事诉讼法》的相关规定:
第一百八十条第三款 对被告人的上诉权,不得以任何借口加以剥夺。
2. 最高人民法院《关于执行〈中华人民共和国刑事诉讼法〉若干问题的解释》的相关规定:
第二百三十九条 被告人、自诉人、附带民事诉讼的原告人和被告人及其法定代理人在上诉期满后撤回上诉的,应当由二审法院进行审查。如果认为原判决认定事实和适用法律正确,量刑适当,应当裁定准许被告人撤回上诉;如果认为原判事实不清、证据不足或者将无罪判为有罪,轻罪重判等,应当不准撤回上诉,并按照上诉程序进行审理。
3. 最高人民法院《关于被判处死刑的被告人在上诉期满后又提出撤回上诉的应当如何处理的批复》的相关规定:
被中级人民法院判处死刑的被告人在上诉期间提出上诉,上诉期满后又提出撤回上诉的,应当由高级人民法院决定不准撤回上诉,并按第二审程序继续审理。

[实践指导]

撤回上诉是当事人对上诉权进行处分的方式,在上诉期间内可以撤回上诉。上诉期间已过,人民法院已经开始进行第二审程序,对当事人撤回上诉的请求,人民法院应当进行审查。法院应当从有利于上诉人角度,对案件进行审查,如果经过审查二审的结果对上诉人更为有利,应当裁定不准撤诉,作出对上诉人更有利的裁判。即使不允许被告人撤诉,在只有被告人一方上诉,没有检察机关抗诉的情况下,二审法院受到上诉不加刑原则的限制,也不能加重对被告人的处罚。这样,二审中不允许被告人撤诉不会产生对其不利的实体法律后果。但是,不允许撤回上诉后法院又作出维持原判的裁定,会增加被告人的诉累,因此法院在考虑是否允许撤回上诉时,应尽量避免此种情形发生。

上述1992年最高人民法院的批复则体现了司法机关对死刑案件的严格把关,既然对死刑的二审程序已经启动,就应该进行彻底审查。依据上诉不加刑原则,在只有被告人一方上诉的死缓案件中,不能加重对其的处罚。

五、二审中依照一审判决刑期已满的被告人是否应当释放

[法律依据]

最高人民法院《关于执行〈中华人民共和国刑事诉讼法〉若干问题的解释》的相关规定:
第八十一条 对已被逮捕的被告人,符合下列情形之一的,人民法院应当变更强制措施

或者释放：（二）第二审人民法院审理期间，被告人被羁押的时间已到第一审人民法院对其判处的刑期的期限的；

[实践指导]

最高人民法院的此条司法解释符合刑事诉讼中人权保障的要求。如果第二审维持一审判决或改判更轻的刑罚，而二审中却始终对被告人羁押，那么二审中的羁押对被告人是没有根据的。正是为了避免这种情况出现，最高人民法院做出了此条司法解释。第二审人民法院审理期间，被告人被羁押的时间已到第一审人民法院对其判处的刑期的期限，特别是只有被告人一方上诉或是检察机关为被告人利益抗诉的情况下，人民法院原则上应做出释放被告人的处理，因为根据上诉不加刑原则，二审已不可能判处比一审更重的刑罚，而变更为取保候审或监视居住强制措施，尽管不是对被告人的人身自由的剥夺，也是对其人身自由的限制，所以应尽量避免适用取保候审、监视居住，原则上对被告人应无条件释放；如果检察机关提出抗诉，要求对被告人处以更重的刑罚，法院可以考虑变更为取保候审或监视居住。二审法院有义务在二审过程中对被告人被羁押的时间是否已到第一审人民法院对其判处的刑期进行审查，及时释放被告人或变更强制措施。如果一审宣判时或在上诉期间内被告人被羁押的时间已到第一审人民法院对其判处的刑期，第一审法院应释放被告人或变更强制措施。二审中被告人已被释放的，可用传唤方式要求被告人出庭，如果被告人拒绝出庭，可用拘传方式强制被告人到庭。

六、对一审附带民事判决与刑事判决的上诉在二审程序中如何协调

[法律依据]

最高人民法院《关于执行〈中华人民共和国刑事诉讼法〉若干问题的解释》的相关规定：

第二百四十二条　对附带民事判决或者裁定的上诉、抗诉期限，应当按照刑事部分的上诉、抗诉期限确定。如果原审附带民事部分是另行审判的，上诉期限应当按照民事诉讼法规定的期限执行。

第二百四十九条　审理附带民事诉讼的上诉、抗诉案件，应当对全案进行审查。如果第一审判决的刑事部分并无不当，第二审人民法院只需就附带民事诉讼部分作出处理。如果第一审判决附带民事部分事实清楚，适用法律正确的，应当以刑事附带民事裁定维持原判，驳回上诉、抗诉。

第二百五十条　附带民事诉讼案件，只有附带民事诉讼的当事人和他们的法定代理人提出上诉的，第一审刑事部分的判决，在上诉期满后即发生法律效力。

应当送监执行的第一审刑事被告人是第二审附带民事诉讼被告人的，在第二审附带民事诉讼案件审结前，可以暂缓送监执行。

第二百六十条　第二审人民法院审理刑事附带民事上诉、抗诉案件，如果发现刑事和附带民事部分均有错误需依法改判的，应当一并改判。

第二百六十一条　第二审人民法院审理对刑事部分提出上诉、抗诉，附带民事诉讼部分已经发生法律效力的案件，如果发现第一审判决或者裁定中的民事部分确有错误，应当对民事部分按照审判监督程序予以纠正。

第二百六十二条　第二审人民法院审理对附带民事诉讼部分提出上诉、抗诉，刑事部分

已经发生法律效力的案件，如果发现第一审判决或者裁定中的刑事部分确有错误，应当对刑事部分按照审判监督程序进行再审，并将附带民事诉讼部分与刑事部分一并审理。

[实践指导]

对附带民事诉讼判决上诉的审理，一般适用民事就刑事原则，如上诉期限问题，在同一程序中解决刑事和民事问题，但附带民事诉讼中的特殊问题依据民事诉讼程序处理。附带民事诉讼判决上诉与刑事诉讼判决上诉效力相互之间不发生影响，只在各自的诉讼请求范围内有效。当事人只对附带民事判决上诉的，不影响刑事判决生效；只针对刑事判决上诉或抗诉，不影响民事判决生效。但二审中对案件进行全面审查，发现已生效的刑事或民事判决有错误，依照审判监督程序处理。

七、检察机关对被害人的抗诉请求如何处理

[法律依据]

1. 《刑事诉讼法》的相关规定：

第一百八十二条　被害人及其法定代理人不服地方各级人民法院第一审的判决的，自收到判决书后五日以内，有权请求人民检察院提出抗诉。人民检察院自收到被害人及其法定代理人的请求后五日以内，应当作出是否抗诉的决定并且答复请求人。

2. 最高人民检察院《人民检察院刑事诉讼规则》的相关规定：

第三百九十八条　对刑事判决、裁定的监督由审查起诉部门承办。

人民检察院通过受理申诉、对人民法院判决、裁定的审查等活动，监督人民法院的判决、裁定是否正确。

第四百零二条　被害人及其法定代理人不服地方各级人民法院第一审的判决的，在收到判决书后五日以内请求人民检察院提出抗诉的，人民检察院应当立即进行审查，在收到被害人及其法定代理人的请求后五日内作出是否抗诉的决定，并且答复请求人。经审查认为应当抗诉的，适用本规则第三百九十七条至第四百零一条的规定办理。

被害人及其法定代理人在收到判决书五日以后请求人民检察院提出抗诉的，由人民检察院决定是否受理。

第四百零五条　当事人及其法定代理人、近亲属对已经发生法律效力的判决、裁定，认为有错误向人民检察院申诉的，人民检察院控告申诉部门、监所检察部门应当分别受理，依法审查，并将审查结果告知申诉人。

第四百零七条　对人民法院已经发生法律效力的判决、裁定需要提出抗诉的，由控告申诉部门报请检察长提交检察委员会讨论决定。人民检察院决定抗诉后，由审查起诉部门出庭支持抗诉。

[实践指导]

现行《刑事诉讼法》没有赋予被害人上诉权，只赋予其请求抗诉权，因此，检察机关对被害人及其法定代理人请求抗诉的要求，应认真对待、谨慎处理，使被害人及其法定代理人能够通过该权利的行使真正得到第二审程序的救济。对被害人在收到第一审判决5日内提出的要求抗诉请求，应由检察机关的审查起诉部门受理，并进行审查；如果被害人提出要求检

察机关抗诉的请求超过5日的诉讼期限，不能简单地不予受理，而应从最大限度保障被害人权益角度出发，对被害人的请求进行审查，如果案件确有错误，应尽可能在抗诉期间内提出抗诉，即使不能在抗诉期限内提出抗诉，也应将被害人的抗诉请求视为申诉、进行处理，由审查起诉部门转控告、申诉部门处理，符合法定条件的，依法定程序提出再审抗诉。

八、法院对上诉如何审查处理

[法律依据]

最高人民法院《关于执行〈中华人民共和国刑事诉讼法〉若干问题的解释》的相关规定：

第二百三十六条 被告人、自诉人、附带民事诉讼的原告人和被告人通过第一审人民法院提出上诉的，第一审人民法院应当审查上诉是否符合法律规定。符合法律规定的，应当在上诉期满后三日内将上诉状连同案卷、证据移送上一级人民法院，同时将上诉状副本送交同级人民检察院和对方当事人。

第二百三十七条 被告人、自诉人、附带民事诉讼的原告人和被告人直接向第二审人民法院提出上诉的，第二审人民法院应当在收到上诉状后三日以内将上诉状交第一审人民法院。第一审人民法院应当审查上诉是否符合法律规定。符合法律规定的，应当在接到上诉状后三日以内将上诉状连同案卷、证据移送上一级人民法院，同时将上诉状副本送交同级人民检察院和对方当事人。

[实践指导]

根据最高人民法院的司法解释，应由第一审法院对上诉进行形式审查，因此上诉书副本也由第一审人民法院送达当事人和同级人民检察院。尽管我国采用无因上诉制度，不需要上诉人在上诉状中写明明确、规范的上诉理由，但也并不意味着所有上诉都是有效的，第一审法院对上诉进行形式审查是非常必要的。通过审查将无效的上诉从程序中排除，避免过于随意地启动二审程序。第一审人民法院主要从如下方面审查上诉：上诉针对的判决是否是本原的第一审判决；上诉是否在上诉期限内提出；上诉人是否具备上诉权等。如果符合形式条件法院即受理上诉，第一审法院移送上诉状、第一审案卷、送达上诉状副本；如果不符合条件，法院不能受理上诉，上诉无效。依据现行法律，对法院不受理上诉的决定，当事人不能上诉。

九、二审法院如何贯彻全面审查原则

[法律依据]

1. 《刑事诉讼法》的相关规定：

第一百八十六条 第二审人民法院应当就第一审判决认定的事实和适用法律进行全面审查，不受上诉或者抗诉范围的限制。

共同犯罪的案件只有部分被告人上诉的，应当对全案进行审查，一并处理。

2. 最高人民法院《关于执行〈中华人民共和国刑事诉讼法〉若干问题的解释》的相关规定：

第二百四十六条 第二审人民法院应当就第一审判决、裁定认定的事实和适用法律进行全面审查，不受上诉或者抗诉范围的限制。

第二百四十七条 共同犯罪案件，只有部分被告人提出上诉的，或者人民检察院只就第一审人民法院对部分被告人的判决提出抗诉的，第二审人民法院应当对全案进行审查，一并处理。

第二百五十一条第一款 对于上诉、抗诉案件应当审查下列主要内容：（一）第一审判决认定的事实是否清楚，证据是否确实、充分，证据之间有无矛盾；（二）第一审判决适用法律是否正确，量刑是否适当；（三）在侦查、起诉、第一审程序中，有无违反法律规定的诉讼程序的情形；（四）上诉、抗诉是否提出了新的事实和证据；（五）被告人供述、辩解的情况；（六）辩护人的辩护意见以及采纳的情况；（七）附带民事部分的判决、裁定是否适当；（八）第一审法院合议庭、审判委员会讨论的意见。

[实践指导]

依据《刑事诉讼法》和相关司法解释的规定，二审法院应当不受抗诉、上诉请求范围的限制对案件进行审查，既对事实认定又对适用法律进行审查，既对定罪又对量刑进行审查，既对实体问题又对程序问题进行审查，既对原一审证据又对新证据进行审查。立法者试图将二审塑造成全面纠错的理想程序，但这种理想程序已经超越了诉讼性质，演变成了对案件的行政性审查。二审中的全面审查可能出现的问题主要有两方面：一是全面审查使二审法院承担过重的工作量，全面审查也需要动用大量的司法成本。与对案件全面审查相适应的审理方式是开庭审理，而对二审案件进行较第一审更为细致的开庭审理是任何国家的司法资源都无法承受的。我国司法实践中大多数当事人上诉的二审案件都不开庭审理，就是司法机关为提高诉讼效率、节约诉讼成本而进行的相对合理的程序选择。二是法院不受抗诉、上诉理由限制对案件进行审查，可能出现法院主动对被告人纠问式审查的情况。如果法院超出抗诉、上诉理由发现了对被告人更为有利的事实，作出了对被告人更为有利的判决，则这种处理符合刑事法治的基本精神；如果法院在抗诉理由之外，发现了对被告人更为不利的事实，作出了对被告人更为不利的判决，则这种处理与不告不理的诉讼原理和法院中立的审判地位相背。尽管立法中没有对法院二审中此种处理加以禁止，但法院在司法实践中应主动进行自律。

笔者认为，诉讼规则本身具有纠错功能，检察机关作为国家与公共利益的维护者，对错误的一审裁判会责无旁贷地提出抗诉，而由于案件处理结果与当事人有切身的利害关系，在法律服务相对发达的法治社会，通过辩护人或诉讼代理人的帮助，当事人为维护自身的合法权益也会提出有针对性的上诉。二审程序的性质是诉讼程序，在控辩双方诉讼请求范围内法院进行审查，符合一般诉讼规律，同样能够起到纠错作用。法院在二审审理过程中附带性的发现一审裁判或程序中的错误，只要不超出诉讼请求对被告人产生不利的结果，应当予以纠正。在立法中，应注意矫正二审中司法权行政化的倾向。

十、二审的审理方式有哪些

[法律依据]

1. 《刑事诉讼法》的相关规定：

第一百八十七条 第二审人民法院对上诉案件，应当组成合议庭，开庭审理。合议庭经过阅卷，讯问被告人、听取其他当事人、辩护人、诉讼代理人的意见，对事实清楚的，可以不开庭审理。对人民检察院抗诉的案件，第二审人民法院应当开庭审理。

第二审人民法院开庭审理上诉、抗诉案件，可以到案件发生地或者原审人民法院所在地进行。

2. 最高人民法院《关于执行〈中华人民共和国刑事诉讼法〉若干问题的解释》的相关规定：

第二百五十三条 对上诉案件，应当组成合议庭，开庭审理。

经过阅卷，讯问被告人，听取其他当事人、辩护人、诉讼代理人的意见后，合议庭认定的事实与第一审认定的没有变化，证据充分的，可以不开庭审理。

对人民检察院抗诉的案件，第二审人民法院应当开庭审理。

3. 最高人民法院、最高人民检察院《关于死刑第二审案件开庭审理程序若干问题的规定(试行)》的相关规定：

第一条 第二审人民法院审理第一审判处死刑立即执行的被告人上诉、人民检察院抗诉的案件，应当依照法律和有关规定开庭审理。

第二条 第二审人民法院审理第一审判处死刑缓期二年执行的被告人上诉的案件，有下列情形之一的，应当开庭审理：（一）被告人或者辩护人提出影响定罪量刑的新证据，需要开庭审理的；（二）具有刑事诉讼法第一百八十七条规定的开庭审理情形的。人民检察院对第一审人民法院判处死刑缓期二年执行提出抗诉的案件，第二审人民法院应当开庭审理。

4. 最高人民法院《关于加强人民法院审判公开工作的若干意见》的相关规定：

第十二条 审理刑事二审案件，应当积极创造条件，逐步实现开庭审理；被告人一审被判处死刑的上诉案件和检察机关提出抗诉的案件，应当开庭审理。要逐步加大民事、行政二审案件开庭审理的力度。

第十三条 刑事二审案件不开庭审理的，人民法院应当在全面审查案卷材料和证据基础上讯问被告人，听取辩护人、代理人的意见，核实证据，查清事实；民事、行政二审案件不开庭审理的，人民法院应当全面审查案卷，充分听取当事人意见，核实证据，查清事实。

[实践指导]

我国二审的审理方式有两种，一种与一审基本相同的方式，另一种以书面审为主、言辞调查为辅，被称为"调查讯问式"。由于目前我国二审不受一审上诉、抗诉范围的限制，二审是对一审的重复审理，与此相适应，二审的审判方式应以开庭审理为主，调查讯问式为例外。但在实践中很少适用直接言辞的开庭审理方式，调查讯问式反而成为主要方式。调查讯问式虽然也以口头的方式进行调查和征询意见，但是在审判人员阅卷基础上进行口头调查与询问，调查与询问是在审判人员已经基本形成的心证基础上的补充，并且不公开进行，也不要求集中进行调查与询问。因此在二审中，运用这种书面审为主的调查询问方式，很难保证对案件进行全面审查的质量。另外，在立法条文的表述中还存在以下两个问题。一是以事实是否清楚作为应当采取何种审判方式的标准，这体现了实体真实优先的价值取向。案件的事实问题与法律问题常常不是泾渭分明的，法律适用中的症结常可归结于案件事实不明，对法律适用问题控辩双方也会存在重大分歧，审判人员也应认真听取双方的对此的意见和相互的辩驳。二是在公诉案件中对控辩双方的不平等待遇。检察机关抗诉的案件也可能"事实清楚"，而被告人有辩护律师的帮助，其上诉通常也有理有据。在二审审判方式的适用上，应当贯彻控辩平等。

我国二审应在对书面材料审查的基础上贯彻公开、直接言辞和集中的审判方式，消除对控辩双方在审判方式选择上的不平等待遇,这样才能避免二审走过场,真正彰显二审对当事人提供救济途径的公正性。特别在二审要对案件进行全面审查的情况下,我国目前的二审审判方式根本无法完成这一重任。当然,二审的庭审不是一审的简单重复,应根据控辩双方的请求和法院对案件材料的审查,在庭审调查和辩论中有所侧重。

根据最高人民法院的最新司法解释,对死刑案件的二审一律开庭审理,并且应更充分贯彻直接言辞原则,证人、鉴定人在一定条件下应当出庭作证。死刑案件关乎对公民生命的生杀予夺,在司法资源有限的条件下,对这类特殊案件配置更多的程序资源,体现了最高司法机关更为谨慎适用死刑的刑事政策导向,通过精细的诉讼程序,不仅能在这类最敏感案件的审判中彰显正义,而且通过程序运作最大限度控制死刑的负面影响——避免错杀、做到实现死刑适用的谦抑性。

十一、上诉不加刑原则如何适用

[法律依据]

1.《刑事诉讼法》的相关规定:

第一百九十条 第二审人民法院审判被告人或者他的法定代理人、辩护人、近亲属上诉的案件,不得加重被告人的刑罚。

人民检察院提出抗诉或者自诉人提出上诉的,不受前款规定的限制。

2.最高人民法院《关于执行〈中华人民共和国刑事诉讼法〉若干问题的解释》的相关规定:

第二百五十七条 第二审人民法院审理被告人或者其法定代理人、辩护人、近亲属提出上诉的案件,不得加重被告人的刑罚,并应当执行下列具体规定:(一)共同犯罪案件,只有部分被告人提出上诉的,既不能加重提出上诉的被告人的刑罚,也不能加重其他同案被告人的刑罚;(二)对原判认定事实清楚、证据充分,只是认定的罪名不当的,在不加重原判刑罚的情况下,可以改变罪名;(三)对被告人实行数罪并罚的,不得加重决定执行的刑罚,也不能在维持原判决决定执行的刑罚不变的情况下,加重数罪中某罪的刑罚;(四)对被告人判处拘役或者有期徒刑宣告缓刑的,不得撤销原判决宣告的缓刑或者延长缓刑考验期;(五)对事实清楚、证据充分,但判处的刑罚畸轻,或者应当适用附加刑而没有适用的案件,不得撤销第一审判决,直接加重被告人的刑罚或者适用附加刑,也不得以事实不清或者证据不足发回第一审人民法院重新审理。必须依法改判的,应当在第二审判决、裁定生效后,按照审判监督程序重新审判。

人民检察院提出抗诉或者自诉人提出上诉的案件,不受前款规定的限制。但是人民检察院抗诉的案件,经第二审人民法院审理后,改判被告人死刑立即执行的,应当报请最高人民法院核准。

[实践指导]

上诉不加刑原则应在广义上理解,即审判救济程序中"禁止不利变更",即在只有被告人一方上诉或为被告人利益抗诉时,不得对原判决做出不利于被告人的变更。检察机关为被告人利益提出抗诉,二审中不能加重对被告人的处罚。上述司法解释中第(5)项规定明显是规避上诉不加刑原则的做法。形式上作出维持原判的裁定,此后通过由法院自行提起审判监督程序达到加刑的目的。其实，司法实践中，刑罚畸轻而检察机关不抗诉，或者已经受到了从轻判决而被告人坚持上诉的，少有发生。我们还是要对诉讼程序自身的制约机制保持信心，不能因为这极少量的案件，牺牲对上诉不加刑原则的贯彻。

对上诉不加刑原则必须与其他诉讼原则联系在一起进行理解。上诉不加刑原则并非诉讼原则中的处于上位的原则，在理论上，可以认为它是从不告不理原则中衍生出来的。依据不告不理原则，审理的范围受到控诉主张的限制，申言之，法院不能超出指控范围进行判决。在审判救济程序中如果没有要求加重被告人刑事责任的控诉主张，就不能对被告人进行不利变更，这正是不告不理原则的要求。由此，我们可以将上诉不加刑原则做两方面的扩展。一是上诉不加刑原则可以扩展到审判监督程序中。在为原审被告人利益而提起的审判监督程序中，不能作出比原审判决对被告人更加不利的判决。二是在审判救济程序中，法院不能超出控诉方的请求，就原审判决做出对被告人不利的变更。我国目前审判救济程序的特殊性在于，对案件审理不受抗诉、上诉请求的限制，那么这是否意味着只要在救济程序中有检察机关进行了抗诉，法院就可以在抗诉请求之外进一步加重对被告人的处罚？当然不可以。这与不告不理原则相背，是对上诉不加刑原则的规避。上诉不加刑原则对于保障被告人没有顾虑地行使上诉权，在刑事诉讼中真正发挥二审程序对被告人的救济功能至关重要。彻底贯彻上诉不加刑原则，可能会产生在少量案件中放纵犯罪的情况，但从被告人诉讼权利保障角度考虑，不能因噎废食。更何况，对上诉不加刑原则的负作用不能过高估计，因为诉讼程序本身具有纠错机制，检察机关对一审判决的抗诉、自诉人的上诉将在很大程度上抵消上诉不加刑原则的负面影响。

十二、二审法院如何对案件进行裁判

[法律依据]

《刑事诉讼法》的相关规定：

第一百八十九条　第二审人民法院对不服第一审判决的上诉、抗诉案件，经过审理后，应当按照下列情形分别处理：（一）原判决认定事实和适用法律正确、量刑适当的，应当裁定驳回上诉或者抗诉，维持原判；（二）原判决认定事实没有错误，但适用法律有错误，或者量刑不当的，应当改判；（三）原判决事实不清楚或者证据不足的，可以在查清事实后改判；也可以裁定撤销原判，发回原审人民法院重新审判。

第一百九十一条　第二审人民法院发现第一审人民法院的审理有下列违反法律规定的诉讼程序的情形之一的，应当裁定撤销原判，发回原审人民法院重新审判：（一）违反本法有关公开审判的规定的；（二）违反回避制度的；（三）剥夺或者限制了当事人的法定诉讼权利，可能影响公正审判的；（四）审判组织的组成不合法的；（五）其他违反法律规定的诉讼程序，可能影响公正审判的。

第一百九十二条　原审人民法院对于发回重新审判的案件，应当另行组成合议庭，依照第一审程序进行审判。对于重新审判后的判决，依照本法第一百八十条、第一百八十一条、第一百八十二条的规定可以上诉、抗诉。

第一百九十三条　第二审人民法院对不服第一审裁定的上诉或者抗诉，经过审查后，应当参照本法第一百八十九条、第一百九十一条和第一百九十二条的规定，分别情形用裁定驳回上诉、抗诉，或者撤销、变更原裁定。

[实践指导]

对二审后案件的处理应注意以下几方面问题：

第一，发回重审问题。我国《刑事诉讼法》第189条规定，在二审中原审事实不清或者证据不足，可以在查清事实后改判，也可以裁定撤销原判，发回原审人民法院重新审理；《刑事诉讼法》第191条规定，二审中发现有法律规定的程序违法行为，应裁定撤销原判，发回原审人民法院重新审理。依照《刑事诉讼法》第192条的规定，如果将案件发回原审法院重新审理，则对其作出的判决仍可以抗诉和上诉。在司法实践中，立法上这一非终局性裁决的缺口，常常被滥用。二审法院对本可以查清事实的案件，出于推卸改判责任或给一审法院"留情面"等原因而发回原审法院重审。有些案件在二审与一审法院之间多次往复——一审法院重审后抗诉、上诉到二审法院、又被裁定发回重审。这不但使程序处于不安定状态、使被告人处于无休止地被追诉的境地，消耗了大量时间、物质资源，同时也有损司法的权威性。对《刑事诉讼法》第189条相关的规定，在适用时应做这样的理解：二审法院原则上应查清事实进行改判，因为一审法院在调查技术上并不比二审法院更有优势，但如果二审中控辩双方提出了新事实、新证据，并且所谓的"新证据"不是一审中就有举证的可能但没有举证，而确实是在一审结束后才发现的，经二审人民法院审查具有可采性，可以发回原审法院重审，重新审理的重点是对"新证据"进行审查。二审中发现有程序违法行为也并非必须发回重审，因为有些程序违法行为不具有可补正性，如：以刑讯逼供手段获得的被告人的口供，法律要求不能作为定案的根据使用、必须加以排除，二审中如果认定刑讯逼供行为存在，则没有必要发回重审。

对二审中发回重审的案件审理，适用一审的规定允许抗诉、上诉，笔者认为这是一种认识的误区。尽管案件由一审法院进行审理，但这一审理程序不是在重复一审、而是二审的组成部分，是一审法院在二审法院的授权下进行二审的程序，因此对于发回重审的案件的判决即是终审判决。为此，还有必要澄清一个认识——是否诉讼程序中的救济途径越多越好。救济程序的设立首先必须考虑司法成本，久拖不决的程序本身就丧失了一定的公正内涵。在有限的成本投入中，如果我们不把重点放在一审程序的建设，而希望通过多次的亡羊补牢去修补"正义"，那么其结果只能事与愿违——付出更多的错误成本和伦理代价。笔者认为，二审判决应体现终局性，以直接作出判决为原则，发回重审为例外，对发回重审的案件不得上诉或抗诉。

第二，依据现行《刑事诉讼法》的规定，二审裁判中没有对第一审证据不足无罪判决的维护。在事实不清、证据不足的情况下，二审法院会将案件发回原审法院重新审理，在第二次一审中，控诉方还有机会补充证据。这意味着只要案件进入了第二审程序，都会产生对证据不足无罪的第一审判决的否定性结果，第一审的证据不足无罪判决形同虚设。这种状态与立法者的初衷背道而驰。因此，在二审中应增加维持第一审证据不足无罪判决的裁定。但是，在第二审中检察机关如果提出了新证据，二审法院应当裁定发回第一审法院重审。

第三，二审法院对上诉、抗诉的裁定处理应注意的问题。二审法院处理的是第一审裁定所涉及的实体或程序问题，而不是案件的全部实体问题。如，对第一审法院驳回自诉的裁定进行审查后，只能做出维持或撤销第一审裁定的处理，而不能直接对被告人定罪和量刑。

十三、检察机关抗诉的一审死缓案件二审能否直接改判死刑

[法律依据]

1. 最高人民法院《关于执行〈中华人民共和国刑事诉讼法〉若干问题的解释》的相关规定：

第二百五十七条第二款　人民检察院提出抗诉或者自诉人提出上诉的案件，不受前款规定的限制。但是人民检察院抗诉的案件，经第二审人民法院审理后，改判被告人死刑立即执行的，应当报请最高人民法院核准。

2. 最高人民法院《关于第一审人民法院判处被告人死刑缓期2年执行，人民检察院抗诉的，二审人民法院可否直接改判死刑立即执行的答复》的相关规定：

第一审人民法院判处被告人死刑缓期2年执行，人民检察院提出抗诉，第二审人民法院经审理，认为应当判处被告人死刑立即执行的，应当撤销原判，发回重新审判。

[实践指导]

在此问题的处理上，最高人民法院的答复与刑事诉讼法及相关司法解释的规定存在一定冲突。依据《刑事诉讼法》的规定，在原审事实清楚、仅仅量刑不当的情况下，应当改判，不应发回重审。最高人民法院的司法解释也规定，此种情况下可以直接改判死刑立即执行。最高人民法院在对福建省高级人民法院的请示答复时，没有限定条件，认为第一审人民法院判处被告人死刑缓期2年执行，人民检察院提出抗诉，第二审人民法院一律应撤销原判，发回重审。笔者认为，如果第一审人民法院判处被告人死刑缓期2年执行的案件，确系事实不清或二审抗诉中检察机关提出了新事实、新证据，第二审法院可以撤销原判、发回重审，这种处理不与《刑事诉讼法》的规定相矛盾；如果第二审法院在事实清楚的情况下，已经认定被告人应被判处死刑，却仍发回一审法院重审，则不符合《刑事诉讼法》的规定。然而，最高人民法院对福建省高级人民法院的答复也有一定的合理性。在第二审中直接改判死刑立即执行，判决不能上诉、直接上报死刑复核，被告人没有了上诉机会。但是司法解释的效力高于"答复"，司法实践中应适用最高人民法院司法解释中的规定，二审法院改判死刑后，一律上报最高人民法院复核。

十四、二审法院对一审法院的准许撤诉裁定应如何审查

[法律依据]

最高人民检察院《人民检察院刑事诉讼规则》的相关规定：

第三百五十一条　……发现不存在犯罪事实、犯罪事实并非被告人所为或者不应当追究被告人刑事责任的，可以要求撤回起诉。

[实践指导]

第二审法院应对一审法院准许撤诉的裁定进行实质审查，审查第一审法院的裁定是否具有合法性。根据检察机关的司法解释，检察机关撤回起诉的条件是：不存在犯罪事实、犯罪

事并非被告人所为或者不应当追究被告人刑事责任。因此，这也应是第一审法院裁定准许撤诉的根据。根据检察机关的司法解释，检察机关撤诉的条件是确定性的、不是裁量性的，检察机关起诉后又认为案件符合酌定不起诉条件、不需要追究刑罚责任的，是不能撤诉的，法院也不能裁定准许撤诉。另外，实践中有许多检察机关在庭审中发现证据不足之后，也向法院申请撤诉，待法院允许后，又收集一些新的证据重新起诉。检察机关的这种做法违背了《人民检察院刑事诉讼规则》第351条关于撤诉的条件规定。面对实践中存在的这一问题，法院更应当审慎行使是否准许撤诉的裁定权，以避免检察机关对被告人就同一事实的多次起诉。法院应当充分行使立法赋予的是否准许撤诉的自由裁量权，此时不能机械贯彻不告不理原则，而应当特别注意对被告人权益的保护。一审法院有权对撤诉的合理性进行审查，二审法院也应对一审法院裁定的合理性进行审查，因为案件已经起诉到了法院，审判权对案件的结局有终局性意义，审判权具有权威性，起诉裁量权应受到审判权的制约。

第十四章 死刑复核程序

一、死刑案件复核权由哪些主体行使

[法律依据]

1.《刑事诉讼法》的相关规定：
第一百九十九条 死刑由最高人民法院核准。
第二百零一条 中级人民法院判处的死刑缓期二年执行的案件，由高级人民法院核准。
2.《刑法》的相关规定：
第四十八条第二款 死刑除依法由最高人民法院判决的以外，都应当报请最高人民法院核准。死刑缓期执行的，可以由高级人民法院判决或核准。
3.《人民法院组织法》的相关规定：
第十二条 死刑除依法由最高人民法院判决的以外，应当报请最高人民法院核准。

[实践指导]

最高人民法院行使死刑复核权、高级人民法院行使死缓复核权，对实现适用死刑刑事政策的统一，在司法环节做到慎杀、少杀，具有重要意义。鉴于目前我国《刑法》较多罪名中都将死刑作为可适用的法定刑加以规定，在司法中防止死刑的滥用至关重要。过去很长一段时间，最高人民法院都将大部分死刑案件的复核权授予各高级人民法院行使，这固然有合理分担复核死刑案件工作量的现实考虑，但如果着眼于维护法治统一、践行刑事司法人权保障精神的要求，最高人民法院统一行使死刑复核权是必然的选择。全国人大常委会对《人民法院组织法》的修改，意味着最高人民法院将死刑案件复核权授予高级人民法院行使已失去了法律依据，因此从修订后的《人民法院组织法》施行之日起，死刑案件的复核权将统一由最高人民法院行使。

二、上报复核死刑案件应遵循什么程序

[法律依据]

1. 《刑事诉讼法》的相关规定：

第二百条　中级人民法院判处死刑的第一审案件，被告人不上诉的，应当由高级人民法院复核后，报请最高人民法院核准。高级人民法院不同意判处死刑的，可以提审或者发回重新审判。

高级人民法院判处死刑的第一审案件被告人不上诉的，和判处死刑的第二审案件，都应当报请最高人民法院核准。

2. 最高人民法院《关于执行〈中华人民共和国刑事诉讼法〉若干问题的解释》的相关规定：

第二百七十五条　报请最高人民法院核准的死刑案件，按照下列情形分别办理：（一）中级人民法院判处死刑的第一审案件，被告人不上诉、人民检察院不抗诉的，在上诉期满后三日内报请高级人民法院复核。高级人民法院同意判处死刑的，应当依法作出裁定后，报请最高人民法院核准；不同意判处死刑的，应当提审或者发回重新审判；（二）中级人民法院判处死刑的第一审案件，被告人提出上诉或者人民检察院提出抗诉，高级人民法院终审裁定维持死刑判决的，报请最高人民法院核准；（三）高级人民法院判决死刑的第一审案件，被告人不上诉、人民检察院不抗诉的，在上诉、抗诉期满后三日内报请最高人民法院核准；（四）依法应当由最高人民法院核准死刑的案件，判处死刑缓期二年执行的罪犯，在死刑缓期执行期间，如果故意犯罪，查证属实，应当执行死刑的，由高级人民法院报请最高人民法院核准。

第二百七十八条第一款　中级人民法院判处死刑缓期二年执行的第一审案件，被告人不上诉、人民检察院不抗诉的，应当报请高级人民法院核准。

第二百七十九条　被告人被判处死刑的数罪中，如果有应当由最高人民法院核准的，或者共同犯罪案件部分被告人被判处死刑的罪中有应当由最高人民法院核准的，必须将全案报请最高人民法院核准。

第二百八十条　报请复核死刑（死刑缓期二年执行）案件，应当一案一报。……

3. 最高人民法院《关于判处死缓的刑事附带民事案件被告人不上诉而附带民事原告人上诉审理时应适用何种程序的批复》的相关规定：

根据刑事诉讼法的相关规定：第一百四十六条和第一百二十九条该案刑事部分应适用死刑缓期二年执行的复核程序，而该案的附带民事部分则适用第二审程序。根据刑事诉讼法第五十四条和第一百四十七条的规定，该案的附带民事诉讼，可以由复核该案死刑缓期二年执行的合议庭一并审理，并应严格依法保护当事人的民事权益和民事诉讼权利。

[实践指导]

死刑复核程序的启动、上报，应遵循一案一报、全案上报、主动上报和逐级上报的原则。死刑复核程序是不同于一般诉讼程序的特殊程序，它因法院在作出死刑终审判决之后的主动上报而启动，因此具有行政审查的性质，而非不告不理的司法权运作方式。这样的程序运作方式能最有效地将所有死刑案件无一例外地纳入最高司法机关的监控之内，有其合理性。但

如果从应为死刑被告人提供特殊救济途径角度考虑，死刑复核程序则应更多地体现诉讼性质。由最高人民法院进行死刑复核的案件，先由高级人民法院审查、作出裁定，再报最高人民法院核准，由高级人民法院对案件进行分流——将证据存在问题的一部分案件在原审法院解决，减轻最高人民法院压力，使最高人民法院能够在死刑复核程序中专司死刑刑事政策的掌握。

三、上报复核死刑案件需要报送哪些材料

[法律依据]

1. 最高人民法院《关于执行〈中华人民共和国刑事诉讼法〉若干问题的解释》的相关规定：

第二百八十条 报请复核死刑（死刑缓期二年执行）案件，应当一案一报。报送的材料应当包括报请复核的报告、死刑（死刑缓期二年执行）案件综合报告和判决书各十五份，以及全部诉讼案卷和证据；共同犯罪的案件，应当报送全案的诉讼案卷和证据。（一）报请复核的报告，应当载明案由、简要案情和审理过程及判决结果。（二）死刑（死刑缓期二年执行）案件综合报告应包括以下主要内容：（1）被告人的姓名、性别、出生年月日、民族、文化程度、职业、住址、简历以及拘留、逮捕、起诉的时间和现在被羁押的处所；（2）被告人的犯罪事实，包括犯罪时间、地点、动机、目的、手段、危害后果以及从轻、从重处罚等情节，认定犯罪的证据，定罪量刑的法律依据；（3）需要说明的其他问题。

第二百八十一条 报送死刑（死刑缓期二年执行）复核案件的诉讼案卷及证据，根据案件具体情况应当包括以下内容：（一）拘留证、逮捕证、搜查证的复印件；（二）扣押赃款、赃物和其他在案物证的清单；（三）公安机关、国家安全机关的起诉意见书，或者人民检察院的侦查终结报告；（四）人民检察院的起诉书；（五）案件的审查报告、法庭审理笔录、合议庭评议笔录和审判委员会讨论决定笔录；（六）被告人上诉状、人民检察院抗诉书；（七）人民法院的判决书、裁定书和宣判笔录、送达回证；（八）能够证明案件具体情况并经过查证属实的各种肯定的和否定的证据，包括物证或者物证照片、书证、证人证言、被害人陈述、被告人供述和辩解。

2. 最高人民法院《关于报送复核被告人在死缓考验期内故意犯罪应当执行死刑案件时应当一并报送原审判处和核准被告人死缓案卷的通知》的相关规定：

一、各高级人民法院在审核下级人民法院报送复核被告人在死缓考验期限内故意犯罪，应当执行死刑案件时，应当对原审判处和核准该被告人死刑缓期二年执行是否正确一并进行审查，并在报送我院的复核报告中写明结论。

二、各高级人民法院报请核准被告人在死缓考验期限内故意犯罪，应当执行死刑的案件，应当一案一报。报送的材料应当包括：报请核准执行死刑的报告，在死缓考验期限内故意犯罪应当执行死刑的综合报告和判决书各十五份；全部诉讼案卷和证据；原审判处和核准被告人死刑缓期二年执行，剥夺政治权利终身的全部诉讼案卷和证据。

[实践指导]

鉴于目前死刑复核程序以书面审为主要审判方式的特点，法院移送案卷材料是否齐全直接影响审理质量，因此必须严格依据司法解释的规定移送案卷材料。

四、复核死刑案件的审理方式是什么

[法律依据]

1.《刑事诉讼法》的相关规定:

第二百零二条　最高人民法院复核死刑案件,高级人民法院复核死刑缓刑执行的案件,应当由审判员三人组成合议庭进行。

2. 最高人民法院《关于执行〈中华人民共和国刑事诉讼法〉若干问题的解释》的相关规定:

第二百八十二条　高级人民法院复核或核准死刑(死刑缓刑二年执行)案件,必须提审被告人。

3. 最高人民法院、最高人民检察院、公安部、司法部《关于进一步严格依法办案确保办理死刑案件质量的意见》的相关规定:

第三十四条　第一审人民法院和第二审人民法院审理死刑案件,合议庭应当提请院长决定提交审判委员会讨论。最高人民法院复核死刑案件,高级人民法院复核死刑缓期二年执行的案件,对于疑难、复杂的案件,合议庭认为难以作出决定的,应当提请院长决定提交审判委员会讨论决定。审判委员会讨论案件,同级人民检察院检察长、受检察长委托的副检察长均可列席会议。

第四十条　死刑案件复核期间,被告人委托的辩护人提出听取意见要求的,应当听取辩护人的意见,并制作笔录附卷。辩护人提出书面意见的,应当附卷。

第四十一条　复核死刑案件,合议庭成员应当阅卷,并提出书面意见存查。对证据有疑问的,应当对证据进行调查核实,必要时到案发现场调查。

第四十二条　高级人民法院复核死刑案件,应当讯问被告人。最高人民法院复核死刑案件,原则上应当讯问被告人。

4. 最高人民法院、司法部《关于充分保障律师依法履行辩护职责,确保死刑案件办理质量的若干规定》的相关规定:

第十七条　死刑案件复核期间,被告人的律师提出当面反映意见要求或者提交证据材料的,人民法院有关合议庭应当在工作时间和办公场所接待,并制作笔录附卷。律师提出的书面意见,应当附卷。

[实践指导]

依据《刑事诉讼法》和相关司法解释的规定,死刑复核程序的基本审理方式是以案卷审查的书面审方式为主,同时结合讯问被告人、听取辩护人意见及必要的证据调查。尽管不开庭审理,但仍要由三名审判人员组成合议庭,对下级法院上报的案卷材料进行审查,经过评议和表决后,作出处理决定。高级人民法院在死刑复核程序中必须提审被告人,最高人民法院原则上也要讯问被告人,以便进一步核实案情、避免冤案。在死刑复核中,在辩护人的要求下,应直接听取其意见;辩护人提出的书面辩护意见,高级人民法院和最高人民法院应当接受,并认真审查,以体现对被告人辩护权的尊重。

五、高级人民法院在复核死缓案件时能否直接改判死刑立即执行

[法律依据]

最高人民法院《关于执行〈中华人民共和国刑事诉讼法〉若干问题的解释》的相关规定：

第二百七十八条 中级人民法院判处死刑缓期二年执行的第一审案件，被告人不上诉、人民检察院不抗诉的，应当报请高级人民法院核准。

高级人民法院对于报请核准的死刑缓期二年执行的案件，按照下列情形分别处理：（一）同意判处死刑缓期二年执行的，应当裁定予以核准；（二）如果认为原判事实不清、证据不足的，应当裁定发回重新审判；（三）认为原判过重的，应当依法改判。

高级人民法院核准死刑缓期二年执行的案件，不得以提高审级等方式加重被告人的刑罚。

[实践指导]

最高人民法院的司法解释充分贯彻了慎杀、少杀的刑事政策，高级人民法院在对死缓案件进行复核时，原则上不能直接改判死刑。如果认为事实清楚但应当改判死刑，也不能以事实不清、证据不足为由，发回原审法院重新审理，仍应坚持死刑适用的谦抑性，不予改判，作出维持原判的裁定。同时，高级人民法院也不能以提审的方式变相加刑。但如果裁定发回重审，原审法院在查清事实的基础上，可以将案件改判为死刑立即执行。

六、共同犯罪案件，死刑复核时发现被判处死刑被告人以外的被告人的判决内容有错误，应如何处理

[法律依据]

最高人民法院《关于执行〈中华人民共和国刑事诉讼法〉若干问题的解释》的相关规定：

第二百八十七条 共同犯罪案件中，部分被告人判处死刑的，最高人民法院或高级人民法院复核时，应当全案进行审查，但不影响对其他被告人已经发生法律效力的判决、裁定的执行；发现对其他被告人已经发生法律效力的判决、裁定确有错误时，可以指令原审人民法院再审。

七、在审理最高人民法院经死刑复核后发回重新审理的案件时，应遵循哪些程序规定

[法律依据]

最高人民法院《关于复核死刑案件若干问题的规定》的相关规定：

第八条第二款 高级人民法院依照复核程序审理后报请最高人民法院核准死刑的案件，最高人民法院裁定不予核准死刑，发回高级人民法院重新审判的，高级人民法院可以提审或者发回第一审人民法院重新审判。

第九条 发回第二审人民法院重新审判的案件，第二审人民法院可以直接改判；必须通

过开庭审理查清事实、核实证据的，或者必须通过开庭审理纠正原审程序违法的，应当开庭审理。

第十条 发回第一审人民法院重新审判的案件，第一审人民法院应当开庭审理。

第十一条 依照本规定第三条、第五条、第六条、第七条发回重新审判的案件，原审人民法院应当另行组成合议庭进行审理。

[实践指导]

对最高人民法院经过死刑复核后发回重新审理的案件，在审理中应注意如下问题：首先，最高人民法院经死刑复核后发回高级人民法院重新审理时，高级人民法院提审后的判决为终审判决，不能上诉和抗诉；如果由高级法院发回第一审法院重新审理，审判后的判决可以上诉和抗诉。其次，最高人民法院经死刑复核后发回第二审法院重新审理的，原二审法院考虑开庭的必要性后决定是否开庭审理，并不要求一律开庭审理；而发回第一审法院重新审理的案件则必须开庭审理。最后，在审理最高人民法院经死刑复核后发回重新审理的案件时，应贯彻原合议庭成员回避原则。

第十五章　审判监督程序

一、法院对再审申诉如何处理

[法律依据]

1. 《刑事诉讼法》的相关规定：

第二百零三条 当事人及其法定代理人、近亲属，对已经发生法律效力的判决、裁定，可以向人民法院或者人民检察院提出申诉，但是不能停止判决、裁定的执行。

2. 最高人民法院《关于执行〈中华人民共和国刑事诉讼法〉若干问题的解释》的相关规定：

第二百九十六条 各级人民法院对当事人及其法定代理人、近亲属对已经发生法律效力的判决、裁定提出的申诉，应当进行登记并认真审查处理。

第二百九十七条 人民法院经审查，对不符合刑事诉讼法第二百零三条规定的申诉，按来信、来访处理。

第二百九十八条 受理、审查申诉一般由作出发生法律效力的判决、裁定的人民法院进行。直接向上级人民法院申诉的，如果没有经作出发生法律效力的判决、裁定的人民法院审查处理，上级人民法院可以交该人民法院审查，并告知申诉人；如果属于案情疑难、复杂、重大的，或者已经由作出发生法律效力的判决、裁定的人民法院审查处理后仍坚持申诉的，上级人民法院可以直接受理、审查，下级人民法院也可以请求移送上一级人民法院审查处理。

第二百九十九条 原审人民法院审查处理的申诉、上级人民法院直接处理的申诉和转交下级人民法院审查处理的申诉，应当立申诉卷。

第三百条 第二审人民法院对不服本院维持第一审人民法院裁判的申诉，可以交由第一审人民法院审查。第一审人民法院审查后，应当写出审查报告，提出处理意见，报第二审人民法院审定。

第三百零三条 申诉人对驳回申诉不服的，可以向上一级人民法院申诉。上一级人民法院经审查认为申诉不符合刑事诉讼法第二百零四条规定的，应当予以驳回。经两级人民法院处理后又提出申诉的，如果没有新的充分理由，人民法院可以不再受理。

3. 最高人民法院《关于各级人民法院处理刑事案件申诉的暂行规定》的相关规定：

第一条 刑事申诉一般由原终审人民法院负责处理。对重大、复杂的刑事案件的申诉，上级人民法院认为必要时，可以审查、处理；下级人民法院也可以请求移送上级人民法院审查、处理。

第二条 基层人民法院负责审查处理不服本院已经发生法律效力的判决、裁定的刑事申诉。

第三条 中级人民法院负责审查处理下列刑事申诉：（一）不服本院已经发生法律效力的第一审判决、裁定的；（二）不服本院第二审判决、裁定的；（三）不服基层人民法院发生法律效力的判决、裁定的申诉，经基层人民法院审查处理后，申诉人仍不服，向上级人民法院提出申诉的；（四）对于基层人民法院已经发生法律效力的判决、裁定提出申诉，本院认为需要直接处理的。

第四条 高级人民法院负责审查处理下列刑事申诉：（一）不服本院已经发生法律效力的第一审判决、裁定的；（二）不服本院的第二审判决、裁定的；（三）原经本院复核的；（四）不服中级人民法院已经发生法律效力的判决、裁定的申诉，经中级人民法院审查处理后，申诉人仍不服，向上级人民法院提出申诉的；（五）对下级人民法院已经发生法律效力的判决、裁定提出申诉，本院认为需要直接处理的。

第五条 最高人民法院负责审查处理下列刑事申诉：（一）不服本院判决、裁定的；（二）不服最高人民法院原大区分院判决、裁定的；（三）原经本院和本院原大区分院复核的；（四）不服高级人民法院已经发生法律效力的判决、裁定的申诉，经高级人民法院审查处理后，申诉人仍不服，向本院提出申诉的；（五）对不服下级人民法院已经发生法律效力的判决、裁定的申诉，本院认为需要直接审查处理的。

第六条 人民法院收到申诉后，均应登记，认真审阅。上级人民法院对属于下级人民法院处理的刑事申诉，应及时转交给下级人民法院，并通知申诉人直接同该院联系。

原审人民法院审查、处理刑事申诉，均应立卷。立卷时可以将申诉材料及处理情况并入原卷或者另立副卷；原审的上级人民法院直接处理的刑事申诉和转交下级人民法院审查、处理的重点刑事申诉，应立申诉卷。

第七条 第一审人民法院对不服本院已经发生法律效力的判决、裁定的刑事申诉，一般应调出原卷进行审查。认为原判正确的，则说服教育申诉人，使其息诉；对其中坚持无理申诉的，可以用书面通知驳回。通知书应当针对申诉理由，依法有理有据地批驳。如果发现原判确有错误需要重新审判的，应按照审判监督程序另行组成合议庭进行再审。

第八条 第二审人民法院对不服本院改判一审判决的刑事申诉，应调卷进行审查。认为原终审判决正确的，要说服教育申诉人，使其息诉；对其中坚持无理申诉的，可以用书面通知驳回。如果发现原判确有错误需要重新审判的，应按照审判监督程序另行组成合议庭进行再审。

第二审人民法院对不服本院维持第一审人民法院判决的刑事申诉，可以交由第一审人民法院进行审查，第一审人民法院审查后，应写出案情审查报告，提出处理意见，报第二审人民法院审定。第二审人民法院经审查，认为应当维持原判的，由本院或交第一审人民法院对申诉人进行说服教育工作，使其息诉；对其中坚持无理申诉的，可以书面通知驳回。如果发现原判确有错误需要重新审判的，应按照审判监督程序另行组成合议庭进行再审。

第九条 经最高人民法院、最高人民法院原大区分院或高级人民法院复核的案件，提出申诉的，由原审人民法院负责审查。认为原判正确的，对申诉人进行说服教育工作；对其中坚持无理申诉的，可以直接用书面通知驳回；认为需要改判的，写出审查报告，提出处理意见，连同原卷逐级上报审查，由核准的法院审定。

经最高人民法院、高级人民法院裁定核准的死刑、死缓、类推案件提出申诉的，可以由核准的人民法院直接处理，也可以交由原审人民法院审查，写出案情报告，提出处理意见，层报核准的法院审定。核准法院认为原判正确的，可以交第一审或第二审人民法院对申诉人进行说服教育工作；对其中坚持无理申诉的，核准的人民法院也可以用书面通知驳回；认为需要改判的，由核准的人民法院直接改判，或者发回原审人民法院重新审判。

第十条 上级人民法院审查不服下级人民法院处理后的刑事再申诉，可以调卷审查；可以派人下去，会同下级人民法院调查核实；可以与下级人民法院共同研究。经审查，认为应当维持原判的，可以由下级人民法院做好息诉工作；也可以直接做好息诉工作；对其中坚持无理申诉的，可以用书面通知驳回。认为原判有错误需要改判的，可以由下级人民法院重新审理；可以指令再审；也可以提审改判。

第十一条 上级人民法院审阅不服下级人民法院判决、裁定的刑事申诉后，认为原判在认定事实上或者在适用法律上可能有错误，应提出问题，层转下级人民法院查处并报告处理结果。报告的内容是：被告人（被害人）的自然情况、原判认定的犯罪事实和处理情况、申诉的主要理由和要求、重新查处后认定的事实和根据（包括针对申诉理由查证的情况）、处理结果及其他认为需要说明的问题。

上级人民法院对多次提出的刑事申诉，认为需要了解原判处理情况的，可以要下级人民法院详报原判情况。

第十二条 上级人民法院应当有重点地审查不服下级人民法院的判决、裁定的刑事申诉，还应当会同下级人民法院查处一些重大、复杂的刑事申诉案件，以加强对刑事申诉工作的监督、指导。

第十三条 对再审改判无罪或免予刑事处分的当事人的善后工作，原来有工作的，由原审人民法院移交原单位或其上级主管部门负责落实；原来没有工作的，移交当地人民政府有关部门负责处理。

第十四条 原审人民法院对不服本院判决、裁定的申诉，要认真审查处理，把问题解决在当地。并耐心地做好申诉人的思想工作，使其在当地听候处理。

第十五条 对无理取闹的申诉人，要严肃地进行批评教育，有针对性地进行批驳，使其息诉。经多次处理仍不听劝教，可以依靠当地群众或所在单位进行批评教育；对无理取闹屡教不改，违反治安管理处罚条例或者触犯刑律，需要依法行政拘留、劳动教养或者逮捕判刑的，人民法院应当提供必要的证据，移交公安机关依法处理。

第十六条 负责审查处理刑事申诉的审判人员，要有全心全意为人民服务的精神，关心群众的疾苦；审查处理刑事申诉，要以事实为根据，以法律为准绳，坚持历史唯物主义的观点，正确地执行党的政策和国家的法律；要热情宣传社会主义法制和国家政策，做好对申诉人的解释和教育工作；工作要尽职尽责，不得推诿；要遵纪守法，秉公办事。

[实践指导]

执行上述规定应注意以下几个问题：

第一，刑事申诉没有时间和次数方面的限制。刑事诉讼法的规定没有要求申诉必须在裁判生效后的多长时间内进行方能被受理，也就是说，不论什么时间，不论申诉过多少次，也不论被受理过多少次，只要有申诉，法定的义务机关就必须受理。所以，最高人民法院《关于执行〈中华人民共和国刑事诉讼法〉若干问题的解释》第303条的规定与《刑事诉讼法》第203条的规定明显冲突，按照法律位阶对法律效力影响的法理，最高人民法院的解释应当无效。虽然有观点认为，最高人民法院的规定对于无理缠诉的情形是有效的处理方式，而且，从提高诉讼效率的角度看，经过多次受理、审查甚至是经过审判监督程序改判过的案件，仍然坚持申诉的，如果规定依然应当受理，就会出现无休止的申诉与受理。但笔者依然认为，法治国家的一个重要标志就是有法必依，既然刑事诉讼法没有限制受理申诉的时间和次数，司法解释就无权加以限制。另外，笔者认为，刑事案件关系到公民个人的生命、自由和财产等重大权益，法律应当给予更充分的保障，对申诉权的行使没有过多的限制是正确的，因为不允许申诉并不能平息当事人及其亲属的不满，申诉可能转化为上访、静坐等更为极端的表达方式，这样，会更严重地破坏社会的安定与和谐。

第二，申诉应尽量由上级法院直接受理。从最高人民法院《关于执行〈中华人民共和国刑事诉讼法〉若干问题的解释》第298条规定的"受理、审查申诉一般由作出发生法律效力的判决、裁定的人民法院进行"，可以看出，上级法院一般不直接受理申诉，"案情疑难、复杂、重大的"和"已经由作出发生法律效力的判决、裁定的人民法院审查处理后仍坚持申诉的"，才可能由上级法院直接受理。然而，申诉人向作出发生法律效力的判决、裁定的人民法院申诉，实际上很难收到发现生效裁判错误并纠正本院裁判错误的效果。因为审判的过程已经给了申诉方较为充分的表达意见的机会，法院也已经在裁判作出时考虑了各方的意见，在裁判已经生效的情形下，仅仅因为申诉方再度要求，法院就能没有任何偏见地认真对待申诉是不可能的。另一方面，申诉人也会因为作出生效判决的法院曾经不能采纳自己的意见，而对该法院存在成见，并对其处理申诉不再有信心，这也是当事人更多地选择上访方式的一个法律原因。因此，由作出生效裁判的法院受理申诉，往往是徒增双方的疲劳，有时还会因此使矛盾激化。

第三，"第二审人民法院对不服本院维持第一审人民法院裁判的申诉，可以交由第一审人民法院审查"的做法应当禁止。经过两级人民法院的相同裁判，申诉仍然进行，表现出了申诉人的坚决态度。两级法院的相同处理更反映出了裁判改变的艰难。此种情形如果还将案件交由第一审法院审查，提出改变裁判的可能性几乎没有，因为这种做法不仅要一审法院否定自己的裁判，还要否定上级法院的裁判。

二、检察机关对再审申诉如何处理

[法律依据]

1. 最高人民检察院《人民检察院刑事诉讼规则》的相关规定：

第四百零五条 当事人及其法定代理人、近亲属认为人民法院已经发生法律效力的刑事判决、裁定确有错误，向人民检察院申诉的，人民检察院控告申诉检察部门、监所检察部门和审查起诉部门应当依法办理。（一）不服人民法院已经执行完毕的刑事判决、裁定的申诉和不服人民法院缓刑决定、假释裁定的申诉，以及被害人不服人民法院已经发生法律效力且尚在执行中的刑事判决、裁定的申诉，由控告申诉检察部门办理；（二）被告人及其法定代理人、近亲属不服人民法院已经发生法律效力且尚在执行中的刑事判决、裁定的申诉，由监所检察部门办理；（三）不服人民法院死刑终审判决、裁定尚未执行的申诉，由审查起诉部门办理。审查起诉部门接受申诉后，应当将当事人申诉情况及时通知作出终审判决、裁定的人民法院。

人民检察院控告申诉检察部门、监所检察部门和审查起诉部门办理申诉案件，应当依法审查，并将结果告知申诉人。

（该条是根据1999年9月21日最高人民检察院《关于修改〈人民检察院刑事诉讼规则〉第405条和第407条的通知》修改后的条文。——编者注）

2. 最高人民检察院《关于调整服刑人员刑事申诉案件管辖的通知》的相关规定：

一、原由检察机关监所检察部门负责办理的服刑人员及其法定代理人、近亲属的刑事申诉案件，划归刑事申诉检察部门办理（未单设刑事申诉检察部门的，由控告申诉检察部门负责办理）。

二、派驻监管单位的检察人员接到服刑人员及其法定代理人、近亲属向人民检察院提出的刑事申诉案件后，移送本院控告申诉检察部门统一受理，由该部门转原审人民法院所在地的人民检察院刑事申诉检察部门办理。

三、各级人民检察院应根据刑事申诉检察部门刑事申诉案件管辖范围扩大，业务量增加的实际情况，合理调配编制，以适应工作需要。

四、派出检察院仍负责办理其管辖内监狱服刑人员及其法定代理人、近亲属的刑事申诉案件。

五、对本《通知》下发前监所检察部门正在办理的服刑人员刑事申诉案件，可由监所检察部门继续办结。

3. 最高人民检察院《人民检察院复查刑事申诉案件规定》的相关规定：

第三条 人民检察院复查刑事申诉案件，必须遵循下列原则：（一）案件的决定权与申诉复查权相分离；（二）依照法定程序复查；（三）全案复查；（四）实事求是，有错必纠。

第四条 人民检察院管辖的刑事申诉是指对人民检察院诉讼终结的刑事处理决定以及对人民法院已经发生法律效力的刑事判决、裁定（含刑事附带民事判决、裁定）不服的申诉。

第五条 控告申诉检察部门管辖下列刑事申诉：（一）不服人民检察院不批准逮捕决定的申诉；（二）不服人民检察院不起诉决定的申诉；（三）不服人民检察院撤销案件决定的申诉；（四）不服人民检察院其他处理决定的申诉；（五）不服人民法院已执行完毕的刑事判决、裁定的申诉以及被害人不服人民法院已经发生法律效力且尚在执行中的刑事判决、裁定的申诉。

第六条 审查起诉部门管辖不服人民法院死刑终审判决、裁定尚未执行的申诉。

第七条 监所检察部门管辖被告人及其家属不服人民法院已经发生法律效力且尚在执行中的刑事判决、裁定的申诉。

第八条 县级人民检察院管辖下列刑事申诉：（一）不服本院决定的申诉（另有规定的除外）；（二）不服同级人民法院已经发生法律效力的刑事判决、裁定的申诉。

第九条 人民检察院分、州、市院管辖下列刑事申诉：（一）不服本院决定的申诉（另有规定的除外）；（二）被害人不服下一级人民检察院不起诉决定，在七日内提出的申诉；（三）不服下一级人民检察院复查决定的申诉；（四）不服同级和下级人民法院已经发生法律效力的刑事判决、裁定的申诉。

第十条 省级人民检察院管辖下列刑事申诉：（一）不服本院决定的申诉（另有规定的除外）；（二）被害人不服下一级人民检察院不起诉决定，在七日内提出的申诉；（三）不服下一级人民检察院复查决定的申诉；（四）不服同级和下级人民法院已经发生法律效力的刑事判决、裁定的申诉。

第十一条 最高人民检察院管辖下列刑事申诉：（一）不服本院决定的申诉；（二）被害人不服下一级人民检察院不起诉决定，在七日内提出的申诉；（三）不服下一级人民检察院复查决定的申诉；（四）不服各级人民检察院已经发生法律效力的刑事判决、裁定的申诉。

第十二条 上级人民检察院在必要时可以将自己管辖的申诉案件交下级人民检察院复查，也可以复查由下级人民检察院管辖的申诉案件。

第十三条 人民检察院对原案当事人及其法定代理人、近亲属提出的申诉应当受理。申诉人委托律师代理申诉的，也应受理。

第十四条 人民检察院在受理申诉人的申诉时，应告知申诉人出具申诉书，提出认为原处理决定、判决、裁定有错误的事实和理由，并提供原决定书、判决书、裁定书的副本或复制件。申诉人口头提出申诉的，应写成笔录，并有申诉人签名或盖章。

第十五条 人民检察院收到申诉人的刑事申诉后，应填写《刑事申诉受理登记表》，对申诉材料进行审查，并分别情况予以处理：（一）对不属于本院管辖的刑事申诉，应及时移送有管辖权的人民检察院或有关部门，并通知申诉人；（二）对认为需要立案复查的刑事申诉，应制作《刑事申诉提请立案复查报告》，经承办部门负责人或主管检察长批准后立案复查；（三）对不需要立案复查的刑事申诉，经承办部门负责人批准，可制作《刑事申诉不立案复查通知书》，通知申诉人。

第十六条 人民检察院对有下列情形之一的刑事申诉，应当立案复查：（一）不服人民检察院不起诉决定，七日内提出申诉的；（二）原处理决定、判决或裁定有错误可能的；（三）上级人民检察院或本院检察长交办的。

第十七条 原处理决定、判决或裁定是否有错误可能，应从以下方面审查：（一）申诉人是否提出了足以改变原处理结果的新的事实或证据；（二）据以定案的证据是否确实、充分或者证明案件事实的主要证据之间是否存在矛盾；（三）适用法律是否正确；（四）处罚是否适当；（五）有无违反案件管辖权限及其他严重违反诉讼程序的情况；（六）侦查、检察、审判人员在办理该案件的时候，有无贪污受贿、徇私舞弊、枉法裁判行为。

第十八条 对应由上一级人民检察院受理的刑事申诉，申诉人向作出决定的人民检察院提出的，作出决定的人民检察院应在收到申诉材料后三日内将复查决定书、复查终结报告及讨论案件记录等材料报送上一级人民检察院。

第二十条 复查刑事申诉案件，应当由两名以上检察人员进行，原承办人员不得参与。

第二十一条 对立案复查的刑事申诉案件，应全面审查申诉材料和全部案卷，并制作《阅卷笔录》。

第二十二条 经审查认为原案事实不清，证据不足或有其他需要核实的问题时，应当拟定调查提纲，经承办部门负责人同意后进行补充调查。

第二十三条 复查刑事申诉案件，可以询问原案当事人、证人和其他有关人员，并制作《调查笔录》。调查笔录应当经被调查人确认无误，由其签名或盖章。对与案件有关的场所、物品、人身、尸体等的勘验、检查笔录和鉴定结论，认为需要复核时，可以进行复核，也可以对专门问题进行鉴定或补充鉴定。

第二十四条 刑事申诉案件经复查符合下列标准的可以结案：（一）原认定的事实、证据和适用法律等情况已经审查清楚；（二）申诉人提出的新的事实、证据已经调查清楚；（三）对事实不清、证据不足等问题，已经出了必要的补充调查。

第二十五条 对复查终结的刑事申诉案件，应制作《刑事申诉复查终结报告》。《刑事申诉复查终结报告》应包括以下内容：（一）申诉人基本情况及与原案的关系；（二）案由及案件来源；（三）原处理情况、原认定事实及适用的法律；（四）申诉理由、依据及请求；（五）复查简要过程、复查认定的事实及证据；（六）复查处理意见；（七）承办人签名及年、月、日。

第二十六条 刑事申诉案件经部门集体讨论，提出处理意见后，报检察长或检察委员会决定。

第二十七条 对不服人民法院已经发生法律效力的刑事判决、裁定的申诉复查后，需要提出抗诉的，复查部门提出抗诉意见，连同案卷一并移送审查起诉部门审查，报请检察长提交检察委员会讨论决定。

第二十八条 对不服人民法院已经发生法律效力的刑事判决、裁定的申诉复查后，不论决定是否提出抗诉，均应制作《刑事申诉复查通知书》，并在十日内通知申诉人。

第三十二条 各级人民检察院检察长对本院作出的处理决定或同级人民法院已经发生法律效力的刑事判决、裁定，如果发现在认定事实或适用法律上有错误可能，可以交主管业务部门立案复查。

最高人民检察院对各级人民检察院作出的处理决定或人民法院已经发生法律效力的刑事判决、裁定，上级人民检察院对下级人民检察院作出的处理决定或下级人民法院已经发生法律效力的刑事判决、裁定，如果发现有错误可能，可以指令下级人民检察院立案复查。

第三十三条 下级人民检察院对上级人民检察院交办的刑事申诉案件复查结案后，应将复查决定书或复查通知书送达申诉人。将刑事申诉复查终结报告、刑事申诉复查决定书等材料上报交办的上级人民检察院。

上级人民检察院收到下级人民检察院的结案报告后，应在一个月内审查完毕。如果发现在认定事实或适用法律上仍有错误可能，可以直接立案复查，也可以退回下级人民检察院重新复查。

第三十四条 复查刑事申诉案件，应在立案后三个月内办结。案情复杂的，最长不得超过六个月。

对上级人民检察院交办的刑事申诉案件，应在收到交办文书后十日内立案复查，复查期限适用前款规定。复查交办的刑事申诉案件，逾期不能办结时，应向交办的上级人民检察院书面说明情况。

第三十五条 下级人民检察院应在刑事申诉案件复查结案后十日内，将复查终结报告、复查决定书或复查通知书、讨论案件记录的复印件报上一级人民检察院备案。

第三十七条 人民检察院复查刑事申诉案件终结后制作的《刑事申诉复查决定书》应当公开宣布，并制作《宣布笔录》。

上级人民检察院作出的复查决定，可以责成下级人民检察院宣布执行。

第四十条 人民检察院对不服同级人民法院已经发生法律效力的刑事判决、裁定的申诉复查后，认为确有错误的，应制作《提请抗诉意见书》，报上一级人民检察院审理。上一级人民检察院经审查决定抗诉的，应制作《抗诉书》，向同级人民法院提出抗诉。由审查起诉部门出席再审法院，对人民法院再审活动实施法律监督。

最高人民检察院对不服各级人民法院已经发生法律效力的刑事判决、裁定的申诉，上级人民检察院对不服下级人民法院已经发生法律效力的刑事判决、裁定的申诉，经复查决定抗诉的，应制作《抗诉书》，向同级人民法院提出抗诉。由审查起诉部门出席再审法庭，对人民法院再审活动实施法律监督。

三、怎样理解因申诉而重新审判的理由

[法律依据]

《刑事诉讼法》的相关规定：

第二百零四条 当事人及其法定代理人、近亲属的申诉符合下列情形之一的，人民法院应当重新审判：（一）有新的证据证明原判决、裁定认定的事实确有错误的；（二）据以定罪量刑的证据不确实、不充分或者证明案件事实的主要证据之间存在矛盾的；（三）原判决、裁定适用法律确有错误的；（四）审判人员在审理该案件的时候，有贪污受贿，徇私舞弊，枉法裁判行为的。

[实践指导]

理解上述法律规定应当注意以下几个方面：

第一，发现了新的证据，使原判决、裁定认定的事实不能成立的标准要正确把握。这里所说的被原判决、裁定认定的事实不是指案件中的任何一个环节的事实，而是对定罪和量刑"一定"起作用的事实。具体而言，必须是属于犯罪构成要件的事实和法定量刑情节的事实。如果是酌定量刑情节，即便被新的事实确定，也不能认为有再审的必要，因为酌定量刑情节不是法律要求当然影响量刑的情节，原判没有在量刑时予以考虑不属于错误。即使原判已经认定的酌定量刑情节被新的事实否定，也没有再审的必要，因为原判认定的酌定情节对量刑的影响较小，只是在法律允许的幅度之内可能起到了一些作用。

第二，正确理解原判决、裁定适用法律确有错误。这里所说的法律应包括实体法和程序法两个方面。实体法的适用错误，一般是指在定罪和量刑方面存在错误。定罪方面的错误表现为有罪定无罪、无罪定有罪、此罪定彼罪、一罪与数罪混淆、数罪情形下罪名数量不正确等；量刑方面的错误表现为没有在法定的量刑幅度内量刑和法定量刑情节中的"应当"情节没有遵从，如：应当减轻或免除处罚的没有在最低法定刑以下量刑的，应当从轻或减轻处罚的没有从轻处罚。适用程序法的错误主要表现为省略了法定的必要程序，如没有告知被害人有权提起民事诉讼；还可以表现为没有为诉讼参与人行使权利提供必要的保障，如法院没有给辩护人必要的收集证据和准备辩护的时间；等等。这些程序性错误不一定导致实体法适用的错误，但没有正确的程序法适用为前提，即便实体正义获得实现，诉讼法追求的程序公正也遭到了破坏，实体的公正也因此缺乏令人信服的根据。因诉讼过程不合法、不公正而引发的不满和纠纷仍然是社会不安定的新的起因，所以，诉讼法的非正确适用也是适用法律确有错误的情形之一。

第三，只要审判人员在审理该案件的时候，有贪污受贿、徇私舞弊、枉法裁判行为，不论案件的实体裁判和诉讼过程是否正确，都必须进行再审。一般来说，审判中有徇私舞弊、枉法裁判行为必然导致适用法律的错误，但贪污和受贿行为不一定导致适用法律的错误，如：审判人员虽然收受了一方当事人的贿赂，但在裁判时并没有违反实体法和程序法的要求处理

案件，按照现行刑法的规定，该行为依然构成受贿犯罪。尽管存在这种情形，再审仍然必要，因为受贿的审判人员的存在，足以使裁判丧失可信性和权威性。

四、人民法院如何接受人民代表大会及其常务委员会监督

[法律依据]

最高人民法院《关于人民法院接受人民代表大会及其常务委员会监督的若干意见》的相关规定：

第七条 认真复查人大及其常委会依照法定监督程序提出的案件。人大及其常委会对人民法院已审结的重大案件或者在当地有重大影响的案件，通过法定监督程序要求人民法院审查的，人民法院应当认真进行审查；对确属错判的案件，应当按照法定审判监督程序予以纠正；对裁判并无不当的，应当书面报告结果和理由。

[实践指导]

目前，各级人大及其常委会对人民法院的个案监督大量发生，各级法院受到人大对其工作报告投票的压力，往往不敢拒绝来自人大的一切监督意见。实践中就出现了人大定案的情况。笔者认为，人民法院独立行使审判权原则不能动摇，法院对来自人大的监督意见需要重视，但不可以唯命是从。

五、人民检察院对已生效的中止诉讼的裁定能否提出抗诉

[法律依据]

1. 《刑事诉讼法》的相关规定：

第二百零五条第三款 最高人民检察院对各级人民法院已经发生法律效力的判决和裁定，上级人民检察院对下级人民法院已经发生法律效力的判决和裁定，如果发现确有错误，有权按照审判监督程序向同级人民法院提出抗诉。

2. 最高人民检察院《关于对已生效的中止诉讼的裁定能否提出抗诉的答复》的相关规定：

人民检察院对人民法院生效的判决、裁定提出抗诉，其后果是引起法院对案件的再审。人民法院作出的中止诉讼裁定并不是对案件的最终处理，也不是诉讼程序的终结，人民法院无法进行再审。人民检察院对人民法院已经生效的中止诉讼的裁定，不宜提出抗诉。但是，人民法院已经生效的中止诉讼的裁定确属不当的，可采用检察意见的方式向人民法院提出。

[实践指导]

笔者认为，上述最高人民检察院的"答复"明显与《刑事诉讼法》第205条第3款的规定冲突，检察机关应执行刑事诉讼法的规定。《刑事诉讼法》的相关规定是：最高人民检察院对各级法院的发生法律效力的判决和裁定、上级人民检察院对下级人民法院的发生法律效力的判决和裁定，如果发现确有错误，有权按照审判监督程序向同级人民法院提出抗诉。上述"答复"认为不能抗诉的理由是，中止诉讼裁定并不是对案件的最终处理，也不是诉讼程序的终结，人民法院无法进行再审。如有"确属不当"情形，应当采用检察意见的方式向人民法

院提出。笔者认为，中止诉讼的裁定是裁定的一种，依法属于抗诉的对象。检察意见的方式没有抗诉的法律效力强，意见不当然引起对中止诉讼裁定的诉讼方式的审查，而且，意见不被采纳的可能性极大。这样，法律赋予检察机关的法律监督的权力就无法有效地实现。更重要的是，任何"答复"都无权修改法律。

六、共同犯罪案件部分犯罪人的刑罚已执行完毕，由于发现新的证据，又因同一事实被以新的罪名重新起诉的，应适用何种程序进行审理

[法律依据]

1. 《刑事诉讼法》的相关规定：

第二百零六条 人民法院按照审判监督程序重新审判的案件，应当另行组成合议庭进行。如果原来是第一审案件，应当依照第一审程序进行审判，所作的判决、裁定，可以上诉、抗诉；如果原来是第二审案件，或者是上级人民法院提审的案件，应当依照第二审程序进行审判，所作的判决、裁定，是终审的判决、裁定。

2. **最高人民法院研究室《关于对刑罚已执行完毕，由于发现新的证据，又因同一事实被以新的罪名重新起诉的案件，应适用何种程序进行审理等问题的答复》的相关规定：**

对于先行判决且刑罚已经执行完毕，由于同案犯归案发现新的证据，又因同一事实被以新的罪名重新起诉的被告人，原判人民法院应当按照审判监督程序撤销原判决、裁定，并将案件移送有管辖权的人民法院，按照第一审程序与其他同案被告人并案审理。

该被告人已经执行完毕的刑罚，由收案的人民法院在对被指控的新罪作出判决时依法折抵，被判处有期徒刑的，原执行完毕的刑期可以折抵刑期。

[实践指导]

笔者认为，上述"答复"处理方式在某些情形下可能与《刑事诉讼法》第206条的规定冲突。因为刑事诉讼法的相关规定是：按照审判监督程序审理的案件，如果原来是第一审案件，应当依照第一审程序进行审判，所作的判决、裁定，可以上诉、抗诉；如果原来是第二审案件，或者是上级人民法院提审的案件，应当依照第二审程序进行审判，所作的判决、裁定，是终审的判决、裁定。而该"答复"却规定一律按照一审程序审理。如果按照刑事诉讼法的规定执行，就会发生一个审判中存在两个审级的判决的问题。对此，笔者建议，原判人民法院按照审判监督程序撤销的原判决、裁定属于二审裁判的，检察机关对该部分犯罪应按照审判监督程序另行提出抗诉，而不能将整个共同犯罪一并以一审程序审判。共同犯罪案件是可以分开审判的，而刑事诉讼法却是不可以不执行的。

七、人民法院按照审判监督程序审理案件应遵循何种程序

[法律依据]

1. 《刑事诉讼法》的相关规定：

第二百零六条 人民法院按照审判监督程序重新审判的案件，应当另行组成合议庭进行。

如果原来是第一审案件,应当依照第一审程序进行审判,所作的判决、裁定,可以上诉、抗诉;如果原来是第二审案件,或者是上级人民法院提审的案件,应当依照第二审程序进行审判,所作的判决、裁定,是终审的判决、裁定。

第二百零七条 人民法院按照审判监督程序重新审判的案件,应当在作出提审、再审决定之日起三个月以内审结,需要延长期限的,不得超过六个月。

接受抗诉的人民法院按照审判监督程序审判抗诉的案件,审理期限适用前款规定;对需要指令下级人民法院再审的,应当自接受抗诉之日起一个月以内作出决定,下级人民法院审理案件的期限适用前款规定。

2. 最高人民法院《关于刑事再审案件开庭审理程序的具体规定(试行)》的相关规定:

第一条 本规定适用依照第一审程序或第二审程序开庭审理的刑事再审案件。

第二条 人民法院在收到人民检察院按照审判监督程序提出抗诉的刑事抗诉书后,应当根据不同情况,分别处理:(一)不属于本院管辖的,决定退回人民检察院;(二)按照抗诉书提供的原审被告人(原审上诉人)住址无法找到原审被告人(原审上诉人)的,人民法院应当要求提出抗诉的人民检察院协助查找;经协助查找仍无法找到的,决定退回人民检察院;(三)抗诉书没有写明原审被告人(原审上诉人)准确住址的,应当要求人民检察院在七日内补充,经补充后仍不明确或逾期不补的,裁定维持原判;(四)以有新的证据证明原判决、裁定认定的事实确有错误为由提出抗诉,但抗诉书未附有新的证据目录、证人名单和主要证据复印件或者照片的,人民检察院应当在七日内补充;经补充后仍不完备或逾期不补的,裁定维持原判。

第三条 以有新的证据证明原判决、裁定认定的事实确有错误为由提出申诉的,应当同时附有新的证据目录、证人名单和主要证据复印件或者照片。需要申请人民法院调取证据的,应当附有证据线索。未附有的,应当在七日内补充;经补充后仍不完备或逾期不补的,应当决定不予受理。

第四条 参与过本案第一审、第二审、复核程序审判的合议庭组成人员,不得参与本案的再审程序的审判。

第五条 人民法院审理下列再审案件应当依法开庭审理:(一)依照第一审程序审理的;(二)依照第二审程序需要对事实或者证据进行审理的;(三)人民检察院按照审判监督程序提出抗诉的;(四)可能对原审被告人(原审上诉人)加重刑罚的;(五)有其他应当开庭审理情形的。

第六条 下列再审案件可以不开庭审理:(一)原判决、裁定认定事实清楚,证据确实、充分,但适用法律错误,量刑畸重的;(二)1979年《中华人民共和国刑事诉讼法》施行以前裁判的;(三)原审被告人(原审上诉人)、原审自诉人已经死亡、或者丧失刑事责任能力的;(四)原审被告人(原审上诉人)在交通十分不便的边远地区监狱服刑,提押到庭确有困难的;但人民检察院提出抗诉的,人民法院应征得人民检察院的同意;(五)人民法院按照审判监督程序决定再审,按本规定第九条第(四)项规定,经两次通知,人民检察院不派员出庭的。

第七条 人民法院审理共同犯罪再审案件,如果人民法院再审决定书或者人民检察院抗诉书只对部分同案原审被告人(同案原审上诉人)提起再审,其他未涉及的同案原审被告人(同案原审上诉人)不出庭不影响案件审理的,可以不出庭参与诉讼;

部分同案原审被告人(同案原审上诉人)具有本规定第六条第(三)、(四)项规定情形不能出庭的,不影响案件的开庭审理。

第八条 除人民检察院抗诉的以外，再审一般不得加重原审被告人（原审上诉人）的刑罚。

根据本规定第六条第（二）、（三）、（四）、（五）项、第七条的规定，不具备开庭条件可以不开庭审理的，或者可以不出庭参加诉讼的，不得加重未出庭原审被告人（原审上诉人）、同案原审被告人（同案原审上诉人）的刑罚。

第九条 人民法院在开庭审理前，应当进行下列工作：（一）确定合议庭的组成人员；（二）将再审决定书，申诉书副本至迟在开庭三十日前，重大、疑难案件至迟在开庭六十日前送达同级人民检察院，并通知其查阅案卷和准备出庭；（三）将再审决定书或抗诉书副本至迟在开庭三十日以前送达原审被告人（原审上诉人）告知其可以委托辩护人或者依法为其指定承担法律援助义务的律师担任辩护人；（四）至迟在开庭十五日前，重大、疑难案件至迟在开庭六十日前，通知辩护人查阅案卷和准备出庭；（五）将开庭的时间、地点在开庭七日以前通知人民检察院；（六）传唤当事人，通知辩护人、诉讼代理人、证人、鉴定人和翻译人员，传票和通知书至迟在开庭七日以前送达；（七）公开审判的案件，在开庭七日以前先期公布案由、原审被告人（原审上诉人）姓名、开庭时间和地点。

第十条 人民法院审理人民检察院提出抗诉的再审案件，对人民检察院接到出庭通知后未出庭的，应当裁定按人民检察院撤回抗诉处理，并通知诉讼参与人。

第十一条 人民法院决定再审或者受理抗诉书后，原审被告人（原审上诉人）正在服刑的，人民法院依据再审决定书或者抗诉书及提押票等文书办理提押；

原审被告人（原审上诉人）在押，再审可能改判宣告无罪的，人民法院裁定中止执行原裁决后，可以取保候审；

原审被告人（原审上诉人）不在押，确有必要采取强制措施并符合法律规定采取强制措施条件的，人民法院裁定中止执行原裁决后，依法采取强制措施。

第十二条 原审被告人（原审上诉人）收到再审决定书或者抗诉书后下落不明或者收到抗诉书后未到庭的，人民法院应当中止审理；原审被告人（原审上诉人）到案后，恢复审理；如果超过二年仍查无下落的，应当裁定终止审理。

第十三条 人民法院应当在开庭三十日前通知人民检察院、当事人或者辩护人查阅、复制双方提交的新证据目录及新证据复印件、照片。

人民法院应当在开庭十五日前通知控辩双方查阅、复制人民法院调取的新证据目录及新证据复印件、照片等证据。

第十四条 控辩双方收到再审决定书或抗诉书后，人民法院通知开庭之日前，可以提交新的证据。开庭后，除对原审被告人（原审上诉人）有利的外，人民法院不再接纳新证据。

第十五条 开庭审理前，合议庭应当核实原审被告人（原审上诉人）何时因何案被人民法院依法裁判，在服刑中有无重新犯罪，有无减刑、假释，何时刑满释放等情形。

第十六条 开庭审理前，原审被告人（原审上诉人）到达开庭地点后，合议庭应当查明原审被告人（原审上诉人）基本情况，告知原审被告人（原审上诉人）享有辩护权和最后陈述权，制作笔录后，分别由该合议庭成员和书记员签名。

第十七条 开庭审理时，审判长宣布合议庭组成人员及书记员，公诉人、辩护人、鉴定人和翻译人员的名单，并告知当事人、法定代理人享有申请回避的权利。

第十八条 人民法院决定再审的，由合议庭组成人员宣读再审决定书。

根据人民检察院提出抗诉进行再审的，由公诉人宣读抗诉书。

当事人及其法定代理人、近亲属提出申诉的，由原审被告人（原审上诉人）及其辩护人陈述申诉理由。

第十九条　在审判长主持下，控辩双方应就案件的事实、证据和适用法律等问题分别进行陈述。合议庭对控辩双方无争议和有争议的事实、证据及适用法律问题进行归纳，予以确认。

第二十条　在审判长主持下，就控辩双方有争议的问题，进行法庭调查和辩论。

第二十一条　在审判长主持下，控辩双方对提出的新证据或者有异议的原审据以定罪量刑的证据进行质证。

第二十二条　进入辩论阶段，原审被告人（原审上诉人）及其法定代理人、近亲属提出申诉的，先由原审被告人（原审上诉人）及其辩护人发表辩护意见，然后由公诉人发言，被害人及其代理人发言。

被害人及其法定代理人、近亲属提出申诉的，先由被害人及其代理人发言，公诉人发言，然后由原审被告人（原审上诉人）及其辩护人发表辩护意见。

人民检察院提出抗诉的，先由公诉人发言，被害人及其代理人发言，然后由原审被告人（原审上诉人）及其辩护人发表辩护意见。

既有申诉又有抗诉的，先由公诉人发言，后由申诉方当事人及其代理人或者辩护人发言或者发表辩护意见，然后由对方当事人及其代理人或辩护人发言或者发表辩护意见。

公诉人、当事人和辩护人、诉讼代理人经审判长许可，可以互相辩论。

第二十三条　合议庭根据控辩双方举证、质证和辩论情况，可以当庭宣布认证结果。

第二十四条　再审改判宣告无罪并依法享有申请国家赔偿权利的当事人，宣判时合议庭应当告知其该判决发生法律效力后即有申请国家赔偿的权利。

第二十五条　人民法院审理再审案件，应当在作出再审决定之日起三个月内审结。需要延长期限的，经本院院长批准，可以延长三个月。

自接到阅卷通知后的第二日起，人民检察院查阅案卷超过七日后的期限，不计入再审审理期限。

第二十六条　依照第一、二审程序审理的刑事自诉再审案件开庭审理程序，参照本规定执行。

第二十七条　本规定发布前最高人民法院有关再审案件开庭审理程序的规定，与本规定相抵触的，以本规定为准。

3. 最高人民法院《关于执行〈中华人民共和国刑事诉讼法〉若干问题的解释》的相关规定：

第三百零七条　人民法院决定按照审判监督程序重新审判的案件，除人民检察院提起抗诉的外，应当制作再审决定书。再审期间不停止原判决、裁定的执行。

第三百零八条　人民法院按照审判监督程序重新审判的案件，应当对原判决、裁定认定的事实、证据和适用法律进行全面审查。

第三百一十条　按照审判监督程序进行再审的刑事自诉案件，应当依法作出判决、裁定；附带民事部分可以调解结案。

4. 最高人民法院《关于实行刑事再审案件备案制度的通知》的相关规定：

自1999年二季度起，各高级法院在每季度第1个月15日前，将上季度审结的刑事再审案件的有关材料及时报送最高人民法院刑二庭。

[实践指导]

执行上述规定应注意以下问题：

第一,根据最高人民法院《关于刑事再审案件开庭审理程序的具体规定》(以下简称《规定》)第11条的规定:原审被告人(原审上诉人)在押,再审可能改判宣告无罪的,人民法院裁定中止执行原裁决后,可以取保候审。该规定与最高人民法院《关于执行〈中华人民共和国刑事诉讼法〉若干问题的解释》(以下简称《解释》)的第307条抵触,根据该《规定》第27条,由于《解释》在《规定》之前,《解释》的第307条无效。该规定没有说明是否可以不采取任何强制措施,却规定"可以"采取取保候审的方式。笔者认为,既然人民法院已经裁定中止执行原裁决,继续关押就是违法的,因为已经没有了关押的任何根据。而"可以"取保候审,就意味着也可以不采取取保候审的措施,所以,应理解为可以释放原审被告人并且不采取任何强制措施。这种做法看上去存在一定的风险,但是,再审决定的作出是建立在比较充分的审查基础之上了,而且,这样做是有利于原审被告人的人身权利的保护的,避免因继续的限制人身自由而给可能无罪的人带来更多的侵害。

第二,根据《规定》第11条的规定:原审被告人(原审上诉人)不在押,确有必要采取强制措施并符合法律规定采取强制措施条件的,人民法院裁定中止执行原裁决后,依法采取强制措施。笔者认为,人民法院作为裁判机关,不适合在裁判作出前采取对被追诉者不利的措施。一则,这样会让人相信法院"先入为主"的存在,影响法院的裁判必须建立在审理基础之上而产生的权威性;二则,一旦最终的裁决没有预期效果,会给被追诉者带来不应有的并且可能是无法弥补的侵害。

第三,根据《规定》第14条的规定:控辩双方收到再审决定书或抗诉书后,人民法院通知开庭之日前,可以提交新的证据。开庭后,除对原审被告人(原审上诉人)有利的外,人民法院不再接纳新证据。这样规定看上去是有利于被追诉者的,但由于法律并没有禁止检察机关在此之后的抗诉,所以,不再接纳新证据只是暂时的,还可能导致更大诉讼资源的浪费。笔者认为,法律应对不利于被追诉者的抗诉加以禁止,以保证法院裁判的稳定性和权威性,也使公民个人在裁判生效后有安全感。法律和司法解释必须按照同样的法律理念,设计每一个程序环节,才能追求最大限度的程序公正。

八、检察机关不宜提起再审抗诉的情形有哪些

[法律依据]

最高人民检察院《关于刑事抗诉工作的若干意见》的相关规定:

三、不宜抗诉的情形:(一)原审刑事判决或裁定认定事实、采信证据有下列情形之一的,一般不宜提出抗诉:1.判决或裁定采信的证据不确实、不充分,或者证据之间存有矛盾,但是支持抗诉主张的证据也不确实、不充分,或者不能合理排除证据之间的矛盾的;2.被告人提出罪轻、无罪辩解或者翻供后,有罪证据之间的矛盾无法排除,导致起诉书、判决书对事实的认定分歧较大的;3.人民法院以证据不足、指控的犯罪不能成立为由,宣告被告人无罪的案件,人民检察院如果发现新的证据材料证明被告人有罪,应当重新起诉,不能提出抗诉;4.刑事判决改变起诉定性,导致量刑差异较大,但没有足够证据——证明人民法院改变定性错误的;5.案件基本事实清楚,因有关量刑情节难以查清,人民法院从轻处罚的。(二)原审刑事判决或裁定在适用法律方面有下列情形之一的,一般不宜提出抗诉:1.法律规定不

明确、存有争议,抗诉的法律依据不充分的;2. 刑事判决或裁定认定罪名不当,但量刑基本适当的;3. 具有法定从轻或者减轻处罚情节,量刑偏轻的;4. 未成年人犯罪案件量刑偏轻的;5. 被告人积极赔偿损失,人民法院适当从轻处罚的。(三)人民法院审判活动违反法定诉讼程序,但是未达到严重程度,不足以影响公正裁判,或者判决书、裁定书存在某些技术性差错,不影响案件实质性结论的,一般不宜提出抗诉。必要时可以以检察建议书等形式,要求人民法院纠正审判活动中的违法情形,或者建议人民法院更正法律文书中的差错。(四)认为应当判处死刑立即执行而人民法院判处被告人死刑缓期二年执行的案件,具有下列情形之一的,除原判认定事实、适用法律有严重错误或者罪行极其严重、必须判处死刑立即执行,而判处死刑缓期二年执行明显不当的以外,一般不宜按照审判监督程序提出抗诉:1. 因被告人有自首、立功等法定从轻、减轻处罚情节而判处其死刑缓期二年执行的;2. 因婚姻家庭、邻里纠纷等民间矛盾激化引发的故意杀人案件,由于被害人一方有明显过错或者对矛盾激化负有直接责任,人民法院根据案件具体情况,判处被告人死刑缓期二年执行的;3. 被判处死刑缓期二年执行的罪犯入监劳动改造后,考验期将满,认罪服法,狱中表现较好的。

九、出庭支持再审抗诉的检察员应如何举证

[法律依据]

最高人民检察院《刑事抗诉案件出庭规则(试行)》的相关规定:

第九条 检察人员应当根据抗诉案件的不同情况分别采取以下举证方式:(一)对于事实清楚,证据确实、充分,只是由于原审判决、裁定定性不准、适用法律错误导致量刑明显不当,或者因人民法院审判活动严重违反法定诉讼程序而提起抗诉的案件,如果原审事实、证据没有变化,在宣读支持抗诉意见书后,由检察人员提请,并经审判长许可和辩护方同意,除了对新的辩论观点所依据的证据进行举证、质证以外,可以直接进入法庭辩论。(二)对于因原审判决、裁定认定部分事实不清、运用部分证据错误,导致定性不准、量刑明显不当而抗诉的案件,出庭的检察人员对经过原审举证、质证并成为判决、裁定依据,且诉讼双方没有异议的证据,不必逐一举证、质证,应当将法庭调查、辩论的焦点放在检察机关认为原审判决、裁定认定错误的事实和运用错误的证据上,并就有关事实和证据进行详细调查、举证和论证,对原审未质证清楚,二审、再审对犯罪事实又有争议的证据,或者在二审、再审期间收集的新的证据,应当进行举证、质证。(三)对于因原审判决、裁定认定事实不清、证据不足,导致定性不准、量刑明显不当而抗诉的案件,出庭的检察人员应当对案件的事实、证据、定罪、量刑等方面的问题进行全面举证。庭审中应当注意围绕抗诉重点举证、质证、答辩,充分阐明抗诉观点,详实、透彻地论证抗诉理由及其法律依据。

十、上级检察院能否调阅下级人民法院审判卷宗

[法律依据]

最高人民检察院《关于上级人民检察院能否调阅下级人民法院审判卷宗问题的批复》的相关规定:

根据刑事诉讼法第一百四十九条第三款"……上级人民检察院对下级人民法院已经发生

法律效力的判决和裁定，如果发现确有错误，有权按照审判监督程序提出抗诉"的规定，经商最高人民法院同意，上级人民检察院根据办案需要，有权调阅下级人民法院的审判卷宗。

十一、宣告无罪后人民检察院抗诉的案件，对原审被告人采取强制措施及通知其出庭的权力属于哪个机关

[法律依据]

最高人民法院《关于人民法院对原审被告人宣告无罪后人民检察院抗诉的案件由谁决定对原审被告人采取强制措施并通知其出庭等问题的复函》的相关规定：

一、如果人民检察院提供的原审被告人住址准确，应当参照《刑事诉讼法》第一百五十一条的规定，由人民法院按照人民检察院提供的地址，向原审被告人送达抗诉书并通知其出庭；如果人民检察院提供的原审被告人住址不明确，应当参照《最高人民法院关于执行〈中华人民共和国刑事诉讼法〉若干问题的解释》第一百一十七条第（一）、（二）项的规定，由人民法院通知人民检察院在3日内补充提供；如果确实无法提供或者按照人民检察院提供的原审被告人住址确实无法找到原审被告人的，应当认定原审被告人不在案，由人民法院作出不予受理的决定，将该案退回人民检察院。

二、由于人民法院已依法对原审被告人宣告无罪并予释放，因此不宜由人民法院采取强制措施；人民检察院认为其有罪并提出抗诉的，应当由提出抗诉的检察机关决定是否采取强制措施。

十二、对无期徒刑犯减刑后原审法院发现原判决确有错误应如何处理

[法律依据]

1. 最高人民法院《关于对无期徒刑犯减刑后又改判，原减刑裁定应否撤销问题的批复》的相关规定：

被判处无期徒刑的罪犯由服刑地的高级人民法院依法裁定减刑后，原审人民法院发现原判决确有错误，并按照审判监督程序改判为有期徒刑的，应当将改判的判决书送达罪犯所在的劳改部门和罪犯服刑地的高级人民法院，根据改判的刑期执行，并由罪犯服刑地的高级人民法院裁定撤销原减刑裁定。如果罪犯在原判执行期间确有悔改或者立功表现，还需要依法减刑的，应当重新办理对改判后有期徒刑减刑的法律手续。

2. 最高人民法院研究室《关于对无期徒刑犯减刑后原审法院发现原判决确有错误予以改判，原减刑裁定应如何适用法律条款予以撤销问题的答复》的相关规定：

被判处无期徒刑的罪犯由服刑地的高级人民法院依法裁定减刑后，原审人民法院发现原判决确有错误并依照审判监督程序改判为有期徒刑的，应当依照我院法（研）复[1989]2号批复撤销原减刑裁定。鉴于原减刑裁定是在无期徒刑基础上的减刑，既然原判无期徒刑已被认定为错判，那么原减刑裁定在认定事实和适用法律上亦应视为确有错误。由此，由罪犯服刑地的高级人民法院根据刑事诉讼法第一百四十九条第一款（1996年修改的《刑事诉讼法》第205条第1款——编者注）的规定，按照审判监督程序撤销原减刑裁定是适宜的。

十三、检察机关对已生效的刑事自诉案件的裁判是否可以提出再审抗诉

[法律依据]

1. 《刑事诉讼法》的相关规定：

第八条　人民检察院依法对刑事诉讼实行法律监督。

第二百零五条第三款　最高人民检察院对各级人民法院已经发生法律效力的判决和裁定，上级人民检察院对下级人民法院已经发生法律效力的判决和裁定，如果发现确有错误，有权按照审判监督程序向同级人民法院提出抗诉。

[实践指导]

从这些法律规定可以看出，检察机关的抗诉权没有区分公诉与自诉案件区别设计。然而，由于自诉案件有着近似民事案件的程序特点，自诉人可以撤诉、双方当事人可以和解，法院还可以调解结案，所以，对双方当事人没有异议的生效裁判，检察机关不宜提起审判监督程序的抗诉，以体现刑事诉讼法对自诉案件当事人意志的尊重。只有检察机关发现并证实了一方或双方当事人对生效裁判的认可，是由于被欺骗或被胁迫等违背其真实意愿的情形，或者裁判明显违反法律规定，并存在重大错误的情形，检察机关才可以对自诉案件的生效裁判提出抗诉。

对于调解结案的自诉案件，检察机关没有抗诉的法律根据，因为调解书既不是判决，也不是裁定。

十四、上级法院审理检察机关对基层法院一审判决的再审抗诉时，发现原审被告人应判处无期徒刑以上刑罚的，应如何处理

[法律依据]

最高人民法院审判监督庭《关于刑事再审工作几个具体程序问题的意见》的相关规定：

四、……

对于此类案件，可以由中级人民法院撤销原判后，重新按照第一审程序进行审理，作出的判决、裁定，可以上诉、抗诉。这样做符合《中华人民共和国刑事诉讼法》对于可能判处无期徒刑以上刑罚的普通刑事案件，应由中级人民法院按照第一审程序审理的规定，同时也能够保证原审被告人依法行使上诉权。

[实践指导]

基层人民法院一审作出的判决生效后，检察院以量刑畸轻为由提出抗诉，上级法院受理后审查认为原判确有错误时，不能通过提审在二审判决中直接对一审被告人判处无期徒刑以上刑罚，这样会剥夺原审被告人对无期徒刑以上刑罚判决的上诉权，也不能发回重审，因为基层人民法院没有对无期徒刑以上刑罚的适用权。所以，只能由中级人民法院撤销原判，重新按照第一审重新进行审理，所作判决、裁定可以上诉、抗诉。

十五、检察机关提出再审抗诉后同级法院指令下级法院审判时，由哪级检察机关派员出庭

[法律依据]

1.《刑事诉讼法》的相关规定：

第二百零五条第三款 最高人民检察院对各级人民法院已经发生法律效力的判决和裁定，上级人民检察院对下级人民法院已经发生法律效力的判决和裁定，如果发现确有错误，有权按照审判监督程序向同级人民法院提出抗诉。

第二百零五条第四款 人民检察院抗诉的案件，接受抗诉的人民法院应当组成合议庭重新审理，对于原判决事实不清楚或者证据不足的，可以指令下级人民法院再审。

2. 最高人民检察院《人民检察院刑事诉讼规则》的相关规定：

第三百六十八条 人民检察院派员出席再审法庭，应当与人民法院的审级相适应。

[实践指导]

从上述规定可以看出，可能存在抗诉的检察机关与审理的法院级别不对等的问题。主要原因是法律规定接受抗诉的人民法院有权指令下级法院再审。笔者认为，接受抗诉的法院指令下级法院再审存在一定的必要性，如在加重刑罚的情形下可以保证被告人的上诉权的有效行使。但是，"人民检察院派员出席再审法庭，应当与人民法院的审级相适应"，就没有必要了。应当由提出抗诉的检察机关派员出席再审法庭，否则，不仅会影响庭审的抗诉效果，还会浪费诉讼资源，降低诉讼效率。

十六、刑事案件再审中如何处理已调解结案的民事部分的再审请求

[法律依据]

最高人民法院审判监督庭《关于刑事再审工作几个具体程序问题的意见》的相关规定：

二、……

调解书生效后，一般不再审，但根据《中华人民共和国民事诉讼法》第一百八十条的规定，当事人对已发生法律效力的调解书，提出证据足以证明调解违反自愿原则，或者调解协议的内容违反法律规定，经人民法院审查属实的，应当再审。

原刑事部分判决以民事调解为基础，刑事部分再审结果可能对原民事部分处理有影响的，附带民事诉讼原告人要求重新对民事部分进行审理，可以在再审时一并重新审理。

第四编 执 行

第十六章 执行中的一般问题

一、执行的依据是什么

[法律依据]

1.《刑法》的相关规定：

第六十三条 犯罪分子具有本法规定的减轻处罚情节的，应当在法定刑以下判处刑罚。犯罪分子虽然不具有本法规定的减轻处罚情节，但是根据案件的特殊情况，经最高人民法院核准，也可以在法定刑以下判处刑罚。

2.《刑事诉讼法》的相关规定：

第一百七十二条 人民法院对自诉案件，可以进行调解；自诉人在宣告判决前，可以同被告人自行和解或者撤回自诉。本法第一百七十条第三项规定的案件不适用调解。

第二百零八条 判决和裁定在发生法律效力后执行。

下列判决和裁定是发生法律效力的判决和裁定：（一）已过法定期限没有上诉、抗诉的判决和裁定；（二）终审的判决和裁定；（三）最高人民法院核准的死刑的判决和高级人民法院核准的死刑缓期二年执行的判决。

第二百二十一条第二款 被判处管制、拘役、有期徒刑或者无期徒刑的罪犯，在执行期间确有悔改或者立功表现，应当依法予以减刑、假释的时候，由执行机关提出建议书，报请人民法院审核裁定。

3.最高人民法院《关于执行〈中华人民共和国刑事诉讼法〉若干问题的解释》的相关规定：

第二百条 调解应当在自愿、合法，不损害国家、集体和其他公民利益的前提下进行。调解达成协议的，人民法院应当制作刑事自诉案件调解书，由审判人员和书记员署名，并加盖人民法院印章。调解书经双方当事人签收后即发生法律效力。调解没有达成协议或者调解书签收前当事人反悔的，人民法院应当进行判决。

第三百三十七条 判决和裁定在发生法律效力后执行。

下列判决和裁定是发生法律效力的判决和裁定：（一）已过法定期限没有上诉、抗诉的判决和裁定；（二）终审的判决和裁定；（三）高级人民法院核准的死刑缓期二年执行的判决、裁定和依据最高人民法院的授权核准死刑的判决和裁定；（四）最高人民法院核准死刑的判决和裁定。

[实践指导]

执行的依据应当是人民法院发生法律效力的刑事判决和裁定。归纳如上法律和司法解释的规定，发生法律效力的判决和裁定包括如下几种：

第一，已过法定期限没有上诉、抗诉的判决和裁定。

第二，终审的判决和裁定。

第三，高级人民法院核准的死刑缓期二年执行的判决、裁定。

第四，依据最高人民法院的授权核准死刑的判决和裁定以及最高人民法院核准死刑的判决和裁定。

第五，最高人民法院核准的裁量减轻刑罚判决。

第六，人民法院作出的减刑、假释的裁定。

第七，经双方当事人签收后的调解书。

根据最高人民法院《关于执行〈中华人民共和国刑事诉讼法〉若干问题的解释》第244条规定，对于在上诉、抗诉期满前撤回上诉、抗诉的案件，第一审判决、裁定在上诉、抗诉期满之日起生效；对于在上诉、抗诉期满后要求撤回上诉、抗诉，第二审人民法院裁定准许的，第一审判决、裁定应当自第二审人民法院裁定书送达原上诉人或者抗诉的检察机关之日起生效。根据2004年7月29日最高人民法院发布的《关于刑事案件终审判决和裁定何时发生法律效力问题的批复》，终审的判决和裁定自宣告之日起发生法律效力。

二、如何确认交付执行的机关

[法律依据]

《刑事诉讼法》的相关规定：

第二百一十三条第一款 罪犯被交付执行刑罚的时候，应当由交付执行的人民法院将有关的法律文书送达监狱或者其他执行机关。

[实践指导]

交付执行机关是将生效裁判及罪犯依照法定程序交给有关机关执行刑罚的机关。人民法院是将生效裁判交付执行的机关，其根据已经生效裁判所确定的内容及其刑罚执行方式不同，交由不同的执行机关执行。最高人民法院2000年1月25日发布的《关于如何理解刑事诉讼法第二百一十三条中"交付执行的人民法院"问题的批复》说明，《刑事诉讼法》第213条第1款规定的"交付执行的人民法院"是指第一审人民法院。

三、如何划定执行机关执行刑罚的范围

[法律依据]

1. **《刑事诉讼法》的相关规定：**

第二百零九条 第一审人民法院判决被告人无罪、免除刑事处罚的，如果被告人在押，在宣判后应当立即释放。

第二百一十一条 下级人民法院接到最高人民法院执行死刑的命令后，应当在七日以内交付执行。……

第二百一十三条 罪犯被交付执行刑罚的时候，应当由交付执行的人民法院将有关的法

律文书送达监狱或者其他执行机关。

对于被判处死刑缓期二年执行、无期徒刑、有期徒刑的罪犯，由公安机关依法将该罪犯送交监狱执行刑罚。对于被判处有期徒刑的罪犯，在被交付执行刑罚前，剩余刑期在一年以下的，由看守所代为执行。对于被判处拘役的罪犯，由公安机关执行。

对未成年犯应当在未成年犯管教所执行刑罚。

执行机关应当将罪犯及时收押，并且通知罪犯家属。

判处有期徒刑、拘役的罪犯，执行期满，应当由执行机关发给释放证明书。

第二百一十四条第五款 对于暂予监外执行的罪犯，由居住地公安机关执行，执行机关应当对其严格管理监督，基层组织或者罪犯的原所在单位协助进行监督。

第二百一十七条 对于被判处徒刑缓刑的罪犯，由公安机关交所在单位或者基层组织予以考察。

对于被假释的罪犯，在假释考验期限内，由公安机关予以监督。

第二百一十八条 对于被判处管制、剥夺政治权利的罪犯，由公安机关执行。执行期满，应当由执行机关通知本人，并向有关群众公开宣布解除管制或者恢复政治权利。

第二百一十九条 被判处罚金的罪犯，期满不缴纳的，人民法院应当强制缴纳；如果由于遭遇不能抗拒的灾祸缴纳确实有困难的，可以裁定减少或者免除。

第二百二十条 没收财产的判决，无论附加适用或者独立适用，都由人民法院执行；在必要的时候，可以会同公安机关执行。

2. 公安部《公安机关办理刑事案件程序规定》的相关规定：

第二百七十五条 公安机关接到人民法院判处死刑缓期二年执行、无期徒刑、有期徒刑的判决书、裁定书、执行通知书后，应当在一个月以内将罪犯送交监狱执行。

对未成年犯应当送交未成年犯管教所执行刑罚。

第二百七十七条 对于被判处有期徒刑的罪犯，在被交付执行刑罚前，剩余刑期在一年以下的，由看守所根据人民法院的判决代为执行。

第二百七十八条 对于被判处拘役的罪犯，公安机关收到人民法院的判决书、裁定书、执行通知书后，将罪犯送交拘役所执行。没有拘役所的地区，由看守所执行。

第二百七十九条 对于被判处管制、剥夺政治权利和被决定暂予监外执行的罪犯，由罪犯居住地县级公安机关指定派出所执行。执行机关应当对其严格管理监督，基层组织或者罪犯的原所在单位协助进行监督。

第二百八十条 对于被宣告缓刑的罪犯，在缓刑考验期内，由罪犯居住地派出所考察，所在单位或者基层组织予以配合。

对于被假释的罪犯，在假释考验期限内，由居住地派出所予以监督。

[实践指导]

根据法律规定，执行机关包括人民法院、监狱、公安机关及其转交的其他有关单位和组织等。依照刑罚的不同方式和执行机关的不同职权，这些执行机关所执行的刑罚种类分别是：

第一，人民法院。人民法院负责对无罪、免予刑事处罚、罚金、没收财产和死刑立即执行判决的执行。

第二，监狱和未成年犯管教所。监狱和未成年犯管教所负责对无期徒刑和有期徒刑判决的执行，除此之外，监狱还负责对死缓判决的执行。

第三，看守所。看守所虽然不是刑罚执行机关，但是为了减少押解负担、节省资源，对于判处 1 年以下和余刑在 1 年以下的罪犯可由看守所代为执行。

第四，拘役所。拘役所负责对被判处拘役罪犯的执行。

第五，公安机关。公安机关负责对被判处有期徒刑缓刑、拘役缓刑、管制、剥夺政治权利、假释和暂予监外执行等罪犯的执行。

需要说明的是，根据《刑法》第 72 条的规定，缓刑包括拘役缓刑和有期徒刑缓刑。而根据《刑事诉讼法》第 217 条规定，对于被判处徒刑缓刑的罪犯由公安机关交所在单位或者基层组织予以考察，未规定对被判处拘役的罪犯也可以宣告缓刑，这显然是立法上的一个疏忽。

第十七章　各种判决、裁定的执行

一、交付执行的人民法院应当如何对一案有几名罪犯的情形交付执行

[法律依据]

1.《刑事诉讼法》的相关规定：

第二百一十三条第一款　罪犯被交付执行刑罚的时候，应当由交付执行的人民法院将有关的法律文书送达监狱或者其他执行机关。

2.《监狱法》的相关规定：

第十六条　罪犯被交付执行刑罚时，交付执行的人民法院应当将人民检察院的起诉书副本、人民法院的判决书、执行通知书、结案登记表同时送达监狱。监狱没有收到上述文件的，不得收监；上述文件不齐全或者记载有误的，作出生效判决的人民法院应当及时补充齐全或者作出更正；对其中可能导致错误收监的，不予收监。

3.最高人民法院《关于执行〈中华人民共和国刑事诉讼法〉若干问题的解释》的相关规定：

第三百四十九条　对于判处死刑缓期二年执行、无期徒刑、有期徒刑的罪犯，交付执行的人民法院应当将判决书、裁定书、人民检察院的起诉书副本、自诉状复印件、人民法院的执行通知书、结案登记表及时送达看守所，由公安机关将罪犯交付监狱执行。

[实践指导]

根据以上法律和司法解释的规定，罪犯被交付执行刑罚的时候，交付执行的人民法院应当将如下法律文书送达监狱或者其他执行机关：其一，人民检察院起诉书副本、自诉状复印件；其二，人民法院的判决书、裁定书；其三，人民法院的执行通知书；其四，人民法院的结案登记表。以上四种法律文书必须同时具备，缺一不可。对于一案有几名罪犯的，交付执

行的人民法院应当按照他们的人数送达上述法律文书。

二、如何理解死刑的执行方式

[法律依据]

1. 《刑事诉讼法》的相关规定：
第二百一十二条第二款　死刑采用枪决或者注射等方法执行。
2. 最高人民法院《关于执行〈中华人民共和国刑事诉讼法〉若干问题的解释》的相关规定：
第三百四十五条　死刑采用枪决或者注射等方法执行。
采用注射方法执行死刑的，应当在指定的刑场或者羁押场所内执行。具体程序，依照有关规定。
采用枪决、注射以外的其他方法执行死刑的，应当事先报请最高人民法院批准。

[实践指导]

以上规定表明，枪决和注射是我国执行死刑的主要方式。枪决是指用枪弹射击死刑犯致其死亡的行刑方法，是我国长期使用的一种执行死刑的方式；注射是指通过向死刑犯体内注射致死性药物导致其死亡的执行方式。注射方式是我国1996年修正的刑事诉讼法新增设的一种死刑执行方式，具有方便、罪犯痛苦少、死亡迅速、节省司法资源等优点，目前只有美国和我国采用这种方式执行死刑。除了枪决和注射这两种执行死刑的主要方式之外，立法亦允许以其他的方式执行死刑，但是对其他方式的选用应当理解为是比照枪决和注射更加人道和文明的方式，如此方能顺应世界各国对死刑执行的方式日趋文明化、人道化的发展趋势。司法解释强调，采用枪决、注射以外的其他方式执行死刑的应当事先报请最高人民法院批准，以防止死刑执行方式的滥用。

需要说明的是，尽管法律规定死刑的执行方式包括枪决、注射等多种，但是法律并没有赋予死刑犯死刑执行方式的选择权，即死刑犯并不能依照自己的意志选择结束自己生命的方式。实践中采用注射执行死刑的多为位高权重者，给民众以行刑不平等的印象，造成的社会影响十分恶劣。笔者建议，在刑事诉讼法的条文中明确规定死刑犯有死刑执行方式的选择权，如此既与刑事法保障人权的机能相契合，又有利于将刑法面前人人平等的原则贯彻始终。

三、在执行死刑前，罪犯能否同近亲属会见

[法律依据]

最高人民法院《关于执行〈中华人民共和国刑事诉讼法〉若干问题的解释》的相关规定：
第三百四十三条　执行死刑前，罪犯提出会见其近亲属或者其近亲属提出会见罪犯申请的，人民法院可以准许。

[实践指导]

在执行死刑前，罪犯能否同近亲属会见，我国《刑事诉讼法》没有规定。根据如上解释，

在执行死刑前，基于罪犯或者其近亲属的申请，罪犯可以同近亲属会见。尽管司法解释使用的是"可以"一词而非"应当"，但是笔者认为，这其中仍然体现了一种倾向性，既在通常的情况下应当允许死刑犯与其近亲属会见。允许死刑犯同近亲属会见是刑罚人道主义精神的体现，同时亦符合对所有罪犯在交付执行前允许会见亲属的法律规定。笔者建议，在刑事诉讼法中明确规定死刑犯在执行死刑前的近亲属会见权，并细化允许会见的近亲属的范围、会见的时间限度和次数以及会见的程序等，为司法实践操作提供具体的依据。

四、对判决确定前没有被羁押的罪犯如何收监执行

[法律依据]

1. 《刑事诉讼法》的相关规定：

第二百一十三条第二款　对于被判处死刑缓期二年执行、无期徒刑、有期徒刑的罪犯，由公安机关依法将该罪犯送交监狱执行刑罚。对于被判处有期徒刑的罪犯，在被交付执行刑罚前，剩余刑期在一年以下的，由看守所代为执行。对于被判处拘役的罪犯，由公安机关执行。

2. 最高人民法院《关于执行〈中华人民共和国刑事诉讼法〉若干问题的解释》的相关规定：

第三百四十九条　对于判处死刑缓期二年执行、无期徒刑、有期徒刑的罪犯，交付执行的人民法院应当将判决书、裁定书、人民检察院的起诉书副本、自诉状复印件、人民法院的执行通知书、结案登记表及时送达看守所，由公安机关将罪犯交付监狱执行。

第三百五十条　收监执行决定书应当分别送达交付执行的公安机关和监狱。罪犯需要羁押执行刑罚，而判决确定前罪犯没有被羁押的，人民法院应当根据生效的判决书或者裁定书将罪犯羁押，并送交公安机关。

3. 最高人民法院、最高人民检察院、公安部《对于未逮捕的罪犯可根据判决书等文书收监执行的批复》的相关规定：

对判决确定前没有被羁押的罪犯如何收监执行问题作出明确规定：对于判处拘役或者有期徒刑以上刑罚而未逮捕的罪犯，公安机关可根据刑事案件执行通知书和已发生法律效力的判决书，收进劳改、拘役场所执行，不另办理逮捕手续。

[实践指导]

根据以上法律规定，对判决确定前没有被羁押的罪犯需要收监执行刑罚的，应当由人民法院将罪犯先行羁押，而后送交公安机关交付监狱执行。需要说明的是，人民法院在这里对罪犯的先行羁押不同于逮捕，不是人民法院在审判阶段对逮捕这一强制措施的适用，人民法院对罪犯的先行羁押是基于罪犯应当被收监执行的需要，其根据在于生效的裁判。

五、罪犯在管制期间又犯新罪或者被发现漏罪被判处拘役或者有期徒刑应如何执行

[法律依据]

最高人民法院《关于管制犯在管制期间又犯新罪被判处拘役或有期徒刑应如何执行的问题的批复》的相关规定：

由于管制和拘役、有期徒刑不属于同一刑种，执行的方法也不同，如何按照数罪并罚的原则决定执行的刑罚，在刑法中尚无具体规定，因此，仍可按照本院1957年2月16日法研字第3540号复函的意见办理，即："在对新罪所判处的有期徒刑或者拘役执行完毕后，再执行前罪所没有执行完的管制。"对于管制犯在管制期间因发现判决时没有发现的罪行而被判处拘役或有期徒刑应如何执行的问题，也可按照上述意见办理。

六、能否用行政机关对被告人就同一事实的罚款折抵罚金

[实践指导]

就同一事实，如果行政机关已经对被告人处以罚款，该罚款能否折抵人民法院的罚金判决？对此问题，《刑事诉讼法》没有明确规定。笔者认为，就同一事实，如果行政机关已经对被告人处以罚款，该罚款可以折抵人民法院的罚金判决。理由有二：

第一，行政处罚法的规定为用行政机关对被告人就同一事实的罚款折抵罚金提供法律依据。1996年3月17日公布的《行政处罚法》第28条第2款有明确规定："违法行为构成犯罪，人民法院判处罚金时，行政机关已经给予当事人罚款的，应当折抵相应罚金。"罚金是人民法院判处犯罪分子向国家缴纳一定数额金钱的刑罚方法；罚款是行政机关强制一般违法分子缴纳一定数额金钱的行政处罚方法。尽管罚金与罚款性质不同，但是在内容上，二者却具有相同性，即都是责令违法者缴纳一定数额的款项。行政处罚法正是基于对罚金与罚款在内容上具有相同性的考量，加之是在同一案件中针对同一行为，因此作出允许就同一事实以罚款折抵罚金的规定。

第二，最高人民法院就相关问题的批复为用行政机关对被告人就同一事实的罚款折抵罚金提供参照依据。1993年9月3日，最高人民法院《关于人民法院应否受理当事人不服治安管理处罚而提起的刑事自诉问题的批复》指出："治安管理处罚决定生效后，当事人在法定期间内未就治安管理处罚决定提起行政诉讼，而就同一事实向人民法院提起刑事自诉的，只要符合刑事诉讼法的有关规定，并且被告人的行为是在追诉时效期限内的，人民法院均应受理。经审理，如果认为被告人的行为构成犯罪，应当依法追究刑事责任。被告人被判处管制、拘役或者有期徒刑的，如果其在原治安管理处罚决定中已受过拘留处罚，应当将拘留处罚天数折抵刑期。对于自诉人提起附带民事诉讼，人民法院经调解或判决被告人赔偿损失的，应当将原治安管理处罚决定中的赔偿部分一并考虑。人民法院审理这类自诉案件所制作的调解书、裁定书或判决书，一经生效即送达作出原治安管理处罚决定的公安机关。"行政拘留与拘役、有期徒刑等刑罚方法性质不同，前者是行政处罚，后者则为刑罚方法，但是二者就剥夺人身自由的内容而言具有相同性，因此该批复认可就同一事实行政拘留与刑罚方法之间羁押日期

的折抵。我们可以用批复的精神来解决就同一事实罚款与罚金的折抵问题。

七、财产刑如何执行

[法律依据]

1. 《刑事诉讼法》的相关规定：

第二百一十九条 被判处罚金的罪犯，期满不缴纳的，人民法院应当强制缴纳；如果由于遭遇不能抗拒的灾祸缴纳确实有困难的，可以裁定减少或者免除。

第二百二十条 没收财产的判决，无论附加适用或者独立适用，都由人民法院执行；在必要的时候，可以会同公安机关执行。

2. 最高人民法院《关于执行〈中华人民共和国刑事诉讼法〉若干问题的解释》的相关规定：

第三百五十八条 发生法律效力的刑事判决、裁定和调解书中涉及财产内容需要执行的，由原审人民法院执行。

附带民事判决中财产的执行，依照民事诉讼法和最高人民法院的有关规定办理。

第三百五十九条 罚金在判决规定的期限内一次或者分期缴纳。期满无故不缴纳的，人民法院应当强制缴纳。经强制缴纳仍不能全部缴纳的，人民法院在任何时候，包括在判处的主刑执行完毕后，发现被执行人有可以执行的财产的，应当追缴。

如果由于遭遇不能抗拒的灾祸缴纳罚金确实有困难的，犯罪分子可以向人民法院申请减少或者免除。人民法院查证属实后，可以裁定对原判决确定的罚金数额予以减少或者免除。

行政机关对被告人就同一事实已经处以罚款的，人民法院判处罚金时应当予以折抵。

第三百六十条 对判处财产刑的犯罪分子或者附带民事诉讼的判决、裁定有执行财产内容的被告人，在本地无财产可供执行的，原判人民法院可以委托其财产所在地人民法院代为执行。代为执行的人民法院执行后或者无法执行的，应当将有关情况及时通知委托的人民法院。代为执行的人民法院可以将执行财产刑的财产直接上缴国库；需要退赔的财产，应当由执行的人民法院移交委托人民法院依法退赔。

3. 最高人民法院《关于适用财产刑若干问题的规定》的相关规定：

第十条 财产刑由第一审人民法院执行。

犯罪分子的财产在异地的，第一审人民法院可以委托财产所在地人民法院代为执行。

第十一条 自判决指定的期限届满第二日起，人民法院对于没有法定减免事由不缴纳罚金的，应当强制其缴纳。

对于隐藏、转移、变卖、损毁已被扣押、冻结财产情节严重的，依照刑法第三百一十四条的规定追究刑事责任。

八、缓刑罪犯被改判为实刑，其已执行的缓刑期间能否折抵刑期

[实践指导]

缓刑是指对具备法定条件，被判处三年以下有期徒刑、拘役刑罚的罪犯，在一定期间内暂缓执行刑罚，若其在暂缓执行期间未犯新罪，则原判刑罚不再执行的一种制度。缓刑不是

一项独立刑种,而是刑罚运用的一种特殊执行方式。按照我国《刑法》规定,被判处缓刑的罪犯要确定相应的缓刑考验期限。在缓刑考验期限内,缓刑罪犯应遵守相关法律和有关监督管理规定,并由公安机关考察,所在单位或者基层组织予以配合。关于已经执行的缓刑考验期间是否可以折抵刑期,我国《刑法》并没有规定。笔者认为,缓刑的执行期间不是刑期的实际执行,缓刑的执行期间不能折抵刑期。

九、宣告缓刑的裁判尚未发生法律效力对在押的被告人如何处理

[法律依据]

1. 最高人民法院《关于执行〈中华人民共和国刑事诉讼法〉若干问题的解释》的相关规定:

第三百五十五条 第一审人民法院判处拘役或者有期徒刑宣告缓刑的犯罪分子,判决尚未发生法律效力的,不能立即交付执行。如果被宣告缓刑的罪犯在押,第一审人民法院应当先行作出变更强制措施的决定,改为监视居住或者取保候审,并立即通知有关公安机关。判决发生法律效力后,应当将法律文书送达当地公安机关。

2. 公安部《公安机关办理刑事案件程序规定》的相关规定:

第八十八条 人民法院、人民检察院决定取保候审的,应当区别情形办理:采取保证人保证的,负责执行的县级公安机关应当在收到法律文书和有关材料后,核实被取保候审人后,及时指定犯罪嫌疑人、被告人居住地派出所执行;采取保证金保证的,负责执行的县级公安机关收到法律文书和有关材料后,应当及时通知被取保候审人交纳保证金,并指定犯罪嫌疑人、被告人居住地派出所执行。

被取保候审人、保证人违反应当遵守的规定的,由县级以上公安机关决定没收保证金或者对保证人罚款,并将执行情况及时通知原决定取保候审的机关。

人民法院、人民检察院作出解除、变更取保候审决定的,公安机关应当根据人民法院、人民检察院的决定书解除取保候审,并退还保证金。

第一百零二条 人民法院、人民检察院决定监视居住的,负责执行的县级公安机关应当在收到法律文书和有关材料,核实被监视居住人后,及时指定被监视居住人住处或者居所所在地派出所执行。

犯罪嫌疑人、被告人违反应当遵守的规定的,执行监视居住的县级公安机关应当及时告知原决定监视居住的机关。

人民法院、人民检察院作出解除、变更监视居住决定的,公安机关应当根据原决定机关的决定书解除监视居住。规定,人民法院决定取保候审或者监视居住的,负责执行的公安机关应当及时指定被告人居住地派出所执行。

[实践指导]

宣告缓刑的裁判尚未发生法律效力,对在押的被告人应当先行作出变更强制措施的决定,并立即通知公安机关,公安机关在收到变更强制措施的决定书后应当及时释放被告人。在缓刑判决书发生法律效力后,人民法院应当将法律文书送达公安机关,由公安机关指定罪犯居住地派出所执行考察任务。

十、对无罪判决和免除刑罚判决如何执行

[法律依据]

1. 《刑事诉讼法》的相关规定：

第二百零九条 第一审人民法院判决被告人无罪、免除刑事处罚的，如果被告人在押，在宣判后应当立即释放。

2. 最高人民检察院《人民检察院刑事诉讼规则》的相关规定：

第四百一十三条 人民法院判决被告人无罪、免除刑事处罚的，人民检察院应当监督在押被告人是否被立即释放。

3. 公安部《公安机关办理刑事案件程序规定》的相关规定：

第二百七十三条第二款 对人民检察院作出的不起诉决定，以及人民法院作出的无罪或者免除刑事处罚的判决，如果犯罪嫌疑人或者被告人在押，公安机关在收到相应的法律文书后应当立即办理释放手续；对犯罪嫌疑人或者被告人需要给予行政处理的，应当依照有关规定处理，并将处理结果及时通知人民检察院或者人民法院。

[实践指导]

如上规定表明，人民法院作出无罪和免除刑罚判决，在其尚未发生法律效力之时就应当立即释放已被羁押的被告人，即使在判决宣告后当事人提出上诉或者人民检察院提出抗诉，人民法院也应当将判决书立即送达公安机关，由公安机关办理释放手续。法律作出如此规定的目的在于保护不应当受到刑罚处罚的被告人的合法权益，使无罪公民及时恢复人身自由，恢复公民名誉和人格尊严，使虽然有罪但是应当免除刑事处罚的人避免继续遭受被剥夺人身自由之苦，及时得到法律保护。

立即释放在押的被告人是针对无罪和免除刑事处罚判决的特殊处理方法，究其实质并非属于刑事执行，因为其不符合刑事诉讼法关于"判决和裁定在发生法律效力后执行"的规定。笔者认为，一审宣告无罪、免除刑罚判决后立即释放在押被告人是刑事诉讼法一项特殊的规定，而不是对未生效裁判的执行，将《刑事诉讼法》第209条规定的内容置于第一审程序之中更为适宜。另外，为保障第二审程序的顺利进行，鉴于"立即释放"只具有撤销原羁押决定的作用，第一审人民法院对在押被告人通知公安机关立即释放的同时可以对其变更取保候审或者监视居住的强制措施，待第一审人民法院的判决生效或者第二审人民法院作出维持原判决终审裁定后再予以撤销。

十一、对未成年人刑事案件如何执行

[法律依据]

1. 《监狱法》的相关规定：

第七十四条 对未成年犯应当在未成年犯管教所执行刑罚。

第七十五条 对未成年犯执行刑罚应当以教育改造为主。未成年犯的劳动，应当符合未成年人的特点，以学习文化和生产技能为主。

监狱应当配合国家、社会、学校等教育机构,为未成年犯接受义务教育提供必要的条件。

第七十六条 未成年犯年满十八周岁时,剩余刑期不超过二年的,仍可以留在未成年犯管教所执行剩余刑期。

2. 最高人民法院《关于审理未成年人刑事案件的若干规定》的相关规定:

第三十八条 对于判决、裁定已经发生法律效力并应当收监服刑的未成年罪犯,少年法庭应当填写结案登记表并附送有关未成年罪犯的调查材料及其在案件审理中的表现材料,连同起诉书副本、判决书或者裁定书副本、执行通知书,一并送达执行机关。

第三十九条 少年法庭可以通过多种形式与未成年犯管教所等未成年罪犯服刑场所建立联系,了解未成年罪犯的改造情况,协助做好帮教、改造工作;并可以对正在服刑的未成年罪犯进行回访考察。

第四十条 少年法庭认为有必要时,可以敦促被收监服刑的未成年罪犯的父母或者其他监护人及时探视,以使未成年罪犯获得家庭和社会的关怀,增强改造的信心。

第四十一条 对于判处管制、拘役宣告缓刑或者有期徒刑宣告缓刑、免予刑事处罚等的未成年罪犯,少年法庭可以协助公安机关同其所在学校、单位、街道、居民委员会、村民委员会、监护人等制定帮教措施。

第四十二条 少年法庭可以适时走访被判处管制、拘役宣告缓刑或者有期徒刑宣告缓刑、免予刑事处罚等的未成年罪犯及其家庭,了解对未成年罪犯的管理和教育情况,以引导未成年罪犯的家庭正确地承担管教责任,为未成年罪犯改过自新创造良好的环境。

第四十三条 对于判处管制、拘役宣告缓刑或者有期徒刑宣告缓刑、免予刑事处罚等的未成年罪犯具备就学就业条件的,人民法院可以就其安置问题向有关部门提出司法建议,并且附送必要的材料。

第四十四条 对于执行机关依法提出给未成年罪犯减刑或者假释的书面意见,人民法院应当及时予以审核、裁定。

3. 最高人民法院《关于审理未成年人刑事案件具体应用法律若干问题的解释》的相关规定:

第十八条 对未成年罪犯的减刑、假释,在掌握标准上可以比照成年罪犯依法适度放宽。

未成年罪犯能认罪服法,遵守监规,积极参加学习、劳动的,即可视为"确有悔改表现"予以减刑,其减刑的幅度可以适当放宽,间隔的时间可以相应缩短。符合刑法第八十一条第一款规定的,可以假释。

未成年罪犯在服刑期间已经成年的,对其减刑、假释可以适用上述规定。

十二、对罪犯刑满释放的日期如何确定

[法律依据]

最高人民法院《关于如何确定刑满释放日期的批复》的相关规定:

你院《关于如何确定刑满释放日期的请示》收悉。经研究,笔者认为,被判处有期徒刑、拘役的犯罪分子的刑满释放日期,应为判决书确定的刑期的终止之日。例如,犯罪分子被判处有期徒刑一年,判决书确定刑期自一九九〇年一月一日起至一九九〇年十二月三十一日止,其刑满释放日期应为一九九〇年十二月三十一日。

第十八章 执行的变更

一、在死刑执行过程中出现应当停止执行的情形如何适用程序

[法律依据]

最高人民法院《关于适用停止执行死刑程序有关问题的规定》的相关规定：

第一条 刑事诉讼法第二百一十一条、第二百一十二条规定的判决"可能有错误"包括下列情形：（一）发现罪犯可能有其他犯罪的；（二）共同犯罪的其他犯罪嫌疑人归案，可能影响罪犯量刑的；（三）共同犯罪的其他罪犯被暂停或者停止执行死刑，可能影响罪犯量刑的；（四）判决可能有其他错误的。

第二条 下级人民法院在接到最高人民法院执行死刑命令后、执行前，发现有刑事诉讼法第二百一十一条第一款、第二百一十二条第四款规定的情形的，应当暂停执行死刑，并立即将请求停止执行死刑的报告及相关材料层报最高人民法院审批。

第三条 最高人民法院经审查，认为不影响罪犯定罪量刑的，应当裁定下级人民法院继续执行死刑；认为可能影响罪犯定罪量刑的，应当裁定下级人民法院停止执行死刑。下级人民法院停止执行后，应当会同有关部门调查核实，并及时将调查结果和意见层报最高人民法院审核。

第四条 最高人民法院在执行死刑命令签发后、执行前，发现有刑事诉讼法第二百一十一条第一款、第二百一十二条第四款规定的情形的，应当立即裁定下级人民法院停止执行死刑，并将有关材料移交下级人民法院。下级人民法院会同有关部门调查核实后，应当及时将调查结果和意见层报最高人民法院审核。

第五条 对于下级人民法院报送的请求停止执行死刑的报告及相关材料，由最高人民法院作出核准死刑裁判的原合议庭负责审查，必要时，依法另行组成合议庭进行审查。

第六条 最高人民法院对于依法已停止执行死刑的案件，依照下列情形分别处理：（一）确认罪犯正在怀孕的，应当依法改判；（二）确认原裁判有错误，或者罪犯有重大立功表现需要依法改判的，应当裁定不予核准死刑，撤销原判，发回重新审判；（三）确认原裁判没有错误，或者罪犯没有重大立功表现，或者重大立功表现不影响原裁判执行的，应当裁定继续执行原核准死刑的裁判，并由院长再签发执行死刑的命令。

二、对死缓罪犯变更执行死刑如何适用程序

[法律依据]

1. 《刑事诉讼法》的相关规定：

第二百一十条第二款　被判处死刑缓期二年执行的罪犯，在死刑缓期执行期间，如果没有故意犯罪，死刑缓期执行期满，应当予以减刑，由执行机关提出书面意见，报请高级人民法院裁定；如果故意犯罪，查证属实，应当执行死刑，由高级人民法院报请最高人民法院核准。

2. 最高人民法院《关于执行〈中华人民共和国刑事诉讼法〉若干问题的解释》的相关规定：

第二百七十五条第（四）项　依法应当由最高人民法院核准的死刑案件，判处死刑缓期二年执行的罪犯，在死刑缓期执行期间，如果故意犯罪，查证属实，应当执行死刑的，由高级人民法院报请最高人民法院核准。

第二百七十七条　依授权可以由高级人民法院核准的死刑案件，判处死刑缓期二年执行的罪犯，在死刑缓期执行期间，如果故意犯罪，查证属实，应当执行死刑的，报请高级人民法院核准。

第三百三十九条　被判处死刑缓期二年执行的罪犯，在死刑缓期执行期间，如果故意犯罪的，应当由人民检察院提起公诉，罪犯服刑地的中级人民法院依法审判，所作的判决可以上诉、抗诉。

认定构成故意犯罪的判决、裁定发生法律效力后，由作出生效判决、裁定的人民法院，依照本解释第二百七十五条第（四）项或者第二百七十七条的规定报请上级人民法院或者由本院核准犯罪分子死刑立即执行。上级人民法院或者本院核准后，交罪犯服刑地的中级人民法院执行死刑。

三、死缓期满后尚未裁定减刑前又犯新罪的如何处理

[法律依据]

1. 《刑事诉讼法》的相关规定：

第二百一十条第二款　被判处死刑缓期二年执行的罪犯，在死刑缓期执行期间，如果没有故意犯罪，死刑缓期执行期满，应当予以减刑，由执行机关提出书面意见，报请高级人民法院裁定；如果故意犯罪，查证属实，应当执行死刑，由高级人民法院报请最高人民法院核准。

2. 最高人民法院《关于执行〈中华人民共和国刑事诉讼法〉若干问题的解释》的相关规定：

第三百四十条　死刑缓期二年执行期满应当减刑的，人民法院应当及时减刑。死刑缓期二年执行期满减为有期徒刑的，刑期自死刑缓期二年执行期满之日起计算。

第三百六十一条　被判处死刑缓期二年执行的罪犯，在死刑缓期二年执行期间，如果没有故意犯罪，死刑缓期执行期满后，即应当裁定减刑。如果死刑缓期二年执行期满后尚

未裁定减刑前又犯新罪的，应当依法减刑后对其所犯新罪另行审判。

3. 最高人民法院《关于对判处死刑缓期二年执行期满后，尚未裁定减刑前又犯新罪的罪犯能否执行死刑问题的批复》的相关规定：

对死缓期满后尚未裁定减刑前又犯新罪的情形如何处理作出如下规定：死刑缓期执行的期间，应自判决确定之日起计算，二年期满．二年缓期执行期间又犯新罪的，当然应视为是在死刑缓期执行期间犯罪．二年期满以后，尚未裁定减刑以前又犯新罪的，不能视为是在死刑缓期执行期间犯罪，对这种罪犯，应依照刑法第46条、刑事诉讼法第153条的规定予以减刑，然后对其所犯新罪另行起诉、审判，作出判决，并按照刑法第66条的规定，决定执行的刑罚．对新罪判处死刑的，才能执行死刑。

[实践指导]

根据上述法律规定，死缓期满后尚未裁定减刑前又犯新罪的，不应视为是在死刑缓期执行期间犯罪，应当依法减刑后对其所犯新罪另行审判，并按照《刑法》第70条的规定决定实际执行的刑罚。

四、有权作出暂予监外执行决定的机关有哪些

[法律依据]

1. 最高人民法院《关于执行〈中华人民共和国刑事诉讼法〉若干问题的解释》的相关规定：

第三百五十三条 被判处有期徒刑或者拘役的罪犯，有刑事诉讼法第二百一十四条第一、四款规定的情形之一，人民法院决定暂予监外执行的，应当制作《暂予监外执行决定书》，载明罪犯基本情况、判决确定的罪名和刑罚、决定暂予监外执行的原因、依据等内容，并抄送人民检察院和罪犯居住地的公安机关。

2. 公安部《公安机关办理刑事案件程序规定》的相关规定：

第二百九十一条 对于被判处有期徒刑或者拘役的罪犯，有下列情形之一的，看守所、拘役所应当报经县级以上公安机关批准，对罪犯暂予监外执行：（一）有严重疾病需要保外就医的；（二）怀孕或者正在哺乳自己婴儿的妇女；（三）生活不能自理，适用暂予监外执行不致危害社会的罪犯。

对于适用保外就医可能有社会危险性的罪犯，或者自伤自残的罪犯，不得保外就医。对于罪犯确有严重疾病，必须保外就医的，由省级人民政府指定的医院开具证明文件，依照法律规定的程序审批。

发现保外就医的罪犯不符合保外就医条件的，或者严重违反保外就医规定的，应当及时收监。

第二百九十二条 公安机关决定对罪犯暂予监外执行的，应当将《暂予监外执行通知书》交被暂予监外执行的罪犯和罪犯居住地派出所，同时将《暂予监外执行决定书》送同级人民检察院。

[实践指导]

根据以上规定，有权作出暂予监外执行决定的机关是人民法院和刑罚的执行机关。在生

效裁判交付执行前，罪犯有法定暂予监外执行情形的，由人民法院在宣告判决的同时作出暂予监外执行决定；在生效裁判交付执行后，监狱或者其他刑罚的执行机关认为服刑的罪犯具有暂予监外执行情形的，依照法定程序决定对其暂予监外执行。

五、依据生效裁判公安机关将罪犯交付执行而监狱不予收监的情形如何处理

[法律依据]

1. 《监狱法》的相关规定：

第十七条　规定监狱应当对交付执行刑罚的罪犯进行身体检查。经检查，被判处无期徒刑、有期徒刑的罪犯有下列情形之一的，可以暂不收监：（一）有严重疾病需要保外就医的；（二）怀孕或者正在哺乳自己婴儿的妇女。

对前款所列暂不收监的罪犯，应当由交付执行的人民法院决定暂予监外执行。对其中暂予监外执行有社会危险性的，应当收监。暂予监外执行的罪犯，由居住地公安机关执行刑罚。前款所列暂不收监的情形消失后，原判刑期尚未执行完毕的罪犯，由公安机关送交监狱收监。

2. 最高人民法院《关于执行〈中华人民共和国刑事诉讼法〉若干问题的解释》的相关规定：

第三百五十四条　判决、裁定生效后，公安机关将罪犯交付执行，监狱不予收监的，监狱应当书面说明理由，由公安机关将执行通知书退回人民法院。人民法院经审查认为监狱不予收监的罪犯不符合刑事诉讼法第二百一十四条规定的暂予监外执行条件的，应当决定将罪犯交付监狱收监执行。收监执行决定书应当分别送达交付执行的公安机关和监狱。

3. 公安部《公安机关办理刑事案件程序规定》的相关规定：

第二百七十六条　将罪犯交付执行，监狱不予收监的，公安机关应当提请交付执行的人民法院作出是否收监执行的决定。对于决定收监的，应当将罪犯交付监狱执行；对于决定暂予监外执行的，由看守所将罪犯交付罪犯居住地公安机关执行。

[实践指导]

根据以上规定笔者可以得出结论：在生效裁判交付执行前，人民法院是唯一有权作出暂予监外执行决定的机关，其以《刑事诉讼法》第214条关于暂予监外执行的条件为依据，认为符合《刑事诉讼法》第214条规定的，应当决定暂予监外执行，认为不符合的，决定将罪犯收监执行，对此执行机关应当予以收监。

六、暂予监外执行的罪犯能否外出经商

[法律依据]

最高人民检察院、公安部、司法部《关于不允许暂予监外执行的罪犯外出经商问题的通知》的相关规定：

一、对于暂予监外执行的罪犯，不允许离开所在住地域外出经商。被准许暂予监外执行的罪犯，因生活确有困难和谋生需要的，在不影响对其实行监督考察的情况下，经执行机关

批准，可以在居住地自谋生计，家在农村的，可以就地从事一些农副业和小商品生产。

二、暂予监外执行的罪犯确因医治疾病或接受护理而离开居住地到本县、市以外地方的，必须经过执行机关批准；离开居住地到本县、市内其他地方的，由监督单位批准。经过批准外出的暂予监外执行罪犯，其外出期间应计入服刑期；对于未经批准，擅自离开居住地的，不能计入服刑期，情节严重的，要严肃处理。

三、对在押的罪犯需要准许暂予监外执行的，应当严格审查，依法办事。对暂予监外执行的罪犯，在其暂予监外执行条件消失时，应当及时收监执行。

七、对在保外就医期间又犯新罪的情形如何适用程序

[法律依据]

1. 《刑事诉讼法》的相关规定：

第二百一十四条第一、四款 对于被判处有期徒刑或者拘役的罪犯，有下列情形之一的，可以暂予监外执行：（一）有严重疾病需要保外就医的；（二）怀孕或者正在哺乳自己婴儿的妇女。

发现被保外就医的罪犯不符合保外就医条件的，或者严重违反有关保外就医的规定的，应当及时收监。

2. 司法部、最高人民检察院和公安部《罪犯保外就医执行办法》的相关规定：

第十七条 保外就医罪犯有下列情形之一的，予以收监执行：（一）重新违法犯罪的；（二）采取非法手段骗取保外就医的；（三）经治疗疾病痊愈或者病情基本好转的。

[实践指导]

根据上述规定可以得出结论：犯罪嫌疑人在保外就医期间又实施犯罪行为，属于严重违反有关保外就医规定的情形，因而应当撤销保外就医决定，直接将其及时收监，而不用另行办理批捕手续。

八、判处死缓、无期徒刑的罪犯被减为有期徒刑后能否适用保外就医

[法律依据]

1. 《刑事诉讼法》的相关规定：

第二百一十四条第五款 对于暂予监外执行的罪犯，由居住地公安机关执行，执行机关应当对其严格管理监督，基层组织或者罪犯的原所在单位协助进行监督。

2. 司法部、最高人民检察院和公安部《罪犯保外就医执行办法》的相关规定：

第二条 对于被判处无期徒刑、有期徒刑或者拘役的罪犯，在改造期间有下列情形之一的，可准予保外就医：（一）身患严重疾病，短期内有死亡危险的。（二）原判无期徒刑和死缓缓期二年执行后减为无期徒刑的罪犯，从执行无期徒刑起服刑七年以上，或者原判有期徒刑的罪犯执行原判刑期（已减刑的，按减刑后的刑期计算）三分之一以上（含减刑时间），患严重慢性疾病，长期医治无效的。但如果病情恶化有死亡危险、改造表现较好的，可以不受

上述期限的限制。（三）身体残疾、生活难以自理的。（四）年老多病，已失去危害社会可能的。

[实践指导]

关于判处死缓、无期徒刑的罪犯被减为有期徒刑后能否适用保外就医，实践中存在一种认识，即认为不能适用保外就医，理由在于《刑事诉讼法》第214条规定的刑种应当是罪犯入监时由人民法院执行通知书中确定的刑种。笔者认为对于判处死缓、无期徒刑的罪犯被减为有期徒刑后可以适用保外就医。

保外就医是指罪犯病危或者患有恶性传染病、不治之症等，不适宜在监狱或者其他执行机关的医院治疗而由罪犯提出保证人担保其在监外执行兼治病期间不违反有关规定的制度，是人道主义精神的体现，有利于维护罪犯的合法权益。根据如上《罪犯保外就医执行办法》的精神，已经减刑的，应当按照减刑后的刑期来确定是否符合保外就医的条件。因此，判处死缓、无期徒刑的罪犯被减为有期徒刑后应当按照有期徒刑来确定是否符合保外就医的条件，只要符合相关法律的规定就可以适用保外就医。

九、如何理解保外就医的适用条件

[法律依据]

1. 《刑事诉讼法》的相关规定：

第二百一十四条第一、二、三、四款 对于被判处有期徒刑或者拘役的罪犯，有下列情形之一的，可以暂予监外执行：（一）有严重疾病需要保外就医的；（二）怀孕或者正在哺乳自己婴儿的妇女。

对于适用保外就医可能有社会危险性的罪犯，或者自伤自残的罪犯，不得保外就医。

对于罪犯确有严重疾病，必须保外就医的，由省级人民政府指定的医院开具证明文件，依照法律规定的程序审批。

发现被保外就医的罪犯不符合保外就医条件的，或者严重违反有关保外就医的规定的，应当及时收监。

2. 《监狱法》的相关规定：

第十七条 监狱应当对交付执行刑罚的罪犯进行身体检查。经检查，被判处无期徒刑、有期徒刑的罪犯有下列情形之一的，可以暂不收监：（一）有严重疾病需要保外就医的；（二）怀孕或者正在哺乳自己婴儿的妇女。

对前款所列暂不收监的罪犯，应当由交付执行的人民法院决定暂予监外执行。对其中暂予监外执行有社会危险性的，应当收监。暂予监外执行的罪犯，由居住地公安机关执行刑罚。前款所列暂不收监的情形消失后，原判刑期尚未执行完毕的罪犯，由公安机关送交监狱收监。

3. **司法部、最高人民检察院和公安部《罪犯保外就医执行办法》的相关规定：**

第二条 对于被判处无期徒刑、有期徒刑或者拘役的罪犯，在改造期间有下列情形之一的，可准予保外就医：（一）身患严重疾病，短期内有死亡危险的。（二）原判无期徒刑和死刑缓期二年执行后减为无期徒刑的罪犯，从执行无期徒刑起服刑七年以上，或者原判有期徒刑的罪犯执行原判刑期（已减刑的，按减刑后的刑期计算）三分之一以上（含减刑时间），患严重慢性疾病，长期医治无效的。但如果病情恶化有死亡危险、改造表现较好的，可以不受上述期限的限制。（三）身体残疾、生活难以自理的。（四）年老多病，已失去危害社会可能的。

第三条 下列罪犯不准保外就医：（一）被判处死刑缓期二年执行的罪犯在死刑缓期执行期间的；（二）罪行严重，民愤很大的；（三）为逃避惩罚在狱内自伤自残的。

[实践指导]

监狱法与罪犯保外就医执行办法是根据1979年《刑事诉讼法》所做的细化规定，尽管至今尚未被废止，但是随着现行《刑事诉讼法》的生效施行，其中与现行《刑事诉讼法》的规定相矛盾的地方，自然应当以现行《刑事诉讼法》的规定为准。

有鉴于此，笔者认为，保外就医的适用条件应当做如下修正：

第一，对于被判处有期徒刑或者拘役的罪犯，在改造期间有下列情形之一的，可准予保外就医：其一，身患严重疾病，短期内有死亡危险的。其二，原判有期徒刑的罪犯执行原判刑期（已减刑的，按减刑后的刑期计算）三分之一以上（含减刑时间），患严重慢性疾病，长期医治无效的。但如果病情恶化有死亡危险、改造表现较好的，可以不受上述期限的限制。

第二，对于适用保外就医可能有社会危险性的罪犯，或者自伤自残的罪犯，不得保外就医。

第三，对于罪犯确有严重疾病，必须保外就医的，由省级人民政府指定的医院开具证明文件，依照法律规定的程序审批。发现被保外就医的罪犯不符合保外就医条件的，或者严重违反有关保外就医的规定的，应当及时收监。

十、对有漏罪的罪犯能否适用减刑

[法律依据]

1.《刑法》的相关规定：

第七十八条 被判处管制、拘役、有期徒刑、无期徒刑的犯罪分子，在执行期间，如果认真遵守监规，接受教育改造，确有悔改表现的，或者有立功表现的，可以减刑；有下列重大立功表现之一的，应当减刑：（一）阻止他人重大犯罪活动的；（二）检举监狱内外重大犯罪活动，经查证属实的；（三）有发明创造或者重大技术革新的；（四）在日常生产、生活中舍己救人的；（五）在抗御自然灾害或者排除重大事故中，有突出表现的；（六）对国家和社会有其他重大贡献的。减刑以后实际执行的刑期，判处管制、拘役、有期徒刑的，不能少于原判刑期的二分之一；判处无期徒刑的，不能少于十年。

2.《刑事诉讼法》的相关规定：

第二百二十一条 罪犯在服刑期间又犯罪的，或者发现了判决的时候所没有发现的罪行，由执行机关移送人民检察院处理。

被判处管制、拘役、有期徒刑或者无期徒刑的罪犯，在执行期间确有悔改或者立功表现，应当依法予以减刑、假释的时候，由执行机关提出建议书，报请人民法院审核裁定。

[实践指导]

根据如上法律规定，减刑的条件有二：罪犯在服刑期间有悔改表现或者立功表现。罪犯只要具备其中之一，即具备了减刑的条件。所谓悔改表现，根据最高人民法院1997年11月8

日公布的《关于办理减刑、假释案件具体应用法律若干问题的规定》第1条第（1）项规定，"确有悔改表现"是指同时具备以下四个方面情形：认罪服法；认真遵守监规，接受教育改造；积极参加政治、文化、技术学习；积极参加劳动，完成生产任务。对罪犯在刑罚执行期间提出申诉的，要依法保护其申诉权利。对罪犯申诉应当具体情况具体分析，不应当一概认为是不认罪服法。所谓立功表现，根据上述司法解释第1条第（2）项规定，"立功表现"是指具有下列情形之一的：其一，检举、揭发监内外罪犯活动，或者提供重要的破案线索，经查证属实的；其二，阻止他人犯罪活动的；其三，在生产、科研中进行技术革新，成绩突出的；其四，在抢险救灾或者排除重大事故中表现积极的；其五，有其他有利于国家和社会的突出事迹的。可见，我国法律和司法解释并未将交代漏罪作为减刑的必备条件。在发现罪犯有漏罪之前，法院根据罪犯认真遵守、接受教育改造、对所犯罪行确有悔改的表现依法予以减刑的做法是正确的。但是，对罪犯遗漏的罪行，需要依照《刑法》第70条的规定另行追究刑事责任。

十一、罪犯未缴罚金是否影响对自由刑的减刑

[实践指导]

罪犯未缴纳罚金不应当影响对自由刑的减刑。理由如下：

第一，减刑的性质是针对主刑执行的变更，是指被判处管制、拘役、有期徒刑和无期徒刑的罪犯在执行期间确有悔改或者立功表现依法减轻其刑罚的制度；罚金刑是附加刑之一种，其执行状况与主刑的执行并无关系。

第二，未缴罚金并非减刑的限制性条件。《刑法》第78条第1款规定："被判处管制、拘役、有期徒刑、无期徒刑的犯罪分子，在执行期间，如果认真遵守监规，接受教育改造，确有悔改表现的，或者有立功表现的，可以减刑；有下列重大立功表现之一的，应当减刑：（一）阻止他人重大犯罪活动的；（二）检举监狱内外重大犯罪活动，经查证属实的；（三）有发明创造或者重大技术革新的；（四）在日常生产、生活中舍己救人的；（五）在抗御自然灾害或者排除重大事故中，有突出表现的；（六）对国家和社会有其他重大贡献的。"对"确有悔改表现"的理解，最高人民法院1997年11月8日公布的《关于办理减刑、假释案件具体应用法律若干问题的规定》第1条第（1）项的规定："'确有悔改表现'是指同时具备以下四个方面情形：认罪服法；认真遵守监规，接受教育改造；积极参加政治、文化、技术学习；积极参加劳动，完成生产任务。对罪犯在刑罚执行期间提出申诉的，要依法保护其申诉权利。对罪犯申诉应当具体情况具体分析，不应当一概认为是不认罪服法。"可见，刑法并没有把是否缴纳罚金作为减刑的前提条件。

第三，减刑制度设立的目的在于贯彻惩罚与教育改造相结合和惩前毖后、治病救人的刑事政策。正确适用减刑对于鼓励犯罪分子积极改造、悔罪自新、稳定监所秩序、实现刑罚目的都有重要意义。对符合减刑条件但是由于经济困难无力缴纳罚金的罪犯不予减刑做法与设立减刑制度的立法初衷相悖。

十二、死缓减为无期徒刑后如何确定执行的日期

[实践指导]

我国刑法对死缓罪犯减为无期徒刑的刑期计算没有规定，造成实践中的做法不一。有意见认为，死缓减为无期徒刑后的刑期是从裁定之日起计算；还有意见认为，死缓减为无期徒刑后的刑期应当从死缓执行两年期满之日起计算。笔者认为，死缓减为无期徒刑后的刑期从死缓执行期满之日起计算更为适宜。

根据1998年9月2日公布的最高人民法院《关于执行〈中华人民共和国刑事诉讼法〉若干问题的解释》第362条规定，对于被判处死刑缓期二年执行的罪犯的减刑，在死缓执行期满之后由省、自治区、直辖市监狱管理机关将监狱减刑建议书报请罪犯服刑地的高级人民法院裁定。但是，对于不同的案件，高级人民法院作出减刑裁定所用的实践并不一样。如果从裁定之日起计算刑期，就会造成同是死缓减为无期徒刑的案件因为法院作出裁定的时间不同而导致罪犯在监狱中实际服刑的时间不同，有失公平。可见，死缓减为无期徒刑后的刑期从死缓执行期满之日起计算更为合理和科学。

另外，尽管我国刑法对死缓罪犯减为无期徒刑的刑期计算没有规定，但是，《刑法》第51条对死缓减为有期徒刑的刑期却有明确的规定。《刑法》第51条规定："死刑缓期执行的期间，从判决确定之日起计算。死刑缓期执行减为有期徒刑的刑期，从死刑缓期执行期满之日起计算。"我们应当以此为参照确定死缓减为无期徒刑后的刑期从死缓执行期满之日起计算，以保持刑法关于死缓减刑后计算刑期方法的统一。

十三、假释裁定生效后发现罪犯假释前有不应假释的违规行为如何处理

[实践指导]

假释裁定生效后发现罪犯假释前有不应假释的违规行为如何处理，法律没有明确规定。笔者认为，对此情况应当由检察机关建议人民法院启动审判监督程序撤销原假释。理由如下：

第一，《刑法》第81条规定："被判处有期徒刑的犯罪分子，执行原判刑期二分之一以上，被判处无期徒刑的犯罪分子，实际执行十年以上，如果认真遵守监规，接受教育改造，确有悔改表现，假释后不致再危害社会的，可以假释。如果有特殊情况，经最高人民法院核准，可以不受上述执行刑期的限制。"也就是说，假释除了有执行期限的要求而外，还有主观上改造的要求：必须是在服刑中确有悔改表现，假释后不致再危害社会。根据最高人民法院1997年11月8日公布的《关于办理减刑、假释案件具体应用法律若干问题的规定》第1条第(1)项和第10条的规定，"确有悔改表现"是指同时具备以下四个方面情形：认罪服法；认真遵守监规，接受教育改造；积极参加政治、文化、技术学习；积极参加劳动，完成生产任务。对罪犯在刑罚执行期间提出申诉的，要依法保护其申诉权利。对罪犯申诉应当具体情况具体分析，不应当一概认为是不认罪服法。"不致再危害社会"是指罪犯在刑罚执行期间一贯表现好，确有悔改的表现，不致违法、重新犯罪的，或者是老年、身体有残疾（不含自伤致

残），并丧失作案能力的。罪犯假释前有违规行为显然不符合假释条件。

第二，审判监督程序是指人民法院、人民检察院对已经发生法律效力的判决和裁定，发现在认定事实或者适用法律上确有错误，依法提起并对案件进行重新审判的一项特别审判程序。针对已经生效的确有错误的假释裁定，只能通过检察机关行使法律监督权向法院提出抗诉发动审判监督程序来纠错。

鉴于罪犯假释生效后发现假释前有不应当假释的违规行为如何处理在法律规定上存在空白的问题，笔者建议：首先，增加《刑法》第86条的内容：假释考验期限内，发现被假释的犯罪分子在裁定宣告前有违规行为没有发现的，应当撤销假释。其次，增加《刑事诉讼法》第204条的内容：监狱、检察机关在假释考验期限内发现罪犯假释前有不应当假释的违规行为，应当通过申请或者抗诉要求法院启动审判监督程序撤销假释。

第十九章 人民检察院对执行的监督

一、人民检察院如何对死刑的执行进行临场监督

[法律依据]

1. 《刑事诉讼法》的相关规定：

第二百一十二条第一款 人民法院在交付执行死刑前，应当通知同级人民检察院派员临场监督。

第二百二十四条 人民检察院对执行机关执行刑罚的活动是否合法实行监督。如果发现有违法的情况，应当通知执行机关纠正。

2. 最高人民法院《关于执行〈中华人民共和国刑事诉讼法〉若干问题的解释》的相关规定：

第三百四十四条 人民法院将罪犯交付执行死刑，应当在交付执行3日前通知同级人民检察院派员临场监督。

3. 最高人民检察院《人民检察院刑事诉讼规则》的相关规定：

第四百一十四条 被判处死刑的罪犯在被执行死刑时，人民检察院应当派员临场监督。

执行死刑临场监督，由检察人员担任，并配备书记员担任记录。

第四百一十五条 人民检察院收到同级人民法院执行死刑临场监督通知后，应当查明同级人民法院是否收到最高人民法院或者高级人民法院核准死刑的判决或者裁定和执行死刑的命令。

第四百一十六条 临场监督执行死刑的检察人员应当依法监督执行死刑的场所、方法和执行死刑的活动是否合法。在执行死刑前，发现有下列情形之一的，应当建议人民法院停止执行：（一）被执行人并非应当执行死刑的罪犯的；（二）罪犯犯罪时不满十八岁的；（三）判

决可能有错误的；（四）在执行前罪犯检举揭发重大犯罪事实或者有其他重大立功表现，可能需要改判的；（五）罪犯正在怀孕的。

第四百一十七条 在执行死刑过程中，人民检察院临场监督人员根据需要可以进行拍照、摄像；执行死刑后，人民检察院临场监督人员应当检查罪犯是否确已死亡，并填写死刑临场监督笔录，签名后入卷归档。

[实践指导]

对死刑的临场监督具体由检察机关的哪个部门负责，法律和相关司法解释没有规定，司法实践中大多是由公诉部门负责临场监督。综合法律规定、职能分工、人权保障、监督效果等因素的考虑，笔者认为由监所检察部门履行死刑的临场监督职能更为适宜。

二、人民检察院如何对暂予监外执行的执法活动进行监督

[法律依据]

1.《刑事诉讼法》的相关规定：

第二百一十五条 批准暂予监外执行的机关应当将批准的决定抄送人民检察院。人民检察院认为暂予监外执行不当的，应当自接到通知之日起一个月以内将书面意见送交批准暂予监外执行的机关，批准暂予监外执行的机关接到人民检察院的书面意见后，应当立即对该决定进行重新核查。

2.《监狱法》的相关规定：

第二十六条 暂予监外执行，由监狱提出书面意见，报省、自治区、直辖市监狱管理机关批准。批准机关应当将批准的暂予监外执行决定通知公安机关和原判人民法院，并抄送人民检察院。

人民检察院认为对罪犯适用暂予监外执行不当的，应当自接到通知之日起1个月内将书面意见送交批准暂予监外执行的机关，批准暂予监外执行的机关接到人民检察院的书面意见后，应当立即对该决定进行重新核查。

3.最高人民检察院《人民检察院刑事诉讼规则》的相关规定：

第四百二十二条 人民检察院对监狱、看守所、拘役所暂予监外执行的执法活动实行监督，发现有下列违法情况的，应当提出纠正意见：（一）将不具备法定条件的罪犯报请暂予监外执行的；（二）对罪犯报请暂予监外执行没有完备的合法手续的；（三）对决定暂予监外执行的罪犯未依法予以监外执行的，或者罪犯被批准暂予监外执行后未依法交付监外执行的；（四）罪犯在暂予监外执行期间有违法行为，应当收监执行未收监的；（五）暂予监外执行的条件消失后，未及时收监执行的；（六）暂予监外执行的罪犯刑期届满，未及时办理释放手续的。

第四百二十三条 人民检察院接到批准或者决定对罪犯暂予监外执行的通知后，应当进行审查。审查的内容包括：（一）是否属于被判处有期徒刑或者拘役的罪犯；（二）是否属于有严重疾病需要保外就医的罪犯；（三）是否属于正在怀孕或者正在哺乳自己婴儿的妇女；（四）是否属于自伤自残的罪犯；（五）是否属于生活不能自理，适用暂予监外执行不致危害社会的罪犯；（六）办理暂予监外执行是否符合法定程序。

检察人员可以向罪犯所在单位和有关人员调查，可以向有关机关调阅有关材料。

经审查认为暂予监外执行不当，应当向批准或者决定暂予监外执行的机关提出纠正意见的，由检察长决定。

第四百二十四条 人民检察院认为暂予监外执行不当的，应当自接到通知之日起一个月内提出书面纠正意见呈报批准或者决定暂予监外执行机关的同级人民检察院送交批准或者决定暂予监外执行的机关。

第四百二十五条 人民检察院向批准或者决定暂予监外执行的机关送交不同意暂予监外执行的书面意见后，应当监督其立即对批准或者决定暂予监外执行的结果进行重新核查，并监督重新核查的结果是否符合法律规定。对核查不符合法律规定的，应当依法提出纠正意见。

第四百二十六条 对于暂予监外执行的罪犯，人民检察院发现暂予监外执行的情形消失，应当通知执行机关收监执行。

第四百三十五条 对于被判处拘役、有期徒刑适用缓刑的罪犯、被假释的罪犯和暂予监外执行的罪犯，人民检察院应当监督有关单位对罪犯的监督管理和考察措施是否落实。

4.公安部《公安机关办理刑事案件程序规定》的相关规定：

第二百九十二条 公安机关决定对罪犯暂予监外执行的，应当将《暂予监外执行通知书》交被暂予监外执行的罪犯和罪犯居住地派出所，同时将《暂予监外执行决定书》送同级人民检察院。

第二百九十三条 公安机关接到人民检察院认为暂予监外执行不当的意见后，应当立即对暂予监外执行的决定进行重新核查，并在十五日内提出处理意见，经县级以上公安机关负责人批准，将处理结果通报人民检察院。

[实践指导]

监外执行检察监督在司法实践中所发挥的作用不容否认，但是其仍然存在监督范围过于狭窄、监督措施不力等弊端，有待立法上的进一步完善。另外，对于批准暂予监外执行的机关作出的监外执行决定是否正确的监督应当是事后的监督。如果在监所检察工作中，发现执行机关提请监外执行不当，可以向执行机关提出意见。

三、人民检察院如何对减刑、假释行使监督权

[法律依据]

1.《刑事诉讼法》的相关规定：

第二百二十二条 人民检察院认为人民法院减刑、假释的裁定不当，应当在收到裁定书副本后二十日以内，向人民法院提出书面纠正意见。人民法院应当在收到纠正意见后一个月以内重新组成合议庭进行审理，作出最终裁定。

2.《监狱法》的相关规定：

第三十条 减刑建议由监狱向人民法院提出，人民法院应当自收到减刑建议书之日起一个月内予以审核裁定；案情复杂或者情况特殊的，可以延长一个月。减刑裁定的副本应当抄送人民检察院。

第三十二条 被判处无期徒刑、有期徒刑的罪犯，符合法律规定的假释条件的，由监狱根据考核结果向人民法院提出假释建议，人民法院应当自收到假释建议书之日起一个月内予以审核裁定；案情复杂或者情况特殊的，可以延长一个月。假释裁定的副本应当抄送人民检

察院。

第三十四条 对不符合法律规定的减刑、假释条件的罪犯，不得以任何理由将其减刑、假释。

人民检察院认为人民法院减刑、假释的裁定不当，应当依照刑事诉讼法规定的期间提出抗诉，对于人民检察院抗诉的案件，人民法院应当重新审理。

3. 最高人民法院《关于执行〈中华人民共和国刑事诉讼法〉若干问题的解释》的相关规定：

第三百六十五条 减刑、假释的裁定，应当及时送达执行机关、同级人民检察院、负责监督假释罪犯的公安机关以及罪犯本人。人民检察院认为人民法院的减刑、假释裁定不当，应当在收到裁定书副本后20日内，向人民法院提出书面纠正意见。人民法院收到书面纠正意见后，应当重新组成合议庭进行审理，并在1个月内作出最终裁定。

4. 最高人民检察院《关于如何适用刑事诉讼法第二百二十二条的批复》的相关规定：

一、刑事诉讼法第二百二十二条中"重新组成合议庭"是指由原作出减刑、假释裁定的合议庭之外的其他审判人员组成新的合议庭。

二、根据刑事诉讼法第二百二十二条的规定，人民检察院认为人民法院减刑、假释的裁定不当，向人民法院提出书面纠正意见，人民法院重新组成合议庭进行审理作出的最终裁定是发生法律效力的裁定，应当执行。如果人民法院减刑、假释的最终裁定确实违法法律规定的诉讼程序或者在认定事实、适用法律上确有错误，人民检察院仍然可以向人民法院提出书面纠正意见，提请人民法院按照审判监督程序依法另行组成合议庭重新作出裁定。

5. 最高人民检察院《人民检察院刑事诉讼规则》的相关规定：

第四百二十七条 人民检察院对执行机关报请人民法院裁定减刑、假释的活动实行监督，发现有下列违法情况，应当提出纠正意见：（一）将不具备法定条件的罪犯报请人民法院裁定减刑、假释的；（二）对依法应当减刑、假释的罪犯不报请人民法院裁定减刑、假释的，或者罪犯被裁定假释后，应当交付监外执行而不交付监外执行的；（三）报请人民法院裁定对罪犯减刑、假释没有完备的合法手续的。

第四百二十八条 人民检察院接到人民法院减刑、假释的裁定书副本后，应当进行审查。审查的内容包括：（一）被减刑、假释的罪犯是否符合法定条件；（二）执行机关呈报减刑、假释的程序是否合法；（三）人民法院裁定减刑、假释的程序是否合法。

检察人员可以向罪犯所在单位和有关人员调查，可以向有关机关调阅有关材料。

经审查认为人民法院减刑、假释的裁定不当，应当提出纠正意见的，由检察长决定。

第四百二十九条 人民检察院认为人民法院减刑、假释的裁定不当，应当在收到裁定书副本后二十日内，向作出减刑、假释裁定的人民法院提出书面纠正意见。

第四百三十条 对人民法院减刑、假释裁定的纠正意见，由作出减刑、假释裁定的人民法院的同级人民检察院书面提出。

下级人民检察院发现人民法院减刑、假释裁定不当的，应当立即向作出减刑、假释裁定的人民法院的同级人民检察院报告。

第四百三十一条 人民检察院对人民法院减刑、假释的裁定提出纠正意见后，应当监督人民法院是否在收到纠正意见后一个月内重新组成合议庭进行审理，并监督重新作出的最终裁定是否符合法律规定。对最终裁定不符合法律规定的，应当向同级人民法院提出纠正意见。

第四百三十五条 对于被判处拘役、有期徒刑适用缓刑的罪犯、被假释的罪犯和暂予监外执行的罪犯，人民检察院应当监督有关单位对罪犯的监督管理和考察措施是否落实。

[实践指导]

需要说明的是,《刑事诉讼法》第222条对《监狱法》第34条的内容作了修改,将人民检察院对人民法院减刑、假释不当提出抗诉改为向人民法院提出书面纠正意见,但是这种纠正意见具有引起人民法院对减刑、假释组成合议庭重新审理的效力。另外,对于人民法院作出减刑、假释的裁定是否正确的监督应当是事后的监督。如果在监所检察工作中发现执行机关提请减刑、假释不当的,可以向执行机关提出意见。

第二十章 刑事赔偿

一、国家承担刑事赔偿责任需要符合哪些条件

[法律依据]

《国家赔偿法》的相关规定:

第十五条 行使侦查、检察、审判、监狱管理职权的机关及其工作人员在行使职权时有下列侵犯人身权情形之一的,受害人有取得赔偿的权利:(一)对没有犯罪事实或者没有事实证明有犯罪重大嫌疑的人错误拘留的;(二)对没有犯罪事实的人错误逮捕的;(三)依照审判监督程序再审改判无罪,原判刑罚已经执行的;(四)刑讯逼供或者以殴打等暴力行为或者唆使他人以殴打等暴力行为造成公民身体伤害或者死亡的;(五)违法使用武器、警械造成公民身体伤害或者死亡的。

第十六条 行使侦查、检察、审判、监狱管理职权的机关及其工作人员在行使职权时有下列侵犯财产权情形之一的,受害人有取得赔偿的权利:(一)违法对财产采取查封、扣押、冻结、追缴等措施的;(二)依照审判监督程序再审改判无罪,原判罚金、没收财产已经执行的。

第十七条 属于下列情形之一的,国家不承担赔偿责任:(一)因公民自己故意作虚伪供述,或者伪造其他有罪证据被羁押或者被判处刑罚的;(二)依照刑法第十四条、第十五条规定不负刑事责任的人被羁押的;(三)依照刑事诉讼法第十一条规定不追究刑事责任的人被羁押的;(四)行使国家侦查、检察、审判、监狱管理职权的机关的工作人员与行使职权无关的个人行为;(五)因公民自伤、自残等故意行为致使损害发生的;(六)法律规定的其他情形。

[实践指导]

根据以上法律规定,国家承担刑事赔偿责任必须符合下列条件:

第一,有损害事实的存在。损害事实既可以是对人身的损害,也可以是对财产的损害。损害事实的存在是国家承担刑事赔偿责任的前提条件,如果没有损害事实的存在,即使犯罪

嫌疑人、被告人被错误追诉，刑事赔偿问题也无从谈起。

第二，损害要达到一定的程度。就人身损害而言，要求受害人的人身自由被剥夺或者身体受到伤害；就财产损害而言，要求造成了财物的实际损失。

第三，损害事实与行使侦查、检察、审判、监狱管理职权的机关及其工作人员在行使职权过程中的违法行为存在因果关系。也就是说，损害事实是行使侦查、检察、审判、监狱管理职权的机关及其工作人员错误行使职权的行为造成的，并且损害事实是在上述机关和工作人员在行使职权的过程中造成的。如果行使国家侦查、检察、审判、监狱管理职权的机关及其工作人员与行使职权无关的个人行为造成损害事实的发生，国家不承担刑事赔偿责任。刑事赔偿在本质上是国家责任，国家责任的承担必须以国家行为引起为前提，上述人员的个人作为与国家没有关系，国家自然不能为此承担责任。

第四，受害人本身不存在过错。

二、如何理解刑事赔偿的范围

[法律依据]

1.《国家赔偿法》的相关规定：

第十五条 行使侦查、检察、审判、监狱管理职权的机关及其工作人员在行使职权时有下列侵犯人身权情形之一的，受害人有取得赔偿的权利：（一）对没有犯罪事实或者没有事实证明有犯罪重大嫌疑的人错误拘留的；（二）对没有犯罪事实的人错误逮捕的；（三）依照审判监督程序再审改判无罪，原判刑罚已经执行的；（四）刑讯逼供或者以殴打等暴力行为或者唆使他人以殴打等暴力行为造成公民身体伤害或者死亡的；（五）违法使用武器、警械造成公民身体伤害或者死亡的。

第十六条 行使侦查、检察、审判、监狱管理职权的机关及其工作人员在行使职权时有下列侵犯财产权情形之一的，受害人有取得赔偿的权利：（一）违法对财产采取查封、扣押、冻结、追缴等措施的；（二）依照审判监督程序再审改判无罪，原判罚金、没收财产已经执行的。

第十七条 属于下列情形之一的，国家不承担赔偿责任：（一）因公民自己故意作虚伪供述，或者伪造其他有罪证据被羁押或者被判处刑罚的；（二）依照刑法第十四条、第十五条规定不负刑事责任的人被羁押的；（三）依照刑事诉讼法第十一条规定不追究刑事责任的人被羁押的；（四）行使国家侦查、检察、审判、监狱管理职权的机关的工作人员与行使职权无关的个人行为；（五）因公民自伤、自残等故意行为致使损害发生的；（六）法律规定的其他情形。

2. 最高人民法院《关于人民法院执行〈中华人民共和国国家赔偿法〉几个问题的解释》的相关规定：

第一条 根据《中华人民共和国国家赔偿法》（以下简称赔偿法）第十七条第（二）项、第（三）项的规定，依照刑法第十四条、第十五条规定不负刑事责任的人和依照刑事诉讼法第十五条规定不追究刑事责任的人被羁押，国家不承担赔偿责任。但是对起诉后经人民法院判处拘役、有期徒刑、无期徒刑和死刑并已执行的上列人员，有权依法取得赔偿。判决确定前被羁押的日期依法不予赔偿。

第二条 依照赔偿法第三十一条的规定，人民法院在民事诉讼、行政诉讼过程中，违法采取对妨害诉讼的强制措施、保全措施或者对判决、裁定及其他生效法律文书执行错误，造成损害,具有以下情形之一的,适用刑事赔偿程序予以赔偿:(一)错误实施司法拘留、罚款的;(二)实施赔偿法第十五条第(四)项、第(五)项规定行为的;(三)实施赔偿法第十六条第(一)项规定行为的。

人民法院审理的民事、经济、行政案件发生错判并已执行,依法应当执行回转的,或者当事人申请财产保全、先予执行,申请有错误造成财产损失依法应由申请人赔偿的,国家不承担赔偿责任。

第四条 根据赔偿法第二十六条、第二十七条的规定,人民法院判处管制、有期徒刑缓刑、剥夺政治权利等刑罚的人被依法改判无罪的,国家不承担赔偿责任,但是,赔偿请求人在判决生效前被羁押的,依法有权取得赔偿。

三、人民法院赔偿委员会受理赔偿的案件有哪些

[法律依据]

1. 最高人民法院《关于〈中华人民共和国国家赔偿法〉溯及力和人民法院赔偿委员会受案范围问题的批复》的相关规定:

二、依照《国家赔偿法》的有关规定,人民法院赔偿委员会受理下列案件:

1. 行使侦查、检察、监狱管理职权的机关及其工作人员在行使职权时侵犯公民、法人和其他组织的人身权、财产权,造成损害,经依法确认应予赔偿,赔偿请求人经依法申请赔偿和申请复议,因对复议决定不服或者复议机关逾期不作决定,在法定期间内向复议机关所在地的同级人民法院赔偿委员会申请作出赔偿决定的;

2. 人民法院是赔偿义务机关,赔偿请求人经申请赔偿,因赔偿义务机关逾期不予赔偿或者赔偿请求人对赔偿数额有异议,在法定期间内向赔偿义务机关的上一级人民法院赔偿委员会申请作出赔偿决定的。

2. 最高人民法院《关于刑事赔偿和非刑事司法赔偿案件立案工作的暂行规定(试行)》的相关规定:

第八条 对人民法院赔偿委员会受理赔偿案件的范围规定如下:(一)因犯罪嫌疑人没有犯罪事实或者事实不清、证据不足,侦查机关对犯罪嫌疑人解除刑事拘留或者检察机关不批准逮捕,或者侦查机关撤销案件,决定予以释放的;

(二)因犯罪嫌疑人没有犯罪事实或者事实不清、证据不足,检察机关作出撤销拘留决定、不批准逮捕决定、撤销逮捕决定、撤销案件决定、不起诉决定的;

(三)因犯罪嫌疑人没有犯罪事实或者事实不清、证据不足,人民法院撤销逮捕决定的;

(四)人民法院一审判决无罪并已发生法律效力的,二审判决无罪的,依照审判监督程序再审改判无罪已发生法律效力的;

(五)侦查、检察、审判、监狱管理机关及其工作人员实施国家赔偿法第15条第(四)项、第(五)项规定的行为,责任人员被依法追究刑事责任或者给予其他处分的;

(六)实施了国家赔偿法第16条规定行为,已依法纠正的;

(七)人民法院撤销原错误司法拘留、罚款决定的;

(八)人民法院撤销原错误拘传的;

(九)人民法院撤销原错误财产保全裁定的;

(十)人民法院错误执行判决、裁定及其他生效法律文书,已依法纠正的;

（十一）上一级人民法院经复议，撤销下级人民法院原错误的强制措施、保全措施、执行裁定、决定的；

（十二）侦查、检察、审判、监狱管理机关依法对违法侵权行为加以纠正的其他情形。

四、有罪判决生效前被超期羁押的情形是否属于刑事赔偿范围

[法律依据]

《国家赔偿法》的相关规定：

第十五条　行使侦查、检察、审判、监狱管理职权的机关及其工作人员在行使职权时有下列侵犯人身权情形之一的，受害人有取得赔偿的权利：（一）对没有犯罪事实或者没有事实证明有犯罪重大嫌疑的人错误拘留的；（二）对没有犯罪事实的人错误逮捕的；（三）依照审判监督程序再审改判无罪，原判刑罚已经执行的；（四）刑讯逼供或者以殴打等暴力行为或者唆使他人以殴打等暴力行为造成公民身体伤害或者死亡的；（五）违法使用武器、警械造成公民身体伤害或者死亡的。

[实践指导]

有罪判决生效前被超期羁押的情形并不属于《国家赔偿法》第15条所列举的五种情形之一，因此，不属于刑事赔偿的范围。从《国家赔偿法》第15条第（1）、（2）、（3）项的规定可以看出，国家赔偿法在规定侵犯人身自由权方面采用的是无罪羁押赔偿原则，强调无罪的后果和羁押的状态，即行使侦查、检察、审判、监狱管理职权的机关及其工作人员行使职权的行为造成了无罪公民被错误拘留、逮捕、被二审改判无罪、被再审改判无罪且原判刑罚已经执行的后果，这时才应当依法承担赔偿的责任。在判决确定有罪的前提下，判决生效前被超期羁押尽管是对人身自由的侵害，因不符合无罪赔偿原则，也不能归属于刑事赔偿的范围。

当然，有罪裁判基础上的超期羁押也是对公民人身自由的侵害。我国《宪法》第37条规定："中华人民共和国公民的人身自由不受侵犯。任何公民，非经人民检察院批准或者决定或者人民法院决定，并由公安机关执行，不受逮捕。禁止非法拘禁和以其他方法非法剥夺或者限制公民的人身自由，禁止非法搜查公民的身体。"将有罪判决生效前被超期羁押的情形排除在刑事赔偿范围之外，无论在法理上还是从实现司法公正的价值角度而言都是不适当的。随着我国司法赔偿能力的逐步提高，笔者建议在未来国家赔偿法的修改之时，将超期羁押的情形纳入刑事赔偿的范围之内。

五、哪些主体有权要求刑事赔偿，如何提起刑事赔偿请求

[法律依据]

《国家赔偿法》的相关规定：

第六条　受害的公民、法人或者其他组织有权要求赔偿。

受害的公民死亡，其继承人和其他有扶养关系的亲属有权要求赔偿。

受害的法人或者其他组织终止，承受其权利的法人或者其他组织有权要求赔偿。

第十二条　要求赔偿应当递交申请书，申请书应当载明下列事项：（一）受害人的姓名、

性别、年龄、工作单位和住所，法人或者其他组织的名称、住所和法定代表人或者主要负责人的姓名、职务；（二）具体的要求、事实根据和理由；（三）申请的年、月、日。

赔偿请求人书写申请书确有困难的，可以委托他人代书；也可以口头申请，由赔偿义务机关记入笔录。

[实践指导]

第一，刑事赔偿请求人的范围。根据国家赔偿法的规定，刑事赔偿请求人的范围包括：其一，受害的公民、法人和其他组织。由受害的公民、法人和其他组织提出赔偿请求是确定赔偿请求人的基本原则。其二，受害公民的继承人和其他有扶养关系的亲属。鉴于刑事赔偿所得就根本而言是死亡受害人的遗产，因此，如果受害公民死亡，应当首先由其继承人行使请求权，然后才是其他与受害公民具有扶养义务的亲属。其三，承受受害法人或者其他组织权利的法人或者其他组织。

第二，刑事赔偿请求的方式。关于刑事赔偿请求的方式，我国《国家赔偿法》规定采用申请的方式。根据如上法律规定，提出赔偿请求一般要求递交申请书，申请书中应当载明下列事项：其一，受害人的姓名、性别、年龄、工作单位和住所，法人或者其他组织的名称、住所和法定代表人或者主要负责人的姓名、职务；其二，具体的要求、事实根据和理由；其三，申请的年、月、日。考虑到我国的国情，国家赔偿法同时规定，赔偿请求人书写申请书确有困难的，可以委托他人代书；也可以口头申请，由赔偿义务机关记入笔录。

六、刑事赔偿的时效是如何规定的

[法律依据]

1. 《国家赔偿法》的相关规定：

第三十二条 规定：赔偿请求人请求国家赔偿的时效为两年，自国家机关及其工作人员行使职权时的行为被依法确认为违法之日起计算，但被羁押期间不计算在内。

赔偿请求人在赔偿请求时效的最后六个月内，因不可抗力或者其他障碍不能行使请求权的，时效中止。从中止时效的原因消除之日起，赔偿请求时效期间继续计算。

2. 最高人民法院、最高人民检察院《关于办理人民法院、人民检察院共同赔偿案件若干问题的解释》的相关规定：

第七条 上级人民检察院对二审人民法院宣告无罪的判决按照审判监督程序提出抗诉的，提出抗诉的人民检察院和原二审人民法院应当及时通知下级人民检察院和一审人民法院。赔偿案件正在办理的，应中止办理，审理期限中断。经再审改判有罪的，正在办理的赔偿案件应当终止办理。已作出赔偿决定的，应当由原作出赔偿决定的机关予以撤销，已支付的赔偿金应当收回。

3. 最高人民检察院《检察院刑事赔偿工作规定》的相关规定：

第三十七条 人民检察院对于撤销案件、不起诉案件或者人民法院宣告无罪的案件，重新立案侦查、提起公诉或者提出抗诉的，正在办理的刑事赔偿案件应当中止办理。经人民法院终审判决有罪的，正在办理的刑事赔偿案件应当终结，已作出赔偿决定的，应当由作出赔偿决定的机关予以撤销，已支付的赔偿金应当收回。

七、如何确定刑事赔偿的义务机关

[法律依据]

1.《国家赔偿法》

第十九条 行使国家侦查、检察、审判、监狱管理职权的机关及其工作人员在行使职权时侵犯公民、法人和其他组织的合法权益造成损害的,该机关为赔偿义务机关。

对没有犯罪事实或者没有事实证明有犯罪重大嫌疑的人错误拘留的,作出拘留决定的机关为赔偿义务机关。

对没有犯罪事实的人错误逮捕的,作出逮捕决定的机关为赔偿义务机关。

再审改判无罪的,作为原生效判决的人民法院为赔偿义务机关。二审改判无罪的,作为一审判决的人民法院和作出逮捕决定的机关为共同赔偿义务机关。

2. 最高人民法院发布的《关于人民法院执行〈中华人民共和国国家赔偿法〉几个问题的解释》的相关规定:

第五条 根据赔偿法第十九条第四款"再审改判无罪的,作出原生效判决的人民法院为赔偿义务机关"的规定作出进一步解释:原一审人民法院作出判决后,被告人没有上诉,人民检察院没有抗诉,判决发生法律效力的,原一审人民法院为赔偿义务机关;被告人上诉或者人民检察院抗诉,原二审人民法院维持一审判决或者对一审人民法院判决予以改判的,原二审人民法院为赔偿义务机关。

3. 最高人民法院、最高人民检察院《关于办理人民法院、人民检察院共同赔偿案件若干问题的解释》的相关规定:

第一条 检察机关批准逮捕并提起公诉,一审人民法院判决有罪,二审人民法院改判无罪依法应当赔偿的案件,一审人民法院和批准逮捕的人民检察院为共同赔偿义务机关。批准逮捕与提起公诉的如不是同一人民检察院,共同赔偿义务机关为提起公诉的人民检察院。

4. 最高人民法院、最高人民检察院《关于适用〈关于办理人民法院人民检察院共同赔偿案件若干问题的解释〉有关问题的答复》的相关规定:

三、一审人民法院判决有罪,二审人民法院发回重审后,一审人民法院改判无罪,或者发回重审的,一审人民法院在重新审理期间退回人民检察院补充侦查,或者人民检察院要求撤回起诉,人民法院裁定准许撤诉后,人民检察院作出不起诉决定或者撤销案件决定的,一审人民法院和提起公诉的人民检察院为共同赔偿义务机关。

5. 最高人民法院、最高人民检察院《关于刑事赔偿义务机关确定问题的通知》的相关规定:

一、人民检察院批准逮捕并提起公诉,一审人民法院判决无罪,或者人民检察院撤回起诉作出不起诉决定或者撤销案件决定,依法应当赔偿的案件,批准逮捕与提起公诉的如不是同一人民检察院,赔偿义务机关为批准逮捕的人民检察院。

二、人民检察院批准逮捕并提起公诉,一审人民法院判决有罪,二审人民法院改判无罪,或者发回重审后一审人民法院改判无罪,或者人民检察院撤回起诉作出不起诉决定或者撤销案件决定,依法应当赔偿的案件,一审人民法院和批准逮捕的人民检察院为共同赔偿义务机关。批准逮捕与提起公诉的如不是同一人民检察院,共同赔偿义务机关为提起公诉的人民检察院。

[实践指导]

需要说明的是，确定刑事赔偿的义务机关，《国家赔偿法》坚持两项原则：其一，谁侵权谁赔偿原则，即由违法侵权的国家机关作为赔偿义务机关。《国家赔偿法》第19条第1款即是该原则的体现。谁侵权谁赔偿原则体现了《国家赔偿法》公平合理分担赔偿义务的立法意图，有利于增强国家机关工作人员的责任感，促进国家机关依法办案。其二，置后赔偿原则，即不同的司法机关就同一案件或者同一事由，依据《刑事诉讼法》的规定先后采取了剥夺公民人身自由的强制措施的，由最后实施违法或者错误的强制措施的司法机关对全部剥夺人身自由的后果承担赔偿义务。《国家赔偿法》第19条第2、3、4款即是该原则的体现。置后赔偿原则便利当事人申请赔偿，有利于避免因国家司法机关相互推诿而造成求偿困难。需要说明的是，置后赔偿原则仅适用于剥夺公民人身自由的强制措施，因违法或者错误查扣财产、暴力致人死伤等行为发生国家赔偿的，根据谁侵权谁赔偿的原则确定赔偿义务机关。

八、刑事赔偿请求的受理和处理程序是如何规定的

[法律依据]

《国家赔偿法》的相关规定：

第二十条 赔偿义务机关对依法确认有本法第十五条、第十六条规定的情形之一的，应当给予赔偿。

赔偿请求人要求确认有本法第十五条、第十六条规定情形之一的，被要求的机关不予确认的，赔偿请求人有权申诉。

赔偿请求人要求赔偿，应当先向赔偿义务机关提出。

赔偿程序适用本法第十条、第十一条、第十二条的规定。

第二十一条 赔偿义务机关应当自收到申请之日起两个月内依照本法第四章的规定给予赔偿；逾期不予赔偿或者赔偿请求人对赔偿数额有异议的，赔偿请求人可以自期间届满之日起三十日内向其上一级机关申请复议。

赔偿义务机关是人民法院的，赔偿请求人可以依照前款规定向其上一级人民法院赔偿委员会申请作出赔偿决定。

第二十二条 复议机关应当自收到申请之日起两个月内作出决定。

赔偿请求人不服复议决定的，可以在收到复议决定之日起三十日内向复议机关所在地的同级人民法院赔偿委员会申请作出赔偿决定；复议机关逾期不作决定的，赔偿请求人可以自期间届满之日起三十日内向复议机关所在地的同级人民法院赔偿委员会申请作出赔偿决定。

第二十三条 中级以上的人民法院设立赔偿委员会，由人民法院三名至七名审判员组成。

赔偿委员会作赔偿决定，实行少数服从多数的原则。

赔偿委员会作出的赔偿决定，是发生法律效力的决定，必须执行。

第二十四条 赔偿义务机关赔偿损失后，应当向有下列情形之一的工作人员追偿部分或者全部赔偿费用：（一）有本法第十五条第（四）、（五）项规定情形的；（二）在处理案件中有贪污受贿，徇私舞弊，枉法裁判行为的。

对有前款（一）、（二）项规定情形的责任人员，有关机关应当依法给予行政处分；构成犯罪的，应当依法追究刑事责任。

[实践指导]

需要说明的是，我国刑事赔偿请求的受理和处理程序有两大特点：其一，在中级以上的人民法院设立赔偿委员会负责对赔偿请求的最终处理，既有别于刑事审判形式，也不同于民事审判形式。其二，《国家赔偿法》规定了内部追偿制度。赔偿义务机关赔偿损失后，应当向内部有关责任人员进行追偿部分或者全部赔偿费用。

九、由于第三人的过错而造成案件的错误，国家支付赔偿金后可否向第三人追偿

[实践指导]

在《国家赔偿法》中，第三人过错特指由于受害人以外的公民向国家机关或者国家机关工作人员提供虚假信息致使后者在行使职权时造成受害人权益损害的情形。一般而言，第三人过错主要表现为四种形式：诬陷、作伪证、错告和指认错误。由于第三人的过错而造成案件的错误，国家支付赔偿金后可否向第三人追偿？对此问题，目前法律尚无规定。笔者认为，因第三人的过错而造成案件的错误，国家支付赔偿金后不宜向第三人追偿。原因如下：

第一，根据《国家赔偿法》第24条的规定，赔偿义务机关赔偿损失后，应当向内部有关责任人员进行追偿部分或者全部赔偿费用。应当被追偿的人员范围包括：（1）刑讯逼供或者以殴打等暴力行为或者唆使他人以殴打等暴力行为造成公民身体伤害或者死亡的；（2）违法使用武器、警械造成公民身体伤害或者死亡的；（3）在处理案件中有贪污受贿，徇私舞弊，枉法裁判行为的。可见，《国家赔偿法》规定的内部追偿制度，其追偿的对象是内部有关责任人员，第三人并不属于《国家赔偿法》规定的内部追偿对象的范围。

第二，第三人过错并不能直接造成受害人权益的损害，对于第三人的举报、作证、指认，国家机关都负有审查的义务，只有对有罪事实查证属实以后，才能追究被告人的刑事责任。所以，造成错案的直接原因仍然是国家机关或者其工作人员行使职权的行为，而非第三人的过错，第三人的过错只是造成错案的间接原因。

当然，第三人的过错如果构成犯罪的，应当追究其相应的刑事责任，但是不宜在刑事赔偿之后向其进行追偿。

十、刑事赔偿的方式有哪些

[法律依据]

1. 《国家赔偿法》的相关规定：

第二十五条 国家赔偿以支付赔偿金为主要方式。
能够返还财产或者恢复原状的，予以返还财产或者恢复原状。

第二十八条 侵犯公民、法人和其他组织的财产权造成损害的，按照下列规定处理：（一）处罚款、罚金、追缴、没收财产或者违反国家规定征收财物、摊派费用的，返还财产；（二）查封、扣押、冻结财产的，解除对财产的查封、扣押、冻结，造成财产损坏或者灭失的，依照本条第（三）、（四）项的规定赔偿；（三）应当返还的财产损坏的，能够恢复原状的

恢复原状,不能恢复原状的,按照损害程度给付相应的赔偿金;(四)应当返还的财产灭失的,给付相应的赔偿金;(五)财产已经拍卖的,给付拍卖所得的价款;(六)吊销许可证和执照、责令停产停业的,赔偿停产停业期间必要的经常性费用开支;(七)对财产权造成其他损害的,按照直接损失给予赔偿。

第三十条 赔偿义务机关对依法确认有本法第三条第(一)、(二)项、第十五条第(一)、(二)、(三)项情形之一,并造成受害人名誉权、荣誉权损害的,应当在侵权行为影响的范围内,为受害人消除影响,恢复名誉,赔礼道歉。

2. 最高人民检察院《检察院刑事赔偿工作规定》的相关规定:

第三十四条 对有国家赔偿法第十五条第(一)、(二)项规定的情形之一,并造成受害人名誉权、荣誉权损害的,负有赔偿义务的人民检察院应当在侵权行为影响的范围内,为受害人消除影响,恢复名誉,赔礼道歉。

[实践指导]

综上,对刑事赔偿采用的方式总结如下:

第一,国家赔偿以支付赔偿金为主要方式。赔偿费用,列入各级财政预算。

第二,对于有些财产性的损失,能够返还财产或者恢复原状的,予以返还财产或者恢复原状。这些财产性损失包括:其一,处罚款、罚金、追缴、没收财产或者违反国家规定征收财物、摊派费用返还财产的;其二,查封、扣押、冻结财产的,解除对财产的查封、扣押、冻结,如果造成财产损坏的,能够恢复原状应当恢复原状。

第三,由于错误拘留、错误逮捕或者错误裁判造成受害人名誉权、荣誉权损害的,应当在侵权行为影响的范围内,为受害人消除影响,恢复名誉,赔礼道歉。

十一、如何理解刑事赔偿的计算标准

[法律依据]

1.《国家赔偿法》的相关规定:

第二十六条 侵犯公民人身自由的,每日的赔偿金按照国家上年度职工日平均工资计算。

第二十七条 侵犯公民生命健康权的,赔偿金按照下列规定计算:(一)造成身体伤害的,应当支付医疗费,以及赔偿因误工减少的收入。减少的收入每日的赔偿金按照国家上年度职工日平均工资计算,最高额为国家上年度职工年平均工资的五倍;(二)造成部分或者全部丧失劳动能力的,应当支付医疗费,以及残疾赔偿金,残疾赔偿金根据丧失劳动能力的程度确定,部分丧失劳动能力的最高额为国家上年度职工年平均工资的十倍,全部丧失劳动能力的为国家上年度职工年平均工资的二十倍。造成全部丧失劳动能力的,对其扶养的无劳动能力的人,还应当支付生活费;(三)造成死亡的,应当支付死亡赔偿金、丧葬费,总额为国家上年度职工年平均工资的二十倍。对死者生前扶养的无劳动能力的人,还应当支付生活费。

前款第(二)、(三)项规定的生活费的发放标准参照当地民政部门有关生活救济的规定办理。被扶养的人是未成年人的,生活费给付至十八周岁止;其他无劳动能力的人,生活费给付至死亡时止。

第二十八条 侵犯公民、法人和其他组织的财产权造成损害的,按照下列规定处理:(一)处罚款、罚金、追缴、没收财产或者违反国家规定征收财物、摊派费用的,返还财产;

（二）查封、扣押、冻结财产的，解除对财产的查封、扣押、冻结，造成财产损坏或者灭失的，依照本条第（三）、（四）项的规定赔偿；（三）应当返还的财产损坏的，能够恢复原状的恢复原状，不能恢复原状的，按照损害程度给付相应的赔偿金；（四）应当返还的财产灭失的，给付相应的赔偿金；（五）财产已经拍卖的，给付拍卖所得的价款；（六）吊销许可证和执照、责令停产停业的，赔偿停产停业期间必要的经常性费用开支；（七）对财产权造成其他损害的，按照直接损失给予赔偿。

2. 最高人民法院《关于人民法院执行〈中华人民共和国国家赔偿法〉几个问题的解释》的相关规定：

第六条 赔偿法第二十六条关于"侵犯公民人身自由的，每日的赔偿金按照国家上年度职工日平均工资计算"中规定的上年度，应为赔偿义务机关、复议机关或者人民法院赔偿委员会作出赔偿决定时的上年度；复议机关或者人民法院赔偿委员会决定维持原赔偿决定的，按作出原赔偿决定时的上年度执行。

国家上年度职工日平均工资数额，应当以职工年平均工资除以全年法定工作日数的方法计算。年平均工资以国家统计局公布的数字为准。

后 记

　　本书的书稿从整体设计到最终定稿经近两年时间。本书的定位既不是普法材料，也不是一般的职业培训教材，而是立足于司法实践基础上的理论提升，因此对作者的理论素养和实践经验均有较高要求。几位作者以认真严谨的态度和高度的热情投入到了本书的写作过程中。特别是，书稿写作过程正值最高人民法院收回死刑复核权、律师法修改等重大司法改革出台之际，书稿需要边写边调整、完成后再修订，这增加了写作难度，也延长了写作时间。为了保证书稿质量，及时回应司法实践新要求，作者们悉心做了大量书稿补正、修订的后续工作。本书是作者们勤勉工作的结晶。

　　本书的完成要特别感谢辽宁省诉讼法学会吕淑琴会长及同志们的关心与帮助。没有他们的组织、协调等方面的筹备工作，不可能有本书的顺利出版。感谢辽宁省法院、检察院的领导和同志们对本书的积极参与，他们对书稿所提出的中肯意见提升了书稿的品质。感谢人民法院出版社对本书的青睐，感谢贾毅编辑认真细致的工作，没有他的大力支持，本书不可能与读者见面。

　　本书是理论与实践结合的初步尝试，有不当、失误之处，敬请读者批评指正。

编　者

2009 年 12 月